박문각

감정평가사

백운정, 조경국, 국승옥, 도승하, 신은미 공편저

1차 | 4개년 전과목 기출문제집 제3판

민법 | 경제학원론 | 부동산학원론 | 감정평가관계법규 | 회계학

8년 연속

★ 전체 수석 ★

합격자 배출

박문각 감정평가사

브랜드만족 1위 박문각

★ 저자약력 ★

백운정 교수

학력 및 약력
고려대학교 법과대학 및 법과대학원(민법 전공)
서울법학원 민법, 구 민사소송법 담당
감정평가사 민법 담당
행정사 민법 담당

저서
감정평가사 민법 기본서
감정평가사 민법 문제집
감정평가사 민법 연도별 기출문제집
감정평가사 합격이 보이는 민법 조문&기출
감정평가사 민법 필수 암기장
행정사 1차 민법총칙 기본서
행정사 1차 민법총칙 문제집
행정사 1차 민법총칙 기출문제집
행정사 2차 민법(계약) 기본서
행정사 2차 민법(계약) 핵심요약집

조경국 교수

학력 및 약력
고려대학교 경제학과
서울대학교 행정대학원
행정고등고시 재경직 합격

저서
감정평가사 경제학원론 기본서(1권,2권)
감정평가사 경제학원론 베스트 기출정선
감정평가사 경제학원론 단원별 기출문제집
감정평가사 경제학원론 단권화 합격노트

국승옥 교수

학력 및 약력
전남대학교 졸업
現 노량진 박문각 부동산학 담당
現 평택 박문각 부동산학 담당
現 병점 박문각 부동산학 담당
現 은평 박문각 부동산학 담당
現 일산 박문각 부동산학 담당
現 서울법학원 부동산학원론 담당

저서
공인중개사 부동산학개론 요약집
공인중개사 부동산학개론 기출문제집
공인중개사 부동산학개론 최종모의고사
감정평가사 부동산학원론 기본서
감정평가사 부동산학원론 문제집
감정평가사 부동산학원론 연도별 기출문제집
감정평가사 부동산학원론 강의노트

도승하 감정평가사

학력 및 약력
감정평가사/투자상담사
법학박사(수료)
명지전문대학교 초빙
현대백화점 유통대학 초빙
감정평가협회 R&D 초빙
농협중앙회 직무교육 초빙
前) 양천구청 용역심의 위원
前) 한양사이버대학교 겸임교수
現) 서울법학원 행정법 전임
現) 감정평가학회 이사
現) 보상법학회 이사

저서
감정평가관계법규 기본노트
감정평가관계법규 문제집
감정평가관계법규 연도별 기출문제집
감정평가관계법규 필기노트
감정평가 및 보상법규 기본사례노트 182선
감정평가 및 보상법규 판례사례노트
감정평가 및 보상법규 기출사례노트
감정평가 및 보상법규 쟁점노트
감정평가 및 보상법규 서브노트 및 개념노트

신은미 세무사

학력 및 약력
숙명여대 경영학, 정보방송학
세무사, CFP
(주)대우증권
(주)미래에셋증권
세무법인 다솔
강남세무회계학원 재무회계
한성아카데미(주) 재무회계
대한민국 우수인재상
숙명여대 전체수석
세무사 성적우수 표창
前 세무사시험 출제검토위원

저서 및 공동 학술 용역 등
중급회계 요약집
재무회계연습 요약집
IFRS 회계원리
1차대비 실전모의고사
2차대비 실전모의고사
공무원 회계학 기본서
공무원 회계학 기출문제집
공무원 회계학 예상문제집
감정평가사 / 관세사 / 공무원 회계학 기본서
감정평가사 / 관세사 / 공무원 회계학 문제집
감정평가사 회계학 연도별 기출문제집
감정평가사 회계원리 기본서

감정평가사란?

감정평가란 토지 등의 경제적 가치를 판정하여 그 결과를 가액으로 표시하는 것을 말한다. 감정평가사(Certified Appraiser)는 부동산·동산을 포함하여 토지, 건물 등의 유무형의 재산에 대한 경제적 가치를 판정하여 그 결과를 가액으로 표시하는 전문직업인으로 국토교통부에서 주관, 산업인력관리공단에서 시행하는 감정평가사시험에 합격한 사람으로 일정기간의 수습과정을 거친 후 공인되는 직업이다.

시험과목 및 시험시간

가. 시험과목(감정평가 및 감정평가사에 관한 법률 시행령 제9조)

시험구분	시험과목
제1차 시험	❶「민법」 중 총칙, 물권에 관한 규정 ❷ 경제학원론 ❸ 부동산학원론 ❹ 감정평가관계법규(「국토의 계획 및 이용에 관한 법률」, 「건축법」, 「공간정보의 구축 및 관리 등에 관한 법률」 중 지적에 관한 규정, 「국유재산법」, 「도시 및 주거환경정비법」, 「부동산등기법」, 「감정평가 및 감정평가사에 관한 법률」, 「부동산 가격공시에 관한 법률」 및 「동산·채권 등의 담보에 관한 법률」) ❺ 회계학 ❻ 영어(영어시험성적 제출로 대체)
제2차 시험	❶ 감정평가실무 ❷ 감정평가이론 ❸ 감정평가 및 보상법규(「감정평가 및 감정평가사에 관한 법률」, 「공익사업을 위한 토지 등의 취득 및 보상에 관한 법률」, 「부동산 가격공시에 관한 법률」)

나. 과목별 시험시간

시험구분	교시	시험과목	입실완료	시험시간	시험방법
제1차 시험	1교시	❶ 민법(총칙, 물권) ❷ 경제학원론 ❸ 부동산학원론	09:00	09:30~11:30(120분)	객관식 5지 택일형
	2교시	❹ 감정평가관계법규 ❺ 회계학	11:50	12:00~13:20(80분)	

제2차 시험	1교시	❶ 감정평가실무	09:00	09:30~11:10(100분)	과목별 4문항 (주관식)
	중식시간 11:10 ~ 12:10(60분)				
	2교시	❷ 감정평가이론	12:10	12:30~14:10(100분)	
	휴식시간 14:10 ~ 14:30(20분)				
	3교시	❸ 감정평가 및 보상법규	14:30	14:40~16:20(100분)	

※ 시험과 관련하여 법률 · 회계처리기준 등을 적용하여 정답을 구하여야 하는 문제는 시험시행일 현재 시행 중인 법률·회계처리기준 등을 적용하여 그 정답을 구하여야 함

※ 회계학 과목의 경우 한국채택국제회계기준(K-IFRS)만 적용하여 출제

다. 출제영역 : 큐넷 감정평가사 홈페이지(www.Q-net.or.kr/site/value) 자료실 게재

응시자격 및 결격사유

가. 응시자격 : 없음

※ 단, 최종 합격자 발표일 기준, 감정평가 및 감정평가사에 관한 법률 제12조의 결격사유에 해당하는 사람 또는 같은 법 제16조 제1항에 따른 처분을 받은 날부터 5년이 지나지 아니한 사람은 시험에 응시할 수 없음

나. 결격사유(감정평가 및 감정평가사에 관한 법률 제12조, 2023.8.10. 시행)

다음 각 호의 어느 하나에 해당하는 사람

1. 파산선고를 받은 사람으로서 복권되지 아니한 사람
2. 금고 이상의 실형을 선고받고 그 집행이 종료(집행이 종료된 것으로 보는 경우를 포함한다)되거나 그 집행이 면제된 날부터 3년이 지나지 아니한 사람
3. 금고 이상의 형의 집행유예를 받고 그 유예기간이 만료된 날부터 1년이 지나지 아니한 사람
4. 금고 이상의 형의 선고유예를 받고 그 선고유예기간 중에 있는 사람
5. 제13조에 따라 감정평가사 자격이 취소된 후 3년이 지나지 아니한 사람. 다만, 제6호에 해당하는 사람은 제외한다.
6. 제39조 제1항 제11호 및 제12호에 따라 자격이 취소된 후 5년이 지나지 아니한 사람

합격자 결정

가. 합격자 결정(감정평가 및 감정평가사에 관한 법률 시행령 제10조)

- 제1차 시험
  영어 과목을 제외한 나머지 시험과목에서 과목당 100점을 만점으로 하여 모든 과목 40점 이상이고, 전 과목 평균 60점 이상인 사람
- 제2차 시험
  - 과목당 100점을 만점으로 하여 모든 과목 40점 이상, 전 과목 평균 60점 이상을 득점한 사람
  - 최소합격인원에 미달하는 경우 최소합격인원의 범위에서 모든 과목 40점 이상을 득점한 사람 중에서 전 과목 평균점수가 높은 순으로 합격자를 결정

  ※ 동점자로 인하여 최소합격인원을 초과하는 경우에는 동점자 모두를 합격자로 결정. 이 경우 동점자의 점수는 소수점 이하 둘째 자리까지만 계산하며, 반올림은 하지 아니함

나. 제2차 시험 최소합격인원 결정(감정평가 및 감정평가사에 관한 법률 시행령 제10조)

공인어학성적

가. 제1차 시험 영어 과목은 영어시험성적으로 대체

- 기준점수(감정평가 및 감정평가사에 관한 법률 시행령 별표 2)

시험명	토플		토익	텝스	지텔프	플렉스	토셀	아이엘츠
	PBT	IBT						
일반응시자	530	71	700	340	65 (level-2)	625	640 (Advanced)	4.5 (Overall Band Score)
청각장애인	352	-	350	204	43 (level-2)	375	145 (Advanced)	-

- 제1차 시험의 과목 중 영어 과목은 제1차 시험 응시원서 접수마감일부터 역산(逆算)하여 5년이 되는 해의 1월 1일 이후에 실시된 다른 시험기관의 시험(이하 "영어시험"이라 한다)에서 취득한 성적(제1차 시험의 시험일 전까지 발표되는 성적으로서 제11조에 따른 공고에서 정하는 방법에 따라 확인된 성적으로 한정한다)으로 시험을 대체한다.

※ 이하 생략(공고문 참조)

차례

기출문제편

PART 01 2025년 제36회 감정평가사 1차 기출문제

PART 02 2024년 제35회 감정평가사 1차 기출문제

PART 03 2023년 제34회 감정평가사 1차 기출문제

PART 04 2022년 제33회 감정평가사 1차 기출문제

정답 및 해설편

감정평가사 1차
기출문제편

PART 01 2025년 제36회 감정평가사 1차 기출문제
PART 02 2024년 제35회 감정평가사 1차 기출문제
PART 03 2023년 제34회 감정평가사 1차 기출문제
PART 04 2022년 제33회 감정평가사 1차 기출문제

PART

01

2025년 제36회
감정평가사 1차 기출문제

제1과목 | 민법

01 신의성실의 원칙에 관한 설명으로 옳지 않은 것은? (다툼이 있으면 판례에 따름)

① 채무자의 소멸시효를 이유로 한 항변권의 행사도 신의성실의 원칙의 지배를 받는다.
② 사정변경으로 인한 계약해제에 있어 '사정'에는 일방 당사자의 주관적인 사정은 포함되지 않는다.
③ 강행규정을 위반한 법률행위를 한 자가 그 법률행위의 무효를 주장하는 것은 원칙적으로 신의칙에 위배된다.
④ 법원은 신의성실의 원칙의 위반 여부를 직권으로 판단할 수 있다.
⑤ 변호사의 민사소송위임사무에 관한 약정보수액이 부당하게 과다하여 신의성실의 원칙에 반하는 경우 변호사는 적당하다고 인정되는 범위 내의 보수액만을 청구할 수 있다.

02 제한능력자에 관한 설명으로 옳지 않은 것은?

① 미성년자가 법정대리인으로부터 허락을 얻은 특정한 영업에 관하여는 성년자와 동일한 행위능력이 있다.
② 가정법원은 취소할 수 없는 피성년후견인의 법률행위의 범위를 정할 수 있다.
③ 한정후견인은 일상생활에 필요하고 그 대가가 과도하지 아니한 피한정후견인의 법률행위를 취소할 수 없다.
④ 범위를 정하여 미성년자의 재산처분을 허락한 법정대리인은 미성년자가 그 재산을 처분하기 전에 그 허락을 취소할 수 있다.
⑤ 성년후견 개시의 심판은 본인의 의사에 반하여 할 수 없다.

03 제한능력자의 상대방 보호에 관한 설명으로 옳지 않은 것은? (다툼이 있으면 판례에 따름)

① 상대방은 제한능력자의 법정대리인에게 1개월 이상의 기간을 정하여 취소할 수 있는 행위를 추인할 것인지 여부의 확답을 촉구할 수 있다.
② 계약 당시에 당사자가 제한능력자임을 알지 못한 상대방은 추인이 있을 때까지 제한능력을 이유로 취소할 수 있는 계약의 의사표시를 철회할 수 있다.
③ 제한능력자의 취소할 수 있는 단독행위는 추인이 있을 때까지 상대방이 거절할 수 있다.
④ 상대방은 제한능력을 이유로 취소할 수 있는 계약에 대한 철회를 제한능력자에게 할 수 없다.
⑤ 적극적인 속임수를 사용하여 자기를 능력자로 믿게 하여 상대방과 계약을 체결한 제한능력자는 제한능력을 이유로 그 계약을 취소할 수 없다.

04 부재자의 재산관리에 관한 설명으로 옳지 않은 것은? (다툼이 있으면 판례에 따름)

① 부재자로부터 위임받은 재산처분권이 있는 재산관리인은 그 재산을 처분함에 있어 법원의 허가를 받아야 한다.

② 부재자 소유의 부동산에 관한 재산관리인의 매매행위에 대한 법원의 허가결정은 기왕의 매매를 추인하는 방법으로도 할 수 있다.

③ 재산관리인을 선임한 부재자의 생사가 분명하지 아니한 때에 법원은 이해관계인의 청구에 의하여 재산관리인을 개임할 수 있다.

④ 법원이 선임한 재산관리인은 법원의 허가없이 보존행위로서 부동산 소유권이전등기말소등기절차이행청구를 할 수 있다.

⑤ 법원이 선임한 재산관리인이 부재자의 재산을 처분하기 위해서는 특별한 사정이 없는 한 법원의 허가를 받아야 한다.

05 실종선고에 관한 설명으로 옳지 않은 것은? (다툼이 있으면 판례에 따름)

① 가족관계등록부상 사망한 것으로 기재되어 있는 자에 대해서는 그 사망기재의 추정력을 뒤집을 수 있는 자료가 없는 한 실종선고를 할 수 없다.

② 부재자가 사망할 때에 1순위의 상속인이 있는 경우 2순위의 상속인은 특별한 사정이 없더라도 그 부재자에 대한 실종선고를 청구할 수 있다.

③ 실종선고를 받은 자는 실종기간이 만료한 때에 사망한 것으로 본다.

④ 실종선고의 취소가 있을 때에 실종선고를 직접 원인으로 재산을 취득한 자가 선의인 경우 특별한 사정이 없는 한 그 받은 이익이 현존하는 한도에서 반환할 의무가 있다.

⑤ 실종선고의 취소가 있을 때에 실종선고를 직접 원인으로 재산을 취득한 자가 악의인 경우 특별한 사정이 없는 한 그 받은 이익에 이자를 붙여서 반환하고 손해가 있으면 이를 배상해야 한다.

06 법인의 등기에 관한 설명으로 옳지 않은 것은?

① 법인설립의 허가가 있는 때에는 3주간 내에 주된 사무소소재지에서 설립등기를 해야 한다.

② 사원자격의 득실에 관한 사항은 사단법인의 필수등기사항이다.

③ 청산이 종결한 때에는 청산인은 3주간 내에 이를 등기해야 한다.

④ 법인은 그 주된 사무소의 소재지에서 설립등기를 함으로써 성립한다.

⑤ 이사변경등기는 제3자에 대한 대항요건이다.

07 법인의 불법행위책임에 관한 설명으로 옳은 것을 모두 고른 것은? (다툼이 있으면 판례에 따름)

> ㄱ. 법인이 대표이사의 직무상 불법행위로 인해 손해배상책임이 있는 경우, 그 이사는 이로 인하여 자기의 손해배상책임을 면하지 못한다.
> ㄴ. 비법인사단의 대표자의 행위가 직무에 관한 행위에 해당하지 아니함을 중대한 과실로 알지 못한 피해자는 그 사단에게 손해배상책임을 물을 수 있다.
> ㄷ. 외형상 법인의 대표자의 직무행위로 인정되는 행위가 법령에 위배된 것인 경우에는 법인의 직무에 관한 행위에 해당하지 않는다

① ㄱ ② ㄱ, ㄴ ③ ㄱ, ㄷ
④ ㄴ, ㄷ ⑤ ㄱ, ㄴ, ㄷ

08 사단법인에 관한 설명으로 옳지 않은 것은? (다툼이 있으면 판례에 따름)

① 사단법인의 정관은 특별한 사정이 없는 한 총사원의 3분의 2 이상의 동의가 있는 때에 한하여 변경할 수 있다.
② 총사원의 5분의 1 이상이 회의의 목적사항을 제시하여 임시총회의 소집을 청구한 경우 이사는 특별한 사정이 없는 한 임시총회를 소집해야 한다.
③ 사단법인은 특별한 사정이 없는 한 총사원의 5분의 3이 동의한 경우에 해산을 결의할 수 있다.
④ 총회 소집 통지에 목적사항으로 기재되지 않은 사항에 대한 결의는 구성원 전원이 그 총회에 참석하여 의결한 경우가 아니면 원칙적으로 무효이다.
⑤ 비법인사단의 사원의 지위는 규약에 의하여 상속될 수 있다.

09 물건에 관한 설명으로 옳지 않은 것은? (다툼이 있으면 판례에 따름)

① 기존 건물에 증축을 한 소유자의 구분행위가 없더라도 증축 부분이 구조상 · 이용상의 독립성을 갖춘 경우 그 부분에 대한 구분소유권은 성립된다.
② 건물의 개수는 사회통념 또는 거래관념에 따라 물리적 구조 등 객관적 사정과 건축한 자의 의사 등 주관적 사정을 참작하여 결정된다.
③ 타인 소유의 물건은 종물이 될 수 없다.
④ 당사자는 주물을 처분할 때에 특약으로 종물을 제외할 수 있다.
⑤ 매매목적물의 인도 전에도 매수인이 매매대금을 완납한 후 발생한 그 목적물의 과실에 대한 수취권은 특별한 사정이 없는 한 매수인에게 귀속된다.

10 사기 · 강박에 의한 의사표시에 관한 설명으로 옳은 것을 모두 고른 것은? (다툼이 있으면 판례에 따름)

ㄱ. 상대방의 대리인에 의한 강박은 제3자의 강박에 해당한다.
ㄴ. 제3자가 사기에 의한 의사표시의 취소에 대항하기 위해서는 특별한 사정이 없는 한 자신의 선의를 증명해야 한다
ㄷ. 거래의 중요한 사항에 관한 사실을 신의성실의 의무에 비추어 비난받을 정도의 방법으로 허위로 고지한 것은 기망행위에 해당한다.

① ㄱ
② ㄷ
③ ㄱ, ㄴ
④ ㄴ, ㄷ
⑤ ㄱ, ㄴ, ㄷ

11 진의 아닌 의사표시에 관한 설명으로 옳지 않은 것은? (다툼이 있으면 판례에 따름)

① 진의 아닌 의사표시에 관한 민법 제107조는 공무원의 사직의 의사표시에는 적용되지 않는다.
② 진의 아닌 의사표시에서 '진의'란 특정한 내용의 의사표시를 하고자 하는 표의자의 생각을 말한다.
③ 진의 아닌 의사표시의 무효를 주장하는 경우 상대방의 악의 또는 과실은 그 주장자가 증명해야 한다.
④ 대리행위에서 진의 아닌 의사표시인지 여부는 대리인을 표준으로 정한다.
⑤ 표의자가 강박에 의하여 증여를 하기로 하고 그에 따른 증여의 의사표시를 하였더라도 재산을 강제로 뺏긴다는 것이 표의자의 본심으로 잠재되어 있었다면 증여의 내심의 효과의사가 결여된 것이다.

12 **甲은 자신 소유의 X토지에 관하여 乙과 유효하게 매매계약(제1 계약)을 체결한 후 乙로부터 매매대금 전액을 지급받았다. 丙은 제1 계약과 관련한 甲의 배임행위에 적극 가담하여 甲과 X토지에 관한 매매계약(제2 계약)을 체결한 후 이를 원인으로 甲으로부터 소유권이전등기를 경료받았다. 이에 관한 설명으로 옳은 것을 모두 고른 것은? (다툼이 있으면 판례에 따름)**

ㄱ. X토지에 관하여 경료된 丙 명의의 소유권이전등기는 원인무효이다. ㄴ. 만약 丙이 X토지를 丁에게 매도하고 소유권이전등기를 경료하여 주었다면, 丁은 제2 계약이 유효하다고 주장할 수 있다. ㄷ. 만약 丙이 X토지를 무단점유하고 있는 戊에 대하여 X토지의 소유권에 기한 반환을 주장하는 경우 戊는 제2 계약의 무효를 주장할 수 있다.

① ㄱ ② ㄴ ③ ㄱ, ㄷ
④ ㄴ, ㄷ ⑤ ㄱ, ㄴ, ㄷ

13 **복대리에 관한 설명으로 옳지 않은 것은? (다툼이 있으면 판례에 따름)**

① 임의대리인은 본인의 승낙이 있거나 부득이한 사유있는 때가 아니면 복대리인을 선임하지 못한다.
② 복대리인이 적법하게 선임되면 대리인의 대리권은 소멸한다.
③ 대리인의 대리권이 소멸하면 복대리인의 대리권도 소멸한다.
④ 복대리인은 제3자에 대하여 대리인과 동일한 권리의무가 있다.
⑤ 복임권 없는 대리인에 의하여 선임된 복대리인의 권한도 권한을 넘은 표현대리의 기본대리권이 될 수 있다.

14 **무권대리행위의 추인에 관한 설명으로 옳지 않은 것은? (다툼이 있으면 판례에 따름)**

① 무권대리행위의 추인은 묵시적인 방법으로도 할 수 있다.
② 상대방이 유효하게 무권대리행위를 철회한 후에도 본인은 추인할 수 있다.
③ 본인이 무권대리인에게 무권대리행위를 추인한 경우에 상대방이 이를 알지 못하는 동안에는 본인은 상대방에게 추인의 효과를 주장하지 못한다.
④ 무권대리행위의 추인은 상대방의 동의나 승낙을 요하지 않는다.
⑤ 무권대리행위의 일부에 대한 추인은 상대방의 동의를 얻지 못하는 한 무효이다.

15 甲은 토지거래허가구역 내에 있는 자신의 X토지에 관하여 乙과 매매계약을 체결하고, 일정 기간 내에 토지거래허가를 받기로 합의하였다. 이에 관한 설명으로 옳지 않은 것은? (다툼이 있으면 판례에 따름)

① 甲과 乙 쌍방이 토지거래허가신청을 하지 않기로 하는 의사를 명백히 표시한 경우 매매계약은 확정적으로 무효가 된다.
② 甲이 허가신청절차에 협력하지 않는다면 乙은 甲에 대하여 협력의무의 이행을 소구할 수 있다.
③ 토지거래허가가 있기 전에는 乙은 매매계약에 따른 대금지급의무가 없다.
④ 甲과 乙이 토지거래허가를 받으면 매매계약은 특별한 사정이 없는 한 허가를 받은 때부터 유효가 된다.
⑤ 만약 丙이 乙로부터 X토지를 매수한 후 자신과 甲을 당사자로 하는 토지거래허가를 받아 甲으로부터 소유권이전등기를 경료받았다면 그 등기는 무효이다.

16 소멸시효의 중단에 관한 설명으로 옳지 않은 것은? (다툼이 있으면 판례에 따름)

① 시효중단의 효력이 미치는 당사자란 중단행위에 관여한 당사자를 말한다.
② 원인채권의 지급을 확보하기 위한 방법으로 어음이 수수된 경우 원인채권에 기하여 청구한 것만으로는 어음채권의 소멸시효를 중단시키지 못한다.
③ 가압류의 피보전채권에 관하여 본안의 승소판결이 확정되었다면 가압류에 의한 시효중단의 효력은 재판상 청구에 흡수되어 소멸된다.
④ 요역지가 수인의 공유인 경우에 그 1인에 의한 지역권 소멸시효의 중단은 다른 공유자를 위하여 효력이 있다.
⑤ 소멸시효의 중단사유로서의 승인은 소멸시효의 진행이 개시된 이후에만 가능하다.

17 조건과 기한에 관한 설명으로 옳지 않은 것은? (다툼이 있으면 판례에 따름)

① 조건을 붙이는 것이 허용되지 않는 법률행위에 조건을 붙인 경우 그 조건만 무효로 된다.
② 법률행위의 부관으로서의 조건이 되기 위해서는 법률행위에 조건을 붙이고자 하는 의사와 그 표시가 필요하다.
③ 기한은 채무자의 이익을 위한 것으로 추정한다.
④ 건축허가를 받지 못하면 무효로 한다는 약정 아래 이루어진 토지매매계약은 해제조건부 계약이다.
⑤ 당사자가 불확정한 사실이 발생한 때를 이행기한으로 정한 경우 그 사실의 발생이 불가능하게 된 때에는 그 이행기한은 도래한 것으로 보아야 한다.

18 **소멸시효에 관한 설명으로 옳지 않은 것은? (다툼이 있으면 판례에 따름)**

① 소유권에 기한 물권적 청구권은 소멸시효의 대상이 되지 않는다.
② 정지조건부 권리는 조건 미성취의 동안에도 소멸시효가 진행된다.
③ 3년의 단기소멸시효가 적용되는 '1년 이내의 기간으로 정한 채권'이란 1년 이내의 정기로 지급되는 채권을 말한다.
④ 채권의 이행기가 도래한 후 채권자와 채무자가 이행기를 유예하기로 합의한 경우 소멸시효는 변경된 이행기가 도래한 때부터 다시 진행한다.
⑤ 변제기가 도래하여 지급명령에서 확정된 채권은 단기의 소멸시효에 해당하는 것이라도 그 소멸시효기간이 10년으로 연장된다.

19 **사회질서에 반하는 법률행위로서 무효인 것은? (다툼이 있으면 판례에 따름)**

① 양도소득세의 일부를 회피할 목적으로 매매계약서에 실거래 가액보다 낮은 금액을 매매대금으로 기재한 매매계약
② 강제집행을 면할 목적으로 부동산에 허위의 근저당권설정등기를 경료하는 행위
③ 반사회적 행위에 의하여 조성된 비자금을 소극적으로 은닉하기 위하여 임치한 행위
④ 전통사찰의 주지직을 거액의 금품을 대가로 양도하기로 하는 약정이 있음을 알고도 이를 묵인한 상태에서 한 종교법인의 주지임명 행위
⑤ 보험계약자가 다수의 보험계약을 통하여 보험금을 부정취득할 목적으로 체결한 보험계약

20 **불공정한 법률행위에 관한 설명으로 옳지 않은 것은? (다툼이 있으면 판례에 따름)**

① 매매계약이 불공정한 법률행위에 해당하는지는 계약체결 당시를 기준으로 판단해야 한다.
② 궁박은 심리적 원인에 기인할 수도 있다.
③ 무경험은 특정 영역에서의 경험부족을 뜻한다.
④ 대리행위의 경우에 궁박은 본인을 기준으로 판단한다.
⑤ 현저하게 공정을 잃었는지는 거래상의 객관적 가치에 따라 판단해야 한다.

21 물권에 관한 설명으로 옳지 않은 것은? (다툼이 있으면 판례에 따름)

① 물권의 객체는 물권에 한정되지 않는다.
② 법률 또는 관습법이 인정하지 않는 새로운 종류의 물권 창설은 허용되지 않는다.
③ 미등기건물의 양수인은 소유권이전등기가 경료되지 않아도 사실상의 소유권을 취득한다.
④ 근린공원을 자유롭게 이용할 수 있다는 사정만으로는 공원이용권이라는 배타적인 권리를 취득하였다고 할 수 없다.
⑤ 분할의 절차를 거치지 않고 1필의 토지 중 일부에 관해 소유권보존등기를 경료할 수 없다.

22 부동산 물권변동을 위하여 등기가 필요하지 않은 경우를 모두 고른 것은? (다툼이 있으면 판례에 따름)

ㄱ. 부동산 매매계약이 해제되어 소유권이 매도인에게 복귀하는 경우 ㄴ. 화해조서에 의하여 부동산 소유권을 취득하는 경우 ㄷ. 공유자 사이에 현물분할에 관한 조정이 성립하여 이에 따라 각 부동산의 단독소유권을 취득하는 경우

① ㄱ
② ㄷ
③ ㄱ, ㄴ
④ ㄴ, ㄷ
⑤ ㄱ, ㄴ, ㄷ

23 甲은 乙과 乙 소유 X토지에 대한 매매계약을 체결하였다. 그 후 매매대금을 모두 지급한 甲은 X토지를 인도받아 점유·사용하고 있지만, 乙은 이행기 이후에도 등기를 이전하여 주지 않고 있다. 이에 관한 설명으로 옳지 않은 것은? (다툼이 있으면 판례에 따름)

① 甲은 乙에 대하여 채권적 등기청구권을 갖는다.
② 甲의 乙에 대한 등기청구권의 소멸시효는 진행되지 않는다.
③ 甲의 乙에 대한 등기청구권은 특별한 사정이 없는 한 그 성질상 양도가 제한된다.
④ 甲이 X토지를 丙에게 매도하고 인도하였다면 그때부터 甲의 乙에 대한 등기청구권의 소멸시효가 진행된다.
⑤ 만약 甲이 매매대금을 모두 지급하지 않았다면 甲의 乙에 대한 등기청구권의 소멸시효는 진행되지 않는다.

24 등기의 추정력에 관한 설명으로 옳지 않은 것은? (다툼이 있으면 판례에 따름)

① 소유권이전등기가 경료된 경우 그 등기명의자는 전소유자에 대하여도 적법한 등기원인에 의하여 소유권을 취득한 것으로 추정된다.

② 건물 소유권보존등기의 명의자가 그 건물을 신축한 것이 아니라면 그 등기의 권리추정력은 깨진다.

③ 소유권이전등기가 부적법하게 말소된 경우 말소된 등기의 명의자는 여전히 적법한 소유자로 추정된다.

④ 소유권이전등기청구권의 보전을 위한 가등기가 있는 경우 소유권이전등기를 청구할 적법한 법률관계가 있다고 추정된다.

⑤ 근저당권설정등기가 있는 경우에도 피담보채권의 성립을 위한 법률행위의 존재는 추정되지 않는다.

25 점유에 관한 설명으로 옳지 않은 것은? (다툼이 있으면 판례에 따름)

① 물건을 사실상 지배한다는 것은 물건을 물리적, 현실적으로 지배하는 것만을 의미하는 것은 아니다.

② 건물의 소유자가 그 건물을 현실적으로 점거하지 아니한 경우 그는 건물의 부지가 된 토지를 점유하고 있다고 볼 수 없다.

③ 공터로 형성되어 공중의 이용에 제공되고 있었던 토지 부분을 공로로 나가는 통로로 사용한 것에 불과하다면 그 사용자가 이를 점유하였다고 볼 수 없다.

④ 건물 공유자 중 일부만이 그 건물을 점유하고 있더라도 그 건물의 부지는 공유자 전원이 공동으로 점유하고 있는 것이다.

⑤ 건물의 유치권자는 그 건물을 점유하는 경우에도 그 건물의 부지 부분을 점유하였다고 볼 수는 없다.

26 甲으로부터 甲 소유의 토지를 임차한 乙이 임대차 기간이 만료된 후에도 다른 협의 없이 X토지를 반환하지 않고 점유 · 사용하고 있다. 이에 관한 설명으로 옳지 않은 것은? (다툼이 있으면 판례에 따름)

① 乙의 X토지에 대한 점유는 타주점유이다.
② 甲은 X토지를 간접점유하고 있다.
③ 乙은 甲으로부터 X토지를 인도받은 시점부터 현재까지 계속하여 점유한 것으로 추정된다.
④ 만약 乙이 X토지에 자기 소유의 건물을 신축하였다면 乙이 甲에게 X토지에 대한 소유의 의사를 표시한 것으로 볼 수 있다.
⑤ 만약 甲이 종중이고 대표권 없는 종원인 丙이 종중과 무관하게 사인의 자격에서 乙에게 X토지를 임대한 것이라면 甲은 X토지를 간접점유하고 있다고 볼 수 없다.

27 점유의 회수에 관한 설명으로 옳은 것은? (다툼이 있으면 판례에 따름)

① 사기에 의한 의사표시에 의해 물건을 인도해 준 경우 점유의 침탈이 인정된다.
② 직접점유자가 임의로 점유를 이전한 경우 그 점유이전이 간접점유자의 의사에 반하면 점유의 침탈이 인정된다.
③ 점유회수청구권은 침탈자의 악의의 특별승계인에게는 주장하지 못한다.
④ 간접점유자가 점유회수청구권을 행사하는 경우 먼저 자기에게 반환할 것을 청구해야 한다.
⑤ 점유회수청구권을 행사할 수 있는 기간은 그 기간 내에 소를 제기해야 하는 기간으로 해석된다.

28 甲, 乙, 丙은 X토지를 동일한 지분비율로 공유하고 있다. 이에 관한 설명으로 옳지 않은 것은? (다툼이 있으면 판례에 따름)

① 甲은 특별한 사정이 없는 한 자신의 지분을 자유롭게 처분할 수 있다.
② 甲과 乙이 丙과의 협의 없이 X토지에 건물을 신축하여 임대하기로 결정하는 것도 관리방법으로서 적법하다.
③ 甲, 乙, 丙은 X토지를 3년 동안 분할하지 아니할 것을 약정할 수 있다.
④ 甲이 乙 및 丙과의 협의 없이 X토지 전부를 독점적으로 점유하여 사용하는 경우 乙은 甲에게 X토지의 인도를 청구할 수 없다.
⑤ 丙의 지분 위에 원인무효의 저당권 등기가 마쳐진 경우 甲은 X토지의 보존행위로서 저당권 등기의 말소를 청구할 수는 없다.

29 취득시효에 관한 설명으로 옳지 않은 것은? (다툼이 있으면 판례에 따름)

① 국유재산 중 행정재산은 공용이 폐지되지 않는 한 취득시효의 대상이 되지 않는다.
② 성명불상자의 소유물에 대하여도 시효취득을 인정할 수 있다.
③ 부동산에 관하여 적법한 등기를 마치고 소유권을 취득한 자가 그 부동산을 점유하는 경우 특별한 사정이 없는 한 그 점유는 취득시효의 기초가 되는 점유라 할 수 없다.
④ 1필의 토지의 일부분에 대한 시효취득도 인정될 수 있다.
⑤ 1동의 집합건물의 구분소유자들의 건물 대지 전체에 대한 공동의 점유는 대지 소유권의 점유취득시효의 요건인 점유에 해당하지 않는다.

30 소유물반환청구권에 관한 설명으로 옳은 것을 모두 고른 것은? (다툼이 있으면 판례에 따름)

ㄱ. 타인의 소유물을 불법으로 점유하였던 자라도 더 이상 현실적으로 점유를 하고 있지 않은 이상 그를 상대로 한 소유물반환청구는 부당하다.
ㄴ. 타인의 토지에 무단으로 건물을 신축하여 소유하는 자에 대하여 토지소유자는 그 건물에서 퇴거할 것을 청구할 수 있다.
ㄷ. 토지소유자는 토지에 대한 점유취득시효 완성자에 대하여 불법점유를 이유로 토지의 반환을 청구할 수 있다.

① ㄱ ② ㄴ ③ ㄷ
④ ㄱ, ㄷ ⑤ ㄴ, ㄷ

31 지상권에 관한 설명으로 옳지 않은 것은? (다툼이 있으면 판례에 따름)

① 지상권에 저당권을 설정해 준 지상권자가 지상권의 목적인 토지를 매수한 때에는 지상권이 혼동으로 소멸하지 않는다.
② 토지에 저당권, 지상권, 저당권이 순차적으로 설정된 경우 나중에 설정된 저당권이 실행되면 지상권은 소멸한다.
③ 지상권자는 제3자에게 구분지상권을 설정해 줄 수 있다.
④ 토지의 담보가치 하락을 막기 위해 설정된 지상권은 피담보채권이 소멸하면 존속기간과 관계없이 소멸한다.
⑤ 지상권에 저당권이 설정된 경우 지상권설정자의 지상권소멸청구는 그 저당권자에게 통지한 후 상당한 기간이 경과해야 효력이 생긴다.

32 관습상의 법정지상권이 성립할 수 있는 경우는? (다툼이 있으면 판례에 따름)

① 자신의 토지에 미등기건물을 건축한 자가 건물의 철거특약 없이 토지를 매도한 경우
② 토지소유자가 토지 매도 후 소유권이전등기 전에 매수인의 승낙 없이 그 토지에 건물을 신축한 경우
③ 건물에 대한 경매개시결정 후 매수인의 매각대금완납 전에 그 건물과 대지가 동일인에게 속하게 된 경우
④ 토지공유자 1인이 지분의 과반수의 동의를 얻어 공유토지 위에 건물을 신축하여 소유하다가 그 건물을 타인에게 매도한 경우
⑤ 채권담보를 위한 가등기가 설정된 나대지 위에 건물이 신축된 후 그 가등기에 기한 본등기가 행해진 경우

33 지역권에 관한 설명으로 옳지 않은 것은? (다툼이 있으면 판례에 따름)

① 요역지 소유권과 지역권이 함께 이전되지 않도록 하는 약정은 유효하며 이를 등기할 수 있다.
② 승역지 소유자가 지역권자의 지역권 행사를 위하여 공작물 수선의무를 부담하기로 한 경우 승역지 소유자의 특별승계인도 그 의무를 부담한다.
③ 동일한 승역지 위에 수개의 용수지역권이 설정될 수 있다.
④ 전망지역권은 소멸시효에 걸리지 않는다.
⑤ 통행지역권을 시효로 취득한 자는 특별한 사정이 없는 한 도로 설치 및 사용에 의하여 승역지 소유자가 입은 손해를 보상해야 한다.

34 창고소유자 甲은 乙과 월차임을 100만 원, 보증금을 3억 원으로 하는 창고임대차 계약을 체결하고, 보증금반환청구권을 담보하기 위하여 乙에게 전세금을 3억 원, 임대차기간과 동일한 기간을 존속기간으로 하는 전세권등기도 경료해 주었다. 이에 관한 설명으로 옳은 것은? (다툼이 있으면 판례에 따름)

① 乙은 甲에게 전세권의 효력을 주장할 수 없고 임대차계약의 효력만 주장할 수 있다.
② 乙은 甲에게서 창고를 매수한 丙에게 자신의 전세권을 주장할 수 없다.
③ 임대차계약 만료 후 甲이 보증금의 반환을 지체하면 乙은 전세권에 기한 경매를 신청할 수 없다.
④ 임대차계약 만료 후 甲은 보증금에서 乙이 연체한 차임을 공제한 금액을 반환하면 된다.
⑤ 乙이 丁에게 금전을 차용하면서 전세권저당권을 설정해 줄 당시 丁이 甲과 乙의 임대차 관계를 안 경우 甲은 丁에게 乙의 연체차임으로 대항할 수 없다.

35 **유치권의 성립요건인 채권과 목적물 사이의 견련관계가 인정되지 않는 것은? (다툼이 있으면 판례에 따름)**

① 임차주택과 임차보증금반환채권
② 점유물과 점유자의 유익비상환청구권
③ 임차물과 임차인의 필요비상환청구권
④ 수급인이 수리한 건물과 공사대금채권
⑤ 임치물과 그 하자로부터 생긴 수치인의 손해배상채권

36 **유치권에 관한 설명으로 옳지 않은 것은? (다툼이 있으면 판례에 따름)**

① 유치권자는 유치물의 과실인 금전을 수취하여 다른 채권보다 먼저 그 채권의 변제에 충당할 수 있다.
② 유치권자가 소유자의 허락 없이 유치물을 임대한 경우 임차인은 소유자에게 임대차로 대항할 수 없다.
③ 여러 필지의 토지에 유치권을 행사하는 자가 그 토지 중 일부에 대해 선관주의의무를 위반한 경우 모든 토지에 대한 유치권소멸청구가 인정된다.
④ 유치권에 의한 경매로 유치물이 매각되는 경우 유치권자는 일반채권자와 동일한 순위로 배당을 받는다.
⑤ 저당권이 설정된 건물에 대하여 경매개시결정 이전에 유치권이 성립한 때에는 유치권자는 경매절차의 매수인에게 대항할 수 있다.

37 **질권에 관한 설명으로 옳지 않은 것은? (다툼이 있으면 판례에 따름)**

① 질물을 질권설정자가 계속 점유하는 방식으로 질권을 설정할 수 없다.
② 채무자가 질권자의 책임전질을 승낙한 경우 채무자는 전질권자의 동의 없이 질권자에게 채무를 변제하여도 이로써 전질권자에게 대항하지 못한다.
③ 질물의 소유자가 질물을 다른 사람에게 매도한 때에는 질권자는 특별한 사정이 없는 한 그 매매대금에 대하여 질권을 행사할 수 없다.
④ 동산질권의 선의취득이 인정되려면 취득자는 자신의 선의 · 무과실을 증명해야 한다.
⑤ 근질권이 설정된 금전채권에 대해 제3자의 압류로 강제집행절차가 개시된 경우 근질권의 피담보채권은 강제집행이 개시된 때에 확정된다.

38 **채권질권에 관한 설명으로 옳지 않은 것은? (다툼이 있으면 판례에 따름)**

① 임차보증금반환청구권은 채권질권의 목적이 될 수 있다.
② 채권증서가 있는 지명채권의 경우 그 증서를 질권자에게 교부해야 질권의 효력이 생긴다.
③ 채권의 목적물이 금전 이외의 물건인 때에는 채권질권자는 직접 변제받은 물건에 대해 질권을 행사할 수 있다.
④ 질권설정자가 질권이 설정된 채권을 양도하는 경우 질권자의 동의는 필요 없다.
⑤ 질권설정자와 제3채무자가 질권자의 동의 없이 질권이 설정된 채권을 소멸하게 하는 행위를 한 경우 특별한 사정이 없는 한 제3자도 그 무효를 주장할 수 있다.

39 **저당권에 관한 설명으로 옳은 것을 모두 고른 것은? (다툼이 있으면 판례에 따름)**

ㄱ. 건물에 저당권이 설정된 후 건물의 종물에 대해 강제집행을 한 자는 건물 경매절차의 매수인에게 강제집행의 효력을 주장할 수 없다.
ㄴ. 저당권이 설정된 토지에 지상권을 취득한 자가 수목을 식재한 경우 그 지상권자는 토지 경매절차의 매수인에 대해 수목의 매수를 청구할 수 있다.
ㄷ. 건물에 설정된 저당권이 실행된 경우 경매절차의 매수인은 특별한 사정이 없는 한 건물의 소유를 위해 인정된 지상권도 등기 없이 취득한다.

① ㄱ
② ㄴ
③ ㄱ, ㄷ
④ ㄴ, ㄷ
⑤ ㄱ, ㄴ, ㄷ

40 **乙은 甲에게 1억 원을 빌려주면서 甲의 X토지와 丙의 Y건물에 공동저당권을 설정받았다. 이후 甲은 X토지를 丁에게 매도하고 소유권을 이전해 주었다. 채무를 변제받지 못한 乙이 저당권을 실행하고자 한다. 이에 관한 설명으로 옳은 것은? (다툼이 있으면 판례에 따름)**

① 乙이 Y건물의 경매에서 먼저 배당을 받을 수 있는 금액은 X토지와 Y건물의 경매대가에 비례하여 丙이 분담하는 채권액에 한한다.

② 乙이 X토지의 경매에서 먼저 배당을 받은 경우 X토지의 후순위저당권자는 Y건물에 대한 乙의 저당권을 대위행사할 수 있다.

③ Y건물의 경매를 막기 위해 甲의 채무를 모두 변제한 丙은 X토지에 대한 乙의 저당권을 대위행사할 수 없다.

④ X토지와 Y건물이 경매되어 동시에 배당이 되는 경우 乙은 X토지의 경매대가에서 먼저 배당받고 변제받지 못한 부분에 한하여 Y건물의 경매대가에서 배당받는다.

⑤ Y건물이 먼저 경매되고 X토지가 경매된 경우 丁은 자신이 X토지에 지출한 유익비가 있어도 乙의 저당권을 대위하는 丙보다 우선하여 상환받을 수 없다.

제2과목 | 경제학원론

01 X재 수요의 탄력성에 관한 설명으로 옳지 않은 것은? (단, 주어진 소득으로 X재와 Y재만 양(+)의 소비를 한다)

① X재의 가격탄력성이 1일 때, X재 가격의 변동은 X재의 지출액을 변화시키지 않는다.
② X재 소득탄력성이 1이면, 소득소비곡선은 원점을 지나는 직선이다.
③ X재 소득탄력성이 1보다 크면, Y재 소득탄력성은 1보다 작다.
④ Y재의 X재 가격에 대한 교차탄력성이 1이면, X재의 가격탄력성은 1이다.
⑤ X재 소득탄력성이 1이면, Y재 소득탄력성도 1이다.

02 소비자가 X재의 판매자일 때, 실물부존(real endowment) 모형에 관한 설명으로 옳지 않은 것은? (단, 주어진 소득으로 X재와 Y재만 양(+)의 소비를 한다)

① 최적소비점은 예산선과 무차별곡선이 접하는 점이며 실물부존점과 일치하지 않을 수 있다.
② X재의 가격이 하락하고 효용이 증가하였다면, 소비자는 X재 구매자로 전환된다.
③ Y재의 가격이 하락하면, 소비자의 효용은 증가한다.
④ X재의 가격이 상승하고 Y재가 정상재라면, Y재의 소비는 증가한다.
⑤ X재의 가격이 상승하고 X재가 열등재라면, X재의 소비는 증가한다.

03 코즈(R. Coase)정리가 성립하기 위한 조건으로 옳지 않은 것을 모두 고른 것은?

ㄱ. 정부는 외부효과의 크기를 정확하게 파악하고 있다. ㄴ. 관련 당사자 간 협상이 가능하다. ㄷ. 협상에 따른 거래비용이 발생하지 않는다. ㄹ. 당사자 간 재산권이 명확하게 설정되어 있다.

① ㄱ
② ㄴ
③ ㄱ, ㄹ
④ ㄴ, ㄷ
⑤ ㄷ, ㄹ

04 생산가능곡선에 관한 설명으로 옳은 것을 모두 고른 것은?

ㄱ. 곡선의 외부에 있는 점은 비효율적인 생산점이고, 내부에 있는 점은 실현불가능한 생산점이다.
ㄴ. 곡선이 원점에 대해 오목하면 한 재화의 생산을 늘릴수록 기회비용이 증가한다.
ㄷ. 곡선이 직선이면 한 재화의 생산을 늘릴수록 기회비용이 감소한다.

① ㄱ
② ㄴ
③ ㄱ, ㄷ
④ ㄴ, ㄷ
⑤ ㄱ, ㄴ, ㄷ

05 시장실패에 관한 설명으로 옳지 않은 것은?

① 공유자원의 비극은 소유권이 불명확하여 자원이 과대하게 사용되는 문제이다.
② 부정적 외부성은 사회적 후생손실을 발생시키지만, 긍정적 외부성은 사회적 후생손실을 발생시키지 않는다.
③ 정보의 비대칭성은 역선택과 도덕적 해이를 유발할 수 있다.
④ 공공재는 비배제성의 특징으로 인해 무임승차자 문제가 발생한다.
⑤ 시장실패에 대응하기 위한 정부개입이 오히려 효율성을 저하시킬 수 있다.

06 X재를 독점 공급하는 기업 A의 시장수요함수는 $P = 300 - Q$이고, 생산함수는 $Q = \min\{0.2L,\ 0.5M\}$이다. 노동임금은 $P_L = 20$, 원료가격은 $P_M = 10$일 때, 이윤을 극대화하는 생산량은? (단, P는 가격, Q는 수량, L은 노동, M은 원료)

① 70
② 90
③ 110
④ 130
⑤ 150

07 갑은 X재 소비량이 Y재보다 많으면 X재 5개에 Y재 1개와 교환하려 하고, Y재 소비량이 X재보다 많으면 X재 1개에 Y재 5개와 교환하려는 효용함수를 가진다. 만약 X재의 가격이 1, Y재의 가격이 2, 그리고 소득이 120일 때 효용을 극대화하는 소비량은?

① X : 20, Y : 50
② X : 30, Y : 45
③ X : 40, Y : 40
④ X : 50, Y : 35
⑤ X : 60, Y : 30

08 X재와 Y재는 서로 대체재이고 X재와 Z재는 서로 보완재이다. X재의 가격이 상승할 때 균형의 변화에 관한 설명으로 옳은 것을 모두 고른 것은? (단, Y재와 Z재의 수요곡선은 우하향하고 공급곡선은 우상향하며 다른 조건은 일정하다)

ㄱ. Y재의 가격이 상승하고 거래량은 증가한다.
ㄴ. Y재의 가격이 하락하고 거래량은 감소한다.
ㄷ. Z재의 가격이 상승하고 거래량은 증가한다.
ㄹ. Z재의 가격이 하락하고 거래량은 감소한다.

① ㄱ
② ㄱ, ㄷ
③ ㄱ, ㄹ
④ ㄴ, ㄷ
⑤ ㄴ, ㄹ

09 수요함수가 $P = 100 - Q$인 시장에서 기업 A는 슈타켈버그(Stackelberg) 모형의 선도자, B는 추종자로 행동한다. 기업 A의 한계비용이 10, 기업 B의 한계비용이 20일 때, 이윤을 극대화하는 기업 A의 생산량은? (단, P는 가격, Q는 수량)

① 30
② 33
③ 35
④ 40
⑤ 50

10 기업 갑은 시장 A와 B에 자동차를 독점공급하고 있다. A시장의 수요함수는 $P_A = 600 - 2Q_A$, B시장의 수요함수는 $P_B = 1{,}200 - 5Q_B$이고, 기업의 비용함수는 $C(Q) = Q^2$이다. 3급 가격차별을 할 경우, 시장 A, B의 자동차 가격은? (단, P_i는 가격, Q, Q_i는 수량, i = A, B)

① A : 400 B : 400
② A : 400 B : 700
③ A : 500 B : 500
④ A : 700 B : 400
⑤ A : 700 B : 700

11 이윤극대화를 추구하는 기업 A와 B는 복점시장에서 수량경쟁을 한다. 역수요함수는 $P = 100 - Q$이며, 두 기업의 한계비용은 20으로 일정하다. 두 기업이 담합을 통해 독점기업처럼 행동하고 생산량을 절반씩 나누어 생산하기로 합의했다. 이 때 기업 A만 합의를 어겼을 경우, 기업 A의 이윤은? (단, P는 가격, Q는 수량, 고정비용은 0이다)

① 800 ② 850 ③ 900
④ 950 ⑤ 1,000

12 생산함수가 $Q = AL^{\alpha}K^{\beta}$일 때 기업의 비용에 관한 설명으로 옳은 것은? (단, Q는 수량, A는 상수, L은 노동, K는 자본, α, $\beta > 0$)

① $\alpha + \beta = 1$이면 장기평균비용은 1로 일정하다.
② $\alpha + \beta < 1$이면 장기평균비용은 장기한계비용보다 크다.
③ $\alpha + \beta < 1$이면 규모에 대한 수익체증(increasing returns to scale)이 된다.
④ $\alpha + \beta > 1$이면 생산량이 증가함에 따라 장기평균비용은 감소한다.
⑤ $\alpha + \beta > 1$이면 규모의 불경제가 발생한다.

13 생산에 외부 불경제를 유발하는 X재의 시장수요함수는 $P = 20 - Q$이다. 사적한계비용은 $PMC = 2Q + 2$이고, 사회적 한계비용은 $SMC = 3Q + 4$이다. 사회적 최적생산량 수준을 달성하기 위한 피구세(Pigouvian tax)를 부과할 경우 개선되는 사회후생의 크기는? (단, P는 가격, Q는 수량)

① 5 ② 6 ③ 7
④ 8 ⑤ 9

14 생산요소시장에서 경제적 지대(economic rent)에 관한 설명으로 옳지 않은 것은?

① 생산요소의 기회비용을 초과해 추가로 지불되는 보수로 해석할 수 있다.
② 전용수입(transfer earnings)은 생산요소를 현재 수준으로 유지하기 위한 것과 관련된 기회비용이다.
③ 공급이 비탄력적일수록 경제적 지대는 커진다.
④ 희소성이 큰 생산요소일수록 경제적 지대가 크다.
⑤ 공급이 완전탄력적일 경우 전용수입이 발생하지 않는다.

15 **갑과 을의 동시선택게임에서 전략이 각각 L, R과 T, D일 때, 다음 설명 중 옳은 것은? (단, 괄호 안 왼쪽은 갑, 오른쪽은 을의 보수)**

		을	
		T	D
갑	L	(5, 5)	(0, 20)
	R	(20, 30)	(25, 0)

① 갑의 전략 L에 대한 을의 최선반응(best response)은 T이다.
② 을의 전략 T에 대한 갑의 최선반응은 L이다.
③ 갑은 우월전략이 없다.
④ T는 을의 우월전략이다.
⑤ 전략조합 (R, T)는 내쉬균형이다.

16 **X재와 Y재만 소비하는 갑의 효용함수가 $U = \min\{X,\ Y\}$이며, 재화의 가격은 각각 P_X, P_Y이다. 다음 중 옳지 않은 것은?**

① 소득소비곡선은 원점을 지나는 45도 선이다.
② 가격소비곡선은 원점을 지나는 45도 선이다.
③ X재의 소득탄력성은 1이다.
④ X재 수요의 가격탄력성의 절대치는 1보다 작다.
⑤ P_Y에 대한 X재 수요의 교차탄력성은 1이다.

17 **정보의 비대칭성에 관한 설명으로 옳은 것은?**

① 본인-대리인 문제는 감추어진 유형(hidden type)으로 인해 발생하는 문제에 해당한다.
② 정부가 가입을 강제하는 건강보험과 같은 단체보험은 도덕적 해이 문제를 완화할 수 있다.
③ 품질보증은 역선택 문제를 해결하는 방안 중 하나이다.
④ 보험시장에서 기초공제(initial deduction)는 역선택 문제를 완화할 수 있다.
⑤ 애컬로프(Akerlof)의 중고차시장 모형은 도덕적 해이 문제를 설명한 것이다.

18 어떤 재화의 시장수요함수는 $Q = 100 - P$이고, 시장공급함수는 $Q = -10 + P$이다. 정부가 $P = 40$에서 가격상한제를 실시할 경우, 생산자잉여의 감소분 중 소비자잉여로 이전(transfer)되는 크기는? (단, P는 가격, Q는 수량)

① 350
② 400
③ 450
④ 500
⑤ 550

19 두 명의 수요자로 구성된 X재 시장에 관한 설명으로 옳은 것은? (단, P는 가격, Q_1과 Q_2는 각각 개인 1과 2의 수요함수)

• $Q_1 = 10 - \frac{1}{2}P$, $Q_2 = 20 - P$
• 한계비용은 16으로 일정하다.

① X재가 사적재일 경우 경쟁시장에서의 균형거래량은 10이다.
② X재가 사적재일 경우 경쟁시장에서의 균형거래량은 8이다.
③ X재가 공공재일 경우 최적 생산량은 8이다.
④ X재가 공공재일 경우 최적 생산량은 10이다.
⑤ 재화의 성격과 관계없이 균형거래량과 최적 생산량은 10이다.

20 X재의 수요곡선은 우하향하는 직선이고, 가로축 절편이 a이다. 공급곡선은 $\frac{a}{2}$에서 수직인 직선이라고 할 때, 시장균형에서의 설명으로 옳은 것을 모두 고른 것은? (단, $a > 0$)

ㄱ. 수요의 가격탄력성은 절대치로 1이다.
ㄴ. 공급이 증가하면 기업의 총수입이 감소한다.
ㄷ. 공급이 증가하면 수요의 가격탄력성이 커진다.
ㄹ. 생산자잉여는 0이다.

① ㄱ, ㄴ
② ㄱ, ㄷ
③ ㄴ, ㄷ
④ ㄴ, ㄹ
⑤ ㄷ, ㄹ

21 **유동성선호설을 통한 화폐시장과 LM곡선에 대해 옳게 설명한 것은? (단, 화폐공급곡선은 수직이고, 화폐수요는 이자율에 음(−), 소득에 정(+)의 관계를 가정)**

① 소득의 감소는 화폐수요곡선을 오른쪽으로 이동시켜 이자율 상승
② 소득의 증가는 실질화폐 수요를 증가시켜 이자율 상승
③ 이자율이 상승하면 화폐수요곡선이 왼쪽으로 이동하고 소득 증가
④ 중앙은행이 화폐공급을 감소하면 이자율 하락
⑤ 투기적 동기로 인한 소득의 증가는 화폐수요곡선상에서의 이동으로 이자율 상승

22 **화폐수요함수가 아래와 같이 주어진 경제에서 명목GDP가 1,000이고 명목이자율(i)이 0.04일 때, 화폐의 유통속도는? (단, M은 통화량, P는 물가, Y는 실질GDP)**

• 화폐수요함수 : $\frac{M}{P} = 0.2Y/i$

① 0.2
② 0.3
③ 0.4
④ 0.5
⑤ 0.6

23 **아래의 폐쇄경제 IS-LM 모형의 초기 균형에서 중앙은행이 이자율을 0.5만큼 인상시키고자 할 때, 명목화폐공급량 변화분의 절댓값은? (단, Y는 국민소득, r은 이자율, P는 물가, M은 명목화폐공급량)**

• IS 곡선 : $r = 6 - Y$	• LM 곡선 : $\frac{M}{P} = Y - r$
• $M - 4$	• $P = 1$

① 0.0
② 0.5
③ 1.0
④ 1.5
⑤ 2.0

24 **폐쇄경제에서 총수요곡선이 우하향하는 이유에 관한 설명으로 옳지 않은 것은?**

① 물가수준이 상승하면, 소비자의 실질 부(富)의 효과 감소로 인한 구매력 감소
② 물가수준이 하락하면, 실질 화폐공급량의 증가로 인한 금리하락으로 투자수요 증가
③ 화폐공급이 고정된 상태에서 물가수준이 하락하면, 실질 화폐공급 증가로 총수요량 증가
④ 물가수준이 상승하면, 중앙은행이 금리를 인하하여 투자를 증가
⑤ 물가수준이 하락하면, 구매력이 증가하여 소비가 증가

25 **폐쇄경제의 균형국민소득 결정모형에서 한계소비성향이 0.8이고, 초기 균형소득이 1,000이다. 정부가 구매를 20 증가시킬 경우의 균형소득과 조세를 20 증가시킬 경우의 균형소득 차이(절댓값)는? (단, 정부 구매승수 효과와 조세 승수효과가 각각 별도로 발생한다고 가정)**

① 60 ② 80
③ 180 ④ 200
⑤ 240

26 **솔로우(Solow) 성장모형에서 생산함수가 $Y = 2K^{0.5}L^{0.5}$로 주어졌을 때, 노동(L)은 100이고 저축률은 0.2, 자본의 감가상각률은 0.1이다. 이 경제의 균제상태(steady state) 자본(K)은? (단, 다른 변수는 고려하지 않음)**

① 400 ② 900
③ 1,600 ④ 2,500
⑤ 3,600

27 **폐쇄경제에서 총수요곡선(AD)과 총공급곡선(AS)을 이동시키는 요인에 관한 설명 중 옳지 않은 것을 모두 고른 것은? (단, AD곡선은 우하향, AS곡선은 우상향한다)**

ㄱ. 혁신적 기술수준 향상은 AD곡선을 오른쪽으로 이동
ㄴ. 투자수요 증가는 AS곡선을 오른쪽으로 이동
ㄷ. 통화량 감소는 AD곡선을 왼쪽으로 이동
ㄹ. 정부의 지출 감소는 AD곡선을 왼쪽으로 이동

① ㄱ, ㄴ ② ㄱ, ㄷ
③ ㄴ, ㄹ ④ ㄱ, ㄴ, ㄷ
⑤ ㄴ, ㄷ, ㄹ

28 스태그플레이션의 원인과 총수요(AD)-총공급(AS)곡선의 변화를 설명한 것으로 옳지 않은 것을 모두 고른 것은? (단, 폐쇄경제이고, AD곡선은 우하향하고 AS곡선은 우상향한다)

원인		AD-AS곡선 변화
ㄱ. 생산비용 상승	⇒	AS곡선 왼쪽 이동
ㄴ. 생산비용 하락	⇒	AD곡선 오른쪽 이동
ㄷ. 부(-)의 공급충격	⇒	AS곡선 왼쪽 이동
ㄹ. 부(-)의 수요충격	⇒	AD곡선 오른쪽 이동

① ㄱ, ㄴ ② ㄱ, ㄷ ③ ㄴ, ㄷ
④ ㄴ, ㄹ ⑤ ㄷ, ㄹ

29 자본이동이 완전한 소규모 개방경제의 먼델-플레밍모형하에서 변동환율제인 경우, 중앙은행이 통화량을 증가시킬 때 발생하는 단기적 효과에 관한 설명으로 옳은 것을 모두 고른 것은? (단, 국내외 국가의 물가는 고정)

ㄱ. 순수출 증가	ㄴ. IS곡선의 우측 이동
ㄷ. LM곡선의 우측 이동	ㄹ. 자국화폐의 평가절상

① ㄱ, ㄴ ② ㄱ, ㄷ ③ ㄴ, ㄷ
④ ㄴ, ㄹ ⑤ ㄷ, ㄹ

30 아래의 개방경제 균형국민소득 결정모형 초기균형 상태에서 정부지출이 10만큼 증가할 경우, 균형 이자율의 변화분은? (단, C는 소비, Y는 국민소득, T는 세금, I는 투자, r은 이자율, G는 정부지출, X는 수출, M은 수입)

- $Y = 100$
- $C = 10 + 0.6(Y - T)$
- $I = 20 - 2r$
- $G = 20$
- $T = 10$
- $X = 20$
- $M = 0.2(Y - T)$

① 2 ② 4 ③ 5
④ 6 ⑤ 8

31 **리카도 대등정리(Ricardian equivalence theorem)가 성립되지 않는 조건을 모두 고른 것은?**

ㄱ. 왜곡적인 조세	ㄴ. 완전한 자본시장
ㄷ. 근시안적 의사결정	ㄹ. 합리적 기대에 따른 의사결정

① ㄱ, ㄴ
② ㄱ, ㄷ
③ ㄱ, ㄹ
④ ㄴ, ㄷ
⑤ ㄴ, ㄹ

32 **필립스 곡선에 관한 설명으로 옳지 않은 것은?**

① 우하향하는 필립스 곡선에서 인플레이션 감축을 위해서는 실업률 증가를 감수해야 한다.
② 단기 총공급곡선이 가파를수록 단기 필립스 곡선은 가파른 모양을 가진다.
③ 물가상승률과 경제성장률의 관계에 오쿤의 법칙을 적용하면 필립스 곡선을 도출할 수 있다.
④ 합리적 기대에 따라 필립스 곡선이 즉시 이동하면, 실업률의 증가 없이 인플레이션을 감축할 수 있다.
⑤ 기대 인플레이션이 상승하면 필립스 곡선은 좌측으로 이동한다.

33 **국내총생산의 측정에 관한 설명으로 옳지 않은 것은?**

① 시장에서 거래되지 않는 재화와 서비스는 포함되지 않는다.
② 국민총생산에서 국외순수취요소소득을 뺀 것과 같다.
③ 일정기간 내에 생산됐지만 아직 판매되지 못한 최종재도 포함된다.
④ 일정기간 국내에서 새로 생산된 재화와 서비스의 부가가치의 합으로 계산한다.
⑤ 간접세와 감가상각도 포함된다.

34 **성장이론에 관한 설명으로 옳은 것을 모두 고른 것은?**

ㄱ. 내생적 성장모형에서는 1인당 생산의 장기성장률이 모형 안에서 결정된다.
ㄴ. 내생적 성장모형에서는 기술진보가 인구규모의 감소함수이다.
ㄷ. 솔로우(Solow)의 성장모형에서 기술진보는 외생적으로 결정된다.
ㄹ. 솔로우의 성장모형에서 저축과 투자는 단기적으로 서로 일치하지 않는다.

① ㄱ, ㄴ
② ㄱ, ㄷ
③ ㄱ, ㄹ
④ ㄴ, ㄷ
⑤ ㄴ, ㄹ

35 **국민소득(NI)에 포함되지 않는 것은?**

① 피고용자에 대한 보상
② 법인화되어 있지 않은 자영업자의 소득
③ 임대소득과 순이자
④ 법인이윤
⑤ 고정자본 소모량

36 **소비이론 중 상대소득가설에 관한 설명으로 옳은 것은?**

① 현재 소비는 다른 사람의 소비와 자신의 과거 소비에 의존한다.
② 유산이 증가하면 항상소비는 증가한다.
③ 갑자기 받은 현금성보조금으로 항상소비는 증가한다.
④ 소비에는 전시효과(demonstration effect)가 존재하지 않는다.
⑤ 노인이 되면 소비는 노후소득에 따라 결정된다.

37 **아래의 거시경제모형의 균형에서 균형임금보다 5를 증가시킨 임금 수준의 최저임금제를 도입할 경우, 거시경제 변수의 변화에 관한 설명으로 옳은 것은? (단, Y는 총생산, r은 실질이자율, W는 명목임금)**

• 총저축 : $S = s(r)Y$	• 저축률 : $s(r) = 0.01r$
• 투자 : $I = 300 - r$	• 총생산 : $Y = 2L$
• 노동수요 : $L^d = 300 - 10\frac{W}{P}$	• 노동공급 : $L^s = 10\frac{W}{P}$
• 노동량 : $L = L^s = L^d$(균형일 경우)	• 노동량 : $L = L^d$(불균형일 경우)
• 소비 : $C = Y - S$	• 물가 : $P = 1$

① 총생산은 증가한다.
② 이자율은 하락한다.
③ 총저축은 증가한다.
④ 고용량은 증가한다.
⑤ 소비는 감소한다.

38 **주조차익(seigniorage)과 인플레이션 조세(inflation tax)에 관한 설명으로 옳은 것은?**

① 실물변수가 변화하지 않는 장기 균형 상황에서는 주조차익과 인플레이션 조세는 같다.
② 인플레이션이 발생하지 않으면, 주조차익은 0이다.
③ 통화량이 감소하면, 주조차익은 증가한다.
④ 물가상승률이 통화증가율보다 크면, 인플레이션 조세가 주조차익보다 작다.
⑤ 통화증가율이 0이고 인플레이션이 커지면, 주조차익도 커진다.

39 **아래의 거시경제모형 초기 균형에서 외생적 정부지출(α)을 1만큼 증가시킬 때, 거시경제 변수의 변화에 관한 설명으로 옳지 않은 것은? (단, Y는 국민소득, C는 소비, I는 투자, G는 정부지출, T는 조세)**

• $Y = C + I + G$	• $C = 1 + 0.5(Y - T)$
• $I = 200 - T$	• $T = 0.5Y + \alpha$
• $G = 0.5Y + \alpha$	

① 국민소득은 증가한다.
② 투자가 감소한다.
③ 소비는 감소한다.
④ 균형재정을 달성한다.
⑤ 정부지출은 증가한다.

40 토빈(J. Tobin)의 q에 관한 설명으로 옳은 것은?

① 토빈의 q는 설치되어 있는 자본의 시장가치 대비 대체비용의 비율로 정의된다.
② 자본재의 가격이 상승하여 자본재의 구입비용이 증가하면, 토빈의 q는 증가한다.
③ 토빈의 q가 1보다 작으면, 자본 설치비용보다 새로 설치한 자본이 생산하는 현금흐름이 크다.
④ 자본의 시장가치를 주가로 대체할 수 있는 경우, 주가가 상승하면 토빈의 q는 증가한다.
⑤ 자본의 한계생산이 자본의 사용자비용보다 낮으면, 토빈의 q는 증가한다.

01 토지에 관한 설명으로 옳지 않은 것은?

① "토지의 표시"란 지적공부에 토지의 소재·지번(地番)·지목(地目)·면적·경계 또는 좌표를 등록한 것을 말한다.
② "지번"이란 필지에 부여하여 지적공부에 등록한 번호를 말한다.
③ "토지의 이동(異動)"이란 홍수나 산사태 등으로 인해 토지의 지형이 변경된 것을 말한다.
④ "합병"이란 지적공부에 등록된 2필지 이상을 1필지로 합하여 등록하는 것을 말한다.
⑤ "분할"이란 지적공부에 등록된 1필지를 2필지 이상으로 나누어 등록하는 것을 말한다.

02 준부동산(準不動産)에 관한 설명으로 옳지 않은 것은? (복수 정답)

① 준부동산은 특정의 부동산, 동산과 부동산의 집단을 말한다.
② 공장재단이란 공장에 속한 일정한 기업용 재산으로 구성되는 일단(一團)의 기업재산으로 「공장 및 광업재단 저당법」에 따라 소유권과 저당권의 목적이 되는 것을 말한다.
③ 광업재단이란 광업권과 광업권에 기하여 광물을 채굴·취득하기 위한 각종 설비 및 이에 부속하는 사업의 설비로 구성되는 일단의 기업재산으로 「공장 및 광업재단 저당법」에 따라 소유권과 저당권의 목적이 되는 것을 말한다.
④ 입목이란 토지에 부착된 수목의 집단으로서 그 소유자가 「입목에 관한 법률」에 따라 소유권보존등기를 받은 것을 말하며, 토지소유권 또는 지상권 처분의 효력이 미친다.
⑤ 「수산업법」의 규정에 따른 어업권이란 면허를 받아 어업을 경영할 수 있는 권리를 말한다.

03 다음 조건에 모두 해당하는 것은? (복수 정답)

> • 토지 위에 건물 등의 정착물이 없다.
> • 사용을 제약하는 권리의 부착이 없다.
> • 수익을 제약하는 권리의 부착이 없다.

① 갱지(更地)
② 저지(底地)
③ 나지(裸地)
④ 공지(空地)
⑤ 필지(筆地)

04 **용도지역 내에서 용도변경이 진행되고 있는 토지는?**

① 후보지 ② 이행지
③ 포락지 ④ 선하지
⑤ 휴한지

05 **부동산소유권의 사적제한에 해당하는 것은?**

① 지역권 ② 귀속권
③ 과세권 ④ 수용권
⑤ 경찰권

06 **부동산의 특성에 관한 설명으로 옳지 않은 것은?**

① 부동산은 물리적 구성요소들의 결합체일 뿐만 아니라 여러가지 경제적·사회적 특성의 결합체이다.
② 토지의 개별성으로 인해 일물일가의 법칙이 적용되지 않고, 부동산상품 간에 완전한 대체는 불가능하다.
③ 토지거래허가구역의 지정이나 해제 등으로 인해 주택가격이 하락하거나 상승하는 것은 경제적 위치의 변화에 따른 것이다.
④ 토지는 용도전환 및 합병·분할이 가능하며, 두 개 이상의 용도가 병존할 수도 있다.
⑤ 토지의 부동성으로 인해 부동산시장을 국지화시키며, 이로 인해 부동산의 가치는 주변환경의 영향을 많이 받는다.

07 **부동산 매매시장에서 수요와 공급이 동시에 변화하는 경우, 시장균형의 변화에 관한 설명으로 옳지 않은 것은? (단, 수요곡선은 우하향하고, 공급곡선은 우상향하며, 다른 조건은 동일함)**

① 수요와 공급이 동시에 증가하는 경우, 공급의 증가폭이 수요의 증가폭보다 크면, 균형가격은 하락하고 균형거래량은 증가한다.
② 수요와 공급이 동시에 감소하는 경우, 수요의 감소폭이 공급의 감소폭보다 크면, 균형가격은 하락하고 균형거래량은 감소한다.
③ 수요와 공급이 동시에 증가하는 경우, 수요의 증가폭과 공급의 증가폭이 같다면, 균형가격은 불변이고 균형거래량은 증가한다.
④ 수요와 공급이 동시에 감소하는 경우, 공급의 감소폭이 수요의 감소폭보다 크면, 균형가격은 하락하고 균형거래량도 감소한다.
⑤ 수요와 공급이 동시에 증가하는 경우, 수요의 증가폭이 공급의 증가폭보다 크면, 균형가격은 상승하고 균형거래량도 증가한다.

08 **다음 조건하에서 거미집이론(Cob-web theory)에 의한 부동산시장 A와 B의 모형형태와 A시장과 B시장 상품의 관계는? (단, X축은 수량, Y축은 가격이고, 가격변화에 수요는 즉각 반응하지만 공급은 시간적인 차이를 두고 반응하며, 다른 조건은 동일함)**

> • A시장 : 수요의 가격탄력성은 0.9, 공급의 가격탄력성은 1.2
> • B시장 : 수요곡선의 기울기는 −0.8, 공급곡선의 기울기는 0.3
> • A시장의 상품가격이 4% 하락하면, B시장의 상품수요가 3% 감소함

	A시장	B시장	A와 B시장 상품의 관계
①	수렴형	순환형	보완재
②	수렴형	발산형	보완재
③	발산형	수렴형	대체재
④	발산형	발산형	대체재
⑤	수렴형	수렴형	대체재

09 지대이론에 관한 설명으로 옳은 것은 모두 몇 개인가?

- 튀넨(J.H. von Thunen)은 자연조건이 동일한 고립국을 가정하여 상업활동의 공간적 분포를 통한 토지이용을 설명한다.
- 리카도(D. Ricardo)는 각 토지마다 다른 비옥도의 차이와 생산요소 투입에 따라 한계생산성이 증가하는 수확체감현상을 적용한다.
- 마샬(A. Marshall)은 생산요소에 귀속되는 소득으로서 생산품의 총판매수익에서 가변비용을 제외한 잉여분을 절대지대라고 주장한다.
- 알론소(W. Alonso)는 해당 토지의 지대를 지대입찰과정에서 토지이용자가 지불하고자 하는 최고 지불용의액으로서 초과이윤이 0(zero)이 되는 지대로 보았다.
- 해리스(C. Harris)와 울만(E. Ullman)은 토지이용자가 공간의 마찰비용으로 지대와 교통비를 함께 지불한다고 보았다.

① 1개
② 2개
③ 3개
④ 4개
⑤ 5개

10 A지역 아파트시장의 기존 수요함수는 $2P = -Qd + 400$, 공급함수는 $P_1 = Qs_1 + 20$이었다. 이후 수요함수는 변하지 않고 공급함수가 $P_2 = Qs_2 + 80$으로 변하였다. 다음 설명으로 옳은 것은? (단, X축은 수량, Y축은 가격, P는 가격(단위: 만원/㎡), Qd는 수요량(단위: ㎡), Qs는 공급량(단위: ㎡)이며, 다른 조건은 동일함)

① 아파트 공급량의 증가에 따라 공급곡선이 좌측(좌상향)으로 이동한다.
② 기존 아파트시장의 균형가격은 120만원/㎡이다.
③ 공급함수 변화 이후, 아파트시장의 균형거래량은 160㎡이다.
④ 공급함수 변화 이후, 아파트시장의 균형가격은 20만원/㎡만큼 감소한다.
⑤ 공급함수 변화 이후, 아파트시장의 균형거래량은 40㎡만큼 감소한다.

11 여과과정과 주거분리에 관한 설명으로 옳지 않은 것은? (단, 주어진 조건에 한함)

① 여과과정이란 시간의 흐름에 따라 특정 주택의 질적 변화와 외부성이 복합적으로 작용해 주택가치가 변하게 되면서 상이한 소득계층들의 전·출입이 진행되는 것을 말한다.
② 고소득층 주거지역에 인접한 저소득층 주거지역에서 주택개량을 통한 가치상승분이 주택개량비용보다 작은 경우, 상향여과과정이 발생한다.
③ 상향여과과정은 소득증가 등의 이유로 인해 저가주택의 수요가 감소할 때 나타날 수 있다. (출제자가 오답을 만드는 과정에서 이상한 지문이 탄생했습니다. 이 지문을 제외하고 문제를 풀기 바랍니다.)
④ 주거분리현상은 지리적으로 인접한 근린지역에서 뿐만 아니라 도시 전체에서도 발생할 수 있다.
⑤ 침입과 계승의 현상으로 인해 주거입지의 변화가 나타날 수 있다.

12 어느 지역에 A점포와 B점포가 있다. A점포의 면적은 1,200㎡이고, B점포의 면적은 10,800㎡이다. A점포와 B점포 사이의 직선거리는 4km이다. 컨버스(P. Converse)의 분기점 모형에 기초할 때, A점포와 B점포의 상권 경계지점은 B점포로부터 얼마만큼 떨어진 지점인가? (단, A점포와 B점포는 동일 직선상에 위치하며, 주어진 조건에 한함)

① 1km
② 2km
③ 3km
④ 4km
⑤ 5km

13 용도지역·지구·구역제에 관한 설명으로 옳지 않은 것은?

① 용도지역·지구·구역제는 특정 토지를 용도지역 등으로 지정한 후 해당 토지를 이용목적에 맞게 적용하는 제도이다.
② 용적률·건폐율 등의 밀도규제와 특정행위의 허가·불허가 등의 행위규제로 구성되어 있다.
③ 용도지역은 토지를 경제적·효율적으로 이용하고 공공복리의 증진을 도모하기 위하여 서로 중복되지 아니하게 도시·군관리계획으로 결정하는 지역을 말한다.
④ 용도지구는 용도지역의 제한을 강화 또는 완화하여 적용하며, 경관·안전 등을 도모하기 위하여 서로 중복되지 아니하게 도시·군관리계획으로 결정하는 지역을 말한다.
⑤ 용도구역은 용도지역 및 용도지구의 제한을 강화 또는 완화하여 적용하며, 시가지의 무질서한 확산방지, 계획적이고 단계적인 토지이용의 도모 등을 위하여 도시·군관리계획으로 결정하는 지역을 말한다.

14 토지거래허가제도에 관한 설명으로 옳지 않은 것은?

① 토지거래허가구역은 국토의 이용 및 관리에 관한 계획의 원활한 수립과 집행, 합리적 토지이용 등을 위하여 투기적인 거래가 성행하거나 지가가 급격히 상승하는 지역과 그러한 우려가 있는 지역에 지정할 수 있다.

② 토지거래허가구역은 5년 이내의 기간을 정하여 국토교통부장관 또는 특별시장・광역시장・특별자치시장・도지사・특별자치도지사가 지정할 수 있다.

③ 해당 구역에 일정한 면적을 초과하는 토지에 관한 소유권・지상권(소유권・지상권의 취득을 목적으로 하는 권리를 포함)을 이전하거나 설정하는 토지거래계약(예약을 포함)에 적용되며, 모든 증여 및 상속이 포함된다.

④ 토지거래허가기준은 투기목적이 인정되는 일정한 경우를 제외하고는 토지거래를 허가하도록 하는 네거티브방식이다.

⑤ 허가를 받지 아니하고 체결한 토지거래계약은 효력이 발생하지 아니한다.

15 토지공개념에 관한 설명으로 옳지 않은 것은?

① 토지의 공익성을 강조하는 개념으로 정부가 공공의 이익을 위하여 토지의 소유권을 제한할 수 있다는 인식을 반영하고 있다.

② 국가는 국민 모두의 생산 및 생활의 기반이 되는 국토의 효율적이고 균형있는 이용・개발과 보전을 위하여 법률이 정하는 바에 따라 제한과 의무를 과(課)할 수 있다는 근거를 반영하고 있다.

③ 토지의 사유재산권을 부정하고 그 보유・이용・개발이 공공복리에 적합해야 한다고 보았다.

④ 지가의 폭등과 개발이익환수의 미비로 인해 만연한 토지투기를 근절하고자 토지공개념을 도입하였다.

⑤ 개발부담금제도는 토지로부터 발생되는 개발이익을 환수하여 이를 적정하게 배분하여서 토지에 대한 투기를 방지하고 토지의 효율적인 이용을 촉진하기 위한 제도이다.

16 **다음은 일정기간 부동산자산과 금융자산의 투자 자료이다. 이 경우 합리적인 투자자가 가장 선호할 자산은? (단, 주어진 자료에 한함)**

자산구분	토지	아파트	오피스	채권	주식
수익률	0.82%	0.95%	2.23%	0.99%	1.90%
표준편차	1.17%	2.19%	1.05%	1.05%	8.11%

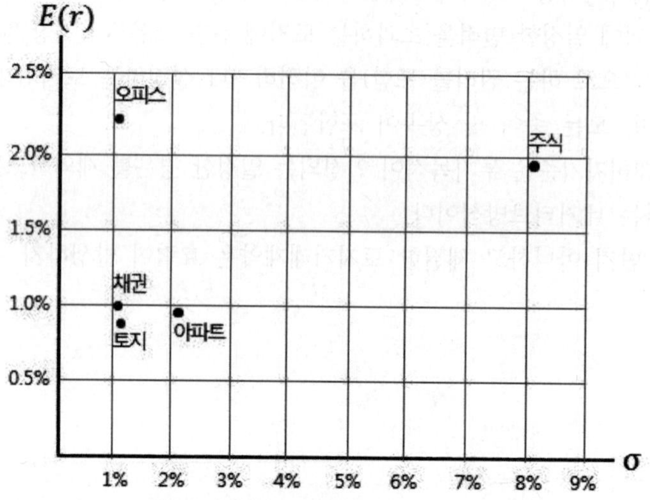

표 및 그래프 : 자산별 수익률과 위험

① 오피스
② 채권
③ 아파트
④ 주식
⑤ 토지

17 **부동산의 투자과정에서 수익률에 관한 설명으로 옳은 것은? (단, 주어진 조건에 한함)**

① 기대수익률은 본질적으로 사후수익률을 의미한다.
② 기대수익률은 시장이자율에 비례하고, 자산의 위험에도 비례한다.
③ 기대수익률이 요구수익률보다 높으면, 대상부동산의 수요가 증가하여 요구수익률이 하락한다.
④ 명목이자율로서 무위험이자율은 실질이자율에서 물가상승률을 차감한 값이다.
⑤ 내부수익률이 요구수익률보다 큰 경우나 순현재가치가 1보다 큰 경우에는 투자하지 않는다.

18 **다음의 내용에 모두 해당하는 모기지(Mortgage)는?**

> • 차입자가 금융기관에 지불하는 저당지불액이 증권 발행자를 통하여 투자자에게 그대로 전달되는 형태이다.
> • 기초자산인 모기지 풀(pool)의 현금흐름 및 저당권에 대한 소유권을 나타내는 지분형이다.
> • 금융기관이 유동화중개기관을 통해 발행할 수도 있고, 유동화중개기관을 통하지 않고 자체적으로 유동화전문회사(SPC)를 만들어 발행할 수도 있다.
> • 모기지 소유자는 채무불이행위험, 조기상환위험, 금리위험을 부담할 수 있다.

① 저당이체증권(MPTS)
② 저당담보부채권(MBB)
③ 지불이체채권(MPTB)
④ 다계층증권(CMO)
⑤ 상업용저당증권(CMBS)

19 **부동산금융에 관한 설명으로 옳지 않은 것은? (단, 주어진 조건에 한함)**

① 부동산금융은 부동산의 매입이나 매각, 개발 등과 관련한 자금이나 신용을 조달하거나 제공하는 것을 말한다.
② 부동산이 가지고 있는 고유 특성으로 인하여 금융의 필요성이 중요해지고 있다.
③ 부동산 신디케이션(syndication)은 부동산개발사업을 공동으로 수행하기 위해 일반 투자자들의 자금과 부동산개발업자의 전문성이 결합된 투자자 집단을 말한다.
④ 메자닌금융(mezzanine financing)은 부채방식과 지분방식의 특징을 갖고 있는 중간적 성격의 자금조달방법이다.
⑤ 랩어라운드(wrap-around)대출은 기존대출을 상환하고 신규대출을 별도로 제공하는 방식이다.

20 **대출상환에 관한 설명으로 옳지 않은 것은? (단, 주어진 조건에 한함)**

① 대출조건이 동일할 경우, 대출채권의 듀레이션(duration)은 원리금균등분할상환, 원금균등분할상환, 점증상환, 만기일시상환의 순으로 짧다.
② 원리금균등분할상환의 경우, 매월 원리금을 균등하게 상환하기 때문에 원리금에서 원금과 이자가 차지하는 비중은 상환시기에 따라 다르다.
③ 점증상환에서는 초기에 원리금의 납입액이 이자지급액에 미치지 못할 수 있는데, 이 경우 미상환 이자가 원금에 가산되어 부(-)의 상환이 일어날 수 있다.
④ 만기일시상환은 대출기간 동안 매월 이자만 상환하다가 만기에 일시로 원금을 상환하는 방식이며, 대출만기 시 원금의 일부를 상환하게 한 뒤 대출만기를 연장해주기도 한다.
⑤ 원금균등분할상환의 경우, 매월 상환하는 원리금 상환 부담은 대출 초기에는 많지만 상환금액은 점차 감소한다.

21 **A는 승계가능한 대출로 주택을 구입하고자 한다. 다음과 같은 조건으로 기존 주택저당대출을 승계받을 때, 이 승계권의 가치는 얼마인가? (단, 주어진 자료에 한함)**

• 기존 주택저당대출
 – 현재 대출잔액 : 3억원
 – 원리금균등분할상환방식 : 만기 20년, 대출금리 5%, 고정금리대출
• 신규 주택저당대출
 – 대출금액 : 3억원
 – 원리금균등분할상환방식 : 만기 20년, 대출금리 7%, 고정금리대출
• 월 기준 연금현가계수
 – (5%, 20년) : 150
 – (7%, 20년) : 125

① 4,375만원 ② 5,000만원 ③ 5,625만원
④ 6,250만원 ⑤ 6,875만원

22 **한국주택금융공사법령상 주택금융신용보증기금의 용도로 명시하지 않은 것은?**

① 신용보증채무의 이행 ② 차입금의 원리금 상환
③ 금융기관에의 예치(預置) ④ 기금의 육성을 위한 연구 · 개발
⑤ 기금의 조성 · 운용 및 관리를 위한 경비

23 부동산마케팅활동에 관한 설명으로 옳지 않은 것은?

① 부동산마케팅은 소비자들이 원하는 필요와 욕구를 반영하여 시장을 세분화하고 이를 바탕으로 부동산의 제품화, 가격산정, 입지선정 및 촉진활동 등 마케팅 전략을 세워서 부동산을 매매하고 임대차하는 일련의 과정을 말한다.

② 시장세분화란 전체 시장을 일정한 기준에 의해 동질적인 세분시장으로 구분하는 과정을 말한다.

③ 표적시장이란 마케팅 환경변화에 대응하여 경쟁사와의 관계에서 자사가 보유한 역량과 자원으로 최대한의 시장성과를 얻을 수 있는 최적의 시장을 말한다.

④ 포지셔닝이란 경쟁우위 달성을 위해 경쟁제품과 다르게 인식되도록 마케팅믹스를 사용하여 고객의 마음속에 제품의 위치를 심어주는 과정을 말한다.

⑤ AIDA 원리는 고객의 구매의사 결정단계를 심리적 발전단계에 맞춘 것으로 행동(Action), 관심(Interest), 욕망(Desire), 주목(Attention)의 순서를 거친다.

24 도시 및 부동산개발에 관한 설명으로 옳지 않은 것은?

① 「도시 및 주거환경정비법」상 "재개발사업"이란 정비기반시설이 열악하고 노후·불량건축물이 밀집한 지역에서 주거환경을 개선하거나 상업지역·공업지역 등에서 도시기능의 회복 및 상권활성화 등을 위하여 도시환경을 개선하기 위한 사업을 말한다.

② 「개발이익 환수에 관한 법률」상 "개발이익"이란 개발사업의 시행이나 토지이용계획의 변경, 그 밖에 사회적·경제적 요인에 따라 정상지가(正常地價)상승분을 초과하여 개발사업을 시행하는 자나 토지 점유자에게 귀속되는 토지 가액의 증가분을 말한다.

③ 「국토의 계획 및 이용에 관한 법률」상 "공동구"란 전기·가스·수도 등의 공급설비, 통신시설, 하수도시설 등 지하매설물을 공동 수용함으로써 미관의 개선, 도로구조의 보전 및 교통의 원활한 소통을 위하여 지하에 설치하는 시설물을 말한다.

④ 「부동산개발업의 관리 및 육성에 관한 법률」상 "부동산개발업"이란 타인에게 공급할 목적으로 부동산개발을 수행하는 업을 말한다.

⑤ 「도시개발법」상 "도시개발사업"이란 도시개발구역에서 주거, 상업, 산업, 유통, 정보통신, 생태, 문화, 보건 및 복지 등의 기능이 있는 단지 또는 시가지를 조성하기 위하여 시행하는 사업을 말한다.

25 **국토의 계획 및 이용에 관한 법령상 기반시설의 유형으로 옳지 않은 것은?**

① 공공・문화체육시설 : 광장・공원・녹지・유원지・공공공지
② 유통・공급시설 : 유통업무설비, 수도・전기・가스・열공급설비, 방송・통신시설, 공동구・시장, 유류저장 및 송유설비
③ 보건위생시설 : 장사시설・도축장・종합의료시설
④ 방재시설 : 하천・유수지・저수지・방화설비・방풍설비・방수설비・사방설비・방조설비
⑤ 교통시설 : 도로・철도・항만・공항・주차장・자동차정류장・궤도・차량 검사 및 면허시설

26 **국토의 계획 및 이용에 관한 법률상 다음에 해당하는 계획은?**

토지의 이용 및 건축물이나 그 밖의 시설의 용도・건폐율・용적률・높이 등을 완화하는 용도구역의 효율적이고 계획적인 관리를 위하여 수립하는 계획을 말한다.

① 성장관리계획
② 도시혁신계획
③ 복합용도계획
④ 지구단위계획
⑤ 공간재구조화계획

27 **다음에 모두 해당되는 부동산관리방식은?**

• 소유주나 기업의 부를 극대화시키기 위하여 부동산의 가치를 증진시킬 수 있는 다양한 방법을 모색하는 적극적인 관리 • 위험분산 차원에서 부동산의 유형과 지역의 혼합, 보유부동산의 개량 및 매각, 개별 부동산의 특성을 고려한 보유기간산정, 레버리지 활용 등 • 포트폴리오(portfolio) 관점에서의 종합적인 관리

① 신탁관리
② 시설관리
③ 자산관리
④ 수탁관리
⑤ 직접관리

28 **공인중개사법상 중개사무소의 개설등록을 취소하여야 하거나 취소할 수 있는 경우에 해당하지 않는 것은?**

① 개인인 개업공인중개사가 사망하거나 개업공인중개사인 법인이 해산한 경우
② 거짓이나 그 밖의 부정한 방법으로 중개사무소의 개설등록을 한 경우
③ 업무정지기간 중에 중개업무를 하거나 자격정지처분을 받은 소속공인중개사로 하여금 자격정지기간 중에 중개업무를 하게 한 경우
④ 천막 그 밖에 이동이 용이한 임시 중개시설물을 설치하여서는 아니된다는 규정을 위반하여 임시 중개시설물을 설치한 경우
⑤ 최근 1년 이내에 이 법에 의하여 2회 이상 업무정지 또는 과태료의 처분을 받고 다시 과태료의 처분에 해당하는 행위를 한 경우

29 **공인중개사의 매수신청대리인 등록 등에 관한 규칙상 매수신청대리의 대상물에 해당하지 않는 것은?**

① 토지
② 건물 그 밖의 토지의 정착물
③ 「입목에 관한 법률」에 따른 입목
④ 「건설기계관리법」에 따른 건설기계
⑤ 「공장 및 광업재단 저당법」에 따른 공장재단, 광업재단

30 **부동산조세에 관한 설명으로 옳지 않은 것은?**

① 취득세는 취득관련 조세로 지방세이다.
② 재산세는 보유관련 조세로 국세이다.
③ 종합부동산세는 보유관련 조세로 국세이다.
④ 상속세는 취득관련 조세로 국세이다.
⑤ 양도소득세는 처분관련 조세로 국세이다.

31 **조세의 분류에 관한 설명으로 옳은 것은?**

① 조세부담의 전가여부에 따라 보통세와 목적세로 분류한다.
② 과세권자에 따라 직접세와 간접세로 분류한다.
③ 납세자의 담세능력 고려여부에 따라 인세와 물세로 분류한다.
④ 과세표준의 계산단위에 따라 독립세와 부가세로 분류한다.
⑤ 독립된 세원유무에 따라 종가세와 종량세로 분류한다.

32 **취득세 부과 대상물건의 취득은 승계취득 · 원시취득 · 간주취득으로 분류하는바, 원시취득에 해당하지 않는 것은?**

① 간척에 의한 토지의 취득
② 증축에 의한 건축물의 취득
③ 제조에 의한 항공기의 취득
④ 종류변경에 의한 차량의 취득
⑤ 공유수면매립에 의한 토지의 취득

33 **부동산경매에서 말소기준권리에 해당하지 않는 것은?**

① 압류
② 가압류
③ 전세권
④ 저당권
⑤ 지상권

34 **부동산권리분석활동을 위한 자료의 조사 · 확인 및 분석에 관한 설명으로 옳지 않은 것은?**

① 「공간정보의 구축 및 관리 등에 관한 법령」상 지적도에 기재된 분석대상 부동산의 지목이 '공'으로 표기되어 있어, 지목을 공원으로 판단하였다.
② 구거는 용수(用水) 또는 배수(排水)를 위하여 일정한 형태를 갖춘 인공적인 수로 · 둑 및 그 부속시설물의 부지와 자연의 유수(流水)가 있거나 있을 것으로 예상되는 소규모 수로부지로 지적도에는 '구'로 표기한다.
③ 유지(溜池)는 자연의 유수(流水)가 있거나 있을 것으로 예상되는 토지로 지적도에는 '유'로 표기한다.
④ 건물의 소재지, 구조, 용도 등의 사실관계를 건축물대장을 통하여 확인 · 판단하였다.
⑤ 권리분석보고서에는 대상부동산 및 의뢰인, 권리분석의 목적, 판단결과의 표시 및 이유, 권리분석의 방법 및 성격, 수집한 자료의 목록 및 면책사항 등이 포함된다.

35 공작기계 1대를 취득원가 8,000,000원에 2년 전에 구입하였다. 현재 기준시점의 재조달원가는 10,000,000원이다. 원가법으로 평가한 현재 가액은? (단, 감가수정은 정률법을 적용하되, 연간 감가율은 0.2이고, 내용연수는 8년이고, 잔존가치는 없으며, 주어진 조건에 한함)

① 5,120,000원
② 6,400,000원
③ 7,500,000원
④ 8,000,000원
⑤ 10,000,000원

36 다음은 2025년 공시된 표준지공시지가를 열람한 내역을 표로 나타낸 것이다. 이에 관한 설명으로 옳지 않은 것은?

일련번호	2001	2002	2003
소재지	○○리 20	○○리 90	○○리 125
면적(㎡)	576.0	2,645.0	470.0 일단지
지목	대	전	전
공시지가(원/㎡)	92,800 평가기초자료	31,000 평가기초자료	81,100 평가기초자료
지리적 위치	○○ 마을 내	초등학교 북측근거리	○○○ 내
이용상황	단독주택	전	단독주택
용도지역	계획관리	농림지역	계획관리
주위환경	순수 농촌지대	지방도주변 농경지대	농어촌지대
도로접면	세로 (가)	맹지	세로 (가)
형상지세	부정형 평지	사다리 평지	사다리 완경사

① 일련번호 2001과 2003은 승용차의 통행이 가능하다.
② 일련번호 2001과 2003의 표준지공시지가는 나지상태를 상정한 것이다.
③ 매년 1월 1일의 표준지공시지가는 당해 필지의 개별공시지가와 다른 경우가 있다.
④ 일련번호 2003에서 ‘일단지’라 함은 지상의 단독주택이 다른 필지와도 연계되어 있음을 의미한다.
⑤ 표준지공시지가는 구체화된 개발이익이 반영된 것이다.

37 **다음은 토지와 건물로 구성된 대상부동산을 감정평가하기 위하여 수집한 자료이다. 유사한 성격의 자료만으로 묶인 것은?**

ㄱ. 환지예정지증명원	ㄴ. 건축물대장	ㄷ. 설계도서
ㄹ. 임대사례	ㅁ. 감정평가선례	ㅂ. 건설・조성사례
ㅅ. 실거래사례	ㅇ. 지역개황자료	

① ㄱ, ㄴ, ㄷ, ㅇ
② ㄱ, ㄷ, ㄹ, ㅁ
③ ㄴ, ㄷ, ㅁ, ㅂ
④ ㄹ, ㅁ, ㅂ, ㅅ
⑤ ㅁ, ㅂ, ㅅ, ㅇ

38 **대상물건의 감정평가는 주된 방법의 감정평가방법을 적용하되, 다른 감정평가방식에 속한 하나 이상의 방법으로 산출한 시산가액과 비교해 합리성을 검토하여야 한다. 이러한 시산가액조정의 유의사항에 관한 설명으로 옳지 않은 것은?**

① 단가와 총액의 관계는 시장증거(market evidence)를 바탕으로 분석한다.
② 관련 자료의 활용 적부를 검토한다.
③ 가치형성요인의 분석에서 누락이 있었는지 검토한다.
④ 각각의 시산가액에 가중치를 두어 조정이 가능하다.
⑤ 시산가액 조정 시 공시지가기준법과 거래사례비교법은 같은 감정평가방식으로 본다.

39 **거래사례비교법의 적용을 위하여 다음과 같은 조건의 거래사례를 수집하였다. 거래사례의 정상화를 위해 사정보정한 가격은? (단, 기간의 금융비용은 고려하지 아니하며, 주어진 조건에 한함) (정답 없음)**

> A씨는 건물을 신축하기 위하여 토지를 50,000,000원에 구입하였다. 구입한 토지에는 임차인이 임의로 설치한 철재 임시창고가 있었고, 이를 철거하기 위해 아래 금액이 소요되었다.
> – 임차인 이주비 : 2,000,000원
> – 철거인건비 : 1,500,000원
> – 폐기물처리비 : 1,000,000원
> – 폐자재 매각수입 : 500,000원

① 45,000,000원
② 46,000,000원
③ 47,000,000원
④ 48,000,000원
⑤ 50,000,000원

40 **감정평가에 관한 규칙상 '적정한 실거래가'에 관한 설명으로 옳은 것은?**

① 도시지역의 경우, 거래시점이 4년 이내의 것이어야 한다.
② 도시지역이 아닌 경우, 거래시점이 6년 이내의 것이어야 한다.
③ 적정한 실거래가의 기준이 되는 도시지역에 계획관리지역이 포함된다.
④ 「부동산 거래신고 등에 관한 법률」에 따라 신고된 실제 거래가격이어야 한다.
⑤ 실거래가는 인근지역 지가수준과의 차이와 관계없이 적정한 실거래가로 인정되어야 한다.

01 **국토의 계획 및 이용에 관한 법령상 광역도시계획에 관한 설명으로 옳지 않은 것은?**

① 광역도시계획은 광역계획권의 장기발전방향을 제시하는 계획을 말한다.
② 국토교통부장관은 광역계획권을 지정하려면 관계 시·도지사, 시장 또는 군수의 의견을 들은 후 중앙도시계획위원회의 심의를 거쳐야 한다.
③ 국토교통부장관은 시·도지사가 요청하는 경우에는 관할 시·도지사와 공동으로 광역도시계획을 수립할 수 있다.
④ 도지사는 시장 또는 군수가 협의를 거쳐 요청하는 경우에는 단독으로 광역도시계획을 수립할 수 있다.
⑤ 시장 또는 군수는 광역도시계획을 수립하려면 국토교통부장관의 승인을 받아야 한다.

02 **국토의 계획 및 이용에 관한 법령상 도시·군관리계획에 해당하지 않는 것은?**

① 도시개발사업이나 정비사업에 관한 계획
② 성장관리계획
③ 복합용도계획
④ 도시혁신계획
⑤ 도시·군계획시설입체복합구역의 지정 또는 변경에 관한 계획

03 **국토의 계획 및 이용에 관한 법령상 도시·군관리계획에 관한 설명으로 옳은 것은?**

① 도시·군관리계획은 광역도시계획과 도시·군기본계획(생활권계획 제외)에 부합되어야 한다.
② 주민은 산업·유통개발진흥지구의 지정 및 변경에 관한 사항에 대하여 도시·군관리계획의 입안을 제안할 수 있다.
③ 시·도지사는 개발제한구역의 지정 및 변경에 관한 도시·군관리계획을 직접 결정하여야 한다.
④ 도시·군관리계획 결정의 효력은 지형도면을 고시한 날의 다음 날부터 발생한다.
⑤ 시장 또는 군수가 입안한 지구단위계획의 수립·변경에 관한 도시·군관리계획은 시·도지사가 결정한다.

04 국토의 계획 및 이용에 관한 법령상 공간재구조화계획에 관한 설명으로 옳지 않은 것은?

① 국토교통부장관은 특화발전 및 지역 균형발전을 위하여 필요한 때에는 관할 시장 또는 군수의 요청에 따라 공간재구조화계획을 입안할 수 있다.

② 주민이 복합용도구역의 지정을 위하여 공간재구조화계획의 입안을 제안하려면 대상토지 면적(국유지 포함)의 3분의 2 이상의 토지소유자의 동의를 받아야 한다.

③ 주거지역에 공간재구조화계획을 입안하는 경우에 토지적성평가를 생략할 수 있다.

④ 시·도지사가 결정하는 공간재구조화계획 중 복합용도구역 지정 및 입지 타당성 등에 관한 사항은 중앙도시계획위원회의 심의를 거친다.

⑤ 지형도면이 필요 없는 경우에 공간재구조화계획 결정의 효력은 그 계획 결정을 고시한 날부터 발생한다.

05 국토의 계획 및 이용에 관한 법령상 지구단위계획구역에서 도시·군관리계획의 결정 없이 설치할 수 있는 기반시설에 해당하는 것을 모두 고른 것은?

> ㄱ. 여객자동차터미널 중 전세버스운송사업용 여객자동차터미널
> ㄴ. 수도공급설비 중 「수도법」에 따른 마을상수도
> ㄷ. 광장 중 건축물부설광장
> ㄹ. 폐기물처리 및 재활용시설 중 재활용시설

① ㄱ, ㄴ, ㄷ
② ㄱ, ㄴ, ㄹ
③ ㄱ, ㄷ, ㄹ
④ ㄴ, ㄷ, ㄹ
⑤ ㄱ, ㄴ, ㄷ, ㄹ

06 국토의 계획 및 이용에 관한 법령상 도시·군기본계획에 관한 설명으로 옳지 않은 것은?

① 광역도시계획이 수립되어 있는 지역에 대하여 수립하는 도시·군기본계획의 내용이 광역도시계획의 내용과 다를 때에는 도시·군기본계획의 내용이 우선한다.

② 도시·군기본계획에는 기후변화 대응 및 에너지절약에 관한 사항에 대한 정책 방향이 포함되어야 한다.

③ 도시·군기본계획에서 정하는 생활권 간의 경계를 변경하는 생활권계획이 수립된 때에는 해당 계획이 수립된 생활권에 대해서는 도시·군기본계획이 수립된 것으로 본다.

④ 도시·군기본계획 입안일부터 5년 이내에 토지적성평가를 실시한 경우에는 토지적성평가를 하지 아니할 수 있다.

⑤ 수도권에 속하지 아니하고 광역시와 경계를 같이하지 아니한 시 또는 군으로서 인구 10만명 이하인 시 또는 군은 도시·군기본계획을 수립하지 아니할 수 있다.

07 **국토의 계획 및 이용에 관한 법령상 복합용도지구로 지정할 수 있는 용도지역을 모두 고른 것은?**

ㄱ. 계획관리지역	ㄴ. 생산관리지역
ㄷ. 일반공업지역	ㄹ. 제3종일반주거지역

① ㄱ　② ㄴ, ㄷ
③ ㄱ, ㄴ, ㄹ　④ ㄱ, ㄷ, ㄹ
⑤ ㄴ, ㄷ, ㄹ

08 **국토의 계획 및 이용에 관한 법령상 지구단위계획에 관한 설명으로 옳은 것은? (단, 조례는 고려하지 않음)**

① 개발제한구역에서 해제되는 구역 중 계획적인 관리가 필요한 지역은 지구단위계획구역으로 지정할 수 없다.
② 지구단위계획구역의 지정목적이 한옥마을을 보존하고자 하는 경우에는 지구단위계획으로 「주차장법」에 따른 주차장 설치기준을 150퍼센트까지 강화하여 적용한다.
③ 도시지역에 개발진흥지구를 지정하고 당해 지구를 지구단위계획구역으로 지정한 경우에는 지구단위계획으로 「건축법」 제60조에 따라 제한된 건축물높이의 120퍼센트 이내에서 높이제한을 완화하여 적용할 수 있다.
④ 주민이 입안을 제안한 지구단위계획에 관한 도시・군관리계획결정이 효력을 잃은 경우 해당 지구단위계획구역 지정 당시의 도시・군관리계획도 효력을 잃은 것으로 본다.
⑤ 지구단위계획구역과 지구단위계획은 도시・군기본계획으로 결정한다.

09 **국토의 계획 및 이용에 관한 법령상 성장관리계획에 관한 설명으로 옳은 것은?**

① 공업지역 중 주변지역과 연계하여 체계적인 관리가 필요한 지역은 성장관리계획구역으로 지정할 수 있다.
② 성장관리계획구역 내 보전녹지지역에서는 성장관리계획으로 정하는 바에 따라 50퍼센트 이하로 건폐율을 완화하여 적용할 수 있다.
③ 성장관리계획구역에서 개발행위 또는 건축물의 용도변경을 하려면 그 성장관리계획에 맞게 하여야 한다.
④ 성장관리계획구역의 면적을 5퍼센트 이내에서 변경하려면 미리 주민과 지방의회의 의견을 들어야 한다.
⑤ 군수는 성장관리계획구역의 지정 또는 변경에 관한 공고를 한 때에는 성장관리계획구역안을 10일 이내로 일반이 열람할 수 있도록 해야 한다.

10 **국토의 계획 및 이용에 관한 법령상 기반시설부담구역에 관한 설명으로 옳지 않은 것은?**

① 시장은 기반시설부담구역을 지정 또는 변경하려면 주민의 의견을 들어야 한다.

② 기반시설부담구역의 지정고시일부터 1년이 되는 날까지 기반시설설치계획을 수립하지 아니하면 그 1년이 되는 날의 다음날에 기반시설부담구역의 지정은 해제된 것으로 본다.

③ 시장은 기반시설설치비용의 관리 및 운용을 위하여 기반시설부담구역별로 특별회계를 설치하여야 한다.

④ 기반시설부담구역에서 150제곱미터의 단독주택으로 증축하는 행위는 기반시설설치비용의 부과대상이다.

⑤ 공원은 기반시설부담구역에 설치가 필요한 기반시설에 해당한다.

11 **국토의 계획 및 이용에 관한 법령상 자연취락지구에 대한 지원으로 시행하거나 지원할 수 있는 사업에 해당하지 않는 것은?**

① 주차장・학교・마을회관 등의 설치・정비

② 쓰레기처리장・하수처리시설 등의 설치・개량

③ 하천정비 등 재해방지를 위한 시설의 설치・개량

④ 주택의 신축・개량

⑤ 「산지관리법」에 따른 임도의 신설・개량

12 **국토의 계획 및 이용에 관한 법령상 시범도시사업계획에 포함되어야 하는 사항으로 명시된 것이 아닌 것은?**

① 시범도시사업의 목표・전략・특화발전계획 및 추진체제에 관한 사항

② 시범도시사업의 시행에 필요한 국토종합계획 및 광역도시계획의 수정・정비에 관한 사항

③ 시범도시사업의 시행에 필요한 도시・군계획사업에 관한 사항

④ 시범도시사업의 시행에 필요한 재원조달에 관한 사항

⑤ 주민참여 등 지역사회와의 협력체계에 관한 사항

13 국토의 계획 및 이용에 관한 법령상 지방도시계획위원회의 분과위원회의 심의사항으로 명시된 사항이 아닌 것은?

① 동법 제8조 제2항의 규정에 의한 토지이용계획에 관한 구역등의 지정
② 동법 제9조의 규정에 의한 용도지역 등의 변경계획에 관한 사항
③ 동법 제50조의 규정에 의한 지구단위계획구역 및 지구단위계획의 결정 또는 변경결정에 관한 사항
④ 동법 제59조의 규정에 의한 개발행위에 대한 심의에 관한 사항
⑤ 지방도시계획위원회에서 위임하는 사항

14 부동산 가격공시에 관한 법령상 표준지공시지가 조사·평가보고서에 포함되는 사항이 아닌 것은?

① 지리적 위치
② 「국토의 계획 및 이용에 관한 법률」에 따른 용도구역
③ 주위 환경
④ 토지 이용 상황
⑤ 토지 형상 및 지세(地勢)

15 부동산 가격공시에 관한 법령상 개별공시지가에 관한 설명으로 옳지 않은 것은?

① 군수가 관계 행정기관의 장과 협의하여 개별공시지가를 결정·공시하기로 한 토지에 대해서는 개별공시지가를 결정·공시하여야 한다.
② 토지의 형질변경으로 「공간정보의 구축 및 관리 등에 관한 법률」에 따른 지목변경이 된 토지는 개별공시지가 공시기준일을 다르게 할 수 있다.
③ 시장은 개별공시지가의 결정·공시를 위하여 개별토지의 가격을 산정하는 경우 용도지역이 변경되는 토지를 검증 생략 대상 토지로 선정할 수 있다.
④ 개별공시지가에 이의가 있는 자는 그 결정·공시일부터 30일 이내에 서면으로 시장·군수 또는 구청장에게 이의를 신청할 수 있다.
⑤ 군수는 토지가격비준표의 적용에 오류가 있음을 발견한 때에는 지체 없이 이를 정정하여야 한다.

16 **부동산 가격공시에 관한 법령상 주택가격의 공시에 관한 설명으로 옳지 않은 것은?**

① 군수는 군부동산가격공시위원회의 심의를 거쳐 매년 표준주택가격의 공시기준일 현재 관할 구역 안의 개별주택의 가격을 결정・공시하여야 한다.

② 표준주택으로 선정된 단독주택에 대하여는 개별주택가격을 결정・공시하지 아니할 수 있고, 해당 주택의 표준주택가격을 개별주택가격으로 본다.

③ 개별주택가격의 공시사항에는 개별주택의 사용승인일이 포함되어야 한다.

④ 개별주택가격 및 공동주택가격은 지방자치단체가 지방세 부과 업무와 관련하여 주택의 가격을 산정하는 경우에 그 기준으로 활용될 수 있다.

⑤ 표준주택 선정 및 관리에 필요한 세부기준은 중앙부동산가격공시위원회의 심의를 거쳐 국토교통부장관이 정한다.

17 **감정평가 및 감정평가사에 관한 법령상 국토교통부장관이 감정평가법인등의 설립인가를 반드시 취소하여야 하는 사유를 모두 고른 것은?**

ㄱ. 감정평가법인등이 업무정지처분 기간 중에 감정평가와 관련된 상담 및 자문을 한 사실이 1차례 적발된 경우
ㄴ. 국토교통부령으로 정한 감정평가법인등이 준수하여야 할 원칙과 기준을 위반하여 감정평가한 사실이 2차례 적발된 경우
ㄷ. 감정평가법인이 해당 법인의 소속 감정평가사 외의 사람에게 토지등의 이용 및 개발등에 대한 조언이나 정보제공한 사실이 3차례 적발된 경우

① ㄱ
② ㄴ
③ ㄱ, ㄷ
④ ㄴ, ㄷ
⑤ ㄱ, ㄴ, ㄷ

18 **감정평가 및 감정평가사에 관한 법령상 감정평가에 관한 설명으로 옳지 않은 것은?**

① 국토교통부장관은 타당성조사의 대상이 되는 감정평가를 한 감정평가사에 대하여 징계처분을 할 수 없어 타당성조사의 실익이 없는 경우에는 조사를 하지 않을 수 있다.
② 감정평가법인은 감정평가서를 의뢰인에게 발급하기 전에 감정평가를 한 소속 감정평가사가 작성한 감정평가서의 적정성을 같은 법인 소속의 다른 감정평가사에게 심사하게 하여야 한다.
③ 국가는 토지등의 관리를 위하여 토지등을 감정평가하려는 경우에는 감정평가법인등에 의뢰하여야 한다.
④ 신탁회사가 자산의 매입·매각·관리를 위하여 감정평가를 의뢰하려는 경우 한국감정평가사협회에 요청하여 추천받은 감정평가법인등에 감정평가를 의뢰할 수 있다.
⑤ 감정평가법인등은 감정평가서의 원본을 발급일부터 2년 이상 보존하여야 한다.

19 **감정평가 및 감정평가사에 관한 법령상 감정평가사에 대한 징계사유에 해당하지 않는 것은? (단, 다른 조건은 고려하지 않음)**

① 감정평가사가 2개의 사무소를 설치하여 감정평가업을 한 경우
② 감정평가사가 직무와 관련하여 금고 이상의 형의 집행유예를 선고받아 그 형이 확정된 경우
③ 감정평가사가 손해배상책임을 보장하기 위한 보증보험 또는 공제사업에 가입하지 않은 경우
④ 감정평가사가 감정평가사무소에 출입하여 장부나 서류 등을 검사하는 국토교통부 소속 공무원의 검사를 거부한 경우
⑤ 감정평가사가 등록일로부터 5년이 경과되어도 갱신등록을 하지 아니하고 감정평가와 관련된 상담 및 자문을 행한 경우

20 **국유재산법령상 행정재산에 관한 설명으로 옳지 않은 것은?**

① 행정재산의 종류에는 공용재산, 공공용재산, 기업용재산, 보존용재산이 있다.
② 총괄청은 기부채납에 따른 행정재산의 취득에 관한 사무를 중앙관서의 장에게 위임한다.
③ 행정재산은 「민법」에도 불구하고 시효취득의 대상이 되지 아니한다.
④ 총괄청은 사용을 승인한 행정재산의 재산관리가 감사 결과 부당한 것으로 인정된 경우 국유재산정책심의위원회의 심의를 거쳐 그 사용 승인을 철회할 수 있다.
⑤ 중앙관서의 장은 행정재산으로 기부하는 재산에 대하여 기부자에게 무상으로 사용허가하여 줄 것을 조건으로 그 재산을 기부하는 경우 그 기부를 받아서는 아니 된다.

21 **국유재산법령상 행정재산의 사용허가에 관한 설명으로 옳지 않은 것은?**

① 보존용재산을 사용허가하는 경우에 재산의 유지·보존을 위하여 관리비가 특히 필요할 때에는 사용료에서 그 관리비 상당액을 뺀 나머지 금액을 징수할 수 있다.

② 행정재산이 토지의 용도 등을 고려할 때 해당 재산에 인접한 토지의 소유자를 지명하여 경쟁에 부칠 필요가 있는 경우에는 지명경쟁의 방법으로 사용허가를 받을 자를 결정할 수 있다.

③ 중앙관서의 장은 공공용 재산을 사용허가하는 경우 그의 용도나 목적에 장애가 되지 아니하는 범위에서만 사용허가를 할 수 있다.

④ 행정재산으로 할 목적으로 기부를 받은 재산의 상속인에게 사용허가를 하는 경우 사용허가기간은 5년 이내로 한다.

⑤ 중앙관서의 장은 행정재산의 사용허가를 받은 자가 해당 재산의 보존을 게을리한 경우에는 그 허가를 취소하거나 철회할 수 있다.

22 **국유재산법령상 일반재산에 관한 설명으로 옳지 않은 것은?**

① 일반재산은 「국토의 계획 및 이용에 관한 법률」 등 다른 법률에 따라 그 처분이 제한되는 경우에 매각할 수 없다.

② 일반재산은 국유재산관리기금의 운용계획에 따라 국유재산관리기금의 재원으로 개발할 수 있다.

③ 용도를 지정하여 일반재산을 매각하는 경우에는 그 재산의 매각일부터 10년 이상 지정된 용도로 활용하여야 한다.

④ 총괄청이 일반재산을 민간사업자와 공동으로 개발한 경우 일반재산의 대부기간은 20년 이내로 할 수 있으며, 20년의 범위에서 두 차례 연장할 수 있다.

⑤ 소규모 일반재산을 한 곳에 모아 관리함으로써 재산의 효용성을 높이기 위하여 필요한 경우에는 일반재산인 토지와 사유재산인 토지를 교환할 수 있다.

23 **국유재산법령상 연체료 등에 대한 징수권의 소멸시효 중단 사유에 해당하지 않는 것은?**

① 제척기간 도과
② 납부고지
③ 독촉
④ 교부청구
⑤ 압류

24 **건축법령상 다중이용 건축물에 해당하는 것은?**

① 바닥면적의 합계가 1만5천제곱미터인 동물원
② 바닥면적의 합계가 4천제곱미터인 10층의 학원
③ 바닥면적의 합계가 1만제곱미터인 요양병원
④ 바닥면적의 합계가 8천제곱미터인 종교시설
⑤ 바닥면적의 합계가 6천제곱미터인 일반숙박시설

25 **건축법령상 자연환경이나 수질을 보호하기 위하여 도지사가 지정·공고한 구역에 건축하는 3층 이상 또는 연면적의 합계가 1천제곱미터 이상인 건축물로서 시장·군수가 건축허가를 할 경우 사전에 도지사의 승인을 받아야 하는 건축물이 아닌 것은? (단, 다른 조건은 고려하지 않음)**

① 공동주택
② 제2종 근린생활시설인 일반음식점
③ 공공업무시설
④ 숙박시설
⑤ 위락시설

26 **건축법령상 주거업무시설군에 해당하는 시설은?**

① 국방·군사시설
② 자원순환 관련 시설
③ 방송통신시설
④ 운동시설
⑤ 의료시설

27 **건축법령상 공개 공지 또는 공개 공간을 확보해야 하는 대상 지역에 해당하지 않는 것은? (단, 다른 조건은 고려하지 않음)**

① 준주거지역
② 일반주거지역
③ 준공업지역
④ 일반공업지역
⑤ 일반상업지역

28 **공간정보의 구축 및 관리 등에 관한 법령상 지상 경계의 결정기준으로 옳지 않은 것은? (단, 다른 조건은 고려하지 않음)**

① 연접되는 토지 간에 높낮이 차이가 없는 경우 : 그 구조물 등의 중앙
② 연접되는 토지 간에 높낮이 차이가 있는 경우 : 그 구조물 등의 상단부
③ 도로·구거 등의 토지에 절토(땅깎기)된 부분이 있는 경우 : 그 경사면의 상단부
④ 토지가 해면 또는 수면에 접하는 경우 : 최대만조위 또는 최대만수위가 되는 선
⑤ 공유수면매립지의 토지 중 제방 등을 토지에 편입하여 등록하는 경우 : 바깥쪽 어깨부분

29 **공간정보의 구축 및 관리 등에 관한 법령상 지목의 표기방법으로 지목과 부호의 연결이 옳지 않은 것은?**

① 공장용지 - 장
② 철도용지 - 철
③ 하천 - 하
④ 광천지 - 광
⑤ 창고용지 - 창

30 **공간정보의 구축 및 관리 등에 관한 법령상 경계점좌표등록부의 등록사항이 아닌 것은?**

① 토지의 소재
② 지적도면의 번호
③ 토지의 고유번호
④ 측량 결과도
⑤ 부호 및 부호도

31 **공간정보의 구축 및 관리 등에 관한 법령상 축척변경에 관한 내용이다. ( )에 들어갈 내용으로 옳은 것은?**

> • 지적소관청은 축척변경을 하려면 축척변경 시행지역의 (ㄱ) (ㄴ) 이상의 동의를 받아 축척변경위원회의 의결을 거친 후 시·도지사 또는 대도시 시장의 승인을 받아야 한다.
> • 축척변경 시행지역의 토지소유자 또는 점유자는 시행공고가 된 날부터 (ㄷ)일 이내에 시행공고일 현재 점유하고 있는 경계에 국토교통부령으로 정하는 경계점표지를 설치하여야 한다.

① ㄱ : 주민, ㄴ : 2분의 1, ㄷ : 20
② ㄱ : 주민, ㄴ : 3분의 2, ㄷ : 30
③ ㄱ : 토지소유자, ㄴ : 2분의 1, ㄷ : 20
④ ㄱ : 토지소유자, ㄴ : 3분의 2, ㄷ : 30
⑤ ㄱ : 토지소유자 또는 점유자, ㄴ : 3분의 2, ㄷ : 20

32 **부동산등기법령상 등기의 관할에 관한 설명으로 옳지 않은 것은?**

① 지방법원장은 어느 등기소의 관할에 속하는 사무를 다른 등기소에 위임하게 할 수 있다.
② 관할 등기소가 다른 여러 개의 부동산과 관련하여 등기목적과 등기원인이 동일한 경우 그 중 하나의 관할 등기소에서 등기사무를 담당할 수 있다.
③ 상속으로 인한 등기신청의 경우 부동산의 관할 등기소가 아닌 등기소도 그 신청에 따른 등기사무를 담당할 수 있다.
④ 사건이 그 등기소의 관할이 아닌 경우의 등기신청은 각하사유에 해당한다.
⑤ 부동산이 여러 등기소의 관할구역에 걸쳐 있을 때에는 대법원규칙으로 정하는 바에 따라 각 등기소를 관할하는 상급법원의 장이 관할 등기소를 지정한다.

33 **부동산등기법령상 등기의 신청에 관한 설명으로 옳지 않은 것은?**

① 소유권보존등기 또는 소유권보존등기의 말소등기는 등기명의인으로 될 자 또는 등기명의인이 단독으로 신청한다.
② 공유물을 분할하는 판결에 의한 등기는 등기권리자 또는 등기의무자가 단독으로 신청한다.
③ 가등기권리자는 가등기의무자의 승낙이 있을 때에는 단독으로 가등기를 신청할 수 있다.
④ 채권자는 「민법」에 따라 채무자를 대위하여 등기를 신청할 수 있다.
⑤ 대표자나 관리인이 있는 법인 아닌 사단에 속하는 부동산의 등기에 관하여는 그 사단의 대표자나 관리인을 등기권리자 또는 등기의무자로 한다.

34 **부동산등기법령상 신탁등기에 관한 설명으로 옳지 않은 것은?**

① 수탁자가 여러 명인 경우 등기관은 신탁재산이 공유 또는 합유인 뜻을 기록하여야 한다.
② 수익자나 위탁자는 수탁자를 대위하여 신탁등기를 신청할 수 있다.
③ 여러 명의 수탁자 중 1인이 법원의 해임으로 그 임무가 종료된 경우 다른 수탁자가 여러 명일 때에는 그 전원이 공동으로 권리변경등기를 신청하여야 한다.
④ 수탁자의 사망으로 수탁자의 임무가 종료된 경우 신수탁자는 단독으로 신탁재산에 속하는 부동산에 관한 권리이전등기를 신청할 수 있다.
⑤ 신탁등기의 말소등기는 수탁자가 단독으로 신청할 수 있다.

35 부동산등기법령상 이의에 관한 설명으로 옳은 것은?

① 관할 지방법원은 이의신청에 대하여 결정한 후에 등기관에게 가등기 또는 이의가 있다는 뜻의 부기등기를 명령할 수 있다.
② 새로운 사실이나 새로운 증거방법을 근거로 이의신청을 할 수 있다.
③ 등기관은 등기를 마치기 전에 이의가 이유 있다고 인정하면 3일 이내에 의견을 붙여 이의신청서 또는 이의신청정보를 지방법원에 보내야 한다.
④ 등기관의 결정에 이의를 한 때에는 관할 지방법원의 결정때까지 집행이 정지된다.
⑤ 관할 지방법원은 이의가 이유 있다고 인정하면 등기관에게 그에 해당하는 처분을 명령하고 그 뜻을 이의신청인은 물론 등기상 이해관계 있는 자에게도 알려야 한다.

36 동산·채권 등의 담보에 관한 법령상 동산담보권에 관한 설명으로 옳은 것은?

① 담보권설정자의 사업자등록이 말소된 경우에는 이미 설정된 동산담보권의 효력에도 영향을 미친다.
② 담보권자는 공탁금의 회수를 청구할 수 없다.
③ 동산담보권의 효력은 담보목적물에 대한 압류 후에 담보권설정자가 그 담보목적물로부터 수취한 과실(果實)에 미치지 않는다.
④ 동산담보권은 피담보채권과 분리하여 타인에게 양도할 수 있다.
⑤ 담보권자는 동산담보권을 방해하는 자에게 방해의 제거를 청구할 수 있지만, 동산담보권을 방해할 우려가 있다는 이유로 방해의 예방을 청구할 수는 없다.

37 도시 및 주거환경정비법령상 사업시행계획인가의 경미한 변경에 해당하지 않는 것은?

① 건축물이 아닌 부대시설·복리시설의 위치를 변경하는 때
② 외장재료를 변경하는 때
③ 건축물의 설계와 용도별 위치를 변경하지 아니하는 범위에서 건축물의 배치 및 주택단지 안의 도로선형을 변경하는 때
④ 사업시행자의 명칭을 변경하는 때
⑤ 정비계획의 변경에 따라 사업시행계획서를 변경하는 때

38 **도시 및 주거환경정비법령상 관리처분계획 등에 관한 설명으로 옳지 않은 것은? (단, 다른 조건은 고려하지 않음)**

① 사업시행자는 분양신청을 받은 후 잔여분이 있는 경우에는 정관으로 정한 목적을 위하여 그 잔여분을 보류지로 정할 수 있다.

② 사업시행자는 정비사업의 시행으로 건설된 건축물을 인가받은 관리처분계획에 따라 토지등소유자에게 공급하여야 한다.

③ 시장은 관리처분계획의 타당성 검증을 요청하는 경우에는 관리처분계획인가의 신청을 받은 날부터 60일 이내에 인가 여부를 결정하여 사업시행자에게 통지하여야 한다.

④ 사업시행자는 분양신청을 하지 아니한 자와 손실보상에 관한 협의가 성립되지 아니하면 협의기간의 만료일 다음 날부터 60일 이내에 수용재결을 신청하거나 매도청구소송을 제기하여야 한다.

⑤ 종전의 건축물의 전세권자는 사업시행자의 동의를 받지 않더라도 관리처분계획인가의 고시가 있은 때에는 이전고시가 있는 날까지 계속 사용하거나 수익할 수 있다.

39 **도시 및 주거환경정비법령상 조합에 관한 설명으로 옳은 것은?**

① 조합원이 정비구역에 위치한 하나의 건축물 또는 토지를 다른 사람과 공유한 경우에도 조합의 임원이 되는데 제한이 없다.

② 조합장을 제외한 조합임원은 대의원이 될 수 없다.

③ 조합장을 제외한 조합임원은 같은 목적의 정비사업을 하는 다른 조합의 임직원을 겸할 수 있다.

④ 시공자의 선정을 의결하는 총회 및 시공자 선정 취소를 위한 총회의 경우 조합원의 과반수가 직접 출석하여야 한다.

⑤ 조합장이 선임 당시 결격사유에 해당하는 자임이 밝혀진 경우 당연 퇴임하고, 퇴임된 임원이 퇴임 전에 관여한 행위는 그 효력을 잃는다.

40 도시 및 주거환경정비법령상 정비계획에 포함되어야 하는 사항을 모두 고른 것은? (단, 조례는 고려하지 않음)

> ㄱ. 도시·군계획시설의 설치에 관한 계획
> ㄴ. 도시의 광역적 재정비를 위한 기본방향
> ㄷ. 건축물의 주용도·건폐율·용적률·높이에 관한 계획
> ㄹ. 세입자 주거대책

① ㄱ, ㄴ
② ㄴ, ㄹ
③ ㄷ, ㄹ
④ ㄱ, ㄴ, ㄷ
⑤ ㄱ, ㄷ, ㄹ

※ 아래의 문제들에서 특별한 언급이 없는 한 기업의 보고기간(회계기간)은 매년 1월 1일부터 12월 31일까지이다. 또한, 기업은 주권상장법인으로 계속해서 한국채택국제회계기준(K-IFRS)을 적용해오고 있다고 가정한다. 단, 자료에서 제시한 모든 항목과 금액은 중요하며, 자료에서 제시한 것 이외의 사항은 고려하지 않고 답한다. 예를 들어, 법인세에 대한 언급이 없으면 법인세 효과는 고려하지 않는다.

01 유용한 재무정보의 질적특성에 관한 설명으로 옳은 것은?

① 완벽한 표현충실성을 위해서 서술은 완전하고 중요하며 오류가 없어야 할 것이다.
② 재무정보가 예측가치를 갖기 위해서는 그 자체가 예측치 또는 예상치이어야 한다.
③ 나타내고자 하는 바를 충실하게 표현하는 가장 목적적합한 정보를 선택하려는 결정의 결과가 비대칭성인 경우라도 특정 회계기준에서 비대칭적인 요구사항을 포함할 수 없다.
④ 오류가 없다는 것은 현상의 기술에 오류나 누락이 없고 보고 정보를 생산하는 데 사용되는 측정과 절차 측면에서 완벽하게 정확하다는 것을 의미한다.
⑤ 합리적인 추정치의 사용은 재무정보의 작성에 필수적인 부분이며 추정치가 명확하고 정확하게 기술되고 설명되는 한 정보의 유용성을 저해하지 않는다.

02 재무제표 표시에 관한 설명으로 옳지 않은 것은?

① 기업이 재무상태표에 유동자산과 비유동자산, 그리고 유동부채와 비유동부채로 구분하여 표시하는 경우, 이연법인세부채는 유동부채로 분류한다.
② 기업이 명확히 식별 가능한 영업주기 내에서 재화나 용역을 제공하는 경우, 재무상태표에 유동자산과 비유동자산 및 유동부채와 비유동부채를 구분하여 표시한다.
③ 기업이 보고기간 말 현재 기존의 대출계약조건에 따라 보고기간 후 적어도 12개월 이상 부채를 연장할 권리가 있다면, 보고기간 후 12개월 이내에 만기가 도래한다 하더라도 비유동부채로 분류한다.
④ 영업주기는 영업활동을 위한 자산의 취득시점부터 그 자산이 현금이나 현금성자산으로 실현되는 시점까지 소요되는 기간을 의미하며, 정상영업주기를 명확히 식별할 수 없는 경우에는 그 기간이 12개월인 것으로 가정한다.
⑤ 매입채무 그리고 종업원 및 그 밖의 영업원가에 대한 미지급비용과 같은 유동부채는 기업의 정상영업주기 내에 사용되는 운전자본의 일부이므로, 이러한 항목은 보고기간 후 12개월 후에 결제일이 도래한다 하더라도 유동부채로 분류한다.

03 (주)감평의 20×1년 재고자산 관련 자료는 다음과 같다. (주)감평이 재고자산을 저가기준 가중평균소매재고법으로 측정하는 경우 매출원가는? (단, 재고자산 평가손실과 감모손실은 없고, 화폐금액은 소수점 첫째자리에서 반올림하며, 단수차이로 인한 오차가 있으면 가장 근사치를 선택한다.)

항목	원가	판매가
기초재고액	₩1,100	₩1,500
당기매입액	8,500	12,400
인상액	–	1,800
인상취소액	–	700
인하액	–	1,500
인하취소액	–	500
당기매출액	–	10,000

① ₩6,880
② ₩7,040
③ ₩7,082
④ ₩7,120
⑤ ₩7,154

04 (주)감평의 20×1년 기초상품은 ₩20,000, 당기상품매입액은 ₩80,000이다. 20×1년 기말상품 관련 자료는 다음과 같다.

• 장부상 수량	90개	• 단위당 취득원가	₩300
• 실제 수량	80개	• 단위당 순실현가능가치	₩270

감모수량 중 7개는 정상적인 것이며, 나머지는 비정상적인 것이다. (주)감평의 20×1년 포괄손익계산서에 표시될 매출원가는? (단, (주)감평은 정상적인 감모손실과 평가손실은 매출원가로 처리하고, 기초 재고자산평가충당금은 없다.)

① ₩75,100
② ₩75,400
③ ₩77,500
④ ₩78,400
⑤ ₩79,300

05 (주)감평은 20×1년 5월 초 공장건물 신축공사를 시작하여 20×2년 10월 말 완공하였다. 동 건물은 차입원가 자본화 대상인 적격자산이다. 동 건물 신축 관련 자료가 다음과 같을 때, (주)감평이 20×1년에 자본화할 차입원가는? (단, 연평균지출액과 이자비용은 월할 계산한다.)

(1) 공장건물 신축을 위한 공사비 지출내역은 다음과 같다. 지출내역 중 20×1년 9월 1일에 지출한 ₩108,000은 전액 공장건물 신축과 관련하여 동 일자에 수령한 정부보조금(상환의무 없음)으로 지출되었다.

일자	금액
20×1.5.1.	₩240,000
20×1.9.1.	108,000
20×2.6.1.	180,000

(2) 일반차입금 현황은 다음과 같으며, 모든 차입금의 이자는 단리로 계산하여 1년 후급하는 조건이다. 또한 특정차입금은 없다.

구분	차입금액	차입기간	연 이자율
차입금 A	₩100,000	20×0.1.1.~20×2.12.31.	12%
차입금 B	200,000	20×1.7.1.~20×2.06.30.	10%

① ₩17,600
② ₩18,860
③ ₩19,440
④ ₩21,560
⑤ ₩22,000

06 (주)감평은 20×1년 초 구축물로 분류되는 폐기물처리시설(내용연수 10년, 잔존가치 ₩0, 정액법 상각, 원가모형 적용)을 동 일자에 수령한 정부보조금(상환의무 없음) ₩300,000을 포함하여 총 ₩1,000,000에 취득하였다. 동 시설은 내용연수 종료시점에 원상복구의무가 있으며, 복구시점의 복구비용은 ₩200,000이 소요될 것으로 예상된다. 이는 충당부채의 인식요건을 충족하며, 복구충당부채에 대한 할인율은 연 8%이다. 정부보조금과 관련하여 자산차감법으로 인식할 경우, (주)감평이 20×1년에 동 폐기물처리시설과 관련하여 인식할 감가상각비는? (단, 8%, 10기간 단일금액 ₩1의 현가계수는 0.4632이고, 화폐금액은 소수점 첫째 자리에서 반올림하며, 단수차이로 인한 오차가 있으면 가장 근사치를 선택한다.)

① ₩70,000
② ₩79,264
③ ₩82,562
④ ₩100,000
⑤ ₩109,264

07 (주)감평은 20×1년 초 영업에 사용할 목적으로 토지를 ₩200,000에 취득하였으며, 재평가모형을 적용하고 있다. 토지의 공정가치와 회수가능액이 다음과 같을 경우, 동 토지와 관련된 회계처리로 인한 (주)감평의 20×2년 당기순이익 감소액은? (단, 처분부대원가는 무시하지 못할 정도로 상당하며, 회수가능액이 공정가치에 미달하면 손상이 발생하였다고 가정한다. 또한 재평가잉여금의 일부를 이익잉여금으로 대체하지 않는다.)

구분	20×1년 말	20×2년 말
공정가치	₩250,000	₩210,000
회수가능액	260,000	150,000

① ₩30,000
② ₩40,000
③ ₩50,000
④ ₩60,000
⑤ ₩70,000

08 (주)감평은 20×1년 초 사용 중인 기계장치(장부금액 ₩100,000, 공정가치 ₩40,000)를 (주)한국의 구축물(장부금액 ₩80,000, 공정가치 ₩70,000)과 교환하면서 (주)한국에 추가로 현금 ₩10,000을 지급하였다. 동 교환은 상업적 실질이 있으며, 기계장치의 공정가치가 구축물의 공정가치보다 명백하다. 한편 (주)감평은 교환으로 취득한 구축물의 내용연수와 잔존가치를 각각 4년과 ₩5,000으로 추정하였으며, 연수합계법으로 상각한다. (주)감평이 동 교환 시 인식할 유형자산처분손실(A)과 교환으로 취득한 구축물과 관련하여 20×1년에 인식할 감가상각비(B)는? (단, 교환으로 취득한 구축물은 영업에 사용하며, 원가모형을 적용한다.)

	(A)	(B)
①	₩30,000	₩14,000
②	₩60,000	₩14,000
③	₩60,000	₩18,000
④	₩70,000	₩14,000
⑤	₩70,000	₩18,000

09 **무형자산에 관한 설명으로 옳은 것은?**

① 내용연수가 비한정인 무형자산으로 최초 인식한 경우 그 이후에 비한정 내용연수를 유한 내용연수로 변경할 수 없다.
② 원가모형과 달리 무형자산에 재평가모형을 적용하는 경우에는 원가가 아닌 금액으로 무형자산을 최초로 인식하는 것을 허용한다.
③ 계약상 권리 또는 기타 법적 권리로부터 발생하는 무형자산의 내용연수는 자산의 예상사용기간에 따라 그러한 계약상 권리 또는 기타 법적 권리의 기간을 초과할 수 있다.
④ 제조과정에서 사용된 무형자산의 상각은 일반적으로 당기손익으로 인식한다.
⑤ 자산에서 발생하는 미래경제적효익이 기업에 유입될 가능성이 높고 자산의 원가를 신뢰성 있게 측정할 수 있는 경우에만 무형자산을 인식한다.

10 **(주)감평은 20×1년 초 본사사옥으로 사용할 목적으로 건물(취득원가 ₩480,000, 내용연수 4년, 잔존가치 ₩0, 정액법 상각)을 취득하였다. 20×2년 초 (주)감평은 동 건물을 임대목적으로 전환하였다. 동 건물의 20×2년 초와 20×2년 말의 공정가치가 다음과 같을 경우, 동 건물과 관련된 회계처리로 인한 (주)감평의 20×2년 당기순이익 증가액은? (단, 유형자산의 경우 원가모형을 적용하고, 투자부동산에 대해서는 공정가치모형을 적용한다.)**

구분	20×2년 초	20×2년 말
공정가치	₩380,000	₩410,000

① ₩10,000
② ₩20,000
③ ₩30,000
④ ₩40,000
⑤ ₩50,000

11 **(주)감평은 20×1년 초 영업용 차량운반구(취득원가 ₩500,000, 내용연수 5년, 잔존가치 ₩0, 정액법 상각)를 취득하고 원가모형을 적용하였다. (주)감평은 20×2년 초 차량운반구의 일상적인 유지와 관련하여 ₩30,000을 지출하였다. 또한 동 일자에 차량운반구의 성능을 향상시키기 위하여 ₩200,000을 추가 지출하였고, 이로 인해 차량운반구의 내용연수는 2년 연장되었으며 잔존가치는 ₩60,000으로 증가되었다. 동 차량운반구와 관련된 회계처리로 인한 (주)감평의 20×2년 당기순이익 감소액은?**

① ₩90,000
② ₩95,000
③ ₩100,000
④ ₩120,000
⑤ ₩130,000

12 투자부동산에 해당하는 것을 모두 고른 것은?

ㄱ. 장래 용도를 결정하지 못한 채로 보유하고 있는 토지
ㄴ. 금융리스로 제공한 부동산
ㄷ. 직접 소유하고 운용리스로 제공하는 건물
ㄹ. 종업원이 사용하고 있는 부동산
ㅁ. 운용리스로 제공하기 위하여 보유하는 미사용 건물

① ㄴ
② ㄱ, ㄷ
③ ㄴ, ㄹ
④ ㄱ, ㄷ, ㅁ
⑤ ㄴ, ㄹ, ㅁ

13 (주)감평은 20×1년 초 영업용 차량운반구(취득원가 ₩300,000, 내용연수 5년, 잔존가치 ₩50,000, 정액법 상각)를 취득하고 원가모형을 적용하였다. (주)감평은 20×2년 초 동 차량운반구를 매각하기로 결정하고 매각예정비유동자산으로 분류하였다. 동 차량운반구의 20×2년 초와 20×2년 말의 순공정가치와 사용가치가 다음과 같을 경우 (주)감평이 20×2년 말 재무상태표에 인식할 매각예정비유동자산의 장부금액은? (단, 동 차량운반구는 20×2년 초부터 20×2년 말 현재까지 매각예정분류기준을 충족하고 있다.)

구분	20×2년 초	20×2년 말
순공정가치	₩200,000	₩190,000
사용가치	150,000	170,000

① ₩150,000
② ₩170,000
③ ₩180,000
④ ₩190,000
⑤ ₩200,000

14 (주)감평은 20×1년 초 (주)한국이 3년 만기로 발행한 사채(발행일 20×1년 초, 액면금액 ₩100,000, 표시이자율 연 10%, 매년 말 이자 지급)를 발행일의 공정가치인 ₩105,151에 취득하였다. 동 사채의 취득목적은 원리금을 수취하면서 매도할 목적으로 (주)감평은 동 사채를 기타포괄손익–공정가치측정 금융자산으로 분류하였다. 취득 당시 금융자산에 적용된 유효이자율은 연 8%이다. 동 사채의 20×1년 말과 20×2년 말 공정가치는 각각 ₩100,000과 ₩95,000이다. (주)감평이 20×3년 초 동 사채를 공정가치인 ₩95,000에 매각하였다면, 동 금융자산 처분과 관련한 회계처리가 (주)감평의 20×3년 당기순이익에 미치는 영향은? (단, 화폐금액은 소수점 첫째자리에서 반올림하며, 단수차이로 인한 오차가 있으면 가장 근사치를 선택한다.)

① ₩1,437 감소
② ₩1,437 증가
③ ₩3,563 감소
④ ₩6,848 감소
⑤ ₩6,848 증가

15 (주)감평은 20×1년 초 금융자산을 취득하고, 이를 상각후원가로 측정하는 금융자산으로 분류하였다. 20×1년 말 동 금융자산의 손실충당금 반영 전 장부금액은 ₩9,200이고, 기대신용손실은 ₩600으로 예상된다. 20×2년 초 (주)감평은 동 금융자산을 당기손익–공정가치측정 금융자산으로 재분류하였다. 재분류시점에 금융자산의 공정가치는 ₩8,800이다. (주)감평이 금융자산의 재분류로 인해 인식할 당기손익은?

① 이익 ₩200
② 이익 ₩400
③ 이익 ₩600
④ 손실 ₩200
⑤ 손실 ₩400

16 (주)감평은 20×1년 6월 1일 제품 판매대금으로 만기가 20×1년 9월 30일인 액면금액 ₩120,000, 연 10%의 이자부 어음(이자는 만기 시 수취)을 거래처로부터 수취하였다. (주)감평은 20×1년 7월 1일 동 어음을 은행에서 할인하였으며, 할인율은 연 12%이다. 어음의 할인이 제거조건을 충족하는 경우, (주)감평이 어음의 할인으로 인해 인식할 금융자산처분손실은? (단, 이자는 월할 계산한다.)

① ₩160
② ₩240
③ ₩480
④ ₩720
⑤ ₩960

17 (주)감평은 20×1년 초 연속상환사채(액면금액 ₩9,000, 표시이자율 연 5%, 이자는 매년 말 지급, 만기 3년, 매년 말 ₩3,000씩 원금상환 조건)를 ₩8,524에 발행하였다. 사채의 발행 당시 유효이자율은 연 8%이다. 20×2년 6월 30일 사채 전부를 경과이자를 포함하여 ₩5,950에 조기상환한 경우 사채상환손익은? (단, 이자비용은 월할 계산하고, 화폐금액은 소수점 첫째자리에서 반올림하며, 단수차이로 인한 오차가 있으면 가장 근사치를 선택한다.)

① 상환손실 ₩50
② 상환손실 ₩36
③ 상환이익 ₩36
④ 상환이익 ₩50
⑤ 상환이익 ₩114

18 (주)감평은 20×1년 초 다음과 같은 조건의 전환사채를 액면발행하였다.

- 액면금액 : ₩100,000
- 표시이자율 : 연 6%(이자는 매년 말 지급)
- 사채발행 시 전환권이 부여되지 않은 일반사채의 시장이자율 : 연 9%
- 전환가격 : 사채 액면 ₩1,000당 1주의 보통주(주당 액면금액 ₩500)
- 상환방법 : 만기(20×3년 12월 31일)에 액면금액의 106.7%를 일시 상환

전환사채와 관련하여 20×2년 인식할 이자비용은? (단, 화폐금액은 소수점 첫째자리에서 반올림하며, 단수차이로 인한 오차가 있으면 가장 근사치를 선택한다.)

기간	단일금액 ₩1의 현재가치		정상연금 ₩1의 현재가치	
	6%	9%	6%	9%
3	0.8396	0.7722	2.6730	2.5313

① ₩6,000
② ₩8,872
③ ₩9,033
④ ₩9,303
⑤ ₩9,758

19 **충당부채, 우발부채 및 우발자산에 관한 설명으로 옳은 것은?**

① 미래의 예상 영업손실은 충당부채로 인식하여야 한다.
② 손실부담계약을 체결하고 있는 경우에는 관련된 현재의무를 충당부채로 인식하지 않는다.
③ 보수주의 관점에서 우발자산은 재무제표에 인식하지 아니하나, 우발부채는 재무제표에 인식한다.
④ 충당부채와 관련하여 포괄손익계산서에 인식한 비용은 제삼자의 변제와 관련하여 인식한 금액과 상계하여 표시할 수 있다.
⑤ 예상되는 자산 처분이 충당부채를 생기게 한 사건과 밀접하게 관련되었다면, 예상되는 자산 처분이익은 충당부채를 측정하는 데 고려하여야 한다.

20 **20×1년 2월 초 영업을 개시한 (주)감평은 제품하자보증을 실시하고 있다. 제품매출액은 20×1년 ₩200,000, 20×2년 ₩250,000이고, (주)감평은 20×1년 매출액의 5%, 20×2년 매출액의 6%에 해당하는 무상수리비용이 발생할 것으로 추정하고 있다. 연도별 무상수리비용 실제 발생액은 다음과 같다.**

구분	20×1년	20×2년
20×1년 판매분	₩2,500	₩3,000
20×2년 판매분	–	4,000

(주)감평의 제품하자보증기간이 판매일로부터 2년인 경우, 20×2년 말 제품보증충당부채 잔액은? (단, 제품보증은 확신유형의 보증이고, 추정치는 최선의 추정치이며, 현재가치는 고려하지 않는다.)

① ₩4,500
② ₩6,500
③ ₩9,500
④ ₩11,000
⑤ ₩15,500

21 20×1년 초 설립된 (주)감평의 20×3년 말 자본계정은 다음과 같으며, 설립 후 현재까지 자본금 변동은 없었다.

구분	액면금액	발행주식수	비고
보통주자본금	₩500	100주	배당률 5%
우선주자본금	500	50	누적적, 완전참가적, 배당률 ?

(주)감평은 그동안 배당가능이익이 부족하여 어떠한 형태의 배당도 할 수 없었으나, 설립 후 처음으로 20×4년 초 ₩10,000의 현금배당을 결의하였다. 보통주에 배분될 배당금이 ₩4,500일 때, 우선주 배당률은?

① 5%
② 6%
③ 7%
④ 8%
⑤ 9%

22 (주)감평은 20×1년 초 종업원 100명에게 각각 주식선택권 10개(개당 행사가격 ₩500, 주당 액면금액 ₩150)를 부여하고 부여일로부터 2년의 용역제공조건을 부과하였다. 부여일 현재 주식선택권의 단위당 공정가치는 ₩200으로 추정되었다. 주식선택권 1개당 1주의 보통주식을 부여받을 수 있으며, 실제로 총 80명의 종업원이 주식선택권을 가득하였다. 20×3년 초 주식선택권을 가득한 종업원 전원이 주식선택권 전량을 행사한 경우, (주)감평의 자본증가액은?

① ₩120,000
② ₩160,000
③ ₩200,000
④ ₩400,000
⑤ ₩440,000

23 (주)감평의 20×1년 보통주에 귀속되는 당기순이익은 ₩1,000,000, 가중평균유통보통주식수는 100주, 중단사업손익은 없다. (주)감평이 희석주당이익을 계산할 때 필요한 자료는 다음과 같다.

종류	보통주로 전환(행사)되었다고 가정할 경우 추가적으로 유통되었을 가중평균 유통보통주식수 (분모)	보통주로 전환(행사)되었다고 가정할 경우 증가하는 법인세 효과를 반영한 보통주귀속이익 (분자)
전환사채	150주	₩425,000
전환우선주	100	190,000
신주인수권부사채	200	10,000
옵션	100	0

(주)감평의 20×1년 희석주당이익은? (단, 20×1년 잠재적 보통주식의 변동은 없다.)

① ₩2,400
② ₩2,500
③ ₩2,525
④ ₩5,000
⑤ ₩10,000

24 20×1년 영업을 개시한 (주)감평은 상품구매 ₩10당 1포인트를 고객에게 보상하는 고객충성제도를 운영한다. 각 포인트는 기업의 상품을 미래에 구매할 때 ₩1의 할인과 교환할 수 있다. (주)감평은 20×1년 고객에게 현금 ₩100,000에 상품을 판매하고 동시에 10,000포인트를 부여하였다. (주)감평이 부여한 포인트는 별도의 수행의무에 해당하며, 20×1년 판매대가 ₩100,000에는 상품 및 부여된 포인트의 개별 판매가격이 포함되어 있다. (주)감평은 부여된 포인트의 90%가 사용될 것으로 예상하고 있고, 1포인트당 개별 공정가치를 ₩0.8으로 추정한다. (주)감평은 예상 사용률을 반영하여 포인트의 개별 판매가격을 측정한 후, 포인트 개별 판매가격을 차감한 잔여금액을 상품의 개별 판매가격으로 배분한다. 20×1년 실제로 6,000포인트가 사용된 경우, (주)감평이 20×1년 인식할 매출(수익)은? (단, 포인트의 소멸시효는 부여일로부터 3년이다.)

① ₩92,000
② ₩92,800
③ ₩96,400
④ ₩97,120
⑤ ₩97,600

25 (주)감평은 20×1년 초 (주)대한리스와 사용목적으로 차량운반구(내용연수 5년, 잔존가치 ₩0, 정액법 상각, 재평가모형 적용) 금융리스계약(리스기간 3년)을 체결하였다. (주)감평은 리스개시일에 리스개설직접원가로 ₩98,200을 부담하였으며, 리스기간 종료 시 차량운반구 소유권은 (주)감평에게 무상으로 이전된다. (주)감평은 정기리스료로 리스기간 동안 매년 말 ₩1,000,000을 (주)대한리스에게 지급한다. 20×1년 말 차량운반구의 공정가치가 ₩1,800,000일 때, 동 리스의 회계처리로 인한 (주)감평의 20×1년 당기순이익 감소액은? (단, 동 금융리스는 소액리스가 아니며, 금융리스에 적용되는 (주)감평의 증분차입이자율은 연 12%이고, 정상연금 ₩1의 현가계수(3기간, 12%)는 2.4018이다.)

① ₩768,576
② ₩788,216
③ ₩968,576
④ ₩988,216
⑤ ₩1,066,776

26 다음은 20×1년 설립한 (주)감평의 20×2년 법인세 관련 자료이다.

• 20×2년 법인세비용차감전순이익	₩500,000
• 20×2년 처음 발생한 세무조정사항	
– 접대비 한도초과액	20,000
– 감가상각비 한도초과액	100,000
• 설립 이후 연도별 법인세율은 20%로 일정하다.	
• 이연법인세자산(부채)의 실현가능성은 거의 확실하다.	

20×1년 세무조정사항은 정기적금 미수이자 ₩80,000이 있으며 20×2년 소멸한다. (주)감평의 20×2년 포괄손익계산서에 인식할 법인세비용은?

① ₩100,000
② ₩104,000
③ ₩120,000
④ ₩124,000
⑤ ₩140,000

27 (주)감평의 20×1년 기계장치(원가모형 적용)와 관련된 기초 및 기말잔액 자료는 다음과 같다.

계정	기초	기말
기계장치	₩130,000	₩150,000
감가상각누계액	(40,000)	(50,000)
손상차손누계액	(5,000)	(3,000)
장부금액	₩85,000	₩97,000

20×1년 중 장부금액 ₩10,000의 기계장치(취득원가 ₩30,000, 감가상각누계액 ₩15,000, 손상차손누계액 ₩5,000)를 처분하고 ₩50,000의 처분이익을 인식하였다. 기계장치와 관련된 (주)감평의 20×1년 순현금유입액(현금유입액 − 현금유출액)은? (단, 기계장치의 취득과 처분은 현금거래이다.)

① (−) ₩60,000
② (−) ₩30,000
③ (−) ₩10,000
④ (+) ₩10,000
⑤ (+) ₩30,000

28 (주)감평의 20×1년 매출액순이익률은 10%, 총자산회전율은 1.2회, 자기자본순이익률(ROE)은 15%이다. (주)감평의 20×1년 부채비율(부채÷자본)은? (단, 비율분석 계산 시 재무상태표 요소는 기초와 기말의 평균값을 이용한다고 가정한다.)

① 25%
② 50%
③ 100%
④ 125%
⑤ 150%

29 (주)감평은 20×1년 초 (주)대한을 흡수합병하고 이전대가로 (주)감평의 보통주식 200주(주당 액면금액 ₩1,000, 주당 공정가치 ₩4,500)를 지급하였다. 합병 시점 (주)대한의 재무상태표상 자산총액은 ₩500,000이고 부채총액은 ₩200,000이며, 장부가치와 공정가치가 차이가 발생하는 항목은 토지(장부가치 ₩100,000, 공정가치 ₩250,000)이다. 합병 시 식별가능한 무형자산 ₩70,000이 새롭게 인식되었고, 토지 취득세 ₩5,000을 현금지출하였다. (주)감평이 20×1년 초 흡수합병 시 인식할 영업권은?

① ₩375,000
② ₩380,000
③ ₩385,000
④ ₩445,000
⑤ ₩455,000

30 외화거래에서 화폐성항목을 모두 고른 것은?

ㄱ. 현금으로 지급하는 연금
ㄴ. 현금으로 상환하는 충당부채
ㄷ. 부채로 인식하는 현금배당
ㄹ. 사용권자산
ㅁ. 재화와 용역에 대한 선급금

① ㄱ, ㄴ, ㄷ
② ㄱ, ㄴ, ㅁ
③ ㄱ, ㄹ, ㅁ
④ ㄴ, ㄷ, ㄹ
⑤ ㄷ, ㄹ, ㅁ

31 (주)감평의 20×1년 매출액은 ₩4,000,000이며, 매출총이익률은 20%이다. 당기 중 직접재료 매입액은 ₩1,500,000이며, 직접노무원가는 제조간접원가의 60%이다. (주)감평의 20×1년 재고자산 자료는 다음과 같다.

구분	직접재료	재공품	제품
20×1.1.1.	₩40,000	₩120,000	₩90,000
20×1.12.31.	60,000	150,000	60,000

(주)감평의 20×1년 기초(기본)원가는?

① ₩2,125,000
② ₩2,168,000
③ ₩2,245,000
④ ₩2,456,500
⑤ ₩2,512,000

32 (주)감평은 20×1년 초에 설립되었으며, 정상개별원가계산을 적용하고 있다. 다음은 20×1년 말 배부차이를 조정하기 전의 제조간접원가 계정과 기말 재고자산 및 매출원가에 관한 자료이다.

• 제조간접원가

제조간접원가	
370,000	310,000

• 기말 재고자산 및 매출원가

원재료	재공품	제품	매출원가
₩500,000	₩200,000	₩300,000	₩1,500,000

(주)감평은 제조간접원가 배부차이를 총원가비례배분법으로 조정하고 있다. 제조간접원가 배부차이를 조정한 후, (주)감평의 20×1년 매출원가는?

① ₩1,440,000
② ₩1,455,000
③ ₩1,464,000
④ ₩1,536,000
⑤ ₩1,545,000

33 (주)감평은 단일제품을 대량생산하고 있으며, 선입선출법에 의한 종합원가계산을 적용하고 있다. 직접재료원가는 공정 초에 전량 투입되며, 전환원가(conversion costs, 가공원가)는 공정 전반에 걸쳐 균등하게 발생한다. 품질검사는 생산공정의 50% 시점에서 이루어지며, 당기 품질검사를 통과한 합격품의 3%를 정상공손으로 간주한다. (주)감평의 20×1년의 생산 및 원가와 관련한 자료는 다음과 같다.

구분	수량	완성도	직접재료원가	전환원가
기초재공품	500단위	40%	₩32,000	₩18,380
당기착수량	8,500단위		850,000	409,000
당기완성량	8,000단위			
기말재공품	600단위	30%		

(주)감평의 20×1년 정상공손원가는?

① ₩28,125
② ₩30,000
③ ₩30,375
④ ₩32,250
⑤ ₩35,000

34 (주)감평은 원재료 리튬을 이용하여 결합제품 A, B, C를 생산하고 있다. 각 결합제품의 생산량, 결합원가 및 분리점의 판매가치에 관한 자료는 다음과 같다.

구분	제품 A	제품 B	제품 C	합계
생산량	800개	1,200개	1,000개	3,000개
결합원가	?	₩86,000	?	₩200,000
분리점의 판매가치	?	?	₩80,000	320,000

(주)감평은 결합원가를 분리점에서의 상대적 판매가치를 기준으로 배분하고 있다. 제품 A에 배분되는 결합원가는?

① ₩56,000
② ₩60,000
③ ₩64,000
④ ₩70,000
⑤ ₩75,000

35 (주)감평은 표준원가계산제도를 채택하고 있다. 20×1년 직접재료원가의 표준원가와 실제원가의 차이에 관한 자료는 다음과 같다.

• 직접재료 실제사용량	4,850kg
• 직접재료 단위당 실제구입가격	₩160
• 제품단위당 직접재료 표준투입량	2kg
• 직접재료원가 가격차이	₩48,500(불리)
• 직접재료원가 총차이	26,000(불리)

(주)감평의 20×1년 실제 제품생산량은?

① 2,300단위
② 2,350단위
③ 2,400단위
④ 2,450단위
⑤ 2,500단위

36 **전부원가계산, 변동원가계산 및 초변동원가계산에 관한 설명으로 옳지 않은 것은?**

① 초변동원가계산은 직접재료원가만을 제품원가에 포함하고 나머지 제조원가는 모두 기간비용으로 처리한다.

② 변동원가계산은 이익계획 및 의사결정 목적에 유용하도록 원가를 변동원가와 고정원가로 분류하고 공헌이익을 보고한다.

③ 전부원가계산하의 영업이익은 판매량뿐만 아니라 생산량의 변화에도 영향을 받지만, 변동원가계산하의 영업이익은 판매량에 의해서만 영향을 받는다.

④ 전부원가계산과 변동원가계산은 수익과 비용의 대응원칙에 부합되는 원가계산방법으로 외부보고 및 조세 목적을 위해서 일반적으로 인정되는 방법이다.

⑤ 초변동원가계산은 판매량이 일정한 경우에 생산량이 증가할수록 기간비용화되는 변동가공원가가 증가하여 영업이익이 감소되므로 불필요한 재고의 누적을 방지하는 효과가 변동원가계산보다 크다.

37 **(주)감평은 단일제품을 생산 · 판매하고 있다. 20×1년 매출액은 ₩1,200,000(판매량 1,000단위), 총고정원가는 ₩240,000, 변동원가율은 75%이며, 법인세율은 40%이다. 다음 설명 중 옳지 않은 것은?**

① 세후영업이익은 ₩36,000이다.

② 안전한계율(margin of safety ratio)은 20%이다.

③ 영업레버리지도(degree of operating leverage)는 4이다.

④ 세후목표이익 ₩54,000을 달성하기 위한 매출액은 ₩1,320,000이다.

⑤ 손익분기점 판매량은 800단위이고, 손익분기점 공헌이익은 ₩240,000이다.

38 (주)감평은 20×1년에 영업을 개시하였으며, 실제원가계산을 적용하고 있다. 20×1년 생산 및 판매에 관한 자료는 다음과 같다.

• 생산량	5,000단위	• 판매량	4,800단위
• 단위당 변동제조원가	₩150	• 고정제조간접원가	₩200,000
• 단위당 변동판매관리비	20	• 고정판매관리비	110,000
• 단위당 판매가격	250		

(주)감평의 20×1년 전부원가계산하에서의 손익분기점 판매량은?

① 2,500단위
② 2,750단위
③ 3,000단위
④ 3,750단위
⑤ 3,875단위

39 (주)감평의 제1사업부는 단일제품을 생산 · 판매하고 있으며, 투자중심점으로 운영되고 있다. 20×1년 제1사업부의 성과평가와 관련된 자료는 다음과 같다.

• 평균영업자산	₩1,200,000	• 가중평균자본비용	12%
• 투하(투자)자본	1,200,000	• 최저필수수익률	10%
• 세전영업이익	230,000	• 법인세율	30%

제1사업부의 잔여이익과 경제적 부가가치(EVA)는 각각 얼마인가?

	잔여이익	경제적 부가가치
①	₩86,000	₩17,000
②	₩110,000	₩17,000
③	₩86,000	₩41,000
④	₩110,000	₩41,000
⑤	₩110,000	₩50,000

40 전략적 관리회계기법에 관한 내용으로 옳은 것을 모두 고른 것은?

ㄱ. 제약이론(theory of constraints)은 기업의 목표를 달성하는 과정에서 병목공정을 파악하여 집중적으로 관리하고 개선해서 기업의 성과를 높이는 방법이다.
ㄴ. 품질원가(cost of quality)에서 예방원가와 평가원가를 포함하는 통제원가는 불량품의 발생률과 역의 관계를 갖는다.
ㄷ. 활동기준경영(activity based management)에서 활동분석을 통하여 파악된 비부가가치활동은 검사, 이동, 대기 및 저장 등의 활동이 있다.
ㄹ. 적시생산시스템(just-in-time)은 적정한 안전재고를 보유하기 위한 기법으로, 초변동원가계산을 적용하여 제품원가를 계산한다.
ㅁ. 제품수명주기원가계산(life cycle costing)은 제품의 제조단계에 초점을 맞춰 제품설계에 따라 제품을 생산하면서 지속적인 개선을 통하여 원가절감방안을 모색한다.

① ㄱ, ㄴ, ㄷ
② ㄱ, ㄷ, ㅁ
③ ㄱ, ㄹ, ㅁ
④ ㄴ, ㄷ, ㄹ
⑤ ㄴ, ㄹ, ㅁ

PART 02

2024년 제35회
감정평가사 1차 기출문제

제1과목 민법
제2과목 경제학원론
제3과목 부동산학원론
제4과목 감정평가관계법규
제5과목 회계학

제1과목 | 민법

01 민법의 법원(法源)에 관한 설명으로 옳지 않은 것은? (다툼이 있으면 판례에 따름)

① 민사에 관한 헌법재판소의 결정은 민법의 법원이 될 수 있다.
② 사적자치가 인정되는 분야의 제정법이 주로 임의규정인 경우, 사실인 관습은 법률행위 해석기준이 될 수 있다.
③ 법원(法院)은 판례변경을 통해 기존 관습법의 효력을 부정할 수 있다.
④ 관습법은 사회 구성원의 법적 확신으로 성립된 것이므로 제정법과 배치되는 경우에는 관습법이 우선한다.
⑤ 법원(法院)은 관습법에 관한 당사자의 주장이 없더라도 직권으로 그 존재를 확정할 수 있다.

02 신의성실의 원칙에 관한 설명으로 옳지 않은 것은? (다툼이 있으면 판례에 따름)

① 숙박계약상 숙박업자는 투숙객의 안전을 배려하여야 할 신의칙상 보호의무를 부담한다.
② 입원계약상 병원은 입원환자에 대하여 휴대품 도난 방지를 위하여 필요한 적절한 조치를 할 신의칙상 보호의무가 있다.
③ 기획여행계약상 여행업자는 여행객의 신체나 재산의 안전을 배려할 신의칙상 보호의무를 부담한다.
④ 계약성립의 기초가 되지 않은 사정의 변경으로 일방당사자가 계약 당시 의도한 계약목적을 달성할 수 없게 되어 손해를 입은 경우, 그 계약의 효력을 그대로 유지하는 것은 특별한 사정이 없는 한 신의칙에 반한다.
⑤ 토지거래허가구역 내의 토지에 관해 허가를 받지 않고 매매계약을 체결한 자가 허가가 없음을 이유로 그 계약의 무효를 주장하는 것은 특별한 사정이 없는 한 신의칙에 반하지 않는다.

03 **의사무능력자 甲은 乙은행으로부터 5천만원을 차용하는 대출거래약정을 체결하면서 그 담보로 자신의 X부동산에 근저당권을 설정하고 乙명의로 그 설정등기를 마쳐주었다. 이에 관한 설명으로 옳은 것을 모두 고른 것은? (다툼이 있으면 판례에 따름)**

> ㄱ. 甲과 乙이 체결한 대출거래약정 및 근저당권설정계약은 무효이다.
> ㄴ. 甲은 그 선의·악의를 묻지 않고 乙에 대하여 현존이익을 반환할 책임이 있다.
> ㄷ. 만약 甲이 乙로부터 대출받은 금원을 곧바로 丙에게 다시 대여하였다면, 乙은 甲에게 丙에 대한 부당이득반환채권의 양도를 구할 수 있다.

① ㄱ ② ㄴ ③ ㄷ
④ ㄱ, ㄴ ⑤ ㄱ, ㄴ, ㄷ

04 **제한능력자에 관한 설명으로 옳은 것은?**

① 미성년자가 법정대리인으로부터 허락을 얻은 특정한 영업에 관해서는 법정대리인의 대리권이 소멸한다.
② 제한능력을 이유로 하는 취소는 특별한 사정이 없는 한 선의의 제3자에게 대항할 수 없다.
③ 제한능력자의 단독행위는 유효한 추인이 있은 후에도 상대방이 거절할 수 있다.
④ 가정법원은 취소할 수 없는 피성년후견인의 법률행위의 범위를 정할 수 없다.
⑤ 가정법원은 정신적 제약으로 특정한 사무에 관해 후원이 필요한 사람에 대해서는 본인의 의사에 반하더라도 특정후견 심판을 할 수 있다.

05 **비법인사단 A의 유일한 대표자 甲은 乙에게 대표자로서의 모든 권한을 포괄적으로 위임하고 자신은 이사의 직무를 집행하지 않았다. 이에 관한 설명으로 옳은 것을 모두 고른 것은? (다툼이 있으면 판례에 따름)**

> ㄱ. 甲의 행위는 이사의 직무상 선량한 관리자의 주의의무를 위반한 행위이다.
> ㄴ. 乙이 A의 사실상 대표자로서 丙과 금전소비대차계약을 체결한 경우, 그 계약의 효력은 원칙적으로 A에게 미친다.
> ㄷ. 乙이 A의 사실상 대표자로서 사무를 집행하면서 그 직무에 관한 불법행위로 丁에게 손해를 입힌 경우, A는 丁에 대하여 법인의 불법행위로 인한 손해배상책임을 부담한다.

① ㄱ ② ㄴ ③ ㄱ, ㄷ
④ ㄴ, ㄷ ⑤ ㄱ, ㄴ, ㄷ

06 **사단법인 A의 대표이사 甲이 A를 대표하여 乙과 금전소비대차계약을 체결하였다. 이에 관한 설명으로 옳지 않은 것은? (다툼이 있으면 판례에 따름)**

① 甲이 A를 위하여 적법한 대표권 범위 내에서 계약을 체결한 경우, 그 계약의 효력은 A에게 미친다.

② 甲이 자신의 사익을 도모할 목적으로 대표권 범위 내에서 계약을 체결한 경우, 乙이 이 사실에 대해 알았다면 계약은 A에 대하여 효력이 없다.

③ A의 정관에 甲이 금전소비대차계약을 체결할 수 없다는 규정이 있었지만 이를 등기하지 않은 경우, 乙이 이 사실에 대해 알았다면 A는 그 정관 규정으로 乙에게 대항할 수 있다.

④ A의 乙에 대한 계약상 채무불이행책임 여부를 판단하는 경우, 원칙적으로 A의 고의・과실은 甲을 기준으로 결정한다.

⑤ 만약 계약의 체결이 甲과 A의 이해가 상반하는 사항인 경우, 甲은 계약체결에 대해 대표권이 없다.

07 **민법상 사단법인에 관한 설명으로 옳지 않은 것은? (다툼이 있으면 판례에 따름)**

① 설립자가 법인의 해산사유를 정하는 경우에는 정관에 그 사유를 기재하여야 한다.

② 사원총회 결의에 의한 정관의 해석은 정관의 규범적 의미와 다르더라도 법인의 구성원을 구속하는 효력이 있다.

③ 사원의 지위는 정관에 달리 정함이 없으면 양도할 수 없다.

④ 정관에 이사의 해임사유에 관한 규정이 있는 경우, 법인은 특별한 사정이 없는 한 정관에서 정하지 않은 사유로 이사를 해임할 수 없다.

⑤ 법원의 직무집행정지 가처분결정에 의해 권한이 정지된 대표이사가 그 정지기간 중 체결한 계약은 그 후 가처분신청이 취하되었더라도 무효이다.

08 **권리의 객체에 관한 설명으로 옳지 않은 것은? (다툼이 있으면 판례에 따름)**

① 토지의 개수는 공간정보의 구축 및 관리 등에 관한 법률에 의한 지적공부상 토지의 필수(筆數)를 표준으로 결정된다.

② 1필의 토지의 일부가 공간정보의 구축 및 관리 등에 관한 법률상 분할절차 없이 분필등기가 된 경우, 그 분필등기가 표상하는 부분에 대한 등기부취득시효가 인정될 수 있다.

③ 주물에 대한 점유취득시효의 효력은 점유하지 않은 종물에 미치지 않는다.

④ 주물의 상용에 제공된 X동산이 타인 소유이더라도 주물에 대한 경매의 매수인이 선의취득 요건을 구비하는 경우, 그 매수인은 X의 소유권을 취득할 수 있다.

⑤ 명인방법을 갖춘 미분리과실은 독립한 물건으로서 거래의 객체가 될 수 있다.

09 불공정한 법률행위에 관한 설명으로 옳지 않은 것은? (다툼이 있으면 판례에 따름)

① 불공정한 법률행위에 해당하는지는 원칙적으로 법률행위 시를 기준으로 판단한다.
② 대리인에 의한 법률행위의 경우, 궁박 상태의 여부는 본인을 기준으로 판단한다.
③ 경매에는 불공정한 법률행위에 관한 민법 제104조가 적용되지 않는다.
④ 불공정한 법률행위는 추인으로 유효로 될 수 없지만 법정추인은 인정된다.
⑤ 불공정한 법률행위는 이를 기초로 새로운 이해관계를 맺은 선의의 제3자에 대해서도 무효이다.

10 의사표시에 관한 설명으로 옳지 않은 것은? (다툼이 있으면 판례에 따름)

① 의사표시자가 통지를 발송한 후 사망하더라도 그 의사표시의 효력에 영향을 미치지 않는다.
② 통정허위표시의 경우, 통정의 동기나 목적은 허위표시의 성립에 영향이 없다.
③ 통정허위표시로 무효인 경우, 당사자는 가장행위의 채무불이행이 있더라도 이를 이유로 하는 손해배상을 청구할 수 없다.
④ 착오로 인하여 표의자가 경제적 불이익을 입지 않는 경우에는 특별한 사정이 없는 한 중요부분의 착오라고 할 수 없다.
⑤ 상대방이 표의자의 착오를 알고 이용하였더라도 착오가 표의자의 중대한 과실로 인한 경우에는 표의자는 착오를 이유로 그 의사표시를 취소할 수 없다.

11 사기·강박에 의한 의사표시에 관한 설명으로 옳은 것은? (다툼이 있으면 판례에 따름)

① 피기망자에게 손해를 가할 의사는 사기에 의한 의사표시의 성립요건이다.
② 상대방이 불법으로 어떤 해악을 고지하였다면, 표의자가 이로 말미암아 공포심을 느끼지 않았더라도 강박에 의한 의사표시에 해당한다.
③ 상대방의 대리인이 한 사기는 제3자의 사기에 해당한다.
④ 단순히 상대방의 피용자에 지나지 않는 사람이 한 강박은 제3자의 강박에 해당하지 않는다.
⑤ 매도인을 기망하여 부동산을 매수한 자로부터 그 부동산을 다시 매수한 제3자는 특별한 사정이 없는 한 선의로 추정된다.

12 **甲은 乙의 임의대리인이다. 이에 관한 설명으로 옳은 것은? (다툼이 있으면 판례에 따름)**

① 甲이 乙로부터 매매계약체결의 대리권을 수여받아 매매계약을 체결하였더라도 특별한 사정이 없는 한 甲은 그 계약에서 정한 중도금과 잔금을 수령할 권한은 없다.

② 甲이 乙로부터 금전소비대차 계약을 체결할 대리권을 수여받은 경우, 특별한 사정이 없는 한 甲은 그 계약을 해제할 권한도 가진다.

③ 乙이 사망하더라도 특별한 사정이 없는 한 甲의 대리권은 소멸하지 않는다.

④ 미성년자인 甲이 乙로부터 매매계약체결의 대리권을 수여받아 매매계약을 체결한 경우, 乙은 甲이 체결한 매매계약을 甲이 미성년자임을 이유로 취소할 수 없다.

⑤ 甲이 부득이한 사유로 丙을 복대리인으로 선임한 경우, 丙은 甲의 대리인이다.

13 **표현대리에 관한 설명으로 옳지 않은 것은? (다툼이 있으면 판례에 따름)**

① 표현대리행위가 성립하는 경우, 상대방에게 과실이 있더라도 과실상계의 법리를 유추적용하여 본인의 책임을 경감할 수 없다.

② 상대방의 유권대리 주장에는 표현대리의 주장이 포함되는 것은 아니므로 이 경우 법원은 표현대리의 성립여부까지 판단해야 하는 것은 아니다.

③ 민법 제126조의 권한을 넘은 표현대리 규정은 법정대리에도 적용된다.

④ 복대리인의 대리행위에 대해서는 표현대리가 성립할 수 없다.

⑤ 수권행위가 무효인 경우, 민법 제129조의 대리권 소멸 후의 표현대리가 적용되지 않는다.

14 **乙은 대리권 없이 甲을 위하여 甲소유의 X토지를 丙에게 매도하였다. 이에 관한 설명으로 옳지 않은 것은? (다툼이 있으면 판례에 따름)**

① 乙이 丙으로부터 받은 매매대금을 甲이 수령한 경우, 특별한 사정이 없는 한 甲은 위 매매계약을 추인한 것으로 본다.

② 甲이 乙을 상대로 위 매매계약의 추인을 한 경우, 그 사실을 丙이 안 때에는 甲은 丙에게 추인의 효력을 주장할 수 있다.

③ 甲을 단독상속한 乙이 자신의 매매행위가 무효임을 주장하는 것은 신의칙에 반하여 허용되지 않는다.

④ 丙이 甲에게 기간을 정하여 그 추인 여부의 확답을 최고하였으나 甲이 기간 내에 확답을 발송하지 않으면 추인은 거절한 것으로 본다.

⑤ 甲이 추인을 하더라도 丙은 乙을 상대로 무권대리인의 책임에 따른 손해배상을 청구할 수 있다.

15 **甲은 토지거래허가구역 내에 있는 자신의 X토지에 대해 허가를 받을 것을 전제로 乙에게 매도하는 계약을 체결하였으나 아직 허가는 받지 않은 상태이다. 이에 관한 설명으로 옳지 않은 것은? (다툼이 있으면 판례에 따름)**

① 乙은 甲에게 계약의 이행을 청구할 수 없다.
② 甲이 토지거래허가신청절차에 협력하지 않는 경우, 乙은 이를 이유로 계약을 해제할 수 있다.
③ 토지거래허가구역 지정이 해제된 경우, 특별한 사정이 없는 한 위 매매계약은 확정적으로 유효하다.
④ 甲과 乙이 토지거래허가를 받으면 위 매매계약은 소급해서 유효로 되므로 허가 후에 새로 매매계약을 체결할 필요는 없다.
⑤ 甲의 사기에 의하여 위 매매계약이 체결된 경우, 乙은 토지거래허가를 신청하기 전이라도 甲의 사기를 이유로 매매계약을 취소할 수 있다.

16 **취소에 관한 설명으로 옳지 않은 것은? (다툼이 있으면 판례에 따름)**

① 매도인에 의해 매매계약이 적법하게 해제된 후에는 매수인은 그 매매계약을 착오를 이유로 취소할 수 없다.
② 법률행위의 취소를 전제로 한 이행거절 가운데는 특별한 사정이 없는 한 취소의 의사표시가 포함된 것으로 볼 수 있다.
③ 취소할 수 있는 법률행위가 일단 취소된 후에는 취소할 수 있는 법률행위의 추인에 의하여 이를 다시 확정적으로 유효하게 할 수는 없다.
④ 취소권은 추인할 수 있는 날로부터 3년 내에 법률행위를 한 날로부터 10년 내에 행사하여야 한다.
⑤ 취소할 수 있는 법률행위의 취소권의 행사기간은 제척기간이다.

17 **조건과 기한에 관한 설명으로 옳지 않은 것은?**

① 기성조건이 정지조건이면 조건 없는 법률행위가 된다.
② 불능조건이 해제조건이면 조건 없는 법률행위가 된다.
③ 불법조건은 그 조건만이 무효가 되고 그 법률행위는 조건 없는 법률행위로 된다.
④ 기한은 당사자의 특약에 의해서도 소급효를 인정할 수 없다.
⑤ 기한은 원칙적으로 채무자의 이익을 위한 것으로 추정한다.

18 **소멸시효의 기산점이 잘못 연결된 것은? (다툼이 있으면 판례에 따름)**

① 불확정기한부 채권 – 기한이 객관적으로 도래한 때
② 부당이득반환청구권 – 기한의 도래를 안 때
③ 정지조건부 권리 – 조건이 성취된 때
④ 부작위를 목적으로 하는 채권 – 위반행위를 한 때
⑤ 선택채권 – 선택권을 행사할 수 있을 때

19 **소멸시효의 중단에 관한 설명으로 옳지 않은 것은? (다툼이 있으면 판례에 따름)**

① 응소행위로 인한 시효중단의 효력은 원고가 소를 제기한 때에 발생한다.
② 물상보증인이 제기한 저당권설정등기 말소등기청구의 소에 응소한 채권자 겸 저당권자의 행위는 시효중단사유가 아니다.
③ 재판상의 청구로 중단된 시효는 재판이 확정된 때부터 새로이 진행한다.
④ 가압류에 의한 시효중단의 효력은 가압류신청을 한 때에 소급한다.
⑤ 채권의 양수인이 채권양도의 대항요건을 갖추지 못한 상태에서 채무자를 상대로 재판상의 청구를 하는 것은 소멸시효 중단사유에 해당한다.

20 **통정허위표시의 무효를 이유로 대항할 수 없는 '제3자'에 해당하지 않는 자는? (다툼이 있으면 판례에 따름)**

① 가장소비대차의 계약상의 지위를 이전 받은 자
② 가장매매의 목적물에 대하여 저당권을 취득한 자
③ 가장의 금전소비대차에 기한 대여금채권을 가압류한 자
④ 가장매매에 의한 매수인으로부터 목적 부동산을 매수하여 소유권이전등기를 마친 자
⑤ 가장의 전세권설정계약에 기하여 등기가 마쳐진 전세권에 관하여 저당권을 취득한 자

21 **물권에 관한 설명으로 옳지 않은 것은? (다툼이 있으면 판례에 따름)**

① 적법한 분할절차를 거치지 않은 채 토지 중 일부만에 관하여 소유권보존등기를 할 수 없다.
② 온천에 관한 권리는 관습법상의 물권이 아니다.
③ 1필 토지의 일부도 점유취득시효의 대상이 될 수 있다.
④ 부속건물로 등기된 창고건물은 분할등기 없이 원채인 주택과 분리하여 경매로 매각될 수 있다.
⑤ 지상권은 저당권의 객체가 될 수 있다.

22 **甲이 乙소유 X토지에 권원 없이 Y건물을 신축하여 소유하고 있다. 이에 관한 설명으로 옳은 것은? (다툼이 있으면 판례에 따름)**

① 乙은 Y를 관리하는 甲의 직원 A에게 X의 반환청구를 할 수 있다.
② 甲이 법인인 경우 乙은 甲의 대표이사 B 개인에게 X의 반환청구를 할 수 있다.
③ 乙이 甲에게 X의 반환청구를 하여 승소한 경우, 乙은 甲에게 Y에서 퇴거할 것을 청구할 수 있다.
④ 미등기인 Y를 丙이 매수하여 인도받았다면 乙은 丙을 상대로 건물철거 청구를 할 수 있다.
⑤ 乙은 甲에 대한 X의 반환청구권을 유보하고 X의 소유권을 丁에게 양도할 수 있다.

23 **등기에 의하여 추정되지 않는 것은? (다툼이 있으면 판례에 따름)**

① 환매특약등기 – 특약의 진정성립
② 대리인에 의한 소유권이전등기 – 적법한 대리행위의 존재
③ 저당권등기 – 피담보채권의 존재
④ 부적법하게 말소된 등기 – 말소된 등기상 권리의 존재
⑤ 토지등기부의 표제부 – 등기부상 면적의 존재

24 **甲이 乙소유 X도자기에 관해 무단으로 丙에게 질권을 설정해 주었고, 丙은 질권의 선의취득을 주장하고 있다. 이에 관한 설명으로 옳지 않은 것은? (다툼이 있으면 판례에 따름)**

① 丙은 평온·공연하게 X의 점유를 취득하였어야 한다.
② 丙은 甲이 소유자가 아니라는 사실에 대하여 그 자신이 선의이고 무과실이라는 사실을 증명하여야 한다.
③ 丙이 甲과 질권설정계약을 체결할 당시 선의였다면 질물의 인도를 받을 때 악의라도 丙의 선의취득은 인정된다.
④ 丙이 X에 대하여 甲이 직접점유를 취득하는 형태로 점유를 취득한 경우, 丙의 선의취득은 인정되지 아니한다.
⑤ 만약 甲이 미성년자임을 이유로 丙과의 질권설정계약을 취소하면 丙은 선의취득을 할 수 없다.

25 **점유자와 회복자의 관계에 관한 설명으로 옳은 것은? (다툼이 있으면 판례에 따름)**

① 지상권자는 선의점유자라도 자주점유자가 아니므로 과실수취권이 인정되지 아니한다.
② 타주점유자가 점유물을 반환하는 경우, 점유자는 특별한 사정이 없는 한 회복자에 대하여 점유물을 보존하기 위하여 지출한 금액의 상환을 청구할 수 있다.
③ 악의의 점유자는 과실(過失) 없이 과실(果實)을 수취하지 못한 경우에도 그 대가를 보상하여야 한다.
④ 점유물이 점유자의 책임 있는 사유로 멸실된 경우, 선의의 타주점유자는 이익이 현존하는 한도에서 배상하여야 한다.
⑤ 점유자가 점유물에 유익비를 지출한 경우, 특별한 사정이 없는 한 점유자는 회복자에 대하여 그 가액의 증가가 현존한 경우에 한하여 점유자의 선택에 좇아 그 지출금액이나 증가액의 상환을 청구할 수 있다.

26 **상린관계에 관한 설명으로 옳지 않은 것은?**

① 경계에 설치된 담이 공유인 경우, 공유자는 그 분할을 청구할 수 있다.
② 인접하여 토지를 소유한 자는 다른 관습이 없으면 공동비용으로 통상의 경계표나 담을 설치할 수 있다.
③ 경계표 설치를 위한 측량비용은 다른 관습이 없으면 토지의 면적에 비례하여 부담한다.
④ 인접지의 수목뿌리가 경계를 넘은 경우, 토지소유자는 임의로 그 뿌리를 제거할 수 있다.
⑤ 건물을 축조함에는 특별한 관습 또는 약정이 없으면 경계로부터 반미터 이상의 거리를 두어야 한다.

27 **시효취득의 대상이 아닌 것은? (다툼이 있으면 판례에 따름)**

① 지상권 ② 저당권
③ 소유권 ④ 계속되고 표현된 지역권
⑤ 동산질권

28 부합에 관한 설명으로 옳지 않은 것은? (다툼이 있으면 판례에 따름)

① 부동산에 부합되어 동산의 소유권이 소멸한 때에는 그 동산을 목적으로 한 다른 권리도 소멸한다.

② 부합한 동산 간의 주종을 구별할 수 없는 때에는 특약이 없는 한 동산의 소유자는 부합 당시 가액의 비율로 합성물을 공유한다.

③ X토지 소유자의 승낙 없이 토지임차인의 승낙만 받아 제3자가 X에 수목을 심은 경우, 그 수목은 X에 부합하지 않으므로 제3자가 식재한 수목임을 알지 못하는 X의 양수인은 그 수목을 벌채할 수 없다.

④ 타인의 권원에 기하여 부동산에 부합된 물건이 부동산의 구성부분이 된 경우, 부동산의 소유자는 방해배제청구권에 기하여 부합물의 철거를 청구할 수 없다.

⑤ 건물의 증축부분이 축조 당시 독립한 권리의 객체성을 상실하여 본건물에 부합된 후 구조의 변경 등으로 독립한 권리의 객체성을 취득하게 된 때에는 본건물과 독립하여 거래의 대상이 될 수 있다.

29 물권의 소멸에 관한 설명으로 옳지 않은 것은? (다툼이 있으면 판례에 따름)

① X토지에 甲이 1번 저당권, 乙이 2번 저당권을 취득하고, 丙이 X토지를 가압류한 후 乙이 X토지를 매수하여 소유권을 취득한 경우 乙의 저당권은 혼동으로 소멸하지 않는다.

② 유치권자가 유치권 성립 후에 이를 포기하는 의사표시를 한 경우에도 점유를 반환하여야 유치권은 소멸한다.

③ 점유권과 소유권은 혼동으로 소멸하지 아니한다.

④ 지역권은 20년간 행사하지 않으면 시효로 소멸한다.

⑤ 후순위 저당권이 존재하는 주택을 대항력을 갖춘 임차인이 경매절차에서 매수한 경우, 임차권은 혼동으로 소멸한다.

30 **甲은 그 소유 X토지에 대한 배타적 사용·수익권을 포기하고 타인(사인, 국가 등 일반 공중)의 통행을 위한 용도로 제공하였다. 이에 관한 설명으로 옳지 않은 것은? (다툼이 있으면 판례에 따름)**

① 甲은 그 타인에 대하여 X의 인도청구를 할 수 없다.
② 甲이 X에 대한 소유권을 보유한 채 사용·수익권을 대세적·영구적으로 포기하는 것은 허용되지 않는다.
③ 甲은 일반 공중의 통행을 방해하지 않는 범위에서 X를 처분할 수 있다.
④ 甲의 상속인의 X에 대한 배타적 사용·수익권도 제한된다.
⑤ 만약 甲이 X를 일반 공중의 통행목적이 아니라 지상건물의 소유자만을 위하여 배타적 사용·수익권을 포기한 경우, 특별한 사정이 없는 한 X의 매수인의 배타적 사용·수익권 행사는 제한된다.

31 **X토지를 3분의 1씩 공유하는 甲, 乙, 丙의 법률관계에 관한 설명으로 옳은 것은? (다툼이 있으면 판례에 따름)**

① 甲이 乙과 丙의 동의 없이 X토지 중 3분의 1을 배타적으로 사용하는 경우, 乙은 방해배제를 청구할 수 없다.
② 甲과 乙이 협의하여 X토지를 매도하면 그 효력은 丙의 지분에도 미친다.
③ 丁이 X토지의 점유를 무단으로 침해하고 있는 경우, 甲은 X토지 중 자신의 지분에 한하여 반환을 청구할 수 있다.
④ 甲이 자신의 지분을 포기하더라도 乙과 丙이 이전등기를 하여야 甲의 지분을 취득한다.
⑤ 丙이 1년 이상 X토지의 관리비용을 부담하지 않은 경우, 甲과 乙은 丙의 지분을 무상으로 취득할 수 있다.

32 **X토지를 3분의 1씩 공유하는 甲, 乙, 丙의 공유물분할에 관한 설명으로 옳지 않은 것은? (다툼이 있으면 판례에 따름)**

① 甲은 乙과 丙의 동의를 얻지 않고서 공유물의 분할을 청구할 수 있다.
② 甲, 乙, 丙이 3년간 공유물을 분할하지 않기로 합의한 것은 유효하다.
③ 공유물분할의 소에서 법원은 X를 甲의 단독소유로 하고 乙과 丙에게 지분에 대한 합리적인 가액을 지급하도록 할 수 있다.
④ 甲의 지분 위에 설정된 근저당권은 공유물분할이 되어도 특단의 합의가 없는 한 X 전부에 관하여 종전의 지분대로 존속한다.
⑤ 甲, 乙, 丙 사이에 공유물분할에 관한 협의가 성립하였으나 분할협의에 따른 지분이전등기에 협조하지 않으면 공유물분할의 소를 제기할 수 있다.

33 지상권에 관한 설명으로 옳지 않은 것은? (다툼이 있으면 판례에 따름)

① 저당물의 담보가치를 유지하기 위해 설정된 지상권은 피담보채권이 소멸하면 함께 소멸한다.
② 기존 건물의 사용을 목적으로 설정된 지상권은 그 존속기간을 30년 미만으로 정할 수 있다.
③ 수목의 소유를 목적으로 하는 지상권이 존속기간의 만료로 소멸한 경우, 특약이 없는 한 지상권자가 존속기간 중 심은 수목의 소유권은 지상권설정자에게 귀속된다.
④ 양도가 금지된 지상권의 양수인은 양수한 지상권으로 지상권설정자에게 대항할 수 있다.
⑤ 토지양수인이 지상권자의 지료 지급이 2년 이상 연체되었음을 이유로 지상권소멸청구를 하는 경우, 종전 토지소유자에 대한 연체기간의 합산을 주장할 수 없다.

34 토지전세권에 관한 설명으로 옳은 것을 모두 고른 것은? (다툼이 있으면 판례에 따름)

ㄱ. 전세권의 존속기간이 만료하면 전세권의 용익물권적 권능은 전세권설정등기의 말소 없이도 당연히 소멸한다.
ㄴ. 전세금의 지급은 전세권의 성립요소가 되는 것이므로 기존의 채권으로 전세금 지급을 대신할 수 없다.
ㄷ. 전세권 존속기간이 시작되기 전에 마친 전세권설정등기도 특별한 사정이 없는 한 유효한 것으로 추정된다.
ㄹ. 당사자가 채권담보의 목적으로 전세권을 설정하였으나 설정과 동시에 목적물을 인도하지 않았다면, 장차 전세권자가 목적물을 사용·수익하기로 하였더라도 그 전세권은 무효이다.

① ㄱ, ㄴ ② ㄱ, ㄷ ③ ㄱ, ㄹ
④ ㄴ, ㄹ ⑤ ㄷ, ㄹ

35 유치권에 관한 설명으로 옳은 것은? (다툼이 있으면 판례에 따름)

① 피담보채권이 존재한다면 타인의 물건에 대한 점유가 불법행위로 인한 것인 때에도 유치권이 성립한다.
② 유치권자가 유치물 소유자의 승낙 없이 유치물을 임대한 경우, 특별한 사정이 없는 한 유치물의 소유자는 유치권의 소멸을 청구할 수 없다.
③ 목적물에 대한 점유를 상실한 경우, 유치권자가 점유회수의 소를 제기하여 점유를 회복할 수 있다는 것만으로는 유치권이 인정되지 않는다.
④ 채무자를 직접점유자로 하여 채권자가 간접점유를 하였더라도 채권자는 유효하게 유치권을 취득할 수 있다.
⑤ 저당물의 제3취득자가 저당물의 개량을 위하여 유익비를 지출한 때에는 민법 제367조에 의한 비용상환청구권을 피담보채권으로 삼아 유치권을 행사할 수 있다.

36 **유치권이 유효하게 성립할 수 있는 경우는? (다툼이 있으면 판례에 따름)**

① 주택수선공사를 한 수급인이 공사대금채권을 담보하기 위하여 주택을 점유한 경우
② 임대인이 지급하기로 약정한 권리금의 반환청구권을 담보하기 위하여 임차인이 상가건물을 점유한 경우
③ 매도인이 매수인에 대한 매매대금채권을 담보하기 위하여 매매목적물을 점유한 경우
④ 주택신축을 위하여 수급인에게 공급한 건축자재에 대한 대금채권을 담보하기 위하여 그 공급자가 주택을 점유한 경우
⑤ 임차인이 임차보증금반환채권을 담보하기 위하여 임차목적물을 점유한 경우

37 **질권에 관한 설명으로 옳지 않은 것은?**

① 질물보다 다른 재산이 먼저 경매된 경우, 질권자는 그 매각대금으로부터 배당을 받을 수 없다.
② 질권자가 채권 일부를 변제받았더라도 질물 전부에 대하여 그 권리를 행사할 수 있다.
③ 질물이 멸실된 경우에도 그로 인하여 질권설정자가 받을 금전을 압류하면 질권의 효력이 그 금전에 미친다.
④ 정당한 이유 있는 때에는 질권자는 채무자 및 질권설정자에게 통지하고 감정자의 평가에 의하여 질물로 직접 변제에 충당할 것을 법원에 청구할 수 있다.
⑤ 질권자는 그 권리의 범위 내에서 자기의 책임으로 질물을 전질할 수 있다.

38 **저당권의 효력이 미치는 범위에 관한 설명으로 옳지 않은 것은? (다툼이 있으면 판례에 따름)**

① 담보권 실행을 위하여 저당부동산을 압류한 경우, 저당부동산의 압류 이후 발생한 차임채권에는 저당권의 효력이 미친다.
② 주물 그 자체의 효용과는 직접 관계없지만 주물 소유자의 상용에 공여되고 있는 물건이 경매목적물로 평가되었다면 경매의 매수인이 소유권을 취득한다.
③ 구분건물의 전유부분에 대한 저당권의 효력은 특별한 사정이 없는 한 대지사용권에도 미친다.
④ 기존건물에 부합된 증축부분이 기존건물에 대한 경매절차에서 경매목적물로 평가되지 아니하였더라도 경매의 매수인이 증축부분의 소유권을 취득한다.
⑤ 특약이 없는 한 건물에 대한 저당권의 효력은 건물의 소유를 목적으로 하는 지상권에도 미친다.

39 **법정지상권이 성립하는 경우를 모두 고른 것은? (특별한 사정은 없고, 다툼이 있으면 판례에 따름)**

> ㄱ. X토지에 저당권을 설정한 甲이 저당권자 乙의 동의를 얻어 Y건물을 신축하였으나 저당권 실행 경매에서 丙이 X토지의 소유권을 취득한 경우
> ㄴ. 甲소유의 X토지와 그 지상건물에 공동저당권이 설정된 후 지상건물을 철거하고 Y건물을 신축하였고 저당권의 실행으로 X토지의 소유자가 달라진 경우
> ㄷ. X토지를 소유하는 甲이 乙과 함께 그 지상에 Y건물을 신축·공유하던 중 X토지에 저당권을 설정하였고 저당권 실행 경매에서 丙이 X토지의 소유권을 취득한 경우

① ㄱ　② ㄷ　③ ㄱ, ㄴ
④ ㄴ, ㄷ　⑤ ㄱ, ㄴ, ㄷ

40 **甲은 乙에 대한 3억원의 채권을 담보하기 위하여 乙소유 X토지와 丙소유 Y토지에 대하여 각각 1번 공동저당권을 취득하였고, 丁은 X에 대하여 피담보채권액 2억원의 2번 저당권을 취득하였다. 그 후, 甲이 Y에 대한 경매를 신청하여 매각대금 2억원을 배당받은 후 X에 대한 경매를 신청하여 X가 3억원에 매각된 경우, 丁이 X의 매각대금에서 배당받을 수 있는 금액은? (경매비용·이자 등은 고려하지 않으며, 다툼이 있으면 판례에 따름)**

① 0원　② 5천만원　③ 1억원
④ 1억 5천만원　⑤ 2억원

제1교시 제2과목 | 경제학원론

제2과목 | 경제학원론

01 (　　)에 들어갈 내용으로 옳은 것은?

> 아래 그림과 같이 두 재화 X, Y에 대한 갑의 예산선이 AC에서 BC로 변했을 때, Y재 가격이 변하지 않았다면, X재 가격은 (ㄱ)하고, 소득은 (ㄴ)한 것이다.
>
> 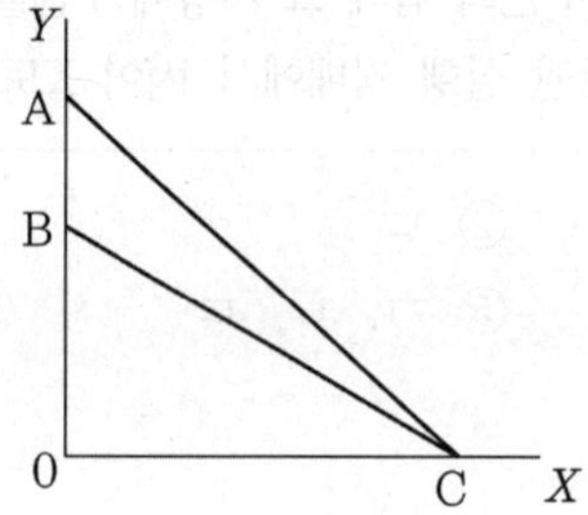
>

① ㄱ: 하락, ㄴ: 감소　② ㄱ: 하락, ㄴ: 증가
③ ㄱ: 불변, ㄴ: 감소　④ ㄱ: 상승, ㄴ: 증가
⑤ ㄱ: 상승, ㄴ: 불변

02 재화의 특성에 관한 설명으로 옳은 것은?

① 사치재는 수요의 가격탄력성이 1보다 큰 재화를 말한다.
② 열등재는 가격이 오르면 수요가 감소하는 재화를 말한다.
③ 절댓값으로 볼 때, 가격효과가 소득효과보다 큰 열등재를 기펜재(Giffen goods)라고 한다.
④ 두 상품이 완전 대체재이면 무차별 곡선은 원점에 대하여 볼록한 모양이다.
⑤ 수요가 가격 탄력적인 상품을 판매하는 기업이 가격을 내리면 판매수입은 증가한다.

03 **두 재화 X, Y에 대한 갑의 효용함수가 $U = X + Y + \min\{X, Y\}$일 때, 갑의 무차별 곡선으로 적절한 것은?**

①
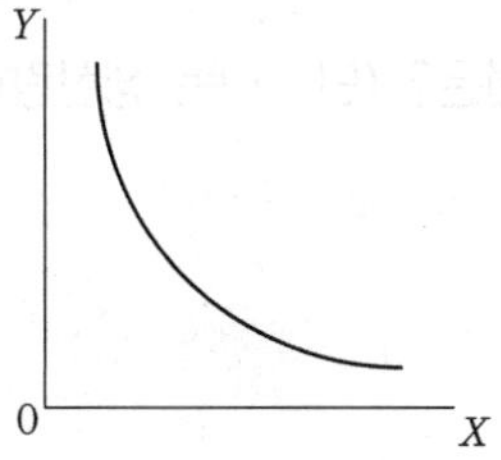

②
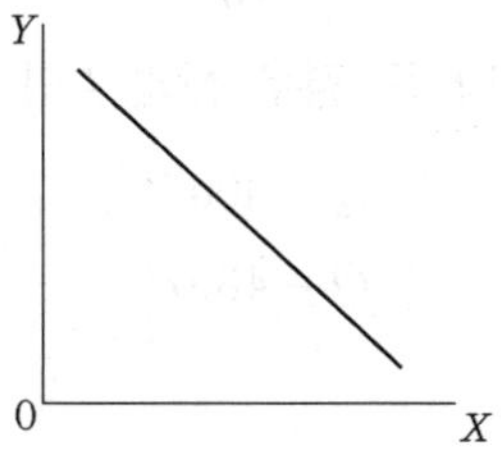

③
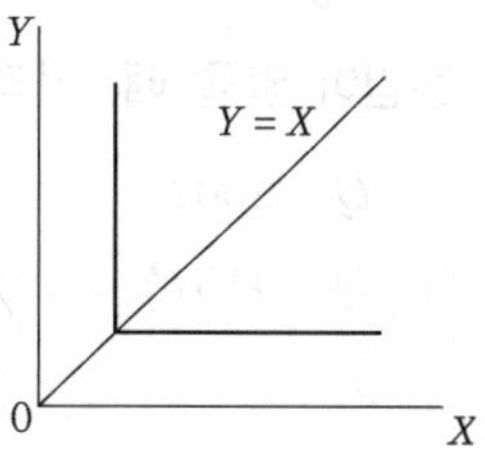

④
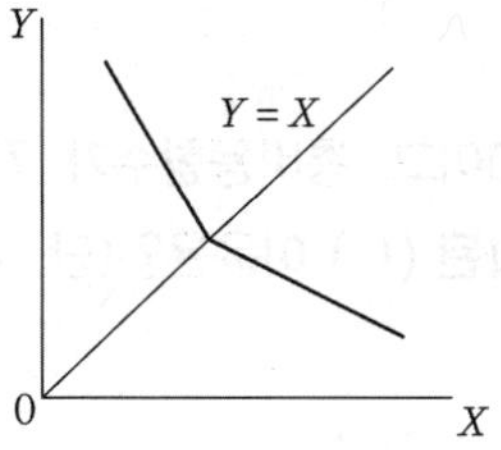

⑤
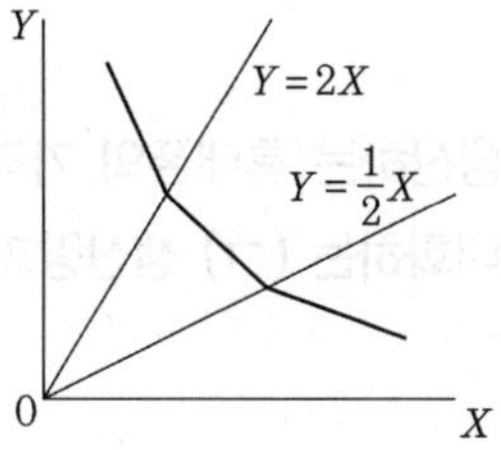

04 **두 재화 X, Y에 대해 효용을 극대화하는 갑의 효용함수가 $U(X, Y) = (X+2)(Y+1)$이다. 한계대체율이 4이고, X재 선택은 14일 때, Y재의 선택은? (단, 한계대체율은 $\left|\frac{dY}{dX}\right|$이다.)**

① 10　② 18　③ 32　④ 63　⑤ 68

05 **등량곡선에 관한 설명으로 옳은 것을 모두 고른 것은? (단, 한계기술대체율은 절댓값으로 나타낸다.)**

> ㄱ. 한계기술대체율은 두 생산요소의 한계생산 비율과 같다.
> ㄴ. 두 생산요소 사이에 완전 대체가 가능하다면 등량곡선은 직선이다.
> ㄷ. 등량곡선이 원점에 대해 볼록한 모양이면 한계기술대체율체감의 법칙이 성립한다.
> ㄹ. 콥-더글러스(Cobb-Douglas) 생산함수의 한계기술대체율은 0이다.

① ㄱ, ㄴ　② ㄴ, ㄷ　③ ㄷ, ㄹ　④ ㄱ, ㄴ, ㄷ　⑤ ㄱ, ㄴ, ㄷ, ㄹ

06 완전경쟁시장에서 모든 기업이 이윤을 극대화하고 있는 산업 A는 비용곡선이 $C(Q)=2+\frac{Q^2}{2}$인 100개의 기업과 $C(Q)=\frac{Q^2}{10}$인 60개의 기업으로 구성되어 있다. 신규 기업의 진입이 없을 때, 가격이 2보다 큰 경우 산업 A의 공급곡선은? (단, Q는 생산량이다.)

① $Q=200P$　② $Q=300P$　③ $Q=400P$
④ $Q=415P$　⑤ $Q=435P$

07 완전경쟁시장에서 기업 A가 생산하는 휴대폰의 가격이 100이고, 총비용함수가 $TC=4Q^2+4Q+100$일 때, 이윤을 극대화하는 (ㄱ) 생산량과 극대화된 (ㄴ) 이윤은? (단, Q는 생산량이다.)

① ㄱ: 10, ㄴ: 476　② ㄱ: 10, ㄴ: 566
③ ㄱ: 10, ㄴ: 1000　④ ㄱ: 12, ㄴ: 476
⑤ ㄱ: 12, ㄴ: 566

08 시장실패를 발생시키는 요인으로 옳지 않은 것은?

① 역선택　② 규모에 대한 수익체감 기술
③ 긍정적 외부성　④ 불완전한 정보
⑤ 소비의 비경합성과 배제불가능성

09 두 재화 X, Y에 대해 양(+)의 소득 M을 가지고 효용을 극대화하는 갑의 효용함수는 $U(X, Y)=X+Y$이다. Y재 가격은 6이며, X재 가격은 5에서 8로 상승하였다. 이에 관한 설명으로 옳은 것은?

① X재 수요량 변화는 대체효과에 기인한다.
② X재 수요량 변화는 소득효과에 기인한다.
③ Y재 수요량 변화는 없다.
④ 수요량 변화의 1/3은 대체효과에 기인한다.
⑤ 수요량 변화의 2/3는 소득효과에 기인한다.

10 **독점기업의 독점력과 가격규제 정책에 관한 설명으로 옳지 않은 것은?**

① 러너의 독점력지수(Lerner index of monopoly power)는 수요곡선상의 이윤극대화점에서 측정한 수요의 가격탄력성의 역수와 같은 값이다.
② 한계비용가격설정은 자연독점 기업에게 손실을 초래한다.
③ 평균비용가격설정은 기업이 손실을 보지 않으면서 가능한 많은 상품을 낮은 가격에 공급하도록 유도할 수 있다.
④ 이중가격설정(two-tier pricing)은 한계비용가격설정의 장점을 살리면서도 독점기업의 손실을 줄일 수 있도록 하는 정책이다.
⑤ 이중가격설정은, 낮은 가격은 한계비용과 한계수입이 일치하는 가격으로, 높은 가격은 한계비용곡선과 수요곡선이 교차하는 지점의 가격으로 판매하도록 하는 정책이다.

11 **수요와 공급의 가격탄력성에 관한 설명으로 옳은 것을 모두 고른 것은?**

ㄱ. 수요곡선이 수직선인 경우, 수요의 가격탄력성은 수요곡선상의 모든 점에서 동일하다.
ㄴ. 수요곡선이 직각쌍곡선 형태인 경우, 수요의 가격탄력성은 수요곡선상의 모든 점에서 동일하다.
ㄷ. 공급곡선이 원점을 지나는 직선인 경우, 공급의 가격탄력성은 기울기와 관계없이 동일하다.
ㄹ. 수요곡선이 우하향하는 직선인 경우, 수요의 가격탄력성은 수요곡선상의 모든 점에서 동일하다.

① ㄱ
② ㄱ, ㄴ
③ ㄱ, ㄴ, ㄷ
④ ㄴ, ㄷ, ㄹ
⑤ ㄱ, ㄴ, ㄷ, ㄹ

12 **정부의 실효성 있는 가격규제의 효과에 관한 설명으로 옳은 것은? (단, 수요곡선은 우하향, 공급곡선은 우상향한다.)**

① 가격상한제가 실시되면, 시장에서의 실제 거래량은 실시 이전보다 증가할 것이다.
② 가격하한제가 실시되면, 시장에서의 실제 거래량은 실시 이전보다 증가할 것이다.
③ 최저임금제는 가격상한제에 해당하는 가격규제이다.
④ 가격하한제가 실시되면, 초과수요가 발생하여 암시장이 형성된다.
⑤ 가격상한제와 가격하한제 모두 자중손실(deadweight loss)이 발생한다.

13 **비용곡선에 관한 설명으로 옳은 것을 모두 고른 것은?**

ㄱ. 기술진보는 평균비용곡선을 아래쪽으로 이동시킨다. ㄴ. 규모에 대한 수익이 체증하는 경우 장기평균비용곡선은 우하향한다. ㄷ. 단기에서 기업의 평균비용곡선은 한계비용곡선의 최저점에서 교차한다. ㄹ. 규모의 경제가 있으면 평균비용곡선은 수평이다.

① ㄱ, ㄴ　② ㄱ, ㄷ　③ ㄴ, ㄷ
④ ㄴ, ㄹ　⑤ ㄷ, ㄹ

14 **완전경쟁시장에서 비용을 극소화하는 기업 A의 생산함수는 $Q(L,K)=L^{0.5}K^{0.5}$이고, 생산요소 L, K의 가격이 각각 12, 24일 때, 두 생산요소의 투입관계는? (단, Q는 생산량이다.)**

① $L=K$　② $L=0.5K$　③ $L=2K$
④ $L=12K$　⑤ $L=24K$

15 **사회후생함수에 관한 설명으로 옳지 않은 것은?**

① 평등주의 경향이 강할수록 사회무차별 곡선은 원점에 대해 더 오목한 모양을 갖는다.
② 평등주의적 사회후생함수는 개인들의 효용수준의 차이를 반영해야 한다는 평등주의적가치판단을 근거로 한다.
③ 공리주의자의 사회후생함수는 사회구성원의 효용수준에 동일한 가중치를 부여한다.
④ 롤즈(J. Rawls)의 가치판단을 반영한 사회무차별곡선은 L자 모양이다.
⑤ 롤즈의 최소극대화 원칙(maximin principle)은 한 사회에서 가장 가난한 사람의 생활수준을 가능한 한 크게 개선시키는 것이 재분배정책의 최우선 과제라는 주장이다.

16 **독점 기업 A의 비용 함수는 $C(Q)=750+5Q$이고, 역수요함수는 $P=140-Q$이다. 이 기업이 '독점을 규제하는 법률'에 따라 한계비용과 동일하게 가격을 설정한다면, 이에 관한 설명으로 옳은 것은? (단, Q는 수량, P는 가격이다.)**

① 양(+)의 이윤을 얻는다.　② 이윤은 0이다.
③ 손실이 375이다.　④ 손실이 450이다.
⑤ 손실이 750이다.

17 기업 A의 고정비용은 400이고, 단기생산함수는 $Q=4L^{0.5}$이다. 가변생산요소의 가격이 400일 때, 단기 총비용곡선은? (단, Q는 생산량, L은 가변생산요소이다.)

① $\frac{400}{Q}+400$
② $800Q$
③ $400Q+400$
④ $0.25Q^2+400$
⑤ $25Q^2+400$

18 사회후생 관점에서 자원의 효율적 활용에 관한 설명으로 옳지 않은 것은?

① 계약곡선상의 점들은 생산의 효율성을 보장하는 점들의 집합이다.
② 효용가능곡선은 주어진 상품을 두 사람에게 배분할 때, 두 사람이 얻을 수 있는 최대한의 효용수준의 조합이다.
③ 효용가능경계란 한 경제에 존재하는 경제적 자원을 가장 효율적으로 배분했을 때 얻을 수 있는 효용수준의 조합이다.
④ 종합적 효율성(overall efficiency)이란 생산의 효율성과 교환의 효율성이 동시에 달성된 상태를 말한다.
⑤ 생산가능곡선은 한 나라의 경제가 주어진 생산요소와 생산기술을 사용하여 최대한 생산할 수 있는 산출물들의 조합이다.

19 완전경쟁시장에서 이윤 극대화를 추구하는 기업 A의 공급곡선은 $Q_A(P)=\frac{P}{2}$이다. 이 기업의 생산량이 5일 때, 가변비용은? (단, Q_A는 공급량, P는 가격이다.)

① 23
② 25
③ 37.5
④ 46
⑤ 50

20 기업 A가 직면하는 노동공급곡선은 $w=60+0.08L$이다. 현재 기업 A가 1,000의 노동량을 고용할 때, 노동의 한계요소비용은? (단, w는 임금률, L은 노동량이다.)

① 임금률보다 80 크다.
② 임금률보다 160 크다.
③ 임금률과 같다.
④ 임금률보다 80 작다.
⑤ 임금률보다 160 작다.

21 두 재화 X, Y만을 생산하는 A국의 2022년과 2023년의 생산량과 가격이 아래와 같다. 2023년의 전년대비 (ㄱ) 경제성장률(실질GDP증가율)과 평균적인 가계의 소비조합이 X재 2단위, Y재 1단위일 때 (ㄴ) 소비자물가상승률은? (단, 기준연도는 2022년이다.)

연도	X		Y	
	수량	가격	수량	가격
2022년	100	10	80	50
2023년	100	15	100	40

① ㄱ: 10%, ㄴ: 0%
② ㄱ: 10%, ㄴ: 10%
③ ㄱ: 20%, ㄴ: −10%
④ ㄱ: 20%, ㄴ: 0 %
⑤ ㄱ: 25%, ㄴ: 10%

22 2023년에 기업 A는 한국에서 생산한 부품 100억 달러를 베트남 현지 공장에 수출하였다. 같은 해에 베트남 현지 공장에서 그 부품을 조립하여 소비재 완제품 200억 달러를 만들어 그 중 50억 달러는 한국에 수출하고, 140억 달러는 미국에 수출하였으며 10억 달러는 재고로 남았다. 이월된 재고 10억 달러는 2024년 베트남 국내에서 모두 판매되었다. 이에 관한 설명으로 옳은 것은?

① 2023년 한국의 GDP는 50억 달러이다.
② 2023년 베트남의 GDP는 200억 달러이다.
③ 2023년 베트남의 투자는 10억 달러이다.
④ 2023년 베트남의 순수출은 190억 달러이다.
⑤ 2024년 베트남의 소비와 GDP는 각각 10억 달러이다.

23 A국 국민소득계정의 구성항목에서 민간투자가 50, 정부소비와 정부투자가 각각 40과 60, 조세가 50이고, 수출과 수입이 동일할 때, 민간저축은?

① 40
② 50
③ 80
④ 100
⑤ 120

24 **필립스곡선이 단기에는 우하향하고 장기에는 수직인 경제에서 중앙은행은 테일러 준칙(Taylor's rule)에 의해 통화정책을 시행한다. 중앙은행이 높은 인플레이션율을 낮추기 위해 인플레이션 감축정책(디스인플레이션 정책)을 시행할 때, 이에 관한 설명으로 옳은 것을 모두 고른 것은?**

ㄱ. 기대인플레이션이 빨리 조정될수록 장기균형에 빨리 도달한다.
ㄴ. 단기에는 실질이자율이 하락한다.
ㄷ. 단기에는 총생산이 감소하여 경기침체가 나타난다.

① ㄱ
② ㄴ
③ ㄱ, ㄷ
④ ㄴ, ㄷ
⑤ ㄱ, ㄴ, ㄷ

25 **중앙은행이 아래와 같은 손실함수를 최소화하도록 인플레이션율을 결정하려고 한다.**

$$L(\pi_t) = -0.5(\pi_t - \pi_t^e) + 0.5(\pi_t)^2$$

중앙은행의 정책결정 이전에 민간의 기대인플레이션율이 0으로 고정되어 있을 때, 중앙은행이 결정하는 인플레이션율은? (단, $L(\pi_t)$, π_t, ${\pi_t}^e$는 각각 손실함수, 인플레이션율, 민간의 기대인플레이션율이다.)

① 0
② 0.5
③ 1
④ 1.5
⑤ 2

26 **통화정책에 관한 설명으로 옳지 않은 것은?**

① 공개시장 매입은 본원통화를 증가시켜 이자율을 하락시킨다.
② 재할인율 인상은 재할인대출을 감소시켜 이자율을 상승시킨다.
③ 자산가격경로는 이자율이 하락할 경우 자산가격이 상승하여 부(富)의 효과로 소비가 증가하는 경로이다.
④ 신용경로는 중앙은행이 화폐공급을 축소할 경우 은행대출이 감소되어 기업투자와 가계소비가 위축되는 경로이다.
⑤ 환율경로는 이자율이 상승할 경우 자국통화가치가 하락하여 순수출이 증가하는 경로이다.

27 아래와 같은 고전학파 모형에서 정부지출이 150에서 200으로 증가할 경우 실질이자율과 민간투자의 변화에 관한 설명으로 옳은 것은? (단, S, $\overline{Y}$, $\overline{T}$, $\overline{G}$, I, r, $s(r)$은 각각 총저축, 총생산, 조세, 정부지출, 투자, 실질이자율(%), 민간저축률이며, 민간저축률은 실질이자율의 함수이다.)

• $S = s(r)(\overline{Y} - \overline{T}) + (\overline{T} - \overline{G})$	• $I = 200 - 10r$
• $\overline{Y} = 1{,}000$, $\overline{T} = 200$, $\overline{G} = 150$	• $s(r) = 0.05r$

① 실질이자율은 1%포인트 상승하고 민간투자는 10 감소한다.
② 실질이자율은 3%포인트 상승하고 민간투자는 30 감소한다.
③ 실질이자율은 5%포인트 상승하고 민간투자는 50 감소한다.
④ 실질이자율과 민간투자는 변화가 없다.
⑤ 실질이자율은 1%포인트 하락하고 민간투자는 10 증가한다.

28 소비이론에 관한 설명 중 옳은 것은?

① 케인즈(Keynes)의 소비이론에 따르면 이자율이 소비의 주요 결정요인이다.
② 생애주기가설에 따르면 은퇴연령의 변화 없이 기대수명이 증가하면 소비가 감소한다.
③ 리카도 등가(Ricardian equivalence)정리는 케인즈의 소비함수에 기초한 이론이다.
④ 케인즈의 소비이론은 소비자들의 소비평탄화(consumption smoothing)를 강조한다.
⑤ 소비에 대한 임의보행(random walk)가설은 유동성제약에 직면한 소비자의 소비 선택을 설명한다.

29 아래와 같은 거시경제모형의 초기 균형에서 정부지출을 1만큼 증가시킬 때, 균형국민소득의 증가분은? (단, Y, C, I, G, T는 각각 국민소득, 소비, 투자, 정부지출, 조세이다.)

• $Y = C + I + G$	• $C = 1 + 0.5(Y - T)$
• $I = 2$	• $G = 10$
• $T = 2 + 0.2Y$	

① 1.2
② $\frac{4}{3}$
③ $\frac{5}{3}$
④ 2
⑤ 2.5

30 아래의 거시경제모형에서 균형이자율은? (단, Y, C, I, G, T, r은 각각 국민소득, 소비, 투자, 정부지출, 조세, 이자율이다.)

- $Y = C + I + G$
- $Y = 20$
- $G = T = 10$
- $C = 2 + 0.8(Y - T)$
- $I = 2 - 10r$

① 0.1
② 0.2
③ 0.25
④ 0.4
⑤ 0.5

31 갑국의 생산함수는 $Y = AK^{0.5}L^{0.5}$이다. 자본량과 노동량의 증가율은 각각 4%와 −2%이고 총생산량 증가율이 5%라면, 솔로우 잔차(Solow residual)는? (단, Y는 총생산량, K는 자본량, L은 노동량, $A>0$이다.)

① 1%
② 2%
③ 3%
④ 4%
⑤ 5%

32 한국과 미국의 인플레이션율이 각각 3%와 5%이다. 구매력평가설과 이자율평가설(interest parity theory)이 성립할 때, 미국의 명목이자율이 5%라면, 한국의 명목이자율은? (단, 기대인플레이션율은 인플레이션율과 동일하다.)

① 1%
② 2%
③ 3%
④ 4%
⑤ 5%

33 **1인당 생산함수가 $y=0.5k^{0.2}$, 자본의 감가상각률이 0.1, 저축률이 0.2인 솔로우(Solow) 경제성장모형에 관한 설명으로 옳은 것을 모두 고른 것은? (단, y는 1인당 생산량, k는 1인당 자본량이고, 인구증가와 기술진보는 없다.)**

ㄱ. 현재 1인당 자본량이 2일 때, 1인당 투자는 증가한다.
ㄴ. 현재 1인당 자본량이 2일 때, 1인당 자본의 감가상각은 1인당 저축보다 작다.
ㄷ. 균제상태(steady state)에서 벗어나 있는 경우, 현재 1인당 자본량에 관계없이, 1인당 생산량의 변화율은 0으로 수렴한다.
ㄹ. 균제상태의 1인당 자본량은 황금률(Golden Rule) 수준과 같다.

① ㄱ, ㄴ　② ㄱ, ㄷ　③ ㄴ, ㄷ
④ ㄴ, ㄹ　⑤ ㄷ, ㄹ

34 **고정환율제를 채택하고 있는 정부가 시장균형환율보다 높은 수준의 환율을 설정했다고 할 때, 즉 자국통화가치를 균형수준보다 낮게 설정한 경우, 옳은 것을 모두 고른 것은?**

ㄱ. 투기적 공격이 발생하면 국내 통화공급이 감소한다.
ㄴ. 투기적 공격이 발생하면 외환보유고가 감소한다.
ㄷ. 자본이동이 완전히 자유로운 경우, 중앙은행은 독립적으로 통화공급을 결정할 수 없다.
ㄹ. 투자자들이 국내통화의 평가절상을 기대하게 되면, 국내통화로 계산된 외국채권의 기대수익률이 하락한다.

① ㄱ, ㄴ　② ㄱ, ㄹ　③ ㄴ, ㄷ
④ ㄷ, ㄹ　⑤ ㄴ, ㄷ, ㄹ

35 **폐쇄경제 IS-LM모형에 관한 설명으로 옳은 것은?**

① 화폐수요의 이자율 탄력성이 0이면 경제는 유동성함정(liquidity trap) 상태에 직면한다.
② LM곡선이 수직선이고 IS곡선이 우하향하면, 완전한 구축효과(crowding-out effect)가 나타난다.
③ IS곡선이 수평선이고 LM곡선이 우상향하면, 통화정책은 국민소득에 영향을 미치지 않는다.
④ 소비가 이자율에 영향을 받을 때, 피구효과(Pigou effect)가 발생한다.
⑤ IS곡선이 우하향할 때, IS곡선의 위쪽에 있는 점은 생산물시장이 초과수요 상태이다.

36 **아래의 폐쇄경제 IS-LM 모형에서 중앙은행은 균형이자율을 현재보다 5만큼 높이는 긴축적 통화정책을 실시하여 균형국민소득을 감소시키고자 한다. 현재 명목화폐공급량(M)이 40일 때, 이를 달성하기 위한 명목화폐공급량의 감소분은? (단, r은 이자율, Y는 국민소득, M^d는 명목화폐수요량, P는 물가수준이고 1로 고정되어 있다.)**

- IS 곡선 : $r = 120 - 5Y$
- 실질화폐수요함수 : $\frac{M^d}{P} = 3Y - r$

① 5
② 8
③ 10
④ 15
⑤ 20

37 **현재 한국과 미국의 햄버거 가격이 각각 5,000원, 5달러인 경우, 이에 관한 설명으로 옳은 것을 모두 고른 것은? (단, 햄버거를 대표상품으로 한다.)**

ㄱ. 현재 구매력평가 환율은 1,000(원/달러)이다.
ㄴ. 변동환율제도하에서 현재 환율이 1,100(원/달러)이다. 장기적으로 구매력평가설이 성립하고 미국의 햄버거 가격과 환율이 변하지 않는다면, 장기적으로 한국의 햄버거 가격은 상승한다.
ㄷ. 변동환율제도하에서 현재 환율이 1,100(원/달러)이다. 장기적으로 구매력평가설이 성립하고 한국과 미국의 햄버거 가격이 변하지 않는다면, 장기적으로 환율은 상승한다.

① ㄱ
② ㄷ
③ ㄱ, ㄴ
④ ㄴ, ㄷ
⑤ ㄱ, ㄴ, ㄷ

38 **거시경제이론과 관련된 경제학파에 대한 설명으로 옳은 것은?**

① 새케인즈학파(New Keynesian)는 단기 필립스곡선이 수직이라고 주장한다.
② 새케인즈학파는 가격 신축성에 근거하여 경기변동을 설명한다.
③ 새케인즈학파는 단기에서 화폐중립성이 성립한다고 주장한다.
④ 실물경기변동이론에 따르면 경기변동국면에서 소비의 최적화가 달성된다.
⑤ 새고전학파는 메뉴비용의 존재가 경기변동에 중요한 역할을 한다고 주장한다.

39 **t시점의 실업률은 10%, 경제활동참가율은 50%이다. t시점과 $t+1$시점 사이에 아래와 같은 변화가 발생할 때, $t+1$시점의 실업률은? (단, 취업자와 비경제활동인구 사이의 이동은 없고, 소수점 둘째자리에서 반올림하여 소수점 첫째자리까지 구한다.)**

- 실업자 중에서
  - 취업에 성공하는 비율(구직률): 20%
  - 구직을 단념하여 비경제활동인구로 편입되는 비율: 10%
- 취업자 중에서 실직하여 구직활동을 하는 비율(실직률): 1%
- 비경제활동인구 중에서 구직활동을 시작하는 비율: 1%

① 8.9%
② 9.5%
③ 9.9%
④ 10.0%
⑤ 10.5%

40 **모든 사람들이 화폐(M2)를 현금 25%, 요구불예금 25%, 저축성예금 50%로 나누어 보유하고, 은행의 지급준비율은 요구불예금과 저축성예금에 대하여 동일하게 10%라고 할 때, M2 통화승수는? (단, 소수점 둘째자리에서 반올림하여 소수점 첫째자리까지 구한다.)**

① 2.5
② 2.8
③ 3.1
④ 3.6
⑤ 4.5

제3과목 | 부동산학원론

01 토지의 일부로 간주되는 정착물에 해당하는 것을 모두 고른 것은?

ㄱ. 가식 중에 있는 수목
ㄴ. 매년 경작의 노력을 요하지 않는 다년생 식물
ㄷ. 건물
ㄹ. 소유권보존등기된 입목
ㅁ. 구거
ㅂ. 경작수확물

① ㄱ, ㅂ
② ㄴ, ㅁ
③ ㄷ, ㄹ
④ ㄹ, ㅁ
⑤ ㅁ, ㅂ

02 공인중개사법령상 개업공인중개사에 관한 내용으로 옳지 않은 것은?

① 개업공인중개사는 그 사무소의 명칭에 “공인중개사사무소” 또는 “부동산중개”라는 문자를 사용하여야 한다.
② 개업공인중개사가 아닌 자는 중개대상물에 대한 표시·광고를 하여서는 아니 된다.
③ 개업공인중개사는 「민사집행법」에 의한 경매 및 「국세징수법」 그 밖의 법령에 의한 공매대상 부동산에 대한 권리분석 및 취득의 알선과 매수신청 또는 입찰신청의 대리를 할 수 있다.
④ 개업공인중개사는 대통령령으로 정하는 기준과 절차에 따라 등록관청의 허가를 받아 그 관할 구역 외의 지역에 분사무소를 둘 수 있다.
⑤ 개업공인중개사는 다른 사람에게 자기의 성명 또는 상호를 사용하여 중개업무를 하게 하거나 자기의 중개사무소등록증을 양도 또는 대여하는 행위를 하여서는 아니 된다.

03 **주택법령상 주택의 정의에 관한 설명으로 옳은 것은?**

① 민영주택은 임대주택을 제외한 주택을 말한다.
② 세대구분형 공동주택은 공동주택의 주택 내부 공간의 일부를 세대별로 구분하여 생활이 가능한 구조로 하되, 그 구분된 공간의 일부를 구분소유할 수 있는 주택으로서 대통령령으로 정하는 건설기준, 설치기준, 면적기준 등에 적합한 주택을 말한다.
③ 도시형 생활주택은 300세대 미만의 국민주택규모에 해당하는 주택으로서 대통령령으로 정하는 주택을 말한다.
④ 에너지절약형 친환경주택은 저에너지 건물 조성기술 등 대통령령으로 정하는 기술을 이용하여 에너지 사용량을 절감하거나 이산화탄소 배출량을 증대할 수 있도록 건설된 주택을 말한다.
⑤ 장수명 주택은 구조적으로 오랫동안 유지・관리될 수 있는 내구성을 갖추고 있어 내부 구조를 쉽게 변경할 수 없는 주택을 말한다.

04 **지방세법령상 토지에 관한 재산세 과세대상 중 별도합산과세대상인 것은?**

① 공장용지・전・답・과수원 및 목장용지로서 대통령령으로 정하는 토지
② 국가 및 지방자치단체 지원을 위한 특정목적 사업용 토지로서 대통령령으로 정하는 토지
③ 국토의 효율적 이용을 위한 개발사업용 토지로서 대통령령으로 정하는 토지
④ 산림의 보호육성을 위하여 필요한 임야 및 종중 소유 임야로서 대통령령으로 정하는 임야
⑤ 철거・멸실된 건축물 또는 주택의 부속토지로서 대통령령으로 정하는 부속토지

05 **건축원자재 가격의 하락에 따른 영향을 디파스퀠리-위튼(DiPasquale & Wheaton)의 사분면 모형을 통해 설명한 것으로 옳지 않은 것은? (단, 주어진 조건에 한함)**

① 건축원자재 가격의 하락으로 인해 부동산개발부문에서 신규건설비용이 하락한다.
② 주어진 부동산자산가격 수준에서 부동산개발의 수익성이 높아지므로 신규건설량이 증가한다.
③ 새로운 장기균형에서 균형공간재고는 감소한다.
④ 새로운 장기균형에서 부동산공간시장의 균형임대료는 하락한다.
⑤ 새로운 장기균형에서 부동산자산시장의 균형가격은 하락한다.

06 토지의 분류 및 용어에 관한 설명으로 옳은 것을 모두 고른 것은?

> ㄱ. 획지(劃地)는 인위적, 자연적, 행정적 조건에 따라 다른 토지와 구별되는 가격수준이 비슷한 일단의 토지를 말한다.
> ㄴ. 후보지(候補地)는 용도적 지역의 분류 중 세분된 지역 내에서 용도에 따라 전환되는 토지를 말한다.
> ㄷ. 공지(空地)는 관련법령이 정하는 바에 따라 안전이나 양호한 생활환경을 확보하기 위해 건축하면서 남겨놓은 일정 면적의 토지를 말한다.
> ㄹ. 갱지(更地)는 택지 등 다른 용도로 조성되기 이전 상태의 토지를 말한다.

① ㄱ
② ㄹ
③ ㄱ, ㄷ
④ ㄴ, ㄹ
⑤ ㄱ, ㄷ, ㄹ

07 부동산 중개계약에 관한 설명으로 (　　)에 들어갈 것으로 옳은 것은?

> (ㄱ) : 중개의뢰인이 특정한 개업공인중개사를 정하여 그 개업공인중개사에게 한정하여 해당 중개대상물을 중개하도록 하는 중개계약
> (ㄴ) : 중개의뢰인이 해당 중개대상물의 중개를 불특정 다수의 개업공인중개사에게 의뢰하고 먼저 거래를 성사시킨 개업공인중개사에게 보수를 지급하는 중개계약

① ㄱ : 일반중개계약, ㄴ : 전속중개계약
② ㄱ : 일반중개계약, ㄴ : 공동중개계약
③ ㄱ : 전속중개계약, ㄴ : 공동중개계약
④ ㄱ : 공동중개계약, ㄴ : 일반중개계약
⑤ ㄱ : 전속중개계약, ㄴ : 일반중개계약

08 지방세기본법상 부동산 관련 조세 중 시·군세(광역시의 군세 포함)에 해당하는 것으로 옳게 묶인 것은?

① 취득세, 지방소득세
② 재산세, 지방소비세
③ 재산세, 지방소득세
④ 취득세, 등록면허세
⑤ 등록면허세, 지방소비세

09 외부효과에 관한 내용으로 ( )에 들어갈 것으로 옳은 것은?

> • 부동산의 특성 중에서 (ㄱ)은 외부효과를 발생시킨다.
> • 부동산시장 참여자가 자신들의 행동이 초래하는 외부효과를 의사결정에서 감안하도록 만드는 과정을 외부효과의 (ㄴ)라 한다.

① ㄱ : 부동성, ㄴ : 유동화
② ㄱ : 부동성, ㄴ : 내부화
③ ㄱ : 인접성, ㄴ : 유동화
④ ㄱ : 개별성, ㄴ : 내부화
⑤ ㄱ : 개별성, ㄴ : 유동화

10 빈집 및 소규모주택 정비에 관한 특례법상 소규모주택정비사업에 해당하지 않는 것은?

① 빈집정비사업
② 자율주택정비사업
③ 가로주택정비사업
④ 소규모재건축사업
⑤ 소규모재개발사업

11 감정평가에 관한 규칙에 관한 내용으로 옳지 않은 것은?

① 대상물건에 대한 감정평가액은 시장가치를 기준으로 결정한다.
② 감정평가는 기준시점에서의 대상물건의 이용상황(불법적이거나 일시적인 이용은 제외한다) 및 공법상 제한을 받는 상태를 기준으로 한다.
③ 감정평가는 대상물건마다 개별로 하여야 한다.
④ 감정평가법인등이 토지를 감정평가할 때에는 수익환원법을 적용해야 한다.
⑤ 하나의 대상물건이라도 가치를 달리하는 부분은 이를 구분하여 감정평가할 수 있다.

12 다음 자료를 활용하여 원가법으로 평가한 대상건물의 가액은? (단, 주어진 조건에 한함)

- 대상건물 : 철근콘크리트구조, 다가구주택, 연면적 350㎡
- 기준시점 : 2024.04.05.
- 사용승인시점 : 2013.06.16.
- 사용승인시점의 적정한 신축공사비 : 1,000,000원/㎡
- 건축비지수
  - 기준시점 : 115
  - 사용승인시점 : 100
- 경제적 내용연수 : 50년
- 감가수정방법 : 정액법(만년감가기준)
- 내용연수 만료 시 잔존가치 없음

① 313,000,000원
② 322,000,000원
③ 342,000,000원
④ 350,000,000원
⑤ 352,000,000원

13 원가방식에 관한 설명으로 옳은 것을 모두 고른 것은?

ㄱ. 원가법과 적산법은 원가방식에 해당한다.
ㄴ. 재조달원가는 실제로 생산 또는 건설된 방법 여하에 불구하고 도급방식을 기준으로 산정한다.
ㄷ. 대상부동산이 가지는 물리적 특성인 지리적 위치의 고정성에 의해서 경제적 감가요인이 발생한다.
ㄹ. 정액법, 정률법, 상환기금법은 대상부동산의 내용연수를 기준으로 하는 감가수정방법에 해당한다.

① ㄱ, ㄴ
② ㄷ, ㄹ
③ ㄱ, ㄴ, ㄹ
④ ㄱ, ㄷ, ㄹ
⑤ ㄱ, ㄴ, ㄷ, ㄹ

14 감정평가 실무기준상 수익방식에 관한 내용으로 옳은 것은?

① 직접환원법은 복수기간의 순수익을 적절한 환원율로 환원하여 대상물건의 가액을 산정하는 방법을 말한다.

② 수익가액이란 수익분석법에 따라 산정된 가액을 말한다.

③ 순수익은 대상물건에 귀속하는 적절한 수익으로서 가능총수익에서 운영경비를 공제하여 산정한다.

④ 직접환원법에서 사용할 환원율은 투자결합법으로 구하는 것을 원칙으로 한다.

⑤ 할인현금흐름분석법의 적용에 따른 복귀가액은 보유기간 경과 후 초년도의 순수익을 추정하여 최종환원율로 환원한 후 매도비용을 공제하여 산정한다.

15 부동산 가격의 제원칙에 관한 내용으로 옳지 않은 것은?

① 부동산의 가격이 대체·경쟁관계에 있는 유사한 부동산의 영향을 받아 형성되는 것은 대체의 원칙에 해당된다.

② 부동산의 가격이 경쟁을 통해 초과이윤이 없어지고 적합한 가격이 형성되는 것은 경쟁의 원칙에 해당된다.

③ 부동산의 가격이 부동산을 구성하고 있는 각 요소가 기여하는 정도에 영향을 받아 형성되는 것은 기여의 원칙에 해당된다.

④ 부동산의 가격이 내부적인 요인에 의하여 긍정적 또는 부정적 영향을 받아 형성되는 것은 적합의 원칙에 해당된다.

⑤ 부동산 가격의 제원칙은 최유효이용의 원칙을 상위원칙으로 하나의 체계를 형성하고 있다.

16 감정평가에 관한 규칙상 주된 평가방법으로 수익환원법을 적용해야 하는 것은 모두 몇 개인가?

• 광업재단	• 상표권	• 영업권
• 특허권	• 전용측선이용권	• 과수원

① 2개
② 3개
③ 4개
④ 5개
⑤ 6개

17 감정평가의 지역분석에 관한 내용으로 옳은 것은?

① 인근지역이란 감정평가의 대상이 된 부동산이 속한 지역으로서 부동산의 이용이 동질적이고 가치형성요인 중 지역요인을 공유하는 지역을 말한다.

② 유사지역이란 대상부동산이 속한 지역으로서 인근지역과 유사한 특성을 갖는 지역을 말한다.

③ 동일수급권이란 대상부동산과 수요・공급 관계가 성립하고 가치 형성에 서로 영향을 미치지 않는 관계에 있는 다른 부동산이 존재하는 권역을 말한다.

④ 지역분석은 대상지역 내 토지의 최유효이용 및 대상부동산의 가격을 판정하는 것이다.

⑤ 지역분석은 개별분석 이후에 실시하는 것이 일반적이다.

18 토지와 건물로 구성된 대상건물의 연간 감가율(자본회수율)은? (단, 주어진 조건에 한함)

- 거래가격 : 20억원
- 순영업소득 : 연 1억 8천만원
- 가격구성비 : 토지 80%, 건물 20%
- 토지환원율, 건물상각후환원율 : 각 연 8%

① 4%
② 5%
③ 6%
④ 7%
⑤ 8%

19 토지의 특성과 감정평가에 관한 내용이다. (　　)에 들어갈 것으로 옳은 것은?

- (ㄱ)은 장래편익의 현재가치로 평가하게 한다.
- (ㄴ)은 원가방식의 평가를 어렵게 한다.
- (ㄷ)은 개별요인의 분석과 사정보정을 필요하게 한다.

① ㄱ : 영속성, ㄴ : 부증성, ㄷ : 개별성
② ㄱ : 개별성, ㄴ : 영속성, ㄷ : 부동성
③ ㄱ : 영속성, ㄴ : 개별성, ㄷ : 부증성
④ ㄱ : 부증성, ㄴ : 영속성, ㄷ : 개별성
⑤ ㄱ : 영속성, ㄴ : 개별성, ㄷ : 부동성

20 **대상물건에 관한 감정평가방법으로 옳지 않은 것은? (단, 주어진 조건에 한함)**

① 주택으로 쓰는 층수가 4개 층으로 1개 동의 바닥면적의 합계가 700제곱미터인 건물에서 구분소유 부동산의 감정평가액은 합리적인 배분기준에 따라 토지가액과 건물가액으로 구분하여 표시할 수 있다.

② 주택으로 쓰는 층수가 3개 층으로 15세대가 거주할 수 있고 주택으로 쓰이는 바닥면적의 합계가 600제곱미터인 1개 동이며 구분소유가 아닌 건물의 감정평가는 토지와 건물을 일괄평가하는 것을 원칙으로 한다.

③ 주택으로 쓰는 층수가 6개 층인 건물에서 구분소유 부동산의 감정평가는 거래사례비교법으로 하는 것을 원칙으로 한다.

④ 주택으로 쓰는 층수가 4개 층으로 1개 동의 바닥면적의 합계가 500제곱미터인 건물에서 구분소유 부동산의 감정평가는 토지와 건물을 일괄평가하는 것을 원칙으로 한다.

⑤ 구분소유 부동산을 감정평가할 때에는 층별·위치별 효용요인을 반영하여야 한다.

21 **X 노선 신역사가 들어선다는 정보가 있다. 만약 부동산 시장이 할당효율적이라면 투자자가 최대한 지불할 수 있는 정보비용의 현재가치는? (단, 제시된 가격은 개발정보의 실현 여부에 의해 발생하는 가격차이만을 반영하고, 주어진 조건에 한함)**

- X 노선 신역사 예정지 인근에 일단의 A 토지가 있다.
- 1년 후 도심에 X 노선 신역사가 들어설 확률이 60%로 알려져 있다.
- 1년 후 도심에 X 노선 신역사가 들어서면 A 토지의 가격은 5억 5,000만원, 신역사가 들어서지 않으면 2억 7,500만원으로 예상된다.
- 투자자의 요구수익률(할인율)은 연 10%이다.

① 5천만원　② 1억원
③ 1억 5천만원　④ 2억원
⑤ 2억 5천만원

22 **부동산의 수요와 공급에 관한 설명으로 옳지 않은 것은? (단, 우하향하는 수요곡선과 우상향하는 공급곡선을 가정하며, 다른 조건은 동일함)**

① 단기적으로 가격이 상승해도 부동산의 공급량이 크게 증가할 수 없기 때문에 공급이 비탄력적이다.
② 부동산의 공급량은 주어진 가격 수준에서 일정기간에 판매하고자 하는 최대수량이다.
③ 용도전환 및 개발이 가능한 장기에는 공급의 탄력성이 커진다.
④ 부동산의 수요량은 구매능력을 갖춘 수요자들이 구매하려는 수량이므로 유효수요를 의미한다.
⑤ 공급의 가격탄력성이 작을수록 수요변화 시 균형가격의 변동폭은 작지만 균형거래량의 변동폭은 크다.

23 **다음 중 유량(flow)의 경제변수가 아닌 것은?**

① 소득
② 수출
③ 재산
④ 소비
⑤ 투자

24 **부동산 증권에 관한 설명으로 옳은 것을 모두 고른 것은?**

ㄱ. MPTS(Mortgage Pass-Through Securities)는 채권을 표시하는 증권으로 원리금수취권과 주택저당에 대한 채권을 모두 투자자에게 이전하는 증권이다. ㄴ. MBB(Mortgage-Backed Bond)는 모기지 풀(Pool)에서 발생하는 현금흐름으로 채권의 원리금이 지급되고, 모기지 풀의 현금흐름으로 채권의 원리금지급이 안 될 경우 발행자가 초과부담을 제공하는 채권이다. ㄷ. CMO(Collateralized Mortgage Obligation)는 원금과 조기상환대금을 받아갈 순서를 정한 증권으로 증권별로 만기가 일치하도록 만든 자동이체형 증권이다. ㄹ. MPTB(Mortgage Pay-Through Bond)는 채권으로 발행자의 대차대조표에 부채로 표시된다. ㅁ. 금융기관은 MBS(Mortgage-Backed Securities)를 통해 자기자본비율(BIS)을 높일 수 있다.

① ㄱ, ㄴ, ㄷ
② ㄱ, ㄴ, ㄹ
③ ㄱ, ㄷ, ㅁ
④ ㄴ, ㄹ, ㅁ
⑤ ㄷ, ㄹ, ㅁ

25 **프로젝트 파이낸싱(PF)에 관한 설명으로 옳지 않은 것은?**

① 사업주의 대차대조표에 부채로 표시되어 사업주의 부채비율에 영향을 미친다.
② 프로젝트 자체의 수익성과 향후 현금흐름을 기초로 개발에 필요한 자금을 조달한다.
③ 대출기관은 시행사에게 원리금상환을 요구하고, 시행사가 원리금을 상환하지 못하면 책임준공의 의무가 있는 시공사에게 채무상환을 요구할 수 있다.
④ 금융기관은 부동산개발사업의 사업주와 자금공여 계약을 체결한다.
⑤ 프로젝트 파이낸싱의 구조는 비소구금융이 원칙이나, 제한적 소구금융의 경우도 있다.

26 **다음의 조건을 가진 오피스텔의 대부비율(LTV)은? (단, 연간 기준이며, 주어진 조건에 한함)**

• 순영업소득 : 4천만원	• 매매가격 : 4억원
• 부채감당률 : 2	• 저당상수 : 0.1

① 20%
② 30%
③ 40%
④ 50%
⑤ 60%

27 **아파트시장의 균형가격과 균형거래량에 관한 설명으로 옳지 않은 것은? (단, 완전탄력적과 완전비탄력적 조건이 없는 경우는 수요와 공급의 법칙에 따르며, 다른 조건은 동일함)**

① 수요의 증가폭이 공급의 증가폭보다 클 경우, 균형가격은 하락하고 균형거래량은 증가한다.
② 균형상태인 아파트시장에서 건축원자재의 가격이 상승하면 균형가격은 상승하고 균형거래량은 감소한다.
③ 공급이 가격에 대해 완전탄력적인 경우, 수요가 증가하면 균형가격은 변하지 않고 균형거래량만 증가한다.
④ 공급이 가격에 대해 완전비탄력적인 경우, 수요가 증가하면 균형가격은 상승하고 균형거래량은 변하지 않는다.
⑤ 공급의 감소폭이 수요의 감소폭보다 클 경우, 균형가격은 상승하고 균형거래량은 감소한다.

28 **부동산투자회사법령상 부동산투자회사에 관한 내용으로 옳지 않은 것은?**

① 영업인가를 받거나 등록을 한 날부터 최저자본금준비기간이 지난 자기관리 부동산투자회사의 최저자본금은 70억원 이상이 되어야 한다.
② 최저자본금준비기간이 끝난 후에는 매 분기 말 현재 총자산의 100분의 80 이상을 부동산, 부동산 관련 증권 및 현금으로 구성하여야 한다. 이 경우 총자산의 100분의 70 이상은 부동산(건축 중인 건축물을 포함한다)이어야 한다.
③ 부동산투자회사는 부동산 등 자산의 운용에 관하여 회계처리를 할 때에는 금융감독원이 정하는 회계처리기준에 따라야 한다.
④ 부동산투자회사의 상근 임원은 다른 회사의 상근 임직원이 되거나 다른 사업을 하여서는 아니 된다.
⑤ 위탁관리 부동산투자회사란 자산의 투자·운용을 자산관리회사에 위탁하는 부동산투자회사를 말한다.

29 **아파트시장에서 아파트의 수요곡선을 우측(우상향)으로 이동시킬 수 있는 요인은 모두 몇 개인가? (단, 다른 조건은 동일함)**

- 아파트 가격의 하락
- 대체 주택 가격의 상승
- 총부채원리금상환비율(DSR) 규제 완화
- 가구수 증가
- 모기지 대출(mortgage loan) 금리의 상승
- 수요자의 실질 소득 감소
- 부채감당률(DCR) 규제 강화

① 2개
② 3개
③ 4개
④ 5개
⑤ 6개

30 부동산금융에 관한 설명으로 옳은 것은? (단, 주어진 조건에 한함)

① 콜옵션(call option)은 저당대출 대출자에게 주어진 조기상환권이다.
② 금융기관은 위험을 줄이기 위해 부채감당률이 1보다 작은 대출안의 작은 순서대로 대출을 실행한다.
③ 대출수수료와 조기상환수수료를 차입자가 부담하는 경우, 차입자의 실효이자율은 조기상환시점이 앞당겨질수록 하락한다.
④ 대출조건이 동일할 경우 대출채권의 듀레이션(평균회수기간)은 원리금균등분할상환방식이 원금균등분할상환방식보다 더 길다.
⑤ 고정금리방식의 대출에서 총상환액은 원리금균등분할상환방식이 원금균등분할상환방식보다 더 작다.

31 부동산투자의 수익과 위험에 관한 설명으로 옳지 않은 것은?

① 다양한 자산들로 분산된 포트폴리오는 체계적 위험을 감소시킨다.
② 위험회피형 투자자는 위험 증가에 따른 보상으로 높은 기대수익률을 요구한다.
③ 동일한 자산들로 구성된 포트폴리오라도 자산들의 구성비중에 따라 포트폴리오의 수익과 위험이 달라진다.
④ 시장상황에 대한 자산가격의 민감도가 높을수록 수익률의 표준편차는 커진다.
⑤ 지분투자수익률은 지분투자자의 투자성과를 나타낸다.

32 다음에서 설명하는 민간투자 사업방식은?

- 시설의 소유권은 시설의 준공과 함께 정부 등에 귀속
- 사업시행자는 일정기간의 시설관리 운영권을 획득
- 사업시행자는 시설의 최종수요자로부터 이용료를 징수하여 투자비를 회수
- SOC시설 소유권을 민간에 넘기는 것이 부적절한 경우에 주로 사용

① BOT(build-operate-transfer)방식
② BTO(build-transfer-operate)방식
③ BLT(build-lease-transfer)방식
④ LBO(lease-build-operate)방식
⑤ BOO(build-own-operate)방식

33 **다음과 같은 조건에서 대상부동산의 수익가액 산정 시 적용할 환원이율(capitalization rate)은? (단, 주어진 조건에 한함)**

- 가능총소득(PGI) : 연 85,000,000원
- 공실상당액 : 가능총소득의 5%
- 재산관리수수료 : 가능총소득의 2%
- 유틸리티비용 : 가능총소득의 2%
- 관리직원인건비 : 가능총소득의 3%
- 부채서비스액 : 연 20,000,000원
- 대부비율 : 25%
- 대출조건 : 이자율 연 4%로 28년간 매년 원리금균등분할상환(고정금리)
- 저당상수(이자율 연 4%, 기간 28년) : 0.06

① 5.61%
② 5.66%
③ 5.71%
④ 5.76%
⑤ 5.81%

34 **부동산투자에 관한 설명으로 옳지 않은 것은? (단, 주어진 조건에 한함)**

① 영업비용비율(OER)은 운영경비(OE)를 유효총소득(EGI)으로 나눈 비율이다.
② 총부채상환비율(DTI)이 높을수록 차입자의 부채상환가능성이 낮아진다.
③ 채무불이행률(DR)은 유효총소득(EGI)으로 운영경비(OE)와 부채서비스(DS)를 감당할 수 있는 정도를 나타낸다.
④ 총투자수익률(ROI)은 총투자액을 순영업소득(NOI)으로 나눈 비율이다.
⑤ 지분투자수익률(ROE)은 세후현금흐름(ATCF)을 지분투자액으로 나눈 비율이다.

35 **부동산 마케팅활동에 관한 설명으로 옳지 않은 것은?**

① 시장세분화란 부동산시장에서 마케팅활동을 수행하기 위하여 구매자의 집단을 세분화하는 것이다.
② 세분시장은 그 규모와 구매력 등의 특성이 측정될 수 있어야 한다.
③ 세분시장은 개념적으로 구분될 수 있으며 마케팅 믹스 요소에 대해 동일하게 반응한다.
④ 표적시장이란 세분화된 시장 중 가장 효과적인 성과가 기대되어 마케팅활동의 수행대상이 되는 시장을 말한다.
⑤ 포지셔닝은 표적시장에서 고객의 욕구를 파악하여 경쟁제품과 차별화된 자사제품의 개념을 정해 이를 소비자의 지각 속에 적절히 위치시키는 것이다.

36 **부동산투자분석에 관한 내용으로 옳지 않은 것은?**

① 동일한 현금흐름을 가지는 투자안이라도 투자자의 요구수익률에 따라 순현재가치는 달라질 수 있다.
② 서로 다른 내부수익률을 가지는 두 자산에 동시에 투자하는 투자안의 내부수익률은 각 자산의 내부수익률을 더한 것과 같다.
③ 동일한 투자안에 대해 내부수익률이 복수로 존재할 수 있다.
④ 내부수익률법에서는 내부수익률과 요구수익률을 비교하여 투자의사결정을 한다.
⑤ 투자규모에 차이가 나는 상호배타적인 투자안을 검토할 때, 순현재가치법과 수익성지수법을 통한 의사결정이 달라질 수 있다.

37 **부동산관리의 위탁관리방식에 관한 설명으로 옳지 않은 것은?**

① 신뢰도가 높은 업체를 선정하는 것이 중요하다.
② 관리업무의 전문성과 효율성을 제고할 수 있다.
③ 오피스빌딩과 같은 대형건물의 관리에 유용하다.
④ 관리환경 변화에 대한 예측과 적응에 유리하다.
⑤ 자기관리방식보다 기밀유지 측면에서 유리하다.

38 **부동산투자에서 (ㄱ)타인자본을 활용하지 않은 경우와 (ㄴ)타인자본을 40% 활용하는 경우, 각각의 1년간 자기자본수익률(%)은? (단, 주어진 조건에 한함)**

- 부동산 매입가격 : 10,000만원
- 1년 후 부동산 처분
- 순영업소득(NOI) : 연 500만원(기간 말 발생)
- 보유기간 동안 부동산가격 상승률 : 연 2%
- 대출조건 : 이자율 연 4%, 대출기간 1년, 원리금은 만기일시상환

① ㄱ : 7.0, ㄴ : 7.0
② ㄱ : 7.0, ㄴ : 8.0
③ ㄱ : 7.0, ㄴ : 9.0
④ ㄱ : 7.5, ㄴ : 8.0
⑤ ㄱ : 7.5, ㄴ : 9.0

39 **다음은 매장의 매출액이 손익분기점 매출액 이하이면 기본임대료만 지급하고, 손익분기점 매출액 초과이면 초과매출액에 대하여 일정 임대료율을 적용한 추가임대료를 기본임대료에 가산하여 임대료를 지급하는 비율임대차(percentage lease)방식의 임대차계약의 조건이다. 이 임대차계약에서 계약기간 동안 지급할 것으로 예상되는 임대료의 합계는? (단, 주어진 조건에 한함)**

- 계약기간 : 1년(1월 ~ 12월)
- 매장 임대면적 : 200㎡
- 임대면적당 기본임대료 : 월 5만원/㎡
- 손익분기점 매출액 : 월 2,000만원
- 각 월별 예상매출액
  - 1월 ~ 7월 : 8만원/㎡
  - 8월 ~ 12월 : 20만원/㎡
- 손익분기점 초과 시 초과매출액에 대한 임대료율 : 10%

① 11,000만원
② 11,500만원
③ 12,000만원
④ 12,500만원
⑤ 13,000만원

40 부동산개발방식에 관한 설명으로 옳은 것을 모두 고른 것은?

ㄱ : 토지소유자와의 약정에 의해 수익증권을 발행하고 수익증권의 소유자에게 수익을 배당하는 방식 ㄴ : 원래의 토지소유자에게 사업 후 사업에 소요된 비용 등을 제외하고 면적비율에 따라 돌려주는 방식 ㄷ : 공익성이 강하고 대량공급이 가능한 택지개발사업에서 주로 수행하는 방식

① ㄱ : 신탁방식, ㄴ : 환지방식, ㄷ : 공영개발방식
② ㄱ : 신탁방식, ㄴ : 수용방식, ㄷ : 공영개발방식
③ ㄱ : 사업위탁방식, ㄴ : 환지방식, ㄷ : 민간개발방식
④ ㄱ : 사업위탁방식, ㄴ : 수용방식, ㄷ : 민간개발방식
⑤ ㄱ : 컨소시엄방식, ㄴ : 수용방식, ㄷ : 민관협력개발방식

제4과목 | 감정평가관계법규

01 국토의 계획 및 이용에 관한 법령상 기반시설과 그 해당 시설의 연결로 옳지 않은 것은?

① 공간시설 - 녹지
② 유통・공급시설 - 공동구
③ 공공・문화체육시설 - 공공청사
④ 환경기초시설 - 도축장
⑤ 방재시설 - 유수지

02 국토의 계획 및 이용에 관한 법령상 광역도시계획에 관한 설명으로 옳은 것은?

① 군수는 도지사에게 광역계획권의 지정을 요청할 수 없다.
② 도지사가 광역계획권을 변경하려면 중앙도시계획위원회의 심의를 거쳐 관계 중앙행정기관의 장의 승인을 받아야 한다.
③ 국토교통부장관은 광역계획권을 변경하면 지체 없이 관계 중앙행정기관의 장에게 그 사실을 통보하여야 한다.
④ 광역계획권을 지정한 날부터 2년이 지날 때까지 시장・군수의 광역도시계획 승인 신청이 없는 경우에는 관할 도지사가 광역도시계획을 수립한다.
⑤ 국토교통부장관은 기초조사정보체계를 구축한 경우 등록된 정보의 현황을 5년마다 확인하고 변동사항을 반영하여야 한다.

03 국토의 계획 및 이용에 관한 법령상 도시・군관리계획에 관한 설명으로 옳지 않은 것은?

① 국토교통부장관은 국가계획과 관련된 경우에는 직접 도시・군관리계획을 입안할 수 있다.
② 도시・군관리계획은 광역도시계획과 도시・군기본계획에 부합되어야 한다.
③ 주민은 지구단위계획의 수립에 관한 사항에 대하여 도시・군관리계획의 입안을 제안할 수 있다.
④ 도시・군관리계획의 입안을 제안받은 자는 제안된 도시・군관리계획의 입안 및 결정에 필요한 비용의 전부를 제안자에게 부담시킬 수는 없다.
⑤ 주거지역에 도시・군관리계획을 입안하는 경우 토지적성평가를 실시하지 아니할 수 있다.

04 국토의 계획 및 이용에 관한 법령상 용도지역·용도지구의 내용으로 옳지 않은 것은?

① 제2종일반주거지역 : 중고층주택을 중심으로 편리한 주거환경을 조성하기 위하여 필요한 지역
② 일반상업지역 : 일반적인 상업기능 및 업무기능을 담당하게 하기 위하여 필요한 지역
③ 생산녹지지역 : 주로 농업적 생산을 위하여 개발을 유보할 필요가 있는 지역
④ 시가지방재지구 : 건축물·인구가 밀집되어 있는 지역으로서 시설 개선 등을 통하여 재해 예방이 필요한 지구
⑤ 집단취락지구 : 개발제한구역안의 취락을 정비하기 위하여 필요한 지구

05 국토의 계획 및 이용에 관한 법령상 공동구에 관한 설명으로 옳은 것은?

① 「도시개발법」에 따른 100만제곱미터 규모의 도시개발구역에서 개발사업을 시행하는 자는 공동구를 설치하여야 한다.
② 통신선로는 공동구협의회의 심의를 거쳐야 수용할 수 있다.
③ 공동구의 설치비용은 「국토의 계획 및 이용에 관한 법률」 또는 다른 법률에 특별한 규정이 있는 경우를 제외하고는 공동구 점용예정자와 사업시행자가 부담한다.
④ 부담금의 납부통지를 받은 공동구 점용예정자는 공동구설치공사가 착수되기 전에 부담액의 3분의 2 이상을 납부하여야 한다.
⑤ 공동구관리자는 1년에 2회 이상 공동구의 안전점검을 실시하여야 한다.

06 국토의 계획 및 이용에 관한 법령상 개발행위허가 시 개발행위 규모의 제한을 받는 경우 용도지역별로 허용되는 토지형질변경면적으로 옳은 것은?

① 자연환경보전지역 : 5천제곱미터 미만
② 자연녹지지역 : 3만제곱미터 미만
③ 공업지역 : 1만제곱미터 미만
④ 생산녹지지역 : 5천제곱미터 미만
⑤ 주거지역 : 3만제곱미터 미만

07 국토의 계획 및 이용에 관한 법령상 용도지역별 건폐율의 최대한도가 큰 순서대로 나열된 것은? (단, 조례 및 기타 강화·완화조건은 고려하지 않음)

ㄱ. 제2종전용주거지역	ㄴ. 유통상업지역
ㄷ. 일반공업지역	ㄹ. 농림지역

① ㄴ - ㄱ - ㄷ - ㄹ
② ㄴ - ㄷ - ㄱ - ㄹ
③ ㄷ - ㄴ - ㄹ - ㄱ
④ ㄷ - ㄹ - ㄱ - ㄴ
⑤ ㄹ - ㄷ - ㄴ - ㄱ

08 국토의 계획 및 이용에 관한 법령상 개발행위허가를 받은 자가 행정청인 경우 개발행위에 따른 공공시설의 귀속에 관한 설명으로 옳지 않은 것은?

① 개발행위허가를 받은 자가 새로 설치한 공공시설은 그 시설을 관리할 관리청에 무상으로 귀속된다.
② 개발행위허가를 받은 자가 기존의 공공시설에 대체되는 공공시설을 설치한 경우 종래의 공공시설은 개발행위허가를 받은 자에게 무상으로 귀속된다.
③ 새로 설치된 공공시설의 귀속시점은 준공검사를 받은 날이다.
④ 개발행위허가를 받은 자는 개발행위가 끝나 준공검사를 마친 때에는 해당 시설의 관리청에 공공시설의 종류와 토지의 세목을 통지하여야 한다.
⑤ 개발행위허가를 받은 자는 그에게 귀속된 공공시설의 처분으로 인한 수익금을 도시·군계획사업 외의 목적에 사용하여서는 아니 된다.

09 국토의 계획 및 이용에 관한 법령상 개발밀도관리구역에 관한 설명으로 옳지 않은 것은?

① 공업지역에서의 개발행위로 기반시설의 수용능력이 부족할 것이 예상되는 지역 중 기반시설의 설치가 곤란한 지역을 개발밀도관리구역으로 지정할 수 있다.
② 개발밀도관리구역에서는 해당 용도지역에 적용되는 용적률 최대한도의 30퍼센트 범위에서 용적률을 강화하여 적용한다.
③ 개발밀도관리구역을 변경하려면 해당 지방자치단체에 설치된 지방도시계획위원회의 심의를 거쳐야 한다.
④ 지정권자는 개발밀도관리구역을 지정한 경우 그 사실을 당해 지방자치단체의 공보에 게재하는 방법으로 고시하여야 한다.
⑤ 개발밀도관리구역의 지정기준을 정할 때 고려되는 기반시설에 수도공급설비도 포함된다.

10 **국토의 계획 및 이용에 관한 법률상 성장관리계획에 관한 조문의 일부이다. (　　)에 들어갈 숫자로 옳은 것은?**

> 성장관리계획구역에서는 다음 각 호의 구분에 따른 범위에서 성장관리계획으로 정하는 바에 따라 특별시・광역시・특별자치시・특별자치도・시 또는 군의 조례로 정하는 비율까지 건폐율을 완화하여 적용할 수 있다.
> 1. 계획관리지역 : (ㄱ)퍼센트 이하
> 2. 생산관리지역・농림지역 및 대통령령으로 정하는 녹지지역 : (ㄴ)퍼센트 이하

① ㄱ : 30, ㄴ : 20　　② ㄱ : 30, ㄴ : 30
③ ㄱ : 50, ㄴ : 30　　④ ㄱ : 50, ㄴ : 50
⑤ ㄱ : 60, ㄴ : 50

11 **국토의 계획 및 이용에 관한 법령상 용도지역에 관한 설명으로 옳은 것은?**

① 용도지역을 세분하는 지정은 도시・군기본계획으로도 할 수 있다.
② 하나의 시・도 안에서 둘 이상의 시・군에 걸쳐 지정되는 용도지역에 대해서는 국토교통부장관이 직접 도시・군관리계획을 입안할 수 있다.
③ 하천의 매립목적이 그 매립구역과 이웃하고 있는 용도지역의 내용과 같으면 도시・군관리계획의 입안 및 결정 절차 없이 그 매립준공구역은 이웃하고 있는 용도지역으로 지정된 것으로 본다.
④ 「산업입지 및 개발에 관한 법률」에 따라 국가산업단지로 지정된 지역은 「국토의 계획 및 이용에 관한 법률」에 따른 도시지역으로 결정・고시된 것으로 본다.
⑤ 「택지개발촉진법」에 따른 택지개발지구가 개발사업의 완료로 해제되는 경우 그 지역은 택지개발지구를 지정하기 이전의 용도지역으로 환원된 것으로 본다.

12 국토의 계획 및 이용에 관한 법령상 시가화조정구역에 관한 설명으로 옳지 않은 것은?

① 시가화를 유보할 수 있는 기간은 5년 이상 20년 이내이다.
② 시가화조정구역의 지정에 관한 도시・군관리계획 결정이 있는 경우 결정 당시 이미 허가를 받아 공사에 착수한 자는 관할 관청에 신고하고 그 공사를 계속할 수 있다.
③ 시가화조정구역에서 해제되는 구역 중 계획적인 개발 또는 관리가 필요한 지역에 대하여는 지구단위계획구역을 지정할 수 있다.
④ 시가화조정구역에서 입목의 조림 또는 육림은 관할 관청에 신고하고 그 행위를 할 수 있다.
⑤ 시가화조정구역의 지정에 관한 도시・군관리계획의 결정은 시가화 유보기간이 끝난 날의 다음날부터 그 효력을 잃는다.

13 국토의 계획 및 이용에 관한 법령상 도시혁신구역에 대하여 각 법률 규정에도 불구하고 도시혁신계획으로 따로 정할 수 있는 경우가 아닌 것은?

① 「건축법」 제43조에 따른 공개 공지 등의 확보
② 「주택법」 제35조에 따른 부대시설의 설치기준
③ 「주차장법」 제19조에 따른 부설주차장의 설치
④ 「문화예술진흥법」 제9조에 따른 건축물에 대한 미술작품의 설치
⑤ 「공익사업을 위한 토지 등의 취득 및 보상에 관한 법률」 제22조에 따른 사업인정 고시

14 부동산 가격공시에 관한 법령상 표준주택가격의 조사・산정보고서에 포함되는 사항을 모두 고른 것은?

ㄱ. 주택 대지의 용도지역	ㄴ. 주건물 구조 및 층수
ㄷ. 「건축법」에 따른 사용승인연도	ㄹ. 도로접면

① ㄱ, ㄴ
② ㄷ, ㄹ
③ ㄱ, ㄴ, ㄷ
④ ㄴ, ㄷ, ㄹ
⑤ ㄱ, ㄴ, ㄷ, ㄹ

15 부동산 가격공시에 관한 법령상 비주거용 부동산가격의 공시에 관한 설명으로 옳지 않은 것은?

① 공시기준일 이후에 「건축법」에 따른 대수선이 된 비주거용 일반부동산은 해당 비주거용 개별부동산가격의 공시기준일을 다르게 할 수 있다.
② 비주거용 표준부동산의 임시사용승인일은 비주거용 표준부동산가격의 공시사항에 포함되지 않는다.
③ 비주거용 표준부동산가격은 국가 등이 그 업무와 관련하여 비주거용 개별부동산가격을 산정하는 경우에 그 기준이 된다.
④ 국토교통부장관은 비주거용 집합부동산가격을 공시하기 위하여 그 가격을 산정할 때에는 비주거용 집합부동산의 소유자와 그 밖의 이해관계인의 의견을 들어야 한다.
⑤ 국토교통부장관은 공시한 비주거용 집합부동산가격의 오기를 정정하려는 경우에는 중앙부동산가격공시위원회의 심의를 거치지 아니할 수 있다.

16 부동산 가격공시에 관한 법령상 지가의 공시에 관한 설명으로 옳은 것은?

① 개별공시지가에 이의가 있는 자는 그 결정・공시일부터 60일 이내에 서면으로 관할 관청에 이의를 신청할 수 있다.
② 표준지공시지가의 단위면적은 3.3제곱미터로 한다.
③ 개발부담금의 부과대상이 아닌 토지에 대하여는 개별공시지가를 결정・공시하여야 한다.
④ 표준지공시지가의 공시에는 표준지에 대한 지목 및 용도지역이 포함되어야 한다.
⑤ 개별공시지가의 결정・공시에 드는 비용은 30퍼센트 이내에서 국고에서 보조한다.

17 감정평가 및 감정평가사에 관한 법령상 감정평가사에 대한 징계의 종류가 아닌 것은?

① 견책
② 자격의 취소
③ 2년 이하의 업무정지
④ 등록의 취소
⑤ 6개월 이하의 자격의 정지

18 **감정평가 및 감정평가사에 관한 법령상 감정평가법인에 관한 설명으로 옳지 않은 것은?**

① 감정평가법인은 전체 사원 또는 이사의 100분의 90 이상을 감정평가사로 두어야 한다.
② 국토교통부장관은 감정평가법인등이 장부 등의 검사를 거부 또는 방해한 경우에는 그 설립인가를 취소할 수 있다.
③ 감정평가법인등은 토지등의 매매업을 직접 하여서는 아니 된다.
④ 감정평가법인의 자본금은 2억원 이상이어야 한다.
⑤ 감정평가법인의 대표사원 또는 대표이사는 감정평가사여야 한다.

19 **감정평가 및 감정평가사에 관한 법령상 감정평가사에 관한 설명으로 옳지 않은 것은?**

① 감정평가사는 감정평가업을 하기 위하여 1개의 사무소만을 설치할 수 있다.
② 견책을 받은 감정평가사는 감정평가사 교육연수의 대상자에 포함된다.
③ 국유재산을 관리하는 기관에서 5년 이상 감정평가와 관련된 업무에 종사한 사람에 대해서는 감정평가사시험 중 제1차 시험을 면제한다.
④ 국토교통부장관은 등록한 감정평가사가 파산선고를 받고 복권되지 아니한 경우에는 그 등록을 취소하여야 한다.
⑤ 등록한 감정평가사는 5년마다 그 등록을 갱신하여야 한다.

20 **국유재산법상 용어의 정의이다. (　　)에 들어갈 내용으로 옳은 것은?**

- (ㄱ)(이)란 국가 외의 자가 제5조 제1항 각 호에 해당하는 재산의 소유권을 무상으로 국가에 이전하여 국가가 이를 취득하는 것을 말한다.
- (ㄴ)이란 사용허가나 대부계약 없이 국유재산을 사용·수익하거나 점유한 자에게 부과하는 금액을 말한다.
- 총괄청이란 (ㄷ)을 말한다.

① ㄱ : 기부채납, ㄴ : 부담금, ㄷ : 중앙관서의 장
② ㄱ : 무상양도, ㄴ : 변상금, ㄷ : 기획재정부장관
③ ㄱ : 기부채납, ㄴ : 변상금, ㄷ : 기획재정부장관
④ ㄱ : 무상양도, ㄴ : 변상금, ㄷ : 중앙관서의 장
⑤ ㄱ : 기부채납, ㄴ : 부담금, ㄷ : 기획재정부장관

21 국유재산법령상 국유재산에 관한 설명으로 옳지 않은 것은?

① 정부시설에서 사용하는 궤도차량으로서 해당 시설의 폐지와 함께 포괄적으로 용도폐지된 것은 해당 시설이 폐지된 후에는 국유재산으로 하지 아니한다.
② 총괄청은 일반재산을 보존용재산으로 전환하여 관리할 수 있다.
③ 등기가 필요한 국유재산이 부동산인 경우 그 권리자의 명의는 국(國)으로 하되 소관 중앙관서의 명칭을 함께 적어야 한다.
④ 총괄청이나 중앙관서의 장은 소유자 없는 부동산을 국유재산으로 취득한다.
⑤ 지상권, 전세권, 광업권은 국유재산의 범위에 속한다.

22 국유재산법령상 행정재산의 사용허가에 관한 설명으로 옳은 것은?

① 사용허가를 받은 자는 허가기간이 끝난 경우에는 중앙관서의 장이 미리 상태의 변경을 승인하였더라도 그 재산을 원래 상태대로 반환하여야 한다.
② 경작용으로 실경작자에게 사용허가를 하는 경우에는 수의의 방법으로 사용허가를 받을 자를 결정할 수 없다.
③ 중앙관서의 장은 사용허가를 받은 자가 해당 재산의 보존을 게을리한 경우 그 허가를 철회할 수 있다.
④ 사용허가에 관하여는 「국유재산법」에서 정한 것을 제외하고는 「민법」의 규정을 준용한다.
⑤ 사용허가를 받은 자가 그 재산에 대하여 유지·보수 외의 시설을 설치하려는 때에는 총괄청의 허가를 받아야 한다.

23 국유재산법령상 일반재산에 관한 설명으로 옳지 않은 것은?

① 국가가 매각한 일반재산을 일정기간 계속하여 점유·사용하는 경우에는 매각대금이 완납되기 전에 매각재산의 소유권을 이전할 수 있다.
② 일반재산을 매각한 경우에 매수자가 매각대금을 체납하면 그 매각계약을 해제할 수 있다.
③ 일반재산의 매각대금이 3천만원을 초과하는 경우 매각대금을 5년 이내의 기간에 걸쳐 나누어 내게 할 수 있다.
④ 일반재산을 용도를 지정하여 매각하는 경우에는 매수자는 매각일부터 10년 이상 지정된 용도로 활용하여야 한다.
⑤ 부동산신탁을 취급하는 신탁업자에게 신탁하여 개발된 일반재산의 대부기간은 30년 이내로 할 수 있으며, 20년의 범위에서 한 차례만 연장할 수 있다.

24 **건축법령상 용어의 정의에 관한 설명으로 옳지 않은 것은?**

① 기존 건축물의 전부를 해체하고 그 대지에 종전과 같은 규모의 범위에서 건축물을 다시 축조하는 것은 “개축”에 해당한다.
② “재축”에 해당하려면 연면적 합계는 종전 규모 이하로 하여야 한다.
③ “이전”이란 건축물의 주요구조부를 해체하지 아니하고 같은 대지의 다른 위치로 옮기는 것을 말한다.
④ 16층 이상인 건축물은 그 용도에 관계없이 “다중이용 건축물”이다.
⑤ 기둥과 기둥 사이의 거리가 15미터 이상인 건축물은 “특수구조 건축물”이다.

25 **건축법령상 시설군과 그에 속하는 건축물의 용도의 연결로 옳지 않은 것은?**

① 영업시설군 - 운동시설
② 주거업무시설군 - 교정시설
③ 문화집회시설군 - 장례시설
④ 교육 및 복지시설군 - 의료시설
⑤ 그 밖의 시설군 - 동물 및 식물 관련 시설

26 **건축법령상 특별가로구역에 관한 조문의 내용이다. (   )에 들어갈 내용으로 옳은 것은?**

> 국토교통부장관 및 허가권자는 「건축법」 및 관계 법령에 따라 일부 규정을 적용하지 아니하거나 완화하여 적용할 수 있도록 (ㄱ)에서 (ㄴ)에 접한 대지의 일정 구역을 특별가로구역으로 지정할 수 있다.

① ㄱ : 개발진흥지구, ㄴ : 허가권자가 리모델링 활성화가 필요하다고 인정하여 지정·공고한 지역 안의 도로
② ㄱ : 경관지구, ㄴ : 「지역문화진흥법」에 따른 문화지구 안의 도로
③ ㄱ : 개발진흥지구, ㄴ : 보행자전용도로로서 도시미관 개선을 위하여 허가권자가 건축조례로 정하는 도로
④ ㄱ : 경관지구, ㄴ : 「도시 및 주거환경정비법」에 따른 정비구역 안의 도로
⑤ ㄱ : 개발진흥지구, ㄴ : 건축선을 후퇴한 대지에 접한 도로로서 허가권자가 건축조례로 정하는 도로

27 **건축법령상 소음 방지를 위한 일정한 기준에 따라 층간바닥(화장실의 바닥은 제외)을 설치해야 하는 건축물이 아닌 것은? (단, 건축법령상의 특례는 고려하지 않음)**

① 업무시설 중 오피스텔
② 단독주택 중 다가구주택
③ 교육연구시설 중 도서관
④ 숙박시설 중 다중생활시설
⑤ 제2종 근린생활시설 중 다중생활시설

28 **공간정보의 구축 및 관리 등에 관한 법령상 지목과 그를 지적도 및 임야도에 등록하는 때 표기하는 부호의 연결로 옳지 않은 것은?**

① 주차장 – 차
② 양어장 – 양
③ 유원지 – 원
④ 공장용지 – 장
⑤ 주유소용지 – 유

29 **공간정보의 구축 및 관리 등에 관한 법령상 등록전환을 신청할 수 있는 경우가 아닌 것은?**

① 「건축법」에 따른 건축신고를 한 경우
② 도시·군관리계획선에 따라 토지를 분할하는 경우
③ 「산지관리법」에 따른 산지일시사용허가를 받은 경우
④ 지적도에 등록된 토지가 사실상 형질변경되었으나 지목변경을 할 수 없는 경우
⑤ 대부분의 토지가 등록전환되어 나머지 토지를 임야도에 계속 존치하는 것이 불합리한 경우

30 **공간정보의 구축 및 관리 등에 관한 법령상 지목에 관한 설명으로 옳은 것을 모두 고른 것은?**

ㄱ. 지목의 설정은 필지마다 하나의 지목을 설정하는 방법으로 한다.
ㄴ. 송유시설의 부지는 지목을 잡종지로 한다.
ㄷ. 건축물의 용도가 변경된 경우는 지목변경을 신청할 수 없다.
ㄹ. 지적소관청은 지목변경을 하려면 시·도지사의 승인을 받아야 한다.

① ㄱ, ㄴ
② ㄱ, ㄷ
③ ㄷ, ㄹ
④ ㄱ, ㄴ, ㄹ
⑤ ㄴ, ㄷ, ㄹ

31 **공간정보의 구축 및 관리 등에 관한 법령상 토지소유자에 관한 설명으로 옳은 것은?**

① 토지대장에 토지소유자의 주민등록번호는 등록하지 않는다.
② 공유지연명부의 등록사항에 토지소유자의 변경 원인은 포함되지 않는다.
③ 토지의 이동(異動)이 있는 경우에도 토지소유자의 신청이 없으면 지적소관청은 지적공부에 등록하는 지목 또는 경계를 직권으로 결정할 수 없다.
④ 지적공부에 등록된 토지가 바다로 된 경우 토지소유자는 지적공부의 등록말소 신청을 할 수 없다.
⑤ 공공사업에 따라 지목이 도로가 되는 토지를 합병하려는 경우 토지소유자가 하여야 할 합병 신청을 해당 사업의 시행자가 대신할 수 있다.

32 **부동산등기법령상 대표자나 관리인이 있는 법인 아닌 사단(이하 '비법인사단')에 속하는 부동산의 등기에 관한 설명으로 옳은 것은?**

① 등기에 관하여는 비법인사단의 대표자나 관리인을 등기권리자 또는 등기의무자로 한다.
② 비법인사단의 부동산등기용등록번호는 소재지 관할 등기소의 등기관이 부여한다.
③ 권리에 관한 등기를 비법인사단의 명의로 할 때에는 그 대표자나 관리인의 성명, 주소를 등기사항으로 기록하지 않아도 된다.
④ 비법인사단은 사용자등록을 하고 등기에 관하여 전자신청을 할 수 있다.
⑤ 비법인사단의 대표자나 관리인이 등기를 신청한 경우 등기관은 등기를 마치면 그 대표자나 관리인에게 등기필정보를 통지한다.

33 **부동산등기법령상 권리에 관한 등기에 관한 설명으로 옳은 것은?**

① 임차권을 정지조건부로 설정하는 청구권을 보전하려는 경우에도 가등기를 할 수 있다.
② 등기관이 등기를 마친 후 그 등기가 신청할 권한이 없는 자가 신청한 것임을 발견한 때에는 등기를 직권말소한다는 뜻을 통지하여야 한다.
③ 환매특약등기는 이해관계 있는 제3자의 승낙이 없는 경우 부기로 할 수 없다.
④ 미등기의 토지에 대해 매매계약서에 의하여 소유권을 증명하는 자는 그 토지에 관한 소유권보존등기를 신청할 수 있다.
⑤ 등기관이 직권으로 등기를 말소한 처분에 대하여 관할 법원에 이의를 신청하면 등기말소 처분은 효력이 정지된다.

34 **부동산등기법령상 등기사무에 관한 설명으로 옳지 않은 것은?**

① 등기관은 접수번호의 순서에 따라 등기사무를 처리하여야 한다.
② 등기관은 등기사무를 처리한 때에는 등기사무를 처리한 등기관이 누구인지 알 수 없도록 조치하여야 한다.
③ 토지등기부와 건물등기부는 영구히 보존하여야 한다.
④ 등기부를 편성할 때 1동의 건물을 구분한 건물에 있어서는 1동의 건물에 속하는 전부에 대하여 1개의 등기기록을 사용한다.
⑤ 폐쇄한 등기기록의 열람 청구는 관할 등기소가 아닌 등기소에 대하여도 할 수 있다.

35 **부동산등기법령상 구분건물에 대한 등기에 관한 설명으로 옳지 않은 것은?**

① 등기관은 구분건물인 경우 건물 등기기록의 표제부에 도면의 번호를 기록하여야 한다.
② 구분건물이 속하는 1동 전부가 멸실된 경우에는 그 구분건물의 소유권의 등기명의인은 1동의 건물에 속하는 다른 구분건물의 소유권의 등기명의인을 대위하여 1동 전부에 대한 멸실등기를 신청할 수 있다.
③ 1동의 건물에 속하는 구분건물 중 일부만에 관하여 소유권보존등기를 신청하는 경우에는 나머지 구분건물의 표시에 관한 등기를 동시에 신청하여야 한다.
④ 대지권이 등기된 구분건물의 등기기록에는 건물만에 관한 저당권설정등기를 할 수 있다.
⑤ 구분건물에 대하여는 전유부분마다 부동산고유번호를 부여한다.

36 **동산 · 채권 등의 담보에 관한 법령상 담보등기에 관한 설명으로 옳은 것은?**

① 장래에 취득할 동산은 특정할 수 있는 경우에도 이를 목적으로 담보등기를 할 수 없다.
② 등기명의인 표시의 변경의 등기는 등기명의인 단독으로 신청할 수 있다.
③ 담보권자가 담보권의 존속기간을 갱신하려면 그 존속기간 만료 전후 1개월 내에 연장등기를 신청하여야 한다.
④ 포괄승계로 인한 등기는 등기권리자 또는 등기의무자 단독으로 신청할 수 있다.
⑤ 담보목적물인 동산이 멸실된 경우 그 말소등기의 신청은 담보권설정자가 하여야 한다.

37 **도시 및 주거환경정비법령상 정비사업에 관한 설명으로 옳은 것은?**

① 재개발사업이란 정비기반시설은 양호하나 노후·불량건축물에 해당하는 공동주택이 밀집한 지역에서 주거환경을 개선하기 위한 사업을 말한다.
② 재건축사업의 경우 정비구역의 지정권자는 하나의 정비구역을 둘 이상의 정비구역으로 분할하여 지정할 수 없다.
③ 재건축사업은 관리처분계획에 따라 건축물을 공급하거나 환지로 공급하는 방법으로 한다.
④ 재개발사업의 시행자가 작성하는 사업시행계획서에는 임시거주시설을 포함한 주민이주대책이 포함되어야 한다.
⑤ 토지등소유자가 20인 미만인 경우에는 토지등소유자가 직접 재개발사업을 시행할 수 없다.

38 **도시 및 주거환경정비법령상 주택재개발조합이 조합설립인가를 받은 사항 중 시장·군수등에게 신고하고 변경할 수 있는 사항을 모두 고른 것은? (단, 정관 및 조례는 고려하지 않음)**

ㄱ. 착오임이 명백한 사항 ㄴ. 토지의 매매로 조합원의 권리가 이전된 경우의 조합원의 교체 ㄷ. 정비구역의 면적이 15퍼센트 변경됨에 따라 변경되어야 하는 사항 ㄹ. 조합의 명칭

① ㄱ, ㄴ
② ㄴ, ㄷ
③ ㄷ, ㄹ
④ ㄱ, ㄴ, ㄹ
⑤ ㄱ, ㄷ, ㄹ

39 **도시 및 주거환경정비법령상 정비구역에 관한 설명으로 옳은 것은?**

① 광역시의 군수가 정비계획을 입안한 경우에는 직접 정비구역을 지정할 수 있다.
② 정비구역에서 건축물의 용도만을 변경하는 경우에는 따로 시장·군수등의 허가를 받지 않아도 된다.
③ 재개발사업을 시행하는 지정개발자가 사업시행자 지정일부터 3년이 되는 날까지 사업시행계획인가를 신청하지 않은 경우 해당 정비구역을 해제하여야 한다.
④ 토지등소유자는 공공재개발사업을 추진하려는 경우 정비계획의 입안권자에게 정비계획의 입안을 제안할 수 있다.
⑤ 정비구역이 해제된 경우에도 정비계획으로 변경된 용도지역, 정비기반시설 등은 정비구역 지정 이후의 상태로 존속한다.

40 **도시 및 주거환경정비법령상 재건축사업의 관리처분계획에 관한 설명으로 옳은 것은?**

① 관리처분계획에 포함될 분양대상자별 분양예정인 건축물의 추산액을 평가하기 위하여 시장・군수 등이 선정・계약한 감정평가법인등을 변경하는 경우에는 조합총회의 의결을 거치지 않아도 된다.

② 토지등소유자에 대한 사업시행자의 매도청구에 대한 판결에 따라 관리처분계획을 변경하는 경우에는 시장・군수 등의 변경인가를 받아야 한다.

③ 사업시행자는 관리처분계획이 인가・고시된 날부터 90일 이내에 분양신청을 하지 않은 자와 손실보상에 관한 협의를 하여야 한다.

④ 관리처분계획에 포함되는 세입자별 손실보상을 위한 권리명세 및 그 평가액은 시장・군수 등이 선정한 2인 이상의 감정평가법인등이 평가한 금액을 산술평균하여 산정한다.

⑤ 시장・군수 등이 직접 관리처분계획을 수립하는 경우에는 토지등소유자의 공람 및 의견청취절차를 생략할 수 있다.

제5과목 | 회계학

※ 아래의 문제들에서 특별한 언급이 없는 한 기업의 보고기간(회계기간)은 매년 1월 1일부터 12월 31일까지이다. 또한, 기업은 주권상장법인으로 계속해서 한국채택국제회계기준(K-IFRS)을 적용해오고 있다고 가정하고, 답지항 중에서 물음에 가장 합당한 답을 고르시오. 단, 자료에서 제시한 모든 항목과 금액은 중요하며, 자료에서 제시한 것 이외의 사항은 고려하지 않고 답한다. 예를 들어, 법인세에 대한 언급이 없으면 법인세 효과는 고려하지 않는다.

01 재무보고를 위한 개념체계에 관한 설명으로 옳지 않은 것은?

① 경제적효익의 유입가능성이나 유출가능성이 낮더라도 자산이나 부채가 존재할 수 있다.

② 부채가 발생하거나 인수할 때의 역사적 원가는 발생시키거나 인수하면서 수취한 대가에서 거래원가를 가산한 가치이다.

③ 매각이나 소비되는 자산의 원가에 대한 정보와 수취한 대가에 대한 정보는 예측가치를 가질 수 있다.

④ 가격 변동이 유의적일 경우, 현행원가를 기반으로 한 이익은 역사적 원가를 기반으로 한 이익보다 미래 이익을 예측하는 데 더 유용할 수 있다.

⑤ 합리적인 추정의 사용은 재무정보 작성의 필수적인 부분이며 추정치를 명확하고 정확하게 기술하고 설명한다면 정보의 유용성을 훼손하지 않는다.

02 재무제표 표시에 관한 설명으로 옳은 것은?

① 기업이 재무상태표에 유동자산과 비유동자산, 그리고 유동부채와 비유동부채로 구분하여 표시하는 경우, 이연법인세자산은 유동자산으로 분류한다.

② 한국채택국제회계기준을 준수하여 작성된 재무제표는 국제회계기준을 준수하여 작성된 재무제표임을 주석으로 공시할 수 있다.

③ 환경 요인이 유의적인 산업에 속해 있는 경우나 종업원이 재무제표이용자인 경우 재무제표 이외에 환경보고서나 부가가치보고서도 한국채택국제회계기준을 적용하여 작성한다.

④ 부적절한 회계정책은 이에 대하여 공시나 주석 또는 보충자료를 통해 설명하여 정당화될 수 있다.

⑤ 당기손익과 기타포괄손익은 별개의 손익계산서가 아닌 단일의 포괄손익계산서로 작성되어야 한다.

03 ㈜감평의 20×1년 기말재고자산에 대한 자료가 다음과 같다.

항목	원가	확정판매계약가격	일반판매가격	현행대체원가
제품 A	₩1,000	₩900	₩950	–
제품 B	1,200	–	1,250	–
원재료 A	1,100	–	–	₩1,000
원재료 B	1,000	–	–	900

- 제품 A는 모두 확정판매계약을 이행하기 위하여 보유하고 있으며, 제품 A와 제품 B는 판매시 계약가격 또는 일반판매가격의 10%에 해당하는 판매비용이 소요될 것으로 예상된다.
- 원재료 A를 이용하여 생산하는 제품은 원가 이상으로 판매될 것으로 예상된다.
- 원재료 B를 이용하여 생산하는 제품의 원가는 순실현가능가치를 초과할 것으로 예상된다.

모든 재고자산에 대해 항목별기준을 적용할 때 20×1년도에 인식할 재고자산평가손실은? (단, 재고자산 감모는 발생하지 않았으며, 기초재고자산평가충당금은 없다.)

① ₩300
② ₩335
③ ₩350
④ ₩365
⑤ ₩380

04 ㈜감평은 재고자산을 원가기준 선입선출소매재고법으로 측정한다. 20×1년 재고자산 자료가 다음과 같을 때, 매출원가는? (단, 평가손실과 감모손실은 발생하지 않았다.)

항목	원가	판매가
기초재고액	₩1,000	₩1,500
당기매입액	9,000	11,500
인상액	–	1,400
인상취소액	–	800
인하액	–	700
인하취소액	–	600
당기매출액	–	9,500

① ₩6,800
② ₩7,000
③ ₩7,160
④ ₩7,315
⑤ ₩7,375

05 ㈜감평은 20×1년 초 종업원 100명에게 각각 현금결제형 주가차액보상권 10개씩을 3년의 용역조건으로 부여하였다. 20×1년에 실제로 5명이 퇴사하였으며, 20×2년에 8명, 20×3년에 12명이 각각 추가로 퇴사할 것으로 추정하였다. 20×2년에는 실제로 7명이 퇴사하였고, 20×3년에 추가로 15명이 퇴사할 것으로 추정하였으며, 20×3년 말 최종가득자는 75명, 권리행사자는 40명이다. 주가차액보상권의 공정가치가 각각 20×1년 말 ₩14, 20×2년 말 ₩15, 20×3년 말 ₩17이고, 20×3년 말 내재가치는 ₩16일 때, 동 주가차액보상권과 관련하여 20×3년 인식할 보상비용(순액)은?

① ₩5,050 ② ₩5,450 ③ ₩5,950
④ ₩6,400 ⑤ ₩6,800

06 ㈜감평의 20×1년도 재무제표 및 자본 관련 자료가 다음과 같을 때 총자산이익률은? (단, 총자산이익률 계산 시 평균자산을 이용한다.)

• 기초자산	₩10,000	• 기말자산	₩11,000
• 기초부채	9,000	• 기말부채	9,500
• 무상증자 실시	250	• 주식배당 결의	100
• 자기주식 취득	150	• 현금배당 결의	165
• 당기순이익 발생	?	• 기타포괄이익 발생	80

① 7% ② 9% ③ 11%
④ 13% ⑤ 15%

07 20×1년 초 설립된 ㈜감평의 20×1년 주식과 관련된 자료가 다음과 같다.

• 20×1년 초 유통보통주식수 : 3,000주
• 4월 초 모든 주식에 대하여 10% 무상증자 실시
• 7월 초 전환사채의 보통주 전환 : 900주
• 10월 초 주주우선배정 방식으로 보통주 1,000주 유상증자 실시(발행금액 : 주당 ₩2,000, 증자 직전 주식의 공정가치 : 주당 ₩2,500)

무상신주는 원구주에 따르고, 유상증자대금은 10월 초 전액 납입완료되었을 때, 20×1년 가중평균유통보통주식수는? (단, 유통보통주식수는 월할계산한다.)

① 3,796주 ② 3,875주 ③ 4,000주
④ 4,082주 ⑤ 4,108주

08 ㈜감평은 20×1년부터 20×3년까지 매년 말 다음과 같이 기말재고자산을 과소 또는 과대계상하였으며 오류수정 전 20×2년도와 20×3년도의 당기순이익은 각각 ₩200과 ₩250이다. 20×3년도 장부가 마감되기 전 오류를 발견하고 해당 오류가 중요하다고 판단하였을 경우, 오류수정 후 20×3년도 당기순이익은?

20×1년도	20×2년도	20×3년도
₩30 과소계상	₩10 과소계상	₩20 과대계상

① ₩190 ② ₩220 ③ ₩230
④ ₩240 ⑤ ₩250

09 20×1년 초 설립된 ㈜감평의 자본계정은 다음과 같으며, 설립 후 20×3년 초까지 자본금 변동은 없었다. 우선주에 대해서는 20×1년도에 배당가능이익이 부족하여 배당금을 지급하지 못한 ㈜감평이 20×3년 초 ₩500의 현금배당을 결의하였을 때, 우선주에 배분될 배당금은?

- 보통주 자본금 : 액면금액 ₩20, 발행주식수 200주(배당률 4%)
- 우선주 자본금 : 액면금액 ₩20, 발행주식수 50주(누적적, 완전참가적, 배당률 5%)

① ₩100 ② ₩108 ③ ₩140
④ ₩148 ⑤ ₩160

10 20×1년 초 설립된 ㈜감평은 커피머신 1대를 이전(₩300)하면서 2년간 일정량의 원두를 공급(₩100)하기로 하는 계약을 체결하여 약속을 이행하고 현금 ₩400을 수령하였다. 이 계약이 고객과의 계약에서 생기는 수익의 기준을 모두 충족할 때 수익 인식 5단계 과정에 따라 순서대로 옳게 나열한 것은? (단, 거래가격의 변동요소는 고려하지 않는다.)

ㄱ. 거래가격을 ₩400으로 산정
ㄴ. 고객과의 계약에 해당하는지 식별
ㄷ. 거래가격 ₩400을 커피머신 1대 이전에 대한 수행의무 1(₩300)과 2년간 원두공급에 대한 수행의무 2(₩100)에 배분
ㄹ. 커피머신 1대 이전의 수행의무 1과 2년간 원두 공급의 수행의무 2로 수행의무 식별
ㅁ. 수행의무 1(₩300)은 커피머신이 인도되는 시점에 수익을 인식하며, 수행의무 2(₩100)는 2년간 기간에 걸쳐 수익인식

① ㄱ → ㄴ → ㄷ → ㄹ → ㅁ ② ㄴ → ㄱ → ㅁ → ㄷ → ㄹ
③ ㄴ → ㄹ → ㄱ → ㄷ → ㅁ ④ ㅁ → ㄷ → ㄱ → ㄴ → ㄹ
⑤ ㅁ → ㄹ → ㄴ → ㄱ → ㄷ

11 ㈜감평은 20×1년 1월 1일에 액면금액 ₩1,000(표시이자율: 연 5%, 이자지급일 : 매년 12월 31일, 만기 : 20×3년 12월 31일)인 사채를 발행하였다. 발행 당시 유효이자율은 연 10%이고, 사채의 발행금액은 ₩876이다. ㈜감평은 동 사채의 일부를 20×2년 6월 30일에 조기상환(상환가액 ₩300, 사채상환이익 ₩84)했다. ㈜감평의 20×2년 말 재무상태표상 사채 장부금액(순액)은? (단, 화폐금액은 소수점 첫째자리에서 반올림하며, 단수차이로 인한 오차는 가장 근사치를 선택한다.)

① ₩400 ② ₩474
③ ₩500 ④ ₩574
⑤ ₩650

12 ㈜감평은 20×1년 1월 1일 다음과 같은 조건의 비분리형 신주인수권부사채를 액면발행하였다.

- 액면금액 : ₩1,000
- 표시이자율 : 연 5%
- 사채발행 시 신주인수권이 부여되지 않은 일반사채의 시장이자율 : 연 12%
- 이자지급일 : 매년 12월 31일
- 행사가격 : 1주당 ₩200
- 발행주식의 액면금액 : 1주당 ₩100
- 만기상환일 : 20×3년 12월 31일
- 상환조건 : 신주인수권 미행사 시 상환기일에 액면금액의 113.5%를 일시상환

20×2년 초 상기 신주인수권의 60%가 행사되어 3주가 발행되었다. 20×2년 초 상기 신주인수권의 행사로 인해 증가하는 ㈜감평의 주식발행초과금은? (단, 신주인수권 행사 시 신주인수권대가는 주식발행초과금으로 대체한다. 화폐금액은 소수점 첫째자리에서 반올림하며, 단수차이로 인한 오차는 가장 근사치를 선택한다.)

기간	단일금액 ₩1의 현재가치		정상연금 ₩1의 현재가치	
	5%	12%	5%	12%
1	0.9524	0.8928	0.9524	0.8928
2	0.9070	0.7972	1.8594	1.6900
3	0.8638	0.7118	2.7232	2.4018

① ₩308 ② ₩335
③ ₩365 ④ ₩408
⑤ ₩435

13 **20×1년 초 설립된 ㈜감평은 우유생산을 위하여 20×1년 2월 1일 어미 젖소 2마리(1마리당 순공정가치 ₩1,500)를 1마리당 ₩1,500에 취득하였으며, 관련 자료는 다음과 같다.**

- 20×1년 12월 27일 처음으로 우유 100리터(ℓ)를 생산하였으며, 동 일자에 생산된 우유 1리터(ℓ)당 순공정가치는 ₩10이다.
- 20×1년 12월 28일 ㈜감평은 생산된 우유 100리터(ℓ) 전부를 거래처인 ㈜대한에 1리터(ℓ)당 ₩12에 판매하였다.
- 20×1년 12월 29일 송아지 1마리가 태어났다. 이 시점의 송아지 순공정가치는 1마리당 ₩300이다.
- 20×1년 말 어미 젖소와 송아지의 수량 변화는 없으며, 기말 현재 어미 젖소의 순공정가치는 1마리당 ₩1,600이고 송아지의 순공정가치는 1마리당 ₩250이다.

㈜감평의 20×1년도 포괄손익계산서 상 당기순이익 증가액은?

① ₩1,000　② ₩1,350
③ ₩1,500　④ ₩1,650
⑤ ₩2,000

14 **㈜감평은 20×1년 초 A사 주식 10주(보통주, @₩100)를 수수료 ₩100을 포함한 ₩1,100에 취득하여 당기손익–공정가치측정 금융자산으로 분류하였다. ㈜감평은 20×2년 7월 1일 A사 주식 5주를 1주당 ₩120에 매각하고, 거래수수료로 매각대금의 3%와 거래세로 매각대금의 2%를 각각 지급하였다. A사 주식의 1주당 공정가치는 20×1년 말 ₩90이고, 20×2년 말 ₩110일 때, ㈜감평의 20×2년도 포괄손익계산서의 당기순이익 증가액은?**

① ₩0　② ₩100
③ ₩140　④ ₩180
⑤ ₩220

15 리스제공자 입장에서 일반적으로 금융리스로 분류될 수 있는 조건이 아닌 것은?

① 리스기간 종료시점에 기초자산의 소유권을 그 시점의 공정가치에 해당하는 변동 지급액으로 이전하는 경우
② 기초자산의 소유권이 이전되지는 않더라도 리스기간이 기초자산의 경제적 내용연수의 상당 부분(major part)을 차지하는 경우
③ 리스약정일 현재, 리스료의 현재가치가 적어도 기초자산 공정가치의 대부분에 해당하는 경우
④ 기초자산이 특수하여 해당 리스이용자만이 주요한 변경 없이 사용할 수 있는 경우
⑤ 리스이용자가 선택권을 행사할 수 있는 날의 공정가치보다 충분히 낮을 것으로 예상되는 가격으로 기초자산을 매수할 수 있는 선택권을 가지고 있고, 그 선택권을 행사할 것이 리스약정일 현재 상당히 확실한 경우

16 충당부채를 인식할 수 있는 상황을 모두 고른 것은? (단, 금액은 모두 신뢰성 있게 측정할 수 있다.)

ㄱ. 법률에 따라 항공사의 항공기를 3년에 한 번씩 정밀하게 정비하도록 하고 있는 경우
ㄴ. 새로운 법률에 따라 매연 여과장치를 설치하여야 하는데, 기업은 지금까지 매연 여과장치를 설치하지 않은 경우
ㄷ. 법적규제가 아직 없는 상태에서 기업이 토지를 오염시켰지만, 이에 대한 법률 제정이 거의 확실한 경우
ㄹ. 기업이 토지를 오염시킨 후 법적의무가 없음에도 불구하고 오염된 토지를 정화한다는 방침을 공표하고 준수하는 경우

① ㄱ, ㄴ
② ㄱ, ㄷ
③ ㄴ, ㄷ
④ ㄴ, ㄹ
⑤ ㄷ, ㄹ

17 ㈜감평은 20×1년 초 토지 A(취득원가 ₩1,000)와 토지 B(취득원가 ₩2,000)를 각각 취득하고, 재평가모형을 적용하였다. 동 2건의 토지에 대하여 공정가치가 다음과 같을 때, 각 연도별 당기순이익 또는 기타포괄이익에 미치는 영향으로 옳은 것은? (단, 토지에 대한 재평가잉여금의 일부를 이익잉여금으로 대체하지 않는다.)

구분	20×1년 말	20×2년 말	20×3년 말
토지 A	₩1,100	₩950	₩920
토지 B	1,700	2,000	2,100

① 20×1년 말 토지 A로부터 당기순이익 ₩100이 증가한다.
② 20×2년 말 토지 A로부터 당기순이익 ₩150이 감소한다.
③ 20×2년 말 토지 B로부터 기타포괄이익 ₩300이 증가한다.
④ 20×3년 말 토지 A로부터 기타포괄이익 ₩30이 감소한다.
⑤ 20×3년 말 토지 B로부터 기타포괄이익 ₩100이 증가한다.

18 ㈜감평은 ㈜대한이 발행한 사채(발행일 20×1년 1월 1일, 액면금액 ₩1,000, 표시이자율 연 8%, 매년 말 이자지급, 20×4년 12월 31일에 일시상환)를 20×1년 1월 1일에 사채의 발행가액으로 취득하였다(취득 시 신용이 손상되어 있지 않음). ㈜감평은 취득한 사채를 상각후원가로 측정하는 금융자산으로 분류하였으며, 사채발행시점의 유효이자율은 연 10%이다. ㈜감평은 ㈜대한으로부터 20×1년도 이자 ₩80은 정상적으로 수취하였으나 20×1년 말에 상각후원가로 측정하는 금융자산의 신용이 손상되었다고 판단하였다. ㈜감평은 채무불이행을 고려하여 20×2년부터 20×4년까지 현금흐름에 대해 매년 말 수취할 이자는 ₩50, 만기에 수취할 원금은 ₩800으로 추정하였다. ㈜감평의 20×1년도 포괄손익계산서의 당기순이익에 미치는 영향은? (단, 화폐금액은 소수점 첫째자리에서 반올림하며, 단수차이로 인한 오차는 가장 근사치를 선택한다.)

기간	단일금액 ₩1의 현재가치		정상연금 ₩1의 현재가치	
	8%	10%	8%	10%
3	0.7938	0.7513	2.5771	2.4868
4	0.7350	0.6830	3.3120	3.1698

① ₩94 감소
② ₩94 증가
③ ₩132 감소
④ ₩226 감소
⑤ ₩226 증가

19 ㈜감평은 20×1년 1월 1일에 액면금액 ₩900, 표시이자율 연 5%, 매년 말 이자를 지급하는 조건의 사채(매년 말에 액면금액 ₩300씩을 상환하는 연속상환사채)를 발행하였다. 사채 발행 당시의 유효이자율은 연 6%이다. ㈜감평의 20×2년 말 재무상태표상 사채의 장부금액(순액)은? (단, 화폐금액은 소수점 첫째자리에서 반올림하며, 단수차이로 인한 오차는 가장 근사치를 선택한다.)

기간	단일금액 ₩1의 현재가치		정상연금 ₩1의 현재가치	
	5%	6%	5%	6%
1	0.9524	0.9434	0.9524	0.9434
2	0.9070	0.8900	1.8594	1.8334
3	0.8638	0.8396	2.7232	2.6730

① ₩298
② ₩358
③ ₩450
④ ₩550
⑤ ₩592

20 특수관계자 공시에 관한 설명으로 옳지 않은 것은?

① 보고기업에 유의적인 영향력이 있는 개인이나 그 개인의 가까운 가족은 보고기업의 특수관계자로 보며, 이때 개인의 가까운 가족의 범위는 자녀 및 배우자로 한정한다.
② 지배기업과 종속기업 사이의 관계는 거래의 유무에 관계없이 공시한다.
③ 특수관계자거래가 있는 경우, 재무제표에 미치는 특수관계의 잠재적 영향을 파악하는 데 필요한 거래, 채권·채무 잔액에 대한 정보뿐만 아니라 특수관계의 성격도 공시한다.
④ 기업의 재무제표에 미치는 특수관계자거래의 영향을 파악하기 위하여 분리하여 공시할 필요가 있는 경우를 제외하고는 성격이 유사한 항목은 통합하여 공시할 수 있다.
⑤ 지배기업과 최상위 지배자가 일반이용자가 이용할 수 있는 연결재무제표를 작성하지 않는 경우에는 일반이용자가 이용할 수 있는 연결재무제표를 작성하는 가장 가까운 상위의 지배기업의 명칭도 공시한다.

21 ㈜감평은 20×1년 1월 1일에 달러표시 사채(액면금액 $1,000)를 $920에 할인발행하였다. 동 사채는 매년 12월 31일에 액면금액의 연 3% 이자를 지급하며, 20×3년 12월 31일에 일시상환한다. 사채발행일 현재 유효이자율은 연 6%이다. 환율이 다음과 같을 때, ㈜감평의 20×1년도 포괄손익계산서의 당기순이익에 미치는 영향은? (단, ㈜감평의 기능통화는 원화이다. 화폐금액은 소수점 첫째자리에서 반올림하며, 단수차이로 인한 오차는 가장 근사치를 선택한다.)

구분	20×1.1.1.	20×1.12.31.	20×1년 평균
환율(₩/$)	1,300	1,250	1,280

① ₩400 감소
② ₩400 증가
③ ₩37,500 증가
④ ₩60,000 감소
⑤ ₩70,000 감소

22 ㈜감평은 20×1년 초 유형자산인 기계장치를 ₩50,000에 취득(내용연수 5년, 잔존가치 ₩0, 정액법 상각)하여 사용하고 있다. 20×2년 중 자산손상의 징후를 발견하고 손상차손을 인식하였으나 20×3년 말 손상이 회복되었다고 판단하였다. 동 기계장치의 순공정가치와 사용가치가 다음과 같을 때, 20×2년 말 인식할 손상차손(A)과 20×3년 말 인식할 손상차손환입액(B)은? (단, 동 기계장치는 원가모형을 적용한다.)

구분	순공정가치	사용가치
20×2년 말	₩15,000	₩18,000
20×3년 말	21,000	17,000

	A	B
①	₩12,000	₩8,000
②	₩12,000	₩9,000
③	₩15,000	₩8,000
④	₩15,000	₩9,000
⑤	₩15,000	₩12,000

23 도소매업을 영위하는 ㈜감평은 20×1년 초 건물을 취득(취득원가 ₩10,000, 내용연수 5년, 잔존가치 ₩0, 정액법 상각)하였다. 공정가치가 다음과 같을 때, ㈜감평이 동 건물을 유형자산으로 분류하고 재평가모형을 적용하였을 경우(A)와 투자부동산으로 분류하고 공정가치모형을 적용한 경우(B), 20×2년 당기순이익에 미치는 영향은?

구분	20×1년 말	20×2년 말
공정가치	₩9,000	₩11,000

	A	B		A	B
①	영향 없음	₩1,000 증가	②	₩2,250 감소	₩1,000 증가
③	₩2,250 감소	₩2,000 증가	④	₩2,000 감소	₩2,000 증가
⑤	₩2,000 증가	영향 없음			

24 ㈜감평은 20×1년 초 유류저장고(취득원가 ₩13,000, 내용연수 5년, 잔존가치 ₩1,000, 정액법 상각)를 취득하고 원가모형을 적용하였다. 동 설비는 내용연수가 종료되면 원상 복구해야 할 의무가 있으며, 복구시점에 ₩3,000이 소요될 것으로 예상된다. 이는 충당부채의 인식요건을 충족하며, 복구원가에 적용할 할인율이 연 7%일 경우 동 유류저장고와 관련하여 20×1년도 포괄손익계산서에 인식할 비용은? (단, 단일금액 ₩1의 현가계수(5년, 7%)는 0.7130이며, 화폐금액은 소수점 첫째자리에서 반올림하고 단수차이로 인한 오차는 가장 근사치를 선택한다.)

① ₩2,139
② ₩2,828
③ ₩2,978
④ ₩4,208
⑤ ₩6,608

25 **20×1년 1월 1일에 설립된 ㈜감평은 확정급여제도를 운영하고 있다. 20×1년도 관련 자료가 다음과 같을 때, 20×1년 말 재무상태표의 기타포괄손익누계액에 미치는 영향은? (단, 확정급여채무 계산 시 적용하는 할인율은 연 10%이다.)**

• 기초 확정급여채무의 현재가치	₩120,000
• 기초 사외적립자산의 공정가치	90,000
• 퇴직급여 지급액(사외적립자산에서 기말 지급)	10,000
• 당기 근무원가	60,000
• 사외적립자산에 기여금 출연(기말 납부)	20,000
• 기말 확정급여채무의 현재가치	190,000
• 기말 사외적립자산의 공정가치	110,000

① ₩2,000 감소
② ₩2,000 증가
③ 영향 없음
④ ₩7,000 감소
⑤ ₩7,000 증가

26 **생물자산에 관한 설명으로 옳지 않은 것은?**

① 어떠한 경우에도 수확시점의 수확물은 공정가치에서 처분부대원가를 뺀 금액으로 측정한다.
② 수확 후 조림지에 나무를 다시 심는 원가는 생물자산의 원가에 포함된다.
③ 최초의 원가 발생 이후에 생물적 변환이 거의 일어나지 않는 경우 원가가 공정가치의 근사치가 될 수 있다.
④ 생물자산이나 수확물을 미래 일정시점에 판매하는 계약을 체결할 때, 공정가치는 시장에 참여하는 구매자와 판매자가 거래하게 될 현행시장의 상황을 반영하기 때문에 계약가격이 공정가치의 측정에 반드시 목적적합한 것은 아니다.
⑤ 생물자산이나 수확물을 유의적인 특성에 따라 분류하면 해당 자산의 공정가치 측정이 용이할 수 있을 것이다.

27 **무형자산의 회계처리에 관한 설명으로 옳은 것을 모두 고른 것은?**

ㄱ. 경영자가 의도하는 방식으로 운용될 수 있으나 아직 사용하지 않고 있는 기간에 발생한 원가는 무형자산의 장부금액에 포함한다.
ㄴ. 자산을 사용가능한 상태로 만드는 데 직접적으로 발생하는 종업원 급여와 같은 직접 관련되는 원가는 무형자산의 원가에 포함한다.
ㄷ. 최초에 비용으로 인식한 무형항목에 대한 지출은 그 이후에 무형자산의 원가를 신뢰성 있게 측정할 수 있다면 무형자산으로 인식할 수 있다.
ㄹ. 새로운 지역에서 또는 새로운 계층의 고객을 대상으로 사업을 수행하는 데서 발생하는 원가 등은 무형자산 원가에 포함하지 않는다.

① ㄱ, ㄴ　② ㄱ, ㄷ
③ ㄱ, ㄹ　④ ㄴ, ㄷ
⑤ ㄴ, ㄹ

28 **매각예정으로 분류된 비유동자산 또는 처분자산집단의 회계처리에 관한 설명으로 옳지 않은 것은?**

① 매각예정으로 분류된 비유동자산(또는 처분자산집단)은 공정가치에서 처분부대원가를 뺀 금액과 장부금액 중 큰 금액으로 측정한다.
② 1년 이후에 매각될 것으로 예상된다면 처분부대원가는 현재가치로 측정하고, 기간 경과에 따라 발생하는 처분부대원가 현재가치의 증가분은 금융원가로서 당기손익으로 회계처리한다.
③ 매각예정으로 분류하였으나 중단영업의 정의를 충족하지 않는 비유동자산(또는 처분자산집단)을 재측정하여 인식하는 평가손익은 계속영업손익에 포함한다.
④ 비유동자산이 매각예정으로 분류되거나 매각예정으로 분류된 처분자산집단의 일부이면 그 자산은 감가상각(또는 상각)하지 아니한다.
⑤ 매각예정으로 분류된 처분자산집단의 부채와 관련된 이자와 기타 비용은 계속해서 인식한다.

29 ㈜감평은 20×1년 4월 1일 업무용 기계장치를 취득(취득원가 ₩61,000, 내용연수 5년, 잔존가치 ₩1,000)하여 정액법으로 감가상각하였다. ㈜감평은 20×2년 10월 1일 동 기계장치의 감가상각방법을 연수합계법으로 변경하고 남은 내용연수도 3년으로 재추정하였으며, 잔존가치는 변경하지 않았다. 20×2년도 포괄손익계산서에 인식할 기계장치의 감가상각비는? (단, 동 기계장치는 원가모형을 적용하며, 감가상각은 월할계산한다.)

① ₩5,250　② ₩9,150　③ ₩12,200
④ ₩13,250　⑤ ₩14,250

30 ㈜감평과 ㈜한국은 사용 중인 유형자산을 상호 교환하여 취득하였다. 동 교환거래에서 ㈜한국의 유형자산 공정가치가 ㈜감평의 유형자산 공정가치보다 더 명백하며, ㈜감평은 ㈜한국으로부터 추가로 현금 ₩3,000을 수취하였다. 두 회사가 보유하고 있는 유형자산의 장부금액과 공정가치가 다음과 같을 때, ㈜감평과 ㈜한국이 인식할 유형자산처분손익은? (단, 두 자산의 공정가치는 신뢰성 있게 측정할 수 있으며, 상업적 실질이 있다.)

구분	㈜감평	㈜한국
장부금액(순액)	₩10,000	₩8,000
공정가치	9,800	7,900

	㈜감평	㈜한국
①	손실 ₩200	손실 ₩100
②	손실 ₩200	손실 ₩1,200
③	이익 ₩200	이익 ₩900
④	이익 ₩900	손실 ₩100
⑤	이익 ₩900	손실 ₩1,200

31 ㈜감평은 정상원가계산제도를 채택하고 있으며, 20×1년 재고자산은 다음과 같다.

구분	기초	기말
직접재료	₩5,000	₩6,000
재공품	10,000	12,000
제품	7,000	5,000

20×1년 매출액 ₩90,000, 직접재료 매입액 ₩30,000, 직접노무원가 발생액은 ₩20,000이고, 시간당 직접노무원가는 ₩20이다. 직접노무시간을 기준으로 제조간접원가를 예정배부할 때 20×1년 제조간접원가 예정배부율은? (단, 20×1년 매출총이익률은 30%이다.)

① ₩10　② ₩12　③ ₩14
④ ₩16　⑤ ₩18

32 ㈜감평은 두 개의 제조부문 P1, P2와 두 개의 보조부문 S1, S2를 통해 제품을 생산하고 있다. S1과 S2의 부문원가는 각각 ₩60,000과 ₩30,000이다. 다음 각 부문 간의 용역수수관계를 이용하여 보조부문원가를 직접배분법으로 제조부문에 배분할 때 P2에 배분될 보조부문원가는? (단, S1은 기계시간, S2는 kW에 비례하여 배분한다.)

사용 / 제공	제조부문		보조부문	
	P1	P2	S1	S2
S1	30기계시간	18기계시간	5기계시간	8기계시간
S2	160kW	240kW	80kW	50kW

① ₩18,000 ② ₩22,500 ③ ₩37,500
④ ₩40,500 ⑤ ₩55,500

33 ㈜감평은 종합원가계산제도를 채택하고 있으며, 제품 X의 생산관련 자료는 다음과 같다.

구분	물량
기초재공품(전환원가 완성도)	60단위(70%)
당기착수량	300단위
기말재공품(전환원가 완성도)	80단위(50%)

직접재료는 공정 초에 전량 투입되고, 전환원가(conversion cost, 또는 가공원가)는 공정 전반에 걸쳐 균등하게 발생한다. 품질검사는 전환원가(또는 가공원가) 완성도 80% 시점에 이루어지며, 당기에 품질검사를 통과한 합격품의 5%를 정상공손으로 간주한다. 당기에 착수하여 완성된 제품이 200단위일 때 비정상공손 수량은? (단, 재고자산의 평가방법은 선입선출법을 적용한다.)

① 7단위 ② 10단위 ③ 13단위
④ 17단위 ⑤ 20단위

34 ㈜감평은 20×1년 초 영업을 개시하였으며, 표준원가계산제도를 채택하고 있다. 직접재료 kg당 실제 구입가격은 ₩5, 제품 단위당 직접재료 표준원가는 ₩6(2kg × ₩3/kg)이다. 직접재료원가에 대한 차이 분석결과 구입가격차이가 ₩3,000(불리), 능률차이가 ₩900(유리)이다. 20×1년 실제 제품 생산량이 800단위일 때, 기말 직접재료 재고수량은? (단, 기말재공품은 없다.)

① 50kg ② 100kg ③ 130kg
④ 200kg ⑤ 230kg

35 ㈜감평은 20×1년 초 영업을 개시하였으며, 제품 X를 생산 · 판매하고 있다. 재고자산 평가방법은 선입선출법을 적용하고 있으며, 20×1년 1분기와 2분기의 영업활동 결과는 다음과 같다.

구분	1분기	2분기
생산량	500단위	800단위
전부원가계산에 의한 영업이익	₩7,000	₩8,500
변동원가계산에 의한 영업이익	5,000	6,000

1분기와 2분기의 판매량이 각각 400단위와 750단위일 때, 2분기에 발생한 고정제조간접원가는? (단, 각 분기별 단위당 판매가격, 단위당 변동원가는 동일하며, 재공품 재고는 없다.)

① ₩20,000
② ₩22,000
③ ₩24,000
④ ₩26,000
⑤ ₩30,000

36 ㈜감평은 결합공정을 거쳐 주산품 A, B와 부산품 F를 생산하여 주산품 A, B는 추가가공한 후 판매하고, 부산품 F의 회계처리는 생산시점에서 순실현가치법(생산기준법)을 적용한다. ㈜감평의 당기 생산 및 판매 자료는 다음과 같다.

구분	분리점 이후 추가가공원가	추가가공 후 단위당 판매가격	생산량	판매량
A	₩1,000	₩60	100단위	80단위
B	200	30	140	100
F	500	30	50	40

결합원가 ₩1,450을 분리점에서의 순실현가능가치 기준으로 각 제품에 배분할 때 주산품 A의 매출총이익은? (단, 기초 재고자산은 없다.)

① ₩2,714
② ₩2,800
③ ₩2,857
④ ₩3,714
⑤ ₩3,800

37 ㈜감평은 제품 A를 생산하여 단위당 ₩1,000에 판매하고 있다. 제품 A의 단위당 변동원가는 ₩600, 총고정원가는 연 ₩30,000이다. ㈜감평이 20×1년 법인세차감 후 순이익 ₩12,500을 달성하기 위한 제품 A의 판매수량은? (단, 법인세율은 ₩10,000 이하까지는 20%, ₩10,000 초과분에 대해서는 25%이다.)

① 85단위
② 95단위
③ 105단위
④ 115단위
⑤ 125단위

38 ㈜감평은 두 개의 사업부 X와 Y를 운영하고 있으며, 최저필수수익률은 10%이다. 20×1년 사업부 X와 Y의 평균영업자산은 각각 ₩70,000과 ₩50,000이다. 사업부 X의 투자수익률은 15%이고, 사업부 X의 잔여이익이 사업부 Y보다 ₩2,500 더 클 때 사업부 Y의 투자수익률은?

① 11%
② 12%
③ 13%
④ 14%
⑤ 15%

39 ㈜감평의 20×1년 말 재무상태표 매출채권 잔액은 ₩35,000이며, 이 중 ₩5,000은 11월 판매분이다. 매출채권은 판매한 달에 60%, 그 다음 달에 30%, 그 다음다음 달에 10%가 회수되며, 판매한 달에 회수한 매출채권에 대해 5%를 할인해준다. 20×2년 1월 판매예산이 ₩100,000일 때, 1월 말의 예상 현금유입액은? (단, 매출은 전액 신용매출로 이루어진다.)

① ₩27,500
② ₩52,000
③ ₩62,500
④ ₩79,500
⑤ ₩84,500

40 최신의 관리회계기법에 관한 설명으로 옳지 않은 것은?

① 목표원가는 목표가격에서 목표이익을 차감하여 결정한다.
② 카이젠원가계산은 제조이전단계에서의 원가절감에 초점을 맞추고 있다.
③ 균형성과표는 조직의 전략과 성과평가시스템의 연계를 강조하고 있다.
④ 품질원가의 분류에서 내부실패원가는 불량품의 재작업원가나 폐기원가 등을 말한다.
⑤ 제품수명주기원가계산은 단기적 의사결정보다는 장기적 의사결정에 더욱 유용하다.

박문각 감정평가사

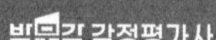

PART 03

2023년 제34회
감정평가사 1차 기출문제

제1과목 민법
제2과목 경제학원론
제3과목 부동산학원론
제4과목 감정평가관계법규
제5과목 회계학

01 민법의 법원(法源)에 관한 설명으로 옳은 것은? (다툼이 있으면 판례에 따름)

① 민법 제1조에서 민법의 법원으로 규정한 '민사에 관한 법률'은 민법전만을 의미한다.
② 민법 제1조에서 민법의 법원으로 규정한 '관습법'에는 사실인 관습이 포함된다.
③ 대법원이 정한 「공탁규칙」은 민법의 법원이 될 수 없다.
④ 헌법에 의하여 체결·공포된 국제조약은 그것이 민사에 관한 것이더라도 민법의 법원이 될 수 없다.
⑤ 미등기무허가 건물의 양수인에게는 소유권에 준하는 관습법상의 물권이 인정되지 않는다.

02 제한능력에 관한 설명으로 옳지 않은 것은? (다툼이 있으면 판례에 따름)

① 성년후견인은 여러 명을 둘 수 있다.
② 가정법원은 본인의 청구에 의하여 취소할 수 없는 피성년후견인의 법률행위의 범위를 변경할 수 있다.
③ 가정법원이 피성년후견인에 대하여 한정후견 개시의 심판을 할 때에는 종전의 성년후견의 종료 심판을 하여야 한다.
④ 한정후견의 개시를 청구한 사건에서 의사의 감정 결과 성년후견 개시의 요건을 충족하고 있다면 법원은 본인의 의사를 고려하지 않고 성년후견을 개시할 수 있다.
⑤ 특정후견의 심판이 있은 후에 피특정후견인이 특정후견인의 동의 없이 재산상의 법률행위를 하더라도 이는 취소의 대상이 되지 않는다.

03 부재자의 재산관리에 관한 설명으로 옳지 않은 것은? (다툼이 있으면 판례에 따름)

① 부재자로부터 재산처분권한을 수여받은 재산관리인은 그 재산을 처분함에 있어 법원의 허가를 받을 필요가 없다.
② 부재자가 재산관리인을 정하지 않은 경우, 부재자의 채권자는 재산관리에 필요한 처분을 명할 것을 법원에 청구할 수 있다.
③ 법원이 선임한 재산관리인은 법원의 허가 없이 부재자의 재산에 대한 차임을 청구할 수 있다.
④ 재산관리인의 처분행위에 대한 법원의 허가는 이미 행한 처분행위를 추인하는 방법으로 할 수 있다.
⑤ 부재자가 사망한 사실이 확인되면 부재자 재산관리인 선임결정이 취소되지 않더라도 관리인의 권한은 당연히 소멸한다.

04 민법상 법인의 정관에 관한 설명으로 옳은 것은? (다툼이 있으면 판례에 따름)

① 감사의 임면에 관한 사항은 정관의 필요적 기재사항이다.
② 정관의 임의적 기재사항은 정관에 기재되더라도 정관의 변경절차 없이 변경할 수 있다.
③ 정관변경의 의결정족수가 충족되면 주무관청의 허가가 없어도 정관변경의 효력이 생긴다.
④ 재단법인이 기본재산을 편입하는 행위는 주무관청의 허가를 받지 않아도 유효하다.
⑤ 재단법인의 기본재산에 관한 저당권 설정행위는 특별한 사정이 없는 한 주무관청의 허가를 얻을 필요가 없다.

05 비법인사단에 관한 설명으로 옳지 않은 것은? (다툼이 있으면 판례에 따름)

① 비법인사단의 대표자는 자신의 업무를 타인에게 포괄적으로 위임할 수 있다.
② 정관이나 규약에 달리 정함이 없는 한, 사원총회의 결의를 거치지 않은 총유물의 관리행위는 무효이다.
③ 고유한 의미의 종중은 종중원의 신분이나 지위를 박탈할 수 없고, 종중원도 종중을 탈퇴할 수 없다.
④ 고유한 의미의 종중은 자연발생적 종족단체이므로 특별한 조직행위나 성문의 규약을 필요로 하지 않는다.
⑤ 비법인사단의 사원이 집합체로서 물건을 소유할 때에는 총유로 한다.

06 형성권으로만 모두 연결된 것은?

① 저당권 - 취소권 - 동의권
② 상계권 - 준물권 - 예약완결권
③ 해제권 - 취소권 - 지상물매수청구권
④ 추인권 - 해지권 - 물권적 청구권
⑤ 해지권 - 부양청구권 - 부속물매수청구권

07 민법상 법인의 기관에 관한 설명으로 옳은 것은? (다툼이 있으면 판례에 따름)

① 이사의 변경등기는 대항요건이 아니라 효력발생요건이다.
② 이사가 수인인 경우, 특별한 사정이 없는 한 법인의 사무에 관하여 이사는 공동으로 법인을 대표한다.
③ 사단법인의 정관 변경에 관한 사원총회의 권한은 정관에 의해 박탈할 수 있다.
④ 이사회에서 법인과 어느 이사와의 관계사항을 의결하는 경우, 그 이사는 의사정족수 산정의 기초가 되는 이사의 수에 포함된다.
⑤ 법인의 대표권 제한에 관한 사항이 등기되지 않았더라도 법인은 대표권 제한에 대해 악의인 제3자에게 대항할 수 있다.

08 물건에 관한 설명으로 옳지 않은 것은? (다툼이 있으면 판례에 따름)

① 주물의 구성부분은 종물이 될 수 없다.
② 1필의 토지의 일부는 분필절차를 거치지 않는 한 용익물권의 객체가 될 수 없다.
③ 국립공원의 입장료는 법정과실이 아니다.
④ 주물과 장소적 밀접성이 인정되더라도 주물 그 자체의 효용과 직접 관계가 없는 물건은 종물이 아니다.
⑤ 저당권 설정행위에 "저당권의 효력이 종물에 미치지 않는다"는 약정이 있는 경우, 이를 등기하지 않으면 그 약정으로써 제3자에게 대항할 수 없다.

09 법률행위의 목적에 관한 설명으로 옳은 것을 모두 고른 것은?

ㄱ. 甲이 乙에게 매도한 건물이 계약체결 후 甲의 방화로 전소하여 乙에게 이전할 수 없게 된 경우, 甲의 손해배상책임이 문제될 수 있다. ㄴ. 甲이 乙에게 매도한 토지가 계약체결 후 재결수용으로 인하여 乙에게 이전할 수 없게 된 경우, 위험부담이 문제될 수 있다. ㄷ. 甲이 乙에게 매도하기로 한 건물이 계약체결 전에 지진으로 전파(全破)된 경우, 계약체결상의 과실책임이 문제될 수 있다.

① ㄴ
② ㄱ, ㄴ
③ ㄱ, ㄷ
④ ㄴ, ㄷ
⑤ ㄱ, ㄴ, ㄷ

10 반사회적 법률행위로서 무효가 아닌 것은? (다툼이 있으면 판례에 따름)

① 변호사가 민사소송의 승소대가로 성공보수를 받기로 한 약정
② 도박자금에 제공할 목적으로 금전을 대여하는 행위
③ 수증자가 부동산 매도인의 배임행위에 적극 가담하여 체결한 부동산 증여계약
④ 마약대금채무의 변제로서 토지를 양도하기로 한 계약
⑤ 처음부터 보험사고를 가장하여 오로지 보험금을 취득할 목적으로 체결한 생명보험계약

11 통정허위표시에 관한 설명으로 옳은 것은? (다툼이 있으면 판례에 따름)

① 통정허위표시에 의한 급부는 특별한 사정이 없는 한 불법원인급여이다.
② 대리인이 대리권의 범위 안에서 현명하여 상대방과 통정허위표시를 한 경우, 본인이 선의라면 특별한 사정이 없는 한 그는 허위표시의 유효를 주장할 수 있다.
③ 가장행위인 매매계약이 무효라면 은닉행위인 증여계약도 당연히 무효이다.
④ 통정허위표시의 무효로부터 보호되는 선의의 제3자는 통정허위표시를 알지 못한 것에 대해 과실이 없어야 한다.
⑤ 가장매매계약의 매수인과 직접 이해관계를 맺은 제3자가 악의라 하더라도 그와 다시 법률상 이해관계를 맺은 전득자가 선의라면 가장매매계약의 무효로써 전득자에게 대항할 수 없다.

12 착오로 인한 의사표시에 관한 설명으로 옳지 않은 것은? (다툼이 있으면 판례에 따름)

① 매도인의 하자담보책임이 성립하더라도 착오를 이유로 한 매수인의 취소권은 배제되지 않는다.
② 계약 당시를 기준으로 하여 장래의 미필적 사실의 발생에 대한 기대나 예상이 빗나간 경우, 착오취소는 인정되지 않는다.
③ 동기의 착오는 동기가 표시되어 해석상 법률행위의 내용으로 된 경우에 한해서만 유일하게 고려된다.
④ 매매계약에서 매수인이 목적물의 시가에 관해 착오를 하였더라도 이는 원칙적으로 중요부분의 착오에 해당하지 않는다.
⑤ 상대방이 표의자의 착오를 알면서 이용하였다면 표의자의 착오에 중대한 과실이 있더라도 착오취소가 인정된다.

13 **의사표시의 효력발생에 관한 설명으로 옳지 않은 것은? (다툼이 있으면 판례에 따름)**

① 의사표시의 발신 후 표의자가 사망하였다면, 그 의사표시는 상대방에게 도달하더라도 무효이다.
② 의사표시의 효력발생시기에 관해 도달주의를 규정하고 있는 민법 제111조는 임의규정이다.
③ 상대방이 정당한 사유 없이 의사표시의 수령을 거절하더라도 상대방이 그 의사표시의 내용을 알 수 있는 객관적 상태에 놓여 있다면 그 의사표시는 효력이 있다.
④ 재단법인 설립행위의 효력발생을 위해서는 의사표시의 도달이 요구되지 않는다.
⑤ 미성년자는 그 행위능력이 제한되고 있는 범위에서 수령무능력자이다.

14 **법률행위의 대리에 관한 설명으로 옳지 않은 것은? (다툼이 있으면 판례에 따름)**

① 무권대리인의 상대방에 대한 책임은 대리권의 흠결에 관하여 대리인에게 귀책사유가 있는 경우에만 인정된다.
② 민법 제124조에서 금지하는 자기계약이 행해졌다면 그 계약은 유동적 무효이다.
③ 행위능력자인 임의대리인이 성년후견개시 심판을 받아 제한능력자가 되면 그의 대리권은 소멸한다.
④ 대리인이 수인인 경우, 법률 또는 수권행위에서 다른 정함이 없으면 각자가 본인을 대리한다.
⑤ 상대방 없는 단독행위의 무권대리는 특별한 사정이 없는 한 확정적 무효이다.

15 **복대리에 관한 설명으로 옳은 것은? (다툼이 있으면 판례에 따름)**

① 복대리인은 대리인의 대리인이다.
② 복대리인은 본인에 대해 어떠한 권리·의무도 부담하지 않는다.
③ 복대리인이 선임되면 복대리인의 대리권 범위 내에서 대리인의 대리권은 잠정적으로 소멸한다.
④ 대리인이 복대리인을 선임한 후 사망하더라도 특별한 사정이 없는 한 그 복대리권은 소멸하지 않는다.
⑤ 복임권 없는 대리인에 의해 선임된 복대리인의 대리행위에 대해서도 권한을 넘은 표현대리에 관한 규정이 적용될 수 있다.

16 **법률행위의 무효에 관한 설명으로 옳지 않은 것은? (다툼이 있으면 판례에 따름)**

① 무권대리행위에 대한 본인의 추인은 다른 의사표시가 없는 한 소급효를 가진다.
② 법률행위의 일부분이 무효일 때, 그 나머지 부분의 유효성을 판단함에 있어 나머지 부분을 유효로 하려는 당사자의 가정적 의사를 고려하여야 한다.
③ 토지거래허가구역 내의 토지를 매매한 당사자가 계약체결 시부터 허가를 잠탈할 의도였더라도, 그 후 해당 토지에 대한 허가구역 지정이 해제되었다면 위 매매계약은 유효가 된다.
④ 무효인 법률행위를 추인에 의하여 새로운 법률행위로 보기 위해서는 당사자가 그 무효를 알고서 추인하여야 한다.
⑤ 처분권자는 명문의 규정이 없더라도 처분권 없는 자의 처분행위를 추인하여 이를 유효하게 할 수 있다.

17 **법률행위의 취소에 관한 설명으로 옳지 않은 것은? (다툼이 있으면 판례에 따름)**

① 취소권의 단기제척기간은 취소할 수 있는 날로부터 3년이다.
② 취소권의 행사 시 반드시 취소원인의 진술이 함께 행해져야 하는 것은 아니다.
③ 취소할 수 있는 법률행위의 상대방이 그 행위로 취득한 특정의 권리를 양도한 경우, 양수인이 아닌 원래의 상대방에게 취소의 의사표시를 하여야 한다.
④ 노무자의 노무가 일정 기간 제공된 후 행해진 고용계약의 취소에는 소급효가 인정되지 않는다.
⑤ 매도인이 매매계약을 적법하게 해제한 후에도 매수인은 그 매매계약을 착오를 이유로 취소할 수 있다.

18 **법률행위 부관인 조건에 관한 설명으로 옳지 않은 것은? (다툼이 있으면 판례에 따름)**

① 물권행위에는 조건을 붙일 수 없다.
② 조건이 되기 위해서는 법률이 요구하는 것이 아니라 당사자가 임의로 부가한 것이어야 한다.
③ 조건의 성취를 의제하는 효과를 발생시키는 조건성취 방해 행위에는 과실에 의한 행위도 포함된다.
④ 부첩(夫妾)관계의 종료를 해제조건으로 하는 부동산 증여계약은 해제조건뿐만 아니라 증여계약도 무효이다.
⑤ 당사자의 특별한 의사표시가 없는 한 정지조건이든 해제조건이든 그 성취의 효력은 소급하지 않는다.

PART 03

19 **소멸시효에 관한 설명으로 옳지 않은 것은? (다툼이 있으면 판례에 따름)**

① 손해배상청구권에 대해 법률이 제척기간을 규정하고 있더라도 그 청구권은 소멸시효에 걸린다.
② 동시이행의 항변권이 붙어 있는 채권은 그 항변권이 소멸한 때로부터 소멸시효가 기산한다.
③ 채권양도 후 대항요건을 갖추지 못한 상태에서 양수인이 채무자를 상대로 소를 제기하면 양도된 채권의 소멸시효는 중단된다.
④ 비법인사단이 채무를 승인하여 소멸시효를 중단시키는 것은 사원총회의 결의를 요하는 총유물의 관리·처분행위가 아니다.
⑤ 채권의 소멸시효 완성 후 채무자가 채권자에게 그 담보를 위해 저당권을 설정해 줌으로써 소멸시효의 이익을 포기했다면 그 효력은 그 후 저당부동산을 취득한 제3자에게도 미친다.

20 **甲의 乙에 대한 채권의 소멸시효 완성을 독자적으로 원용할 수 있는 자를 모두 고른 것은? (다툼이 있으면 판례에 따름)**

ㄱ. 甲이 乙에 대한 채권을 보전하기 위하여 행사한 채권자취소권의 상대방이 된 수익자
ㄴ. 乙의 일반채권자
ㄷ. 甲의 乙에 대한 채권을 담보하기 위한 유치권이 성립된 부동산의 매수인
ㄹ. 甲의 乙에 대한 채권을 담보하기 위해 저당권이 설정된 경우, 그 후순위 저당권자

① ㄱ, ㄴ
② ㄱ, ㄷ
③ ㄴ, ㄹ
④ ㄱ, ㄴ, ㄷ
⑤ ㄴ, ㄷ, ㄹ

21 **물권의 객체에 관한 설명으로 옳은 것은? (다툼이 있으면 판례에 따름)**

① 지상권은 물건이 아니므로 저당권의 객체가 될 수 없다.
② 법률상 공시방법이 인정되지 않는 유동집합물이라도 특정성이 있으면 이를 양도담보의 목적으로 할 수 있다.
③ 저당권과 질권은 서로 다른 물권이므로 하나의 물건에 관하여 동시에 성립할 수 있다.
④ 토지소유권은 토지의 상하에 미치므로 지상공간의 일부만을 대상으로 하는 구분지상권은 원칙적으로 허용되지 않는다.
⑤ 기술적인 착오 없이 작성된 지적도에서의 경계가 현실의 경계와 다르다면, 토지소유권의 범위는 원칙적으로 현실의 경계를 기준으로 확정하여야 한다.

22 법률에서 정하는 요건이 충족되면 당연히 성립하는 법정담보물권에 해당하는 것은?

① 유치권
② 채권질권
③ 법정지상권
④ 전세권저당권
⑤ 동산·채권 등의 담보에 관한 법률에 따른 동산담보권

23 등기의 유효요건에 관한 설명으로 옳지 않은 것은? (다툼이 있으면 판례에 따름)

① 물권에 관한 등기가 원인 없이 말소되더라도 특별한 사정이 없는 한 그 물권의 효력에는 영향을 미치지 않는다.
② 미등기건물의 승계취득자가 원시취득자와의 합의에 따라 직접 소유권보존등기를 마친 경우, 그 등기는 실체관계에 부합하는 등기로서 유효하다.
③ 멸실된 건물의 보존등기를 멸실 후에 신축된 건물의 보존등기로 유용할 수 없다.
④ 중복된 소유권보존등기의 등기명의인이 동일인이 아닌 경우, 선등기가 원인무효가 아닌 한 후등기는 무효이다.
⑤ 토지거래허가구역 내의 토지에 대한 최초매도인과 최후매수인 사이의 중간생략등기에 관한 합의만 있더라도, 그에 따라 이루어진 중간생략등기는 실체관계에 부합하는 등기로서 유효하다.

24 등기를 마치지 않더라도 물권변동의 효력이 발생하는 경우는? (다툼이 있으면 판례에 따름)

① 지상권설정계약에 따른 지상권의 취득
② 피담보채권의 시효소멸에 따른 저당권의 소멸
③ 공익사업에 필요한 토지에 관하여 토지소유자와 관계인 사이의 협의에 의한 토지소유권의 취득
④ 공유토지의 현물분할에 관한 조정조서의 작성에 따른 공유관계의 소멸
⑤ 당사자 사이의 법률행위를 원인으로 한 소유권이전등기절차 이행의 소에서의 승소판결에 따른 소유권의 취득

25 동산의 선의취득에 관한 설명으로 옳지 않은 것은? (다툼이 있으면 판례에 따름)

① 등기나 등록에 의하여 공시되는 동산은 원칙적으로 선의취득의 대상이 될 수 없다.
② 선의취득이 성립하기 위해서는 양도인이 무권리자라고 하는 점을 제외하고는 아무런 흠이 없는 거래행위이어야 한다.
③ 양도인이 제3자에 대한 반환청구권을 양수인에게 양도하고 지명채권 양도의 대항요건을 갖춘 경우, 선의취득에 필요한 점유의 취득 요건을 충족한다.
④ 동산질권의 선의취득을 저지하기 위해서는 취득자의 점유취득이 과실에 의한 것임을 동산의 소유자가 증명하여야 한다.
⑤ 양수인이 도품을 공개시장에서 선의・무과실로 매수한 경우, 피해자는 양수인이 지급한 대가를 변상하고 그 물건의 반환을 청구할 수 있다.

26 자주점유에 관한 설명으로 옳지 않은 것은? (다툼이 있으면 판례에 따름)

① 점유매개자의 점유는 타주점유에 해당한다.
② 부동산의 매매 당시에는 그 무효를 알지 못하였으나 이후 매매가 무효임이 밝혀지더라도 특별한 사정이 없는 한, 매수인의 점유는 여전히 자주점유이다.
③ 양자간 등기명의신탁에 있어서 부동산 명의수탁자의 상속인에 의한 점유는 특별한 사정이 없는 한, 자주점유에 해당하지 않는다.
④ 공유토지 전부를 공유자 1인이 점유하고 있는 경우, 특별한 사정이 없는 한 다른 공유자의 지분비율 범위에 대해서는 타주점유에 해당한다.
⑤ 자주점유의 판단기준인 소유의 의사 유무는 점유취득의 원인이 된 권원의 성질이 아니라 점유자의 내심의 의사에 따라 결정된다.

27 점유자와 회복자의 관계에 관한 설명으로 옳은 것은? (다툼이 있으면 판례에 따름)

① 선의의 점유자라도 점유물의 사용으로 인한 이익은 회복자에게 반환하여야 한다.
② 임차인이 지출한 유익비는 임대인이 아닌 점유회복자에 대해서도 민법 제203조 제2항에 근거하여 상환을 청구할 수 있다.
③ 과실수취권 있는 선의의 점유자란 과실수취권을 포함하는 본권을 가진다고 오신할 만한 정당한 근거가 있는 점유자를 가리킨다.
④ 선의점유자에 대해서는 점유에 있어서의 과실(過失) 유무를 불문하고 불법행위를 이유로 한 손해배상책임이 배제된다.
⑤ 점유물이 타주점유자의 책임 있는 사유로 멸실된 경우, 그가 선의의 점유자라면 현존 이익의 범위에서 손해배상책임을 진다.

28 상린관계에 관한 설명으로 옳지 않은 것은? (다툼이 있으면 판례에 따름)

① 인접하는 토지를 소유한 자들이 공동비용으로 통상의 경계표를 설치하는 경우, 다른 관습이 없으면 측량비용은 토지의 면적에 비례하여 부담한다.
② 지상권자 상호 간에도 상린관계에 관한 규정이 준용된다.
③ 주위토지통행권은 장래의 이용을 위하여 인정될 수 있으므로, 그 범위와 관련하여 장래의 이용상황까지 미리 대비하여 통행로를 정할 수 있다.
④ 건물을 축조함에는 특별한 관습이 없으면 경계로부터 반미터 이상의 거리를 두어야 한다.
⑤ 경계에 설치된 경계표나 담은 특별한 사정이 없는 한, 상린자의 공유로 추정한다.

29 부동산의 점유취득시효에 관한 설명으로 옳지 않은 것은? (다툼이 있으면 판례에 따름)

① 집합건물의 공용부분은 취득시효에 의한 소유권 취득의 대상이 될 수 없다.
② 시효완성을 이유로 한 소유권취득의 효력은 점유를 개시한 때로 소급하지 않으며 등기를 함으로써 장래를 향하여 발생한다.
③ 점유자가 점유 개시 당시에 소유권 취득의 원인이 될 수 있는 법률행위가 없다는 사실을 알면서 타인 소유의 토지를 무단점유한 것이 증명된 경우, 그 토지 소유권의 시효취득은 인정되지 않는다.
④ 시효완성자는 취득시효의 기산점과 관련하여 점유기간을 통틀어 등기명의인이 동일한 경우에는 임의의 시점을 기산점으로 할 수 있다.
⑤ 시효이익의 포기는 특별한 사정이 없는 한, 시효취득자가 취득시효완성 당시의 진정한 소유자에 대하여 하여야 한다.

30 부합에 관한 설명으로 옳지 않은 것은? (다툼이 있으면 판례에 따름)

① 부동산에의 부합 이외에 동산 상호 간의 부합도 인정된다.
② 동산 이외에 부동산은 부합물이 될 수 없다.
③ 동일인 소유의 부동산과 동산 상호 간에는 원칙적으로 부합이 인정되지 않는다.
④ 분리가 가능하지만 분리할 경우 상호 부착되거나 결합된 물건의 경제적 가치가 심하게 손상되는 경우에도 부합이 인정된다.
⑤ 부동산의 소유자는 원칙적으로 그 부동산에 부합한 물건의 소유권을 취득한다.

31 **공동소유에 관한 설명으로 옳지 않은 것은? (다툼이 있으면 판례에 따름)**

① 공유자는 다른 공유자의 동의 없이 공유물을 처분하거나 변경하지 못한다.
② 합유는 수인이 조합체로서 물건을 소유하는 형태이고, 조합원은 자신의 지분을 조합원 전원의 동의 없이 처분할 수 없다.
③ 합유물에 대한 보존행위는 합유자 전원의 동의를 요하지 않는다.
④ 구조상·이용상 독립성이 있는 건물부분이라 하더라도 구분소유적 공유관계는 성립할 수 없다.
⑤ 공유물분할 금지약정은 갱신할 수 있다.

32 **부동산 실권리자명의 등기에 관한 법률에 대한 설명으로 옳은 것은? (다툼이 있으면 판례에 따름)**

① 명의신탁자에게 법률효과를 직접 귀속시킬 의도의 매매계약을 체결한 사정이 인정되더라도, 부동산매매계약서에 명의수탁자가 매수인으로 기재되어 있다면 계약명의신탁으로 보아야 한다.
② 부동산소유권 또는 그 공유지분은 명의신탁 대상이 되지만, 용익물권은 명의신탁의 대상이 될 수 없다.
③ 탈법적 목적이 없는 종중재산의 명의신탁에 있어서 종중은 명의신탁재산에 대한 불법점유자 내지 불법등기명의자에 대하여 직접 그 인도 또는 등기말소를 청구할 수 있다.
④ 탈법적 목적이 없더라도 사실혼 배우자 간의 명의신탁은 무효이다.
⑤ 계약당사자인 매수인이 명의수탁자라는 사정을 매도인이 알지 못하였더라도, 매매로 인한 물권변동은 무효이다.

33 **지상권에 관한 설명으로 옳은 것은? (다툼이 있으면 판례에 따름)**

① 건물의 소유를 목적으로 하는 지상권의 양도는 토지소유자의 동의를 요한다.
② 지료합의가 없는 지상권 설정계약은 무효이다.
③ 수목의 소유를 목적으로 하는 지상권의 최단존속기간은 10년이다.
④ 지상권이 설정된 토지의 소유자는 그 지상권자의 승낙 없이 그 토지 위에 구분지상권을 설정할 수 있다.
⑤ 「장사 등에 관한 법률」 시행 이전에 설치된 분묘에 관한 분묘기지권의 시효취득은 법적 규범으로 유지되고 있다.

34 **지역권에 관한 설명으로 옳지 않은 것은? (다툼이 있으면 판례에 따름)**

① 지역권은 요역지의 사용가치를 높이기 위해 승역지를 이용하는 것을 내용으로 하는 물권이다.
② 요역지와 승역지는 서로 인접한 토지가 아니어도 된다.
③ 요역지 공유자 중 1인에 대한 지역권 소멸시효의 정지는 다른 공유자를 위하여도 효력이 있다.
④ 지역권자는 승역지의 점유침탈이 있는 경우, 지역권에 기하여 승역지 반환청구권을 행사할 수 있다.
⑤ 지역권은 계속되고 표현된 것에 한하여 시효취득할 수 있다.

35 **전세권에 관한 설명으로 옳은 것은? (다툼이 있으면 판례에 따름)**

① 건물 일부의 전세권자는 나머지 건물 부분에 대해서도 경매신청권이 있다.
② 전세권 설정계약의 당사자는 전세권의 사용·수익권능을 배제하고 채권담보만을 위한 전세권을 설정할 수 있다.
③ 전세권설정 시 전세금 지급은 전세권 성립의 요소이다.
④ 전세권자는 특별한 사정이 없는 한 전세권의 존속기간 내에서 전세목적물을 타인에게 전전세 할 수 없다.
⑤ 전세권이 소멸된 경우, 전세권자의 전세목적물의 인도는 전세금의 반환보다 선이행되어야 한다.

36 **유치권에 관한 설명으로 옳지 않은 것은? (다툼이 있으면 판례에 따름)**

① 유치물의 소유자가 변동된 후 유치권자가 유치물에 관하여 새로이 유익비를 지급하여 가격증가가 현존하는 경우, 유치권자는 그 유익비를 피보전채권으로 하여서도 유치권을 행사할 수 있다.
② 다세대주택의 창호공사를 완성한 하수급인이 공사대금채권 잔액을 변제받기 위하여 그 중 한 세대를 점유하는 유치권 행사는 인정되지 않는다.
③ 수급인의 재료와 노력으로 건물을 신축한 경우, 특별한 사정이 없는 한 그 건물에 대한 수급인의 유치권은 인정되지 않는다.
④ 유치권의 목적이 될 수 있는 것은 동산, 부동산 그리고 유가증권이다.
⑤ 유치권자가 유치물에 대한 보존행위로서 목적물을 사용하는 것은 적법하다.

37 질권에 관한 설명으로 옳지 않은 것은? (다툼이 있으면 판례에 따름)

① 점유개정에 의한 동산질권설정은 인정되지 않는다.
② 질권자는 채권 전부를 변제받을 때까지 질물 전부에 대하여 그 권리를 행사할 수 있다.
③ 질물이 공용징수된 경우, 질권자는 질권설정자가 받을 수용보상금에 대하여도 질권을 행사할 수 있다.
④ 전질은 질물소유자인 질권설정자의 승낙이 있어도 허용되지 않는다.
⑤ 부동산의 사용, 수익을 내용으로 하는 질권은 물권법정주의에 반한다.

38 저당권에 관한 설명으로 옳지 않은 것은? (다툼이 있으면 판례에 따름)

① 채권자와 제3자가 불가분적 채권자의 관계에 있다고 볼 수 있는 경우에는 그 제3자 명의의 저당권등기도 유효하다.
② 근저당권설정자가 적법하게 기본계약을 해지하면 피담보채권은 확정된다.
③ 무효인 저당권등기의 유용은 그 유용의 합의 전에 등기상 이해관계가 있는 제3자가 없어야 한다.
④ 저당부동산의 제3취득자는 부동산의 개량을 위해 지출한 유익비를 그 부동산의 경매대가에서 우선 변제받을 수 없다.
⑤ 저당권자가 저당부동산을 압류한 이후에는 저당권설정자의 저당부동산에 관한 차임채권에도 저당권의 효력이 미친다.

39 乙명의의 저당권이 설정되어 있는 甲소유의 X토지 위에 Y건물이 신축된 후, 乙의 저당권이 실행된 경우에 관한 설명으로 옳은 것을 모두 고른 것은? (다툼이 있으면 판례에 따름)

ㄱ. 甲이 Y건물을 신축한 경우, 乙은 Y건물에 대한 경매도 함께 신청할 수 있으나 Y건물의 경매대가에서 우선변제를 받을 수는 없다. ㄴ. Y건물을 甲이 건축하였으나 경매 당시 제3자 소유로 된 경우, 乙은 Y건물에 대한 경매도 함께 신청할 수 있다. ㄷ. Y건물이 X토지의 지상권자인 丙에 의해 건축되었다가 甲이 Y건물의 소유권을 취득하였다면 乙은 Y건물에 대한 경매도 함께 신청할 수 있다.

① ㄴ
② ㄱ, ㄴ
③ ㄱ, ㄷ
④ ㄴ, ㄷ
⑤ ㄱ, ㄴ, ㄷ

40 법정지상권의 성립에 관한 설명으로 옳지 않은 것은? (다툼이 있으면 판례에 따름)

① 토지에 저당권이 설정된 후에 저당권자의 동의를 얻어 건물이 신축된 경우라도 법정지상권은 성립한다.

② 토지의 정착물로 볼 수 없는 가설 건축물의 소유를 위한 법정지상권은 성립하지 않는다.

③ 무허가건물이나 미등기건물을 위해서도 관습법상의 법정지상권이 인정될 수 있다.

④ 토지공유자 중 1인이 다른 공유자의 동의를 얻어 그 지상에 건물을 소유하면서 자신의 토지지분에 저당권을 설정한 후 그 실행경매로 인하여 그 공유지분권자와 건물소유자가 달라진 경우에는 법정지상권이 성립하지 않는다.

⑤ 동일인 소유의 토지와 건물 중 건물에 전세권이 설정된 후 토지소유자가 바뀐 경우, 건물소유자가 그 토지에 대하여 지상권을 취득한 것으로 본다.

01 X재의 시장수요곡선과 시장공급곡선이 각각 $Q_D = 100 - 2P$, $Q_S = 20$이다. 정부가 X재 한 단위당 10의 세금을 공급자에게 부과한 이후 X재의 시장가격은? (단, Q_D는 수요량, Q_S는 공급량, P는 가격이다.)

① 10　② 20　③ 30
④ 40　⑤ 50

02 수요 및 공급의 탄력성에 관한 설명으로 옳은 것은?

① 수요의 교차탄력성이 양(+)이면 두 재화는 보완관계이다.
② 수요의 소득탄력성이 0보다 큰 상품은 사치재이다.
③ 수요곡선이 수평이면 수요곡선의 모든 점에서 가격탄력성은 0이다.
④ 공급곡선의 가격축 절편이 양(+)의 값을 갖는 경우에는 공급의 가격탄력성이 언제나 1보다 작다.
⑤ 원점에서 출발하는 우상향 직선의 공급의 가격탄력성은 언제나 1의 값을 갖는다.

03 시장수요함수와 시장공급함수가 각각 $Q_D = 36 - 4P$, $Q_S = -4 + 4P$일 때, 시장균형에서 (ㄱ) 생산자잉여와 (ㄴ) 소비자잉여는? (단, Q_D는 수요량, Q_S는 공급량, P는 가격이다.)

① ㄱ : 32, ㄴ : 32　② ㄱ : 25, ㄴ : 25　③ ㄱ : 25, ㄴ : 32
④ ㄱ : 32, ㄴ : 25　⑤ ㄱ : 0, ㄴ : 64

04 두 재화 X, Y를 소비하는 갑의 효용함수가 $U = XY^2$이고, X재의 가격은 1, Y재의 가격은 2, 소득은 90이다. 효용함수와 소득이 각각 $U = \sqrt{XY}$, 100으로 변경되었을 경우, 갑의 효용이 극대화되는 X재와 Y재의 구매량의 변화로 옳은 것은?

① X재 10 증가, Y재 5 감소
② X재 10 증가, Y재 5 증가
③ X재 20 증가, Y재 5 감소
④ X재 20 증가, Y재 10 감소
⑤ X재 20 증가, Y재 10 증가

05 소비자이론에 관한 설명으로 옳은 것을 모두 고른 것은?

ㄱ. 무차별곡선은 효용을 구체적인 수치로 표현할 수 있다는 가정하에 같은 만족을 주는 점들을 연결한 것이다.
ㄴ. 상품의 특성에 따라 무차별곡선은 우상향할 수도 있다.
ㄷ. 열등재이면서 대체효과보다 소득효과의 절대적 크기가 매우 클 경우 그 재화는 기펜재(Giffen goods)이다.
ㄹ. 유행효과(bandwagon effect)가 존재하면 독자적으로 결정한 개별수요의 수평적 합은 시장수요이다.

① ㄱ, ㄴ ② ㄱ, ㄷ ③ ㄱ, ㄹ
④ ㄴ, ㄷ ⑤ ㄴ, ㄹ

06 생산자이론에 관한 설명으로 옳지 않은 것은?

① 한계기술대체율은 등량곡선의 기울기를 의미한다.
② 등량곡선이 직선일 경우 대체탄력성은 무한대의 값을 가진다.
③ 0차 동차생산함수는 규모수익불변의 성격을 갖는다.
④ 등량곡선이 원점에 대해 볼록하다는 것은 한계기술대체율이 체감하는 것을 의미한다.
⑤ 규모수익의 개념은 장기에 적용되는 개념이다.

07 독점기업 A가 직면한 수요곡선이 $Q=100-2P$이고, 총비용함수가 $TC=Q^2+20Q$일 때, 기업 A의 이윤을 극대화하는 (ㄱ) 생산량과 (ㄴ) 이윤은? (단, Q는 생산량, P는 가격이다.)

① ㄱ : 10, ㄴ : 150 ② ㄱ : 10, ㄴ : 200 ③ ㄱ : 20, ㄴ : 250
④ ㄱ : 20, ㄴ : 300 ⑤ ㄱ : 30, ㄴ : 350

08 독점 및 독점적 경쟁시장에 관한 설명으로 옳은 것은?

① 자연독점은 규모의 불경제가 존재할 때 발생한다.
② 순수독점은 경제적 순손실(deadweight loss)을 발생시키지 않는다.
③ 독점적 경쟁시장의 장기균형에서 각 기업은 0의 이윤을 얻고 있다.
④ 독점적 경쟁시장은 동질적 상품을 가정하고 있다.
⑤ 독점적 경쟁시장에서 기업들은 비가격경쟁이 아니라 가격경쟁을 한다.

09 **꾸르노(Cournot) 복점모형에서 시장수요곡선이 $Q=20-P$이고, 두 기업 A와 B의 한계비용이 모두 10으로 동일할 때, 꾸르노 균형에서의 산업전체 산출량은? (단, Q는 시장전체의 생산량, P는 가격이다.)**

① 10/3　② 20/3　③ 40/3
④ 50/3　⑤ 60/3

10 **게임이론에 관한 설명으로 옳은 것은?**

① 내쉬균형은 상대방의 전략에 관계없이 자신에게 가장 유리한 전략을 선택하는 것을 말한다.
② 복점시장에서의 내쉬균형은 하나만 존재한다.
③ 어떤 게임에서 우월전략균형이 존재하지 않더라도 내쉬균형은 존재할 수 있다.
④ 순차게임에서는 내쉬조건만 충족하면 완전균형이 된다.
⑤ 승자의 불행(winner's curse) 현상을 방지하기 위해 최고가격입찰제(first-price sealed-bid auction)가 도입되었다.

11 **복점시장에서 기업 1과 기업 2는 각각 a와 b의 전략을 갖고 있다. 성과보수행렬이 다음과 같을 때, 내쉬균형을 모두 고른 것은? (단, 보수행렬 내 괄호 안 왼쪽은 기업 1의 보수, 오른쪽은 기업 2의 보수이다.)**

		기업 2	
		전략 a	전략 b
기업 1	전략 a	(16, 8)	(8, 6)
	전략 b	(3, 7)	(10, 11)

① (16, 8)　② (10, 11)　③ (8, 6), (10, 11)
④ (16, 8), (3, 7)　⑤ (16, 8), (10, 11)

12 **완전경쟁시장의 장기균형의 특징에 관한 설명으로 옳은 것을 모두 고른 것은? (단, LMC는 장기한계비용, LAC는 장기평균비용, P는 가격이다.)**

> ㄱ. $P = LMC$이다.
> ㄴ. $P > LAC$이다.
> ㄷ. 각 기업의 정상이윤이 0이다.
> ㄹ. 시장의 수요량과 공급량이 같다.
> ㅁ. 더 이상 기업의 진입과 이탈이 일어나지 않는 상태를 말한다.

① ㄱ, ㄴ, ㄷ　② ㄱ, ㄹ, ㅁ　③ ㄴ, ㄹ, ㅁ
④ ㄷ, ㄹ, ㅁ　⑤ ㄴ, ㄷ, ㄹ, ㅁ

13 **생산요소시장에 관한 설명으로 옳은 것을 모두 고른 것은?**

> ㄱ. 수요독점의 노동시장에서 수요독점자가 지불하는 임금률은 노동의 한계수입 생산보다 낮다.
> ㄴ. 노동시장의 수요독점은 생산요소의 고용량과 가격을 완전경쟁시장에 비해 모두 더 낮은 수준으로 하락시킨다.
> ㄷ. 생산요소의 공급곡선이 수직선일 경우 경제적 지대(economic rent)는 발생하지 않는다.
> ㄹ. 전용수입(transfer earnings)은 고용된 노동을 현재 수준으로 유지하기 위해 생산요소의 공급자가 받아야 하겠다는 최소한의 금액이다.

① ㄷ, ㄹ　② ㄱ, ㄴ, ㄷ　③ ㄱ, ㄴ, ㄹ
④ ㄴ, ㄷ, ㄹ　⑤ ㄱ, ㄴ, ㄷ, ㄹ

14 **소득분배에 관한 설명으로 옳은 것을 모두 고른 것은?**

> ㄱ. 국민소득이 임금, 이자, 이윤, 지대 등으로 나누어지는 몫이 얼마인지 보는 것이 계층별 소득분배이다.
> ㄴ. 로렌츠곡선이 대각선에 가까울수록 보다 불평등한 분배 상태를 나타낸다.
> ㄷ. 두 로렌츠곡선이 교차하면 소득분배 상태를 비교하기가 불가능하다.
> ㄹ. 지니계수 값이 1에 가까울수록 보다 불평등한 분배 상태를 나타낸다.

① ㄱ, ㄴ　② ㄱ, ㄷ　③ ㄴ, ㄷ
④ ㄴ, ㄹ　⑤ ㄷ, ㄹ

15 후생경제이론에 관한 설명으로 옳지 않은 것은?

① 계약곡선 위의 모든 점은 파레토효율적 배분을 대표한다.
② 일정한 전제하에서 왈라스균형은 일반경쟁균형이 될 수 있다.
③ 차선의 이론에 따르면 점진적 접근방식에 의한 부분적 해결책이 최선은 아닐 수 있다.
④ 후생경제학의 제1정리에 따르면 일반경쟁균형의 배분은 파레토효율적이다.
⑤ 후생경제학의 제2정리는 재분배를 위한 목적으로 가격체계에 개입하는 것에 정당성을 부여한다.

16 외부성에 관한 설명으로 옳은 것은?

① 생산의 부정적 외부성이 있는 경우 사회적 최적생산량이 시장균형생산량보다 크다.
② 생산의 부정적 외부성이 있는 경우 사적 한계비용이 사회적 한계비용보다 작다.
③ 소비의 부정적 외부성이 있는 경우 사적 한계편익이 사회적 한계편익보다 작다.
④ 코즈(R. Coase)의 정리는 거래비용의 크기와 무관하게 민간경제주체들이 외부성을 스스로 해결할 수 있다는 정리를 말한다.
⑤ 공유자원의 비극(tragedy of the commons)은 긍정적 외부성에서 발생한다.

17 가격차별에 관한 설명으로 옳지 않은 것은?

① 극장에서의 조조할인 요금제는 가격차별의 한 예이다.
② 이부가격제(two-part pricing)는 가격차별 전략 중 하나이다.
③ 제3급 가격차별을 가능하게 하는 조건 중 하나는 전매가 불가능해야 한다는 것이다.
④ 제3급 가격차별의 경우 수요의 가격 탄력성이 상대적으로 작은 시장에서 더 낮은 가격이 설정된다.
⑤ 제1급 가격차별에서는 소비자잉여가 발생하지 않는다.

18 **정보재(information goods)의 기본적인 특성에 관한 설명으로 옳은 것을 모두 고른 것은?**

> ㄱ. 상품에 포함된 정보가 상품으로서의 특성을 결정하는 것을 정보재라 한다.
> ㄴ. 정보재는 초기 개발비용이 크고 한계비용이 0에 가깝기 때문에 규모의 불경제가 일어난다.
> ㄷ. 정보재에는 쏠림현상(tipping)과 같은 네트워크효과가 나타난다.
> ㄹ. 정보재의 경우 무료견본을 나눠주는 것은 잠김효과(lock-in effect)를 노린 마케팅 전략이다.

① ㄱ, ㄹ ② ㄴ, ㄷ ③ ㄱ, ㄴ, ㄷ
④ ㄱ, ㄷ, ㄹ ⑤ ㄴ, ㄷ, ㄹ

19 **정보의 비대칭성에 관한 설명으로 옳은 것은?**

① 도덕적 해이(moral hazard)는 감춰진 속성(hidden characteristics)과 관련된다.
② 직업감독제도는 역선택(adverse selection) 방지를 위한 효율적인 수단이다.
③ 자동차보험에서 기초공제(initial deduction)제도를 두는 이유는 역선택 방지를 위함이다.
④ 상품시장에서 역선택 방지를 위해 품질보증제도를 도입한다.
⑤ 노동시장에서 교육수준을 선별의 수단으로 삼는 이유는 도덕적 해이를 방지하기 위함이다.

20 **기업 A의 사적한계비용 $MC=\frac{1}{2}Q+300$, $P=500$ 이고 기업 A가 발생시키는 환경오염 피해액은 단위당 100이다. 기업 A의 사회적 최적산출량은? (단, 완전경쟁시장을 가정하고, Q는 산출량, P는 가격이다.)**

① 200 ② 400 ③ 600
④ 800 ⑤ 1,000

21 **고전학파의 국민소득결정모형에 관한 설명으로 옳지 않은 것은?**

① 세이의 법칙(Say's law)이 성립하여, 수요측면은 국민소득 결정에 영향을 미치지 못한다.
② 물가와 임금 등 모든 가격이 완전히 신축적이고, 노동시장은 균형을 달성한다.
③ 노동시장의 수요는 실질임금의 함수이다.
④ 노동의 한계생산이 노동시장의 수요를 결정하는 중요한 요인이다.
⑤ 통화공급이 증가하여 물가가 상승하면, 노동의 한계생산이 증가한다.

22 **국내총생산에 관한 설명으로 옳지 않은 것은?**

① 국내총생산은 시장에서 거래되는 최종생산물만 포함한다.
② 국내순생산은 국내총생산에서 고정자본소모를 제외한 부분이다.
③ 명목 국내총생산은 재화와 서비스의 생산의 가치를 경상가격으로 계산한 것이다.
④ 3면 등가의 원칙으로 국내총생산은 국내총소득과 일치한다.
⑤ 국내총생산은 요소비용국내소득에 순간접세와 고정자본소모를 더한 것이다.

23 **다음과 같은 균형국민소득 결정모형에서 정부지출이 220으로 증가할 경우 (ㄱ) 새로운 균형소득과 (ㄴ) 소득의 증가분은? (단, 폐쇄경제를 가정한다.)**

• $C = 120 + 0.8(Y - T)$	• Y : 국내총생산	• C : 소비
• 투자(I) = 100	• 정부지출(G) = 200	• 조세(T) = 200

① ㄱ : 1,400, ㄴ : 100
② ㄱ : 1,400, ㄴ : 200
③ ㄱ : 1,420, ㄴ : 100
④ ㄱ : 1,420, ㄴ : 200
⑤ ㄱ : 1,440, ㄴ : 200

24 **A국의 사과와 배에 대한 생산량과 가격이 다음과 같다. 파셰물가지수(Paasche price index)를 이용한 2010년 대비 2020년의 물가상승률은? (단, 2010년을 기준연도로 한다.)**

2010년			2020년		
재화	수량	가격	재화	수량	가격
사과	100	2	사과	200	3
배	100	2	배	300	4

① 80% ② 150% ③ 250%
④ 350% ⑤ 450%

25 **소비와 투자에 관한 설명으로 옳지 않은 것은?**

① 소비수요는 사전적으로 계획된 소비를 말한다.
② 고전학파는 투자가 이자율이 아니라 소득에 의해 결정된다고 주장한다.
③ 케인즈(J. Keynes)에 의하면 소비수요를 결정하는 중요한 요인은 현재의 절대소득이다.
④ 독립투자수요는 내생변수와 관계없이 외생적으로 결정된다.
⑤ 평균소비성향은 소비를 소득으로 나누어 계산한다.

26 **본원통화에 관한 설명으로 옳지 않은 것은?**

① 본원통화는 현금통화와 은행의 지급준비금의 합과 같다.
② 본원통화는 중앙은행의 화폐발행액과 은행의 중앙은행 지급준비예치금의 합과 같다.
③ 중앙은행의 대차대조표상의 순대정부대출이 증가하면 본원통화는 증가한다.
④ 중앙은행의 대차대조표상의 순해외자산이 증가하면 본원통화는 증가한다.
⑤ 추가로 발행된 모든 화폐가 은행의 시재금(vault cash)으로 보관된다면 본원통화는 증가하지 않는다.

27 **$IS-LM$곡선에 관한 설명으로 옳은 것을 모두 고른 것은? (단, 폐쇄경제를 가정한다.)**

ㄱ. 투자가 이자율에 영향을 받지 않는다면 LM 곡선은 수직선이 된다.
ㄴ. 투자가 이자율에 영향을 받지 않는다면 IS 곡선은 수직선이 된다.
ㄷ. 통화수요가 이자율에 영향을 받지 않는다면 LM 곡선은 수직선이 된다.
ㄹ. 통화수요가 소득에 영향을 받는다면 LM 곡선은 수직선이 된다.

① ㄱ, ㄴ　② ㄱ, ㄷ　③ ㄴ, ㄷ
④ ㄴ, ㄹ　⑤ ㄷ, ㄹ

28 **폐쇄경제 $IS-LM$모형에서 투자의 이자율 탄력성이 무한대인 경우, 중앙은행이 긴축통화정책을 실행할 시 예상되는 효과로 옳은 것을 모두 고른 것은? (단, LM 곡선은 우상향한다.)**

ㄱ. 국민소득 감소　ㄴ. 이자율 증가
ㄷ. 이자율 불변　ㄹ. 국민소득 증가
ㅁ. 이자율 감소

① ㄱ, ㄴ　② ㄱ, ㄷ　③ ㄱ, ㅁ
④ ㄴ, ㄹ　⑤ ㄷ, ㄹ

29 **다음 모형에 관한 설명으로 옳지 않은 것은? (단, Y^D, Y, C, I^D, r, G, T는 각각 총수요, 국민소득, 소비, 투자수요, 이자율, 정부지출, 조세이며, I_0, G_0, T_0, α, β, δ는 모두 상수이다.)**

- $Y^D = C + I^D + G$
- $C = \alpha + \beta(Y - T)$, $\alpha > 0$, $0 < \beta < 1$
- $I^D = I_0 - \delta r$, $I_0 > 0$, $\delta > 0$
- $G = G_0$, $T = T_0$
- $Y^D = Y$

① 모형에서 도출된 IS 곡선은 우하향한다.
② I_0가 증가하면, IS 곡선이 우측으로 이동한다.
③ G_0가 증가하면, IS 곡선이 우측으로 이동한다.
④ β가 증가하면, IS 곡선 기울기의 절댓값이 커진다.
⑤ δ가 증가하면, IS 곡선 기울기의 절댓값이 작아진다.

30 **다음과 같은 특징을 가진 화폐시장의 균형에 관한 설명으로 옳지 않은 것은? (단, 폐쇄경제를 가정한다.)**

- 실질화폐수요는 이자율의 감소함수이다.
- 실질화폐수요는 국민소득의 증가함수이다.
- 명목화폐공급은 중앙은행에 의해 외생적으로 결정된다.
- 물가수준은 단기적으로 고정되어 있으며, 장기적으로 신축적이다.
- 화폐공급이 증가하면 장기적으로 물가수준은 상승한다.

① LM 곡선은 우상향한다.
② 명목화폐공급이 증가하면 단기적으로 LM 곡선이 우측으로 이동한다.
③ 국민소득이 일정할 때, 명목화폐공급이 이자율에 미치는 영향은 단기보다 장기에서 더 작다.
④ 실질화폐공급이 증가하면 LM 곡선은 우측으로 이동한다.
⑤ 장기적으로 실질화폐공급이 변화하지 않는다면, LM 곡선은 수직이다.

31 **A국 경제의 총수요곡선과 총공급곡선이 각각 $Y_D = -P+8$, $Y_S = (P-P_e)+4$이다. 기대물가(P_e)가 2에서 4로 증가할 때, (ㄱ) 균형소득수준의 변화와 (ㄴ) 균형물가수준의 변화는? (단, Y_D는 총수요, Y_S는 총공급, P는 물가, P_e는 기대물가이다.)**

① ㄱ : 2, ㄴ : 2 ② ㄱ : −2, ㄴ : 2 ③ ㄱ : −1, ㄴ : 0
④ ㄱ : −1, ㄴ : 1 ⑤ ㄱ : 0, ㄴ : 0

32 **폐쇄경제의 $IS-LM$모형에서 화폐시장 균형조건이 $\frac{M}{P} = L(r,\ Y-T)$일 때, 조세삭감이 미치는 효과로 옳은 것을 모두 고른 것은? (단, 초기는 균형상태, IS곡선은 우하향, LM곡선은 우상향하며, M은 통화량, P는 물가, r은 이자율, Y는 국민소득, T는 조세이다.)**

ㄱ. IS곡선 우측이동	ㄴ. LM곡선 우측이동
ㄷ. 통화수요 감소	ㄹ. 이자율 상승

① ㄱ, ㄴ ② ㄱ, ㄷ ③ ㄱ, ㄹ
④ ㄴ, ㄷ ⑤ ㄴ, ㄹ

33 **인플레이션에 관한 설명으로 옳지 않은 것은?**

① 메뉴비용은 인플레이션에 맞춰 가격을 변경하는 데에 발생하는 각종 비용을 말한다.
② 디스인플레이션(disinflation) 상황에서는 물가상승률이 감소하고 있지만 여전히 물가는 상승한다.
③ 초인플레이션은 극단적이고 장기적인 인플레이션으로 통제가 어려운 상황을 말한다.
④ 구두창비용은 인플레이션에 따라 발생하는 현금 관리 비용을 말한다.
⑤ 디플레이션은 인플레이션이 진행되는 상황에서 경제가 침체하는 상황을 말한다.

34 **필립스곡선에 관한 설명으로 옳지 않은 것은?**

① 필립스(A. W. Phillips)는 임금상승률과 실업률 간 음(−)의 경험적 관계를 발견했다.
② 우상향하는 단기 총공급곡선과 오쿤의 법칙(Okun's Law)을 결합하면 필립스곡선의 이론적 근거를 찾을 수 있다.
③ 적응적 기대를 가정하면 장기에서도 필립스곡선은 우하향한다.
④ 단기 총공급곡선이 가파른 기울기를 가질수록 필립스곡선은 가파른 기울기를 가진다.
⑤ 새고전학파(New Classical)는 합리적 기대를 가정할 경우 국민소득의 감소 없이 인플레이션을 낮출 수 있다고 주장한다.

35 **A국의 중앙은행은 필립스곡선, 성장률과 실업률의 관계, 이자율 준칙에 따라 이자율을 결정한다. 현재 목표물가상승률이 2%, 자연실업률이 3%이고, 국내총생산은 잠재국내총생산, 물가상승률은 목표물가상승률, 그리고 실업률은 자연실업률과 같다고 가정할 때, 이에 관한 설명으로 옳지 않은 것은? (단, r, π, π^e, π^T, u, u_n, u_{-1}, Y, Y^P는 각각 이자율, 물가상승률, 기대물가상승률, 목표물가상승률, 실업률, 자연실업률, 전기의 실업률, 국내총생산, 잠재국내총생산이다.)**

> • 필립스곡선 : $\pi = \pi^e - 0.5(u - u_n)$
> • 이자율 준칙 : $r = \pi + 2.0\% + 0.5(\pi - \pi^T) + 0.5G$
> • 성장률과 실업률의 관계 : 국내총생산의 성장률 $= 3\% - 2(u - u_{-1})$
> • $G = \dfrac{(Y - Y^p)}{Y^p} \times 100$

① 현재 이자율은 4%이다.
② 현재 기대물가상승률은 2%이다.
③ 실업률이 5%로 상승하고 기대물가상승률이 변화하지 않았다면, 물가상승률은 1%이다.
④ 기대물가상승률이 3%로 상승하면, 이자율은 5.5%이다.
⑤ 실업률이 1%로 하락하고, 기대물가상승률이 3%로 상승하면, 이자율은 7%이다.

36 **총수요곡선 및 총공급곡선에 관한 설명으로 옳지 않은 것을 모두 고른 것은?**

> ㄱ. 총수요곡선은 물가수준과 재화 및 용역의 수요량 간의 관계를 보여준다.
> ㄴ. 통화수요 또는 투자가 이자율에 영향을 받지 않을 경우 총수요곡선은 수평이 된다.
> ㄷ. 단기적으로 가격이 고정되어 있을 경우 총공급곡선은 수평이 된다.
> ㄹ. 정부지출의 변화는 총수요곡선 상에서의 변화를 가져온다.

① ㄱ, ㄴ　② ㄱ, ㄷ　③ ㄴ, ㄷ
④ ㄴ, ㄹ　⑤ ㄷ, ㄹ

37 **장기적으로 경제성장을 촉진시킬 수 있는 방법으로 옳은 것을 모두 고른 것은?**

> ㄱ. 투자지출을 증가시켜 실물 자본을 증가시킨다.
> ㄴ. 저축률을 낮추어 소비를 증가시킨다.
> ㄷ. 교육 투자지출을 증가시켜 인적 자본을 증가시킨다.
> ㄹ. 연구개발에 투자하여 새로운 기술을 개발하고 실용화한다.

① ㄱ, ㄴ　② ㄴ, ㄷ　③ ㄷ, ㄹ
④ ㄱ, ㄷ, ㄹ　⑤ ㄱ, ㄴ, ㄷ, ㄹ

38 **다음과 같은 생산함수에 따라 생산되는 단순경제를 가정할 때, 솔로우 모형의 균제상태(steady-state)조건을 이용한 균제상태에서의 (ㄱ) 1인당 소득과 (ㄴ) 1인당 소비수준은? (단, 인구증가와 기술진보는 없다고 가정하며, K는 총자본, L은 총노동, δ는 감가상각률, s는 저축률이다.)**

- $Y = F(K, L) = \sqrt{KL}$
- $\delta = 20\%$
- $s = 40\%$

① ㄱ : 1, ㄴ : 1　② ㄱ : 2, ㄴ : 1.2　③ ㄱ : 2, ㄴ : 1.6
④ ㄱ : 4, ㄴ : 2.2　⑤ ㄱ : 4, ㄴ : 2.4

39 **보호무역을 옹호하는 주장의 근거가 아닌 것은?**

① 자유무역으로 분업이 강력하게 진행되면 국가 안전에 대한 우려가 발생할 수 있다.
② 관세를 부과하면 경제적 순손실(deadweight loss)이 발생한다.
③ 환경오염도피처가 된 거래상대국으로부터 유해한 물질이 자유무역으로 인해 수입될 가능성이 높다.
④ 정부가 신생 산업을 선진국으로부터 보호해서 육성해야 한다.
⑤ 자유무역은 국내 미숙련근로자의 임금에 부정적 영향을 줄 수 있다.

40 **소규모 개방경제의 먼델-플레밍(Mundell-Fleming)모형에서 정부의 재정긴축이 미치는 영향으로 옳은 것은? (단, 초기의 균형상태, 완전한 자본이동과 고정환율제, 국가별 물가수준 고정을 가정한다.)**

① IS곡선 우측이동　② 국민소득 감소　③ LM곡선 우측이동
④ 통화공급 증가　⑤ 원화가치 하락

01 토지의 분류 및 용어에 관한 설명으로 옳은 것은?

① 획지(劃地)는 하나의 필지 중 일부에 대해서도 성립한다.
② 건부지(建敷地)는 건축물의 부지로 이용 중인 토지 또는 건축물의 부지로 이용가능한 토지를 말한다.
③ 나지(裸地)는 택지 중 정착물이 없는 토지로서 공법상 제한이 없는 토지를 말한다.
④ 제내지(堤內地)는 제방으로부터 하심측으로의 토지를 말한다.
⑤ 일단지(一團地)는 용도상 불가분의 관계에 있는 두 필지 이상을 합병한 토지를 말한다.

02 감정평가사 A가 실지조사를 통해 확인한 1개 동의 건축물 현황이 다음과 같다. 건축법령상 용도별 건축물의 종류는?

- 1층 전부를 필로티 구조로 하여 주차장으로 사용하며, 2층부터 5층까지 주택으로 사용함
- 주택으로 쓰는 바닥면적의 합계가 1,000m^2임
- 세대수 합계가 16세대로서 모든 세대에 취사시설이 설치됨

① 아파트
② 기숙사
③ 연립주택
④ 다가구주택
⑤ 다세대주택

03 등기를 통해 소유권을 공시할 수 있는 물건 또는 권리는 몇 개인가?

- 총톤수 30톤인 기선(機船)
- 적재용량 25톤인 덤프트럭
- 최대 이륙중량 400톤인 항공기
- 동력차 2량과 객차 8량으로 구성된 철도차량
- 면허를 받아 김 양식업을 경영할 수 있는 권리
- 5천만원을 주고 구입하여 심은 한 그루의 소나무

① 1개
② 2개
③ 3개
④ 4개
⑤ 5개

04 주택법령상 준주택에 해당하지 않는 것은?

① 건축법령상 공동주택 중 기숙사
② 건축법령상 업무시설 중 오피스텔
③ 건축법령상 숙박시설 중 생활숙박시설
④ 건축법령상 제2종 근린생활시설 중 다중생활시설
⑤ 건축법령상 노유자시설 중 노인복지시설로서 「노인복지법」상 노인복지주택

05 토지의 특성과 내용에 관한 설명으로 옳지 않은 것은?

① 토지는 시간의 경과에 의해 마멸되거나 소멸되지 않으므로 투자재로서 선호도가 높다.
② 물리적으로 완전히 동일한 토지는 없으므로 부동산시장은 불완전경쟁시장이 된다.
③ 토지는 공간적으로 연결되어 있으므로 외부효과를 발생시키고, 개발이익 환수의 근거가 된다.
④ 토지는 용익물권의 목적물로 활용할 수 있으므로 하나의 토지에 다양한 물권자가 존재할 수 있다.
⑤ 토지의 소유권은 정당한 이익 있는 범위 내에서 토지의 상하에 미치며, 한계고도와 한계심도의 범위는 법률로 정하고 있다.

06 감정평가사 A는 표준지공시지가의 조사·평가를 의뢰받고 실지조사를 통해 표준지에 대해 다음과 같이 확인하였다. 표준지조사·평가보고서상 토지특성 기재방법의 연결이 옳은 것은?

> ㄱ. 토지이용상황 : 주변의 토지이용상황이 '전'으로서 돈사와 우사로 이용되고 있음
> ㄴ. 도로접면 : 폭 10미터의 도로와 한면이 접하면서 자동차 통행이 불가능한 폭 2미터의 도로에 다른 한면이 접함

① ㄱ : 전기타, ㄴ : 중로한면
② ㄱ : 전기타, ㄴ : 소로한면
③ ㄱ : 전축사, ㄴ : 소로각지
④ ㄱ : 전축사, ㄴ : 소로한면
⑤ ㄱ : 목장용지, ㄴ : 소로한면

07 **아파트 가격이 5% 하락함에 따라 아파트의 수요량 4% 증가, 아파트의 공급량 6% 감소, 연립주택의 수요량이 2% 증가하는 경우, (ㄱ) 아파트 공급의 가격탄력성, (ㄴ) 아파트와 연립주택의 관계는? (단, 수요의 가격탄력성은 절댓값이며, 주어진 조건에 한함)**

① ㄱ : 탄력적, ㄴ : 보완재
② ㄱ : 비탄력적, ㄴ : 보완재
③ ㄱ : 탄력적, ㄴ : 대체재
④ ㄱ : 비탄력적, ㄴ : 대체재
⑤ ㄱ : 단위탄력적, ㄴ : 대체재

08 **부동산의 가격탄력성과 균형변화에 관한 설명으로 옳지 않은 것은? (단, 완전탄력적과 완전비탄력적 조건이 없는 경우 수요와 공급법칙에 따르며, 다른 조건은 동일함)**

① 공급이 완전비탄력적일 경우, 수요가 증가하면 균형가격은 상승하고 균형량은 불변이다.
② 수요가 완전비탄력적일 경우, 공급이 감소하면 균형가격은 상승하고 균형량은 불변이다.
③ 수요가 완전탄력적일 경우, 공급이 증가하면 균형가격은 불변이고 균형량은 증가한다.
④ 공급이 증가하는 경우, 수요의 가격탄력성이 작을수록 균형가격의 하락폭은 크고 균형량의 증가폭은 작다.
⑤ 수요가 증가하는 경우, 공급의 가격탄력성이 작을수록 균형가격의 상승폭은 작고 균형량의 증가폭은 크다.

09 **저량(stock)의 경제변수가 아닌 것은?**

① 가계자산
② 주택가격
③ 주택재고량
④ 주택보급률
⑤ 신규주택 공급량

10 **부동산시장에 관한 설명으로 옳은 것은?**

① 할당 효율적 시장은 완전경쟁시장을 의미하며 불완전경쟁시장은 할당 효율적 시장이 될 수 없다.
② 완전경쟁시장이나 강성 효율적 시장에서는 할당 효율적인 시장만 존재한다.
③ 약성 효율적 시장에서 과거의 역사적 정보를 통해 정상 이상의 수익을 획득할 수 있다.
④ 완전경쟁시장에서는 초과이윤이 발생할 수 있다.
⑤ 준강성 효율적 시장에서 공표된 정보는 물론 공표되지 않은 정보도 시장가치에 반영된다.

11 **부동산시장의 수요와 공급의 가격탄력성에 관한 설명으로 옳지 않은 것은? (단, 다른 조건은 동일함)**

① 측정하는 기간이 길수록 수요의 탄력성은 더 탄력적이다.
② 공급의 탄력성은 생산요소를 쉽게 얻을 수 있는 상품일수록 더 탄력적이다.
③ 수요의 탄력성이 탄력적일 경우 임대료가 상승하면 전체 임대수입은 감소한다.
④ 대체재가 많을수록 수요의 탄력성은 더 탄력적이다.
⑤ 제품의 가격이 가계소득에서 차지하는 비중이 작을수록 수요의 탄력성이 더 탄력적이다.

12 **A도시와 B도시 사이에 있는 C도시는 A도시로부터 5km, B도시로부터 10km 떨어져 있다. 각 도시의 인구 변화가 다음과 같을 때, 작년에 비해 금년에 C도시로부터 B도시의 구매활동에 유인되는 인구수의 증가는? (단, 레일리(W. Reilly)의 소매인력법칙에 따르고, C도시의 모든 인구는 A도시와 B도시에서만 구매하며, 다른 조건은 동일함)**

구분	작년 인구수	금년 인구수
A도시	5만 명	5만 명
B도시	20만 명	30만 명
C도시	2만 명	3만 명

① 6,000명
② 7,000명
③ 8,000명
④ 9,000명
⑤ 10,000명

13 **시장실패의 원인으로 옳지 않은 것은?**

① 외부효과
② 정보의 대칭성
③ 공공재의 공급
④ 불완전경쟁시장
⑤ 시장의 자율적 조절기능 상실

14 외부효과에 관한 설명으로 옳은 것은?

① 외부효과란 거래 당사자가 시장메커니즘을 통하여 상대방에게 미치는 유리하거나 불리한 효과를 말한다.

② 부(−)의 외부효과는 의도되지 않은 손해를 주면서 그 대가를 지불하지 않는 외부경제라고 할 수 있다.

③ 정(+)의 외부효과는 소비에 있어 사회적 편익이 사적 편익보다 큰 결과를 초래한다.

④ 부(−)의 외부효과에는 보조금 지급이나 조세경감의 정책이 필요하다.

⑤ 부(−)의 외부효과는 사회적 최적생산량보다 시장생산량이 적은 과소생산을 초래한다.

15 투자부동산 A에 관한 투자분석을 위해 관련 자료를 수집한 내용은 다음과 같다. 이 경우 순영업소득은? (단, 주어진 자료에 한하며, 연간 기준임)

• 유효총소득 : 360,000,000원	• 직원 인건비 : 80,000,000원
• 대출원리금 상환액 : 50,000,000원	• 감가상각비 : 40,000,000원
• 수도광열비 : 36,000,000원	• 용역비 : 30,000,000원
• 수선유지비 : 18,000,000원	• 재산세 : 18,000,000원
• 공실손실상당액 · 대손충당금 : 18,000,000원	• 사업소득세 : 3,000,000원

① 138,000,000원　② 157,000,000원

③ 160,000,000원　④ 178,000,000원

⑤ 258,000,000원

16 부동산투자와 위험에 관한 설명으로 옳은 것은?

① 상업용 부동산투자는 일반적으로 다른 상품에 비하여 초기투자비용이 많이 들며 투자비용의 회수기간이 길지만 경기침체에 민감하지 않아 투자위험이 낮다.

② 시장위험이란 부동산이 위치한 입지여건의 변화 때문에 발생하는 위험으로서, 부동산시장의 수요 · 공급과 관련된 상황의 변화와 관련되어 있다.

③ 사업위험이란 부동산 사업자체에서 발생하는 수익성 변동의 위험을 말하며 시장위험, 입지위험, 관리 · 운영위험 등이 있다.

④ 법 · 제도적 위험에는 소유권위험, 정부정책위험, 정치적 위험, 불가항력적 위험, 유동성위험이 있다.

⑤ 위험과 수익 간에는 부(−)의 관계가 성립한다.

17 부동산투자에 관한 설명으로 옳은 것은?

① 부동산투자는 부동산이 갖고 있는 고유한 특성이 있지만 환금성, 안전성 측면에서 주식투자와 다르지 않다.

② 부동산은 실물자산이기 때문에 인플레이션 방어 능력이 우수하여 디플레이션과 같은 경기침체기에 좋은 투자대상이다.

③ 부동산은 다른 투자상품에 비하여 거래비용의 부담이 크지만 부동산시장은 정보의 대칭성으로 인한 효율적 시장이다.

④ 부동산투자는 부동산의 사회적・경제적・행정적 위치의 가변성 등으로 인해 부동산시장의 변화를 면밀히 살펴야 한다.

⑤ 투자의 금융성이란 투자자가 투자자산을 필요한 시기에 손실 없이 현금으로 전환할 수 있는 안전성의 정도를 말한다.

18 부동산투자에 관한 설명으로 옳은 것을 모두 고른 것은?

ㄱ. 순현재가치(NPV)법이란 투자로부터 발생하는 현재와 미래의 모든 현금흐름을 적절한 할인율로 할인하여 현재가치로 환산하고 이를 통하여 투자의사결정에 이용하는 기법이다.

ㄴ. 추계된 현금수지에 대한 위험을 평가하는 위험할증률의 추계는 투자기간의 결정 및 현금수지에 대한 예측 이전에 해야 한다.

ㄷ. 내부수익률(IRR)이란 투자로부터 발생하는 미래의 현금흐름의 순현재가치와 부동산가격을 1로 만드는 할인율을 말한다.

ㄹ. 수익성지수(PI)는 투자로 인해 발생하는 현금유입의 현재가치를 현금유출의 현재가치로 나눈 비율로서 1보다 크면 경제적 타당성이 있는 것으로 판단한다.

① ㄱ, ㄹ
② ㄴ, ㄷ
③ ㄱ, ㄴ, ㄷ
④ ㄱ, ㄴ, ㄹ
⑤ ㄱ, ㄴ, ㄷ, ㄹ

19 **화폐의 시간가치에 관한 설명으로 옳지 않은 것은?**

① 인플레이션, 화폐의 시차선호, 미래의 불확실성은 화폐의 시간가치를 발생시키는 요인이다.
② 감채기금이란 일정기간 후에 일정금액을 만들기 위해 매 기간 납입해야 할 금액을 말한다.
③ 연금의 미래가치란 매 기간 마다 일정금액을 불입해 나갈 때, 미래 일정시점에서의 불입금액 총액의 가치를 말한다.
④ 현재가치에 대한 미래가치를 산출하기 위하여 사용하는 이율을 이자율이라 하고, 미래가치에 대한 현재가치를 산출하기 위하여 사용하는 이율을 할인율이라 한다.
⑤ 부동산 경기가 침체하는 시기에 상업용 부동산의 수익이 일정함에도 불구하고 부동산 가격이 떨어지는 것은 할인율이 낮아지기 때문이다.

20 **A씨는 주택을 구입하고자 한다. 다음 조건과 같이 기존 주택저당대출을 승계할 수 있다면 신규 주택저당대출 조건과 비교할 때, 이 승계권의 가치는 얼마인가? (단, 주어진 자료에 한함)**

• 기존 주택저당대출 조건
 – 현재 대출잔액 : 1억 5천만원
 – 원리금균등분할상환방식 : 만기 20년, 대출금리 5%, 고정금리대출
• 신규 주택저당대출 조건
 – 대출금액 : 1억 5천만원
 – 원리금균등분할상환방식 : 만기 20년, 대출금리 7%, 고정금리대출
• 월 기준 연금현가계수
 – (5%, 20년) : 150
 – (7%, 20년) : 125

① 2,000만원
② 2,250만원
③ 2,500만원
④ 2,750만원
⑤ 3,000만원

21 주택금융의 상환방식에 관한 설명으로 옳지 않은 것은?

① 만기일시상환방식은 대출만기 때까지는 원금상환이 전혀 이루어지지 않기에 매월 내는 이자가 만기 때까지 동일하다.
② 원금균등분할상환방식은 대출 초기에 대출원리금의 지급액이 가장 크기에 차입자의 원리금지급 부담도 대출 초기에 가장 크다.
③ 원리금균등분할상환방식은 매기의 대출원리금이 동일하기에 대출 초기에는 대체로 원금상환 부분이 작고 이자지급 부분이 크다.
④ 점증상환방식은 초기에 대출이자를 전부 내고, 나머지 대출원금을 상환하는 방식으로 부의 상환(negative amortization)이 일어날 수 있다.
⑤ 원금균등분할상환방식이나 원리금균등분할상환방식에서 거치기간을 별도로 정할 수 있다.

22 프로젝트 금융에 관한 설명으로 옳은 것은?

① 기업 전체의 자산 또는 신용을 바탕으로 자금을 조달하고, 기업의 수익으로 원리금을 상환하거나 수익을 배당하는 방식의 자금조달기법이다.
② 프로젝트 사업주는 기업 또는 개인일 수 있으나, 법인은 될 수 없다.
③ 프로젝트 사업주는 대출기관으로부터 상환청구를 받지는 않으나, 이러한 방식으로 조달한 부채는 사업주의 재무상태표에는 부채로 계상된다.
④ 프로젝트 회사가 파산 또는 청산할 경우, 채권자들은 프로젝트 회사에 대해 원리금상환을 청구할 수 없다.
⑤ 프로젝트 사업주의 도덕적 해이를 방지하기 위해 금융기관은 제한적 소구금융의 장치를 마련해두기도 한다.

23 부동산금융 및 투자에 관한 설명으로 옳지 않은 것은?

① 부동산금융은 부동산의 매입이나 매각, 개발 등과 관련하여 자금이나 신용을 조달하거나 제공하는 것을 말한다.
② 부동산의 특성과 관련하여 분할거래의 용이성과 생산의 장기성으로 인해 부동산금융은 부동산의 거래나 개발 등에서 중요한 역할을 하게 된다.
③ 부동산투자에서 지분투자자가 대상 부동산에 가지는 권한을 지분권이라 하고, 저당투자자가 대상 부동산에 가지는 권한을 저당권이라 한다.
④ 부동산보유자는 보유부동산의 증권화를 통해 유동성을 확보할 수 있다.
⑤ 부동산금융이 일반금융과 다른 점으로는 담보기능과 감가상각 및 차입금 이자에 대한 세금감면이 있다.

24 부동산시장 세분화에 관한 설명으로 옳지 않은 것은?

① 시장세분화는 가격차별화, 최적의사결정, 상품차별화 등에 기초하여 부동산시장을 서로 다른 둘 또는 그 이상의 상위시장으로 묶는 과정이다.

② 시장을 세분화하는 데 주로 사용되는 기준으로는 지리적 변수, 인구통계학적 변수, 심리적 변수, 행동적 변수 등이 있다.

③ 시장세분화 전략은 세분된 시장을 대상으로 상품의 판매 지향점을 명확히 하는 것을 말한다.

④ 부동산회사가 세분시장을 평가할 때, 우선해야 할 사항으로 적절한 시장규모와 성장성을 들 수 있다.

⑤ 세분시장에서 경쟁력과 매력도를 평가할 때 기존 경쟁자의 위협, 새로운 경쟁자의 위협, 대체재의 위협, 구매자의 협상력 증가 위협, 공급자의 협상력 증가 위협 등을 고려한다.

25 다음 설명에 모두 해당하는 부동산개발방식은?

- 사업부지를 소유하고 있는 토지소유자가 개발이 완료된 후 개발업자나 시공사에게 공사대금을 완공된 일부의 건물로 변제하고, 나머지는 분양하거나 소유하는 형태이다.
- 토지소유자는 대상 부지의 소유권을 소유한 상태에서 개발사업이 진행되도록 유도할 수 있고, 그 결과 발생되는 부동산가치의 상승분을 취득할 수 있는 이점이 있다.

① 공영개발방식 ② 직접개발방식
③ 대물교환방식 ④ 토지신탁방식
⑤ BTL사업방식

26 부동산개발사업의 위험에 관한 설명이다. ( )에 들어갈 내용으로 옳은 것은?

- (ㄱ)은 추정된 토지비, 건축비, 설계비 등 개발비용의 범위 내에서 개발이 이루어져야 하는데, 인플레이션 및 예상치 못한 개발기간의 장기화 등으로 발생할 수 있다.
- (ㄴ)은 용도지역제와 같은 토지이용규제의 변화와 관계기관 인허가 승인의 불확실성 등으로 야기될 수 있다.
- (ㄷ)은 개발기간 중 이자율의 변화, 시장침체에 따른 공실의 장기화 등이 원인일 수 있다.

① ㄱ : 시장위험, ㄴ : 계획위험, ㄷ : 비용위험
② ㄱ : 시장위험, ㄴ : 법률위험, ㄷ : 비용위험
③ ㄱ : 비용위험, ㄴ : 계획위험, ㄷ : 시장위험
④ ㄱ : 비용위험, ㄴ : 법률위험, ㄷ : 시장위험
⑤ ㄱ : 비용위험, ㄴ : 법률위험, ㄷ : 계획위험

27 **도시 및 주거환경정비법령상 다음에 해당하는 정비사업은?**

> 도시저소득 주민이 집단거주하는 지역으로서 정비기반시설이 극히 열악하고 노후·불량건축물이 과도하게 밀집한 지역의 주거환경을 개선하거나 단독주택 및 다세대주택이 밀집한 지역에서 정비기반시설과 공동이용시설 확충을 통하여 주거환경을 보전·정비·개량하기 위한 사업

① 도시환경정비사업
② 주거환경개선사업
③ 주거환경관리사업
④ 가로주택정비사업
⑤ 재정비촉진사업

28 **부동산신탁에 관한 설명으로 옳지 않은 것은?**

① 신탁회사의 전문성을 통해 이해관계자들에게 안전성과 신뢰성을 제공해 줄 수 있다.
② 부동산신탁의 수익자란 신탁행위에 따라 신탁이익을 받는 자를 말하며, 위탁자가 지정한 제3자가 될 수도 있다.
③ 부동산신탁계약에서의 소유권 이전은 실질적 이전이 아니라 등기부상의 형식적 소유권 이전이다.
④ 신탁재산은 법률적으로 수탁자에게 귀속되지만 수익자를 위한 재산이므로 수탁자의 고유재산 및 위탁자의 고유재산으로부터 독립된다.
⑤ 부동산담보신탁은 저당권 설정보다 소요되는 경비가 많고, 채무불이행 시 부동산 처분 절차가 복잡하다.

29 **공인중개사법령상 개업공인중개사가 인터넷을 이용하여 중개대상물인 건축물에 관한 표시·광고를 할 때 명시하여야 하는 사항이 아닌 것은?**

① 건축물의 방향
② 건축물의 소유자
③ 건축물의 총 층수
④ 건축물의 준공검사를 받은 날
⑤ 건축물의 주차대수 및 관리비

30 공인중개사법령상 중개계약 시 거래계약서에 기재하여야 하는 사항은 모두 몇 개인가?

> • 물건의 표시
> • 권리이전의 내용
> • 물건의 인도일시
> • 거래당사자의 인적 사항
> • 거래금액·계약금액 및 그 지급일자 등 지급에 관한 사항
> • 계약의 조건이나 기한이 있는 경우에는 그 조건 또는 기한

① 2개
② 3개
③ 4개
④ 5개
⑤ 6개

31 우리나라의 부동산 조세정책에 관한 설명으로 옳은 것을 모두 고른 것은?

> ㄱ. 부가가치세와 등록면허세는 국세에 속한다.
> ㄴ. 재산세와 상속세는 신고납부방식이다.
> ㄷ. 증여세와 재산세는 부동산의 보유단계에 부과한다.
> ㄹ. 상속세와 증여세는 누진세율을 적용한다.

① ㄹ
② ㄱ, ㄹ
③ ㄴ, ㄷ
④ ㄱ, ㄴ, ㄷ
⑤ ㄱ, ㄴ, ㄹ

32 우리나라의 부동산등기제도와 권리분석에 관한 설명으로 옳지 않은 것은?

① 소유권이전등기 청구권을 확보하기 위해 처분금지가처분의 등기가 가능하다.
② 현재 환매(특약)등기제와 예고등기제는 「부동산등기법」상 폐지되었다.
③ 등기의 순서는 같은 구(區)에서 한 등기 상호 간에는 순위번호에 따른다.
④ 근저당권과 담보가등기는 부동산경매에서 말소기준권리가 된다.
⑤ 부동산임차권은 부동산물권이 아니지만 등기할 수 있다.

33 **등기사항전부증명서의 갑구(甲區)에서 확인할 수 없는 내용은?**

① 가압류
② 가등기
③ 소유권
④ 근저당권
⑤ 강제경매개시결정

34 **토지에 관한 강제경매절차에서 토지의 부합물로서 낙찰자가 소유권을 취득할 수 있는 경우를 모두 고른 것은? (다툼이 있으면 판례에 의함)**

ㄱ. 토지소유자가 마당에 설치한 연못 ㄴ. 타인이 토지소유자의 동의 없이 임의로 심은 조경수 ㄷ. 토지에 지상권을 가진 자가 경작을 위해 심은 감나무 ㄹ. 기둥, 지붕 및 주벽의 공사가 완료되어 건물로서의 외관을 갖추었으나 사용승인을 받지 못한 건물

① ㄱ, ㄴ
② ㄴ, ㄷ
③ ㄱ, ㄴ, ㄷ
④ ㄱ, ㄷ, ㄹ
⑤ ㄱ, ㄴ, ㄷ, ㄹ

35 **감정평가에 관한 규칙과 감정평가 실무기준상 임대료 감정평가에 관한 설명으로 옳지 않은 것은?**

① 임대사례비교법으로 감정평가할 때 임대사례에 특수한 사정이나 개별적 동기가 반영되어 수집된 임대사례의 임대료가 적절하지 못한 경우에는 사정보정을 통해 그러한 사정이 없었을 경우의 적절한 임대료 수준으로 정상화하여야 한다.
② 시점수정은 대상물건의 임대료 변동률로 함을 원칙으로 한다.
③ 감정평가법인등은 임대료를 감정평가할 때에 임대사례비교법을 적용해야 한다.
④ 적산법은 원가방식에 기초하여 대상물건의 임대료를 산정하는 감정평가방법이다.
⑤ 수익분석법이란 일반기업 경영에 의하여 산출된 총수익을 분석하여 대상물건이 일정한 기간에 산출할 것으로 기대되는 순수익에 대상물건을 계속하여 임대하는 데에 필요한 경비를 더하여 대상물건의 임대료를 산정하는 감정평가방법을 말한다.

36 **감정평가방법 중 거래사례비교법과 관련된 설명으로 옳지 않은 것은?**

① 거래사례비교법은 실제 거래되는 가격을 준거하므로 현실성이 있으며 설득력이 풍부하다는 장점이 있다.

② 거래사례비교법과 관련된 가격원칙은 대체의 원칙이고, 구해진 가액은 비준가액이라 한다.

③ 거래사례비교법은 대상부동산과 동질·동일성이 있어서 비교 가능한 사례를 채택하는 것이 중요하다.

④ 거래사례는 위치에 있어서 동일성 내지 유사성이 있어야 하며, 인근지역에 소재하는 경우에는 지역요인비교를 하여야 한다.

⑤ 거래사례에 사정보정요인이 있는 경우 우선 사정보정을 하고, 거래시점과 기준시점 간의 시간적 불일치를 정상화하는 작업인 시점수정을 하여야 한다.

37 **감정평가방식 중 원가방식에 관련된 설명으로 옳은 것은?**

① 원가방식은 대체의 원칙, 수요와 공급의 원칙, 균형의 원칙, 외부의 원칙, 예측의 원칙과 밀접한 관련이 있다.

② 재조달원가란 대상물건을 기준시점에 재생산 또는 재취득하는 데 필요한 적정원가의 총액으로서 원칙적으로 그 대상물건값의 상한선을 나타낸다.

③ 대치원가(replacement cost)란 건축자재, 설비공법 등에 있어 신축시점의 표준적인 것을 사용한 적정원가로서 이미 기능적 감가는 반영되어 있다.

④ 재조달원가를 구하는 방법은 직접법으로 총가격적산법(총량조사법), 변동률적용법(비용지수법) 등이 있고, 간접법으로 부분별단가적용법, 단위비교법 등이 있다.

⑤ 감가수정에 있어서 감가요인은 물리적 요인, 기능적 요인, 경제적 요인이 있으며, 감가상각에 있어서 감가요인은 물리적 요인, 경제적 요인이 있다.

38 다음 조건을 가진 부동산을 통해 산출한 내용으로 옳지 않은 것은? (단, 주어진 조건에 한함)

- 가능총소득(PGI) : 연 150,000,000원
- 공실손실상당액 · 대손충당금 : 가능총소득의 10%
- 운영경비(OE) : 유효총소득의 30%
- 대출원리금 상환액 : 연 40,000,000원
- 가격구성비 : 토지 40%, 건물 60%
- 토지환원이율 : 연 3%
- 건물환원이율 : 연 5%

① 운영경비는 40,500,000원이다.
② 종합환원이율은 연 4.2%이다.
③ 순영업소득(NOI)은 94,500,000원이다.
④ 유효총소득(EGI)은 135,000,000원이다.
⑤ 세전현금흐름(BTCF)은 53,500,000원이다.

39 다음 자료를 활용하여 공시지가기준법으로 평가한 대상토지의 시산가액(m^2당 단가)은?

- 대상토지 현황 : A시 B구 C동 101번지, 일반상업지역, 상업나지
- 기준시점 : 2023.04.08.
- 비교표준지 : A시 B구 C동 103번지, 일반상업지역, 상업나지
  2023.01.01. 기준 표준지공시지가 10,000,000원/m^2
- 지가변동률 : 1) 2023.01.01. ~ 2023.03.31. : -5.00%
  2) 2023.04.01. ~ 2023.04.08. : -2.00%
- 지역요인 : 비교표준지는 대상토지의 인근지역에 위치함
- 개별요인 : 대상토지는 비교표준지대비 획지조건에서 4% 열세하고, 환경조건에서 5% 우세하며, 다른 조건은 동일함
- 그 밖의 요인보정 : 대상토지 인근지역의 가치형성요인이 유사한 정상적인 거래사례 및 평가사례 등을 고려하여 그 밖의 요인으로 20% 증액 보정함
- 상승식으로 계산할 것
- 산정된 시산가액의 천원 미만은 버릴 것

① 11,144,000원
② 11,168,000원
③ 11,190,000원
④ 11,261,000원
⑤ 11,970,000원

40 감정평가에 관한 규칙의 내용으로 옳지 않은 것은?

① 시장가치란 감정평가의 대상이 되는 토지 등이 통상적인 시장에서 충분한 기간 동안 거래를 위하여 공개된 후 그 대상물건의 내용에 정통한 당사자 사이에 신중하고 자발적인 거래가 있을 경우 성립될 가능성이 가장 높다고 인정되는 대상물건의 가액을 말한다.

② 일체로 이용되고 있는 대상물건의 일부분에 대하여 감정평가하여야 할 특수한 목적이나 합리적인 이유가 있는 경우에는 그 부분에 대하여 감정평가할 수 있다.

③ 감정평가는 대상물건마다 개별로 하여야 하되, 가치를 달리하는 부분은 이를 구분하여 감정평가할 수 있다.

④ 감정평가법인등은 과수원을 감정평가할 때에 공시지가기준법을 적용해야 한다.

⑤ 감정평가는 기준시점에서의 대상물건의 이용상황(불법적이거나 일시적인 이용은 제외한다) 및 공법상 제한을 받는 상태를 기준으로 한다.

01 국토의 계획 및 이용에 관한 법령상 도시의 지속가능성 및 생활인프라 수준평가에 관한 설명으로 옳지 않은 것은?

① 도시의 지속가능성 및 생활인프라 수준의 최종평가 주체는 시・도지사이다.
② 지속가능성 평가기준에서는 토지이용의 효율성, 환경친화성, 생활공간의 안전성・쾌적성・편의성 등에 관한 사항을 고려하여야 한다.
③ 국가와 지방자치단체는 지속가능성 및 생활인프라 수준 평가 결과를 도시・군계획의 수립 및 집행에 반영하여야 한다.
④ 생활인프라 평가기준에서는 보급률 등을 고려한 생활인프라 설치의 적정성, 이용의 용이성・접근성・편리성 등에 관한 사항을 고려하여야 한다.
⑤ 「도시재생 활성화 및 지원에 관한 특별법」에 따른 도시재생 활성화를 위한 비용의 보조 또는 융자에 지속가능성 및 생활인프라 수준 평가결과를 활용하도록 할 수 있다.

02 국토의 계획 및 이용에 관한 법령상 광역도시계획에 관한 설명으로 옳은 것은?

① 광역계획권이 둘 이상의 시・도의 관할 구역에 걸쳐 있는 경우에는 관할 시・도지사가 공동으로 광역도시계획을 수립한다.
② 광역계획권을 지정한 날부터 2년이 지날 때까지 관할 시・도지사로부터 광역도시계획의 승인 신청이 없는 경우에는 국토교통부장관이 광역도시계획을 수립한다.
③ 중앙행정기관의 장, 시・도지사, 시장 또는 군수는 국토교통부장관이나 도지사에게 광역계획권의 지정 또는 변경을 요청할 수 없다.
④ 도지사가 시장 또는 군수의 요청에 의하여 관할 시장 또는 군수와 공동으로 광역도시계획을 수립하는 경우에는 국토교통부장관의 승인을 받아야 한다.
⑤ 국토교통부장관, 시・도지사, 시장 또는 군수가 기초조사정보체계를 구축한 경우에는 등록된 정보의 현황을 3년마다 확인하고 변동사항을 반영하여야 한다.

03 **국토의 계획 및 이용에 관한 법령상 주민이 도시·군관리계획 입안권자에게 도시·군관리계획의 입안을 제안할 수 있는 사항을 모두 고른 것은?**

ㄱ. 시가화조정구역의 지정 및 변경	ㄴ. 기반시설의 설치·정비
ㄷ. 지구단위계획의 수립 및 변경	ㄹ. 입지규제최소구역의 지정 및 변경

① ㄱ, ㄴ
② ㄱ, ㄷ
③ ㄴ, ㄹ
④ ㄴ, ㄷ
⑤ ㄱ, ㄴ, ㄷ, ㄹ

04 **국토의 계획 및 이용에 관한 법령상 용도지역과 용적률의 최대한도의 연결로 옳은 것은? (단, 조례 및 기타 강화·완화조건은 고려하지 않음)**

① 준공업지역 : 350퍼센트
② 근린상업지역 : 1,300퍼센트
③ 계획관리지역 : 100퍼센트
④ 자연환경보전지역 : 150퍼센트
⑤ 제2종일반주거지역 : 150퍼센트

05 **국토의 계획 및 이용에 관한 법령상 개발행위의 허가에 관한 설명으로 옳지 않은 것은? (단, 조례는 고려하지 않음)**

① 개발행위허가를 제한하고자 하는 자가 시·도지사인 경우에는 당해 시·도에 설치된 지방도시계획위원회의 심의를 거쳐야 한다.
② 「사도법」에 의한 사도개설허가를 받은 토지의 분할은 개발행위허가를 받지 아니하고 할 수 있다.
③ 시장 또는 군수는 개발행위허가에 조건을 붙이려는 때에는 미리 개발행위허가를 신청한 자의 의견을 들어야 한다.
④ 「사방사업법」에 따른 사방사업을 위한 개발행위는 중앙도시계획위원회와 지방도시계획위원회의 심의를 거치지 아니한다.
⑤ 개발행위허가를 받은 부지면적을 5퍼센트 확장하는 경우에는 별도의 변경허가를 받지 않아도 된다.

06 국토의 계획 및 이용에 관한 법령상 기반시설부담구역에 관한 내용이다. ( )에 들어갈 숫자로 옳은 것은?

기반시설부담구역에서 기반시설설치비용의 부과대상인 건축행위는 「국토의 계획 및 이용에 관한 법률」 제2조 제20호에 따른 시설로서 ( )제곱미터(기존 건축물의 연면적 포함)를 초과하는 건축물의 신축·증축행위로 한다.

① 100
② 200
③ 300
④ 400
⑤ 500

07 국토의 계획 및 이용에 관한 법령상 도시·군계획시설부지의 매수청구에 관한 설명으로 옳지 않은 것은? (단, 조례는 고려하지 않음)

① 매수청구를 한 토지의 소유자는 매수의무자가 그 토지를 매수하지 아니하기로 결정한 경우 개발행위허가를 받아 5층 이하의 제1종근린생활시설을 설치할 수 있다.
② 매수의무자는 매수하기로 결정한 토지에 대하여 매수 결정을 알린 날부터 2년 이내에 매수하여야 한다.
③ 도시·군계획시설채권의 상환기간은 10년 이내로 한다.
④ 지방자치단체인 매수의무자는 토지소유자가 원하는 경우 채권을 발행하여 매수대금을 지급할 수 있다.
⑤ 매수의무자는 매수청구를 받은 날부터 6개월 이내에 매수 여부를 결정하여야 한다.

08 국토의 계획 및 이용에 관한 법령상 지구단위계획에 관한 설명으로 옳지 않은 것은?

① 도시지역 내 지구단위계획구역의 지정목적이 한옥마을을 보존하고자 하는 경우에는 지구단위계획으로 「주차장법」 제19조 제3항의 규정에 의한 주차장 설치기준을 100퍼센트까지 완화하여 적용할 수 있다.

② 주민이 입안을 제안한 경우, 지구단위계획에 관한 도시·군관리계획결정의 고시일부터 3년 이내에 허가를 받아 사업이나 공사에 착수하지 아니하면 그 3년이 된 날에 지구단위계획구역의 지정에 관한 도시·군관리계획결정은 효력을 잃는다.

③ 도시지역 외에서 지정되는 지구단위계획구역(산업·유통개발진흥지구 제외)에서는 지구단위계획으로 해당 용도지역 또는 개발진흥지구에 적용되는 건폐율의 150퍼센트 및 용적률의 200퍼센트 이내에서 건폐율 및 용적률을 완화하여 적용할 수 있다.

④ 도시지역에 개발진흥지구를 지정하고 당해 지구를 지구단위계획구역으로 지정한 경우에는 지구단위계획으로 당해 용도지역에 적용되는 용적률의 120퍼센트 이내에서 용적률을 완화하여 적용할 수 있다.

⑤ 국토교통부장관은 「도시개발법」에 따라 지정된 도시개발구역의 전부 또는 일부에 대하여 지구단위계획구역을 지정할 수 있다.

09 국토의 계획 및 이용에 관한 법령상 공간재구조화계획의 결정권자가 도시혁신구역으로 지정할 수 있는 지역에 해당하는 것은?

① 산업구조 또는 경제활동의 변화로 복합적 토지이용이 필요한 지역

② 노후 건축물 등이 밀집하여 단계적 정비가 필요한 지역

③ 도시·군계획시설 준공 후 10년이 경과한 경우로서 해당 시설의 개량 또는 정비가 필요한 경우

④ 주변지역 정비 또는 지역경제 활성화를 위하여 기반시설의 복합적 이용이 필요한 경우

⑤ 도시·군기본계획에 따른 도심·부도심

10 국토의 계획 및 이용에 관한 법령상 성장관리계획에 포함되어야 할 사항으로 명시되어 있지 않은 것은?

① 건축물의 용도제한, 건축물의 건폐율 또는 용적률

② 환경관리 및 경관계획

③ 건축물의 디자인 및 건축선

④ 성장관리계획구역 내 토지개발·이용, 기반시설, 생활환경 등의 현황 및 문제점

⑤ 도로, 공원 등 기반시설의 배치와 규모에 관한 사항

11 **국토의 계획 및 이용에 관한 법령상 도시·군계획시설사업의 단계별 집행계획에 관한 설명으로 옳은 것은?**

① 국토교통부장관은 단계별 집행계획의 수립주체가 될 수 있다.
② 「도시 및 주거환경정비법」에 따라 도시·군관리계획의 결정이 의제되는 경우에는 해당 도시·군계획시설결정의 고시일부터 3년 이내에 단계별 집행계획을 수립할 수 있다.
③ 단계별 집행계획은 제1단계 집행계획과 제2단계 집행계획 및 제3단계 집행계획으로 구분하여 수립한다.
④ 3년 이내에 시행하는 도시·군계획시설사업은 제2단계 집행계획에 포함되도록 하여야 한다.
⑤ 단계별 집행계획이 수립되어 공고되면 변경할 수 없다.

12 **국토의 계획 및 이용에 관한 법령상 도시·군계획시설사업에 관한 설명으로 옳은 것은?**

① 대도시 시장이 작성한 도시·군계획시설사업에 관한 실시계획은 국토교통부장관의 인가를 받아야 한다.
② 도시·군계획시설사업이 둘 이상의 시 또는 군의 관할구역에 걸쳐 시행되게 되는 경우에는 국토교통부장관이 시행자를 정한다.
③ 도시·군계획시설사업의 대상시설을 둘 이상으로 분할하여 도시·군계획시설사업을 시행할 수 없다.
④ 「한국토지주택공사법」에 따른 한국토지주택공사가 도시·군계획시설사업의 시행자로 지정받기 위해서 제출해야 하는 신청서에 자금조달계획은 포함되지 않는다.
⑤ 「한국전력공사법」에 따른 한국전력공사는 도시·군계획시설사업의 시행자가 될 수 있다.

13 **국토의 계획 및 이용에 관한 법령상 국토교통부장관, 시·도지사, 시장 또는 군수나 도시·군계획시설사업의 시행자가 타인의 토지에 출입할 수 있는 경우를 모두 고른 것은?**

ㄱ. 도시·군계획에 관한 기초조사	ㄴ. 개발밀도관리구역에 관한 기초조사
ㄷ. 도시·군계획시설사업에 관한 측량	ㄹ. 지가의 동향에 관한 조사

① ㄱ
② ㄴ
③ ㄷ, ㄹ
④ ㄱ, ㄴ, ㄷ
⑤ ㄱ, ㄴ, ㄷ, ㄹ

14 부동산 가격공시에 관한 법령상 표준지공시지가에 관한 설명으로 옳지 않은 것은?

① 국토교통부장관은 개별공시지가의 산정을 위하여 필요하다고 인정하는 경우에는 토지가격비준표를 작성하여 시장·군수 또는 구청장에게 제공하여야 한다.
② 표준지공시지가의 공시에는 표준지의 1제곱미터당 가격이 포함되어야 한다.
③ 표준지공시지가의 공시에는 표준지에 대한 도로상황이 포함되어야 한다.
④ 표준지공시지가에 대한 이의신청은 서면(전자문서 포함)으로 하여야 한다.
⑤ 「산림조합법」에 따른 산림조합은 국유지 취득을 위해 표준지공시지가를 조사·평가할 수 있다.

15 부동산 가격공시에 관한 법령상 개별공시지가에 관한 설명으로 옳지 않은 것은?

① 시·도지사는 개별공시지가를 산정한 때에는 중앙부동산가격공시위원회의 심의를 거쳐 이를 공시하여야 한다.
② 표준지로 선정된 토지에 대한 개별공시지가가 결정·공시되지 아니한 경우 해당 토지의 표준지공시지가를 개별공시지가로 본다.
③ 공시기준일 이후에 토지의 형질변경으로 「공간정보의 구축 및 관리 등에 관한 법률」에 따른 지목변경이 된 토지는 개별공시지가 공시기준일을 다르게 할 수 있는 토지에 해당한다.
④ 개별공시지가의 결정·공시에 소요되는 비용 중 국고에서 보조할 수 있는 비용은 개별공시지가의 결정·공시에 드는 비용의 50퍼센트 이내로 한다.
⑤ 토지가격비준표의 적용에 오류가 있는 경우는 개별공시지가를 정정하여야 할 사유에 해당한다.

16 부동산 가격공시에 관한 법령상 주택가격의 공시에 관한 설명으로 옳지 않은 것은?

① 이의신청의 기간·절차 및 방법은 표준주택가격을 공시할 때 관보에 공고해야 하는 사항이다.
② 표준주택가격의 공시에는 표준주택의 용도가 포함되어야 한다.
③ 비주거용 집합부동산의 조사 및 산정지침은 중앙부동산가격공시위원회의 심의 대상이다.
④ 국토교통부장관은 표준주택가격을 조사·산정한 때에는 둘 이상의 감정평가법인등의 검증을 받아야 한다.
⑤ 공동주택가격의 공시에는 공동주택의 면적이 포함되어야 한다.

17 **감정평가 및 감정평가사에 관한 법령상 국토교통부장관이 한국부동산원에 위탁한 것이 아닌 것은?**

① 감정평가서에 대한 표본조사
② 감정평가서의 원본과 관련 서류의 보관
③ 감정평가 타당성조사를 위한 기초자료 수집
④ 감정평가 정보체계의 구축
⑤ 감정평가 정보체계의 운영

18 **감정평가 및 감정평가사에 관한 법령상 과징금에 관한 설명이다. (   )에 들어갈 내용을 순서대로 나열한 것은?**

• 감정평가법인에 대한 과징금부과처분의 경우 과징금최고액은 (   )원이다. • 과징금납부의무자가 과징금을 분할납부하려면 납부기한 (   )일 전까지 국토교통부장관에게 신청하여야 한다. • 과징금을 납부기한까지 납부하지 아니한 경우에는 납부기한의 다음 날부터 과징금을 (   )까지의 기간에 대하여 가산금을 징수할 수 있다.

① 3억, 10, 납부한 날의 전날
② 3억, 30, 납부한 날
③ 5억, 10, 납부한 날의 전날
④ 5억, 10, 납부한 날
⑤ 5억, 30, 납부한 날의 전날

19 **감정평가 및 감정평가사에 관한 법령상 과태료의 부과대상은?**

① 감정평가법인등이 아닌 자로서 감정평가업을 한 자
② 사무직원이 될 수 없는 자를 사무직원으로 둔 감정평가법인
③ 둘 이상의 감정평가사사무소를 설치한 사람
④ 구비서류를 거짓으로 작성하여 감정평가사 등록을 한 사람
⑤ 감정평가사 자격증 대여를 알선한 자

20 **국유재산법령상 행정재산과 일반재산에 관한 내용으로 옳지 않은 것은?**

① 행정재산의 사용허가기간을 갱신받으려는 자는 허가기간이 끝나기 1개월 전에 중앙관서의 장에게 신청하여야 한다.
② 중앙관서의 장은 행정재산의 사용허가를 철회하려는 경우에는 청문을 하여야 한다.
③ 일반재산의 대부계약은 수의계약의 방법으로 대부할 때에는 1회만 갱신할 수 있다.
④ 행정재산의 사용허가가 취소된 경우에는 재산을 원래 상태대로 반환하여야 하지만, 중앙관서의 장이 미리 상태의 변경을 승인한 경우에는 변경된 상태로 반환할 수 있다.
⑤ 일반재산을 매각한 이후 매수자가 매각대금을 체납한 경우 그 계약을 해제할 수 있다.

21 **국유재산법령상 국유재산에 관한 설명으로 옳은 것은?**

① 재판상 화해에 의해 일반재산에 사권(私權)을 설정할 수 없다.
② 총괄청의 허가를 받은 경우라 할지라도 국유재산에 관한 사무에 종사하는 직원은 그 처리하는 국유재산을 취득할 수 없다.
③ 국가 외의 자는 기부를 조건으로 축조하는 경우에도 국유재산에 영구시설물을 축조할 수 없다.
④ 총괄청은 다음 연도의 국유재산의 관리·처분에 관한 계획의 작성을 위한 지침을 매년 6월 30일까지 중앙관서의 장에게 통보하여야 한다.
⑤ 한국예탁결제원은 총괄청이나 중앙관서의 장 등이 증권을 보관·취급하게 할 수 있는 법인에 해당한다.

22 **국유재산법령상 행정재산의 사용허가와 일반재산의 처분에 있어 두 번의 일반경쟁입찰에도 낙찰자가 없는 경우 세 번째 입찰부터의 예정가격 조정·결정의 방법에 관한 설명이다. (　　)에 들어갈 숫자로 옳은 것은?**

- 행정재산 사용허가의 경우 : 최초 사용료 예정가격의 100분의 (ㄱ)을 최저 한도로 하여 매회 100분의 10의 금액만큼 그 예정가격을 낮추는 방법으로 조정할 수 있다.
- 일반재산 처분의 경우 : 최초 매각 예정가격의 100분의 (ㄴ)을 최저 한도로 하여 매회 100분의 10의 금액만큼 그 예정가격을 낮출 수 있다.

① ㄱ : 10, ㄴ : 30
② ㄱ : 10, ㄴ : 50
③ ㄱ : 20, ㄴ : 30
④ ㄱ : 20, ㄴ : 50
⑤ ㄱ : 30, ㄴ : 50

23 국유재산법령상 일반재산에 관한 설명으로 옳지 않은 것은?

① 일반재산의 처분가격은 대통령령으로 정하는 바에 따라 시가(時價)를 고려하여 결정한다.
② 총괄청은 일반재산이 3년 이상 활용되지 않은 경우 이 일반재산을 민간사업자인 법인(외국법인 제외)과 공동으로 개발할 수 있다.
③ 일반재산의 매각에 있어 매각대금이 완납되기 전에 해당 매각재산의 소유권을 이전하는 경우에는 저당권 설정 등 채권의 확보를 위하여 필요한 조치를 취하여야 한다.
④ 부동산신탁을 취급하는 신탁업자에게 신탁하여 개발된 일반재산의 대부기간은 30년 이내로 할 수 있으며, 20년의 범위에서 한 차례만 연장할 수 있다.
⑤ 일반재산을 현물출자함에 있어 지분증권의 산정가액이 액면가에 미달하는 경우에는 그 지분증권의 액면가에 따라 출자가액을 산정한다.

24 건축법령상 이행강제금에 관한 설명으로 옳은 것을 모두 고른 것은?

ㄱ. 허가권자는 시정명령을 받은 자가 이를 이행하면 새로운 이행강제금의 부과를 즉시 중지하되, 이미 부과된 이행강제금은 징수하여야 한다.
ㄴ. 동일인이 「건축법」에 따른 명령을 최근 2년 내에 2회 위반한 경우 부과될 금액을 100분의 150의 범위에서 가중하여야 한다.
ㄷ. 허가권자는 최초의 시정명령이 있었던 날을 기준으로 하여 1년에 최대 3회 이내의 범위에서 그 시정명령이 이행될 때까지 반복하여 이행강제금을 부과·징수할 수 있다.

① ㄱ ② ㄴ ③ ㄱ, ㄴ
④ ㄴ, ㄷ ⑤ ㄱ, ㄴ, ㄷ

25 건축법령상 주요구조부의 해체가 없는 등 대수선의 경우로 신고를 하면 건축허가가 의제되는 것은?

① 내력벽의 면적을 20제곱미터 이상 수선하는 것
② 특별피난계단을 수선하는 것
③ 보를 두 개 이상 수선하는 것
④ 지붕틀을 두 개 이상 수선하는 것
⑤ 기둥을 두 개 이상 수선하는 것

26 건축법령상 조정(調停) 및 재정(裁定)에 관한 설명으로 옳지 않은 것은?

① 조정 및 재정을 하기 위하여 국토교통부에 건축분쟁전문위원회를 둔다.
② 부득이한 사정으로 연장되지 않는 한 건축분쟁전문위원회는 당사자의 조정신청을 받으면 60일 이내에 절차를 마쳐야 한다.
③ 조정안을 제시받은 당사자는 제시를 받은 날부터 30일 이내에 수락 여부를 조정위원회에 알려야 한다.
④ 조정위원회는 필요하다고 인정하면 당사자나 참고인을 조정위원회에 출석하게 하여 의견을 들을 수 있다.
⑤ 건축분쟁전문위원회는 재정신청이 된 사건을 조정에 회부하는 것이 적합하다고 인정하면 직권으로 직접 조정할 수 있다.

27 건축법령상 안전영향평가를 실시하여야 할 건축물은 다음 각 호의 어느 하나에 해당하는 건축물이다. (　　)에 들어갈 내용으로 옳은 것은?

> 1. 초고층 건축물
> 2. 연면적(하나의 대지에 둘 이상의 건축물을 건축하는 경우에는 각각의 건축물의 연면적을 말한다)이 (ㄱ)만 제곱미터 이상이고 (ㄴ)층 이상인 건축물

① ㄱ : 5, ㄴ : 15
② ㄱ : 7, ㄴ : 15
③ ㄱ : 7, ㄴ : 16
④ ㄱ : 10, ㄴ : 15
⑤ ㄱ : 10, ㄴ : 16

28 공간정보의 구축 및 관리 등에 관한 법령상 용어의 정의에 관한 내용으로 옳지 않은 것은?

① 자치구가 아닌 구의 구청장은 "지적소관청"이 될 수 있다.
② "지목"이란 토지의 주된 용도에 따라 토지의 종류를 구분하여 지적공부에 등록한 것을 말한다.
③ "경계"란 필지별로 경계점들을 직선으로 연결하여 지적공부에 등록한 선을 말한다.
④ "등록전환"이란 지적공부에 등록되어 있지 아니한 토지를 지적공부에 등록하는 것을 말한다.
⑤ "축척변경"이란 지적도에 등록된 경계점의 정밀도를 높이기 위하여 작은 축척을 큰 축척으로 변경하여 등록하는 것을 말한다.

29 **공간정보의 구축 및 관리 등에 관한 법령상 지적에 관한 설명으로 옳지 않은 것은?**

① 지번은 지적소관청이 지번부여지역별로 차례대로 부여한다.

② 면적의 단위는 제곱미터로 한다.

③ 지적도면의 번호는 경계점좌표등록부에 등록하여야 할 사항에 속한다.

④ 토지소유자는 신규등록할 토지가 있으면 그 사유가 발생한 날부터 90일 이내에 지적소관청에 신규등록을 신청하여야 한다.

⑤ 행정구역의 명칭이 변경되었으면 지적공부에 등록된 토지의 소재는 새로운 행정구역의 명칭으로 변경된 것으로 본다.

30 **공간정보의 구축 및 관리 등에 관한 법령상 축척변경에 관한 설명으로 옳지 않은 것은?**

① 하나의 지번부여지역에 서로 다른 축척의 지적도가 있는 경우 그 지역의 축척을 변경할 수 있다.

② 축척변경을 하려면 축척변경 시행지역의 토지소유자 2분의 1 이상의 동의를 받아야 한다.

③ 합병하려는 토지가 축척이 다른 지적도에 각각 등록되어 있어 축척변경을 하는 경우 시·도지사 또는 대도시 시장의 승인을 요하지 않는다.

④ 도시개발사업의 시행지역에 있는 토지로서 그 사업 시행에서 제외된 토지의 축척변경은 축척변경위원회의 의결을 요하지 않는다.

⑤ 지적소관청은 축척변경 승인을 받았을 때에는 지체 없이 축척변경의 시행에 관한 세부계획을 20일 이상 공고하여야 한다.

31 **공간정보의 구축 및 관리 등에 관한 법령상 지목에 관한 설명으로 옳은 것은?**

① 토지가 임시적인 용도로 사용될 때에는 지목을 변경할 수 있다.

② 합병하려는 토지의 지목이 서로 다르더라도 소유자가 동일한 경우에는 토지의 합병을 신청할 수 있다.

③ 자동차 정비공장 안에 설치된 급유시설 부지의 지목은 "주유소용지"로 한다.

④ 고속도로의 휴게소 부지의 지목은 "도로"로 한다.

⑤ 토지소유자는 지목변경을 할 토지가 있으면 그 사유가 발생한 날부터 30일 이내에 지적소관청에 지목변경을 신청하여야 한다.

32 **부동산등기법령상 표시에 관한 등기에 관한 설명으로 옳지 않은 것은?**

① 등기관은 토지등기기록의 표제부에 등기목적을 기록하여야 한다.
② 토지의 분할이 있는 경우 그 토지 소유권의 등기명의인은 그 사실이 있는 때부터 1개월 이내에 그 등기를 신청하여야 한다.
③ 구분건물로서 그 대지권의 변경이 있는 경우 구분건물의 소유권의 등기명의인은 1동의 건물에 속하는 다른 구분건물의 소유권의 등기명의인을 대위하여 그 등기를 신청할 수 있다.
④ 건물이 구분건물인 경우에 그 건물의 등기기록 중 1동 표제부에 기록하는 등기사항에 관한 변경등기는 그 구분건물과 같은 1동의 건물에 속하는 다른 구분건물에 대하여도 변경등기로서의 효력이 있다.
⑤ 1동의 건물에 속하는 구분건물 중 일부만에 관하여 소유권보존등기를 신청하는 경우에는 나머지 구분건물의 표시에 관한 등기를 동시에 신청하여야 한다.

33 **부동산등기법령상 권리에 관한 등기에 관한 설명으로 옳지 않은 것은?**

① 국가・지방자치단체・국제기관 및 외국정부의 부동산등기용등록번호는 법무부장관이 지정・고시한다.
② 등기관이 환매특약의 등기를 할 때에는 매수인이 지급한 대금을 기록하여야 한다.
③ 등기원인에 권리의 소멸에 관한 약정이 있을 경우 신청인은 그 약정에 관한 등기를 신청할 수 있다.
④ 등기의 말소를 신청하는 경우에 그 말소에 대하여 등기상 이해관계 있는 제3자가 있을 때에는 제3자의 승낙이 있어야 한다.
⑤ 등기관이 토지에 대하여 소유권경정등기를 하였을 때에는 지체 없이 그 사실을 지적소관청에 알려야 한다.

34 **부동산등기법령상 이의에 관한 설명으로 옳은 것을 모두 고른 것은?**

ㄱ. 새로운 사실이나 새로운 증거방법을 근거로 이의신청을 할 수 있다.
ㄴ. 등기관은 이의가 이유 없다고 인정하면 이의신청일부터 7일 이내에 의견을 붙여 이의신청서를 관할 지방법원에 보내야 한다.
ㄷ. 이의에는 집행정지의 효력이 없다.
ㄹ. 송달에 대하여는 「민사소송법」을 준용하고, 이의의 비용에 대하여는 「비송사건절차법」을 준용한다.

① ㄱ, ㄴ　② ㄱ, ㄷ　③ ㄱ, ㄹ
④ ㄴ, ㄷ　⑤ ㄷ, ㄹ

35 부동산등기법령상 소유권등기 및 담보권등기에 관한 설명으로 옳지 않은 것은?

① 등기관이 소유권보존등기를 할 때에는 등기원인과 그 연월일을 기록하지 아니한다.
② 미등기의 토지 또는 건물의 경우 수용(收用)으로 인하여 소유권을 취득하였음을 증명하는 자는 소유권보존등기를 신청할 수 있다.
③ 등기관이 동일한 채권에 관하여 3개의 부동산에 관한 권리를 목적으로 하는 저당권설정의 등기를 할 때에는 공동담보목록을 작성하여야 한다.
④ 등기관은 근저당권을 내용으로 하는 저당권설정의 등기를 할 때에는 채권의 최고액을 기록하여야 한다.
⑤ 등기관이 채권의 일부에 대한 대위변제로 인한 저당권 일부이전등기를 할 때에는 변제액을 기록하여야 한다.

36 도시 및 주거환경정비법령상 조합에 관한 설명으로 옳은 것은?

① 조합이 정관의 기재사항인 조합임원의 수를 변경하려는 때에는 시장·군수 등의 인가를 받아야 한다.
② 조합은 명칭에 정비사업조합이라는 문자를 사용하여야 한다.
③ 토지등소유자의 수가 100인을 초과하는 경우 조합에 두는 이사의 수는 7명 이상으로 한다.
④ 조합임원의 임기는 5년 이하의 범위에서 정관으로 정하되, 연임할 수 없다.
⑤ 조합의 대의원회는 조합원의 10분의 1 이상으로 구성하며, 조합장이 아닌 조합임원도 대의원이 될 수 있다.

37 도시 및 주거환경정비법령상 사업시행계획의 변경 시 신고대상인 경미한 사항의 변경에 해당하지 않는 것은? (단, 조례는 고려하지 않음)

① 대지면적을 10퍼센트의 범위에서 변경하는 때
② 사업시행자의 명칭을 변경하는 때
③ 건축물이 아닌 부대시설의 설치규모를 확대하는 때(위치가 변경되는 경우 포함)
④ 정비계획의 변경에 따라 사업시행계획서를 변경하는 때
⑤ 내장재료를 변경하는 때

38 **도시 및 주거환경정비법령상 정비사업에 관한 설명이다. (   )에 들어갈 내용으로 옳은 것은?**

• 시장・군수 등이 아닌 사업시행자가 정비사업을 시행하려는 경우에는 사업시행계획서에 정관등과 그 밖에 국토교통부령으로 정하는 서류를 첨부하여 시장・군수 등에게 제출하고 사업시행계획(ㄱ)을(를) 받아야 한다. • 시장・군수 등이 아닌 사업시행자가 정비사업 공사를 완료한 때에는 대통령령으로 정하는 방법 및 절차에 따라 시장・군수 등의 준공(ㄴ)을(를) 받아야 한다.

① ㄱ : 승인, ㄴ : 인가
② ㄱ : 승인, ㄴ : 허가
③ ㄱ : 인가, ㄴ : 승인
④ ㄱ : 인가, ㄴ : 인가
⑤ ㄱ : 인가, ㄴ : 허가

39 **도시 및 주거환경정비법령상 비용의 부담 등에 관한 설명으로 옳지 않은 것은?**

① 사업시행자는 토지등소유자로부터 정비사업비용과 정비사업의 시행과정에서 발생한 수입의 차액을 부과금으로 부과・징수할 수 있다.
② 체납된 부과금 또는 연체료의 부과・징수를 위탁받은 시장・군수 등은 지방세 체납처분의 예에 따라 부과・징수할 수 있다.
③ 공동구점용예정자가 부담할 공동구의 설치에 드는 비용의 부담비율은 공동구의 점용예정면적비율에 따른다.
④ 부담금의 납부통지를 받은 공동구점용예정자는 공동구의 설치공사가 착수되기 전에 부담금액의 3분의 1 이상을 납부하여야 한다.
⑤ 시장・군수 등은 시장・군수 등이 아닌 사업시행자가 시행하는 정비사업의 정비계획에 따라 설치되는 임시거주시설에 대해서는 그 건설비용의 전부를 부담하여야 한다.

40 **동산・채권 등의 담보에 관한 법령상 동산담보권에 관한 설명으로 옳은 것은?**

① 창고증권이 작성된 동산을 목적으로 담보등기를 할 수 있다.
② 담보권설정자의 사업자등록이 말소된 경우 그에 따라 이미 설정된 동산담보권도 소멸한다.
③ 담보권설정자의 행위에 의한 사유로 담보목적물의 가액(價額)이 현저히 증가된 경우 담보목적물의 일부를 반환받을 수 있다.
④ 동산담보권의 효력은 담보목적물에 대한 압류가 있은 후에 담보권설정자가 그 담보목적물로부터 수취할 수 있는 과실(果實)에 미친다.
⑤ 담보권자와 담보권설정자 간 약정에 따른 동산담보권의 득실변경(得失變更)은 담보등기부에 등기하지 않더라도 그 효력이 생긴다.

※ 아래의 문제들에서 특별한 언급이 없는 한 기업의 보고기간(회계기간)은 매년 1월 1일부터 12월 31일까지이다. 또한, 기업은 주권상장법인으로 계속해서 한국채택국제회계기준(K-IFRS)을 적용해오고 있다고 가정하고, 답지항 중에서 물음에 가장 합당한 답을 고르시오. 단, 자료에서 제시한 모든 항목과 금액은 중요하며, 자료에서 제시한 것 이외의 사항은 고려하지 않고 답한다. 예를 들어, 법인세에 대한 언급이 없으면 법인세 효과는 고려하지 않는다.

01 재무제표 표시에 관한 일반사항으로 옳지 않은 것은?

① 서술형 정보는 당기 재무제표를 이해하는 데 목적적합하더라도 비교정보를 표시하지 아니한다.
② 재무제표가 계속기업 기준으로 작성되지 않을 경우, 그 사실과 함께 재무제표 작성기준과 계속기업으로 보지 않는 이유를 공시하여야 한다.
③ 기업은 현금흐름 정보를 제외하고는 발생기준 회계를 사용하여 재무제표를 작성한다.
④ 중요하지 않은 항목은 성격이나 기능이 유사한 항목과 통합하여 표시할 수 있다.
⑤ 한국채택국제회계기준을 준수하여 작성된 재무제표는 공정하게 표시된 재무제표로 본다.

02 무형자산에 관한 설명으로 옳지 않은 것은?

① 무형자산은 손상의 징후가 있거나 그 자산을 사용하지 않을 때에 상각을 중지한다.
② 무형자산의 인식기준을 충족하지 못해 비용으로 인식한 지출은 그 이후에 무형자산의 원가로 인식할 수 없다.
③ 내부적으로 창출한 영업권은 자산으로 인식하지 아니한다.
④ 개별취득 무형자산은 자산에서 발생하는 미래경제적효익의 유입가능성이 높다는 인식기준을 항상 충족한다.
⑤ 무형자산으로 정의되려면 식별가능성, 자원에 대한 통제와 미래경제적효익의 존재를 충족하여야 한다.

03 **투자부동산의 분류에 관한 설명으로 옳지 않은 것은?**

① 미사용부동산을 운용리스로 제공한 경우에는 투자부동산으로 분류한다.
② 리스계약에 따라 이전받은 부동산을 다시 제3자에게 임대한다면 리스이용자는 해당 사용권자산을 투자부동산으로 분류한다.
③ 지배기업이 다른 종속기업에게 자가사용 건물을 리스하는 경우 당해 건물은 연결재무제표에 투자부동산으로 분류할 수 없다.
④ 건물 소유자가 그 건물의 사용자에게 제공하는 부수적 용역의 비중이 경미하면 해당 건물을 투자부동산으로 분류한다.
⑤ 처분예정인 자가사용부동산은 투자부동산으로 분류한다.

04 **(주)감평은 20×1년 1월 종업원 70명에게 향후 3년 동안의 계속 근무 용역제공조건으로 가득되는 주식결제형 주식선택권을 1명당 50개씩 부여하였다. 권리 부여일 현재 주식선택권의 개당 공정가치는 ₩10(향후 변동없음)으로 추정되며, 연도별 종업원 퇴직현황은 다음과 같다.**

연도	실제 퇴직자(명)	추가 퇴직 예상자(명)
20×1년	6	10
20×2년	8	5

(주)감평의 20×2년 말 재무상태표상 주식선택권 장부금액은?

① ₩8,000
② ₩9,000
③ ₩17,000
④ ₩18,667
⑤ ₩25,500

05 **재무보고를 위한 개념체계에 관한 설명으로 옳지 않은 것은?**

① 개념체계는 특정 거래나 다른 사건에 적용할 회계기준이 없는 경우에 재무제표 작성자가 일관된 회계정책을 개발하는 데 도움을 준다.
② 개념체계의 어떠한 내용도 회계기준이나 회계기준의 요구사항에 우선하지 아니한다.
③ 일반목적재무보고의 목적을 달성하기 위해 회계기준위원회는 개념체계의 관점에서 벗어난 요구사항을 정하는 경우가 있을 수 있다.
④ 개념체계는 수시로 개정될 수 있으며, 개념체계가 개정되면 자동으로 회계기준이 개정된다.
⑤ 개념체계에 기반한 회계기준은 경영진의 책임을 묻기 위한 필요한 정보를 제공한다.

06 **20×1년 설립된 (주)감평의 20×1년 주식과 관련된 자료는 다음과 같다.**

- 20×1년 1월 초 유통주식수 : 보통주 5,000주, 우선주 300주
- 6월 초 모든 주식에 대해 무상증자 10% 실시
- 10월 초 보통주 자기주식 300주 취득
- 20×1년도 당기순이익 : ₩900,000

20×1년 (주)감평의 기본주당이익이 ₩162일 때, 우선주 배당금은? (단, 기간은 월할 계산한다.)

① ₩21,150
② ₩25,200
③ ₩27,510
④ ₩32,370
⑤ ₩33,825

07 **재무정보의 질적 특성에 관한 설명으로 옳지 않은 것을 모두 고른 것은?**

ㄱ. 오류가 없다는 것은 현상의 기술에 오류나 누락이 없고, 보고 정보를 생산하는 데 사용되는 절차의 선택과 적용 시 절차상 완벽하게 정확하다는 것을 의미한다.
ㄴ. 재무정보가 과거 평가에 대해 피드백을 제공한다면 확인가치를 갖는다.
ㄷ. 회계기준위원회는 중요성에 대한 획일적인 계량임계치를 정하거나 특정한 상황에서 무엇이 중요한 것인지를 미리 결정할 수 있다.
ㄹ. 목적적합하고 충실하게 표현된 정보의 유용성을 보강시키는 질적 특성으로는 비교가능성, 검증가능성, 적시성 및 이해가능성이 있다.

① ㄱ, ㄴ
② ㄱ, ㄷ
③ ㄱ, ㄹ
④ ㄴ, ㄷ
⑤ ㄷ, ㄹ

08 퇴직급여제도의 용어에 관한 설명으로 옳은 것은?

① 비가득급여 : 종업원의 미래 계속 근무와 관계없이 퇴직급여제도에 따라 받을 권리가 있는 급여
② 약정퇴직급여의 보험수리적 현재가치 : 퇴직급여제도에 의거하여 현직 및 전직 종업원에게 이미 제공한 근무용역에 대해 지급할 예상퇴직급여의 현재가치
③ 급여지급에 이용가능한 총자산 : 제도의 자산에서 약정퇴직급여의 보험수리적 현재가치를 제외한 부채를 차감한 잔액
④ 확정기여제도 : 종업원에게 지급할 퇴직급여금액이 일반적으로 종업원의 임금과 근무연수에 기초하는 산정식에 의해 결정되는 퇴직급여제도
⑤ 기금적립 : 퇴직급여를 지급할 현재의무를 충족하기 위해 사용자와는 구별된 실체(기금)에 자산을 이전하는 것

09 20×1년 말 (주)감평의 올바른 당좌예금 금액을 구하기 위한 자료는 다음과 같다. (주)감평의 입장에서 수정 전 당좌예금계정 잔액에 가산 또는 차감해야 할 금액은?

(1) 수정 전 잔액
- 은행의 당좌예금잔액증명서상 금액 : ₩4,000
- (주)감평의 당좌예금 계정원장상 금액 : ₩2,100

(2) 은행과 (주)감평의 당좌예금 수정 전 잔액 차이 원인
- 20×1년 말 현재 (주)감평이 발행·기록한 수표 중 은행에서 미결제된 금액 : ₩1,200
- 20×1년도 은행이 기록한 수수료 미통지 금액 : ₩100
- 20×1년 말 받을어음 추심으로 당좌예금 계좌에 기록되었으나, (주)감평에 미통지된 금액 : ₩1,000
- 20×1년 중 거래처로부터 받아 기록하고 추심 의뢰한 수표 중 은행으로부터 부도 통지받은 금액 : ₩200

	가산할 금액	차감할 금액
①	₩1,000	₩300
②	₩1,100	₩200
③	₩1,300	₩1,400
④	₩1,400	₩100
⑤	₩2,200	₩300

10 (주)감평은 20×1년 초 전환사채(액면금액 ₩10,000, 만기 3년, 표시이자율 연 3%, 매년 말 이자지급)를 액면발행하였다. 사채발행 당시 전환권이 없는 일반사채의 시장이자율은 연 8%이며, 전환권 미행사 시 만기일에 연 7%의 수익을 보장한다. 동 전환사채가 만기 상환될 경우, 다음 미래가치를 이용하여 계산한 상환할증금은? (단, 금액은 소수점 첫째자리에서 반올림하여 계산한다.)

〈단일금액 ₩1의 미래가치〉

기간	7%	8%
1년	1.070	1.080
2년	1.145	1.166
3년	1.225	1.260

① ₩1,119
② ₩1,286
③ ₩1,299
④ ₩1,376
⑤ ₩1,402

11 (주)감평은 20×1년 초 영업에 사용할 목적으로 특수장비(내용연수 5년, 잔존가치 ₩0, 정액법 감가상각, 원가모형 적용)를 ₩30,000에 취득하여 사용하다가, 20×2년 중 동 특수장비에 심각한 손상이 발생하였다. 특수장비의 회수가능액은 20×2년 말 ₩15,000으로 추정되었다. (주)감평의 20×2년 말 특수장비와 관련된 회계처리가 당기순이익에 미치는 영향은?

① ₩3,000 증가
② ₩3,000 감소
③ ₩6,000 증가
④ ₩6,000 감소
⑤ ₩9,000 감소

12 (주)감평은 20×1년 초 사채(액면금액 ₩60,000, 표시이자율 연 10%, 매년 말 이자지급, 만기 3년, 매년 말 ₩20,000씩 원금상환 조건)를 발행하였다. 동 사채의 발행 당시 유효이자율은 연 12%이다. 다음 현재가치를 이용하여 계산한 사채의 발행가액과 20×2년도에 인식할 이자비용은? (단, 금액은 소수점 첫째자리에서 반올림하여 계산한다.)

〈단일금액 ₩1의 현재가치〉

기간	10%	12%
1년	0.9091	0.8929
2년	0.8264	0.7972
3년	0.7513	0.7118

	발행가액	20×2년 이자비용
①	₩48,353	₩3,165
②	₩48,353	₩3,279
③	₩52,487	₩3,934
④	₩58,008	₩4,676
⑤	₩58,008	₩6,961

13 **(주)감평은 고객에게 매출액의 1%를 사용기간 제한 없는 포인트로 제공한다. 고객은 이 포인트를 (주)감평의 상품 구매대금 결제에 사용할 수 있다. (주)감평의 20×1년도 매출액은 ₩50,000, 포인트의 단위당 공정가치는 ₩10이다. 20×1년에 총 2,500포인트가 사용될 것으로 추정되며, 20×1년 중 500포인트가 실제로 사용되었다. (주)감평이 20×1년 인식할 포인트 관련 매출은?**

① ₩0
② ₩1,000
③ ₩1,250
④ ₩1,500
⑤ ₩5,000

14 **(주)감평은 20×1년 1월 초에 본사건물을 착공하여 20×2년 11월 말 완공하였다. 본사건물 신축 관련 자료가 다음과 같을 때, (주)감평이 20×1년도에 자본화할 차입원가는? (단, 기간은 월할 계산한다.)**

(1) 공사비 지출

일자	금액
20×1.1.1.	₩2,000,000
20×1.7.1.	400,000

(2) 차입금 현황

구분	차입금액	차입기간	연이자율
특정차입금	₩2,000,000	20×1.7.1. ~ 20×1.12.31.	3%
일반차입금	100,000	20×1.1.1. ~ 20×2.6.30.	5%

① ₩30,000
② ₩35,000
③ ₩50,000
④ ₩65,000
⑤ ₩90,000

15 20×1년부터 (주)감평은 제품판매 후 2년 동안 제품하자보증을 실시하고 있다. 20×2년도에 판매된 제품에 대하여 경미한 결함은 ₩100, 치명적인 결함은 ₩4,000의 수리비용이 발생한다. 과거 경험에 따르면 10%는 경미한 결함이, 5%는 치명적인 결함이 발생할 것으로 예상된다. 20×1년 말에 제품보증충당부채 잔액은 ₩200이다. 20×2년 기중에 20×1년 판매된 제품에 대한 수리비용이 ₩300 지출되었다면, (주)감평의 20×2년도 재무제표에 보고할 제품보증비와 제품보증충당부채는?

	제품보증비	제품보증충당부채
①	₩100	₩310
②	₩210	₩210
③	₩210	₩310
④	₩310	₩210
⑤	₩310	₩310

16 (주)감평은 20×1년 초 총 계약금액이 ₩1,200인 공사계약을 체결하고, 20×3년 말에 완공하였다. 다음 자료를 기초로 (주)감평이 20×1년도 재무제표에 인식할 공사이익과 계약자산(또는 계약부채)은? (단, 진행률은 누적발생공사원가를 추정총공사원가로 나눈 비율로 계산한다.)

구분	20×1년	20×2년	20×3년
실제발생 공사원가	₩300	₩500	₩350
완성시까지 예상 추가 공사원가	700	200	–
공사대금 청구액	400	300	500
공사대금 회수액	320	200	680

	공사이익	계약자산(계약부채)
①	₩40	₩40
②	₩60	₩40
③	₩60	₩(40)
④	₩80	₩40
⑤	₩80	₩(40)

17 **금융상품에 관한 설명으로 옳지 않은 것은?**

① 종류별로 금융상품을 공시하는 경우에는 공시하는 정보의 특성에 맞게, 금융상품의 특성을 고려하여 금융상품을 종류별로 분류하여야 한다.

② 기타포괄손익-공정가치로 측정하는 금융자산의 장부금액은 손실충당금에 의해 감소되지 않는다.

③ 당기손익-공정가치로 측정되는 지분상품은 후속적 공정가치 변동을 기타포괄손익으로 표시하도록 최초 인식시점에 선택할 수 있다.

④ 금융자산과 금융부채를 상계하면 손익이 발생할 수 있다.

⑤ 금융자산의 회수를 합리적으로 예상할 수 없는 경우에는 해당 금융자산의 총 장부금액을 직접 줄인다.

18 **(주)감평의 20×2년 자본관련 자료이다. 20×2년 말 자본총계는? (단, 자기주식 거래는 선입선출법에 따른 원가법을 적용한다.)**

(1) 기초자본

• 보통주 자본금(주당 액면금액 ₩500, 발행주식수 40주)	₩20,000
• 보통주 주식발행초과금	4,000
• 이익잉여금	30,000
• 자기주식(주당 ₩600에 10주 취득)	(6,000)
• 자본총계	₩48,000

(2) 기중자본거래

- 4월 1일 자기주식 20주를 1주당 ₩450에 취득
- 5월 25일 자기주식 8주를 1주당 ₩700에 처분
- 6월 12일 자기주식 3주를 소각
- 8월 20일 주식발행초과금 ₩4,000과 이익잉여금 중 ₩5,000을 재원으로 무상증자 실시

(3) 20×2년 당기순이익 : ₩50,000

① ₩77,300
② ₩87,500
③ ₩94,600
④ ₩96,250
⑤ ₩112,600

19 (주)감평의 창고에 보관 중인 20×1년 말 상품 재고실사 금액은 ₩2,840이다. 다음 자료를 반영한 이후 20×1년 말 재무상태표에 표시할 기말상품 금액은?

- 기말 현재 일부 상품(원가 ₩100)을 물류회사에 보관 중이며, 보관료 ₩20을 지급하기로 하였다.
- 수탁회사에 적송한 상품(원가 ₩600) 중 20%는 기말까지 판매되지 않았다.
- 고객에게 발송한 시송품(원가 ₩500) 중 기말 현재 고객으로부터 매입의사 표시를 통보받지 못한 상품이 ₩200이다.
- 20×1년 12월 28일에 도착지 인도조건으로 거래처에서 매입한 상품(원가 ₩250)이 기말 현재 운송 중에 있다.

① ₩3,260 ② ₩3,510 ③ ₩3,560
④ ₩3,740 ⑤ ₩3,810

20 (주)감평은 기계장치(장부금액 ₩2,000, 공정가치 ₩3,500)를 제공하고, (주)한국의 건물과 현금 ₩700을 취득하는 교환거래를 하였다. 건물의 공정가치는 ₩2,500으로 기계장치의 공정가치보다 더 명백하며, 이 교환거래는 상업적 실질이 있다고 할 때, (주)감평이 인식할 유형자산처분손익은?

① 유형자산처분손익 ₩0 ② 유형자산처분손실 ₩1,200
③ 유형자산처분이익 ₩1,200 ④ 유형자산처분손실 ₩2,200
⑤ 유형자산처분이익 ₩2,200

21 (주)감평의 20×1년도 상품관련 자료는 다음과 같다. 기말상품 실사수량은 30개이며, 수량감소분 중 40%는 정상감모손실이다. (주)감평의 20×1년의 매출원가는? (단, 정상감모손실과 평가손실은 매출원가에 포함한다.)

구분	수량	단위당 취득원가	단위당 판매가격	단위당 순실현가능가치
기초재고	70개	₩60	–	–
매입	100개	₩60	–	–
매출	120개	–	₩80	–
기말재고	50개	–	–	₩50

① ₩7,200 ② ₩7,500 ③ ₩7,680
④ ₩7,980 ⑤ ₩8,700

22 리스에 관한 설명으로 옳은 것을 모두 고른 것은?

ㄱ. 단기리스나 소액 기초자산 리스를 제외한 모든 리스에 대해서 리스이용자는 사용권자산과 리스부채를 인식해야 한다.
ㄴ. 리스이용자는 리스의 내재이자율을 쉽게 산정할 수 없는 경우에는 리스제공자의 증분차입이자율을 사용하여 리스료를 할인한다.
ㄷ. 리스이용자는 사용권자산이 손상되었는지를 판단하고 식별되는 손상차손을 회계처리하기 위하여 자산손상 기준서를 적용한다.
ㄹ. 투자부동산의 정의를 충족하는 사용권자산은 재무상태표에 투자부동산으로 표시한다.

① ㄱ, ㄴ　② ㄱ, ㄷ　③ ㄷ, ㄹ
④ ㄱ, ㄷ, ㄹ　⑤ ㄴ, ㄷ, ㄹ

23 고객과의 계약에서 생기는 수익에 관한 설명으로 옳은 것은?

① 계약의 결과로 기업의 미래 현금흐름의 위험, 시기, 금액이 변동될 것으로 예상되지 않는 경우에도 고객과의 계약으로 회계처리할 수 있다.
② 계약은 서면으로, 구두로, 기업의 사업 관행에 따라 암묵적으로 체결할 수 있다.
③ 이전할 재화나 용역의 지급조건을 식별할 수 없는 경우라도 고객과의 계약으로 회계처리할 수 있다.
④ 계약변경은 반드시 서면으로만 승인될 수 있다.
⑤ 고객과의 계약에서 식별되는 수행의무는 계약에 분명히 기재한 재화나 용역에만 한정된다.

24 다음은 20×1년 초 설립한 (주)감평의 법인세 관련 자료이다.

• 20×1년 세무조정사항	
– 감가상각비한도초과액	₩55,000
– 정기예금 미수이자	25,000
– 접대비한도초과액	10,000
– 자기주식처분이익	30,000
• 20×1년 법인세비용차감전순이익	₩400,000
• 연도별 법인세율은 20%로 일정하다.	
• 당기 이연법인세자산(부채)은 인식요건을 충족한다.	

20×1년도 법인세비용은?

① ₩80,000
② ₩81,000
③ ₩82,000
④ ₩86,000
⑤ ₩94,000

25 (주)감평은 20×1년 초에 폐기물처리시설(내용연수 5년, 잔존가치 ₩0, 정액법 월할상각)을 ₩1,000,000에 취득하였다. 주변민원으로 20×1년 10월 초부터 3개월간 가동이 일시 중단되었다. 20×2년 초에 사용종료(4년 후) 시 환경복구(지출 추정금액 ₩300,000, 현재가치 계산에 적용할 할인율 연 6%)를 조건으로 시설을 재가동하였다. 20×2년도 동 폐기물처리시설의 감가상각비는? (단, 금액은 소수점 첫째자리에서 반올림하여 계산한다.)

기간	단일금액 ₩1의 현재가치(할인율 = 6%)
4	0.7921
5	0.7473

① ₩244,838
② ₩247,526
③ ₩259,408
④ ₩268,548
⑤ ₩271,908

26 (주)감평은 20×1년 초 임대수익을 목적으로 건물을 ₩320,000에 취득하고 공정가치모형을 적용하였다. (주)감평은 20×2년 9월 1일 동 건물을 자가사용 건물로 대체하였으며, 정액법(내용연수 10년, 잔존가치 ₩0)으로 상각(월할상각)하고 재평가모형을 적용하였다. 시점별 건물의 공정가치는 다음과 같다.

20×1년 말	20×2년 9월 1일	20×2년 말
₩340,000	₩330,000	₩305,000

동 건물 관련 회계처리가 20×2년 당기순이익에 미치는 영향은?

① ₩14,000 감소
② ₩21,000 감소
③ ₩24,000 감소
④ ₩25,000 감소
⑤ ₩35,000 감소

27 (주)감평은 20×1년 초 투자부동산(내용연수 10년, 잔존가치 ₩0, 정액법상각)을 ₩200,000에 취득하고 원가모형을 적용하였다. (주)감평은 20×2년부터 동 투자부동산에 대하여 공정가치 모형을 적용하기로 하였으며 이러한 회계변경은 정당하다. 20×1년 말, 20×2년 말 동 투자부동산의 공정가치는 각각 ₩190,000, ₩185,000이다. 회계변경효과를 반영하여 20×2년 말 작성하는 비교재무제표(20×1년, 20×2년)에 표시될 금액에 관한 설명으로 옳은 것은?

① 20×1년도 투자부동산(순액)은 ₩180,000이다.
② 20×1년도 투자부동산 감가상각비는 ₩0이다.
③ 20×1년도 투자부동산평가손익은 ₩0이다.
④ 20×2년도 투자부동산평가이익은 ₩5,000이다.
⑤ 20×2년도 투자부동산(순액)은 ₩190,000이다.

28 (주)감평은 20×1년 초 (주)한국의 의결권주식 20%를 ₩300,000에 취득하고 지분법을 적용하는 관계기업투자주식으로 분류하였다. 취득 당시 (주)한국의 순자산 장부금액은 ₩1,000,000이었으며, 토지와 건물(내용연수 10년, 정액법상각)의 장부금액에 비해 공정가치가 각각 ₩100,000, ₩200,000 더 높은 것을 제외하고 자산과 부채의 장부금액은 공정가치와 일치하였다. 20×1년도에 (주)한국은 당기순이익과 기타포괄이익을 각각 ₩100,000, ₩30,000 보고하였으며, ₩15,000의 현금배당을 실시하였다. (주)감평의 20×1년 말 관계기업투자주식의 장부금액은?

① ₩312,000
② ₩316,000
③ ₩319,000
④ ₩320,000
⑤ ₩326,000

29 (주)감평의 매출액은 ₩215,000, 재고구입에 따른 현금유출액은 ₩120,000이다. 다음 (주)감평의 재고자산, 매입채무 변동 자료를 이용할 경우, 매출총이익은?

구분	금액
재고자산 증가액	₩4,000
매입채무 증가액	6,000

① ₩85,000
② ₩89,000
③ ₩91,000
④ ₩93,000
⑤ ₩97,000

30 (주)감평의 20×1년 현금흐름표 작성을 위한 자료이다.

당기순이익	₩147,000	감가상각비	₩5,000
법인세비용	30,000	매출채권 감소액	15,000
유형자산처분이익	20,000	재고자산 증가액	4,000
이자비용	25,000	매입채무 감소액	6,000
이자수익	15,000	배당금수익	8,000

(주)감평의 20×1년 영업에서 창출된 현금은?

① ₩159,000
② ₩161,000
③ ₩167,000
④ ₩169,000
⑤ ₩189,000

31 범용기계장치를 이용하여 제품 X와 Y를 생산 · 판매하는 (주)감평의 당기 예산자료는 다음과 같다.

구분	제품 X	제품 Y
단위당 판매가격	₩1,500	₩1,000
단위당 변동원가	1,200	800
단위당 기계가동시간	2시간	1시간
연간 정규시장 판매수량	300단위	400단위
연간 최대기계가동시간	1,000시간	

(주)감평은 신규거래처로부터 제품 Z 200단위의 특별주문을 요청받았다. 제품 Z의 생산에는 단위당 ₩900의 변동원가가 발생하며 단위당 1.5 기계가동시간이 필요하다. 특별주문 수락 시 기존 제품의 정규시장 판매를 일부 포기해야 하는 경우, (주)감평이 제시할 수 있는 단위당 최소판매가격은? (단, 특별주문은 전량 수락하든지 기각해야 한다.)

① ₩900
② ₩1,125
③ ₩1,150
④ ₩1,200
⑤ ₩1,350

32 (주)감평은 제품 X, Y, Z를 생산·판매하고 있으며, 각 제품 관련 자료는 다음과 같다.

구분	제품 X	제품 Y	제품 Z
매출배합비율(매출수량기준)	20%	60%	20%
단위당 공헌이익	₩12	₩15	₩8
손익분기점 매출수량	?	7,800단위	?

(주)감평은 제품 Z의 생산중단을 고려하고 있다. 제품 Z의 생산을 중단하는 경우에 고정비 중 ₩4,000을 회피할 수 있으며, 제품 X와 Y의 매출배합비율(매출수량기준)은 60%와 40%로 예상된다. (주)감평이 제품 Z의 생산을 중단할 경우, 목표이익 ₩33,000을 달성하기 위한 제품 X의 매출수량은?

① 6,900단위 ② 7,800단위
③ 8,400단위 ④ 8,700단위
⑤ 9,000단위

33 (주)감평은 표준원가계산제도를 채택하고 있으며, 직접노무시간을 기준으로 제조간접원가를 배부한다. 당기 제조간접원가 관련 자료는 다음과 같다.

고정제조간접원가 표준배부율	₩100/시간
변동제조간접원가 표준배부율	₩300/시간
기준조업도(직접노무시간)	5,000시간
실제직접노무시간	4,850시간
실제생산량에 허용된 표준 직접노무시간	4,800시간
제조간접원가 배부차이	₩20,000 과소배부

(주)감평의 당기 제조간접원가 실제 발생액은?

① ₩1,900,000 ② ₩1,920,000
③ ₩1,940,000 ④ ₩1,960,000
⑤ ₩1,980,000

34 (주)감평은 제품 생산에 필요한 부품 400단위를 매년 외부에서 단위당 ₩1,000에 구입하였다. 그러나 최근 외부구입가격 인상이 예상됨에 따라 해당 부품을 자가제조하는 방안을 검토하고 있다. 다음은 (주)감평이 부품 100단위를 자가제조할 경우의 예상제조원가 자료이다.

직접재료원가	₩25,000
직접노무원가	₩30,000(₩100/직접노무시간)
변동제조간접원가	₩20,000(직접노무원가의 2/3)
고정제조간접원가	₩100,000(전액 유휴생산설비 감가상각비)

(주)감평은 현재 보유하고 있는 유휴생산설비를 이용하여 매년 필요로 하는 부품 400단위를 충분히 자가제조할 수 있을 것으로 예상하고 있으며, 부품은 한 묶음의 크기를 100단위로 하는 묶음생산방식으로 생산할 예정이다. 해당 부품을 자가 제조하는 경우, 직접노무시간이 학습률 90%의 누적평균시간 학습모형을 따를 것으로 추정된다. (주)감평이 부품 400단위를 자가제조할 경우, 단위당 제조원가는?

① ₩655
② ₩712
③ ₩750
④ ₩905
⑤ ₩1,000

35 변동원가계산제도를 채택하고 있는 (주)감평의 당기 기초재고자산과 영업이익은 각각 ₩64,000과 ₩60,000이다. 전부원가계산에 의한 (주)감평의 당기 영업이익은 ₩72,000이고, 기말재고자산이 변동원가계산에 의한 기말재고자산에 비하여 ₩25,000이 많은 경우, 당기 전부원가계산에 의한 기초재고자산은?

① ₩58,000
② ₩62,000
③ ₩68,000
④ ₩77,000
⑤ ₩89,000

36 당기에 설립된 (주)감평은 결합공정을 통하여 제품 X와 Y를 생산 · 판매한다. 제품 X는 분리점에서 즉시 판매하고 있으나, 제품 Y는 추가가공을 거쳐 판매한다. 결합원가는 균등이익률법에 의해 각 제품에 배분되며, 직접재료는 결합공정 초에 전량 투입되고 전환원가는 결합공정 전반에 걸쳐 균등하게 발생한다. 당기에 (주)감평은 직접재료 3,000단위를 투입하여 2,400단위를 제품으로 완성하고, 600단위는 기말재공품(전환원가 완성도 50%)으로 남아 있다. 당기에 발생한 직접재료원가와 전환원가는 각각 ₩180,000과 ₩108,000이다. (주)감평의 당기 생산 및 판매 관련 자료는 다음과 같다.

구분	생산량	판매량	단위당 추가가공원가	단위당 판매가격
제품 X	800단위	800단위	–	₩150
제품 Y	1,600	900	₩15	200

제품 Y의 단위당 제조원가는? (단, 공손 및 감손은 발생하지 않는다.)

① ₩100 ② ₩105 ③ ₩110
④ ₩115 ⑤ ₩120

37 (주)감평은 분권화된 사업부 A와 B를 이익중심점으로 운영한다. 사업부 A는 매년 부품 X를 8,000단위 생산하여 전량 외부시장에 단위당 ₩150에 판매하여 왔다. 최근 사업부 B는 제품 단위당 부품 X가 1단위 소요되는 신제품 Y를 개발하고, 단위당 판매가격 ₩350에 4,000단위를 생산 · 판매하는 방안을 검토하고 있다. 다음은 부품 X에 대한 제조원가와 신제품 Y에 대한 예상제조원가 관련 자료이다.

구분	부품 X	신제품 Y
단위당 직접재료원가	₩40	₩80
단위당 직접노무원가	35	70
단위당 변동제조간접원가	25	30
연간 고정제조간접원가	200,000	100,000
연간 최대생산능력	10,000단위	5,000단위

사업부 B는 신제품 Y의 생산에 필요한 부품 X를 사내대체하거나 외부로부터 단위당 ₩135에 공급받을 수 있다. 사업부 A는 사내대체를 전량 수락하든지 기각해야 하며, 사내대체 시 외부시장 판매를 일부 포기해야 한다. 사업부 A가 사내대체를 수락할 수 있는 부품 X의 단위당 최소대체가격은?

① ₩100 ② ₩125 ③ ₩135
④ ₩170 ⑤ ₩180

38 (주)감평은 정상개별원가계산제도를 채택하고 있다. 제조간접원가는 직접노무원가의 40%를 예정배부하고 있으며, 제조간접원가 배부차이는 전액 매출원가에서 조정하고 있다. (주)감평의 당기 재고자산 및 원가 관련 자료는 다음과 같다.

구분	기초잔액	기말잔액
직접재료	₩3,200	₩6,200
재공품	8,600	7,200
제품	6,000	8,000

- 직접재료매입액 : ₩35,000
- 기초원가(기본원가) : ₩56,000

(주)감평의 당기 제조간접원가 배부차이 조정 후 매출원가가 ₩67,700인 경우, 당기에 발생한 실제 제조간접원가는?

① ₩6,900
② ₩9,700
③ ₩10,700
④ ₩11,300
⑤ ₩12,300

39 단일 제품을 생산·판매하는 (주)감평의 당기 생산 및 판매 관련 자료는 다음과 같다.

단위당 판매가격	₩1,000
단위당 변동제조원가	600
연간 고정제조간접원가	600,000
단위당 변동판매관리비	100
연간 고정판매관리비	120,000

(주)감평은 단위당 판매가격을 10% 인상하고, 변동제조원가 절감을 위한 새로운 기계장치 도입을 검토하고 있다. 새로운 기계장치를 도입할 경우, 고정제조간접원가 ₩90,000이 증가할 것으로 예상된다. (주)감평이 판매가격을 인상하고 새로운 기계장치를 도입할 때, 손익분기점 판매수량 1,800단위를 달성하기 위하여 절감해야 하는 단위당 변동제조원가는?

① ₩50
② ₩52.5
③ ₩70
④ ₩72.5
⑤ ₩75

40 (주)감평은 가중평균법에 의한 종합원가계산제도를 채택하고 있으며, 단일공정을 통해 제품을 생산한다. 모든 원가는 공정 전반에 걸쳐 균등하게 발생한다. (주)감평의 당기 생산 관련 자료는 다음과 같다.

구분	물량(완성도)	직접재료원가	전환원가
기초재공품	100단위(?)	₩4,300	₩8,200
당기착수	900	20,000	39,500
기말재공품	200(?)	?	?

(주)감평의 당기 완성품환산량 단위당 원가가 ₩80이고 당기 완성품환산량이 선입선출법에 의한 완성품환산량보다 50단위가 더 많을 경우, 선입선출법에 의한 기말재공품 원가는? (단, 공손 및 감손은 발생하지 않는다.)

① ₩3,500
② ₩4,500
③ ₩5,500
④ ₩6,500
⑤ ₩7,000

PART 04

2022년 제33회 감정평가사 1차 기출문제

제1과목 민법
제2과목 경제학원론
제3과목 부동산학원론
제4과목 감정평가관계법규
제5과목 회계학

01 **민법의 법원(法源)에 관한 설명으로 옳은 것을 모두 고른 것은? (다툼이 있으면 판례에 따름)**

> ㄱ. 헌법에 의해 체결·공포된 민사에 관한 조약은 민법의 법원이 되지 않는다.
> ㄴ. 관습법이 되기 위해서는 사회구성원의 법적 확신이 필요하다.
> ㄷ. 관습법은 법령에 저촉되지 않는 한 법칙으로서의 효력이 있다.

① ㄱ ② ㄴ ③ ㄱ, ㄷ
④ ㄴ, ㄷ ⑤ ㄱ, ㄴ, ㄷ

02 **신의칙에 관한 설명으로 옳은 것을 모두 고른 것은? (다툼이 있으면 판례에 따름)**

> ㄱ. 법원은 당사자의 주장이 없으면 직권으로 신의칙 위반 여부를 판단할 수 없다.
> ㄴ. 무권대리인이 무권대리행위 후 단독으로 본인의 지위를 상속한 경우, 본인의 지위에서 그 무권대리행위의 추인을 거절하는 것은 신의칙에 반한다.
> ㄷ. 부동산거래에서 신의칙상 고지의무의 대상은 직접적인 법령의 규정뿐만 아니라 계약상, 관습상 또는 조리상의 일반원칙에 의해서도 인정될 수 있다.

① ㄱ ② ㄴ ③ ㄱ, ㄷ
④ ㄴ, ㄷ ⑤ ㄱ, ㄴ, ㄷ

03 **미성년자 甲과 그의 유일한 법정대리인인 乙에 관한 설명으로 옳은 것은? (다툼이 있으면 판례에 따름)**

① 甲이 그 소유 물건에 대한 매매계약을 체결한 후에 미성년인 상태에서 매매대금의 이행을 청구하여 대금을 모두 지급받았다면 乙은 그 메메계약을 취소할 수 없다.
② 乙이 甲에게 특정한 영업에 관한 허락을 한 경우에도 乙은 그 영업에 관하여 여전히 甲을 대리할 수 있다.
③ 甲이 乙의 동의 없이 타인의 적법한 대리인으로서 법률행위를 했더라도 乙은 甲의 제한능력을 이유로 그 법률행위를 취소할 수 있다.
④ 甲이 乙의 동의 없이 신용구매계약을 체결한 이후에 乙의 동의 없음을 이유로 그 계약을 취소하는 것은 신의칙에 반한다.
⑤ 乙이 재산의 범위를 정하여 甲에게 처분을 허락한 경우, 甲이 그에 관한 법률행위를 하기 전에는 乙은 그 허락을 취소할 수 있다.

04 부재와 실종에 관한 설명으로 옳은 것은? (다툼이 있으면 판례에 따름)

① 부재자재산관리인의 권한초과행위에 대한 법원의 허가는 과거의 처분행위를 추인하는 방법으로는 할 수 없다.
② 법원은 선임한 재산관리인에 대하여 부재자의 재산으로 상당한 보수를 지급할 수 있다.
③ 후순위 상속인도 실종선고를 청구할 수 있는 이해관계인에 포함된다.
④ 동일인에 대하여 2차례의 실종선고가 내려져 있는 경우, 뒤에 내려진 실종선고를 기초로 상속관계가 인정된다.
⑤ 실종선고를 받은 자가 실종기간 동안 생존했던 사실이 확인된 경우, 실종선고의 취소 없이도 이미 개시된 상속은 부정된다.

05 민법상 법인에 관한 설명으로 옳지 않은 것은? (다툼이 있으면 판례에 따름)

① 재단법인의 정관변경은 그 정관에서 정한 방법에 따른 경우에도 주무관청의 허가를 얻지 않으면 효력이 없다.
② 사단법인과 어느 사원과의 관계사항을 의결하는 경우에는 원칙적으로 그 사원은 결의권이 없다.
③ 사단법인의 사원자격의 득실에 관한 규정은 정관의 필요적 기재사항이다.
④ 민법상 법인의 청산절차에 관한 규정에 반하는 합의에 의한 잔여재산처분행위는 특별한 사정이 없는 한 무효이다.
⑤ 청산 중 법인의 청산인은 채권신고기간 내에는 채권자에 대하여 변제할 수 없으므로 법인은 그 기간 동안 지연배상 책임을 면한다.

06 甲사단법인의 대표이사 乙이 외관상 그 직무에 관한 행위로 丙에게 불법행위를 한 경우에 관한 설명으로 옳지 않은 것은? (다툼이 있으면 판례에 따름)

① 乙의 불법행위로 인해 甲이 丙에 대해 손해배상책임을 지는 경우에도 乙은 丙에 대한 자기의 손해배상책임을 면하지 못한다.
② 甲의 손해배상책임 원인이 乙의 고의적인 불법행위인 경우에는 丙에게 과실이 있더라도 과실상계의 법리가 적용될 수 없다.
③ 丙이 乙의 행위가 실제로는 직무에 관한 행위에 해당하지 않는다는 사실을 알았거나 중대한 과실로 알지 못한 경우에는 甲에게 손해배상책임을 물을 수 없다.
④ 甲의 사원 丁이 乙의 불법행위에 가담한 경우, 丁도 乙과 연대하여 丙에 대하여 손해배상책임을 진다.
⑤ 甲이 비법인사단인 경우라 하더라도 甲은 乙의 불법행위로 인한 丙의 손해를 배상할 책임이 있다.

07 甲사단법인이 3인의 이사(乙, 丙, 丁)를 두고 있는 경우에 관한 설명으로 옳지 않은 것은? (다툼이 있으면 판례에 따름)

① 乙, 丙, 丁은 甲의 사무에 관하여 원칙적으로 각자 甲을 대표한다.
② 甲의 대내적 사무집행은 정관에 다른 규정이 없으면 乙, 丙, 丁의 과반수로써 결정한다.
③ 甲의 정관에 乙의 대표권 제한에 관한 규정이 있더라도 이를 등기하지 않으면 그와 같은 정관의 규정에 대해 악의인 제3자에 대해서도 대항할 수 없다.
④ 丙이 제3자에게 甲의 제반 사무를 포괄 위임한 경우, 그에 따른 제3자의 사무대행행위는 원칙적으로 甲에게 효력이 없다.
⑤ 甲의 토지를 丁이 매수하기로 한 경우, 이 사항에 관하여 丁은 대표권이 없으므로 법원은 이해관계인이나 검사의 청구에 의하여 임시이사를 선임하여야 한다.

08 반사회질서의 법률행위로서 무효가 아닌 것은? (다툼이 있으면 판례에 따름)

① 반사회질서적인 조건이 붙은 법률행위
② 상대방에게 표시된 동기가 반사회질서적인 법률행위
③ 부첩(夫妾)관계의 종료를 해제조건으로 하는 증여계약
④ 오로지 보험사고를 가장하여 보험금을 취득할 목적으로 체결한 생명보험계약
⑤ 주택매매계약에서 양도소득세를 면탈할 목적으로 소유권이전등기를 일정 기간 후에 이전받기로 한 특약

09 불공정한 법률행위에 관한 설명으로 옳지 않은 것은? (다툼이 있으면 판례에 따름)

① 급부와 반대급부 사이의 현저한 불균형은 그 무효를 주장하는 자가 증명해야 한다.
② 무경험은 어느 특정 영역에서의 경험부족이 아니라 거래일반에 대한 경험부족을 의미한다.
③ 대리인에 의한 법률행위의 경우, 궁박 상태에 있었는지 여부는 본인을 기준으로 판단한다.
④ 불공정한 법률행위로서 무효인 경우, 원칙적으로 추인에 의하여 유효로 될 수 없다.
⑤ 경매절차에서 매각대금이 시가보다 현저히 저렴한 경우, 그 경매는 불공정한 법률행위로서 무효이다.

10 **물건에 관한 설명으로 옳지 않은 것은? (다툼이 있으면 판례에 따름)**

① 주물에 대한 압류의 효력은 특별한 사정이 없는 한 종물에는 미치지 않는다.
② 사람의 유골은 매장·관리의 대상이 될 수 있는 유체물이다.
③ 전기 기타 관리할 수 있는 자연력은 물건이다.
④ 법정과실은 수취할 권리의 존속기간 일수의 비율로 취득함이 원칙이다.
⑤ 주물만 처분하고 종물은 처분하지 않기로 하는 특약은 유효하다.

11 **착오에 의한 의사표시에 관한 설명으로 옳지 않은 것은? (다툼이 있으면 판례에 따름)**

① 대리인이 의사표시를 한 경우, 착오의 유무는 본인을 표준으로 판단하여야 한다.
② 착오가 표의자의 중대한 과실로 인한 때에는 표의자는 특별한 사정이 없는 한 그 의사표시를 취소할 수 없다.
③ 착오로 인하여 표의자가 경제적인 불이익을 입지 않았다면 법률행위 내용의 중요부분의 착오라 할 수 없다.
④ 상대방이 표의자의 진의에 동의한 경우, 표의자는 착오를 이유로 그 의사표시를 취소할 수 없다.
⑤ 착오를 이유로 의사표시를 취소하는 자는 착오가 없었더라면 의사표시를 하지 않았을 것이라는 점을 증명하여야 한다.

12 **사기·강박에 의한 의사표시에 관한 설명으로 옳지 않은 것은? (다툼이 있으면 판례에 따름)**

① 상대방의 기망행위로 의사결정의 동기에 관하여 착오를 일으켜 법률행위를 한 경우, 사기를 이유로 그 의사표시를 취소할 수 있다.
② 상대방이 불법적인 해악의 고지 없이 각서에 서명 날인할 것을 강력히 요구하는 것만으로는 강박이 되지 않는다.
③ 부작위에 의한 기망행위로도 사기에 의한 의사표시가 성립할 수 있다.
④ 제3자에 의한 사기행위로 계약을 체결한 경우, 표의자는 먼저 그 계약을 취소하여야 제3자에 대하여 불법행위로 인한 손해배상을 청구할 수 있다.
⑤ 매수인이 매도인을 기망하여 부동산을 매수한 후 제3자에게 저당권을 설정해 준 경우, 특별한 사정이 없는 한 제3자는 매수인의 기망사실에 대하여 선의로 추정된다.

13 **상대방 있는 의사표시의 효력발생에 관한 설명으로 옳은 것은? (다툼이 있으면 판례에 따름)**

① 의사표시의 도달은 표의자의 상대방이 이를 현실적으로 수령하거나 그 통지의 내용을 알았을 것을 요한다.
② 제한능력자는 원칙적으로 의사표시의 수령무능력자이다.
③ 보통우편의 방법으로 발송된 의사표시는 상당기간 내에 도달하였다고 추정된다.
④ 표의자가 의사표시를 발송한 후 사망한 경우, 그 의사표시는 효력을 잃는다.
⑤ 표의자가 과실로 상대방을 알지 못하는 경우에는 민사소송법 공시송달 규정에 의하여 의사표시의 효력을 발생시킬 수 있다.

14 **복대리에 관한 설명으로 옳지 않은 것은? (다툼이 있으면 판례에 따름)**

① 대리권이 소멸하면 특별한 사정이 없는 한 복대리권도 소멸한다.
② 복대리인의 대리권은 대리인의 대리권의 범위보다 넓을 수 없다.
③ 복대리인의 대리행위에 대해서는 표현대리가 성립할 수 없다.
④ 법정대리인은 그 책임으로 복대리인을 선임할 수 있다.
⑤ 임의대리인은 본인의 승낙이 있거나 부득이한 사유 있는 때가 아니면 복대리인을 선임하지 못한다.

15 **甲으로부터 대리권을 수여받지 않은 甲의 처(妻) 乙은, 자신의 오빠 A가 丙에게 부담하는 고가의 외제자동차 할부대금채무에 대하여 甲의 대리인이라고 하면서 甲을 연대보증인으로 하는 계약을 丙과 체결하였다. 이에 관한 설명으로 옳은 것은? (다툼이 있으면 판례에 따름)**

① 甲이 乙의 무권대리행위를 추인하기 위해서는 乙의 동의를 얻어야 한다.
② 甲이 자동차할부대금 보증채무액 중 절반만 보증하겠다고 한 경우, 丙의 동의가 없으면 원칙적으로 무권대리행위의 추인으로서 효력이 없다.
③ 乙의 대리행위는 일상가사대리권을 기본대리권으로 하는 권한을 넘은 표현대리가 성립한다.
④ 계약 당시 乙이 무권대리인임을 알지 못하였던 丙이 할부대금보증계약을 철회한 후에도 甲은 乙의 무권대리행위를 추인할 수 있다.
⑤ 계약 당시 乙이 무권대리인임을 알았던 丙은 甲에게 乙의 무권대리행위의 추인 여부의 확답을 최고할 수 없다.

16 법률행위의 무효에 관한 설명으로 옳지 않은 것은? (다툼이 있으면 판례에 따름)

① 매매계약이 약정된 매매대금의 과다로 인하여 불공정한 법률행위에 해당하는 경우, 무효행위의 전환에 관한 민법 제138조가 적용될 수 있다.

② 취소할 수 있는 법률행위를 취소한 후에도 무효인 법률행위의 추인의 요건과 효력으로서 추인할 수 있다.

③ 법률행위의 일부무효에 관한 민법 제137조는 임의규정이다.

④ 집합채권의 양도가 양도금지특약을 위반하여 무효인 경우, 채무자는 집합채권의 일부 개별 채권을 특정하여 추인할 수 없다.

⑤ 무효인 가등기를 유효한 등기로 전용하기로 한 약정은 특별한 사정이 없는 한 그때부터 유효하고 이로써 그 가등기가 소급하여 유효한 등기로 전환될 수 없다.

17 법률행위의 취소에 관한 설명으로 옳지 않은 것은? (다툼이 있으면 판례에 따름)

① 취소할 수 있는 미성년자의 법률행위를 친권자가 추인하는 경우, 그 취소의 원인이 소멸한 후에 하여야만 효력이 있다.

② 제한능력자가 그 의사표시를 취소한 경우, 제한능력자는 그 행위로 인하여 받은 이익이 현존하는 한도에서 상환(償還)할 책임이 있다.

③ 강박에 의하여 의사표시를 한 자의 포괄승계인은 그 의사표시를 취소할 수 있다.

④ 취소권은 추인할 수 있는 날로부터 3년 내에, 법률행위를 한 날로부터 10년 내에 행사하여야 한다.

⑤ 의사표시의 취소는 취소기간 내에 소를 제기하는 방법으로만 행사하여야 하는 것은 아니다.

18 법률행위의 조건에 관한 설명으로 옳지 않은 것은?

① 조건의 성취로 인하여 이익을 받을 당사자가 신의성실에 반하여 조건을 성취시킨 때에는 상대방은 그 조건이 성취하지 아니한 것으로 주장할 수 있다.

② 법률행위 당시 이미 성취된 조건을 해제조건으로 하는 법률행위는 조건 없는 법률행위이다.

③ 정지조건이 있는 법률행위는 특별한 사정이 없는 한 조건이 성취한 때로부터 그 효력이 생긴다.

④ 조건 있는 법률행위의 당사자는 조건의 성부가 미정한 동안에 조건의 성취로 인하여 생길 상대방의 이익을 해하지 못한다.

⑤ 조건의 성취가 미정인 권리도 일반규정에 의하여 담보로 할 수 있다.

19 **소멸시효의 기산점이 옳게 연결되지 않은 것은? (다툼이 있으면 판례에 따름)**

① 부작위를 목적으로 하는 채권 – 위반행위 시
② 동시이행의 항변권이 붙어 있는 채권 – 이행기 도래 시
③ 이행불능으로 인한 손해배상청구권 – 이행불능 시
④ 甲이 자기 소유의 건물 매도 시 그 이익을 乙과 분배하기로 약정한 경우 乙의 이익금 분배청구권 – 분배약정 시
⑤ 기한이 있는 채권의 이행기가 도래한 후 채권자와 채무자가 기한을 유예하기로 합의한 경우 그 채권 – 변경된 이행기 도래 시

20 **소멸시효의 중단과 정지에 관한 설명으로 옳지 않은 것은?**

① 시효의 중단은 원칙적으로 당사자 및 그 승계인 간에만 효력이 있다.
② 파산절차참가는 채권자가 이를 취소하거나 그 청구가 각하된 때에는 시효중단의 효력이 없다.
③ 부재자재산관리인은 법원의 허가 없이 부재자를 대리하여 상대방의 채권의 소멸시효를 중단시키는 채무의 승인을 할 수 없다.
④ 천재 기타 사변으로 인하여 소멸시효를 중단할 수 없을 때에는 그 사유가 종료한 때로부터 1월 내에는 시효가 완성하지 아니한다.
⑤ 부부 중 한쪽이 다른 쪽에 대하여 가지는 권리는 혼인관계가 종료된 때부터 6개월 내에는 소멸시효가 완성되지 아니한다.

21 **부동산등기에 관한 설명으로 옳지 않은 것은? (다툼이 있으면 판례에 따름)**

① 가등기된 권리의 이전등기는 가등기에 대한 부기등기의 형식으로 할 수 있다.
② 근저당권등기가 원인 없이 말소된 경우, 그 회복등기가 마쳐지기 전이라도 말소된 등기의 등기명의인은 적법한 권리자로 추정된다.
③ 청구권보전을 위한 가등기에 기하여 본등기가 경료되면 본등기에 의한 물권변동의 효력은 가등기한 때로 소급하여 발생한다.
④ 소유권이전등기의 원인으로 주장된 계약서가 진정하지 않은 것으로 증명되었다면 그 등기의 적법추정은 복멸된다.
⑤ 동일 부동산에 관하여 등기명의인을 달리하여 중복된 소유권보존등기가 경료된 경우, 선행보존등기가 원인무효가 아닌 한 후행보존등기는 실체관계에 부합하더라도 무효이다.

22 **물권적 청구권에 관한 설명으로 옳지 않은 것은? (다툼이 있으면 판례에 따름)**

① 지역권자는 지역권을 방해하는 자에 대하여 방해의 제거를 청구할 수 있다.
② 간접점유자는 제3자의 점유침해에 대하여 물권적 청구권을 행사할 수 있다.
③ 직접점유자가 임의로 점유를 타인에게 양도한 경우에는 그 점유이전이 간접점유자의 의사에 반하더라도 간접점유자의 점유가 침탈된 경우에 해당하지 않는다.
④ 부동산 양도담보의 피담보채무가 전부 변제되었음을 이유로 양도담보권설정자가 행사하는 소유권이전등기말소청구권은 소멸시효에 걸린다.
⑤ 민법 제205조 제2항이 정한 점유물방해제거청구권의 행사를 위한 '1년의 제척기간'은 출소기간이다.

23 **甲이 20년간 소유의 의사로 평온, 공연하게 乙소유의 X토지를 점유한 경우에 관한 설명으로 옳은 것을 모두 고른 것은? (다툼이 있으면 판례에 따름)**

ㄱ. X토지가 미등기 상태라면 甲은 등기 없이도 X토지의 소유권을 취득한다.
ㄴ. 乙은 甲에 대하여 점유로 인한 부당이득반환청구를 할 수 있다.
ㄷ. 乙이 丙에게 X토지를 유효하게 명의신탁한 후 丙이 甲에 대해 소유자로서의 권리를 행사하는 경우, 특별한 사정이 없는 한 甲은 점유취득시효의 완성을 이유로 이를 저지할 수 있다.

① ㄱ
② ㄷ
③ ㄱ, ㄴ
④ ㄴ, ㄷ
⑤ ㄱ, ㄴ, ㄷ

24 **첨부에 관한 설명으로 옳지 않은 것은? (다툼이 있으면 판례에 따름)**

① 주종을 구별할 수 있는 동산들이 부합하여 분리에 과다한 비용을 요할 경우, 그 합성물의 소유권은 주된 동산의 소유자에게 속한다.
② 타인이 권원에 의하여 부동산에 부속시킨 동산이 그 부동산과 분리되면 경제적 가치가 없는 경우, 그 동산의 소유권은 부동산 소유자에게 속한다.
③ 양도담보권의 목적인 주된 동산에 甲소유의 동산이 부합되어 甲이 그 소유권을 상실하는 손해를 입은 경우, 특별한 사정이 없는 한 甲은 양도담보권자를 상대로 보상을 청구할 수 있다.
④ 타인의 동산에 가공한 경우, 가공으로 인한 가액의 증가가 원재료의 가액보다 현저히 다액인 때에는 가공자의 소유로 한다.
⑤ 건물의 증축 부분이 기존 건물에 부합하여 기존 건물과 분리해서는 별개의 독립물로서의 효용을 갖지 못하는 경우, 기존 건물에 대한 경매절차에서 경매목적물로 평가되지 않았더라도 매수인은 부합된 증축 부분의 소유권을 취득한다.

25 **선의취득에 관한 설명으로 옳지 않은 것은? (다툼이 있으면 판례에 따름)**

① 경매에 의해서는 동산을 선의취득할 수 없다.
② 점유개정에 의한 인도로는 선의취득이 인정되지 않는다.
③ 동산질권도 선의취득할 수 있다.
④ 선의취득자는 임의로 선의취득의 효과를 거부하고 종전 소유자에게 동산을 반환받아 갈 것을 요구할 수 없다.
⑤ 점유보조자가 횡령한 물건은 민법 제250조의 도품·유실물에 해당하지 않는다.

26 **주위토지통행권에 관한 설명으로 옳지 않은 것은? (다툼이 있으면 판례에 따름)**

① 토지의 분할로 주위토지통행권이 인정되는 경우, 통행권자는 분할당사자인 통행지 소유자의 손해를 보상하여야 한다.
② 통행지 소유자는 통행지를 배타적으로 점유하고 있는 주위토지통행권자에 대해 통행지의 인도를 청구할 수 있다.
③ 주위토지통행권은 법정의 요건을 충족하면 당연히 성립하고 요건이 없어지면 당연히 소멸한다.
④ 주위토지통행권에 기한 통행에 방해가 되는 축조물을 설치한 통행지 소유자는 그 철거의무를 부담한다.
⑤ 주위토지통행권의 범위는 현재의 토지의 용법에 따른 이용의 범위에서 인정된다.

27 **점유에 관한 설명으로 옳은 것은? (다툼이 있으면 판례에 따름)**

① 미등기건물의 양수인은 그 건물에 관한 사실상의 처분권을 보유하더라도 건물부지를 점유하고 있다고 볼 수 없다.
② 건물 공유자 중 일부만이 당해 건물을 점유하고 있는 경우, 그 건물의 부지는 건물 공유자 전원이 공동으로 점유하는 것으로 볼 수 있다.
③ 점유자의 권리적법추정 규정(민법 제200조)은 특별한 사정이 없는 한 등기된 부동산에도 적용된다.
④ 선의의 점유자라도 본권에 관한 소에 패소한 때에는 그 패소판결이 확정된 때로부터 악의의 점유자로 본다.
⑤ 진정한 소유자가 점유자를 상대로 소유권이전등기의 말소청구소송을 제기하여 점유자의 패소로 확정된 경우, 그 소가 제기된 때부터 점유자의 점유는 타주점유로 전환된다.

28 **甲, 乙, 丙은 X토지를 각각 7분의 1, 7분의 2, 7분의 4의 지분으로 공유하고 있다. 이에 관한 설명으로 옳지 않은 것은? (다툼이 있으면 판례에 따름)**

① 甲이 乙, 丙과의 협의 없이 X토지 전부를 독점적으로 점유하는 경우, 乙은 甲에 대하여 공유물의 보존행위로서 X토지의 인도를 청구할 수 없다.
② 丁이 X토지 전부를 불법으로 점유하는 경우, 甲은 단독으로 X토지 전부의 인도를 청구할 수 있다.
③ 丙이 甲, 乙과의 협의 없이 X토지 전부를 戊에게 임대한 경우, 甲은 戊에게 차임 상당액의 7분의 1을 부당이득으로 반환할 것을 청구할 수 있다.
④ 甲, 乙, 丙 사이의 X토지 사용·수익에 관한 특약이 공유지분권의 본질적 부분을 침해하지 않는 경우라면 그 특약은 丙의 특정승계인에게 승계될 수 있다.
⑤ 甲은 특별한 사정이 없는 한 乙, 丙의 동의 없이 X토지에 관한 자신의 지분을 처분할 수 있다.

29 **공유물 분할에 관한 설명으로 옳지 않은 것은? (다툼이 있으면 판례에 따름)**

① 공유물분할청구권은 형성권에 해당한다.
② 공유관계가 존속하는 한 공유물분할청구권만이 독립하여 시효로 소멸될 수 없다.
③ 부동산의 일부 공유지분 위에 저당권이 설정된 후 그 공유부동산이 현물분할된 경우, 저당권은 원칙적으로 저당권설정자에게 분할된 부분에 집중된다.
④ 공유물분할청구의 소에서 법원은 원칙적으로 공유물분할을 청구하는 원고가 구하는 방법에 구애받지 않고 재량에 따라 합리적 방법으로 분할을 명할 수 있다.
⑤ 공유자는 특별한 사정이 없는 한 언제든지 공유물의 분할을 청구할 수 있다.

30 **관습상의 법정지상권에 관한 설명으로 옳지 않은 것은? (다툼이 있으면 판례에 따름)**

① 토지 또는 그 지상 건물의 소유권이 강제경매절차로 인하여 매수인에게 이전된 경우, 매수인의 매각대금 완납 시를 기준으로 토지와 그 지상 건물이 동일인 소유에 속하였는지 여부를 판단하여야 한다.
② 관습상의 법정지상권이 성립하였으나 건물소유자가 토지소유자와 건물의 소유를 목적으로 하는 토지 임대차계약을 체결한 경우, 그 관습상의 법정지상권은 포기된 것으로 보아야 한다.
③ 관습상의 법정지상권은 이를 취득할 당시의 토지소유자로부터 토지소유권을 취득한 제3자에게 등기 없이 주장될 수 있다.
④ 관습상의 법정지상권이 성립한 후에 건물이 증축된 경우, 그 법정지상권의 범위는 구건물을 기준으로 그 유지·사용을 위하여 일반적으로 필요한 범위 내의 대지 부분에 한정된다.
⑤ 관습상의 법정지상권 발생을 배제하는 특약의 존재에 관한 주장·증명책임은 그 특약의 존재를 주장하는 측에 있다.

31 **지역권에 관한 설명으로 옳지 않은 것은? (다툼이 있으면 판례에 따름)**

① 통행지역권의 점유취득시효는 승역지 위에 도로를 설치하여 늘 사용하는 객관적 상태를 전제로 한다.
② 요역지의 공유자 중 1인이 지역권을 취득한 때에는 다른 공유자도 이를 취득한다.
③ 요역지의 공유자 중 1인에 의한 지역권소멸시효의 중단은 다른 공유자에게는 효력이 없다.
④ 점유로 인한 지역권 취득기간의 중단은 지역권을 행사하는 모든 공유자에 대한 사유가 아니면 그 효력이 없다.
⑤ 통행지역권을 시효취득한 요역지 소유자는 특별한 사정이 없는 한 승역지에 대한 도로 설치 및 사용에 의하여 승역지 소유자가 입은 손해를 보상해야 한다.

32 **전세권에 관한 설명으로 옳지 않은 것은? (다툼이 있으면 판례에 따름)**

① 전세금의 지급은 전세권 성립의 요소이다.
② 기존 채권으로 전세금의 지급에 갈음할 수 있다.
③ 농경지를 전세권의 목적으로 할 수 있다.
④ 전세금이 경제사정의 변동으로 인하여 상당하지 아니하게 된 때에는 당사자는 장래에 대하여 그 증감을 청구할 수 있다.
⑤ 전세권의 목적물의 전부 또는 일부가 전세권자에 책임 있는 사유로 인하여 멸실된 경우, 전세권설정자는 전세권이 소멸된 후 전세금으로써 손해의 배상에 충당할 수 있다.

33 **전세권에 관한 설명으로 옳지 않은 것은? (다툼이 있으면 판례에 따름)**

① 타인의 토지에 있는 건물에 전세권을 설정한 때에는 전세권의 효력은 그 건물의 소유를 목적으로 한 지상권에 미친다.
② 건물전세권설정자가 건물의 존립을 위한 토지사용권을 가지지 못하여 그가 토지소유자의 건물철거 등 청구에 대항할 수 없는 경우, 전세권자는 토지소유자의 권리행사에 대항할 수 없다.
③ 지상권을 가지는 건물소유자가 그 건물에 전세권을 설정하였으나 그가 2년 이상의 지료를 지급하지 아니하였음을 이유로 지상권설정자가 지상권의 소멸을 청구한 경우, 전세권자의 동의가 없다면 지상권은 소멸되지 않는다.
④ 대지와 건물이 동일한 소유자에 속한 경우에 건물에 전세권을 설정한 때에는 그 대지소유권의 특별승계인은 전세권설정자에 대하여 지상권을 설정한 것으로 본다.
⑤ 건물에 대한 전세권의 존속기간을 1년 미만으로 정한 때에는 이를 1년으로 한다.

34 **민사유치권자 甲에 관한 설명으로 옳지 않은 것은? (다툼이 있으면 판례에 따름)**

① 甲이 수취한 유치물의 과실은 먼저 피담보채권의 원본에 충당하고 그 잉여가 있으면 이자에 충당한다.
② 甲은 피담보채권의 변제를 받기 위하여 유치물을 경매할 수 있다.
③ 甲이 유치권을 행사하더라도 피담보채권의 소멸시효의 진행에는 영향을 미치지 않는다.
④ 甲은 채무자의 승낙이 없더라도 유치물의 보존에 필요한 사용은 할 수 있다.
⑤ 甲은 피담보채권 전부의 변제를 받을 때까지 유치물 전부에 대하여 그 권리를 행사할 수 있다.

35 **민사유치권에 관한 설명으로 옳은 것은? (다툼이 있으면 판례에 따름)**

① 유치권 배제 특약이 있더라도 다른 법정요건이 모두 충족되면 유치권이 성립한다.
② 채무자는 상당한 담보를 제공하고 유치권의 소멸을 청구할 수 있다.
③ 원칙적으로 유치권은 채권자 자신 소유 물건에 대해서도 성립한다.
④ 채권자가 채무자를 직접점유자로 하여 간접점유하는 경우, 채권자의 점유는 유치권의 요건으로서의 점유에 해당한다.
⑤ 채권자의 점유가 불법행위로 인한 경우에도 유치권이 성립한다.

36 **민사동산질권에 관한 설명으로 옳지 않은 것은?**

① 질권자는 피담보채권의 변제를 받기 위하여 질물을 경매할 수 있고, 그 매각대금으로부터 일반채권자와 동일한 순위로 변제받는다.
② 질권은 양도할 수 없는 물건을 목적으로 하지 못한다.
③ 질권은 다른 약정이 없는 한 원본, 이자, 위약금, 질권실행의 비용, 질물보존의 비용 및 채무불이행 또는 질물의 하자로 인한 손해배상의 채권을 담보한다.
④ 질권자는 피담보채권의 변제를 받을 때까지 질물을 유치할 수 있으나 자기보다 우선권이 있는 채권자에게 대항하지 못한다.
⑤ 수개의 채권을 담보하기 위하여 동일한 동산에 수개의 질권을 설정한 때에는 그 순위는 설정의 선후에 의한다.

37 **민법 제365조의 일괄경매청구권에 관한 설명으로 옳은 것을 모두 고른 것은? (다툼이 있으면 판례에 따름)**

> ㄱ. 토지에 저당권을 설정한 후 그 설정자가 그 토지에 건물을 축조하여 저당권자가 토지와 함께 그 건물에 대하여도 경매를 청구하는 경우, 저당권자는 그 건물의 경매대가에 대해서도 우선변제를 받을 권리가 있다.
> ㄴ. 저당권설정자로부터 저당토지에 대한 용익권을 설정받은 자가 그 토지에 건물을 축조한 후 저당권설정자가 그 건물의 소유권을 취득한 경우, 저당권자는 토지와 건물을 일괄하여 경매를 청구할 수 있다.
> ㄷ. 토지에 저당권을 설정한 후 그 설정자가 그 토지에 축조한 건물의 소유권이 제3자에게 이전된 경우, 저당권자는 토지와 건물을 일괄하여 경매를 청구할 수 없다.

① ㄱ ② ㄴ
③ ㄷ ④ ㄴ, ㄷ
⑤ ㄱ, ㄴ, ㄷ

38 **민법 제366조의 법정지상권에 관한 설명으로 옳은 것을 모두 고른 것은? (다툼이 있으면 판례에 따름)**

> ㄱ. 미등기건물의 소유를 위해서도 법정지상권이 성립할 수 있다.
> ㄴ. 당사자 사이에 지료에 관하여 협의한 사실이나 법원에 의하여 지료가 결정된 사실이 없다면, 법정지상권자가 지료를 지급하지 않았다고 하더라도 지료 지급을 지체한 것으로 볼 수 없다.
> ㄷ. 건물 소유를 위한 법정지상권을 취득한 사람으로부터 경매에 의해 건물소유권을 이전받은 매수인은 특별한 사정이 없는 한 건물의 매수취득과 함께 위 지상권도 당연히 취득한다.

① ㄱ ② ㄴ
③ ㄱ, ㄷ ④ ㄴ, ㄷ
⑤ ㄱ, ㄴ, ㄷ

39 **근저당권에 관한 설명으로 옳지 않은 것은? (다툼이 있으면 판례에 따름)**

① 근저당권의 존속기간이나 결산기를 정한 경우, 원칙적으로 결산기가 도래하거나 존속기간이 만료한 때에 그 피담보채무가 확정된다.
② 근저당권의 존속기간이나 결산기를 정하지 않고 피담보채권의 확정방법에 관한 다른 약정이 없는 경우, 근저당권설정자는 근저당권자를 상대로 언제든지 계약 해지의 의사표시를 하여 피담보채무를 확정시킬 수 있다.
③ 근저당권자가 피담보채무의 불이행을 이유로 경매신청을 한 경우, 경매신청 시에 근저당권의 피담보채권액이 확정된다.
④ 후순위 근저당권자가 경매를 신청한 경우, 선순위 근저당권의 피담보채권은 매수인이 매각대금을 완납한 때에 확정된다.
⑤ 공동근저당권자가 저당목적 부동산 중 일부 부동산에 대하여 제3자가 신청한 경매절차에 소극적으로 참가하여 우선배당을 받은 경우, 특별한 사정이 없는 한 나머지 저당목적 부동산에 관한 근저당권의 피담보채권도 확정된다.

40 **저당권에 관한 설명으로 옳지 않은 것은? (다툼이 있으면 판례에 따름)**

① 저당권은 그 담보한 채권과 분리하여 타인에게 양도하거나 다른 채권의 담보로 하지 못한다.
② 저당물의 소유권을 취득한 제3자는 그 저당물에 관한 저당권 실행의 경매절차에서 경매인이 될 수 있다.
③ 특별한 사정이 없는 한 건물에 대한 저당권의 효력은 그 건물에 종된 권리인 건물의 소유를 목적으로 하는 지상권에도 미친다.
④ 전세권을 목적으로 한 저당권이 설정된 후 전세권이 존속기간 만료로 소멸된 경우, 저당권자는 전세금반환채권에 대하여 물상대위권을 행사할 수 있다.
⑤ 저당목적물의 변형물인 물건에 대하여 이미 제3자가 압류하여 그 물건이 특정된 경우에도 저당권자는 스스로 이를 압류하여야 물상대위권을 행사할 수 있다.

01 재화 X의 시장수요곡선(D)과 시장공급곡선(S)이 아래 그림과 같을 때, 균형가격(P^*)과 균형거래량(Q^*)은? (단, 시장수요곡선과 시장공급곡선은 선형이며, 시장공급곡선은 수평이다.)

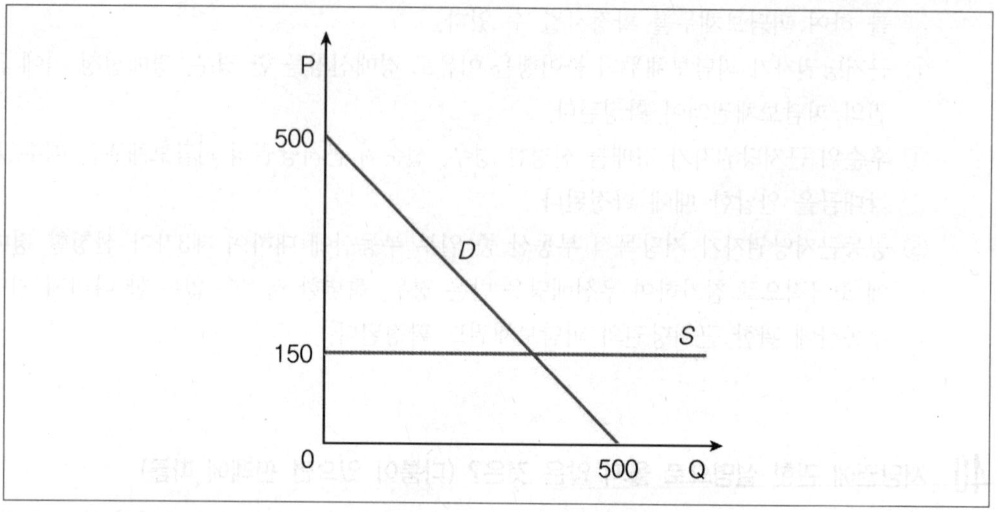

① $P^* = 150,\ Q^* = 150$　② $P^* = 150,\ Q^* = 350$　③ $P^* = 150,\ Q^* = 500$
④ $P^* = 350,\ Q^* = 150$　⑤ $P^* = 500,\ Q^* = 150$

02 기업 A의 생산함수는 $Q = \min\{L, 2K\}$이다. 노동가격은 3이고, 자본가격은 5일 때, 최소비용으로 110을 생산하기 위한 생산요소 묶음은? (단, Q는 생산량, L은 노동, K는 자본이다.)

① $L = 55,\ K = 55$　② $L = 55,\ K = 110$　③ $L = 110,\ K = 55$
④ $L = 110,\ K = 70$　⑤ $L = 110,\ K = 110$

03 (   )에 들어갈 내용으로 옳은 것은?

- 소비의 긍정적 외부성이 존재할 때, (ㄱ)이 (ㄴ)보다 크다.
- 생산의 부정적 외부성이 존재할 때, (ㄷ)이 (ㄹ)보다 작다.

① ㄱ: 사회적 한계편익, ㄴ: 사적 한계편익, ㄷ: 사적 한계비용, ㄹ: 사회적 한계비용
② ㄱ: 사적 한계편익, ㄴ: 사회적 한계편익, ㄷ: 사적 한계비용, ㄹ: 사회적 한계비용
③ ㄱ: 사회적 한계편익, ㄴ: 사적 한계편익, ㄷ: 사회적 한계비용, ㄹ: 사적 한계비용
④ ㄱ: 사적 한계편익, ㄴ: 사회적 한계편익, ㄷ: 사회적 한계비용, ㄹ: 사적 한계비용
⑤ ㄱ: 사회적 한계편익, ㄴ: 사적 한계비용, ㄷ: 사적 한계편익, ㄹ: 사회적 한계비용

04 기업 A의 생산함수는 $Q=\sqrt{L}$ 이며, 생산물의 가격은 5, 임금률은 0.5이다. 이윤을 극대화하는 노동투입량(L^*)과 산출량(Q^*)은? (단, Q는 산출량, L은 노동투입량이며, 생산물시장과 노동시장은 완전경쟁시장이다.)

① $L^*=10$, $Q^*=\sqrt{10}$　② $L^*=15$, $Q^*=\sqrt{15}$　③ $L^*=20$, $Q^*=2\sqrt{5}$
④ $L^*=25$, $Q^*=5$　⑤ $L^*=30$, $Q^*=\sqrt{30}$

05 (   )에 들어갈 내용으로 옳지 않은 것은? (단, 수요곡선은 우하향, 공급곡선은 우상향한다.)

정부는 X재에 대해 종량세를 부과하려고 한다. 동일한 세율로 판매자에게 부과하는 경우와 구매자에게 부과하는 경우를 비교할 때, (   )

① 구매자가 내는 가격은 동일하다.
② 판매자가 받는 가격은 동일하다.
③ 조세수입의 크기는 동일하다.
④ 균형거래량이 모두 증가한다.
⑤ 총잉여는 모두 감소한다.

06 **완전경쟁시장에서 이윤극대화를 추구하는 기업 A의 한계비용(MC), 평균총비용(AC), 평균가변비용(AVC)은 아래 그림과 같다. 시장가격이 P_1, P_2, P_3, P_4, P_5로 주어질 때, 이에 관한 설명으로 옳지 않은 것은?**

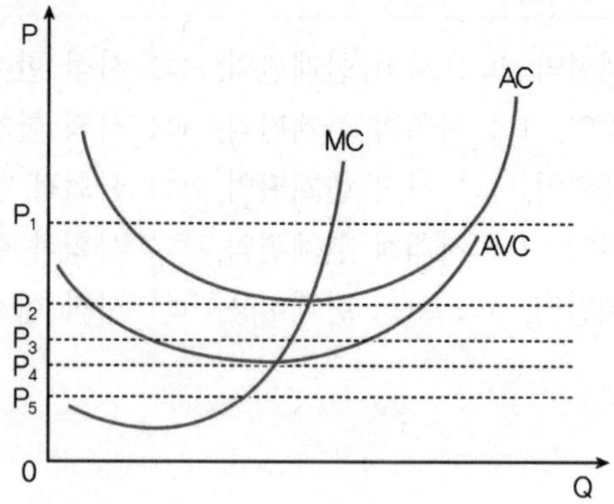

① P_1일 때 총수입이 총비용보다 크다.
② P_2일 때 손익분기점에 있다.
③ P_3일 때 총수입으로 가변비용을 모두 충당하고 있다.
④ P_4일 때 총수입으로 고정비용을 모두 충당하고 있다.
⑤ P_5일 때 조업중단을 한다.

07 **기술혁신으로 노동의 한계생산이 증가한다면, (ㄱ) 균형 노동량의 변화와 (ㄴ) 균형 임금률의 변화는? (단, 생산물시장과 노동시장은 완전경쟁적이며, 노동공급곡선은 우상향, 노동수요곡선은 우하향하고 있다.)**

① ㄱ : 감소, ㄴ : 감소 ② ㄱ : 감소, ㄴ : 증가 ③ ㄱ : 감소, ㄴ : 불변
④ ㄱ : 증가, ㄴ : 감소 ⑤ ㄱ : 증가, ㄴ : 증가

08 시장 구조를 비교하여 요약 · 정리한 표이다. (ㄱ) ~ (ㅁ) 중 옳지 않은 것은? (단, MR은 한계수입, MC는 한계비용, P는 가격이다.)

속성	완전경쟁시장	독점적 경쟁시장	독점시장
이윤극대화 조건	(ㄱ) $MR=MC$	$MR=MC$	(ㄴ) $MR=MC$
균형 가격	(ㄷ) $P=MC$	(ㄹ) $P=MC$	$P>MC$
상품 성격	동질적	(ㅁ) 이질적	동질적

① ㄱ ② ㄴ ③ ㄷ
④ ㄹ ⑤ ㅁ

09 (　　)에 들어갈 내용으로 옳은 것은?

과점시장에서 보수를 극대화하는 두 기업 A와 B가 각각 전략 1과 전략 2를 통해 아래 표와 같은 보수(payoff)를 얻을 수 있다.

		기업 B 전략 1	기업 B 전략 2
기업 A	전략 1	(22, 10)	(33, 8)
	전략 2	(32, 14)	(30, 12)

※ (　　) 안의 앞의 숫자는 기업 A의 보수, 뒤의 숫자는 기업 B의 보수이다.

- 기업 A와 기업 B가 동시에 전략을 선택할 때, 균형에서 기업 A의 보수는 (ㄱ)이다.
- 기업 A가 먼저 전략을 선택하고 신뢰할 수 있는 방법으로 확약할 때, 균형에서 기업 B의 보수는 (ㄴ)이다.

① ㄱ : 22, ㄴ : 8 ② ㄱ : 30, ㄴ : 8 ③ ㄱ : 32, ㄴ : 10
④ ㄱ : 32, ㄴ : 14 ⑤ ㄱ : 33, ㄴ : 12

10 **단일 가격을 부과하던 독점기업이 제1급(first – degree) 가격차별 또는 완전(perfect) 가격차별을 실행하는 경우에 나타나는 변화로 옳은 것을 모두 고른 것은?**

ㄱ. 생산량이 증가한다.	ㄴ. 이윤이 증가한다.
ㄷ. 소비자잉여가 증가한다.	ㄹ. 총잉여가 감소한다.

① ㄱ, ㄴ　② ㄱ, ㄷ　③ ㄱ, ㄹ
④ ㄴ, ㄷ　⑤ ㄷ, ㄹ

11 **소비자 갑의 효용함수는 $U = 3X^2 + Y^2$이며 X재 가격은 6, Y재 가격은 2, 소득은 120이다. 효용을 극대화하는 갑의 최적소비조합 (X, Y)은?**

① (0, 60)　② (6, 42)　③ (10, 30)
④ (15, 15)　⑤ (20, 0)

12 **(　　)에 들어갈 내용으로 옳은 것은? (단, P는 가격, Q는 수요량이다.)**

> 독점기업의 수요곡선은 $P = 30 - 2Q$ 이고 현재 가격이 10이다. 이때 수요의 가격탄력성은 (ㄱ)이고, 총수입을 증대시키기 위해 가격을 (ㄴ)해야 한다.

① ㄱ: 비탄력적, ㄴ: 인하
② ㄱ: 비탄력적, ㄴ: 인상
③ ㄱ: 단위탄력적, ㄴ: 유지
④ ㄱ: 탄력적, ㄴ: 인하
⑤ ㄱ: 탄력적, ㄴ: 인상

13 **X재 가격이 하락할 때 아래의 설명 중 옳은 것을 모두 고른 것은? (단, X재와 Y재만 존재하며 주어진 소득을 두 재화에 모두 소비한다.)**

> ㄱ. X재가 정상재인 경우 보상수요곡선은 보통수요곡선보다 더 가파르게 우하향하는 기울기를 가진다.
> ㄴ. X재가 열등재인 경우 보상수요곡선은 우상향한다.
> ㄷ. X재가 기펜재인 경우 보통수요곡선은 우상향하고 보상수요곡선은 우하향한다.

① ㄱ　② ㄴ　③ ㄱ, ㄷ
④ ㄴ, ㄷ　⑤ ㄱ, ㄴ, ㄷ

14 **두 재화 X, Y를 소비하는 갑의 효용함수가 $U(X, Y) = X^{0.3}Y^{0.7}$이다. 이에 관한 설명으로 옳지 않은 것은?**

① 선호체계는 단조성을 만족한다.
② 무차별곡선은 원점에 대해 볼록하다.
③ 효용을 극대화할 때, 소득소비곡선은 원점을 지나는 직선이다.
④ 효용을 극대화할 때, 가격소비곡선은 X재 가격이 하락할 때 Y재의 축과 평행하다.
⑤ 효용을 극대화할 때, 소득이 2배 증가하면 X재의 소비는 2배 증가한다.

15 **두 재화 X재와 Y재를 소비하는 갑은 가격이 $(P_X, P_Y) = (1, 4)$일 때 소비조합 $(X, Y) = (6, 3)$, 가격이 $(P_X, P_Y) = (2, 3)$으로 변화했을 때 소비조합 $(X, Y) = (7, 2)$, 그리고 가격이 $(P_X, P_Y) = (4, 2)$으로 변화했을 때 소비조합 $(X, Y) = (6, 4)$를 선택하였다. 이에 관한 설명으로 옳은 것을 모두 고른 것은?**

ㄱ. 소비조합 $(X, Y) = (6, 3)$이 소비조합 $(X, Y) = (7, 2)$보다 직접 현시선호되었다.
ㄴ. 소비조합 $(X, Y) = (6, 4)$이 소비조합 $(X, Y) = (7, 2)$보다 직접 현시선호되었다.
ㄷ. 소비조합 $(X, Y) = (6, 3)$이 소비조합 $(X, Y) = (6, 4)$보다 직접 현시선호되었다.
ㄹ. 선호체계는 현시선호이론의 약공리를 위배한다.

① ㄱ, ㄴ
② ㄱ, ㄷ
③ ㄱ, ㄹ
④ ㄴ, ㄷ
⑤ ㄷ, ㄹ

16 **두 재화 X와 Y만을 소비하는 두 명의 소비자 갑과 을이 존재하는 순수교환경제에서 갑의 효용함수는 $U_{갑}(X_{갑}, Y_{갑}) = \min\{X_{갑}, Y_{갑}\}$, 을의 효용함수는 $U_{을}(X_{을}, Y_{을}) = X_{을} \times Y_{을}$이다. 갑과 을의 초기 부존자원$(X, Y)$이 각각 (30, 60), (60, 30)이고 X재의 가격이 1이다. 일반균형(general equilibrium)에서 Y재의 가격은?**

① 1/3
② 1/2
③ 1
④ 2
⑤ 3

17 **꾸르노(Cournot) 복점모형에서 시장수요곡선이 $Q = 60 - \frac{1}{2}P$이고 두 기업 A, B의 비용함수가 각각 $C_A = 40Q_A + 10$, $C_B = 20Q_B + 50$일 때, 꾸르노 균형에서 총생산량(Q^*)과 가격(P^*)은? (단, Q는 총생산량, P는 가격, Q_A는 기업 A의 생산량, Q_B는 기업 B의 생산량이다.)**

① Q^* : 10, P^* : 100
② Q^* : 20, P^* : 80
③ Q^* : 30, P^* : 60
④ Q^* : 40, P^* : 40
⑤ Q^* : 50, P^* : 20

18 **A국에서는 교역 이전 X재의 국내가격이 국제가격보다 더 높다. 교역 이후 국제가격으로 A국이 X재의 초과수요분을 수입한다면, 이로 인해 A국에 나타나는 효과로 옳은 것은? (단, 공급곡선은 우상향, 수요곡선은 우하향한다.)**

① 교역 전과 비교하여 교역 후 생산자잉여가 감소한다.
② 교역 전과 비교하여 교역 후 소비자잉여가 감소한다.
③ 생산자잉여는 교역 여부와 무관하게 일정하다.
④ 교역 전과 비교하여 교역 후 총잉여가 감소한다.
⑤ 총잉여는 교역 여부와 무관하게 일정하다.

19 **노동시장이 수요독점일 때 이에 관한 설명으로 옳은 것을 모두 고른 것은? (단, 생산물시장은 완전경쟁시장이며, 노동수요곡선은 우하향, 노동공급곡선은 우상향한다.)**

ㄱ. 노동의 한계생산가치(value of marginal product of labor)곡선이 노동수요곡선이다.
ㄴ. 한계요소비용(marginal factor cost)곡선은 노동공급곡선의 아래쪽에 위치한다.
ㄷ. 균형 고용량은 노동의 한계생산가치곡선과 한계요소비용곡선이 만나는 점에서 결정된다.
ㄹ. 노동시장이 완전경쟁인 경우보다 균형 임금률이 낮고 균형 고용량이 많다.

① ㄱ, ㄴ
② ㄱ, ㄷ
③ ㄱ, ㄹ
④ ㄴ, ㄷ
⑤ ㄷ, ㄹ

20 독점기업이 공급하는 X재의 시장수요곡선은 $Q=200-P$이고, 기업의 사적 비용함수는 $C=Q^2+20Q+10$이고, 환경오염에 의한 추가적 비용을 포함한 사회적 비용함수는 $SC=2Q^2+20Q+20$이다. 이 경우 사회적으로 바람직한 최적생산량은? (단, Q는 생산량, P는 시장가격이다.)

① 24 ② 36 ③ 60
④ 140 ⑤ 164

21 개방경제하에서 국민소득의 구성 항목이 아래와 같을 때 경상수지는? (단, C는 소비, I는 투자, G는 정부지출, T는 조세, S^P는 민간저축이다.)

- $C=200$
- $I=50$
- $G=70$
- $T=50$
- $S^P=150$

① 50 ② 60 ③ 70
④ 80 ⑤ 90

22 물가지수에 관한 설명으로 옳은 것을 모두 고른 것은?

ㄱ. GDP 디플레이터를 산정할 때에는 국내에서 생산되는 모든 최종 재화와 서비스를 대상으로 한다.
ㄴ. 소비자물가지수의 산정에 포함되는 재화와 서비스의 종류와 수량은 일정 기간 고정되어 있다.
ㄷ. 생산자물가지수를 산정할 때에는 기업이 생산 목적으로 구매하는 수입품은 제외한다.

① ㄱ ② ㄴ ③ ㄱ, ㄴ
④ ㄱ, ㄷ ⑤ ㄴ, ㄷ

23 A국의 생산가능인구는 100만 명, 경제활동인구는 60만 명, 실업자는 6만 명이다. 실망실업자(구직단념자)에 속했던 10만 명이 구직활동을 재개하여, 그중 9만 명이 일자리를 구했다. 그 결과 실업률과 고용률은 각각 얼마인가?

① 6%, 54% ② 10%, 54% ③ 10%, 63%
④ 10%, 90% ⑤ 15%, 90%

PART 04

24 **A국의 단기 필립스 곡선이 아래와 같을 때 이에 관한 설명으로 옳지 않은 것은? (단, π, π^e, u, u_n은 각각 인플레이션율, 기대 인플레이션율, 실업률, 자연 실업률이다.)**

$$\pi - \pi^e = -0.5(u - u_n)$$

① 총공급곡선이 수직선인 경우에 나타날 수 있는 관계이다.
② 총수요 충격이 발생하는 경우에 나타날 수 있는 관계이다.
③ 인플레이션율과 실업률 사이에 단기적으로 상충관계가 있음을 나타낸다.
④ 고용이 완전고용수준보다 높은 경우에 인플레이션율은 기대 인플레이션율보다 높다.
⑤ 인플레이션율을 1%p 낮추려면 실업률은 2%p 증가되어야 한다.

25 **A국 중앙은행은 아래의 테일러 규칙(Taylor rule)에 따라 명목정책금리를 조정한다. 이에 관한 설명으로 옳지 않은 것은? (단, 총생산갭 = (실질GDP – 완전고용 실질GDP) / 완전고용 실질GDP이다.)**

명목정책금리 = 인플레이션율 + 0.02 + 0.5 × (인플레이션율 – 0.03) + 0.5 × (총생산 갭)

① A국 중앙은행의 인플레이션율 목표치는 3%이다.
② 인플레이션율 목표치를 2%로 낮추려면 명목정책금리를 0.5%p 인하해야 한다.
③ 인플레이션율이 목표치와 동일하고 총생산 갭이 1%인 경우 실질 이자율은 2.5%이다.
④ 완전고용 상태에서 인플레이션율이 2%인 경우에 명목정책금리는 3.5%로 설정해야 한다.
⑤ 인플레이션율이 목표치보다 1%p 더 높은 경우에 명목정책금리를 0.5%p 인상한다.

26 **아래의 개방경제 균형국민소득 결정모형에서 수출이 100만큼 늘어나는 경우 (ㄱ)균형소득의 변화분과 (ㄴ)경상수지의 변화분은? (단, C는 소비, Y는 국민소득, T는 세금, I는 투자, G는 정부지출, X는 수출, M은 수입이며, 수출 증가 이전의 경제상태는 균형이다.)**

• $C = 200 + 0.7(Y - T)$	• $I = 200$	• $G = 100$
• $T = 100$	• $X = 300$	• $M = 0.2(Y - T)$

① ㄱ : 1,000, ㄴ : 100
② ㄱ : 1,000/3, ㄴ : 100/3
③ ㄱ : 1,000/3, ㄴ : 100
④ ㄱ : 200, ㄴ : 60
⑤ ㄱ : 200, ㄴ : 100

27 **폐쇄경제 $IS-LM$과 $AD-AS$의 동시균형 모형에서 투자를 증가시키되 물가는 원래 수준으로 유지시킬 가능성이 있는 것은? (단, IS곡선은 우하향, LM곡선은 우상향, AD곡선은 우하향, AS곡선은 우상향한다.)**

① 긴축 재정정책
② 팽창 통화정책
③ 긴축 재정정책과 팽창 통화정책의 조합
④ 팽창 재정정책과 긴축 통화정책의 조합
⑤ 팽창 재정정책과 팽창 통화정책의 조합

28 **투자가 실질 이자율에 의해 결정되는 폐쇄경제 $IS-LM$모형에서 기대 인플레이션이 상승할 때 나타나는 결과로 옳은 것은? (단, IS곡선은 우하향, LM곡선은 우상향한다.)**

① 명목 이자율과 실질 이자율이 모두 상승한다.
② 명목 이자율과 실질 이자율이 모두 하락한다.
③ 명목 이자율은 하락하고, 실질 이자율은 상승한다.
④ 실질 이자율은 상승하고, 생산량은 감소한다.
⑤ 실질 이자율은 하락하고, 생산량은 증가한다.

29 **폐쇄 경제 $IS-LM$모형에서 재정정책과 통화정책이 생산량에 미치는 효과의 크기에 관한 설명으로 옳은 것을 모두 고른 것은? (단, IS는 우하향, LM은 우상향하는 직선이다.)**

ㄱ. 투자가 이자율에 민감할수록 통화정책의 효과가 작다. ㄴ. 화폐수요가 이자율에 민감할수록 재정정책의 효과가 크다. ㄷ. 한계소비성향이 클수록 통화정책의 효과가 크다.

① ㄱ　　② ㄷ　　③ ㄱ, ㄴ
④ ㄱ, ㄷ　　⑤ ㄴ, ㄷ

30 **자본이동이 완전한 소규모 개방경제의 먼델 – 플레밍(Mundell – Fleming)모형에서 변동환율제도인 경우, 긴축 통화정책을 시행할 때 나타나는 경제적 효과를 모두 고른 것은? (단, 물가수준은 고정이다.)**

ㄱ. 소득 감소	ㄴ. 경상수지 개선
ㄷ. 자국 통화가치 절하	ㄹ. 해외자본 유입

① ㄱ, ㄴ ② ㄱ, ㄷ ③ ㄱ, ㄹ
④ ㄴ, ㄷ ⑤ ㄷ, ㄹ

31 **인구 증가와 기술진보가 없는 솔로우(Solow) 경제성장모형에서 1인당 생산함수는 $y = 5k^{0.4}$, 자본의 감가상각률은 0.2일 때, 황금률(Golden rule)을 달성하게 하는 저축률은? (단, y는 1인당 생산량, k는 1인당 자본량이다.)**

① 0.1 ② 0.2 ③ 0.25
④ 0.4 ⑤ 0.8

32 **경기변동이론에 관한 설명으로 옳은 것은?**

① 신케인즈 학파(new Keynesian)는 완전경쟁적 시장구조를 가정한다.
② 신케인즈 학파는 총수요 외부효과(aggregate-demand externality)를 통해 가격경직성을 설명한다.
③ 신케인즈 학파는 총공급 충격이 경기변동의 근본 원인이라고 주장한다.
④ 실물경기변동이론은 실질임금의 경직성을 가정한다.
⑤ 실물경기변동이론에 따르면 불경기에는 비용 최소화가 달성되지 않는다.

33 **경제성장모형인 $Y = AK$모형에서 A는 0.5이고 저축률은 s, 감가상각률은 δ일 때 이에 관한 설명으로 옳은 것은? (단, Y는 생산량, K는 자본량, $0 < s < 1$, $0 < \delta < 1$이다.)**

① 자본의 한계생산은 체감한다.
② $\delta = 0.1$이고 $s = 0.4$이면 경제는 지속적으로 성장한다.
③ 감가상각률이 자본의 한계생산과 동일하면 경제는 지속적으로 성장한다.
④ $\delta = s$이면 경제는 균제상태(steady-state)이다.
⑤ 자본의 한계생산이 자본의 평균생산보다 크다.

34 소비이론에 관한 설명으로 옳은 것은?

① 항상소득가설(permanent income hypothesis)에 따르면, 현재소득이 일시적으로 항상소득보다 작게 되면 평균소비성향은 일시적으로 증가한다.

② 생애주기가설(life-cycle hypothesis)은 소비자가 저축은 할 수 있으나 차입에는 제약(borrowing constraints)이 있다고 가정한다.

③ 케인즈 소비함수는 이자율에 대한 소비의 기간별 대체효과를 반영하고 있다.

④ 소비에 대한 임의보행(random walk)가설은 소비자가 근시안적(myopic)으로 소비를 결정한다고 가정한다.

⑤ 항상소득가설은 소비자가 차입제약에 직면한다고 가정한다.

35 토빈 q(Tobin's q)에 관한 설명으로 옳지 않은 것은?

① 법인세가 감소되면 토빈 q는 증가한다.

② $q<1$이면, 자본 스톡(capital stock)이 증가한다.

③ 자본의 한계생산물이 증가하면 토빈 q는 증가한다.

④ 자본재의 실질가격이 하락하면 토빈 q는 증가한다.

⑤ 설치된 자본의 시장가치가 하락하면 토빈 q는 감소한다.

36 아래의 폐쇄경제 $IS-LM$모형에서 도출된 총수요곡선으로 옳은 것은? (단, r은 이자율, Y는 국민소득, M^d는 명목화폐수요량, P는 물가수준, M^s는 명목화폐공급량이고, $Y>20$이다.)

- IS곡선: $r=10-0.4Y$
- 실질화폐수요함수: $\frac{M^d}{P}=0.1Y-r$
- 명목화폐공급함수: $M^s=4$

① $P=\frac{1}{2(Y-20)}$ ② $P=\frac{1}{(Y-20)}$ ③ $P=\frac{2}{(Y-20)}$

④ $P=\frac{4}{(Y-20)}$ ⑤ $P=\frac{8}{(Y-20)}$

37 **경제활동인구가 6,000만 명으로 불변인 A국에서 매기 취업자 중 직업을 잃는 비율인 실직률이 0.05이고, 매기 실업자 중 새로이 직업을 얻는 비율인 구직률이 0.2이다. 균제상태(steady – state)에서의 실업자의 수는?**

① 500만 명 ② 800만 명 ③ 900만 명
④ 1,000만 명 ⑤ 1,200만 명

38 **(　　)에 들어갈 내용으로 옳은 것은? (단, 전염병이 발생하기 전의 경제는 균형상태이고, 총공급곡선은 우상향하고 총수요곡선은 우하향한다.)**

> 폐쇄경제 $AD-AS$모형에서 전염병의 발생으로 인하여 총수요와 총공급이 모두 감소할 때, 균형국민소득은 (ㄱ)하고 균형물가수준은 (ㄴ)하(한)다.

① ㄱ : 감소, ㄴ : 감소 ② ㄱ : 불확실, ㄴ : 불변 ③ ㄱ : 감소, ㄴ : 증가
④ ㄱ : 불변, ㄴ : 불변 ⑤ ㄱ : 감소, ㄴ : 불확실

39 **갑국의 생산함수는 $Y=AL^{0.6}K^{0.4}$이다. 총요소생산성 증가율은 5%이고, 노동량과 자본량 증가율은 각각 –2%와 5%일 경우, 성장회계에 따른 노동량 1단위당 생산량 증가율은? (단, Y는 총생산량, A는 총요소생산성, L은 노동량, K는 자본량이다.)**

① 5% ② 5.5% ③ 6.2%
④ 7.2% ⑤ 7.8%

40 **아래의 $IS-LM$모형에서 균형민간저축(private saving)은? (단, C는 소비, Y는 국민소득, T는 조세, I는 투자, r은 이자율, G는 정부지출, M^S는 명목화폐공급량, P는 물가수준, M^D는 명목화폐수요량이다.)**

> • $C=8+0.8(Y-T)$　• $I=14-2r$　• $G=2$
> • $T=5$　• $M^S=10$　• $P=1$
> • $M^D=Y-10r$

① 2 ② 4 ③ 5
④ 8 ⑤ 10

01 토지에 관한 설명으로 옳지 않은 것은?

① 공간으로서 토지는 지표, 지하, 공중을 포괄하는 3차원 공간을 의미한다.
② 자연으로서 토지는 인간의 노력에 의해 그 특성을 바꿀 수 없다.
③ 소비재로서 토지는 그 가치가 시장가치와 괴리되는 경우가 있다.
④ 생산요소로서 토지는 그 가치가 토지의 생산성에 영향을 받는다.
⑤ 재산으로서 토지는 사용·수익·처분의 대상이 된다.

02 부동산 활동에 관련된 설명으로 옳은 것을 모두 고른 것은?

ㄱ. 공유지(共有地)란 1필지의 토지를 2인 이상이 공동으로 소유한 토지로, 지분비율 또는 지분의 위치에 따라 감정평가한다.
ㄴ. 일단지란 용도상 불가분의 관계에 있고 지가형성요인이 같은 2필지 이상의 토지로, 필지별로 감정평가한다.
ㄷ. 선하지란 고압선 아래의 토지로, 고압선 등 통과부분의 면적 등 제한의 정도를 고려하여 감정평가한다.
ㄹ. 맹지란 도로와 접한 면이 없는 토지로, 도로로 사용하기 위한 지역권이 설정되어 있는 경우 도로가 있는 것으로 보고 감정평가한다.
ㅁ. 환지란 도시개발사업에서 사업 전 토지의 위치 등을 고려하여 소유자에게 재분배하는 사업 후의 토지로, 환지처분 이전에 환지예정지로 지정된 경우에는 종전 토지의 위치 등을 기준으로 감정평가한다.

① ㄱ, ㄴ, ㄷ
② ㄱ, ㄷ, ㄹ
③ ㄱ, ㄷ, ㅁ
④ ㄴ, ㄷ, ㄹ
⑤ ㄴ, ㄹ, ㅁ

03 토지의 특성에 관한 설명이다. (   )에 들어갈 내용으로 옳게 연결된 것은?

> • (ㄱ)은 토지에 대한 소유욕을 증대시키며 토지이용을 집약화시킨다.
> • (ㄴ)은 임장활동과 지역분석의 근거가 된다.
> • (ㄷ)은 토지 간의 비교를 어렵게 하며 완전한 대체를 제약시킨다.

① ㄱ : 개별성, ㄴ : 부동성, ㄷ : 영속성
② ㄱ : 영속성, ㄴ : 부동성, ㄷ : 용도의 다양성
③ ㄱ : 영속성, ㄴ : 인접성, ㄷ : 용도의 다양성
④ ㄱ : 부증성, ㄴ : 인접성, ㄷ : 부동성
⑤ ㄱ : 부증성, ㄴ : 부동성, ㄷ : 개별성

04 부동산의 특성에 관한 설명으로 옳은 것의 개수는?

> • 용도의 다양성은 최유효이용을 선택할 수 있는 근거가 된다.
> • 인접성은 외부효과의 원인이 된다.
> • 분할 · 합병의 가능성은 부동산의 가치를 변화시킨다.
> • 부동성은 인근지역과 유사지역의 분류를 가능하게 한다.
> • 영속성은 부동산 활동을 장기적으로 고려하게 한다.

① 1　② 2
③ 3　④ 4
⑤ 5

05 디파스퀠리 – 위튼(DiPasquale & Wheaton)의 4사분면 모형에 관한 설명으로 옳지 않은 것은? (단, 주어진 조건에 한함)

① 장기균형에서 4개의 내생변수, 즉 공간재고, 임대료, 자본환원율, 건물의 신규 공급량이 결정된다.
② 신축을 통한 건물의 신규 공급량은 부동산 자산가격, 생산요소가격 등에 의해 영향을 받는다.
③ 자본환원율은 요구수익률을 의미하며 시장이자율 등에 의해 영향을 받는다.
④ 최초 공간재고가 공간서비스에 대한 수요량과 일치할 때 균형 임대료가 결정된다.
⑤ 건물의 신규 공급량과 기존 재고의 소멸에 의한 재고량 감소분이 일치할 때 장기균형에 도달한다.

06 A지역 전원주택시장의 시장수요함수가 QD = 2,600 − 2P이고, 시장공급함수가 3QS = 600 + 4P일 때, 균형에서 수요의 가격탄력성과 공급의 가격탄력성의 합은? (단, QD : 수요량, QS : 공급량, P : 가격이고, 가격탄력성은 점탄력성을 말하며, 다른 조건은 동일함)

① $\frac{58}{72}$　　② $\frac{87}{72}$

③ $\frac{36}{29}$　　④ $\frac{145}{72}$

⑤ $\frac{60}{29}$

07 부동산 시장에 대한 정부의 간접개입방식으로 옳게 묶인 것은?

① 임대료상한제, 부동산보유세, 담보대출규제
② 담보대출규제, 토지거래허가제, 부동산거래세
③ 개발부담금제, 부동산거래세, 부동산가격공시제도
④ 지역지구제, 토지거래허가제, 부동산가격공시제도
⑤ 부동산보유세, 개발부담금제, 지역지구제

08 산업입지이론에 관한 설명으로 옳지 않은 것은?

① 베버(A. Weber)는 운송비의 관점에서 특정 공장이 원료지향적인지 또는 시장지향적인지 판단하기 위해 원료지수(material index)를 사용하였다.
② 베버(A. Weber)의 최소비용이론에서는 노동비, 운송비, 집적이익 가운데 운송비를 최적입지 결정에 가장 우선적으로 검토한다.
③ 뢰쉬(A. Lösch)의 최대수요이론에서는 입지분석에 있어 대상지역 내 원자재가 불균등하게 존재한다는 전제하에, 수요가 최대가 되는 지점이 최적입지라고 본다.
④ 아이사드(W. Isard)는 여러 입지 가운데 하나의 입지를 선정할 때 각 후보지역이 가지고 있는 비용최소 요인을 대체함으로써 최적입지가 달라질 수 있다는 대체원리(substitution principle)를 입지이론에 적용하였다.
⑤ 스미스(D. Smith)의 비용수요통합이론에서는 이윤을 창출할 수 있는 공간한계 내에서는 어디든지 입지할 수 있다는 준최적입지(suboptimal location) 개념을 강조한다.

09 부동산 시장의 효율성에 관한 설명으로 옳은 것은?

① 특정 투자자가 얻는 초과이윤이 이를 발생시키는 데 소요되는 정보비용보다 크면 배분 효율적 시장이 아니다.
② 약성 효율적 시장은 정보가 완전하고 모든 정보가 공개되어 있으며 정보비용이 없다는 완전경쟁시장의 조건을 만족한다.
③ 부동산 시장은 주식시장이나 일반적인 재화시장보다 더 불완전경쟁적이므로 배분 효율성을 달성할 수 없다.
④ 강성 효율적 시장에서는 정보를 이용하여 초과이윤을 얻을 수 있다.
⑤ 약성 효율적 시장의 개념은 준강성 효율적 시장의 성격을 모두 포함하고 있다.

10 주거분리와 여과과정에 관한 설명으로 옳은 것은?

① 여과과정이 원활하게 작동하면 신규주택에 대한 정부지원으로 모든 소득계층이 이득을 볼 수 있다.
② 하향여과는 고소득층 주거지역에서 주택의 개량을 통한 가치상승분이 주택개량비용보다 큰 경우에 발생한다.
③ 다른 조건이 동일할 경우 고가주택에 가까이 위치한 저가주택에는 부(-)의 외부효과가 발생한다.
④ 민간주택시장에서 불량주택이 발생하는 것은 시장실패를 의미한다.
⑤ 주거분리현상은 도시지역에서만 발생하고, 도시와 지리적으로 인접한 근린지역에서는 발생하지 않는다.

11 분양가상한제로 인해 발생할 수 있는 문제점과 그 보완책을 연결한 것으로 옳지 않은 것은?

① 분양주택의 질 하락 – 분양가상한제의 기본 건축비 현실화
② 분양주택 배분 문제 – 주택청약제도를 통한 분양
③ 분양프리미엄 유발 – 분양주택의 전매제한 완화
④ 신규주택 공급량 감소 – 공공의 저렴한 택지 공급
⑤ 신규주택 공급량 감소 – 신규주택건설에 대한 금융지원

12 **정부의 주택시장 개입에 관한 설명으로 옳지 않은 것은?**

① 주택은 긍정적인 외부효과를 창출하므로 생산과 소비를 장려해야 할 가치재(merit goods)이다.
② 저소득층에 대한 임대주택 공급은 소득의 직접분배효과가 있다.
③ 주택구입능력을 제고하기 위한 정책은 소득계층에 따라 달라진다.
④ 자가주택 보유를 촉진하는 정책은 중산층 형성과 사회안정에 기여한다.
⑤ 주거안정은 노동생산성과 지역사회에 대한 주민참여를 제고하는 효과가 있다.

13 **A투자안의 현금흐름이다. 추가 투자가 없었을 때의 NPV(ㄱ)와 추가 투자로 인한 NPV 증감(ㄴ)은? (단, 0기 기준이며, 주어진 자료에 한함)**

구분	0기	1기	2기	3기
초기 투자	(1억원)			
NOI		4천만원	3천만원	4천만원
추가 투자			(5천만원)	
추가 투자에 따른 NOI 증감			+3천만원	+4천만원
현가계수		0.952	0.906	0.862

① ㄱ : −260,000원, ㄴ : +16,360,000원
② ㄱ : −260,000원, ㄴ : +17,240,000원
③ ㄱ : −260,000원, ㄴ : +18,120,000원
④ ㄱ : +260,000원, ㄴ : +16,360,000원
⑤ ㄱ : +260,000원, ㄴ : +17,240,000원

14 **부동산투자회사법상 부동산투자회사에 관한 설명으로 옳은 것은?**

① 최저자본금준비기간이 지난 위탁관리 부동산투자회사의 자본금은 70억원 이상이 되어야 한다.
② 자기관리 부동산투자회사의 설립자본금은 3억원 이상으로 한다.
③ 자기관리 부동산투자회사에 자산운용 전문인력으로 상근하는 감정평가사는 해당 분야에 3년 이상 종사한 사람이어야 한다.
④ 최저자본금준비기간이 끝난 후에는 매 분기 말 현재 총자산의 100분의 80 이상이 부동산(건축 중인 건축물 포함)이어야 한다.
⑤ 위탁관리 부동산투자회사는 해당 연도 이익을 초과하여 배당할 수 있다.

15 부동산투자이론에 관한 설명으로 옳지 않은 것은?

① 변동계수는 수익률을 올리기 위해 감수하는 위험의 비율로 표준편차를 기대수익률로 나눈 값이다.
② 포트폴리오를 구성하면 비체계적 위험을 회피할 수 있다.
③ 위험기피형 투자자는 위험부담에 대한 보상심리로 위험할증률을 요구수익률에 반영한다.
④ 두 개별자산으로 구성된 포트폴리오에서 자산 간 상관계수가 양수인 경우에 음수인 경우보다 포트폴리오 위험절감효과가 높다.
⑤ 투자안의 기대수익률이 요구수익률보다 높으면 해당 투자안의 수요증가로 기대수익률이 낮아져 요구수익률에 수렴한다.

16 부동산 투자분석기법에 관한 설명으로 옳은 것은?

① 투자 규모가 상이한 투자안에서 수익성지수(PI)가 큰 투자안이 순현재가치(NPV)도 크다.
② 서로 다른 투자안 A, B를 결합한 새로운 투자안의 내부수익률(IRR)은 A의 내부수익률과 B의 내부수익률을 합한 값이다.
③ 순현재가치법과 수익성지수법에서는 화폐의 시간가치를 고려하지 않는다.
④ 투자안마다 단일의 내부수익률만 대응된다.
⑤ 수익성지수가 1보다 크면 순현재가치는 0보다 크다.

17 대출상환방식에 관한 설명으로 옳지 않은 것은? (단, 주어진 조건에 한함)

① 원금균등분할상환방식은 만기에 가까워질수록 차입자의 원리금상환액이 감소한다.
② 원리금균등분할상환방식은 만기에 가까워질수록 원리금상환액 중 원금의 비율이 높아진다.
③ 대출조건이 동일하다면 대출기간 동안 차입자의 총원리금상환액은 원금균등분할상환방식이 원리금균등분할상환방식보다 크다.
④ 차입자의 소득에 변동이 없는 경우 원금균등상환방식의 총부채상환비율(DTI)은 만기에 가까워질수록 낮아진다.
⑤ 차입자의 소득에 변동이 없는 경우 원리금균등분할상환방식의 총부채상환비율은 대출기간 동안 일정하게 유지된다.

18 A는 다음과 같은 조건을 가지는 원리금균등분할상환방식의 주택저당대출을 받았다. 5년 뒤 대출잔액은 얼마인가? (단, 주어진 자료에 한함)

- 대출액 : 47,400만원
- 대출만기 : 15년
- 대출금리 : 연 6%, 고정금리
- 원리금은 매월 말 상환
- 연금현가계수(0.5%, 60) : 51.73
- 연금현가계수(0.5%, 120) : 90.07
- 연금현가계수(0.5%, 180) : 118.50

① 20,692만원
② 25,804만원
③ 30,916만원
④ 36,028만원
⑤ 41,140만원

19 이자율과 할인율이 연 6%로 일정할 때, A, B, C를 크기 순서로 나열한 것은? (단, 주어진 자료에 한하며, 모든 현금흐름은 연말에 발생함)

- A : 2차년도부터 6차년도까지 매년 250만원씩 받는 연금의 현재가치
- B : 2차년도부터 6차년도까지 매년 200만원씩 받는 연금의 6차년도의 미래가치
- C : 1차년도에 40만원을 받고 매년 전년 대비 2%씩 수령액이 증가하는 성장형 영구연금의 현재가치
- 연금현가계수(6%, 5) : 4.212
- 연금현가계수(6%, 6) : 4.917
- 연금내가계수(6%, 5) : 5.637
- 연금내가계수(6%, 6) : 6.975

① A > B > C
② A > C > B
③ B > A > C
④ B > C > A
⑤ C > B > A

20 **부동산 증권에 관한 설명으로 옳지 않은 것은?**

① 한국주택금융공사는 유동화증권의 발행을 통해 자본시장에서 정책모기지 재원을 조달할 수 있다.
② 금융기관은 주택저당증권(MBS)을 통해 유동성 위험을 감소시킬 수 있다.
③ 저당담보부채권(MBB)의 투자자는 채무불이행위험을 부담한다.
④ 저당이체증권(MPTS)은 지분형 증권이며 유동화기관의 부채로 표기되지 않는다.
⑤ 지불이체채권(MPTB)의 투자자는 조기상환위험을 부담한다.

21 **부동산 금융에 관한 설명으로 옳지 않은 것은? (단, 주어진 조건에 한함)**

① 대출채권의 듀레이션(평균회수기간)은 만기일시상환대출이 원리금균등분할상환대출보다 길다.
② 대출수수료와 조기상환수수료를 부담하는 경우 차입자의 실효이자율은 조기상환시점이 앞당겨질수록 상승한다.
③ 금리하락기에 변동금리대출은 고정금리대출에 비해 대출자의 조기상환위험이 낮다.
④ 금리상승기에 변동금리대출의 금리조정주기가 짧을수록 대출자의 금리위험은 낮아진다.
⑤ 총부채원리금상환비율(DSR)과 담보인정비율(LTV)은 소득기준으로 채무불이행위험을 측정하는 지표이다.

22 **A는 향후 30년간 매월 말 30만원의 연금을 받을 예정이다. 시중 금리가 연 6%일 때, 이 연금의 현재가치를 구하는 식으로 옳은 것은? (단, 주어진 조건에 한함)**

① $30\text{만원} \times \left(1+\frac{0.06}{12}\right)^{30\times12}$

② $30\text{만원} \times \left[\frac{(1+0.06)^{30}-1}{0.06}\right]$

③ $30\text{만원} \times \left[\frac{1-(1+0.06)^{-30}}{0.06}\right]$

④ $30\text{만원} \times \left[\frac{1-\left(1+\frac{0.06}{12}\right)^{-30\times12}}{\frac{0.06}{12}}\right]$

⑤ $30\text{만원} \times \left[\frac{\left(1+\frac{0.06}{12}\right)^{30\times12}-1}{\frac{0.06}{12}}\right]$

23 부동산 관리와 생애주기에 관한 설명으로 옳지 않은 것은?

① 자산관리(Asset Management)란 소유자의 부를 극대화시키기 위하여 대상 부동산을 포트폴리오 관점에서 관리하는 것을 말한다.

② 시설관리(Facility Management)란 각종 부동산 시설을 운영하고 유지하는 것으로 시설 사용자나 건물주의 요구에 단순히 부응하는 정도의 소극적이고 기술적인 측면의 관리를 말한다.

③ 생애주기상 노후단계는 물리적·기능적 상태가 급격히 악화되기 시작하는 단계로 리모델링을 통하여 가치를 올릴 수 있다.

④ 재산관리(Property Management)란 부동산의 운영수익을 극대화하고 자산가치를 증진시키기 위한 임대차 관리 등의 일상적인 건물운영 및 관리뿐만 아니라 부동산 투자의 위험관리와 프로젝트 파이낸싱 등의 업무를 하는 것을 말한다.

⑤ 건물의 이용에 의한 마멸, 파손, 노후화, 우발적 사고 등으로 사용이 불가능할 때까지의 기간을 물리적 내용연수라고 한다.

24 건물의 관리방식에 관한 설명으로 옳은 것은?

① 위탁관리방식은 부동산관리 전문업체에 위탁해 관리하는 방식으로 대형건물의 관리에 유용하다.

② 혼합관리방식은 필요한 부분만 일부 위탁하는 방식으로 관리자들 간의 협조가 긴밀하게 이루어진다.

③ 자기관리방식은 관리업무의 타성(惰性)을 방지할 수 있다.

④ 위탁관리방식은 외부 전문가가 관리하므로 기밀 및 보안 유지에 유리하다.

⑤ 혼합관리방식은 관리문제 발생 시 책임소재가 명확하다.

25 부동산 개발에 관한 설명으로 옳은 것을 모두 고른 것은?

ㄱ. 부동산개발업의 관리 및 육성에 관한 법률상 부동산 개발은 토지를 건설공사의 수행 또는 형질변경의 방법으로 조성하는 행위 및 건축물을 건축, 대수선, 리모델링 또는 용도를 변경하거나 공작물을 설치하는 행위를 말하며, 시공을 담당하는 행위는 제외한다. ㄴ. 혼합방식은 개발 전의 면적·등급·지목 등을 고려하여, 개발된 토지를 토지 소유주에게 종전의 토지위치에 재분배하는 것을 말한다. ㄷ. 흡수율 분석은 수요·공급분석을 통하여 대상 부동산이 언제 얼마만큼 시장에서 매각 또는 임대될 수 있는지를 파악하는 것이다. ㄹ. 개발권양도제(TDR)는 일정하게 주어진 개발허용한도 내에서 해당 지역의 토지이용규제로 인해 사용하지 못하는 부분을 다른 지역에 양도할 수 있는 것이다.

① ㄱ, ㄷ
② ㄷ, ㄹ
③ ㄱ, ㄴ, ㄹ
④ ㄱ, ㄷ, ㄹ
⑤ ㄴ, ㄷ, ㄹ

26 부동산 마케팅에 관한 설명으로 옳지 않은 것은?

① STP란 시장세분화(Segmentation), 표적시장(Target market), 포지셔닝(Positioning)을 말한다.
② 마케팅 믹스 전략에서의 4P는 유통경로(Place), 제품(Product), 가격(Price), 판매촉진(Promotion)을 말한다.
③ 노벨티(novelty) 광고는 개인 또는 가정에서 이용되는 실용적이며 장식적인 물건에 상호·전화번호 등을 표시하는 것으로 분양광고에 주로 활용된다.
④ 관계마케팅 전략은 공급자와 소비자 간의 장기적·지속적인 상호작용을 중요시하는 전략을 말한다.
⑤ AIDA 원리에 따르면 소비자의 구매의사결정은 행동(Action), 관심(Interest), 욕망(Desire), 주의(Attention)의 단계를 순차적으로 거친다.

27 **부동산 개발의 타당성 분석 유형을 설명한 것이다. (　　)에 들어갈 내용으로 옳게 연결된 것은?**

> • (ㄱ)은 부동산이 현재나 미래의 시장상황에서 매매 또는 임대될 수 있는 가능성을 분석하는 것이다.
> • (ㄴ)은 개발업자가 대상 부동산에 대해 수립한 사업안들 중에서 최유효이용을 달성할 수 있는 방식을 판단할 수 있도록 자료를 제공해주는 것이다.
> • (ㄷ)은 주요 변수들의 초기 투입값을 변화시켜 적용함으로써 낙관적 또는 비관적인 상황에서 발생할 수 있는 수익성 및 부채상환능력 등을 예측하는 것이다.

① ㄱ : 시장성 분석, ㄴ : 민감도 분석, ㄷ : 투자 분석
② ㄱ : 민감도 분석, ㄴ : 투자 분석, ㄷ : 시장성 분석
③ ㄱ : 투자 분석, ㄴ : 시장성 분석, ㄷ : 민감도 분석
④ ㄱ : 시장성 분석, ㄴ : 투자 분석, ㄷ : 민감도 분석
⑤ ㄱ : 민감도 분석, ㄴ : 시장성 분석, ㄷ : 투자 분석

28 **에스크로(Escrow)에 관한 설명으로 옳지 않은 것은?**

① 부동산 매매 및 교환 등에 적용된다.
② 권리관계조사, 물건확인 등의 업무를 포함한다.
③ 매수자, 매도자, 저당대출기관 등의 권익을 보호한다.
④ 은행이나 신탁회사는 해당 업무를 취급할 수 없다.
⑤ 에스크로 업체는 계약조건이 이행될 때까지 금전·문서·권원증서 등을 점유한다.

29 **부동산 중개계약에 관한 설명으로 옳지 않은 것은?**

① 순가중개계약에서는 매도자가 개업공인중개사에게 제시한 가격을 초과해 거래가 이루어진 경우 그 초과액을 매도자와 개업공인중개사가 나누어 갖는다.
② 일반중개계약에서는 의뢰인이 다수의 개업공인중개사에게 동등한 기회로 거래를 의뢰한다.
③ 공인중개사법령상 당사자 간에 다른 약정이 없는 경우 전속중개계약의 유효기간은 3월로 한다.
④ 공동중개계약에서는 부동산거래정보망 등을 통하여 다수의 개업공인중개사가 상호 협동하여 공동으로 거래를 촉진한다.
⑤ 독점중개계약에서는 의뢰인이 직접 거래를 성사시킨 경우에도 중개보수 청구권이 발생한다.

30 **공인중개사법령상 개업공인중개사가 주택을 중개하는 경우 확인 · 설명해야 할 사항이 아닌 것은?**

① 일조 · 소음 · 진동 등 환경조건
② 소유권 · 전세권 · 임차권 등 권리관계
③ 거래예정금액 · 중개보수 및 실비의 금액
④ 권리를 양도함에 따라 부담하여야 할 조세의 종류 및 세율
⑤ 토지이용계획, 공법상의 거래규제 및 이용제한에 관한 사항

31 **A지역 주택시장의 시장수요함수는 QD = −2P + 2,400이고 시장공급함수는 QS = 3P − 1,200이다. 정부가 부동산거래세를 공급 측면에 단위당 세액 20만원의 종량세 형태로 부과하는 경우에 A지역 주택시장의 경제적 순손실은? (단, QD : 수요량, QS : 공급량, P : 가격, 단위는 만호, 만원이며, 다른 조건은 동일함)**

① 60억원
② 120억원
③ 240억원
④ 360억원
⑤ 480억원

32 **다음 설명에 모두 해당하는 부동산 조세는?**

- 시 · 군 · 구세, 특별자치시(도)세
- 과세대상에 따라 누진세율 또는 단일세율 적용
- 보통징수 방식

① 종합부동산세
② 양도소득세
③ 취득세
④ 등록면허세
⑤ 재산세

33 부동산 권리분석에 관한 설명으로 옳지 않은 것은?

① 권리분석의 원칙에는 능률성, 안전성, 탐문주의, 증거주의 등이 있다.
② 건물의 소재지, 구조, 용도 등의 사실관계는 건축물대장으로 확인·판단한다.
③ 임장활동 이전 단계 활동으로 여러 가지 물적 증거를 수집하고 탁상으로 검토하여 1차적으로 하자의 유무를 발견하는 작업을 권리보증이라고 한다.
④ 부동산의 상태 또는 사실관계, 등기능력이 없는 권리 및 등기를 요하지 않는 권리관계 등 자세한 내용까지 분석의 대상으로 하는 것이 최광의의 권리분석이다.
⑤ 매수인이 대상 부동산을 매수하기 전에 소유권을 저해하는 조세체납, 계약상 하자 등을 확인하기 위해 공부 등을 조사하는 일도 포함된다.

34 부동산 권리분석 시 등기능력이 없는 것으로 묶인 것은?

① 지역권, 지상권
② 유치권, 점유권
③ 전세권, 법정지상권
④ 가압류, 분묘기지권
⑤ 저당권, 권리질권

35 감정평가에 관한 규칙상 원가방식에 관한 설명으로 옳지 않은 것은?

① 원가법과 적산법은 원가방식에 속한다.
② 적산법에 의한 임대료 평가에서는 대상 물건의 재조달원가에 기대이율을 곱하여 산정된 기대수익에 대상 물건을 계속하여 임대하는 데에 필요한 경비를 더한다.
③ 원가방식을 적용한 감정평가서에는 부득이한 경우를 제외하고는 재조달원가 산정 및 감가수정 등의 내용이 포함되어야 한다.
④ 입목 평가 시 소경목림(小徑木林)인 경우에는 원가법을 적용할 수 있다.
⑤ 선박 평가 시 본래 용도의 효용가치가 있으면 선체·기관·의장(艤裝)별로 구분한 후 각각 원가법을 적용해야 한다.

36 **할인현금흐름분석법에 의한 수익가액은? (단, 주어진 자료에 한함, 모든 현금흐름은 연말에 발생함)**

> • 보유기간(5년)의 순영업소득 : 매년 9천만원
> • 6기 순영업소득 : 1억원
> • 매도비용 : 재매도가치의 5%
> • 기입환원율 : 4%, 기출환원율 : 5%, 할인율 : 연 5%
> • 연금현가계수(5%, 5년) : 4.329
> • 일시불현가계수(5%, 5년) : 0.783

① 1,655,410,000원
② 1,877,310,000원
③ 2,249,235,000원
④ 2,350,000,000원
⑤ 2,825,000,000원

37 **수익환원법에 관한 설명으로 옳지 않은 것은?**

① 운영경비에 감가상각비를 포함시킨 경우 상각 전 환원율을 적용한다.
② 직접환원법에서 사용할 환원율은 시장추출법으로 구하는 것을 원칙으로 한다.
③ 재매도가치를 내부추계로 구할 때 보유기간 경과 후 초년도 순수익을 반영한다.
④ 할인 또는 환원할 순수익을 구할 때 자본적 지출은 비용으로 고려하지 않는다.
⑤ 요소구성법으로 환원율을 결정할 때 위험요소를 적극적으로 반영하면 환원율은 커진다.

38 **감정평가사 A는 B토지의 감정평가를 의뢰받고 인근지역 나지 거래사례인 C토지를 활용해 2억원으로 평가했다. A가 C토지 거래금액에 대해 판단한 사항은? (단, 주어진 자료에 한함)**

> • B, C토지의 소재지, 용도지역 : D구, 제2종일반주거지역
> • 면적 : B토지 200㎡, C토지 150㎡
> • 거래금액 : 1.5억원(거래시점 일괄지급)
> • D구 주거지역 지가변동률(거래시점~기준시점) : 10% 상승
> • 개별요인 : B토지 가로조건 10% 우세, 그 외 조건 대등

① 정상
② 10% 고가
③ 20% 고가
④ 21% 고가
⑤ 31% 고가

39 **감정평가에 관한 규칙에서 규정하고 있는 내용으로 옳지 않은 것은?**

① 기업가치의 주된 평가방법은 수익환원법이다.

② 적정한 실거래가는 감정평가의 기준으로 적용하기에 적정하다고 판단되는 거래가격으로서, 거래시점이 도시지역은 5년 이내, 그 밖의 지역은 3년 이내인 거래가격을 말한다.

③ 시산가액 조정 시, 공시지가기준법과 그 밖의 비교방식에 속한 감정평가방법은 서로 다른 감정평가방식에 속한 것으로 본다.

④ 필요한 경우 관련 전문가에 대한 자문 등을 거쳐 감정평가할 수 있다.

⑤ 항공기의 주된 평가방법은 원가법이며, 본래 용도의 효용가치가 없는 물건은 해체처분가액으로 감정평가할 수 있다.

40 **수익환원법(직접환원법)에 의한 대상 부동산의 가액이 8억원일 때, 건물의 연간 감가율(회수율)은? (단, 주어진 자료에 한함)**

- 가능총수익 : 월 6백만원
- 공실 및 대손 : 연 1천2백만원
- 운영경비(감가상각비 제외) : 유효총수익의 20%
- 토지, 건물 가격구성비 : 각각 50%
- 토지환원율, 건물상각 후 환원율 : 각각 연 5%

① 1% ② 2%
③ 3% ④ 4%
⑤ 5%

01 **국토의 계획 및 이용에 관한 법령상 국토교통부장관이 도시·군관리계획의 수립기준을 정할 때 고려하여야 하는 사항이 아닌 것은?**

① 공간구조는 생활권단위로 적정하게 구분하고 생활권별로 생활·편익시설이 고루 갖추어지도록 할 것

② 녹지축·생태계·산림·경관 등 양호한 자연환경과 우량농지, 국가유산 및 역사문화환경 등을 고려하여 토지이용계획을 수립하도록 할 것

③ 수도권안의 인구집중유발시설이 수도권외의 지역으로 이전하는 경우 종전의 대지에 대하여는 그 시설의 지방이전이 촉진될 수 있도록 토지이용계획을 수립하도록 할 것

④ 도시의 개발 또는 기반시설의 설치 등이 환경에 미치는 영향을 미리 검토하는 등 계획과 환경의 유기적 연관성을 높여 건전하고 지속가능한 도시발전을 도모하도록 할 것

⑤ 광역계획권의 미래상과 이를 실현할 수 있는 체계화된 전략을 제시하고 국토종합계획 등과 서로 연계되도록 할 것

02 **국토의 계획 및 이용에 관한 법령상 개발행위에 따른 공공시설 등의 귀속에 관한 설명으로 옳지 않은 것은?**

① 개발행위허가를 받은 자가 행정청인 경우 개발행위허가를 받은 자가 새로 공공시설을 설치한 경우 새로 설치된 공공시설은 그 시설을 관리할 관리청에 무상으로 귀속된다.

② 개발행위허가를 받은 자가 행정청인 경우 개발행위허가를 받은 자가 기존의 공공시설에 대체되는 공공시설을 설치한 경우 종래의 공공시설은 개발행위허가를 받은 자에게 무상으로 귀속된다.

③ 개발행위허가를 받은 자가 행정청이 아닌 경우 개발행위허가를 받은 자가 새로 설치한 공공시설은 그 시설을 관리할 관리청에 무상으로 귀속된다.

④ 개발행위허가를 받은 자가 행정청이 아닌 경우 개발행위로 용도가 폐지되는 공공시설은 개발행위허가를 받은 자에게 무상으로 귀속된다.

⑤ 특별시장·광역시장·특별자치시장·특별자치도지사·시장 또는 군수는 공공시설의 귀속에 관한 사항이 포함된 개발행위허가를 하려면 미리 관리청의 의견을 들어야 한다.

03 **국토의 계획 및 이용에 관한 법령상 공동구협의회의 심의를 거쳐야 공동구에 수용할 수 있는 시설은?**

① 가스관
② 통신선로
③ 열수송관
④ 중수도관
⑤ 쓰레기수송관

04 **「국토의 계획 및 이용에 관한 법률」은 중앙도시계획위원회와 지방도시계획위원회의 심의를 거치지 아니하고 개발행위의 허가를 하는 경우를 규정하고 있다. 이에 해당하는 개발행위를 모두 고른 것은?**

ㄱ. 다른 법률에 따라 도시계획위원회의 심의를 받는 구역에서 하는 개발행위
ㄴ. 「산림자원의 조성 및 관리에 관한 법률」에 따른 산림사업을 위한 개발행위
ㄷ. 「사방사업법」에 따른 사방사업을 위한 개발행위

① ㄱ
② ㄴ
③ ㄱ, ㄷ
④ ㄴ, ㄷ
⑤ ㄱ, ㄴ, ㄷ

05 **국토의 계획 및 이용에 관한 법령상 성장관리계획구역을 지정할 수 있는 지역이 아닌 것은? (단, 조례는 고려하지 않음)**

① 개발수요가 많아 무질서한 개발이 진행되고 있거나 진행될 것으로 예상되는 지역
② 기반시설이 부족할 것으로 예상되나 기반시설을 설치하기 곤란한 지역을 대상으로 건폐율이나 용적률을 강화하여 적용하기 위한 지역
③ 「토지이용규제 기본법」 제2조 제1호에 따른 지역·지구등의 변경으로 토지이용에 대한 행위제한이 완화되는 지역
④ 주변의 토지이용이나 교통여건 변화 등으로 향후 시가화가 예상되는 지역
⑤ 주변지역과 연계하여 체계적인 관리가 필요한 지역

06 **국토의 계획 및 이용에 관한 법령상 용도지역 안에서의 용적률 범위에 관한 조문의 일부이다. (　　　)에 들어갈 내용으로 옳은 것은?**

• 제1종일반주거지역 : (ㄱ)퍼센트 이상 (ㄴ)퍼센트 이하 • 제2종일반주거지역 : (ㄱ)퍼센트 이상 (ㄷ)퍼센트 이하 • 제3종일반주거지역 : (ㄱ)퍼센트 이상 (ㄹ)퍼센트 이하

① ㄱ: 50, ㄴ: 100, ㄷ: 150, ㄹ: 200
② ㄱ: 50, ㄴ: 200, ㄷ: 250, ㄹ: 300
③ ㄱ: 100, ㄴ: 200, ㄷ: 250, ㄹ: 300
④ ㄱ: 100, ㄴ: 250, ㄷ: 300, ㄹ: 350
⑤ ㄱ: 200, ㄴ: 250, ㄷ: 300, ㄹ: 350

07 **국토의 계획 및 이용에 관한 법령상 도시지역, 관리지역, 농림지역 또는 자연환경보전지역으로 용도가 지정되지 아니한 지역에 대하여 건폐율의 최대한도를 정할 때에는 (　　)에 관한 규정을 적용한다. (　　)에 해당하는 것은?**

① 도시지역　② 관리지역　③ 농림지역
④ 자연환경보전지역　⑤ 녹지지역

08 **국토의 계획 및 이용에 관한 법령상 도시・군관리계획에 해당하지 않는 것은?**

① 시 또는 군의 관할 구역에 대하여 기본적인 공간구조와 장기발전방향을 제시하는 종합계획
② 용도지역・용도지구의 지정에 관한 계획
③ 지구단위계획구역의 지정에 관한 계획
④ 도시혁신구역의 지정에 관한 계획
⑤ 기반시설의 설치・정비 또는 개량에 관한 계획

09 **국토의 계획 및 이용에 관한 법령상 A군수가 민간건설업자 B에 대해 개발행위허가를 할 때, 토석을 운반하는 차량 통행으로 통행로 주변 환경이 오염될 우려가 있어 환경오염 방지의 이행 보증 등에 관한 조치를 명하는 경우이다. 그에 관한 설명으로 옳은 것은?**

① B가 예치하는 이행보증금은 총공사비의 30퍼센트 이상이 되도록 해야 한다.
② B가 준공검사를 받은 때에는 A군수는 즉시 이행보증금을 반환하여야 한다.
③ A군수는 이행보증금을 행정대집행의 비용으로 사용할 수 없다.
④ B가 산지에서 개발행위를 하는 경우 이행보증금의 예치금액의 기준이 되는 총공사비에는 「산지관리법」에 따른 복구비는 포함되지 않는다.
⑤ B가 민간건설업자가 아닌 국가인 경우라도 민간건설업자의 경우와 동일한 이행보증이 필요하다.

10 **국토의 계획 및 이용에 관한 법령상 도시·군계획시설결정의 실효에 관한 조문의 일부이다. (　　)에 들어갈 내용으로 옳은 것은?**

> 도시·군계획시설결정이 고시된 도시·군계획시설에 대하여 그 고시일부터 (ㄱ)이 지날 때까지 그 시설의 설치에 관한 도시·군계획시설사업이 시행되지 아니하는 경우 그 도시·군계획시설결정은 그 고시일부터 (ㄴ)에 그 효력을 잃는다.

① ㄱ: 10년, ㄴ: 10년이 되는 날
② ㄱ: 10년, ㄴ: 10년이 되는 날의 다음 날
③ ㄱ: 20년, ㄴ: 20년이 되는 날
④ ㄱ: 20년, ㄴ: 20년이 되는 날의 다음 날
⑤ ㄱ: 30년, ㄴ: 30년이 되는 날

11 **국토의 계획 및 이용에 관한 법령상 광역도시계획의 수립에 관한 설명으로 옳지 않은 것은?**

① 국토교통부장관은 시·도지사가 요청하는 경우 관할 시·도지사와 공동으로 광역도시계획을 수립할 수 있다.
② 시·도지사가 광역도시계획을 수립하는 경우 미리 공청회를 열어 주민과 관계 전문가 등으로부터 의견을 들어야 한다.
③ 국토교통부장관은 관계 행정기관의 장에게 광역도시계획의 수립을 위한 기초조사에 필요한 자료를 제출하도록 요청할 수 있다.
④ 시·도지사가 광역도시계획을 수립하는 경우 미리 관계 중앙행정기관과 협의한 후 중앙도시계획위원회의 심의를 거쳐야 한다.
⑤ 시·도지사가 광역도시계획의 승인을 받으려는 때에는 광역도시계획안에 기초조사 결과를 포함한 서류를 첨부하여 국토교통부장관에게 제출해야 한다.

12 국토의 계획 및 이용에 관한 법령상 기반시설부담구역에 설치가 필요한 기반시설에 해당하지 않는 것은? (단, 조례는 고려하지 않음)

① 도로(인근의 간선도로로부터 기반시설부담구역까지의 진입도로를 포함)
② 공원
③ 학교(「고등교육법」에 따른 학교를 포함)
④ 수도(인근의 수도로부터 기반시설부담구역까지 연결하는 수도를 포함)
⑤ 하수도(인근의 하수도로부터 기반시설부담구역까지 연결하는 하수도를 포함)

13 국토의 계획 및 이용에 관한 법령상 기반시설 중 공공·문화체육시설에 해당하지 않는 것은?

① 연구시설 ② 사회복지시설 ③ 공공직업훈련시설
④ 방송·통신시설 ⑤ 청소년수련시설

14 감정평가 및 감정평가사에 관한 법령상 감정평가법인등이 토지를 감정평가하는 경우 해당 토지의 임대료, 조성비용 등을 고려하여 감정평가를 할 수 있는 경우가 아닌 것은?

① 보험회사의 의뢰에 따른 감정평가
② 신탁회사의 의뢰에 따른 감정평가
③ 「자산재평가법」에 따른 감정평가
④ 법원에 계속 중인 소송을 위한 감정평가 중 보상과 관련된 감정평가
⑤ 금융기관의 의뢰에 따른 감정평가

15 감정평가 및 감정평가사에 관한 법령상 감정평가에 관한 설명으로 옳지 않은 것은?

① 금융기관이 대출과 관련하여 토지등의 감정평가를 하려는 경우에는 감정평가법인등에 의뢰하여야 한다.
② 감정평가법인등이 해산하거나 폐업하는 경우 시·도지사는 감정평가서의 원본을 발급일부터 5년 동안 보관해야 한다.
③ 국토교통부장관은 감정평가서가 발급된 후 해당 감정평가가 법률에서 정하는 절차와 방법 등에 따라 타당하게 이루어졌는지를 직권으로 조사할 수 있다.
④ 최근 3년 이내에 실시한 감정평가 타당성조사 결과 감정평가의 부실이 발생한 분야에 대해서는 우선추출방식의 표본조사가 실시될 수 있다.
⑤ 감정평가서에 대한 표본조사는 무작위추출방식으로도 할 수 있다.

16 감정평가 및 감정평가사에 관한 법령상 감정평가법인등에 관한 설명으로 옳지 않은 것은?

① 부정한 방법으로 감정평가사의 자격을 받았다는 사유로 감정평가사 자격이 취소된 후 1년이 경과되지 아니한 사람은 감정평가법인등의 사무직원이 될 수 없다.
② 감정평가법인은 국토교통부장관의 허가를 받아 토지등의 매매업을 직접 할 수 있다.
③ 감정평가법인등이나 그 사무직원은 업무수행에 따른 수수료와 실비 외에는 어떠한 명목으로도 그 업무와 관련된 대가를 받아서는 아니 된다.
④ 감정평가사가 고의 또는 중대한 과실 없이 감정평가서의 적정성을 잘못 심사한 것은 징계사유가 아니다.
⑤ 한국감정평가사협회는 감정평가를 의뢰하려는 자가 해당 감정평가사에 대한 징계 사실을 확인하기 위하여 징계 정보의 열람을 신청하는 경우에는 그 정보를 제공하여야 한다.

17 6월 10일자로 「건축법」에 따른 대수선이 된 단독주택에 대하여 부동산 가격공시에 관한 법령에 따라 개별주택가격을 결정 · 공시하는 경우 공시기준일은?

① 그 해 1월 1일
② 그 해 6월 1일
③ 그 해 7월 1일
④ 그 해 10월 1일
⑤ 다음 해 1월 1일

18 부동산 가격공시에 관한 법령상 개별공시지가에 관한 설명으로 옳지 않은 것은?

① 표준지로 선정된 토지에 대하여는 개별공시지가를 결정 · 공시하지 아니할 수 있다.
② 개별토지 가격 산정의 타당성에 대한 감정평가법인등의 검증을 생략하려는 경우 개발사업이 시행되는 토지는 검증 생략 대상 토지로 선정해서는 안 된다.
③ 개별토지 가격 산정의 타당성 검증을 의뢰할 감정평가법인등을 선정할 때 선정기준일부터 직전 1년간 과태료처분을 2회 받은 감정평가법인등은 선정에서 배제된다.
④ 개별공시지가 조사 · 산정의 기준에는 토지가격비준표의 사용에 관한 사항이 포함되어야 한다.
⑤ 개별공시지가에 이의가 있는 자는 그 결정 · 공시일부터 30일 이내에 서면으로 시장 · 군수 또는 구청장에게 이의를 신청할 수 있다.

19 **부동산 가격공시에 관한 법령상 표준지공시지가에 관한 설명으로 옳은 것을 모두 고른 것은?**

ㄱ. 표준지공시지가의 공시에는 표준지 및 주변토지의 이용상황이 포함되어야 한다.
ㄴ. 표준지공시지가는 일반적인 토지거래의 지표가 된다.
ㄷ. 도시개발사업에서 환지를 위하여 지가를 산정할 때에는 표준지공시지가를 기준으로 하지 아니한다.
ㄹ. 최근 1년간 시・군・구별 지가변동률이 전국 평균 지가변동률 이하인 지역의 표준지에 대해서는 하나의 감정평가법인등에 의뢰하여 표준지공시지가를 조사・평가할 수 있다.

① ㄱ, ㄴ
② ㄱ, ㄷ
③ ㄱ, ㄴ, ㄹ
④ ㄴ, ㄷ, ㄹ
⑤ ㄱ, ㄴ, ㄷ, ㄹ

20 **국유재산법령상 국유재산에 관한 설명으로 옳은 것은?**

① 국가가 직접 사무용・사업용으로 사용하는 재산은 공공용 재산이다.
② 총괄청은 일반재산을 보존용 재산으로 전환하여 관리할 수 있다.
③ 중앙관서의 장 등이 필요하다고 인정하는 경우에는 보존용 재산에 사권을 설정할 수 있다.
④ 공용재산은 시효취득의 대상이 될 수 있다.
⑤ 영농을 목적으로 하는 토지와 그 정착물의 대부기간은 20년 이내로 한다.

21 **국유재산법령상 행정재산에 관한 설명으로 옳은 것은?**

① 중앙관서의 장은 사용허가한 행정재산을 지방자치단체가 직접 공용으로 사용하기 위하여 필요하게 된 경우에도 그 허가를 철회할 수 없다.
② 행정재산의 관리위탁을 받은 자가 그 재산의 일부를 사용・수익하는 경우에는 미리 해당 중앙관서의 장의 승인을 받아야 한다.
③ 경작용으로 실경작자에게 행정재산의 사용허가를 하려는 경우에는 일반경쟁에 부쳐야 한다.
④ 수의의 방법으로 한 사용허가는 허가기간이 끝난 후 갱신할 수 없다.
⑤ 행정재산의 사용허가를 한 날부터 3년 내에는 사용료를 조정할 수 없다.

22 국유재산법령상 일반재산의 처분가격에 관한 설명으로 옳은 것은?

① 증권을 처분할 때에는 시가를 고려하여 예정가격을 결정하여야 한다.
② 공공기관에 일반재산을 처분하는 경우에는 두 개의 감정평가법인등의 평가액을 산술평균한 금액을 예정가격으로 하여야 한다.
③ 감정평가법인등의 평가액은 평가일부터 2년까지 적용할 수 있다.
④ 국가가 보존·활용할 필요가 없고 대부·매각이나 교환이 곤란하여 일반재산을 양여하는 경우에는 대장가격을 재산가격으로 한다.
⑤ 일단(一團)의 토지 대장가격이 3천만원 이하인 국유지를 경쟁입찰의 방법으로 처분하는 경우에는 해당 국유지의 개별공시지가를 예정가격으로 할 수 있다.

23 국유재산법령상 지식재산에 관한 설명으로 옳지 않은 것은?

① 「식물신품종 보호법」에 따른 품종보호권은 지식재산에 해당한다.
② 지식재산을 대부 받은 자는 해당 중앙관서의 장등의 승인을 받아 그 지식재산을 다른 사람에게 사용·수익하게 할 수 있다.
③ 상표권의 사용료를 면제하는 경우 그 면제기간은 5년 이내로 한다.
④ 저작권등의 사용허가를 받은 자는 해당 지식재산을 관리하는 중앙관서의 장등의 승인을 받아 그 저작물의 개작을 할 수 있다.
⑤ 지식재산의 사용허가등의 기간을 연장하는 경우 최초의 사용허가등의 기간과 연장된 사용허가등의 기간을 합산한 기간은 5년을 초과하지 못한다.

24 건축법상 용어의 정의에 관한 조문의 일부이다. (　　)에 들어갈 내용으로 옳은 것은?

> • "지하층"이란 건축물의 바닥이 지표면 아래에 있는 층으로서 바닥에서 지표면까지 평균높이가 해당 층 높이의 (ㄱ)분의 1 이상인 것을 말한다.
> • "고층건축물"이란 층수가 (ㄴ)층 이상이거나 높이가 (ㄷ)미터 이상인 건축물을 말한다.

① ㄱ: 2, ㄴ: 20, ㄷ: 100
② ㄱ: 2, ㄴ: 20, ㄷ: 120
③ ㄱ: 2, ㄴ: 30, ㄷ: 120
④ ㄱ: 3, ㄴ: 20, ㄷ: 100
⑤ ㄱ: 3, ㄴ: 30, ㄷ: 120

25 건축법령상 안전영향평가에 관한 설명으로 옳지 않은 것은?

① 허가권자는 초고층 건축물에 대하여 건축허가를 하기 전에 안전영향평가를 안전영향평가기관에 의뢰하여 실시하여야 한다.
② 안전영향평가는 건축물의 구조, 지반 및 풍환경(風環境) 등이 건축물의 구조안전과 인접 대지의 안전에 미치는 영향 등을 평가하는 것이다.
③ 안전영향평가 결과는 건축위원회의 심의를 거쳐 확정한다.
④ 안전영향평가의 대상에는 하나의 건축물이 연면적 10만 제곱미터 이상이면서 16층 이상인 경우도 포함된다.
⑤ 안전영향평가를 실시하여야 하는 건축물이 다른 법률에 따라 구조안전과 인접 대지의 안전에 미치는 영향 등을 평가받은 경우에는 안전영향평가의 모든 항목을 평가받은 것으로 본다.

26 건축법령상 건축물의 용도에 따른 건축허가의 승인에 관한 설명이다. (　　)에 해당하는 건축물이 아닌 것은?

시장・군수가 자연환경이나 수질을 보호하기 위하여 도지사가 지정・공고한 구역에 건축하는 3층 이상 또는 연면적의 합계가 1천제곱미터 이상인 건축물로서 (　　)의 건축을 허가하려면 미리 도지사의 승인을 받아야 한다.

① 공동주택
② 제2종 근린생활시설(일반음식점만 해당한다)
③ 업무시설(일반업무시설은 제외한다)
④ 숙박시설
⑤ 위락시설

27 건축법령상 공개 공지 등에 관한 설명으로 옳지 않은 것은? (단, 조례는 고려하지 않음)

① 공개 공지 등은 해당 지역의 환경을 쾌적하게 조성하기 위하여 일반이 사용할 수 있도록 설치하는 소규모 휴식시설 등의 공개 공지 또는 공개 공간을 지칭한다.
② 공개 공지 등은 상업지역에도 설치할 수 있다.
③ 공개 공지는 필로티의 구조로 설치할 수 있다.
④ 숙박시설로서 해당 용도로 쓰는 바닥면적의 합계가 3천 제곱미터인 건축물의 대지에는 공개 공지 또는 공개 공간을 설치하여야 한다.
⑤ 판매시설 중 「농수산물 유통 및 가격안정에 관한 법률」에 따른 농수산물유통시설에는 공개 공지 등을 설치하지 않아도 된다.

28 **공간정보의 구축 및 관리 등에 관한 법령상 토지와 지목이 옳게 연결된 것은?**

① 묘지의 관리를 위한 건축물의 부지 - 묘지
② 원상회복을 조건으로 흙을 파는 곳으로 허가된 토지 - 잡종지
③ 학교의 교사(校舍)와 이에 접속된 체육장 등 부속시설물의 부지 - 학교용지
④ 자동차 판매 목적으로 설치된 야외전시장의 부지 - 주차장
⑤ 자연의 유수가 있을 것으로 예상되는 소규모 수로부지 - 하천

29 **공간정보의 구축 및 관리 등에 관한 법령상 토지소유자가 지적소관청에 토지의 합병을 신청할 수 없는 경우를 모두 고른 것은?**

ㄱ. 합병하려는 토지의 지목이 서로 다른 경우 ㄴ. 합병하려는 토지의 소유자별 공유지분이 다른 경우 ㄷ. 합병하려는 토지가 구획정리를 시행하고 있는 지역의 토지와 그 지역 밖의 토지인 경우

① ㄱ　② ㄷ　③ ㄱ, ㄴ
④ ㄴ, ㄷ　⑤ ㄱ, ㄴ, ㄷ

30 **공간정보의 구축 및 관리 등에 관한 법령상 토지대장의 등록사항 중 이를 변경하는 것이 토지의 이동(異動)에 해당하지 않는 것은?**

① 지번　② 지목　③ 면적
④ 토지의 소재　⑤ 소유자의 주소

31 **공간정보의 구축 및 관리 등에 관한 법령상 토지대장에 등록하는 토지의 소유자가 둘 이상인 경우 공유지연명부에 등록하여야 하는 사항이 아닌 것은?**

① 소유권 지분
② 토지의 고유번호
③ 지적도면의 번호
④ 필지별 공유지연명부의 장번호
⑤ 토지소유자가 변경된 날과 그 원인

32 **부동산등기법령상 등기관이 건물 등기기록의 표제부에 기록하여야 하는 사항 중 같은 지번 위에 여러 개의 건물이 있는 경우와 구분건물의 경우에 한정하여 기록하여야 하는 것은?**

① 건물의 종류 ② 건물의 구조 ③ 건물의 면적
④ 표시번호 ⑤ 도면의 번호

33 **부동산등기법령상 등기신청 및 등기의 효력발생시기에 관한 설명으로 옳은 것을 모두 고른 것은?**

> ㄱ. 소유권보존등기 또는 소유권보존등기의 말소등기는 등기명의인으로 될 자 또는 등기명의인이 단독으로 신청한다.
> ㄴ. 대표자가 있는 법인 아닌 사단에 속하는 부동산의 등기 신청에 관하여는 그 사단의 대표자를 등기권리자 또는 등기의무자로 한다.
> ㄷ. 등기신청은 해당 부동산이 다른 부동산과 구별될 수 있게 하는 정보가 전산정보처리조직에 저장된 때 접수된 것으로 본다.
> ㄹ. 등기관이 등기를 마친 경우 그 등기는 등기완료의 통지를 한 때부터 효력을 발생한다.

① ㄱ, ㄴ ② ㄱ, ㄷ ③ ㄷ, ㄹ
④ ㄴ, ㄷ, ㄹ ⑤ ㄱ, ㄴ, ㄷ, ㄹ

34 **부동산등기법령상 부기로 하여야 하는 등기가 아닌 것은?**

① 소유권 외의 권리의 이전등기
② 소유권 외의 권리에 대한 처분제한 등기
③ 소유권 외의 권리를 목적으로 하는 권리에 관한 등기
④ 전체가 말소된 등기에 대한 회복등기
⑤ 등기명의인표시의 변경이나 경정의 등기

35 **부동산등기법령상 A(용익권 또는 담보권)와 B(등기원인에 그 약정이 있는 경우에만 기록하여야 하는 사항)의 연결로 옳지 않은 것은?**

① A: 지역권, B: 범위 ② A: 전세권, B: 존속기간
③ A: 저당권, B: 변제기 ④ A: 근저당권, B: 존속기간
⑤ A: 지상권, B: 지료와 지급시기

36 동산 · 채권 등의 담보에 관한 법령상 동산담보권에 관한 설명으로 옳지 않은 것은?

① 담보목적물의 훼손으로 인하여 담보권설정자가 받을 금전에 대하여 동산담보권을 행사하려면 그 지급 전에 압류하여야 한다.

② 담보권자가 담보목적물을 점유한 경우에는 피담보채권을 전부 변제받을 때까지 담보목적물을 유치할 수 있지만, 선순위권리자에게는 대항하지 못한다.

③ 동산담보권을 그 담보할 채무의 최고액만을 정하고 채무의 확정을 장래에 보류하여 설정하는 경우 채무의 이자는 최고액 중에 포함되지 아니한다.

④ 약정에 따른 동산담보권의 득실변경은 담보등기부에 등기를 하여야 그 효력이 생긴다.

⑤ 동일한 동산에 관하여 담보등기부의 등기와 「민법」에 규정된 점유개정이 행하여진 경우에 그에 따른 권리 사이의 순위는 법률에 다른 규정이 없으면 그 선후에 따른다.

PART 04

37 도시 및 주거환경정비법령상 정비구역에서 허가를 받아야 하는 행위와 그 구체적 내용을 옳게 연결한 것은? (단, 「국토의 계획 및 이용에 관한 법률」에 따른 개발행위허가의 대상이 아닌 것을 전제로 함)

① 건축물의 건축 등: 「건축법」 제2조 제1항 제2호에 따른 건축물(가설건축물을 포함한다)의 건축, 용도변경

② 공작물의 설치: 농림수산물의 생산에 직접 이용되는 것으로서 국토교통부령으로 정하는 간이공작물의 설치

③ 토석의 채취: 정비구역의 개발에 지장을 주지 아니하고 자연경관을 손상하지 아니하는 범위에서의 토석의 채취

④ 물건을 쌓아놓는 행위: 정비구역에 존치하기로 결정된 대지에 물건을 쌓아놓는 행위

⑤ 죽목의 벌채 및 식재: 관상용 죽목의 임시식재(경작지에서의 임시식재는 제외한다)

38 도시 및 주거환경정비법령상 시장 · 군수등이 직접 정비사업을 시행하거나 토지주택공사등을 사업시행자로 지정하여 정비사업을 시행하게 할 수 있는 경우에 해당하지 않는 것은?

① 천재지변으로 긴급하게 정비사업을 시행할 필요가 있다고 인정하는 때

② 재건축조합이 사업시행 예정일부터 2년 이내에 사업시행계획인가를 신청하지 아니한 때

③ 조합설립추진위원회가 시장 · 군수등의 구성승인을 받은 날부터 3년 이내에 조합설립인가를 신청하지 아니한 때

④ 지방자치단체의 장이 시행하는 「국토의 계획 및 이용에 관한 법률」에 따른 도시 · 군계획사업과 병행하여 정비사업을 시행할 필요가 있다고 인정하는 때

⑤ 해당 정비구역의 국 · 공유지 면적 또는 국 · 공유지와 토지주택공사등이 소유한 토지를 합한 면적이 전체 토지면적의 2분의 1 이상으로서 토지등소유자의 과반수가 시장 · 군수등 또는 토지주택공사등을 사업시행자로 지정하는 것에 동의하는 때

39 **도시 및 주거환경정비법령상 관리처분계획에 포함되어야 할 사항에 해당하지 않는 것은? (단, 조례는 고려하지 않음)**

① 분양대상자별 분양예정인 대지 또는 건축물의 추산액(임대관리 위탁주택에 관한 내용을 포함한다)
② 정비사업비의 추산액(재건축사업의 경우에는 「재건축초과이익 환수에 관한 법률」에 따른 재건축부담금에 관한 사항을 포함하지 아니한다) 및 그에 따른 조합원 분담규모 및 분담시기
③ 분양대상자의 종전 토지 또는 건축물에 관한 소유권 외의 권리명세
④ 세입자별 손실보상을 위한 권리명세 및 그 평가액
⑤ 정비사업의 시행으로 인하여 새롭게 설치되는 정비기반시설의 명세와 용도가 폐지되는 정비기반시설의 명세

40 **도시 및 주거환경정비법령상 도시・주거환경정비기본계획에 포함되어야 할 사항을 모두 고른 것은?**

ㄱ. 녹지・조경・에너지공급・폐기물처리 등에 관한 환경계획 ㄴ. 사회복지시설 및 주민문화시설 등의 설치계획 ㄷ. 건폐율・용적률 등에 관한 건축물의 밀도계획 ㄹ. 주거지 관리계획

① ㄱ ② ㄱ, ㄴ ③ ㄷ, ㄹ
④ ㄴ, ㄷ, ㄹ ⑤ ㄱ, ㄴ, ㄷ, ㄹ

※ 아래의 문제들에서 특별한 언급이 없는 한 기업의 보고기간(회계기간)은 매년 1월 1일부터 12월 31일까지이다. 또한, 기업은 주권상장법인으로 계속해서 한국채택국제회계기준(K-IFRS)을 적용해오고 있다고 가정하고, 답지항 중에서 물음에 가장 합당한 답을 고르시오. 단, 자료에서 제시한 모든 항목과 금액은 중요하며, 자료에서 제시한 것 이외의 사항은 고려하지 않고 답한다. 예를 들어, 법인세에 대한 언급이 없으면 법인세 효과는 고려하지 않는다.

01 **㈜감평이 총계정원장 상 당좌예금 잔액과 은행측 당좌예금잔액증명서의 불일치 원인을 조사한 결과 다음과 같은 사항을 발견하였다. 이때 ㈜감평이 장부에 반영해야 할 항목을 모두 고른 것은?**

ㄱ. 매출대금으로 받아 예입한 수표가 부도 처리되었으나, ㈜감평의 장부에 기록되지 않았다.
ㄴ. 대금지급을 위해 발행한 수표 중 일부가 미인출수표로 남아 있다.
ㄷ. 매입채무를 지급하기 위해 발행한 수표 금액이 장부에 잘못 기록되었다.
ㄹ. 받을어음이 추심되어 ㈜감평의 당좌예금 계좌로 입금되었으나, ㈜감평에 아직 통보되지 않았다.

① ㄴ
② ㄱ, ㄴ
③ ㄴ, ㄷ
④ ㄱ, ㄷ, ㄹ
⑤ ㄴ, ㄷ, ㄹ

02 **㈜감평은 20×1년 초 현금 ₩2,000을 출자받아 설립되었으며, 이 금액은 ㈜감평이 판매할 재고자산 200개를 구입할 수 있는 금액이다. 20×1년 말 자본은 ₩3,000이고 20×1년도 자본거래는 없었다. 20×1년 말 ㈜감평이 판매하는 재고자산의 개당 구입가격은 ₩12이고, 20×1년 말 물가지수는 20×1년 초 100에 비하여 10% 상승하였다. 실물자본유지개념을 적용할 경우 20×1년도 이익은?**

① ₩200
② ₩400
③ ₩600
④ ₩800
⑤ ₩1,000

03 **㈜감평의 현재 유동비율과 당좌비율은 각각 200%, 150%이다. 유동비율과 당좌비율을 모두 증가시킬 수 있는 거래는? (단, 모든 거래는 독립적이다.)**

① 상품 ₩10,000을 외상으로 매입하였다.
② 영업용 차량운반구를 취득하면서 현금 ₩13,000을 지급하였다.
③ 매출채권 ₩12,000을 현금으로 회수하였다.
④ 장기차입금 ₩15,000을 현금으로 상환하였다.
⑤ 사용 중인 건물을 담보로 은행에서 현금 ₩30,000을 장기 차입하였다.

04 **㈜감평은 20×1년 초 임대목적으로 건물(취득원가 ₩1,000, 내용연수 10년, 잔존가치 ₩0, 정액법 감가상각)을 취득하여 이를 투자부동산으로 분류하였다. 20×1년 말 건물의 공정가치가 ₩930일 때 (A)공정가치모형과 (B)원가모형을 각각 적용할 경우 ㈜감평의 20×1년도 당기순이익에 미치는 영향은? (단, 해당 건물은 매각예정으로 분류되어 있지 않다.)**

	(A)	(B)
①	₩70 감소	₩100 감소
②	₩70 감소	₩70 감소
③	₩30 감소	₩100 감소
④	₩30 증가	₩70 감소
⑤	₩30 증가	₩30 증가

05 **재무제표 요소의 측정기준에 관한 설명으로 옳은 것은?**

① 공정가치는 측정일 현재 동등한 자산의 원가로서 측정일에 지급할 대가와 그 날에 발생할 거래원가를 포함한다.
② 현행원가는 자산을 취득 또는 창출할 때 발생한 원가의 가치로서 자산을 취득 또는 창출하기 위하여 지급한 대가와 거래원가를 포함한다.
③ 사용가치는 기업이 자산의 사용과 궁극적인 처분으로 얻을 것으로 기대하는 현금흐름 또는 그 밖의 경제적효익의 현재가치이다.
④ 이행가치는 측정일에 시장참여자 사이의 정상거래에서 부채를 이전할 때 지급하게 될 가격이다.
⑤ 역사적 원가는 측정일 현재 자산의 취득 또는 창출을 위해 이전해야 하는 현금이나 그 밖의 경제적자원의 가치이다.

06 ㈜감평의 20×1년 기말 재고자산 자료가 다음과 같다.

종목	실사수량	단위당 취득원가	단위당 예상판매가격
상품 A	100개	₩300	₩350
상품 B	100개	200	250
상품 C	200개	100	120

• 단위당 예상판매비용 : ₩30(모든 상품에서 발생)

상품 B의 70%는 확정판매계약(취소불능계약)을 이행하기 위하여 보유하고 있으며, 상품 B의 단위당 확정판매계약가격은 ₩220이다. 재고자산 평가와 관련하여 20×1년 인식할 당기손익은? (단, 재고자산의 감모는 발생하지 않았으며, 기초 재고자산평가충당금은 없다.)

① 손실 ₩2,700　② 손실 ₩700　③ ₩0
④ 이익 ₩2,200　⑤ 이익 ₩3,200

07 **재무제표 요소에 관한 설명으로 옳지 않은 것은?**

① 자산은 과거사건의 결과로 기업이 통제하는 현재의 경제적자원이다.
② 부채는 과거사건의 결과로 기업이 경제적자원을 이전해야 하는 현재의무이다.
③ 수익은 자본청구권 보유자로부터의 출자를 포함하며, 자본청구권 보유자에 대한 분배는 비용으로 인식한다.
④ 기업이 발행한 후 재매입하여 보유하고 있는 채무상품이나 지분상품은 기업의 경제적자원이 아니다.
⑤ 자본청구권은 기업의 자산에서 모든 부채를 차감한 후의 잔여지분에 대한 청구권이다.

08 **㈜감평은 재고자산의 원가를 평균원가법에 의한 소매재고법으로 측정한다. 20×1년 재고자산 자료가 다음과 같을 때, 매출원가는? (단, 평가손실과 감모손실은 발생하지 않았다.)**

항목	원가	판매가
기초재고액	₩10,000	₩13,000
당기매입액	83,500	91,000
매가인상액		9,000
인상취소액		3,000
당기매출액		90,000

① ₩73,500　② ₩76,500　③ ₩77,000
④ ₩78,200　⑤ ₩80,620

09 재고자산 회계처리에 관한 설명으로 옳지 않은 것은?

① 생산에 투입하기 위해 보유하는 원재료 및 기타 소모품은 제품의 원가가 순실현가능가치를 초과할 것으로 예상되더라도 감액하지 아니한다.
② 생물자산에서 수확한 농림어업 수확물로 구성된 재고자산은 공정가치에서 처분부대원가를 뺀 금액으로 수확시점에 최초 인식한다.
③ 재고자산을 현재의 장소에 현재의 상태로 이르게 하는 데 기여하지 않은 관리간접원가는 재고자산의 취득원가에 포함할 수 없다.
④ 매입할인이나 매입금액에 대해 수령한 리베이트는 매입원가에서 차감한다.
⑤ 개별법이 적용되지 않는 재고자산의 단위원가는 선입선출법이나 가중평균법을 사용하여 결정한다.

10 ㈜감평은 재고상품에 대해 선입선출법을 적용하여 단위원가를 결정하며, 20×1년 기초상품은 ₩30,000(단위당 원가 ₩1,000), 당기상품매입액은 ₩84,000(단위당 원가 ₩1,200)이다. 기말상품의 감모손실과 평가손실에 관한 자료는 다음과 같다.

장부수량	실제수량	단위당 예상판매가격	단위당 예상판매비용
20개	16개	₩1,250	₩80

㈜감평이 기말 재고자산감모손실은 장부에 반영하였으나 재고자산평가손실을 반영하지 않았을 경우 옳은 것은?

① 20×1년 당기순이익 ₩1,000 과대
② 20×1년 기말재고자산 ₩600 과대
③ 20×1년 기말자본총계 ₩480 과소
④ 20×2년 기초재고자산 ₩600 과소
⑤ 20×2년 당기순이익 ₩480 과소

11 다음은 ㈜감평의 20×1년도 재무제표의 일부 자료이다.

(1) 재무상태표의 일부 자료

계정과목	기초잔액	기말잔액
매출채권(순액)	₩140	₩210
선급영업비용	25	10
미지급영업비용	30	50

(2) 포괄손익계산서의 일부 자료

- 매출액 ₩410
- 영업비용 150

위 자료에 기초한 20×1년도 ㈜감평의 (A)고객으로부터 유입된 현금흐름과 (B)영업비용으로 유출된 현금흐름은?

	(A)	(B)
①	₩335	₩155
②	₩340	₩115
③	₩340	₩145
④	₩350	₩115
⑤	₩350	₩155

12 ㈜감평은 20×1년 1월 1일 다음과 같은 조건의 전환사채를 액면발행하였다.

- 액면금액 : ₩1,000,000
- 표시이자율 : 연 6%
- 일반사채 시장이자율 : 연 10%
- 이자지급일 : 매년 말
- 만기상환일 : 20×3년 12월 31일

동 전환사채는 전환권을 행사하지 않을 경우 만기상환일에 액면금액의 106.49%를 일시 상환하는 조건이다. 전환청구가 없었다고 할 때, ㈜감평이 동 전환사채와 관련하여 3년(20×1년 1월 1일~20×3년 12월 31일)간 인식할 이자비용 총액은? (단, 단수차이로 인한 오차가 있다면 가장 근사치를 선택한다.)

기간	단일금액 ₩1의 현재가치		정상연금 ₩1의 현재가치	
	6%	10%	6%	10%
3	0.83962	0.75131	2.67301	2.48685

① ₩50,719 ② ₩115,619 ③ ₩244,900 ④ ₩295,619 ⑤ ₩344,619

13 **㈜감평(리스이용자)은 20×1년 1월 1일에 ㈜한국리스(리스제공자)와 다음과 같은 리스계약을 체결하였다.**

- 리스개시일 : 20×1년 1월 1일
- 리스기간 : 20×1년 1월 1일부터 20×3년 12월 31일까지
- 고정리스료 : 매년 말 ₩1,000,000 후급
- ㈜감평은 리스기간 종료일에 ㈜한국리스에게 ₩300,000을 지급하고, 기초자산(리스자산)의 소유권을 이전 받기로 하였다.
- ㈜감평과 ㈜한국리스는 리스개시일에 리스개설직접원가로 각각 ₩100,000과 ₩120,000을 지출하였다.
- 리스개시일 현재 기초자산의 내용연수는 4년이고, 잔존가치는 ₩0이다.

㈜감평은 사용권자산에 대해 원가모형을 적용하고 있으며 정액법으로 감가상각한다. 리스관련 내재이자율은 알 수 없으나 ㈜감평의 증분차입이자율이 연 10%라고 할 때, 상기 리스거래와 관련하여 ㈜감평이 20×1년도에 인식할 비용총액은? (단, 상기 리스계약은 소액 기초자산 리스에 해당하지 않으며, 감가상각비의 자본화는 고려하지 않는다. 또한, 단수차이로 인한 오차가 있다면 가장 근사치를 선택한다.)

기간	단일금액 ₩1의 현재가치	정상연금 ₩1의 현재가치
	10%	10%
3	0.75131	2.48685

① ₩532,449
② ₩949,285
③ ₩974,285
④ ₩1,175,305
⑤ ₩1,208,638

14 **충당부채, 우발부채 및 우발자산에 관한 설명으로 옳지 않은 것은?**

① 충당부채는 부채로 인식하는 반면, 우발부채는 부채로 인식하지 아니한다.
② 충당부채로 인식하는 금액은 현재의무를 보고기간 말에 이행하기 위하여 필요한 지출에 대한 최선의 추정치이어야 한다.
③ 충당부채에 대한 최선의 추정치를 구할 때에는 관련된 여러 사건과 상황에 따르는 불가피한 위험과 불확실성을 고려한다.
④ 예상되는 자산 처분이익은 충당부채를 생기게 한 사건과 밀접하게 관련되어 있다고 하더라도 충당부채를 측정함에 있어 고려하지 아니한다.
⑤ 충당부채는 충당부채의 법인세효과와 그 변동을 고려하여 세후 금액으로 측정한다.

15 ㈜감평은 20×1년 10월 1일에 고객과 원가 ₩900의 제품을 ₩1,200에 판매하는 계약을 체결하고 즉시 현금 판매하였다. 계약에 따르면 ㈜감평은 20×2년 3월 31일에 동 제품을 ₩1,300에 재매입할 수 있는 콜옵션을 보유하고 있다. 동 거래가 다음의 각 상황에서 ㈜감평의 20×2년도 당기순이익에 미치는 영향은? (단, 각 상황(A, B)은 독립적이고, 화폐의 시간가치는 고려하지 않으며, 이자비용(수익)은 월할계산한다.)

상황	내용
A	20×2년 3월 31일에 ㈜감평이 계약에 포함된 콜옵션을 행사한 경우
B	20×2년 3월 31일에 계약에 포함된 콜옵션이 행사되지 않은 채 소멸된 경우

	상황 A	상황 B
①	₩100 감소	₩100 증가
②	₩50 감소	₩100 증가
③	₩50 감소	₩350 증가
④	₩300 증가	₩350 증가
⑤	₩400 증가	₩400 증가

16 다음은 ㈜감평의 20×1년도 기초와 기말 재무상태표의 금액이다.

구분	20×1년 기초	20×1년 기말
자산총계	₩5,000	₩7,000
부채총계	2,500	3,400

㈜감평은 20×1년 중에 ₩300의 유상증자와 ₩100의 무상증자를 각각 실시하였으며, 현금배당 ₩200을 지급하였다. 20×1년도 당기에 유형자산 관련 재평가잉여금이 ₩80만큼 증가한 경우 ㈜감평의 20×1년도 포괄손익계산서 상 당기순이익은? (단, 재평가잉여금의 변동 외에 다른 기타자본요소의 변동은 없다.)

① ₩820
② ₩900
③ ₩920
④ ₩980
⑤ ₩1,000

17 **금융상품에 관한 설명으로 옳지 않은 것은?**

① 금융자산의 정형화된 매입 또는 매도는 매매일이나 결제일에 인식하거나 제거한다.
② 당기손익-공정가치 측정 금융자산이 아닌 경우 해당 금융자산의 취득과 직접 관련되는 거래원가는 최초 인식시점의 공정가치에 가산한다.
③ 금융자산의 계약상 현금흐름이 재협상되거나 변경되었으나 그 금융자산이 제거되지 아니하는 경우에는 해당 금융자산의 총 장부금액을 재계산하고 변경손익을 당기손익으로 인식한다.
④ 금융자산 양도의 결과로 금융자산 전체를 제거하는 경우에는 금융자산의 장부금액과 수취한 대가의 차액을 당기손익으로 인식한다.
⑤ 최초 발생시점이나 매입할 때 신용이 손상되어 있는 상각후원가 측정 금융자산의 이자수익은 최초 인식시점부터 총 장부금액에 유효이자율을 적용하여 계산한다.

18 **고객과의 계약에서 생기는 수익에 관한 설명으로 옳지 않은 것은?**

① 고객과의 계약에서 약속한 대가에 변동금액이 포함된 경우 기업은 고객에게 약속한 재화나 용역을 이전하고 그 대가로 받을 권리를 갖게 될 금액을 추정한다.
② 고객이 재화나 용역의 대가를 선급하였고 그 재화나 용역의 이전 시점이 고객의 재량에 따라 결정된다면, 기업은 거래가격을 산정할 때 화폐의 시간가치가 미치는 영향을 고려하여 약속된 대가(금액)를 조정해야 한다.
③ 적절한 진행률 측정방법에는 산출법과 투입법이 포함되며, 진행률 측정방법을 적용할 때 고객에게 통제를 이전하지 않은 재화나 용역은 진행률 측정에서 제외한다.
④ 고객과의 계약체결 증분원가가 회수될 것으로 예상된다면 이를 자산으로 인식한다.
⑤ 고객이 기업이 수행하는 대로 기업의 수행에서 제공하는 효익을 동시에 얻고 소비한다면, 기업은 재화나 용역에 대한 통제를 기간에 걸쳐 이전하는 것이므로 기간에 걸쳐 수익을 인식한다.

19 **20×1년 초에 사업을 개시한 ㈜감평의 회계담당자는 20×1년 말에 정기예금에 대한 미수이자 ₩200을 계상하지 않은 오류를 발견하였다. ㈜감평의 당기 및 차기 이후 적용 법인세율이 모두 30%일 때 이러한 회계처리 오류가 ㈜감평의 20×1년도 재무제표에 미친 영향으로 옳은 것은? (단, 세법상 정기예금 이자는 이자수령시점에 과세된다. 또한, ㈜감평은 이연법인세 회계를 적용하고 있으며, 미래에 충분한 과세소득이 발생할 것으로 판단된다.)**

① 당기법인세자산이 ₩60 과대계상되었다.
② 당기법인세부채가 ₩60 과소계상되었다.
③ 법인세비용이 ₩60 과대계상되었다.
④ 당기순이익이 ₩140 과소계상되었다.
⑤ 이연법인세자산이 ₩60 과소계상되었다.

20 ㈜감평은 20×1년 1월 1일에 액면금액 ₩500,000(표시이자율 연 10%, 만기 3년, 매년 말 이자 지급)의 사채를 ₩475,982에 취득하고, 당기손익－공정가치 측정 금융자산으로 분류하였다. 동 사채의 취득 당시 유효이자율은 연 12%이며, 20×1년 말 공정가치는 ₩510,000이다. 상기 금융자산(사채) 관련 회계처리가 ㈜감평의 20×1년도 당기순이익에 미치는 영향은? (단, 단수차이로 인한 오차가 있다면 가장 근사치를 선택한다.)

① ₩84,018 증가
② ₩70,000 증가
③ ₩60,000 증가
④ ₩34,018 증가
⑤ ₩10,000 증가

21 ㈜감평은 특정차입금 없이 일반차입금을 사용하여 건물을 신축하였다. 건물은 차입원가 자본화 대상인 적격자산이다. 신축 건물과 관련한 자료가 다음과 같을 경우, 20×1년도에 자본화할 차입원가(A)와 20×2년도에 자본화할 차입원가(B)는? (단, 계산 시 월할 계산하며, 전기에 자본화한 차입원가는 적격자산의 연평균 지출액 계산 시 포함하지 않는다.)

• 공사기간 : 20×1년 5월 1일 ~ 20×2년 6월 30일
• 공사비 지출

20×1년 5월 1일	20×1년 10월 1일	20×2년 4월 1일
₩300,000	₩200,000	₩100,000

• 일반차입금 자본화 연이자율

20×1년	20×2년
10%	8%

• 실제 발생한 이자비용

20×1년	20×2년
₩20,000	₩24,200

	(A)	(B)
①	₩20,000	₩22,000
②	₩20,000	₩24,200
③	₩20,000	₩25,000
④	₩25,000	₩22,000
⑤	₩25,000	₩24,200

22 ㈜감평의 20×1년 초 유통보통주식수는 1,600주(주당 액면금액 ₩100)이며 20×1년 7월 1일 기존주주를 대상으로 보통주 600주를 발행하는 유상증자를 실시하였다. 주당 발행가액은 ₩400이며 유상증자 직전 주당 공정가치는 ₩600이었다. 기본주당이익 계산을 위한 가중평균유통보통주식수는? (단, 유상증자대금은 20×1년 7월 1일 전액 납입완료되었으며, 유통보통주식수는 월할계산한다.)

① 1,600주　　② 1,760주
③ 1,800주　　④ 1,980주
⑤ 2,200주

23 ㈜감평은 20×1년 초 부여일로부터 3년의 용역제공을 조건으로 직원 50명에게 각각 주식선택권 10개를 부여하였다. 부여일 현재 주식선택권의 단위당 공정가치는 ₩1,000으로 추정되었으며, 매년 말 추정한 주식선택권의 공정가치는 다음과 같다.

20×1.12.31.	20×2.12.31.	20×3.12.31.	20×4.12.31.
₩1,000	₩1,100	₩1,200	₩1,300

주식선택권 1개당 1주의 주식을 부여받을 수 있으며 권리가득일로부터 3년간 행사가 가능하다. ㈜감평은 20×1년 말과 20×2년 말에 가득기간 중 직원의 퇴사율을 각각 25%와 28%로 추정하였으며, 20×1년도와 20×2년도에 실제로 퇴사한 직원은 각각 10명과 2명이다. 20×3년 말 주식선택권을 가득한 직원은 총 35명이다. 20×4년 1월 1일 주식선택권을 가득한 종업원 중 60%가 본인의 주식선택권 전량을 행사하였을 경우 이로 인한 ㈜감평의 자본 증가액은? (단, ㈜감평 주식의 주당 액면금액은 ₩5,000이고 주식선택권의 개당 행사가격은 ₩6,000이다.)

① ₩210,000　　② ₩420,000
③ ₩1,050,000　　④ ₩1,260,000
⑤ ₩1,470,000

24 퇴직급여제도에 관한 설명으로 옳지 않은 것은?

① 확정기여제도에서는 종업원이 보험수리적위험(급여가 예상에 미치지 못할 위험)과 투자위험(투자자산이 예상급여액을 지급하는 데 충분하지 못할 위험)을 실질적으로 부담한다.
② 확정기여제도에서는 기여금의 전부나 일부의 납입기일이 종업원이 관련 근무용역을 제공하는 연차보고기간 말 후 12개월이 되기 전에 모두 결제될 것으로 예상되지 않는 경우를 제외하고는 할인되지 않은 금액으로 채무를 측정한다.
③ 확정급여채무의 현재가치와 당기근무원가를 결정하기 위해서는 예측단위적립방식을 사용하며, 적용할 수 있다면 과거근무원가를 결정할 때에도 동일한 방식을 사용한다.
④ 확정급여제도에서 기업이 보험수리적위험(실제급여액이 예상급여액을 초과할 위험)과 투자위험을 실질적으로 부담하며, 보험수리적 실적이나 투자실적이 예상보다 저조하다면 기업의 의무가 늘어날 수 있다.
⑤ 퇴직급여채무를 할인하기 위해 사용하는 할인율은 보고기간 말 현재 그 통화로 표시된 국공채의 시장수익률을 참조하여 결정하고, 국공채의 시장수익률이 없는 경우에는 보고기간 말 현재 우량회사채의 시장수익률을 사용한다.

25 ㈜감평은 20×1년 1월 1일 사용목적으로 ₩5,000에 건물(내용연수 5년, 잔존가치 ₩0, 정액법 감가상각)을 취득하고 재평가모형을 적용하고 있다. 건물을 사용함에 따라 재평가잉여금 중 일부를 이익잉여금으로 대체하고, 건물 처분 시 재평가잉여금 잔액을 모두 이익잉여금으로 대체하는 정책을 채택하고 있다. 20×2년 말 건물에 대한 공정가치는 ₩6,000이다. ㈜감평이 20×5년 1월 1일 동 건물을 처분할 때, 재평가잉여금 중 이익잉여금으로 대체되는 금액은?

① ₩0
② ₩400
③ ₩500
④ ₩800
⑤ ₩1,000

26 무형자산의 회계처리에 관한 설명으로 옳지 않은 것은?

① 무형자산의 잔존가치는 해당 자산의 장부금액과 같거나 큰 금액으로 증가할 수도 있다.
② 브랜드, 제호, 출판표제, 고객목록, 그리고 이와 실질이 유사한 항목(외부에서 취득하였는지 또는 내부적으로 창출하였는지에 관계없이)에 대한 취득이나 완성 후의 지출은 발생시점에 항상 당기손익으로 인식한다.
③ 무형자산의 상각방법은 자산의 경제적효익이 소비될 것으로 예상되는 형태를 반영한 방법이어야 하지만, 그 형태를 신뢰성 있게 결정할 수 없는 경우에는 정액법을 사용한다.

④ 내용연수가 비한정인 무형자산은 상각하지 않고, 무형자산의 손상을 시사하는 징후가 있을 경우에 한하여 손상검사를 수행한다.
⑤ 내부적으로 창출한 브랜드, 제호, 출판표제, 고객목록과 이와 실질이 유사한 항목은 무형자산으로 인식하지 아니한다.

27 **㈜감평은 20×1년 9월 1일 미국에 있는 토지(유형자산)를 $5,000에 취득하고 원가모형을 적용하고 있다. 20×1년 12월 31일 현재 토지의 공정가치는 $5,100이며, 20×2년 2월 1일 토지 중 30%를 $1,550에 처분하였다. 일자별 환율이 다음과 같을 때, 처분손익은? (단, ㈜감평의 기능통화는 원화이다.)**

일자	20×1년 9월 1일	20×1년 12월 31일	20×2년 2월 1일
환율(₩/$)	₩1,200	₩1,170	₩1,180

① 손실 ₩29,000
② 손실 ₩38,900
③ ₩0
④ 이익 ₩29,000
⑤ 이익 ₩38,900

28 **㈜감평은 20×1년 초 ₩20,000에 기계장치(내용연수 5년, 잔존가치 ₩0, 정액법 감가상각)를 취득하여 사용하고 있다. ㈜감평은 동 기계장치에 대해 취득 연도부터 재평가모형을 적용하고 있으며, 처분부대원가가 무시할 수 없을 정도로 상당하여 손상회계를 적용하고 있다. 공정가치와 회수가능액이 다음과 같을 경우, 20×2년도에 인식할 손상차손 또는 손상차손환입액은? (단, 기계장치를 사용함에 따라 재평가잉여금의 일부를 이익잉여금으로 대체하지 않는다.)**

구분	20×1년 말	20×2년 말
공정가치	₩18,000	₩12,000
회수가능액	19,500	11,000

① ₩0
② 손상차손 ₩500
③ 손상차손 ₩1,000
④ 손상차손환입 ₩500
⑤ 손상차손환입 ₩1,000

29 **㈜감평은 확정급여제도를 운영하고 있으며, 20×1년도 관련 자료는 다음과 같다. 20×1년도 기타포괄손익으로 인식할 확정급여채무의 재측정요소는?**

• 기초 확정급여채무의 현재가치	₩100,000
• 기초 사외적립자산의 공정가치	90,000
• 퇴직금 지급액(사외적립자산에서 지급)	12,000
• 포괄손익계산서 상 당기손익 인식 퇴직급여 관련 비용	28,000
• 이자비용	10,000
• 이자수익	9,000
• 기말 확정급여채무의 현재가치	128,000
• 기말 사외적립자산의 공정가치	99,000

① 재측정손실 ₩2,000
② 재측정손실 ₩3,000
③ 재측정손익 없음
④ 재측정이익 ₩2,000
⑤ 재측정이익 ₩3,000

30 **매각예정으로 분류된 비유동자산 또는 처분자산집단에 관한 설명으로 옳은 것은?**

① 매각예정으로 분류하였으나 중단영업의 정의를 충족하지 않는 비유동자산(또는 처분자산집단)을 재측정하여 인식하는 평가손익은 계속영업손익에 포함한다.
② 소유주에 대한 분배예정으로 분류된 비유동자산(또는 처분자산집단)은 공정가치와 장부금액 중 작은 금액으로 측정한다.
③ 비유동자산이 매각예정으로 분류되거나 매각예정으로 분류된 처분자산집단의 일부이더라도 그 자산은 감가상각 또는 상각을 중단하지 아니한다.
④ 매각예정으로 분류된 비유동자산(또는 처분자산집단)은 공정가치와 장부금액 중 큰 금액으로 측정한다.
⑤ 매각예정으로 분류된 처분자산집단의 부채와 관련된 이자와 기타 비용은 인식을 중단한다.

31 **㈜감평은 동일 공정에서 결합제품 A와 B를 생산하여 추가로 원가(A: ₩40, B: ₩60)를 각각 투입하여 가공한 후 판매하였다. 순실현가치법을 사용하여 결합원가 ₩120을 배분하면 제품 A의 총제조원가는 ₩70이며, 매출총이익률은 30%이다. 제품 B의 매출총이익률은?**

① 27.5%
② 30%
③ 32.5%
④ 35%
⑤ 37.5%

32 **원가에 관한 설명으로 옳지 않은 것은?**

① 가공원가(전환원가)는 직접노무원가와 제조간접원가를 합한 금액이다.
② 연간 발생할 것으로 기대되는 총변동원가는 관련범위 내에서 일정하다.
③ 당기제품제조원가는 당기에 완성되어 제품으로 대체된 완성품의 제조원가이다.
④ 기초고정원가는 현재의 조업도 수준을 유지하는 데 기본적으로 발생하는 고정원가이다.
⑤ 회피가능원가는 특정한 의사결정에 의하여 원가의 발생을 회피할 수 있는 원가로서 의사결정과 관련 있는 원가이다.

33 **㈜감평은 20×1년 3월 제품 A(단위당 판매가격 ₩800) 1,000단위를 생산・판매하였다. 3월의 단위당 변동원가는 ₩500이고, 총고정원가는 ₩250,000이 발생하였다. 4월에는 광고비 ₩15,000을 추가 지출하면 ₩50,000의 매출이 증가할 것으로 기대하고 있다. 이를 실행할 경우 ㈜감평의 4월 영업이익에 미치는 영향은? (단, 단위당 판매가격, 단위당 변동원가, 광고비를 제외한 총고정원가는 3월과 동일하다.)**

① ₩3,750 감소
② ₩3,750 증가
③ ₩15,000 감소
④ ₩15,000 증가
⑤ ₩35,000 증가

34 **㈜감평은 두 개의 제조부문 X, Y와 두 개의 보조부문 S_1, S_2를 운영하고 있으며, 배부 전 부문발생원가는 다음과 같다.**

부문		부문발생원가
보조부문	S_1	₩90
	S_2	180
제조부문	X	158
	Y	252

보조부문 S_1은 보조부문 S_2에 0.5, 제조부문 X에 0.3, 보조부문 S_2는 보조부문 S_1에 0.2의 용역을 제공하고 있다. 보조부문의 원가를 상호배분법에 의해 제조부문에 배부한 후 제조부문 X의 원가가 ₩275인 경우, 보조부문 S_2가 제조부문 X에 제공한 용역제공비율은?

① 0.2
② 0.3
③ 0.4
④ 0.5
⑤ 0.6

35 ㈜감평의 20×1년 제품 A의 생산·판매와 관련된 자료는 다음과 같다.

• 단위당 판매가격	₩25
• 단위당 변동제조원가	10
• 단위당 변동판매관리비	6
• 연간 총고정제조간접원가	1,500 (감가상각비 ₩200 포함)
• 연간 총고정판매관리비	2,500 (감가상각비 ₩300 포함)

㈜감평은 변동원가계산을 채택하고 있으며, 감가상각비를 제외한 모든 수익과 비용은 발생시점에 현금으로 유입되고 지출된다. 법인세율이 20%일 때 ㈜감평의 세후현금흐름분기점 판매량은?

① 180단위　② 195단위
③ 360단위　④ 375단위
⑤ 390단위

36 제품 A와 B를 생산·판매하고 있는 ㈜감평의 20×1년 제조간접원가를 활동별로 추적한 자료는 다음과 같다.

구분	원가동인	제품 A	제품 B	추적가능원가
자재주문	주문횟수	20회	35회	₩55
품질검사	검사횟수	10회	18회	84
기계수리	기계가동시간	80시간	100시간	180

제조간접원가를 활동기준으로 배부하였을 경우 제품 A와 B에 배부될 원가는?

	제품 A	제품 B		제품 A	제품 B
①	₩100	₩219	②	₩130	₩189
③	₩150	₩169	④	₩189	₩130
⑤	₩219	₩100			

37 **다음은 ㈜감평의 20×1년 상반기 종합예산을 작성하기 위한 자료의 일부이다. 4월의 원재료 구입예산액은?**

- 예산판매량
  - 3월 : 2,000단위 4월 : 2,500단위 5월 : 2,400단위 6월 : 2,700단위
- 재고정책
  - 제품 : 다음 달 예산판매량의 10%를 월말재고로 보유한다.
  - 원재료 : 다음 달 생산량에 소요되는 원재료의 5%를 월말재고로 보유한다.
- 제품 1단위를 생산하는 데 원재료 2kg이 투입되며, kg당 구입단가는 ₩10이다.

① ₩49,740 ② ₩49,800
③ ₩49,860 ④ ₩52,230
⑤ ₩52,290

38 **다음은 제품 A를 생산 · 판매하는 ㈜감평의 당기 전부원가 손익계산서와 공헌이익 손익계산서이다.**

전부원가 손익계산서		공헌이익 손익계산서	
매출액	₩1,000,000	매출액	₩1,000,000
매출원가	650,000	변동원가	520,000
매출총이익	350,000	공헌이익	480,000
판매관리비	200,000	고정원가	400,000
영업이익	150,000	영업이익	80,000

제품의 단위당 판매가격 ₩1,000, 총고정판매관리비가 ₩50,000일 때 전부원가계산에 의한 기말제품재고는? (단, 기초 및 기말 재공품, 기초제품은 없다.)

① ₩85,000 ② ₩106,250
③ ₩162,500 ④ ₩170,000
⑤ ₩212,500

39 다음은 종합원가계산제도를 채택하고 있는 ㈜감평의 당기 제조활동에 관한 자료이다.

• 기초재공품	₩3,000(300단위, 완성도 60%)
• 당기투입원가	₩42,000
• 당기완성품수량	800단위
• 기말재공품	200단위(완성도 50%)

모든 원가는 공정 전체를 통하여 균등하게 발생하며, 기말재공품의 평가는 평균법을 사용하고 있다. 기말재공품원가는? (단, 공손 및 감손은 없다.)

① ₩4,200
② ₩4,500
③ ₩5,000
④ ₩8,400
⑤ ₩9,000

40 ㈜감평은 표준원가계산제도를 채택하고 있으며, 20×1년도 직접노무원가와 관련된 자료는 다음과 같다. 20×1년도 실제 총직접노무원가는?

• 실제생산량	100단위
• 직접노무원가 실제임률	시간당 ₩8
• 직접노무원가 표준임률	시간당 ₩10
• 실제생산량에 허용된 표준 직접작업시간 생산량 단위당	3시간
• 직접노무원가 임률차이	₩700(유리)
• 직접노무원가 능률차이	₩500(불리)

① ₩1,800
② ₩2,500
③ ₩2,800
④ ₩3,500
⑤ ₩4,200

감정평가사 1차
정답 및 해설편

PART

01

2025년 기출문제 정답 및 해설

제1과목 민법
제2과목 경제학원론
제3과목 부동산학원론
제4과목 감정평가관계법규
제5과목 회계학

정답

01 ③	02 ⑤	03 ④	04 ①	05 ②	06 ②	07 ①	08 ③	09 ①	10 ②
11 ⑤	12 ③	13 ②	14 ②	15 ④	16 ③	17 ①	18 ②	19 ⑤	20 ③
21 ③	22 ①	23 ④	24 ④	25 ②	26 ④	27 ⑤	28 ②	29 ⑤	30 ①
31 ③	32 ①	33 ④	34 ④	35 ①	36 ③	37 ⑤	38 ⑤	39 ③	40 ④

01 정답해설

① 소멸시효를 이유로 한 항변권의 행사도 민법의 대원칙인 신의성실의 원칙과 권리남용금지의 원칙의 지배를 받는 것이어서 채무자가 소멸시효 완성 후 시효를 원용하지 아니할 것 같은 태도를 보여 권리자로 하여금 이를 신뢰하게 하였고, 채무자가 그로부터 권리행사를 기대할 수 있는 상당한 기간 내에 자신의 권리를 행사하였다면, 채무자가 소멸시효 완성을 주장하는 것은 신의성실 원칙에 반하는 권리남용으로 허용될 수 없다(대판 2013.6.27, 2013다23211).

② 사정변경 원칙에서 말하는 사정이라 함은 계약의 기초가 되었던 객관적인 사정으로서, 일방당사자의 주관적 또는 개인적인 사정을 의미하는 것은 아니다(대판 2007.3.29, 2004다31302).

③ 강행법규를 위반한 자가 스스로 그 약정의 무효를 주장하는 것이 신의칙에 위배되는 권리의 행사라는 이유로 그 주장을 배척한다면, 이는 오히려 강행법규에 의하여 배제하려는 결과를 실현시키는 셈이 되어 입법 취지를 완전히 몰각하게 되므로 달리 특별한 사정이 없는 한 위와 같은 주장은 신의칙에 반하는 것이라고 할 수 없다(대판 2007.11.29, 2005다64552).

④ 신의성실의 원칙에 반하는 것 또는 권리남용은 강행규정에 위배되는 것이므로 당사자의 주장이 없더라도 법원은 직권으로 판단할 수 있다(대판 1995.12.22, 94다42129).

⑤ 변호사의 소송위임 사무처리 보수에 관하여 변호사와 의뢰인 사이에 약정이 있는 경우 위임사무를 완료한 변호사는 원칙적으로 약정 보수액 전부를 청구할 수 있다. 다만 의뢰인과의 평소 관계, 사건 수임 경위, 사건처리 경과와 난이도, 노력의 정도, 소송물 가액, 의뢰인이 승소로 인하여 얻게 된 구체적 이익, 그 밖에 변론에 나타난 여러 사정을 고려하여, 약정 보수액이 부당하게 과다하여 신의성실의 원칙이나 형평의 관념에 반한다고 볼 만한 특별한 사정이 있는 경우에는 예외적으로 적당하다고 인정되는 범위 내의 보수액만을 청구할 수 있다. 그런데 이러한 보수 청구의 제한은 어디까지나 계약자유의 원칙에 대한 예외를 인정하는 것이므로, 법원은 그에 관한 합리적인 근거를 명확히 밝혀야 한다(대판(전) 2018.5.17, 2016다35833).

02 정답해설

① **제8조 【영업의 허락】** ① 미성년자가 법정대리인으로부터 허락을 얻은 특정한 영업에 관하여는 성년자와 동일한 행위능력이 있다.

② **제10조 【피성년후견인의 행위와 취소】** ② 제1항에도 불구하고 가정법원은 취소할 수 없는 피성년후견인의 법률행위의 범위를 정할 수 있다.

③ 피한정후견인이 한정후견인의 동의 없이 한 법률행위라 하더라도 한정후견인은 일상생활에 필요하고 그 대가가 과도하지 아니한 피한정후견인의 법률행위를 취소할 수 없다(제13조 제4항 단서).

> **제13조 【피한정후견인의 행위와 동의】** ④ 한정후견인의 동의가 필요한 법률행위를 피한정후견인이 한정후견인의 동의 없이 하였을 때에는 그 법률행위를 취소할 수 있다. 다만, 일용품의 구입 등 일상생활에 필요하고 그 대가가 과도하지 아니한 법률행위에 대하여는 그러하지 아니하다.

④ 법정대리인이 범위를 정하여 처분을 허락한 재산은 미성년자가 임의로 처분할 수 있으나, 미성년자가 아직 법률행위를 하기 전에는 법정대리인은 허락을 취소할 수 있다(제7조).

> **제6조 【처분을 허락한 재산】** 법정대리인이 범위를 정하여 처분을 허락한 재산은 미성년자가 임의로 처분할 수 있다.
>
> **제7조 【동의와 허락의 취소】** 법정대리인은 미성년자가 아직 법률행위를 하기 전에는 전2조의 동의와 허락을 취소할 수 있다.

⑤ 성년후견개시의 심판은 "본인의 의사를 고려하여야" 할 뿐이므로 본인의 의사에 반하여 할 수 있다.

> **제9조 【성년후견개시의 심판】** ② 가정법원은 성년후견개시의 심판을 할 때 본인의 의사를 고려하여야 한다.
>
> **제12조 【한정후견개시의 심판】** ② 한정후견개시의 경우에 제9조 제2항을 준용한다.

비교 제14조의2【특정후견의 심판】② 특정후견은 본인의 의사에 반하여 할 수 없다.

■ 피후견인의 비교

내용	피성년후견인	피한정후견인	피특정후견인
요건	정신적 제약		
	사무처리능력 지속적 결여	사무처리능력 부족	일시적 후원 또는 특정한 사무에 관한 후원 필요
청구권자[1]	본인, 배우자, 4촌 이내 친족, 미성년후견인, 미성년후견감독인, 한정후견인, 한정후견감독인, 특정후견인, 특정후견감독인, 검사 또는 지방자치단체의 장	본인, 배우자, 4촌 이내 친족, 미성년후견인, 미성년후견감독인, 성년후견인, 성년후견감독인, 특정후견인, 특정후견감독인, 검사 또는 지방자치단체의 장	본인, 배우자, 4촌 이내 친족, 미성년후견인, 미성년후견감독인, × ×[2] 검사 또는 지방자치단체의 장
심판	• 개시심판 시 본인 의사 고려 • 개시심판과 종료심판이 있음	• 개시심판 시 본인 의사 고려 • 개시심판과 종료심판이 있음	• 심판 시 본인 의사에 반하면 안됨 • 개시심판과 종료심판이 없음[3]
능력	• 원칙 : 제한능력자로서 단독으로 법률행위 불가 • 예외 ① 법원이 단독으로 할 수 있는 범위 정할 수 있음 ② 일용품 구입 등 일상행위는 단독 가능	• 원칙 : 행위능력 있음 • 예외 : 법원이 한정후견인의 동의를 받도록 정한 행위에 한하여 한정후견인의 동의가 필요 • 예외의 예외 : 일용품 구입 등 일상행위는 단독 가능	• 제한능력자 아님 행위능력 있고 제한되지 않음
후견인	• 성년후견개시심판 시 가정법원이 직권으로 선임 • 성년후견인은 법정대리인임	• 한정후견개시심판 시 가정법원이 직권으로 선임 • 한정후견인은 법정대리인 × 한정후견인에게 가정법원의 대리권 수여심판 시 대리권 인정	• 특정후견 따른 보호조치로 가정법원 특정후견인 선임가능 • 특정후견인은 법정대리인 × 특정후견인에게 가정법원의 대리권 수여심판 시 대리권 인정

1) 법원의 직권으로는 안 됨.
2) 유의 : 성년후견인, 성년후견감독인, 한정후견인, 한정후견감독인은 청구권자 아님

03 정답해설

① 제한능력자의 상대방은 제한능력자가 아직 능력자가 되지 못한 경우에는 제한능력자에게는 계약의 추인여부에 대한 확답을 촉구할 수 없으나, 법정대리인 乙을 상대로는 확답을 촉구할 수 있다(제15조 제2항).

> **제15조【제한능력자의 상대방의 확답을 촉구할 권리】**
> ① 제한능력자의 상대방은 제한능력자가 능력자가 된 후에 그에게 1개월 이상의 기간을 정하여 그 취소할 수 있는 행위를 추인할 것인지 여부의 확답을 촉구할 수 있다. 능력자로 된 사람이 그 기간 내에 확답을 발송하지 아니하면 그 행위를 추인한 것으로 본다.
> ② 제한능력자가 아직 능력자가 되지 못한 경우에는 그의 법정대리인에게 제1항의 촉구를 할 수 있고, 법정대리인이 그 정하여진 기간 내에 확답을 발송하지 아니한 경우에는 그 행위를 추인한 것으로 본다.

② **제16조【제한능력자의 상대방의 철회권과 거절권】** ① 제한능력자가 맺은 계약은 추인이 있을 때까지 상대방이 그 의사표시를 철회할 수 있다. 다만, 상대방이 계약 당시에 제한능력자임을 알았을 경우에는 그러하지 아니하다.

③ **제16조【제한능력자의 상대방의 철회권과 거절권】** ② 제한능력자의 단독행위는 추인이 있을 때까지 상대방이 거절할 수 있다.

④ 민법 제16조 제1항의 철회의 의사표시는 제한능력자에게도 할 수 있다(제16조 제3항).

> **제16조【제한능력자의 상대방의 철회권과 거절권】**
> ③ 제1항의 철회나 제2항의 거절의 의사표시는 제한능력자에게도 할 수 있다.

⑤ 민법 제17조에서 이른바 속임수를 쓴 것이라 함은 적극적으로 사기수단을 쓴 것을 말하는 것이고 단순히 자기가 능력자라 사언함은 속임수(사술)를 쓴 것이라고 할 수 없다(대판 1971.12.14, 71다2045). 적극적인 속임수를 사용하여 자기를 능력자로 믿게 하여 상대방과 계약을 체결한 제한능력자는 제17조 제1항이 적용되어 제한능력을 이유로 그 계약을 취소할 수 없다.

> **제17조【제한능력자의 속임수】**
> ① 제한능력자가 속임수로써 자기를 능력자로 믿게 한 경우에는 그 행위를 취소할 수 없다.

■ 제한능력자의 상대방의 확답촉구권 · 철회권 · 거절권

	권리	권리행사의 요건	권리행사의 상대방	대상행위
제한능력자의 상대방의 권리	확답촉구권	선·악의 모두 가능	능력자, 법정대리인	계약, 단독행위
	철회권	선의만 가능	제한능력자 포함	계약
	거절권	선·악의 모두 가능	제한능력자 포함	단독행위

04 정답해설

① 부재자 스스로 위임한 재산관리인이 있는 경우에는, 그 재산관리인의 권한은 그 위임의 내용에 따라 결정될 것이며 그 위임관리인에게 재산처분권까지 위임된 경우에는 그 재산관리인이 그 재산을 처분함에 있어 법원의 허가를 요하는 것은 아니라 할 것이므로 재산관리인이 법원의 허가 없이 부동산을 처분하는 행위를 무효라고 할 수 없다(대판 1973.7.24, 72다2136).

3) 특정후견의 기간이나 사무의 범위를 정한 이후, 기간이 지나거나 사무처리의 종결에 의해 특정후견도 자연히 종결됨

② 법원의 재산관리인의 초과행위허가의 결정은 그 허가받은 재산에 대한 장래의 처분행위뿐 아니라 기왕의 처분행위를 추인하는 방법으로도 할 수 있다. 따라서 관리인이 허가 없이 부재자 소유 부동산을 매각한 경우라도 사후에 법원의 허가를 얻어 이전등기절차를 경료케 하였다면 추인에 의하여 유효한 처분행위로 된다(대판 1982.9.14, 80다3063; 대판 1982.12.14, 80다1872).

③ **제23조 【관리인의 개임】** 부재자가 재산관리인을 정한 경우에 부재자의 생사가 분명하지 아니한 때에는 법원은 재산관리인, 이해관계인 또는 검사의 청구에 의하여 재산관리인을 개임할 수 있다.

④ 부동산 소유권이전등기 말소등기절차 이행청구나 인도청구는 보전행위에 불과한 것이므로 법원에 의하여 선임된 부재자재산관리인은 법원의 허가없이 이를 할 수 있다 할 것이고 본법 제950조 소정의 후견인의 권한범위와는 다르다 할 것이다(대판 1964.7.23, 64다108).

⑤ 법원이 선임한 재산관리인은 일종의 법정대리인에 해당하고, 재산관리인의 권한은 법원의 명령에 의해 정해지지만, 그 정함이 없는 경우에는 제118조에서 정한 관리행위(보존・이용・개량 행위)만을 할 수 있는 것이 원칙이다. 따라서 그 범위를 넘어 처분행위인 재산의 매각・담보제공 등의 행위를 한 경우에는 법원의 허가를 받아야 한다(제25조).

> **제25조 【관리인의 권한】**
> 법원이 선임한 재산관리인이 제118조에 규정한 권한을 넘는 행위를 함에는 법원의 허가를 얻어야 한다.

05 정답해설

① 호적부(현 가족관계등록부)의 기재사항은 이를 번복할 만한 명백한 반증이 없는 한 진실에 부합하는 것으로 추정되고, 특히 호적부의 사망기재는 쉽게 번복할 수 있게 해서는 안 되며, 그 기재내용을 뒤집기 위해서는 사망신고 당시에 첨부된 서류들이 위조 또는 허위조작된 문서임이 증명되거나 신고인이 공정증서원본부실기재죄로 처단되었거나 또는 사망으로 기재된 본인이 현재 생존해 있다는 사실이 증명되고 있을 때, 또는 이에 준하는 사유가 있을 때 등에 한해서 호적상의 사망기재의 추정력을 뒤집을 수 있을 뿐이고, 그러한 정도에 미치지 못한 경우에는 그 추정력을 깰 수 없다 할 것이므로, 호적상 이미 사망한 것으로 기재되어 있는 자는 그 호적상 사망기재의 추정력을 뒤집을 수 있는 자료가 없는 한 그 생사가 불분명한 자라고 볼 수 없어 실종선고를 할 수 없다(대판 1997.11.27, 97스4).

② 부재자가 사망할 경우 제1순위의 상속인이 따로 있어 제2순위의 상속인에 불과한 청구인은 **특별한 사정**이 없는 한 부재자에 대하여 실종선고를 청구할 수 있는 신분상 또는 경제상의 이해관계를 가진 자라고 할 수 없다(대판 1992.4.14, 92스4, 92스5, 926).

③ 제28조 【실종선고의 효과】 **실종선고를 받은 자는 전조의 기간이 만료한 때에 사망한 것으로 본다.**

④, ⑤ **제29조 【실종선고의 취소】** ② 실종선고의 취소가 있을 때에 실종의 선고를 직접원인으로 하여 재산을 취득한 자가 **선의인 경우**에는 그 받은 **이익이 현존하는 한도에서 반환**할 의무가 있고 악의인 경우에는 그 받은 이익에 이자를 붙여서 반환하고 손해가 있으면 이를 배상하여야 한다.

06 정답해설

① **제49조 【법인의 등기사항】** ① 법인설립의 허가가 있는 때에는 3주간 내에 주된 사무소 소재지에서 설립등기를 하여야 한다.

② 사원자격의 득실에 관한 사항은 사단법인의 필수등기사항이 아니다(제49조 제2항).

> **제49조 【법인의 등기사항】** ② 전항의 등기사항은 다음과 같다.
> 1. 목적
> 2. 명칭
> 3. 사무소

> 4. 설립허가의 연월일
> 5. 존립시기나 해산이유를 정한 때에는 그 시기 또는 사유
> 6. 자산의 총액
> 7. 출자의 방법을 정한 때에는 그 방법
> 8. 이사의 성명, 주소
> 9. 이사의 대표권을 제한한 때에는 그 제한

③ **제94조【청산종결의 등기와 신고】** 청산이 종결한 때에는 청산인은 3주간 내에 이를 등기하고 주무관청에 신고하여야 한다.

④ **제33조【법인설립의 등기】** 법인은 그 주된 사무소의 소재지에서 설립등기를 함으로써 성립한다.

⑤ 이사의 변경등기는 설립등기 이외의 등기로 제54조에 따를 때 효력발생요건이 아니라 대항요건이다.

> **제54조【설립등기 이외의 등기의 효력과 등기사항의 공고】**
> ① 설립등기 이외의 본 절의 등기사항은 그 등기 후가 아니면 제3자에게 대항하지 못한다.

07 정답해설

ㄱ. (○) : 법인의 대표자가 그 직무에 관하여 타인에게 손해를 가함으로써 법인에 손해배상책임이 인정되는 경우에, 대표자의 행위가 제3자에 대한 불법행위를 구성한다면 그 대표자도 제3자에 대하여 손해배상책임을 면하지 못한다(제35조 제1항).

> **제35조【법인의 불법행위능력】**
> ① 법인은 이사 기타 대표자가 그 직무에 관하여 타인에게 가한 손해를 배상할 책임이 있다. 이사 기타 대표자는 이로 인하여 자기의 손해배상책임을 면하지 못한다.

ㄴ. (×) : 비법인사단의 대표자가 직무에 관하여 타인에게 손해를 가한 경우 그 사단은 민법 제35조 제1항의 유추적용에 의하여 그 손해를 배상할 책임이 있고, 비법인사단의 대표자의 행위가 대표자 개인의 사리를 도모하기 위한 것이었거나 혹은 법령의 규정에 위배된 것이었다 하더라도 외관상, 객관적으로 직무에 관한 행위라고 인정할 수 있다면 민법 제35조 제1항의 직무에 관한 행위에 해당한다 할 것이나, 한편 그 대표자의 행위가 직무에 관한 행위에 해당하지 아니함을 피해자 자신이 알았거나 또는 중대한 과실로 인하여 알지 못한 경우에는 비법인사단에게 손해배상책임을 물을 수 없다(대판 2008.1.18, 2005다34711).

ㄷ. (×) : 법인이 그 대표자의 불법행위로 인하여 손해배상의무를 지는 것은 그 대표자의 직무에 관한 행위로 인하여 손해가 발생한 것임을 요한다 할 것이나, 그 직무에 관한 것이라는 의미는 행위의 외형상 법인의 대표자의 직무행위라고 인정할 수 있는 것이라면 설사 그것이 대표자 개인의 사리를 도모하기 위한 것이었거나 혹은 법령의 규정에 위배된 것이었다 하더라도 위의 직무에 관한 행위에 해당한다고 보아야 한다(대판 1969.8.26, 68다2320).

08 정답해설

① 사단법인의 정관은 정수에 관하여 정관에 달리 정한 특별한 사정이 없는 한 총사원의 3분의 2 이상의 동의가 있는 때에 한하여 변경할 수 있다(제42조 제1항)

> **제42조【사단법인의 정관의 변경】**
> ① 사단법인의 정관은 총사원 3분의 2 이상의 동의가 있는 때에 한하여 이를 변경할 수 있다. 그러나 정수에 관하여 정관에 다른 규정이 있는 때에는 그 규정에 의한다.

② **제70조【임시총회】** ② 총사원의 5분의 1 이상으로부터 회의의 목적사항을 제시하여 청구한 때에는 이사는 임시총회를 소집하여야 한다. 이 정수는 정관으로 증감할 수 있다.

③ **제78조【사단법인의 해산결의】** 사단법인은 총사원 4분의 3 이상의 동의가 없으면 해산을 결의하지 못한다. 그러나 정관에 다른 규정이 있는 때에는 그 규정에 의한다.

④ 법인 아닌 사단의 총회에서 회의 소집 통지에 목적 사항으로 기재하지 않은 사항에 관하여 결의한 때에는 구성원 전원이 회의에 참석하여 그 사항에 의하여 의결한 경우가 아닌 한 그 결의가 원칙적으로 무효라고 할 것이다(대판 2015.2.16, 2011다101155).

> **제71조【총회의 소집】** 총회의 소집은 1주간 전에 그 회의의 목적사항을 기재한 통지를 발하고 기타 정관에 정한 방법에 의하여야 한다.
>
> **제72조【총회의 결의사항】** 총회는 전조의 규정에 의하여 통지한 사항에 관하여서만 결의할 수 있다. 그러나 정관에 다른 규정이 있는 때에는 그 규정에 의한다.

⑤ 사단법인의 사원의 지위는 양도 또는 상속할 수 없다고 규정한 민법 제56조의 규정은 강행규정이라고 할 수 없으므로(대판 1992.4.14, 91다26850 참조), 비법인사단에서도 사원의 지위는 규약이나 관행에 의하여 양도 또는 상속될 수 있다(대판 1997.9.26, 95다6205).

> **제56조【사원권의 양도, 상속금지】** 사단법인의 사원의 지위는 양도 또는 상속할 수 없다.

09 정답해설

① 법률상 1개의 부동산으로 등기된 기존 건물이 증축되어 증축 부분이 구분소유의 객체가 될 수 있는 구조상 및 이용상의 독립성을 갖추었다고 하더라도 이로써 곧바로 증축 부분이 법률상 기존 건물과 별개인 구분건물로 되는 것은 아니고, 구분건물이 되기 위하여는 증축 부분의 소유자의 구분소유 의사가 객관적으로 표시된 구분행위가 있어야 한다(대판 1999.7.27, 98다32540).

② 건물은 일정한 면적, 공간의 이용을 위하여 지상, 지하에 건설된 구조물을 말하는 것으로서, 건물의 개수는 토지와 달리 공부상의 등록에 의하여 결정되는 것이 아니라 사회통념 또는 거래관념에 따라 물리적 구조, 거래 또는 이용의 목적물로서 관찰한 건물의 상태 등 객관적 사정과 건축한 자 또는 소유자의 의사 등 주관적 사정을 참작하여 결정되는 것이고, 그 경계 또한 사회통념상 독립한 건물로 인정되는 건물 사이의 현실의 경계에 의하여 특정되는 것이다(대판 1997.7.8, 96다36517).

③ 종물은 물건의 소유자가 그 물건의 상용에 공하기 위하여 자기 소유인 다른 물건을 이에 부속하게 한 것을 말하므로(민법 제100조 제1항) 주물과 다른 사람의 소유에 속하는 물건은 종물이 될 수 없다(대판 2008.5.8, 2007다36933 · 36940).

> **제100조【주물, 종물】** ① 물건의 소유자가 그 물건의 상용에 공하기 위하여 자기소유인 다른 물건을 이에 부속하게 한 때에는 그 부속물은 종물이다.

④ 종물은 주물의 처분에 따른다는 민법 제100조의 제2항은 임의규정이므로, 당사자는 주물을 처분할 때에 특약으로 종물을 제외할 수 있고 종물만을 별도로 처분할 수 있다(대판 2012.1.26, 2009다76546).

> **제100조【주물, 종물】** ② 종물은 주물의 처분에 따른다.

⑤ 특별한 사정이 없는 한 매매계약이 있은 후에도 인도하지 아니한 목적물로부터 생긴 과실은 매도인에게 속하지만(제587조), 매매목적물의 인도 전이라도 매수인이 매매대금을 완납한 때에는 그 이후의 과실수취권은 매수인에게 귀속된다고 보아야 할 것이다(대판 2021.6.24, 2021다220666).

제587조【과실의 귀속, 대금의 이자】
매매계약있은 후에도 인도하지 아니한 목적물로부터 생긴 과실은 매도인에게 속한다. 매수인은 목적물의 인도를 받은 날로부터 대금의 이자를 지급하여야 한다. 그러나 대금의 지급에 대하여 기한이 있는 때에는 그러하지 아니하다.

제102조【과실의 취득】 ① 천연과실은 그 원물로부터 분리하는 때에 이를 수취할 권리자에게 속한다.

10 정답해설

ㄱ. (×) : 상대방 있는 의사표시에 관하여 제3자가 사기나 강박을 한 경우에는 상대방이 그 사실을 알았거나 알 수 있었을 경우에 한하여 그 의사표시를 취소할 수 있으나, 상대방의 대리인 등 상대방과 동일시할 수 있는 자의 사기나 강박은 민법 제110조 제2항에서 말하는 제3자의 사기강박에 해당하지 아니한다(대판 1999.2.23, 98다60828·60835).

ㄴ. (×) : 사기의 의사표시로 인한 매수인으로부터 부동산의 권리를 취득한 제3자는 특별한 사정이 없는 한 선의로 추정할 것이므로 사기로 인하여 의사표시를 한 부동산의 양도인이 제3자에 대하여 사기에 의한 의사표시의 취소를 주장하려면 제3자의 악의를 입증할 필요가 있다(대판 1970.11.24, 70다2155). 제3자가 아니라 취소하려는 자가 제3자의 악의를 입증하여야 한다.

ㄷ. (○) : 상품의 선전·광고에 있어 다소의 과장이나 허위가 수반되는 것은 그것이 일반 상거래의 관행과 신의칙에 비추어 시인될 수 있는 한 기망성이 결여되나, 거래에 있어서 중요한 사항에 관하여 구체적 사실을 신의성실의 의무에 비추어 비난받을 정도의 방법으로 허위로 고지한 경우에는 기망행위에 해당한다(대판 2023.7.27, 2022다293395).

11 정답해설

① 공무원이 사직의 의사표시를 하여 의원면직처분을 하는 경우 그 사직의 의사표시는 그 법률관계의 특수성에 비추어 외부적·객관적으로 표시된 바를 존중하여야 할 것이므로, 비록 사직원제출자의 내심의 의사가 사직할 뜻이 아니었다고 하더라도 진의 아닌 의사표시에 관한 민법 제107조는 그 성질상 사직의 의사표시와 같은 사인의 공법행위에는 준용되지 아니하므로 그 의사가 외부에 표시된 이상 그 의사는 표시된 대로 효력을 발한다(대판 1997.12.12, 97누13962).

②, ⑤ 표의자의 의사, 즉 진의에 관해서 판례는 진의란 특정한 내용의 의사표시를 하고자 하는 표의자의 생각을 말하는 것이지 표의자가 진정으로 마음속에서 바라는 사항을 뜻하는 것은 아니므로, 표의자가 의사표시의 내용을 진정으로 마음속에서 바라지는 아니하였다고 하더라도 당시의 상황에서는 그것을 최선이라고 판단하여 그 의사표시를 하였을 경우에는 이를 내심의 효과의사가 결여된 비진의 의사표시라고 할 수 없다고 하였다(대판 1996.12.20, 95누16059; 대판 2000.4.25, 99다34475). 이에 따르면 비록 재산을 강제로 빼앗긴다는 것이 표의자의 본심으로 잠재되어 있었다 하더라도 표의자가 강제에 의해서나마 증여하기로 하였으므로 진의가 없다고 할 수 없다(대판 1993.7.16, 92다41528).

③ "상대방이 표의자의 진의 아님을 알았거나 알 수 있었을 경우"에는 그 비진의표시는 무효이다(제107조 제1항 단서). 어떠한 의사표시가 비진의 의사표시로서 무효라고 주장하는 경우에 그 입증책임은 그 주장자에게 있다. 따라서 비진의라는 사실의 지·부지나 과실의 유무는 행위 시를 표준으로 하여 결정하고, 상대방의 악의 또는 과실의 유무는 무효를 주장하는 자가 입증해야 한다(대판 1992.5.22, 92다2295).

④ 대리행위에서 진의 아닌 의사표시인지 여부, 즉 의사의 흠결은 대리인을 표준으로 정한다(제116조 제1항).

제116조【대리행위의 하자】 ① 의사표시의 효력이 의사의 흠결, 사기, 강박 또는 어느 사정을 알았거나 과실로 알지 못한 것으로 인하여 영향을 받은 경우에 그 사실의 유무는 대리인을 표준하여 결정한다.

12 정답해설

ㄱ. ㄷ. 항목이 옳다.

ㄱ. (○) : 매수인이 매도인에게 이중매도할 것을 적극 권유하는 등 그의 배임행위에 적극 가담하여 이루어진 매매계약은 사회정의 관념에 위반된 민법 제103조 소정 반사회적 법률행위에 해당하여 무효이다(대판 1977.1.11, 76다2083). 따라서 제2 매매는 제103조에 위반하여 무효이므로, 제2매수인 丙 명의의 소유권이전등기는 원인무효이다.

ㄴ. (×) : 부동산의 제2 매수인이 매도인의 배임행위에 적극 가담하여 제2 매매계약이 반사회적 법률행위에 해당하는 경우에는 제2 매매계약은 절대적으로 무효이므로 당해 부동산을 제2 매수인으로부터 다시 취득한 제3자는 설사 제2 매수인이 당해 부동산의 소유권을 유효하게 취득한 것으로 믿었다고 하더라도 제2 매매계약이 유효하다고 주장할 수 없다(대판 1996.10.25, 96다29151). 제2 매매는 제103조에 위반하여 절대적 무효이므로, 설사 丁이 선의라도 제2 계약이 유효하다고 주장할 수 없다.

ㄷ. (○) : 거래 상대방이 배임행위를 유인, 교사하거나 배임행위의 전 과정에 관여하는 등 배임행위에 적극 가담하는 경우에는 그 실행행위자와 체결한 계약이 반사회적 법률행위에 해당하여 무효로 될 수 있고, 선량한 풍속 기타 사회질서에 위반한 사항을 내용으로 하는 법률행위의 무효는 이를 주장할 이익이 있는 자는 누구든지 무효를 주장할 수 있다. 따라서 반사회질서 법률행위를 원인으로 하여 부동산에 관한 소유권이전등기를 마쳤다 하더라도 그 등기는 원인무효로서 말소될 운명에 있으므로 등기명의자가 소유권에 기한 물권적 청구권을 행사하는 경우에 그 권리행사의 상대방은 위와 같은 법률행위의 무효를 항변으로서 주장할 수 있다(대판 2016.3.24, 2015다11281). 제2 매매는 제103조에 위반하여 무효이므로 누구나 주장할 수 있으므로 戊는 제2 계약의 무효를 주장할 수 있다.

13 정답해설

① **제120조 【임의대리인의 복임권】** 대리권이 법률행위에 의하여 부여된 경우에는 대리인은 본인의 승낙이 있거나 부득이한 사유가 있는 때가 아니면 복대리인을 선임하지 못한다.

② 복대리인이 선임되더라도 대리인의 대리권은 소멸하지 않는다(제127조, 제128조 반대해석).

③ 복대리권은 대리인의 대리권을 전제로 인정되는 권리이므로, 대리인의 대리권이 소멸하면 당연히 복대리권도 소멸한다.

④ **제123조 【복대리인의 권한】** ② 복대리인은 본인이나 제3자에 대하여 대리인과 동일한 권리의무가 있다.

⑤ 대리인이 사자 내지 임의로 선임한 복대리인을 통하여 권한 외의 법률행위를 한 경우, 상대방이 그 행위자를 대리권을 가진 대리인으로 믿었고 또한 그렇게 믿는 데에 정당한 이유가 있는 때에는, 복대리인 선임권이 없는 대리인에 의하여 선임된 복대리인의 권한도 기본대리권이 될 수 있을 뿐만 아니라, 그 행위자가 사자라고 하더라도 대리행위의 주체가 되는 대리인이 별도로 있고 그들에게 본인으로부터 기본대리권이 수여된 이상, 민법 제126조를 적용함에 있어서 기본대리권의 흠결 문제는 생기지 않는다(대판 1998.3.27, 97다48982).

14 정답해설

① 무권대리행위에 대한 본인의 추인은 재판상 · 재판 외에서 명시적 · 묵시적으로도 할 수 있다. 예컨대, 매매계약을 체결한 무권대리인으로부터 매매대금의 일부를 본인이 수령한 경우 특별한 사정이 없는 한 본인이 무권대리행위를 묵시적으로 추인한 것으로 본다(대판 2009.11.12, 2009다46828).

② 민법 제134조에서 정한 상대방의 철회권은 무권대리행위가 본인의 추인에 따라 효력이 좌우되어 상대방이 불안정한 지위에 놓이게 됨을 고려하여 대리권이 없었음을 알지 못한 상대방을 보호하기 위하여 상대방에게 부여된 권리로서 상대방이 유효한 철회를 하면 무권대리행위는 확정적으로 무효가 되어 그 후에는 본인이 무권대리행위를 추인할 수 없다(대판 2017.6.29, 2017다213838).

> **제134조【상대방의 철회권】**
> 대리권 없는 자가 한 계약은 본인의 추인이 있을 때까지 상대방은 본인이나 그 대리인에 대하여 이를 철회할 수 있다. 그러나 계약 당시에 상대방이 대리권 없음을 안 때에는 그러하지 아니하다.

③ 민법 제132조는 본인이 무권대리인에게 무권대리행위를 추인한 경우에 상대방이 이를 알지 못하는 동안에는 본인은 상대방에게 추인의 효과를 주장하지 못한다는 취지이므로 상대방은 그때까지 민법 제134조에 의한 철회를 할 수 있고, 또 무권대리인에의 추인이 있었음을 주장할 수도 있다(대판 1981.4.14, 80다2314).

> **제132조【추인, 거절의 상대방】** 추인 또는 거절의 의사표시는 상대방에 대하여 하지 아니하면 그 상대방에 대항하지 못한다. 그러나 상대방이 그 사실을 안 때에는 그러하지 아니하다.

④, ⑤ 무권대리행위의 추인은 무권대리인에 의하여 행하여진 불확정한 행위에 관하여 그 행위의 효과를 자기에게 직접 발생케 하는 것을 목적으로 하는 의사표시이며, 무권대리인 또는 상대방의 동의나 승낙을 요하지 않는 단독행위로서 의사표시의 전부에 대하여 행하여져야 하고, 그 일부에 대하여 추인을 하거나 그 내용을 변경하여 추인을 하였을 경우에는 상대방의 동의를 얻지 못하는 한 무효이다. 무권대리행위의 추인은 대리행위 전부에 대하여 행해져야 한다(대판 1982.1.26, 81다카549).

15 정답해설

① 국토이용관리법상 토지거래허가를 받지 않아 거래계약이 유동적 무효의 상태에 있는 경우 그와 같은 유동적 무효 상태의 계약은 관할 관청의 불허가처분이 있을 때뿐만 아니라 당사자 쌍방이 허가신청협력의무의 이행거절 의사를 명백히 표시한 경우에는 허가 전 거래계약관계 즉, 계약의 유동적 무효 상태가 더 이상 지속된다고 볼 수 없고 그 계약관계는 확정적으로 무효가 된다(대판 1998.3.27, 97다36996).

② 유동적 무효상태에 있어도 당사자 간 협력의무는 있다. 따라서 甲과 乙은 상대방에 대하여 공동으로 관할관청의 허가를 신청할 의무를 부담한다. 만일 甲이 이러한 의무에 위배하여 허가신청절차에 협력하지 않으면 乙은 甲에 대하여 협력의무의 이행을 소송으로써 구할 이익이 있다(대판 1998.12.22, 98다44376).

③ 국토이용관리법상 토지거래허가구역 내의 토지에 관한 거래계약은 관할관청으로부터 허가받기 전의 상태에서는 거래계약의 채권적 효력도 전혀 발생하지 아니하여 무효이므로 권리의 이전 또는 설정에 관한 어떠한 내용의 이행청구도 할 수 없고, 따라서 상대방의 거래계약상 채무불이행을 이유로 손해배상을 청구할 수도 없다(대판 2000.1.28, 99다40524). 토지거래허가가 있기 전 계약은 효력이 발생하지 않으므로 乙은 매매계약에 따른 대금지급의무가 없다.

④ 국토이용관리법상 토지거래허가를 받지 않고 매매계약을 체결한 경우 허가를 받기 전에는 물권적 효력은 물론 채권적 효력도 발생하지 아니하지만, 일단 허가를 받으면 그 계약은 소급해서 유효로 되므로, 허가 후에 새로이 거래계약을 체결할 필요는 없다(대판 1991.12.24, 90다12243). 따라서 허가를 받을 때부터 유효가 아니라, 계약체결시에 소급하여 유효가 된다.

⑤ 토지거래허가구역 내의 토지가 토지거래허가 없이 소유자인 최초 매도인으로부터 중간 매수인에게, 다시 중간 매수인으로부터 최종 매수인에게 순차로 매도되었다면 각 매매계약의 당사자는 각각의 매매계약에 관하여 토지거래허가를 받아야 하며, 위 당사자들 사이에 최초의 매도인이 최종 매수인 앞으로 직접 소유권이전등기를 경료하기로 하는 중간생략등기의 합의가 있었다고 하더라도 이러한 중간생략등기의 합의란 부동산이 전전 매도된 경우 각 매매계약이 유효하게 성립함을 전제로 그 이행의 편의상 최초의 매도인으로부터 최종의 매수인 앞으로 소유권이전등기를 경료하기로 한다는 당사자 사이의 합의에 불과할 뿐, 그러한 합의가 있었다고 하여 최초의 매도인과 최종의 매수인 사이에 매매계약이 체결되었다는 것을 의미하는 것은 아니므로 최초의 매도인과 최종 매수인 사이에 매매계약이 체결되었다고 볼 수 없고, 설사 최종 매수인이 자신과 최초 매도인을 매매 당사자로 하는 토지거래허가를 받아 자신 앞으로 소유권이전등기를 경료하였다고 하더라도 이는 적법한 토지거래허가 없이 경료된 등기로서 무효이다(대판 1997.11.11, 97다33218).

16 정답해설

① 민법 제169조는 시효중단의 효력이 당사자 및 그 승계인 간에 미친다고 규정하고 있다. 여기서 당사자라 함은 중단행위에 관여한 당사자를 가리키고 시효의 대상인 권리 또는 청구권의 당사자는 아니며, 승계인이라 함은 시효중단에 관여한 당사자로부터 중단의 효과를 받는 권리 또는 의무를 그 중단 효과 발생 이후에 승계한 자를 뜻하고 포괄승계인은 물론 특정승계인도 이에 포함된다(대판 2015.5.28, 2014다81474).

② 원인채권의 지급을 확보하기 위한 방법으로 어음이 수수된 경우에 원인채권과 어음채권은 별개로서 채권자는 그 선택에 따라 권리를 행사할 수 있고, 원인채권에 기하여 청구를 한 것만으로는 어음채권 그 자체를 행사한 것으로 볼 수 없어 어음채권의 소멸시효를 중단시키지 못한다(대판 1999.6.11, 99다16378).

③ 민법 제168조에서 가압류와 재판상의 청구를 별도의 시효중단사유로 규정하고 있는데 비추어 보면, 가압류의 피보전채권에 관하여 본안의 승소판결이 확정되었다고 하더라도 가압류에 의한 시효중단의 효력이 이에 흡수되어 소멸된다고 할 수 없다(대판 2000.4.25, 2000다11102). 가압류에 의한 소멸시효중단의 효력은 가압류의 집행보전의 효력이 존속하는 동안 계속된다(대판 2006.7.4, 2006다32781).

④ **제296조【소멸시효의 중단, 정지와 불가분성】** 요역지가 수인의 공유인 경우에 그 1인에 의한 지역권 소멸시효의 중단 또는 정지는 다른 공유자를 위하여 효력이 있다.

⑤ 소멸시효의 중단사유로서의 승인은 시효이익을 받을 당사자인 채무자가 그 권리의 존재를 인식하고 있다는 뜻을 표시함으로써 성립하는 것이므로 이는 소멸시효의 진행이 개시된 이후에만 가능하고 그 이전에 승인을 하더라도 시효가 중단되지는 않는다고 할 것이고, 또한 현존하지 아니하는 장래의 채권을 미리 승인하는 것은 채무자가 그 권리의 존재를 인식하고서 한 것이라고 볼 수 없어 허용되지 않는다고 할 것이다(대판 2001.11.9, 2001다52568).

17 정답해설

① 조건부 법률행위에 있어 조건의 내용 자체가 불법적인 것이어서 무효일 경우 또는 조건을 붙이는 것이 허용되지 아니하는 법률행위에 조건을 붙인 경우 그 조건만을 분리하여 무효로 할 수는 없고 그 법률행위 전부가 무효로 된다(대판 2005.11.8, 2005마541).

② 조건은 법률행위의 효력의 발생 또는 소멸을 장래의 불확실한 사실의 성부에 의존케 하는 법률행위의 부관으로서 당해 법률행위를 구성하는 의사표시의 일체적인 내용을 이루는 것이므로, 의사표시의 일반원칙에 따라 조건을 붙이고자 하는 의사 즉 조건의사와 그 표시가 필요하며, 조건의사가 있더라도 그것이 외부에 표시되지 않으면 법률행위의 동기에 불과할 뿐이고 그것만으로는 법률행위의 부관으로서의 조건이 되는 것은 아니다(대판 2003.5.13, 2003다10797).

③ **제153조【기한의 이익과 그 포기】** ① 기한은 채무자의 이익을 위한 것으로 추정한다.

④ 주택건설을 위한 원·피고간의 토지매매계약에 앞서 양자간의 협의에 의하여 건축허가를 필할 때 매매계약이 성립하고 건축허가 신청이 불허되었을 때에는 이를 무효로 한다는 약정 아래 이루어진 본건 계약은 해제조건부 계약이다(대판 1983.8.23, 83다카552).

⑤ 당사자가 불확정한 사실이 발생한 때를 이행기한으로 정한 경우, 그 사실이 발생한 때는 물론 그 사실의 발생이 불가능하게 된 때에도 그 이행기한은 도래한 것으로 보아야 한다(대판 2007.5.10, 2005다6735).

18 정답해설

① 매매계약이 합의해제된 경우에도 매수인에게 이전되었던 소유권은 당연히 매도인에게 복귀하는 것이므로 합의해제에 따른 매도인의 원상회복청구권은 소유권에 기한 물권적 청구권이라고 할 것이고 이는 소멸시효의 대상이 되지 아니한다(대판 1982.7.27, 80다2968)

② 소멸시효는 권리를 행사할 수 있는 때로부터 진행하며 여기서 권리를 행사할 수 있는 때라 함은 권리행사에 법률상의 장애가 없는 때를 말하므로 정지조건부권리의 경우에는 조건 미성취의 동안은 권리를 행사할 수 없는 것이어서 소멸시효가 진행되지 않는다(대판 1992.12.22, 92다28822).

③ 민법 제163조 제1호에서 3년의 단기소멸시효에 걸리는 것으로 규정한 '1년 이내의 기간으로 정한 채권'이란 1년 이내의 정기로 지급되는 채권을 말하는 것으로서(대판 1996.9.20, 96다25302 참조) 1개월 단위로 지급되는 집합건물의 관리비채권은 이에 해당한다고 할 것이다(대판 2007.2.22, 2005다65821).

> **제163조【3년의 단기소멸시효】** 다음 각 호의 채권은 3년간 행사하지 아니하면 소멸시효가 완성한다.
> 1. 이자, 부양료, 급료, 사용료 기타 1년 이내의 기간으로 정한 금전 또는 물건의 지급을 목적으로 한 채권

④ 채권의 소멸시효는 그 이행기가 도래한 때로부터 진행되지만 그 이행기일이 도래한 후에 채권자가 채무자에 대하여 기한을 유예한 경우에는 유예시까지 진행된 시효는 포기한 것으로서 유예한 이행기일로부터 다시 시효가 진행된다고 볼 것이다(대판 1992.12.22, 92다40211).

⑤ 민사소송법 제474조, 민법 제165조 제2항에 의하면, 지급명령에서 확정된 채권은 단기의 소멸시효에 해당하는 것이라도 그 소멸시효기간이 10년으로 연장된다고 할 것이다(대판 2009.9.24, 2009다39530).

> **제165조【판결 등에 의하여 확정된 채권의 소멸시효】**
> ① 판결에 의하여 확정된 채권은 단기의 소멸시효에 해당한 것이라도 그 소멸시효는 10년으로 한다.
> ② 파산절차에 의하여 확정된 채권 및 재판상의 화해, 조정 기타 판결과 동일한 효력이 있는 것에 의하여 확정된 채권도 전항과 같다.
> ③ 전2항의 규정은 판결확정 당시에 변제기가 도래하지 아니한 채권에 적용하지 아니한다.

19 정답해설

①②③④ 모두 반사회질서 법률행위가 아니므로 무효가 아니다.

① 양도소득세의 일부를 회피할 목적으로 매매계약서에 실제로 거래한 가액보다 낮은 금액을 매매대금으로 기재한 것만으로 그 매매계약이 사회질서에 반하는 법률행위로서 무효로 되지 않는다(대판 2007.6.14, 2007다3285).

② 강제집행을 면할 목적으로 부동산에 허위의 근저당권설정등기를 경료하는 행위는 민법 제103조의 선량한 풍속 기타 사회질서에 위반한 사항을 내용으로 하는 법률행위로 볼 수 없다(대판 2004.5.28, 2003다70041).

③ 반사회적 행위에 의하여 조성된 재산인 이른바 비자금을 소극적으로 은닉하기 위하여 임치한 경우에는 사회질서에 반하는 법률행위로 볼 수 없다(대판 2001.4.10, 2000다49343).

④ 전통사찰의 주지직을 거액의 금품을 대가로 양도 · 양수하기로 하는 약정이 있음을 알고도 이를 묵인 혹은 방조한 상태에서 한 종교법인의 주지임명행위가 민법 제103조 소정의 반사회질서의 법률행위에 해당하지 않는다(대판 2001.2.9, 99다38613).

⑤ 보험계약자가 다수의 보험계약을 통하여 보험금을 부정취득할 목적으로 보험계약을 체결한 경우 보험계약은 민법 제103조에서 정한 선량한 풍속 기타 사회질서에 반하여 무효이다(대판 2019.7.25, 2016다224350).

20 정답해설

① 어떠한 법률행위가 불공정한 법률행위에 해당하는지는 법률행위 시를 기준으로 판단하여야 한다. 따라서 계약 체결 당시를 기준으로 전체적인 계약 내용을 종합적으로 고려한 결과 불공정한 것이 아니라면 사후에 외부적 환경의 급격한 변화로 인하여 계약당사자 일방에게 큰 손실이 발생하고 상대방에게는 그에 상응하는 큰 이익이 발생할 수 있는 구조라고 하여 그 계약이 당연히 불공정한 계약에 해당한다고 말할 수 없다(대판(전) 2013.9.26, 2013다26746; 대판 2015.1.15, 2014다216072).

②, ③ 불공정한 법률행위가 성립하기 위한 요건인 궁박, 경솔, 무경험은 모두 구비되어야 하는 요건이 아니라 그중 일부만 갖추어져도 충분한데, 여기에서 '궁박'이라 함은 '급박한 곤궁'을 의미하는 것으로서 경제적 원인에 기인할 수도 있고 정신적 또는 심리적 원인에 기인할 수도 있으며, '무경험'이라 함은 일반적인 생활체험의

부족을 의미하는 것으로서 어느 특정영역에 있어서의 경험부족이 아니라 거래일반에 대한 경험부족을 뜻한다(대판 2002.10.22, 2002다38927).

④ 대리인이 매매계약을 체결한 경우, 경솔과 무경험은 그 대리인을 기준으로 판단하고 궁박상태에 있었는지의 여부는 본인의 입장에서 판단해야 한다(대판 2002.10.22, 2002다38927).

⑤ 민법 제104조의 불공정한 법률행위에서 '현저하게 공정을 잃었는지'는 단순히 시가와 거래대금의 차액만으로 판단할 수 있는 것은 아니고 구체적 · 개별적 사안에서 일반인의 사회통념에 따라 결정하여야 하며, 당사자의 주관적 가치가 아닌 거래상의 객관적 가치에 따라 판단하여야 한다(대판 2017.5.30, 2017다201422).

21 정답해설

① 물권의 객체는 물건이나 **예외적**으로 준점유(제210조), 권리질권(제345조), 지상권이나 전세권을 목적으로 하는 저당권(제371조) 등 특별한 규정인 있는 경우 권리도 대상이 된다.

② 민법 제185조는 "물권은 법률 또는 관습법에 의하는 외에는 임의로 창설하지 못한다."라고 정하여 물권법정주의를 선언하고 있다. 물권법의 강행법규성에 따라 법률과 관습법이 인정하지 않는 새로운 종류나 내용의 물권을 창설하는 것은 허용되지 않는다(대판 2023.4.27, 2022다273018).

③ 미등기 무허가건물의 매수인은 그 소유권이전등기를 마치지 않는 한 그 건물의 소유권을 취득할 수 없고, 소유권에 준하는 관습상의 물권이 있다고도 할 수 없으며, 현행법상 사실상의 소유권이라고 하는 포괄적인 권리 또는 법률상의 지위를 인정하기도 어렵다(대판 2014.2.13, 2011다64782).

④ 도시공원법상 근린공원으로 지정된 공원은 일반 주민들이 다른 사람의 공동 사용을 방해하지 않는 한 자유로이 이용할 수 있지만 그러한 사정만으로 인근 주민들이 누구에게나 주장할 수 있는 공원이용권이라는 배타적인 권리를 취득하였다고는 할 수 없고, 골프연습장 설치인가처분에 하자가 있다는 이유만으로는 근린공원 내의 개인 소유 토지상에 골프연습장을 설치하는 것이 인근 주민들에 대한 불법행위가 된다고 할 수도 없다(대판 1995.5.23, 94마2218).

⑤ 일물일권주의(一物一權主義)의 원칙상, 물건의 일부분, 구성부분에는 물권이 성립할 수 없는 것이어서 구분 또는 분할의 절차를 거치지 아니한 채 하나의 부동산 중 일부분만에 관하여 따로 소유권보존등기를 경료하거나, 하나의 부동산에 관하여 경료된 소유권보존등기 중 일부분에 관한 등기만을 따로 말소하는 것은 허용되지 아니한다(대판 2000.10.27, 2000다39582).

22 정답해설

ㄱ. 항목의 경우에만 등기가 필요하지 않다.

ㄱ. (○) : 우리의 법제가 물권행위의 독자성과 무인성을 인정하고 있지 않는 점과 민법 제548조 제1항 단서가 거래안정을 위한 특별규정이란 점을 생각할 때 계약이 해제되면 그 계약의 이행으로 변동이 생겼던 물권은 당연히 그 계약이 없었던 원상태로 복귀한다고 봄이 타당하다(대판 1977.5.24, 75다1394). 즉, 계약이 해제되면 원인행위인 채권이 무효가 되어 변경등기 없이 바로 매도인에게 소유권이 복귀한다.

ㄴ. (×) : 화해조서가 확정판결과 동일한 효력이 있다고 하더라도 그 내용이 채무자가 신탁계약 해제의 사실을 인정하고 부동산 소유권이전등기 절차이행의 의사를 표시한 것에 불과하므로 민법 제187조가 적용되지 않는다(대판 1964.9.8, 64다165). 형성판결이 아닌 한 이전등기가 필요하다.

ㄷ. (×) : 공유물분할의 소송절차 또는 조정절차에서 공유자 사이에 공유토지에 관한 현물분할의 협의가 성립하여 그 합의사항을 조서에 기재함으로써 조정이 성립하였다고 하더라도 그와 같은 사정만으로 재판에 의한 공유물분할의 경우와 마찬가지로 그 즉시 공유관계가 소멸하고 각 공유자에게 그 협의에 따른 새로운 법률관계가 창설되는 것은 아니고, 공유자들이 협의한 바에 따라 토지의 분필절차를 마친 후 각 단독소유로 하기로 한 부분에 관하여 다른 공유자의 공유지분을 이전받아 등기를 마침으로써 비로소 그 부분에 대한 대세적 권리로서의 소유권을 취득하게 된다(대판(전) 2013.11.21, 2011두1917).

23 정답해설

① 부동산 매매계약에 기한 매수인의 매도인에 대한 등기청구권은 채권행위로부터 발생하는 채권적 청구권이다(대판 1962.5.10, 4294민상1232).

②, ⑤ 소유권이전등기청구권은 채권적 청구권이므로 10년의 소멸시효에 걸리지만 매수인이 매매목적물인 부동산을 인도받아 점유하고 있는 이상 매매대금의 지급 여부와는 관계 없이 그 소멸시효가 진행되지 아니한다(대판 1991.3.22, 90다9797).

③ 매매로 인한 소유권이전등기청구권의 양도는 특별한 사정이 없는 이상 양도가 제한되고 그 양도에 채무자의 승낙이나 동의를 요한다고 할 것이므로 통상의 채권양도와 달리 양도인의 채무자에 대한 통지만으로는 채무자에 대한 대항력이 생기지 않으며 반드시 채무자의 동의나 승낙을 받아야 대항력이 생긴다(대판 2018.7.12, 2015다36167).

④ 부동산의 매수인이 그 부동산을 인도받은 이상 이를 사용 · 수익하다가 그 부동산에 대한 보다 적극적인 권리 행사의 일환으로 다른 사람에게 그 부동산을 처분하고 그 점유를 승계하여 준 경우에도 그 이전등기청구권의 행사 여부에 관하여 그가 그 부동산을 스스로 계속 사용 · 수익만 하고 있는 경우와 특별히 다를 바 없으므로 이전등기청구권의 소멸시효는 마찬가지로 진행되지 않는다(대판(전) 1999.3.18, 98다32175).

■ 법률행위로 인한 등기청구권의 소멸시효

	법적 성질	점유 계속 중	점유상실	
			적극적 권리행사	제3자의 침탈
매매에 기한 소유권이전등기청구권	채권 10년 소멸시효	소멸시효 진행 ×	진행 ×	진행 ○
점유시효취득에 기한 소유권이전등기청구권	채권 10년 소멸시효	소멸시효 진행 ×	진행 ○	진행 ○

24 정답해설

① 부동산에 관하여 소유권이전등기가 마쳐져 있는 경우, 등기명의자는 제3자에 대하여서뿐만 아니라 그 전의 소유자에 대하여도 적법한 등기원인에 의하여 소유권을 취득한 것으로 추정되므로, 이를 다투는 측에서 무효사유를 주장 · 입증하여야 한다(대판 2013.1.10, 2010다75044 · 75051).

비교 보존등기의 경우 당사자 간의 추정력이 인정되지 않는다. 즉, 보존등기명의인은 양수했다고 주장하나 상대방은 양도사실을 부인하는 경우 보존등기의 추정력은 인정되지 않는다.

② 신축된 건물의 소유권은 이를 건축한 사람이 원시취득하는 것이므로, 건물 소유권보존등기의 명의자가 이를 신축한 것이 아니라면 그 등기의 권리 추정력은 깨어지고, 등기 명의자가 스스로 적법하게 그 소유권을 취득한 사실을 입증하여야 한다(대판 1996.7.30, 95다30734).

③ 대법원 2001.1.16, 98다20110 화암사 사건, 대법원 2010.2.11, 2009다68408 근저당 불법말소 손해배상청구 사건

④ 소유권이전청구권의 보전을 위한 가등기가 있다 하여 반드시 소유권이전등기할 어떤 계약관계가 있었던 것이라 단정할 수 없으므로 소유권이전등기를 청구할 어떤 법률관계가 있다고 추정이 되는 것도 아니다(대판 1979.5.22, 79다239).

⑤ 근저당권은 그 담보할 채무의 최고액만을 정하고, 채무의 확정을 장래에 보류하여 설정하는 저당권으로서(민법 제357조 제1항), 계속적인 거래관계로부터 발생하는 다수의 불특정채권을 장래의 결산기에서 일정한 한도까지 담보하기 위한 목적으로 설정하는 담보권이므로, 근저당권설정행위와는 별도로 근저당권의 피담보채권을 성립시키는 법률행위가 있어야 하고, 근저당권의 성립 당시 근저당권의 피담보채권을 성립시키는 법률행위가 있었는지 여부에 관한 증명책임은 그 존재를 주장하는 측에 있다(대판 2012.4.12, 2010다27847).

25 정답해설

① 물건에 대한 점유는 사회관념상 어떤 사람의 사실적 지배에 있다고 할 수 있는 객관적 관계를 가리키는 것으로서, 여기서 말하는 사실적 지배는 반드시 물건을 물리적·현실적으로 지배하는 것만을 의미하는 것이 아니라 물건과 사람과의 시간적·공간적 관계와 본권관계, 타인 지배의 배제가능성 등을 종합적으로 고려하여 사회관념에 따라 합목적적으로 판단하여야 한다(대판 2012.1.27, 2011다74949).

② 사회통념상 건물은 그 부지를 떠나서는 존재할 수 없으므로 건물의 부지가 된 토지는 그 건물의 소유자가 점유하는 것으로 볼 것이고, 이 경우 건물의 소유자가 현실적으로 건물이나 그 부지를 점거하고 있지 아니하고 있더라도 건물의 소유를 위하여 그 부지를 점유한다고 볼 수 있다(대판 2023.8.18, 2021다249810).

③ 공터로 형성되어 공중의 이용에 제공되고 있었던 토지 부분을 공로로 나가는 통로로 사용한 것에 불과하다면 그 사용자가 이를 점유하였다고 볼 수 없다(대판 1995.3.3, 94다49953).

④ 건물 공유자 중 일부만이 당해 건물을 점유하고 있는 경우라도 그 건물의 부지는 건물 소유를 위하여 공유명의자 전원이 공동으로 이를 점유하고 있는 것으로 볼 것이다(대판 2003.11.13, 2002다57935).

⑤ 건물의 유치권자는 건물의 소유자가 아니므로 그 건물의 부지 부분을 점유·사용하였다고 볼 수 없다(대판 2009.9.10, 2009다28462).

26 정답해설

① 자주점유의 요건인 소유의 의사라고 함은 타인의 소유권을 배제하여 자기의 소유물처럼 배타적 지배를 행사하는 의사를 말하므로 지상권·전세권·임차권 등과 같은 전형적인 타주점유의 권원에 의하여 점유함이 증명된 경우는 물론이거니와 이러한 전형적인 타주점유의 권원에 의한 점유가 아니라도 타인의 소유권을 배제하여 자기의 소유물처럼 배타적 지배를 행사하는 의사를 가지고 점유하는 것으로 볼 수 없는 객관적 사정이 인정되는 때에도 자주점유의 추정은 번복된다(대판 1997.4.11, 96다50520). 乙의 X토지에 대한 점유는 임차권에 기한 점유이므로 타주점유이다.

② 임대차계약이라는 점유매개관계에 기하여 임차인 乙에게 점유를 이전한 경우로 甲은 간접점유자에 해당한다.

제194조【간접점유】 지상권, 전세권, 질권, 사용대차, 임대차, 임치 기타의 관계로 타인으로 하여금 물건을 점유하게 한 자는 간접으로 점유권이 있다.

③ 임대차에 기해 乙이 점유하여 현재도 점유하고 있으므로, 제198조으로 양 점유 사이에 계속되는 것으로 추정된다.

제198조【점유계속의 추정】 전후 양시에 점유한 사실이 있는 때에는 그 점유는 계속한 것으로 추정한다.

④ 타인 소유의 토지를 소유 의사가 없이 점유하던 자가 그 지상에 단지 그 소유의 건물을 건축하였다는 사실만으로는 그 토지에 대한 소유의 의사를 표시한 것으로 볼 수 없다(대판 1985.3.26, 84다카2317).

⑤ 종중은 공동선조의 봉제사, 분묘의 수호 및 종원 상호간의 친목도모를 목적으로 하는 종족의 자연적 집단으로서 민법상 인격 없는 사단이므로, 종중이 어떤 부동산에 관하여 임대차를 점유매개관계로 하여 간접점유를 취득하였다고 하기 위하여는 그 임대차관계를 성립시킨 자가 사실상으로나마 종중의 대표기관 내지는 집행기관이거나 그 대리인이어야 하고, 종원이 단지 종중과 무관하게 사인의 자격에서 임대한 것에 불과하다면 그 간접점유의 귀속주체는 어디까지나 그 개인일 뿐 종중이 그를 통하여 당해 부동산을 간접점유하였다고 볼 수 없다(대판 1999.2.23, 98다50593).

27 정답해설

① 사기의 의사표시에 의해 건물을 명도해 준 것이라면 건물의 점유를 침탈당한 것이 아니므로 피해자는 점유회수의 소권을 가진다고 할 수 없다(대판 1992.2.28, 91다17443).

> **제204조【점유의 회수】** ① 점유자가 점유의 침탈을 당한 때에는 그 물건의 반환 및 손해의 배상을 청구할 수 있다.

② 직접점유자가 임의로 점유를 타에 양도한 경우에는 점유 이전이 간접점유자의 의사에 반한다 하더라도 간접점유자의 점유가 침탈된 경우에 해당하지 않는다(대판 1993.3.9, 92다5300).

> **제207조【간접점유의 보호】**
> ① 전3조의 청구권은 제194조의 규정에 의한 간접점유자도 이를 행사할 수 있다.
> ② 점유자가 점유의 침탈을 당한 경우에 간접점유자는 그 물건을 점유자에게 반환할 것을 청구할 수 있고 점유자가 그 물건의 반환을 받을 수 없거나 이를 원하지 아니하는 때에는 자기에게 반환할 것을 청구할 수 있다.

③ **제204조【점유의 회수】** ② 전항의 청구권은 침탈자의 특별승계인에 대하여는 행사하지 못한다. 그러나 승계인이 악의인 때에는 그러하지 아니하다.

④ 간접점유자도 점유권을 가지므로 점유에 관한 규정이 적용되며(제194조), 점유보호청구권이 인정된다. 이 경우 간접점유자는 1. 우선 그 물건을 직접점유자에게 반환할 것을 청구할 수 있고, 2. 점유자가 그 물건의 반환을 받을 수 없거나 이를 원하지 아니하는 때에는 자기에게 반환할 것을 청구할 수 있다(제207조 제2항).

⑤ 민법 제204조 제3항과 제205조 제2항에 의하면 점유를 침탈당하거나 방해를 받은 자의 침탈자 또는 방해자에 대한 청구권은 그 점유를 침탈당한 날 또는 점유의 방해행위가 종료된 날로부터 1년 내에 행사하여야 하는 것으로 규정되어 있는데, 여기에서 제척기간의 대상이 되는 권리는 형성권이 아니라 통상의 청구권인 점과 점유의 침탈 또는 방해의 상태가 일정한 기간을 지나게 되면 그대로 사회의 평온한 상태가 되고 이를 복구하는 것이 오히려 평화질서의 교란으로 볼 수 있게 되므로, 일정한 기간을 지난 후에는 원상회복을 허용하지 않는 것이 점유제도의 이상에 맞고 여기에 점유의 회수 또는 방해제거 등 청구권에 단기의 제척기간을 두는 이유가 있는 점 등에 비추어 볼 때, 위의 제척기간은 재판 외에서 권리행사하는 것으로 족한 기간이 아니라 반드시 그 기간 내에 소를 제기하여야 하는 이른바 출소기간으로 해석함이 상당하다(대판 2002.4.26, 2001다8097).

■ 물권적 청구권

	점유권에 기한 물권적 청구권	소유권에 기한 물권적 청구권[4]
내용	① 점유물반환청구권 ② 점유물방해제거청구권 ③ 점유물방해예방청구권	① 소유물반환청구권[5] ② 소유물방해제거청구권 ③ 소유물방해예방청구권
청구권자	침탈당한 자(사기 ×, 유실 ×)	소유자(양도인 × → 양수인 ○)
상대방	① 침탈자 ② 포괄승계인 ③ 악의의 특별승계인	• 반환 : 현재 점유하는 자 • 방해제거 : 처분권한 있는 자
행사기간	1년 = 제척기간 → 출소기간	소멸시효 ×
고의·과실	×	×

4) 준용규정 有 : 지상권, 전세권, 지역권, 저당권
준용규정 無 : 유치권 – 물권적 청구권 인정 ×
질권 – 통설은 입법의 불비로 보아 인정

5) 지역권과 저당권은 반환청구권 인정 안 됨. 점유하지 않기 때문

28 정답해설

① 공유자 甲은 특별한 사정이 없는 한 다른 공유자 乙, 丙의 동의 없이 X토지에 관한 자신의 지분을 자유로이 처분할 수 있다.

> **제263조 【공유지분의 처분과 공유물의 사용, 수익】**
> 공유자는 그 지분을 처분할 수 있고 공유물 전부를 지분의 비율로 사용, 수익할 수 있다.

② 나대지에 건물을 신축하는 것은 공유물에 대한 처분・변경행위에 해당하는 것이 판례의 입장이다(대판 2001.11.27, 2000다33638・33645). 따라서 다른 공유자 전원의 동의가 있어야 한다(제264조). 따라서 甲, 乙은 丙과의 협의 없이 X토지에 건물을 신축할 수 없다. 따라서 신축하여 임대하기로 결정하는 것은 관리방법이 아니라 처분행위이다.

③ **제268조 【공유물의 분할청구】** ① 공유자는 공유물의 분할을 청구할 수 있다. 그러나 5년 내의 기간으로 분할하지 아니할 것을 약정할 수 있다.

④ 공유자 자신의 지분이 과반수에 미달하면 소수지분권자에 지나지 않으므로 배타적으로 공유물을 점유하는 다른 과반수 미달의 공유자를 전면적으로 배제하고 자신만이 단독으로 공유물을 점유하도록 인도해 달라고 청구할 권원은 없다. 대법원은 공유물의 소수지분권자가 다른 공유자와 협의하지 않고 공유물의 전부 또는 일부를 독점적으로 점유하는 경우, 다른 소수지분권자는 배타적으로 점유하고 있는 소수지분권자에게 공유물의 인도를 청구할 수는 없다고 한다(대판(전) 2020.5.21, 2018다287522).

비교 그러나 소나무 등 설치한 지상물에 대한 제거 등 방해배제는 청구할 수 있다고 판시했다(대판(전) 2020.5.21, 2018다287522).

⑤ 공유자가 다른 공유자의 지분권을 대외적으로 주장하는 것을 공유물의 멸실・훼손을 방지하고 공유물의 현상을 유지하는 사실적・법률적 행위인 공유물의 보존행위에 속한다고 할 수 없다(대판 1994.11.11, 94다35008). 공유자 중 丙의 지분 위에 원인무효의 저당권 등기가 마쳐진 경우라도 다른 공유자 甲은 X토지의 보존행위로서 丙의 지분 위에 저당권 등기의 말소를 청구할 수는 없다.

29 정답해설

① 행정목적을 위하여 공용되는 행정재산은 공용폐지가 되지 않는 한 사법상 거래의 대상이 될 수 없으므로 취득시효의 대상도 될 수 없다(대판 1983.6.14, 83다카181).

② 시효로 인한 부동산 소유권의 취득은 원시취득으로서 취득시효의 요건을 갖추면 곧 등기청구권을 취득하는 것이고 또 타인의 소유권을 승계취득하는 것이 아니어서 시효취득의 대상이 반드시 타인의 소유물이어야 하거나 그 타인이 특정되어 있어야만 하는 것은 아니므로 성명불상자의 소유물에 대하여 시효취득을 인정할 수 있다(대판 1992.2.25, 91다9312).

③ 부동산에 관하여 적법・유효한 등기를 마치고 그 소유권을 취득한 사람이 자기 소유의 부동산을 점유하는 경우에는 특별한 사정이 없는 한 사실상태를 권리관계로 높여 보호할 필요가 없고, 부동산의 소유명의자는 그 부동산에 대한 소유권을 적법하게 보유하는 것으로 추정되어 소유권에 대한 증명의 곤란을 구제할 필요 역시 없으므로, 그러한 점유는 취득시효의 기초가 되는 점유라고 할 수 없다. 다만 그 상태에서 다른 사람 명의로 소유권이전등기가 되는 등으로 소유권의 변동이 있는 때에 비로소 취득시효의 요건인 점유가 개시된다고 볼 수 있을 뿐이다(대판 2016.10.27, 2016다224596).

비교 시효취득의 목적물은 타인의 부동산임을 요하지 않고 자기 소유의 부동산이라도 시효취득의 목적물이 될 수 있다고 할 것이고, 취득시효를 규정한 민법 제245조가 '타인의 물건인 점'을 규정에서 빼놓은 것도 같은 취지에서라고 할 것이다(대판 2001.7.13, 2001다17572).

④ 1필의 토지의 일부에 대한 시효취득을 인정하기 위하여는 그 부분이 다른 부분과 구분되어 시효취득자의 점유에 속한다는 것을 인식하기에 족한 객관적인 징표가 계속하여 존재할 것을 요한다(대판 1989.4.25. 88다카9494, 대판 1997.3.11. 96다37428).

⑤ 1동의 건물의 구분소유자들은 전유부분을 구분소유하면서 공용부분을 공유하므로 특별한 사정이 없는 한 건물의 대지 전체를 공동으로 점유한다. 이는 집합건물의 대지에 관한 점유취득시효에서 말하는 '점유'에도 적용되므로 20년간 소유의 의사로 평온, 공연하게 집합건물을 구분소유한 사람은 등기함으로써 대지의 소유권을 취득할 수 있다(대판 2017.1.25. 2012다72469). 구분소유자들의 건물 대지 전체에 대한 공동점유는 대지 소유권의 시효취득의 요건인 점유에 해당한다.

30 정답해설

ㄱ. 항목만 옳다.

ㄱ. (○) : 소유권에 기한 물권적 청구권은 점유하는 자에게 요구하는 권리이다. 따라서 소유자는 현재 점유하고 있지 않은 자를 상대로 소유물의 반환을 청구할 수 없다(대판 1991.6.25. 91다10329).

ㄴ. (×) : 건물의 소유자가 건물의 소유를 통하여 타인 소유의 토지를 점유하고 있다고 하더라도 토지 소유자로서는 건물의 철거와 대지 부분의 인도를 청구할 수 있을 뿐 자기 소유의 건물을 점유하고 있는 사람에 대하여 건물에서 퇴거할 것을 청구할 수 없다(대판 2022.6.30. 2021다276256).

■ 건물의 토지 무단점유시 토지소유자의 권리

	건물철거청구	건물퇴거(명도)청구
건물 소유자(미등기매수인 포함)	○	×
건물 점유자(건물의 임차인)	×	○

ㄷ. (×) : 乙이 甲소유의 대지 일부를 소유의 의사로 평온, 공연하게 20년간 점유하였다면 乙은 甲에게 소유권이전등기절차의 이행을 청구할 수 있고 甲은 이에 응할 의무가 있으므로 乙이 위 대지에 관하여 소유권이전등기를 경료하지 못한 상태에 있다고 해서 甲이 乙에 대하여 그 대지에 대한 불법점유임을 이유로 그 지상건물의 철거와 대지의 인도를 청구할 수는 없다(대판 1988.5.10. 87다카1979).

31 정답해설

① 어떠한 물건에 대한 소유권과 다른 물권이 동일한 사람에게 귀속한 경우 그 제한물권은 혼동에 의하여 소멸하는 것이 원칙이지만, 본인 또는 제3자의 이익을 위하여 그 제한물권을 존속시킬 필요가 있다고 인정되는 경우에는 민법 제191조 제1항 단서의 해석에 의하여 혼동으로 소멸하지 않는다고 보아야 할 것이다(대판 1998.7.10. 98다18643). 따라서 지상권에 저당권을 설정해 준 지상권자가 지상권의 목적인 토지를 매수하여 지상권과 소유권이 동일인에게 귀속한다 하더라도 혼동으로 지상권이 소멸하면 지상권 위의 저당권도 소멸하기 때문에 제3자를 위하여 지상권은 혼동으로 소멸하지 않는다(제191조 제1항 단서).

> **제191조【혼동으로 인한 물권의 소멸】**
> ① 동일한 물건에 대한 소유권과 다른 물권이 동일한 사람에게 귀속한 때에는 다른 물권은 소멸한다. 그러나 그 물권이 제3자의 권리의 목적이 된 때에는 소멸하지 아니한다.

② 저당권이 실행되어 경락된 경우 저당목적물의 용익권이 소멸하는지 여부는 대항력 있는 용익권(전세권, 지상권, 대항력 있는 임차권)과 저당권의 설정순위에 따라 결정된다. 위 권리의 순서가 저당권보다 늦으면 경매절차에서 소멸한다(민사집행법 제91조 제2항, 제3항). 이때 순위비교는 실행된 저당권과 비교하는 것이 아니라 언제나 최선순위저당권과 용익권의 순위를 비교한다. 따라서 토지에 저당권, 지상권, 저당권이 순차적으로 설정된 경우 나중에 설정된 저당권이 실행되더라도 최선순위저당권이 소멸되므로 지상권도 소멸한다.

③ 구분지상권은 제3자가 토지를 사용·수익할 권리를 가진 때에도 그 권리자 및 그 권리를 목적으로 하는 권리를 가진 자 전원의 승낙이 있으면 이를 설정할 수 있다(제289조 제2항). 즉, 구분지상권은 지상권이 설정된 경우라도 지상권이 설정된 토지의 소유자가 지상권자의 승낙을 얻어 설정할 수 있는 것이지 지상권자가 설정할 수 있는 권리는 아니다. 지상권자는 타인에게 그 권리를 양도하거나 그 권리의 존속기간 내에서 그 토지를 임대할 수 있을 뿐이다(제282조의2).

> **제289조의2【구분지상권】**
> ① 지하 또는 지상의 공간은 상하의 범위를 정하여 건물 기타 공작물을 소유하기 위한 지상권의 목적으로 할 수 있다. 이 경우 설정행위로써 지상권의 행사를 위하여 토지의 사용을 제한할 수 있다.
> ② 제1항의 규정에 의한 구분지상권은 제3자가 토지를 사용·수익할 권리를 가진 때에도 그 권리자 및 그 권리를 목적으로 하는 권리를 가진 자 전원의 승낙이 있으면 이를 설정할 수 있다. 이 경우 토지를 사용·수익할 권리를 가진 제3자는 그 지상권의 행사를 방해하여서는 아니 된다.

④ 근저당권 등 담보권 설정의 당사자들이 그 목적이 된 토지 위에 차후 용익권이 설정되거나 건물 또는 공작물이 축조·설치되는 등으로써 그 목적물의 담보가치가 저감하는 것을 막는 것을 주요한 목적으로 하여 채권자 앞으로 아울러 지상권을 설정하였다면, 그 피담보채권이 변제 등으로 만족을 얻어 소멸한 경우는 물론이고 시효소멸한 경우에도 그 지상권은 피담보채권에 부종하여 소멸한다(대판 2011.4.14, 2011다6342).

⑤ **제288조【지상권 소멸청구와 저당권자에 대한 통지】** 지상권이 저당권의 목적인 때 또는 그 토지에 있는 건물, 수목이 저당권의 목적이 된 때에는 전조의 청구는 저당권자에게 통지한 후 상당한 기간이 경과함으로써 그 효력이 생긴다.

32 정답해설

① 동일인의 소유에 속하였던 토지와 건물이 매매, 증여, 강제경매, 국세징수법에 의한 공매 등으로 그 소유권자를 달리하게 된 경우에 그 건물을 철거한다는 특약이 없는 한 건물소유자는 그 건물의 소유를 위하여 그 부지에 관하여 관습상의 법정지상권을 취득하는 것이고 그 건물은 건물로서의 요건을 갖추고 있는 이상 무허가건물이거나 미등기건물이거나를 가리지 않는다(대판 1988.4.12, 87다카2404). 자신의 토지에 미등기건물을 건축한 자는 등기 없이도 건물의 소유권을 취득한 것이므로, 건물의 철거특약 없이 토지를 매도한 경우 관습법상 법정지상권을 취득한다.

② 관습법상 법정지상권이 성립하기 위해서는 처분 당시에 토지에 건물이 존재하여야 하는데, 토지소유자가 토지 매도 시 토지 위에 건물이 존재하지 않은 경우이므로 관습상의 법정지상권이 성립하지 않는다.

③ 강제경매의 목적이 된 토지 또는 지상 건물의 소유권이 강제경매로 인하여 매수인에게 이전된 경우에 건물의 소유를 위한 관습상 법정지상권이 성립하는가 하는 문제에 있어서는 매수인이 소유권을 취득하는 매각대금의 완납 시가 아니라 그 압류의 효력이 발생하는 때를 기준으로 하여 토지와 지상 건물이 동일인에 속하였는지 여부가 판단되어야 한다(대판(전) 2012.10.18, 2010다52140). 압류의 효력이 발생하는 때, 즉 통상 경매개시결정의 등기가 된 이후에 건물과 대지가 동일인에게 속하게 되었으므로 관습상의 법정지상권은 성립하지 않는다.

④ 토지공유자의 한 사람이 다른 공유자의 지분 과반수의 동의를 얻어 건물을 건축한 후 토지와 건물의 소유자가 달라진 경우 토지에 관하여 관습법상의 법정지상권이 성립되는 것으로 보게 되면 이는 토지공유자의 1인으로 하여금 자신의 지분을 제외한 다른 공유자의 지분에 대하여서까지 지상권설정의 처분행위를 허용하는 셈이 되어 부당하다(대판 2014.9.4, 2011다73038·73045).

⑤ 채권을 담보하기 위하여 나대지 상에 가등기가 경료되었고 그 뒤 대지소유자가 그 지상에 건물을 신축하였는데, 그 후 가등기에 기한 본등기가 경료되어 대지와 건물의 소유자가 달라진 경우에 관습상 법정지상권을 인정하면 애초에 대지에 채권담보를 위하여 가등기를 경료한 사람의 이익을 크게 해하게 되기 때문에 특별한 사정이 없는 한 건물을 위한 관습상 법정지상권이 성립한다고 할 수 없다. 따라서 가등기에 기한 본등기 당시에 대지와 건물의 소유자였던 사람은 관습상 법정지상권을 취득한다고 볼 수 없다(대판 1994.11.22, 94다5458).

33 정답해설

① 지역권은 요역지의 소유권과 법률적 운명을 같이 한다. 따라서 요역지가 이전되면 별도로 지역권 이전의 합의와 등기는 필요 없다. 다만, 지역권이 함께 이전되지 않도록 달리 정하는 당사자약정은 유효하다(제292조 제1항). 이를 등기할 수 있다(부동산등기법 제70조 제4호).

> **제292조【부종성】**
> ① 지역권은 요역지 소유권에 부종하여 이전하며 또는 요역지에 대한 소유권 이외의 권리의 목적이 된다. 그러나 다른 약정이 있는 때에는 그 약정에 의한다.
>
> **부동산등기법 제70조【지역권의 등기사항】**
> 등기관이 승역지의 등기기록에 지역권설정의 등기를 할 때에는 제48조 제1항 제1호부터 제4호까지에서 규정한 사항 외에 다음 각 호의 사항을 기록하여야 한다. 다만, 제4호는 등기원인에 그 약정이 있는 경우에만 기록한다.
> 1. 지역권설정의 목적
> 2. 범위
> 3. 요역지
> 4. 「민법」 제292조 제1항 단서, 제297조 제1항 단서 또는 제298조의 약정
> 5. 승역지의 일부에 지역권설정의 등기를 할 때에는 그 부분을 표시한 도면의 번호

② **제298조【승역지 소유자의 의무와 승계】** 계약에 의하여 승역지 소유자가 자기의 비용으로 지역권의 행사를 위하여 공작물의 설치 또는 수선의 의무를 부담한 때에는 승역지 소유자의 특별승계인도 그 의무를 부담한다.

③ **제297조【용수지역권】** ② 승역지에 수개의 용수지역권이 설정된 때에는 후순위의 지역권자는 선순위의 지역권자의 용수를 방해하지 못한다.

④ 지역권은 20년간 행사하지 않으면 소멸시효가 완성된다(제162조 제2항). 전망지역권도 소멸시효에 걸린다.

> **제162조【채권, 재산권의 소멸시효】**
> ② 채권 및 소유권 이외의 재산권은 20년간 행사하지 아니하면 소멸시효가 완성한다.

⑤ 종전의 승역지 사용이 무상으로 이루어졌다는 등의 다른 특별한 사정이 없다면 통행지역권을 취득시효한 경우에도 주위토지통행권의 경우와 마찬가지로 요역지 소유자는 승역지에 대한 도로 설치 및 사용에 의하여 승역지 소유자가 입은 손해를 보상하여야 한다고 해석함이 타당하다(대판 2015.3.20, 2012다17479).

34 정답해설

①, ②, ③ 임대차계약에 따른 임대차보증금반환채권을 담보할 목적으로 임차인과 임대인 사이의 합의에 따라 임차인 명의로 전세권설정등기를 마친 경우 그 전세금의 지급은 임대차보증금반환채권으로 갈음한 것이고, 장차 전세권자가 목적물을 사용·수익하는 것을 완전히 배제하는 것도 아니므로 그 전세권설정등기는 유효하다(대판 2021.12.30, 2018다233860). 따라서 ① 乙은 甲에게 임차권과 전세권을 모두 주장할 수 있다. 또한 ② 전세권은 물권이므로 乙은 丙에게도 전세권을 주장할 수 있다. ③ 甲이 보증금의 반환을 지체하면 乙은 전세권에 기한 경매를 신청할 수 있다(제318조).

> **제318조【전세권자의 경매청구권】** 전세권설정자가 전세금의 반환을 지체한 때에는 전세권자는 민사집행법의 정한 바에 의하여 전세권의 목적물의 경매를 청구할 수 있다.

④, ⑤ 이때 임대인과 임차인이 그와 같은 전세권설정등기를 마치기 위하여 전세권설정계약을 체결하여도 임대차보증금은 임대차계약이 종료된 후 임차인이 목적물을 인도할 때까지 발생하는 차임 및 기타 임차인의 채무를 담보하는 것이므로 임대인과 임차인은 임대차보증금에서 연체차임 등을 공제하고 남은 돈을 전세금으로

하는 약정을 하였다고 보아야 한다(지문 ④). 그러나 그 전세권설정계약은 외관상으로는 그 내용에 차임지급 약정이 존재하지 않고 이에 따라 전세금이 연체차임으로 공제되지 않는 등 임대인과 임차인의 진의와 일치하지 않는 부분이 존재한다. 따라서 그러한 전세권설정계약은 위와 같이 임대차계약과 양립할 수 없는 범위에서 통정허위표시에 해당하여 무효라고 봄이 타당하다. 다만 그러한 전세권설정계약에 의하여 형성된 법률관계에 기초하여 새로이 법률상 이해관계를 가지게 된 제3자에 대하여는 그 제3자가 그와 같은 사정을 알고 있었던 경우에만 그 무효를 주장할 수 있다(지문 ⑤). 따라서 임대차계약에 따른 임차보증금반환채권을 담보할 목적으로 전세권설정등기를 마친 경우 임대차계약에 따른 연체차임 공제는 전세권설정계약과 양립할 수 없으므로 전세권설정자는 선의의 제3자에 대하여 그 연체차임 공제 주장으로 대항할 수 없다)(대판 2021.12.30, 2018다233860). 따라서 ④ 甲은 보증금에서 임대차계약의 당사자인 乙이 연체한 차임을 공제한 금액을 반환하면 된다. 그러나 ⑤ 제3자 丁에게는 甲과 乙의 임대차관계를 안 경우만 주장할 수 있다. 사안의 경우 丁은 악의이므로 甲은 丁에게 乙의 연체차임으로 대항할 수 있다.

35 정답해설

① 건물의 임대차에 있어서 임차인의 임대인에게 지급한 임차보증금반환청구권이나 임대인이 건물시설을 아니하기 때문에 임차인에게 건물을 임차목적대로 사용 못한 것을 이유로 하는 손해배상청구권은 모두 민법 제320조 소정 소위 그 건물에 관하여 생긴 채권이라 할 수 없다(대판 1976.5.11, 75다1305).

② 점유자의 비용상환청구권은 '물건에 관하여 생긴 채권'이므로, 필요비·유익비에 대하여 유치권을 행사할 수 있다(제320조).

③ 임차인이 임대인에 대한 비용상환청구권으로 임차물을 유치할 수 있으나, 건물의 임차인이 임대차관계 종료 시에는 건물을 원상으로 복구하여 임대인에게 명도하기로 약정한 것은 건물에 지출한 각종 유익비 또는 필요비의 상환청구권을 미리 포기하기로 한 취지의 특약이라고 볼 수 있어 임차인은 유치권을 주장을 할 수 없다(대판 1975.4.22, 73다2010).

④ 주택건물의 신축공사를 한 수급인이 그 건물을 점유하고 있고 또 그 건물에 관하여 생긴 공사금 채권이 있다면, 수급인은 그 채권을 변제받을 때까지 건물을 유치할 권리가 있다고 할 것이고, 이러한 유치권은 수급인이 점유를 상실하거나 피담보채무가 변제되는 등 특단의 사정이 없는 한 소멸되지 않는다(대판 1995.9.15, 95다16202·16219).

⑤ 임치물과 그 하자로부터 생긴 수치인의 손해배상채권은 그 임치하는 물권 자체로 인한 손해배상청구권이므로 채권과 목적물 사이의 견련관계가 인정되어 유치권이 인정된다(제697조).

> **제697조【임치물의 성질, 하자로 인한 임치인의 손해배상의무】** 임치인은 임치물의 성질 또는 하자로 인하여 생긴 손해를 수치인에게 배상하여야 한다. 그러나 수치인이 그 성질 또는 하자를 안 때에는 그러하지 아니하다.

36 정답해설

① **제323조【과실수취권】** ① 유치권자는 유치물의 과실을 수취하여 다른 채권보다 먼저 그 채권의 변제에 충당할 수 있다. 그러나 과실이 금전이 아닌 때에는 경매하여야 한다.

② 유치권자는 채무자 또는 소유자의 승낙이 없는 이상 그 목적물을 타인에게 임대할 수 있는 권한이 없으므로(민법 제324조 제2항 참조), 유치권자의 그러한 임대행위는 소유자의 처분권한을 침해하는 것으로서 소유자에게 그 임대의 효력을 주장할 수 없다. 따라서 소유자의 승낙 없는 유치권자의 임대차에 의하여 유치권의 목적물을 임차한 자의 점유는 민사집행법 제136조 제1항 단서에서 규정하는 '매수인에게 대항할 수 있는 권원'에 기한 것이라고 볼 수 없다(대결 2017.2.8, 2015마2025).

③ 하나의 채권을 피담보채권으로 하여 여러 필지의 토지에 대하여 유치권을 취득한 유치권자가 그 중 일부 필지의 토지에 대하여 선량한 관리자의 주의의무를 위반하였다**면 특별한 사정이 없는 한** 위반행위가 있었던 필지의 토지에 대하여만 유치권 소멸청구가 가능하다(대판 2022.6.16, 2018다301350).

④ 민법 제322조 제1항에 의하여 실시되는 유치권에 의한 경매도 강제경매나 담보권 실행을 위한 경매와 마찬가지로 목적부동산 위의 부담을 소멸시키는 것을 법정매각조건으로 하여 실시되고 우선채권자뿐만 아니라 일반채권자의 배당요구도 허용되며, 유치권자는 일반채권자와 동일한 순위로 배당을 받을 수 있다고 봄이 상당하다(대판 2011.8.18, 2011다35593).

⑤ 부동산 경매절차에서의 매수인은 민사집행법 제91조 제5항에 따라 유치권자에게 그 유치권으로 담보하는 채권을 변제할 책임이 있는 것이 원칙이나, 채무자 소유의 건물 등 부동산에 경매개시결정의 기입등기가 경료되어 압류의 효력이 발생한 후에 채무자가 위 부동산에 관한 공사대금 채권자에게 그 점유를 이전함으로써 그로 하여금 유치권을 취득하게 한 경우, 그와 같은 점유의 이전은 목적물의 교환가치를 감소시킬 우려가 있는 처분행위에 해당하여 민사집행법 제92조 제1항, 제83조 제4항에 따른 압류의 처분금지효에 저촉되므로 점유자로서는 위 유치권을 내세워 그 부동산에 관한 경매절차의 매수인에게 대항할 수 없다. 그러나 이러한 법리는 경매로 인한 압류의 효력이 발생하기 전에 유치권을 취득한 경우에는 적용되지 아니하고, 유치권 취득시기가 근저당권설정 후라거나 유치권 취득 전에 설정된 근저당권에 기하여 경매절차가 개시되었다고 하여 달리 볼 것은 아니다(대판 2009.1.15, 2008다70763)

37 정답해설

① 유치적 효력의 확보를 위하여 질권설정자가 계속 점유하는 방식인 점유개정에 의한 질권설정을 금지한다(제332조). 또한 질권에 있어 목적물의 점유는 질권의 존속요건이기도 하다.

> **제332조 【설정자에 의한 대리점유의 금지】** 질권자는 설정자로 하여금 질물의 점유를 하게 하지 못한다.

② 책임전질의 경우에 질권자에게 채무자가 승낙을 한 때에는 전질권자의 동의 없이 질권자에게 채무를 변제하여도 이로써 전질권자에게 대항하지 못한다(제337조 제2항).

> **제337조 【전질의 대항요건】**
> ② 채무자가 전항의 통지를 받거나 승낙을 한 때에는 전질권자의 동의 없이 질권자에게 채무를 변제하여도 이로써 전질권자에게 대항하지 못한다.

③ 담보물권인 질권은 교환가치 취득이 목적이므로 물건이 멸실되더라도 그 물건의 가치변형물에도 주장할 수 있는 물상대위가 인정된다. 물상대위는 질물의 멸실, 훼손 또는 공용징수로 인한 경우이어야 하므로, 매매 등은 목적물의 멸실이 아니며 질권으로 목적물에 직접 추급이 가능하기 때문에 매매대금채권에 대하여 질권을 행사할 수 없다.

> **제342조 【물상대위】** 질권은 질물의 멸실, 훼손 또는 공용징수로 인하여 질권설정자가 받을 금전 기타 물건에 대하여도 이를 행사할 수 있다. 이 경우에는 그 지급 또는 인도 전에 압류하여야 한다.

④ 동산질권을 선의취득하기 위하여는 질권자가 평온, 공연하게 선의이며 과실없이 질권의 목적동산을 취득하여야 하고, 그 취득자의 선의, 무과실은 동산질권자가 입증하여야 한다(대판 1981.12.22, 80다2910).

⑤ 근질권이 설정된 금전채권에 대하여 제3자의 압류로 강제집행절차가 개시된 경우 근질권의 피담보채권은 근질권자가 강제집행이 개시된 사실을 알게 된 때에 확정된다(대판 2009.10.15, 2009다43621).

38 정답해설

① 양도성을 가지는 재산권일 것을 요하기 때문에 채권・주식・무체재산권 등은 권리질권의 목적이 될 수 있다. 다만 양도성이 있는 재산권인 경우에도 부동산의 사용・수익을 목적으로 하는 권리는 목적이 될 수 없다(제345조 단서). 임차보증금반환청구권은 채권질권의 목적이 될 수 있다.

> **제345조【권리질권의 목적】**
> 질권은 재산권을 그 목적으로 할 수 있다. 그러나 부동산의 사용, 수익을 목적으로 하는 권리는 그러하지 아니하다.

② **제347조【설정계약의 요물성】** 채권을 질권의 목적으로 하는 경우에 채권증서가 있는 때에는 질권의 설정은 그 증서를 질권자에게 교부함으로써 그 효력이 생긴다.

③ **제353조【질권의 목적이 된 채권의 실행방법】** ④ 채권의 목적물이 금전 이외의 물건인 때에는 질권자는 그 변제를 받은 물건에 대하여 질권을 행사할 수 있다.

④ 질권의 목적인 채권의 양도행위는 민법 제352조 소정의 질권자의 이익을 해하는 변경에 해당되지 않으므로 질권자의 동의를 요하지 아니한다(대판 2005.12.22, 2003다55059).

⑤ 민법 제352조가 질권설정자는 질권자의 동의 없이 질권의 목적된 권리를 소멸하게 하거나 질권자의 이익을 해하는 변경을 할 수 없다고 규정한 것은 질권자가 질권의 목적인 채권의 교환가치에 대하여 가지는 배타적 지배권능을 보호하기 위한 것이므로 질권설정자와 제3채무자가 질권의 목적된 권리를 소멸하게 하는 행위를 하였다고 하더라도 이는 질권자에 대한 관계에 있어 무효일 뿐이어서, 특별한 사정이 없는 한 질권자 아닌 제3자가 그 무효의 주장을 할 수는 없다(대판 1997.11.11, 97다35375).

39 정답해설

ㄱ, ㄷ. 항목이 옳다.

ㄱ. (○) : 부동산의 종물은 주물의 처분에 따르고 저당권은 목적 부동산의 종물에 대하여도 효력이 미치기 때문에 저당권의 실행으로 개시된 경매절차에서 부동산을 경락받은 자와 그 승계인은 종물의 소유권을 취득하고, 저당권이 설정된 이후에 종물에 대하여 강제집행을 한 자는 경락인과 그 승계인에게 강제집행의 효력을 주장할 수 없다(대판 1993.8.13, 92다43142).

ㄴ. (×) : 저당권이 실행되면 제3자에 대항력 있는 용익권(지상권, 지역권, 전세권, 대항력 있는 임차권 등)은 저당권설정과의 선후에 따라 존속여부가 결정된다. 즉, 저당권이 설정되기 전에 제3자가 대항력 있는 용익권을 취득했다면 저당권이 실행되더라도 그 용익권자는 매수인에게 대항할 수 있으나(제370조, 제333조), 저당권이 설정된 후 용익권을 취득한 자는 저당권이 실행되면 매수인에게 대항할 수 없고 경매절차에서 소멸한다(민사집행법 제91조 제3항).
따라서 저당권이 설정된 후 용익권을 취득한 지상권자는 경매절차에서 매수인에게 지상권을 주장할 수 없으므로, 지상권자에게 인정되는 지상물매수 청구권도 인정될 수 없다(제283조 제1항 · 제2항).

ㄷ. (○) : 저당권의 효력이 저당부동산에 부합된 물건과 종물에 미친다는 민법 제358조 본문을 유추하여 보면 건물에 대한 저당권의 효력은 그 건물에 종된 권리인 건물의 소유를 목적으로 하는 지상권에도 미치게 되므로, 건물에 대한 저당권이 실행되어 경락인이 그 건물의 소유권을 취득하였다면 경락 후 건물을 철거한다는 등의 매각조건에서 경매되었다는 등 특별한 사정이 없는 한, 경락인은 건물 소유를 위한 지상권도 민법 제187조의 규정에 따라 등기 없이 당연히 취득하게 된다(대판 1996.4.26, 95다52864).

40 정답해설

① 이시배당의 경우 선순위저당권자인 乙은 Y건물의 경매절차에서 채권 전액을 변제받을 수 있다(제368조 제2항 본문).

> **제368조【공동저당과 대가의 배당, 차순위자의 대위】**
> ① 동일한 채권의 담보로 수 개의 부동산에 저당권을 설정한 경우에 그 부동산의 경매대가를 동시에 배당하는 때에는 각 부동산의 경매대가에 비례하여 그 채권의 분담을 정한다.

> ② 전항의 저당부동산 중 일부의 경매대가를 먼저 배당하는 경우에는 그 대가에서 그 채권전부의 변제를 받을 수 있다. 이 경우에 그 경매한 부동산의 차순위저당권자는 선순위저당권자가 전항의 규정에 의하여 다른 부동산의 경매대가에서 변제를 받을 수 있는 금액의 한도에서 선순위자를 대위하여 저당권을 행사할 수 있다.

② 공동저당의 목적인 채무자 소유의 부동산과 물상보증인 소유의 부동산 중 채무자 소유의 부동산에 대하여 먼저 경매가 이루어져 경매대금의 교부에 의하여 1번 공동저당권자가 변제를 받더라도 채무자 소유의 부동산에 대한 후순위저당권자는 민법 제368조 제2항 후단에 의하여 1번 공동저당권자를 대위하여 물상보증인 소유의 부동산에 대하여 저당권을 행사할 수 없다(대판 2008.4.10, 2007다78234). X토지의 후순위저당권자는 Y건물에 대한 채무자 乙의 저당권을 대위행사할 수 없다. X토지의 현재 소유자는 채무자인 甲이 아니라 제3취득자인 丁이지만 이 X토지를 매수할 때 매매대금에서 저당권으로 담보된 채권 상당액을 공제하였다고 보아야 하므로 이 판례의 법리가 그대로 적용될 수 있다. 이는 ④ 해설도 마찬가지이다.

③ 물상보증인이 채무를 변제하거나 담보권의 실행으로 소유권을 잃은 때에는 보증채무를 이행한 보증인과 마찬가지로 채무자로부터 담보부동산을 취득한 제3자에 대하여 구상권의 범위 내에서 출재한 전액에 관하여 채권자를 대위할 수 있는 반면, 채무자로부터 담보부동산을 취득한 제3자는 채무를 변제하거나 담보권의 실행으로 소유권을 잃더라도 물상보증인에 대하여 채권자를 대위할 수 없다(대판(전) 2014.12.18, 2011다50233). 물상보증인 丙은 X토지에 대한 乙의 저당권을 대위 행사할 수 있다.

④ 공동저당권이 설정되어 있는 수개의 부동산 중 일부는 채무자 소유이고 일부는 물상보증인 소유인 경우 각 부동산의 경매대가를 동시에 배당하는 때에는 민법 제368조 제1항은 적용되지 아니하고, 채무자 소유 부동산의 경매대가에서 공동저당권자에게 우선적으로 배당을 하고, 부족분이 있는 경우에 한하여 물상보증인 소유 부동산의 경매대가에서 추가로 배당을 하여야 한다(대판 2016.3.10, 2014다231965). 乙은 채무자 甲소유인 X토지의 경매대가에서 먼저 배당받고, 변제받지 못한 부분에 한하여 물상보증인 丙소유 Y건물의 경매대가에서 배당받는다.

⑤ 민법 제367조가 저당물의 제3취득자가 그 부동산에 관한 필요비 또는 유익비를 지출한 때에는 저당물의 경매대가에서 우선상환을 받을 수 있다고 규정한 취지는 저당권설정자가 아닌 제3취득자가 저당물에 관한 필요비 또는 유익비를 지출하여 저당물의 가치가 유지 · 증가된 경우, 매각대금 중 그로 인한 부분은 일종의 공익비용과 같이 보아 제3취득자가 경매대가에서 우선상환을 받을 수 있도록 한 것이므로 저당물에 관한 지상권, 전세권을 취득한 자만이 아니고 소유권을 취득한 자도 민법 제367조 소정의 제3취득자에 해당한다(대판 2016.3.10, 2014다231965). 제367조의 규정의 의해 저당물의 제3취득자인 丁은 유익비에 대하여 乙의 저당권을 대위하는 丙보다 우선하여 상환받을 수 있다.

■ 공동저당

목적물 전부가 채무자 소유 또는 물상보증인 소유인 경우	1. 동시배당 : 제368조 제1항 적용 → 각 부동산의 경매대가에 비례하여 채권분담 2. 이시배당 : 제368조 제2항 적용 → 전문 : 공동저당권자는 먼저 경매된 부동산의 대가에서 채권 전부변제수령 가능 → 후문 : 이 경우 먼저 경매된 부동산의 후순위저당권자는 동시에 배당하였으면 공동저당권자가 다른 부동산에서 변제받을 수 있는 금액의 한도에서 공동저당권자를 대위하여 저당권행사 가능
목적물 일부는 채무자 소유, 목적물 일부는 물상보증인 소유인 경우	1. 동시배당 : 제368조 제1항 적용 × → ① 채무자소유 : 먼저 배당 ○ ② 부족 시 : 물상보증인 ○ 2. 이시배당 (1) 채무자 소유가 먼저 경매된 경우 : 제368조 제2항 대위 × (2) 물상보증인 소유가 먼저 경매된 경우 ① 물상보증인 : 법정대위(제481조) ② 후순위저당권자(= 물상보증인에게 돈을 대여한 자) : 물상대위

제2과목 | 경제학원론

정답

01 ④	02 ⑤	03 ①	04 ②	05 ②	06 ②	07 ③	08 ③	09 ⑤	10 정답없음
11 ③	12 ④	13 ④	14 ⑤	15 ⑤	16 ⑤	17 ③	18 ③	19 ③	20 ①
21 ②	22 ①	23 ③	24 ④	25 ③	26 ③	27 ①	28 ④	29 정답없음	30 ③
31 ②	32 ⑤	33 ①	34 ②	35 ⑤	36 ①	37 ⑤	38 ①	39 ①	40 ④

01

정답해설

Y재의 X재 가격에 대한 교차탄력성이 1이면, X재의 가격탄력성은 1이라는 것은 양립될 수 없다. 만일 X재의 가격탄력성이 1보다 큰 경우라면 X재 가격 상승 시 X재 지출액이 감소할 것이므로 교차탄력성 1과 양립가능하다. (참고 : 만일 X재의 가격탄력성이 1이라면, X재에 대한 지출액은 변화하지 않으므로 전체소득이 고정된 상황에서는 Y재에 대한 지출액은 변화하지 않는다. 결국 X재 가격 상승 시에 Y재 가격이 변화하지 않는다면 Y재 수요량도 변화하지 않는다. 그런데 이러한 상황에서 Y재의 X재 가격에 대한 교차탄력성이 1이면 X재 가격 상승 시에 Y재 수요량은 증가해야 하므로 앞의 내용과 모순된다.)

02

정답해설

1) 예산선의 변화
실질부존모형에서 가격변화는 초기 부존점을 중심으로 회전이동하게 되는데 이 문제에서는 X재 판매자가 소비자이므로 현재 부존량보다 덜 소비하고 있는 상황이다.

2) 실질소득의 변화
X재 가격상승으로 인하여 예산선이 회전이동하면서 기존의 균형과 비교하면 예산선이 확장하여 실질소득이 증가하게 된다.

3) 수요량의 변화
X재의 가격이 상승함에 따라서 대체효과에 의하여 X재 수요량이 감소하고 소득효과에 의하여 X재 수요량이 감소한다. 특히 X재 가격상승으로 인하여 실질소득이 증가함에 유의하고 X재가 열등재임을 고려하면 수요량은 감소한다.

03

정답해설

코즈정리에 의하면 당사자 간 재산권이 명확히 설정되어 있고, 협상에 따른 거래비용이 없는 상황에서 당사자 간 협상을 통해서 외부성을 해결할 수 있다.

04

정답해설

생산가능곡선이 원점에 대해서 오목하면 기회비용체증을 반영하는 것이므로, 한 재화의 생산이 늘어날수록 그 기회비용이 커짐을 의미한다.

05 정답해설

부정적 외부성뿐만 아니라 긍정적 외부성도 사회적 후생손실을 발생시킨다.

06 정답해설

1) 비용함수 구하기
   주어진 생산함수에서 쌍대성의 원리를 이용하여 비용함수를 먼저 다음과 같이 구한다.
   $0.2L = 0.5M$, $20L + 10M = C$ 따라서 $C = 24L = 120Q$
2) 독점기업의 최적화 구하기
   한계수입과 한계비용을 이용하여 독점기업의 최적화를 구하면 다음과 같다.
   MR = 300 − 2Q, MC = 120 따라서 300 − 2Q = 120, Q = 90

07 정답해설

1) X>Y인 경우
   한계대체율이 0.2로 일정하고 우하향하는 직선형태의 무차별곡선이 된다.
2) X<Y인 경우
   한계대체율이 5로 일정하고 우하향하는 직선형태의 무차별곡선이 된다.
3) X = Y
   이 둘을 나누는 경계는 Y = X이다.
4) 소비자 효용극대화
   예산선이 X + 2Y = 120으로 제시되어 있으므로 효용극대화는 Y = X와 X + 2Y = 120의 교점에서 달성된다.
   이를 구하면, 효용극대화 소비량은 X = Y = 40이 된다.

08 정답해설

1) X재와 Y재
   ① X재와 Y재는 서로 대체재이므로 X재 가격이 상승하면 Y재 수요는 증가한다.
   ② 이를 그래프로 분석할 경우 Y재 수요곡선이 우측으로 이동한다.
   ③ Y재 수요곡선 우측이동에 따라 Y재 가격은 상승하고 Y재 거래량은 증가한다.
2) X재와 Z재
   ① X재와 Z재는 서로 보완재이므로 X재 가격이 상승하면 Z재 수요는 감소한다.
   ② 이를 그래프로 분석할 경우 Z재 수요곡선이 좌측으로 이동한다.
   ③ Z재 수요곡선 좌측이동에 따라 Z재 가격은 하락하고 Z재 거래량은 감소한다.

09 정답해설

1) 모형의 조건
   ① 수요조건 : 시장수요 $P=100-Q$
   ② 공급조건(비용조건) : 기업 A의 한계비용 $MC_A=10$, 기업 B의 한계비용 $MC_B=20$
2) 수리적 분석 : 이윤극대화 과정
   ① 기업 A의 이윤극대화
      i) 한계수입 $TR_A= PQ_A=(100-Q_A-Q_B)Q_A$ $\therefore MR_A=100-2Q_A-Q_B$
      ii) 한계비용 $MC_A=10$

iii) 이윤극대화 $Max\ \pi_A \Leftrightarrow MR_A = MC_A$

$\therefore\ 100 - 2Q_A - Q_B = 10 \quad \therefore\ 2Q_A + Q_B = 90$ → 반응곡선 RC_A

② 기업 B의 이윤극대화

i) 한계수입 $TR_B = PQ_B = (100 - Q_A - Q_B)Q_B \qquad \therefore\ MR_B = 100 - Q_A - 2Q_B$

ii) 한계비용 $MC_B = 20$

iii) 이윤극대화 $Max\ \pi_B \Leftrightarrow MR_B = MC_B$

$\therefore\ 100 - Q_A - 2Q_B = 20 \quad \therefore\ Q_A + 2Q_B = 80$ → 반응곡선 RC_B

③ 슈타켈버그 수량모형에서 선도자 기업 A의 변형된 이윤극대화

i) 한계수입 $TR_A = PQ_A = \{100 - Q_A - (40 - 0.5Q_A)\}$. $Q_A = 60Q_A - 0.5\,Q_A^2$

$\therefore\ MR_A = 60 - Q_A$

ii) 한계비용 $MC_A = 10$

iii) 이윤극대화 $Max\ \pi_A \Leftrightarrow MR_A = MC_A$

$\therefore\ 60 - Q_A = 10 \quad \therefore\ Q_A = 50$

3) 균형 : $Q_A = 50,\ Q_B = 15$

10 정답해설

$MR_A = 600 - 4Q_A,\ MR_B = 1{,}200 - 10Q_B,\ MC = 2Q$

1) $MR_A = MC$

$600 - 4Q_A = 2Q = 2Q_A + 2Q_B \quad \therefore\ 6Q_A + 2Q_B = 600$

2) $MR_B = MC$

$1{,}200 - 10Q_B = 2Q = 2Q_A + 2Q_B \quad \therefore\ 12Q_A + 2Q_B = 1{,}200$

3) 균형

$$Q_A = \frac{1{,}200}{17},\ Q_B = \frac{1{,}500}{17} \qquad P_A = \frac{7{,}800}{17},\ P_B = \frac{12{,}900}{17}$$

11 정답해설

1) A, B 간 합의가 지켜진 경우

$MR = 100 - 2Q,\ MC = 20$

$Q = 40,\ Q_A = Q_B = 20$

2) A만 합의를 어긴 경우

$\pi_A = PQ_A - 20Q_A = (100 - Q_A - 20)Q_A - 20Q_A$

$MR_A = 80 - 2Q_A,\ MC_A = 20$

$\therefore\ Q_A = 30,\ Q_B = 20,\ Q = 50,\ P = 50$

3) A의 이윤 : 900

12 정답해설

$\alpha + \beta > 1$이면 규모수익 체증이 되고 요소가격이 일정할 경우 장기평균비용이 하락하는 규모의 경제가 나타난다.

13 정답해설

1) 비용조건 $PMC=2Q+2,\ SMC=3Q+4$
2) 수요조건 $P=20-Q$
3) 시장 균형생산량
   $P=PMC,\ 2Q+2=20-Q \quad \therefore\ Q=6, P=14$
4) 사회적 최적생산량
   $P=SMC,\ 3Q+4=20-Q \quad \therefore\ Q=4, P=16$
5) 사회적 후생손실
   피구세를 부과하여 개선되는 후생의 크기와 피구세 부과 전 사회적 후생손실은 동일하고 이를 구하면 8이 된다.

14 정답해설

공급이 완전탄력적인 경우 경제적 지대는 0이므로, 요소수입은 모두 전용수입이 된다.
공급이 완전비탄력적인 경우 전용수입이 0이므로, 요소수입은 모두 경제적 지대가 된다.

15 정답해설

갑의 경우 R전략이 우월전략이다. 갑의 R전략에 대해서 을은 자신의 보수를 극대화하기 위해서 T전략을 사용해야 하므로 결국 내쉬균형은 갑 R전략, 을 T전략이 된다.

16 정답해설

1) 소득소비곡선과 가격소비곡선
   효용극대화는 Y = X와 예산선이 만나는 점에서 이루어짐을 고려하면, 소득소비곡선과 가격소비곡선은 모두 Y = X로서 원점을 지나는 45도 선이 된다.
2) 수요함수
   위의 효용극대화 조건을 이용하여 X재 수요함수를 구하면 $X=\dfrac{M}{P_X+P_Y}$이 된다.
3) 교차탄력성
   위의 수요함수에서 X재와 Y재는 보완관계로서 X재 수요의 Y재 가격에 대한 교차탄력성은 음수이다. 따라서 교차탄력성은 1이 될 수 없다.

17 정답해설

① 본인 – 대리인 문제는 감추어진 행동(hidden action)으로 인한 도덕적 해이의 특수한 경우에 해당한다.
② 보험가입을 강제하는 경우 보험시장의 역선택 문제를 완화시킬 수 있다.
④ 보험시장의 기초공제는 보험시장의 도덕적 해이를 완화시킬 수 있다.
⑤ 애컬로프의 중고차모형은 역선택의 문제를 설명하는 모형이다.

18 정답해설

1) 생산자잉여의 감소분
   최초 균형 P = 55, Q = 45에서 가격상한제로 인하여 균형이 P = 40, Q = 30으로 바뀜을 고려하면 생산자잉여의 감소분은 450 + 112.5가 된다.
2) 생산자잉여 감소분의 이전
   생산자잉여의 감소분 450 + 112.5 중에서 소비자에게 이전된 것은 450이고, 자중손실로 된 것은 112.5이다.

19

정답해설

1) 사적재인 경우
시장수요는 수평합으로 구하므로 시장수요함수는 $Q=30-1.5P$가 된다.
이 때, 한계비용이 16이므로 균형거래량은 6이 된다.

2) 공공재인 경우
시장수요는 수직합으로 구하므로 시장수요함수는 $P=40-3Q$가 된다.
이 때, 한계비용이 16이므로 균형거래량은 8이 된다.

20

정답해설

1) 최초 시장균형
시장균형은 가로축 절편이 a인 우하향하는 직선인 수요곡선과 $\frac{a}{2}$에서 수직인 공급곡선의 교점에서 달성된다.
따라서 균형은 수요곡선의 중점에서 달성되므로 그 때, 수요의 가격탄력성은 1이 된다.

2) 공급증가 시 시장균형
만일 공급이 증가하면 시장균형이 수요곡선의 중점에서 우하방으로 이동하므로 수요의 가격탄력성이 작아지고 가격은 하락한다.

3) 공급증가 시 기업의 수입
가격이 하락함에 따라서 수요량 증가는 비탄력적인 반응을 보이게 되므로 이 두가지 요인을 동시에 고려하면 기업의 수입은 감소한다.

21

정답해설

1) 화폐수요곡선과 화폐공급곡선
소득이 증가하면 화폐수요가 증가하고 화폐수요곡선이 우측이동하면서 이자율이 상승

2) LM곡선
소득이 증가하면 화폐수요가 증가하고 LM곡선상에서 이자율이 상승

22

정답해설

1) 화폐수요함수
제시된 화폐수요함수를 변형하면 $M\frac{i}{0.2}=PY$가 된다.

2) 화폐시장의 균형
화폐시장이 균형임을 고려하면 화폐유통속도는 $\frac{i}{0.2}=5i$이고 이자율이 0.04임을 고려하면, 유통속도는 0.2가 된다.

23

정답해설

1) 최초 균형
IS : $Y=6-r$, LM : $Y=4+r$ $\quad\therefore Y=5,\ r=1$

2) 화폐공급 변화 후의 균형 (화폐공급변화분 = ΔM)
IS : $Y=6-r$, LM : $Y=4+\Delta M+r$

① 이 때, $r=1.5$로 제시되어 있으므로 IS에 대입하면, $Y=4.5$

② $Y=4.5$, $r=1.5$를 LM에 대입하면, $\Delta M=-1$, 따라서 절대값은 1이 된다.

24

정답해설

선지 ④에 대한 해석이 다의적이다.

1) 총수요곡선 우하향 논리와 ④

물가수준이 상승하면, 실질 화폐공급이 감소하면서 이자율이 상승하고 투자는 감소한다. 따라서 잘못된 내용이다.

2) 총수요곡선 이동 논리와 ④

물가수준이 상승할 때, 이에 대응하여 중앙은행이 금리를 낮춘다면, 투자가 증가하면서 총수요가 증가하여 물가는 더욱 상승한다. 이는 총수요곡선 이동의 논리이므로 총수요곡선 우하향 논리가 될 수 없어서 잘못된 내용이다.

25

정답해설

1) 정부가 구매를 20 증가시킬 경우

정부지출승수는 $\dfrac{1}{1-b}=\dfrac{1}{1-0.8}=5$이므로 정부구매 20 증가하면 소득은 100 증가한다.

따라서 소득은 1,100이 된다.

2) 정부가 조세를 20 증가시킬 경우

조세승수는 $\dfrac{-b}{1-b}=\dfrac{-0.8}{1-0.8}=-4$이므로 조세가 20 증가하면 소득은 80 감소한다.

따라서 소득은 920이 된다.

26

정답해설

1) 균제상태에서 1인당 자본

$$k^{*}=\left(\frac{sA}{n+\delta}\right)^{\frac{1}{1-\alpha}}=\left(\frac{0.2\times 2}{0+0.1}\right)^{\frac{1}{1-0.5}}=16$$

2) 균제상태에서 총자본

1인당 자본이 16, 노동이 100임을 고려하면, 총자본은 1,600이 된다.

27

정답해설

혁신적 기술수준 향상은 AS곡선을 오른쪽으로 이동시키고, 투자수요 증가는 AD곡선을 오른쪽으로 이동시킨다.

28

정답해설

1) 스태그플레이션의 원인

스태그플레이션의 원인은 생산비용 상승, 부의 공급충격으로서 선지 ㄴ, ㄹ에서 제시된 생산비용 하락과 부의 수요충격은 잘못된 내용이다.

2) AD-AS곡선 변화

선지 ㄴ, ㄹ에서 생산비용이 하락하면 AS곡선이 오른쪽으로 이동하고, 부의 수요충격이 있으면 AD곡선이 왼쪽으로 이동하기 때문에 AD-AS곡선 변화에 대한 서술도 잘못된 내용이다.

29

정답해설

통화량 증가 → LM곡선 우측 이동 → 이자율 하락 → 자본유출 → 환율상승 또는 자국화폐의 평가절하 → 순수출 증가 → IS곡선 우측 이동

30

정답해설

1) 최초균형

$100 = 10 + 0.6(100 - 10) + (20 - 2r) + 20 + \{20 - 0.2(100 - 10)\}$

$\therefore\ r = 3$

2) 정부지출 10 증가 이후 균형

$100 = 10 + 0.6(100 - 10) + (20 - 2r) + 20 + 10 + \{20 - 0.2(100 - 10)\}$

$\therefore\ r = 8$

31

정답해설

리카도 대등정리에서 조세는 정액세로서 경제에 왜곡을 초래하지 않으며, 경제주체는 합리성에 입각하여 근시안적 의사결정을 하지 않아야 한다.

32

정답해설

기대가 부가된 필립스 곡선에서 기대인플레이션이 상승하면, 필립스 곡선은 우측, 상방, 우상방으로 이동한다.

33

정답해설

국내총생산 지표는 원칙적으로 시장에서 거래된 상품을 대상으로 측정한다. 그러나 시장에서 거래되지 않는다고 하더라도 일부 생산물에 대하여는 추산을 통하여 귀속시키는 경우가 있으니 주의해야 한다. 자가소유주택으로부터의 주거서비스의 가치를 추산하는 것이라든지, 군인, 경찰, 공무원들로부터의 국방서비스, 치안서비스, 행정서비스의 가치를 추산하는 것을 예로 들 수 있다.

34

정답해설

내생적 성장모형에서는 기술진보가 내생적으로 결정되고, 기술진보는 연구개발을 담당하는 인력의 규모와 밀접한 양(+)의 상관관계를 가진다. 솔로우 성장모형에서 저축과 투자는 항상 일치해야 한다.

35

정답해설

1) 국내순생산(NDP)과 국민순소득(NNI)

국내순생산(NDP)은 국내총생산(GDP)에서 감가상각(고정자본 소모)을 차감한 것이고, 국민순소득(NNI)은 국민총소득(GNI)에서 감가상각(고정자본 소모)을 차감한 것이다.

2) 국민소득(NI)

국내총생산(GDP)과 국민총소득(GNI)에서 감가상각(고정자본 소모)을 차감한 후에 정부부문을 고려하게 되면, 국민입장에서는 간접세와 보조금을 고려한 순간접세를 정부에 납부해야만 한다. 국민순소득(NNI)에서 순간접세를 차감한 것을 국민소득(NI)이라고 한다.

3) 피고용자 보수와 영업잉여

국민소득이란 국민순소득에서 간접세를 차감하고 보조금을 더한 것으로서 법인세나 소득세와 같은 직접세를 납부하기 직전에 가계나 기업같은 민간부문에 귀속되는 소득개념이다. 특히 국민소득은 국민계정에서는 임금을 나타내는 피고용자 보수와 이자, 지대, 이윤을 의미하는 영업잉여로 구성된다.

36 정답해설

상대소득가설에 의하면 개인의 소비는 타인의 소비 및 자신의 과거시점에서의 소득과 소비수준의 증가함수가 된다.

37 정답해설

1) 고용량, 총생산, 소비
   균형임금보다 높은 수준의 최저임금을 설정하게 되면 고용량이 감소하므로 총생산은 감소하고 소비도 감소한다.
2) 이자율
   투자와 저축을 일치시켜서 이자율을 구할 수 있으며, 이 때 이자율은 상승한다. 따라서 투자는 감소한다. 투자와 저축은 일치하므로 저축도 감소한다.

38 정답해설

1) 인플레이션세 = 물가상승률 × 실질화폐량
2) 주조차익(시뇨리지) = 통화증가율 × 실질화폐량
3) 장기균형하에서 물가상승률과 통화증가율이 일치하는 경우 인플레이션세와 주조차익은 같다.

39 정답해설

1) 최초균형
   $Y=1+0.5(Y-0.5Y-\alpha)+(200-0.5Y-\alpha)+(0.5Y+\alpha)$
   $\therefore\ Y=\frac{4}{3}(201-0.5\alpha)$
2) 정부지출 10 증가 이후 균형
   $Y=1+0.5(Y-0.5Y-\alpha-1)+(200-0.5Y-\alpha-1)+(0.5Y+\alpha+1)$
   $\therefore\ Y=\frac{4}{3}(201-0.5\alpha-0.5)$
3) 소득변화
   소득변화는 $\Delta Y=-\frac{4}{3}\times 0.5=-\frac{2}{3}$ 로서 감소한다.

40 정답해설

투자를 설명하는 q이론에 의하면 q는 설치된 자본의 시장가치 / 설치된 자본의 대체비용으로 정의된다. 따라서 설치된 자본의 시장가치를 주가로 대체한다면, 주가가 상승하는 경우 q는 상승한다.

제3과목 | 부동산학원론

정답

01 ③	02 ①,④	03 ①,③	04 ②	05 ①	06 ③	07 ④	08 ④	09 ①	10 ⑤
11 ②	12 ③	13 ④	14 ③	15 ③	16 ①	17 ②	18 ①	19 ⑤	20 ①
21 ②	22 ③	23 ⑤	24 ②	25 ①	26 ⑤	27 ③	28 ⑤	29 ④	30 ②
31 ③	32 ④	33 ⑤	34 ③	35 ②	36 ③	37 ④	38 ⑤	39 정답없음	40 ④

01 정답해설

③ 토지의 이동이란 토지의 표시를 새로 정하거나 변경 또는 말소하는 것을 말한다. (감정평가관계법규 과목에서 다루는 가장 기본적인 주제로, 관계법규 공부가 도움이 됩니다.)

02 정답해설

※ 복수정답으로 결정된 문제입니다.

① 준부동산은 부동산처럼 취급되는 동산 및 권리를 말한다.

④ 입목의 독립성과 관련된 지문이다. 입목의 소유자는 토지와 분리하여 입목을 양도하거나 저당권의 목적으로 할 수 있다. 또한 토지소유권 또는 지상권 처분의 효력은 입목에 미치지 아니한다(입목에 관한 법률 제3조).

03 정답해설

※ 복수정답으로 결정된 문제입니다.

①, ③ 제시된 내용은 나지(裸地)에 대한 설명이다. 토지에 건물 등 정착물이 없고, 토지의 사용・수익을 제한하는 사법상의 권리가 없는 토지를 우리나라는 나지(裸地)라고 정의하고, 일본은 갱지(更地)라고 정의한다.

04 정답해설

② 제시된 '용도지역 내에서'란, 세분된 용도지역 상호 간을 의미한다. 따라서 이행지이다. '용도지역 내에서'란 표현과 '용도지역 상호 간'이란 표현을 구별해야 함에 주의하여야 한다.

05 정답해설

① 소유권의 사적제한이란 개인과 개인이 계약으로 만든 제한을 말한다. 사적제한에 해당하는 것은 지역권이다.

06 정답해설

③ 경제적 위치의 변화 ⇨ 행정적 위치의 변화 : 인문적 위치는 사회적 위치, 경제적 위치 및 행정적 위치로 세분되는데, 토지거래허가구역의 지정 및 해제는 행정적 위치를 변화시키는 요인이다.

07

정답해설

④ 수요와 공급이 동시에 변화하는 경우, 크게 변한 쪽이 시장의 균형을 결정한다. 공급의 감소가 큰 경우이니, 공급의 감소가 시장을 결정된다. 즉 가격은 상승하고 거래량은 감소한다.

08

정답해설

④ 옳은 연결이다.

1. A시장-발산형 : 탄력성이 제시된 경우, 수요의 탄력성이 크면 수렴형, 수요의 탄력성이 작으면 발산형이다.
2. B시장-발산형 : 곡선의 기울기가 제시된 경우, 수요곡선 기울기 절댓값이 크면 발산형, 수요곡선 절댓값이 작으면 수렴형이다.
3. 상품의 관계-대체관계 : A재 가격과 B재 수요가 비례(+) 관계이다. 또는 교차탄력성이 양수값으로 측정된다. 따라서 대체관계이다.

09

정답해설

① 옳은 지문 : 1개(㉣)

㉠ 상업활동의 공간적 분포를 통한 토지이용 ⇨ 농업토지이용 : 튀넨은 농업용 토지의 이용을 설명한 이론이다.

㉡ 한계생산성이 증가하는 수확체감현상 ⇨ 한계생산성이 감소하는 수확체감현상

㉢ 마샬(A. Marshall)은 토지 이외의 고정생산요소(기계, 기구 등)에 귀속되는 소득을 준지대라고 하였다.

㉣ 해리스와 울만 ⇨ 헤이그 : 헤이그의 마찰비용이론을 설명한 지문이다.

10

정답해설

⑤ 옳은 지문이다.

1. 변화 전 균형 : −2P + 400 = P − 20, P = 140, Q = 120
2. 변화 후 균형 : −2P + 400 = P − 80, P = 160, Q = 80

오답해설

① 아파트 공급량의 증가 ⇨ 아파트 공급의 감소

② 120만원/㎡ ⇨ 140만원/㎡

③ 160㎡ ⇨ 80㎡

④ 20만원/㎡만큼 감소한다. ⇨ 증가한다.

11

정답해설

② 상향여과과정이 발생한다. ⇨ 발생할 수 없다. : 저소득층 주거지역에서 주택개량을 통한 가치상승분이 작다면, 주택개량(재건축 또는 재개발)이 발생하지 않는다. 따라서 상향여과는 발생할 수 없다.

12

정답해설

③ B점포로부터 상권의 경계지점까지의 거리(D_b)는 3㎞이다.

$$D_b = \frac{D_{ab}(4\text{km})}{1+\sqrt{\dfrac{P_a(1{,}200\text{m}^2)}{P_b(10{,}800\text{m}^2)}}} = 3$$

13 정답해설

④ 용도지구는 서로 중복될 수 있다.

14 정답해설

③ 토지거래허가구역에서 허가를 받아야 할 대상은 유상계약이다. 따라서 증여 및 상속은 허가대상이 아니다.

> ▌허가구역 내 토지거래에 대한 허가(부동산 거래신고 등에 관한 법률 제11조)
> ① 허가구역에 있는 토지에 관한 소유권・지상권(소유권・지상권의 취득을 목적으로 하는 권리를 포함한다)을 이전하거나 설정(대가를 받고 이전하거나 설정하는 경우만 해당한다)하는 계약(예약을 포함한다)을 체결하려는 당사자는 공동으로 시장・군수 또는 구청장의 허가를 받아야 한다.

15 정답해설

③ 토지공개념이 토지의 사유재산권을 부정하는 것은 아니다.

16 정답해설

① 오피스(텔)이 가장 선호될 자산이다. 수익은 가장 높고, 위험(표준편차)은 낮은 자산이다.

17 정답해설

② 옳은 지문이다. (명확치 않은 지문이니 너무 깊게 연구하지 마시기 바랍니다. 출제자의 의도는 수익과 위험의 비례관계를 설명한 지문입니다)

오답해설

① 사후수익률 ⇨ 사전적 수익률 : 기대수익률은 투자의 의사결정을 위해, 의사결정을 하기 전에 산정하는 수익률이다.
③ 요구수익률 ⇨ 기대수익률 : 기대수익률이 요구수익률보다 높으면, 부동산의 수요가 증가하여 부동산의 가격이 상승한다. 따라서 투자금액의 부담이 증가하기 때문에 기대수익률은 하락한다.
④ 실질이자율은 명목이자율에서 물가상승률을 차감한 값이다(실질이자율 = 명목이자율 − 물가상승률).
⑤ 투자하지 않는다. ⇨ 투자한다.

18 정답해설

① 제시된 내용은 저당이체증권(MPTS)에 대한 설명이다. (정답은 명확한데, 보기의 지문들이 오해의 소지가 있는 문제입니다. 출제자는 모기지를 유동화증권으로 이해하고 지문을 제시했음에 주의하십시오. 따라서 마지막 지문의 '모기지 소유자'는 'MPTS의 투자자'로 이해하기 바랍니다)

19 정답해설

⑤ 기존대출을 상환하고 ⇨ 존치하고 : 랩어라운드(wrap-around) 대출은 다양한 대출상품을 하나로 묶은 이후에 차입자에게 보다 유리한 조건의 대출을 다시 제공하는 방식이다(우리 시험 수준을 넘는 지문이니 참고만 하십시오).

20 정답해설

① 듀레이션(가중평균상환기간)은 빚을 빠르게 갚는 방식일수록 짧아진다. 따라서 원금균등, 원리금균등, 점증식의 순으로 짧다.

21 정답해설

② 승계권의 가치는 5,000만원이다.

1. 승계권이 없는 경우, A씨의 원리금 부담
 : 30,000만 × 저당상수(7%, 20년) = 30,000만 ÷ 연금현가계수(7%, 20년)
 = 30,000만 ÷ 125 = 240만원
2. 승계권이 있는 경우, A씨의 원리금 부담
 : 30,000만 × 저당상수(5%, 20년) = 30,000만 ÷ 연금현가계수(5%, 20년)
 = 30,000만 ÷ 150 = 200만원
3. 승계권이 갖는 가치(승계를 통한 비용의 절감분)
 : 40만 × 연금현가계수(7%, 20년) = 40만 × 125 = 5,000만원

22 정답해설

③ 한국주택금융공사법에 규정되지 않은 사항이다. (다시 출제하기 어려운 주제입니다. 참고만 하십시오)

주택금융신용보증기금의 용도(한국주택금융공사법 제57조)

① 기금은 다음 각 호의 어느 하나에 해당하는 용도에 사용한다.
1. 신용보증채무의 이행
2. 차입금의 원리금 상환
3. 기금의 조성·운용 및 관리를 위한 경비
4. 기금의 육성을 위한 연구·개발
5. 그 밖에 기금의 설치목적을 달성하기 위하여 필요한 경우로서 대통령령으로 정하는 용도

23 정답해설

⑤ AIDA 원리는 주목(Attention), 관심(Interest), 욕망(Desire), 행동(Action)의 순서를 거친다.

24 정답해설

② 토지 점유자 ⇨ 토지 소유자

개발이익(개발이익 환수에 관한 법률 제2조)

1. "개발이익"이란 개발사업의 시행이나 토지이용계획의 변경, 그 밖에 사회적·경제적 요인에 따라 정상지가상승분을 초과하여 개발사업을 시행하는 자나 토지 소유자에게 귀속되는 토지 가액의 증가분을 말한다.
2. "개발부담금"이란 개발이익 중 시장·군수·구청장이 부과·징수하는 금액을 말한다.

25 정답해설

① 공공 · 문화체육시설 ⇨ 공간시설 (관계법규 과목에서 다루는 가장 기본이 되는 주제입니다. 관계법규 공부 열심히 해 주십시오. 해설은 생략합니다)

26 정답해설

⑤ 공간재구조화계획에 대한 설명이다.

▌계획의 종류(국토의 계획 및 이용에 관한 법률 제2조)

1. "지구단위계획"이란 도시 · 군계획 수립 대상지역의 일부에 대하여 토지 이용을 합리화하고 그 기능을 증진시키며 미관을 개선하고 양호한 환경을 확보하며, 그 지역을 체계적 · 계획적으로 관리하기 위하여 수립하는 도시 · 군관리계획을 말한다.
2. "성장관리계획"이란 성장관리계획구역에서의 난개발을 방지하고 계획적인 개발을 유도하기 위하여 수립하는 계획을 말한다.
3. "공간재구조화계획"이란 토지의 이용 및 건축물이나 그 밖의 시설의 용도 · 건폐율 · 용적률 · 높이 등을 완화하는 용도구역의 효율적이고 계획적인 관리를 위하여 수립하는 계획을 말한다.
4. "도시혁신계획"이란 창의적이고 혁신적인 도시공간의 개발을 목적으로 도시혁신구역에서의 토지의 이용 및 건축물의 용도 · 건폐율 · 용적률 · 높이 등의 제한에 관한 사항을 따로 정하기 위하여 공간재구조화계획으로 결정하는 도시 · 군관리계획을 말한다.
5. "복합용도계획"이란 주거 · 상업 · 산업 · 교육 · 문화 · 의료 등 다양한 도시기능이 융복합된 공간의 조성을 목적으로 복합용도구역에서의 건축물의 용도별 구성비율 및 건폐율 · 용적률 · 높이 등의 제한에 관한 사항을 따로 정하기 위하여 공간재구조화계획으로 결정하는 도시 · 군관리계획을 말한다.

27 정답해설

③ 자산관리에 관한 설명이다.

28 정답해설

⑤ 2회 ⇨ 3회 : 최근 1년 이내에 3회 이상 업무정지 또는 과태료의 처분을 받고 다시 업무정지 또는 과태료의 처분에 해당하는 행위를 한 경우, 등록관청은 중개사무소의 개설등록을 취소할 수 있다. (우리 수준을 넘는 문제로 참고만 하십시오)

29 정답해설

④ 매수신청대리의 대상물을 묻고 있는데, 건설기계는 중대대상물이 되지 않는 물건이다.

30 정답해설

② 국세 ⇨ 지방세 : 재산세는 보유관련 조세로 지방세이다.

31 정답해설

③ 옳은 지문이다.

조세의 분류 기준

1. 과세주체 또는 과세권자에 따른 분류 : 국세, 지방세
   1) 국세 : 국가가 부과하고 징수하는 세금
   2) 지방세 : 지방자치단체가 부과하고 징수하는 세금
2. 조세부담의 전가 여부에 따른 분류 : 직접세, 간접세
   1) 직접세 : 납세의무자와 담세자(조세를 부담하는 자)가 일치하는 세금
   2) 간접세 : 납세의무자와 담세자가 일치하지 않는 세금(부가가치세, 개별소비세)
3. 사용 목적에 따른 분류 : 보통세, 목적세
   1) 보통세 : 일반적인 재정 운영을 위해 부과되는 세금
   2) 목적세 : 특정한 용도에 사용하기 위해 부과되는 세금(교육세, 농어촌특별세)
4. 납세의무자의 담세능력 고려에 따른 분류 : 인세, 물세
   1) 인세 : 납세의무자의 담세능력을 고려하여 부과되는 세금
   2) 물세 : 담세능력과 관계없이 특정 사실이나 행위에 부과되는 세금(재산세, 자동차세)
5. 과세 대상의 측정 및 계산단위에 따른 분류 : 종가세, 종량세
   1) 종가세 : 과세 대상을 화폐 단위로 측정하는 세금
   2) 종량세 : 과세 대상을 수량으로 측정하는 세금(휘발유에 과세하는 경우)
6. 독립된 세원의 유무에 따른 분류 : 독립세, 부가세
   1) 독립세 : 특정 세원에 대해 독립적으로 부과되는 세금
   2) 부가세 : 다른 세금에 추가로 부과되는 세금(교육세, 농어촌특별세)

32 정답해설

④ 취득세의 취득은 원시취득, 승계취득, 간주(의제)취득으로 구분한다. 차량의 종류변경으로 인한 가치 상승은 간주취득에 해당한다. (우리 수준을 넘는 문제로 참고만 하십시오)

33 정답해설

⑤ 지상권은 말소기준권리가 될 수 없다. 다만, 전세권은 원칙적으로 말소기준권리가 아니지만 예외적으로 말소기준권리가 될 수 있음에 주의하여야 한다. (29회 기출은 전세권이 정답이었으나, 36회 최신기출에서는 전세권보다 명확한 지상권이 있으므로, 지상권이 정답임에 주의하십시오)

34 정답해설

③ 자연의 유수(流水)가 있거나 있을 것으로 예상되는 토지는 하천이고 지적도에는 '천'으로 표기된다. 유지는 물이 고이거나 상시적으로 물을 저장하고 있는 댐・저수지・소류지(沼溜地)・호수・연못 등의 토지와 연・왕골 등이 자생하는 배수가 잘 되지 아니하는 토지를 말한다.

35 정답해설

② 적산가액은 6,400,000원이다.

1. 재조달원가 : 10,000,000원
2. 전년 대비 잔가율 : 0.8
3. 적산가액 : 10,000,000원 ×0.8 ×0.8 = 6,400,000원

36 정답해설

③ 표준지로 선정된 토지에 대하여는 해당 토지의 표준지공시지가를 개별공시지가로 본다(부동산 가격공시에 관한 법률 제10조). 따라서 매년 1월 1일의 표준지공시지가는 당해 필지의 개별공시지가와 동일하다.

※ ① 세로(가)는 자동차 통행이 가능한 폭8m 미만의 도로에 한면이 접하고 있는 토지이다.

※ ② 표준지를 평가하는 경우, 토지의 나지상태를 상정하여 평가한다.

※ ④ 일단지란 용도상 불가분의 관계에 있는 2필지 이상의 일단의 토지를 말한다. 대표적인 사례로 2필지 이상의 토지에 하나의 건축물(단독주택)이 있는 경우이다.

※ ⑤ 표준지를 평가하는 경우, 공시기준일 현재 현실화・구체화된 개발이익은 반영하여 평가한다.

37 정답해설

④ 임대사례(ㄹ), 감정평가선례(ㅁ), 건설・조성사례(ㅂ), 실거래사례(ㅅ)는 사례 자료에 해당한다. 감정평가의 자료는 확인 자료, 요인 자료 및 사례 자료로 구분하는데, 사례 자료란 감정평가 3방식을 적용하기 위해 필요한 자료를 말한다.

38 정답해설

⑤ 같은 감정평가방식으로 본다. ⇨ 다른 감정평가방식으로 본다.

39 정답해설

정답 없음 : 출제자가 문제를 만들면서 뭔가 착각을 한 문제로 보입니다. 정답이 없습니다. 최종답안에는 ②가 정답으로 되어 있지만, 명백한 오류로 보입니다(36회 시험의 오류가 너무 많다 보니, 이 문제까지 이의신청이 제기되지 않은 듯 합니다). 해설은 2차 실무에서 해결하는 방식으로 소개합니다.

1. 토지의 구입 금액 : 5,000만원
2. 철거 등에 소요된 비용(문제에는 아무런 언급이 없으니 매수자 부담으로 가정한다)
   1) 임차인 이주비 : 이주비는 토지의 이용과 직접적인 연관성이 없으므로 고려하지 않는다.
   2) 철거비 등 : 150만원(인건비) + 100만원(처리비) − 50만원(매각수입) = 200만원
3. 사정보정을 한 이후 사례가격 : 5,200만원(토지의 구입비용으로 5,000만원을 지급했지만, 매수인이 철거 등을 위해 200만원을 추가로 지불했으므로, 실질적인 토지의 거래금액은 철거비를 포함한 5,200만원이 된다)

40 정답해설

④ 옳은 지문이다.

▌적정한 실거래가(감정평가에 관한 규칙)

1. "적정한 실거래가"란 「부동산 거래신고 등에 관한 법률」에 따라 신고된 실제 거래가격으로서 거래 시점이 도시지역은 3년 이내, 그 밖의 지역은 5년 이내인 거래가격 중에서 감정평가법인등이 인근 지역의 지가수준 등을 고려하여 감정평가의 기준으로 적용하기에 적정하다고 판단하는 거래가격을 말한다.

정답

01 ⑤	02 ②	03 ②	04 ②	05 ⑤	06 ①	07 ④	08 ③	09 ③	10 ④
11 ⑤	12 ②	13 ①	14 ②	15 ③	16 ③	17 ①	18 ⑤	19 ③	20 ⑤
21 ④	22 ④	23 ①	24 ④	25 ③	26 ①	27 ④	28 ②	29 ③	30 ④
31 ④	32 ①	33 ⑤	34 ①	35 ⑤	36 ②	37 ①	38 ⑤	39 ②	40 ⑤

01

정답해설

⑤ 시장 또는 군수는 도지사의 승인을 받아야 한다.

오답해설

①「국토의 계획 및 이용에 관한 법률」 제2조 제1호

②「국토의 계획 및 이용에 관한 법률」 제10조 제3항

③, ④「국토의 계획 및 이용에 관한 법률」 제11조 제3항

도지사는 시장 또는 군수가 요청하는 경우와 그 밖에 필요하다고 인정하는 경우에는 제1항에도 불구하고 관할 시장 또는 군수와 공동으로 광역도시계획을 수립할 수 있으며, 시장 또는 군수가 협의를 거쳐 요청하는 경우에는 단독으로 광역도시계획을 수립할 수 있다.

02

정답해설

② 성장관리계획, 개발밀도관리구역, 기반시설부담구역은 도시·군관리계획이 아니다.

> **「국토의 계획 및 이용에 관한 법률」 제2조(정의) 제4호**
> **도시·군관리계획**
> 가. 용도지역·용도지구의 지정 또는 변경에 관한 계획
> 나. 개발제한구역, 도시자연공원구역, 시가화조정구역(市街化調整區域), 수산자원보호구역의 지정 또는 변경에 관한 계획
> 다. 기반시설의 설치·정비 또는 개량에 관한 계획
> 라. 도시개발사업이나 정비사업에 관한 계획
> 마. 지구단위계획구역의 지정 또는 변경에 관한 계획과 지구단위계획
> 바. 삭제 〈2024.2.6.〉
> 사. 도시혁신구역의 지정 또는 변경에 관한 계획과 도시혁신계획
> 아. 복합용도구역의 지정 또는 변경에 관한 계획과 복합용도계획
> 자. 도시·군계획시설입체복합구역의 지정 또는 변경에 관한 계획

03

정답해설

②「국토의 계획 및 이용에 관한 법률」 제26조 제1항 제3호

개발진흥지구 중 공업기능 또는 유통물류기능 등을 집중적으로 개발·정비하기 위한 개발진흥지구로서 산업·유통개발진흥지구

오답해설

① 도시·군관리계획은 광역도시계획과 도시·군기본계획(제19조의2에 따른 생활권계획을 포함한다)에 부합되어야 한다(법 제25조 제1항).

③ 개발제한구역은 국토교통부장관이 지정한다.

> **법 제38조(개발제한구역의 지정)**
> ① 국토교통부장관은 도시의 무질서한 확산을 방지하고 도시주변의 자연환경을 보전하여 도시민의 건전한 생활환경을 확보하기 위하여 도시의 개발을 제한할 필요가 있거나 국방부장관의 요청이 있어 보안상 도시의 개발을 제한할 필요가 있다고 인정되면 개발제한구역의 지정 또는 변경을 도시·군관리계획으로 결정할 수 있다.

④ 도시·군관리계획 결정의 효력은 지형도면을 고시한 날부터 발생한다(법 제31조 제1항).

⑤ 시장 또는 군수가 결정할 수 있는 경우이다(법 제29조 제1항).

- 시장 또는 군수가 입안한 지구단위계획구역의 지정·변경과 지구단위계획의 수립·변경에 관한 도시·군관리계획
- 지구단위계획으로 대체하는 용도지구 폐지에 관한 도시·군관리계획[해당 시장(대도시 시장은 제외한다) 또는 군수가 도지사와 미리 협의한 경우에 한정한다]

04 **정답해설**

② 동의 대상에 국공유지를 포함하는 경우는 없다. 즉, 국공유지는 제외된다(시행령 제29조의2 제1항).

오답해설

① 「국토의 계획 및 이용에 관한 법률」 제35조의2(공간재구조화계획의 입안) 제3항

③ 「국토의 계획 및 이용에 관한 법률」 제35조의5(공간재구조화계획 수립을 위한 기초조사, 의견청취 등) 제2항

④ 「국토의 계획 및 이용에 관한 법률」 제35조의6(공간재구조화계획의 결정) 제2항 제1호

⑤ 「국토의 계획 및 이용에 관한 법률」 제35조의7(공간재구화계획 결정의 효력 등) 제1항

05 **정답해설**

⑤ 모두 도시·군관리계획 없이 설치할 수 있는 시설이다.

> **※ 도시·군관리계획으로 미리 결정하지 않고 시행할 수 있는 기반시설**
> 1. 도시지역 또는 지구단위계획구역에서 다음 각 목의 기반시설을 설치하고자 하는 경우
> 가. 주차장, 차량 검사 및 면허시설, 공공공지, 열공급설비, 방송·통신시설, 시장·공공청사·문화시설·공공필요성이 인정되는 체육시설·연구시설·사회복지시설·공공직업 훈련시설·청소년수련시설·저수지·방화설비·방풍설비·방수설비·사방설비·방조설비·장사시설·종합의료시설·빗물저장 및 이용시설·폐차장
> 나. 「도시공원 및 녹지 등에 관한 법률」의 규정에 의하여 점용허가대상이 되는 공원안의 기반시설
> 다. 그 밖에 국토교통부령(제6조 제1항)으로 정하는 시설
>
> > 1. 공항 중 「공항시설법 시행령」 제3조 제3호의 규정에 의한 도심공항터미널
> > 2. 삭제 〈2016.12.30.〉
> > 3. 여객자동차터미널 중 전세버스운송사업용 여객자동차터미널
> > 4. 광장 중 건축물부설광장
> > 5. 전기공급설비(발전시설, 옥외에 설치하는 변전시설 및 지상에 설치하는 전압 15만 4천볼트 이상의 송전선로는 제외한다)

5의2. 「신에너지 및 재생에너지 개발・이용・보급 촉진법」 제2조 제3호에 따른 신・재생에너지설비로서 다음 각 목의 어느 하나에 해당하는 설비
가. 「신에너지 및 재생에너지 개발・이용・보급 촉진법 시행규칙」 제2조 제2호에 따른 연료전지설비 및 같은 조 제4호에 따른 태양에너지 설비
나. 「신에너지 및 재생에너지 개발・이용・보급 촉진법 시행규칙」 제2조 제1호, 제3호 및 제5호부터 제12호까지에 해당하는 설비로서 발전용량이 200킬로와트 이하인 설비(전용주거지역 및 일반주거지역 외의 지역에 설치하는 경우로 한정한다)
6. 다음 각 목의 어느 하나에 해당하는 가스공급설비
가. 「액화석유가스의 안전관리 및 사업법」 제5조 제1항에 따라 액화석유가스충전사업의 허가를 받은 자가 설치하는 액화석유가스 충전시설
나. 「도시가스사업법」 제3조에 따라 도시가스사업의 허가를 받은 자 또는 같은 법 제39조의2 제1항 각 호 외의 부분 전단에 따른 도시가스사업자 외의 가스공급시설설치자가 설치하는 같은 법 제2조 제5호에 따른 가스공급시설
다. 「환경친화적 자동차의 개발 및 보급 촉진에 관한 법률」 제2조 제9호에 따른 수소연료공급시설
라. 「고압가스 안전관리법」 제3조 제1호에 따른 저장소로서 자기가 직접 다음의 어느 하나의 용도로 소비할 목적으로 고압가스를 저장하는 저장소
1) 발전용 : 전기(電氣)를 생산하는 용도
2) 산업용 : 제조업의 제조공정용 원료 또는 연료(제조부대시설의 운영에 필요한 연료를 포함한다)로 사용하는 용도
3) 열병합용 : 전기와 열을 함께 생산하는 용도
4) 열 전용(專用) 설비용 : 열만을 생산하는 용도
6의2. 수도공급설비 중 「수도법」 제3조 제9호의 마을상수도
7. 유류저장 및 송유설비 중 「위험물안전관리법」 제6조에 따른 제조소등의 설치허가를 받은 자가 「위험물안전관리법 시행령」 별표 1에 따른 인화성액체 중 유류를 저장하기 위하여 설치하는 유류저장시설
8. 다음 각 목의 학교
가. 「유아교육법」 제2조 제2호에 따른 유치원
나. 「장애인 등에 대한 특수교육법」 제2조 제10호에 따른 특수학교
다. 「초・중등교육법」 제60조의3에 따른 대안학교
라. 「고등교육법」 제2조 제5호에 따른 방송대학・통신대학 및 방송통신대학
9. 삭제 〈2018.12.27.〉
10. 다음 각 목의 어느 하나에 해당하는 도축장
가. 대지면적이 500제곱미터 미만인 도축장
나. 「산업입지 및 개발에 관한 법률」 제2조 제8호에 따른 산업단지 내에 설치하는 도축장
11. 폐기물처리 및 재활용시설 중 재활용시설
12. 수질오염방지시설 중 「광산피해의 방지 및 복구에 관한 법률」 제31조(2021.3.9. 삭제)에 따른 한국광해관리공단이 같은 법 제11조에 따른 광해방지사업의 일환으로 폐광의 폐수를 처리하기 위하여 설치하는 시설(「건축법」 제11조에 따른 건축허가를 받아 건축하여야 하는 시설은 제외한다)

2. 도시지역 및 지구단위계획구역외의 지역에서 다음 각 목의 기반시설을 설치하고자 하는 경우
가. 상기 제1 '가' 및 '나'의 기반시설
나. 궤도 및 전기공급설비
다. 그 밖에 국토교통부령이 정하는 시설

> 1. 삭제 〈2018.12.27.〉
> 2. 자동차정류장
> 3. 광장
> 4. 유류저장 및 송유설비
> 5. 제1 '다' 중 제1호 · 제6호 · 제6호의2 · 제8호부터 제12호까지의 시설

06 정답해설

① 광역도시계획이 우선한다.

> **법 제4조(국가계획, 광역도시계획 및 도시 · 군계획의 관계 등)**
> ③ 광역도시계획이 수립되어 있는 지역에 대하여 수립하는 도시 · 군기본계획은 그 광역도시계획에 부합되어야 하며, 도시 · 군기본계획의 내용이 광역도시계획의 내용과 다를 때에는 광역도시계획의 내용이 우선한다.

오답해설

② 「국토의 계획 및 이용에 관한 법률」 제19조(도시 · 군기본계획의 내용) 제1항
8의2. 기후변화 대응 및 에너지절약에 관한 사항
③ 「국토의 계획 및 이용에 관한 법률」 제19조의2(생활권계획 수립의 특례) 제3항
④ 「국토의 계획 및 이용에 관한 법률」 제20조(도시 · 군기본계획 수립을 위한 기초조사 및 공청회) 제3항
토지적성평가 및 재해취약분석의 생략이 가능한 경우
– 도시군기본계획 입안일부터 5년 이내에 실시한 경우
– 다른 법률에 따른 지역/지구 등의 지정이나 개발계획 수립 등으로 도시군기본계획의 변경이 필요한 경우
⑤ 「국토의 계획 및 이용에 관한 법률 시행령」 제14조(도시 · 군기본계획을 수립하지 아니할 수 있는 지역)
시 또는 군의 위치, 인구의 규모, 인구감소율 등 고려하여 수립하지 않을 수 있는 경우
– 수도권(서울/경기/인천) 아니고 & 광역시 경계 연접 안 된 시 또는 군 & 인구 10만 이하 시 또는 군
– 관할구역 전부에 광역도시계획(도시군기본계획 반영사항 모두 포함) 수립된 시 또는 군

07 정답해설

④ 복합용도지구는 주거지역(일반), 공업지역(일반), 관리지역(계획)에 지정가능하다(법 제37조 제5항).

08 정답해설

③ 시행령 제46조 제8항의 내용이다.

오답해설

① 개발제한구역 · 도시자연공원구역 · 시가화조정구역 또는 공원에서 해제되는 구역, 녹지지역에서 주거 · 상업 · 공업지역으로 변경되는 구역과 새로 도시지역으로 편입되는 구역 중 계획적인 개발 또는 관리가 필요한 지역은 지구단위계획구역으로 지정할 수 있다(법 제51조 제1항 제8호).
② 100퍼센트 완화할 수 있다(시행령 제46조 제6항 제1호).

> **「국토의 계획 및 이용에 관한 법률 시행령」 제46조(도시지역 내 지구단위계획구역에서의 건폐율 등의 완화적용)**
> ⑥ 지구단위계획구역의 지정목적이 다음 각 호의 1에 해당하는 경우에는 법 제52조 제3항의 규정에 의하여 지구단위계획으로 「주차장법」 제19조 제3항의 규정에 의한 주차장 설치기준을 100퍼센트까지 완화하여 적용할 수 있다.
> 1. 한옥마을을 보존하고자 하는 경우

④ 해당 내용만 실효된다.

> **「국토의 계획 및 이용에 관한 법률」 제53조(지구단위계획구역의 지정 및 지구단위계획에 관한 도시·군관리계획결정의 실효 등)**
> ② 지구단위계획(제26조 제1항에 따라 주민이 입안을 제안한 것에 한정한다)에 관한 도시·군관리계획결정의 고시일부터 5년 이내에 이 법 또는 다른 법률에 따라 허가·인가·승인 등을 받아 사업이나 공사에 착수하지 아니하면 그 5년이 된 날의 다음 날에 그 지구단위계획에 관한 도시·군관리계획결정은 효력을 잃는다. 이 경우 지구단위계획과 관련한 도시·군관리계획결정에 관한 사항은 해당 지구단위계획구역 지정 당시의 도시·군관리계획으로 환원된 것으로 본다.

⑤ 도시 · 군관리계획의 내용이므로 도시 · 군관리계획으로 결정한다(법 제50조).

09 정답해설

③ 「국토의 계획 및 이용에 관한 법률」 제75조의4(성장관리계획구역에서의 개발행위 등)

오답해설

① 녹지지역, 관리지역, 농림지역 및 자연환경보전지역 중 지정할 수 있다(법 제75조의2 제1항).
② 성장관리계획구역에서는 계획관리지역은 50퍼센트 이하, 생산관리지역·농림지역 및 녹지지역(생산 및 자연녹지)은 30퍼센트 이하의 범위에서 조례로 정하는 비율까지 건폐율을 완화하여 적용할 수 있다(법 제75조의3 제2항).
④ 성장관리계획구역의 면적을 10퍼센트 이내에서 변경하는 경우(둘 이상 읍면동에 걸친 경우는 각 읍면동 지역 면적을 각각 10퍼센트 이내에서 변경하는 경우로 한정한다)에는 생략가능하다(시행령 제70조의13 제5항).
⑤ 14일 이상 일반인이 열람할 수 있게 해야 한다(법 제90조 제1항).

10 정답해설

④ 200제곱미터(기존 건축물의 연면적 포함)를 초과하는 건축물이 부과대상이다(법 제68조 제1항).

오답해설

① 「국토의 계획 및 이용에 관한 법률」 제67조(기반시설부담구역의 지정) 제2항
② 「국토의 계획 및 이용에 관한 법률 시행령」 제65조(기반시설설치계획의 수립) 제4항
③ 「국토의 계획 및 이용에 관한 법률」 제70조(기반시설설치비용의 관리 및 사용 등) 제1항
⑤ 「국토의 계획 및 이용에 관한 법률 시행령」 제4조의2(기반시설부담구역에 설치가 필요한 기반시설) 제2호

11 정답해설

⑤ 자연취락지구에 대한 지원으로 시행하거나 지원할 수 있는 사업(시행령 제107조)
2. 자연취락지구
가. 자연취락지구 안에 있거나 자연취락지구에 연결되는 도로·수도공급설비·하수도 등의 정비
나. 어린이놀이터·공원·녹지·주차장·학교·마을회관 등의 설치·정비
다. 쓰레기처리장·하수처리시설 등의 설치·개량
라. 하천정비 등 재해방지를 위한 시설의 설치·개량
마. 주택의 신축·개량

12 정답해설

② 시범도시사업계획에는 다음 각 사항이 포함되어야 한다(시행령 제128조 제2항).
1. 시범도시사업의 목표·전략·특화발전계획 및 추진체제에 관한 사항

2. 시범도시사업의 시행에 필요한 도시·군계획 등 관련계획의 조정·정비에 관한 사항
3. 시범도시사업의 시행에 필요한 도시·군계획사업에 관한 사항
4. 시범도시사업의 시행에 필요한 재원조달에 관한 사항
4의2. 주민참여 등 지역사회와의 협력체계에 관한 사항
5. 그 밖에 시범도시사업의 원활한 시행을 위하여 필요한 사항

13 정답해설

① 토지 이용에 관한 구역 등의 지정·변경 및 용도지역 등의 변경계획에 관한 사항은 중앙도시계획위원회의 분과위원회의 심의사항이다(시행령 제109조 제1항).

오답해설

「국토의 계획 및 이용에 관한 법률 시행령」 제113조(지방도시계획위원회의 분과위원회)
법 제113조 제3항에서 "대통령령으로 정하는 사항"이란 다음 각 호의 사항을 말한다.
1. 법 제9조의 규정에 의한 용도지역 등의 변경계획에 관한 사항
2. 법 제50조의 규정에 의한 지구단위계획구역 및 지구단위계획의 결정 또는 변경결정에 관한 사항
3. 법 제59조의 규정에 의한 개발행위에 대한 심의에 관한 사항
4. 법 제120조의 규정에 의한 이의신청에 관한 사항
5. 지방도시계획위원회에서 위임하는 사항

14 정답해설

② 용도구역이 아닌 용도지역

「부동산 가격공시에 관한 법률 시행규칙」 제3조(표준지공시지가 조사·평가보고서)
① 영 제8조 제1항에서 "국토교통부령으로 정하는 사항"이란 다음 각 호의 사항을 말한다.
1. 토지의 소재지, 면적 및 공부상 지목
2. 지리적 위치
3. 토지 이용 상황
4. 「국토의 계획 및 이용에 관한 법률」 제2조 제15호에 따른 용도지역(이하 "용도지역"이라 한다)
5. 주위 환경
6. 도로 및 교통 환경
7. 토지 형상 및 지세(地勢)

15 정답해설

③ 검증생략(개발사업 시행, 용도지역/지구 변경 시는 생략 불가) 시 개별토지 지변률과 읍면동 연평균 지변률 간의 차이가 작은 순으로 선정한다.

「부동산 가격공시에 관한 법률 시행령」 제18조(개별공시지가의 검증)
③ 시장·군수 또는 구청장은 법 제10조 제5항 단서에 따라 감정평가법인등의 검증을 생략할 때에는 개별토지의 지가변동률과 해당 토지가 있는 읍·면·동의 연평균 지가변동률(국토교통부장관이 조사·공표하는 연평균 지가변동률을 말한다) 간의 차이가 작은 순으로 대상 토지를 선정해야 한다. 다만, 개발사업이 시행되거나 용도지역·용도지구가 변경되는 등의 사유가 있는 토지는 검증 생략 대상 토지로 선정해서는 안 된다.

오답해설

① 「부동산 가격공시에 관한 법률 시행령」 제15조(개별공시지가를 공시하지 아니할 수 있는 토지) 제2항 제2호
② 「부동산 가격공시에 관한 법률 시행령」 제16조(개별공시지가 공시기준일을 다르게 할 수 있는 토지) 제1항 제3호
④ 「부동산 가격공시에 관한 법률」 제11조(개별공시지가에 대한 이의신청) 제1항
⑤ 「부동산 가격공시에 관한 법률」 제12조(개별공시지가의 정정)

16 정답해설

③ 개별주택가격의 공시사항은 "1. 조사기준일 및 개별주택가격의 열람방법 등 개별주택가격의 결정에 관한 사항, 2. 이의신청의 기간/절차 및 방법"이다(시행령 제38조 제2항).

오답해설

① 「부동산 가격공시에 관한 법률」 제17조(개별주택가격의 결정 · 공시 등) 제1항
② 「부동산 가격공시에 관한 법률」 제17조(개별주택가격의 결정 · 공시 등) 제2항
④ 「부동산 가격공시에 관한 법률」 제19조(주택가격 공시의 효력) 제2항
⑤ 「부동산 가격공시에 관한 법률 시행령」 제31조(표준주택가격 조사 · 산정의 기준) 제3항

17 정답해설

① 법 제32조에서는 인가취소 기속사항으로 "감정평가법인이 업무정지기간 중에 업무를 수행하거나, 최소구성인원을 갖추지 못하여 감정평가사의 수에 미달한 날부터 3개월 이내에 감정평가사를 보충하지 아니한 경우"를 규정하고 있다. "ㄱ"은 업무정지기간 중에 업무를 수행한 경우에 해당한다.

18 정답해설

⑤ 원본은 5년 이상, 관련서류는 2년 이상 보관하여야 한다(시행령 제6조 제3항).

오답해설

① 「감정평가 및 감정평가사에 관한 법률 시행령」 제8조(타당성조사의 절차 등) 제2항 제4호
② 「감정평가 및 감정평가사에 관한 법률」 제7조(감정평가서의 심사 등) 제1항
③ 「감정평가 및 감정평가사에 관한 법률」 제5조(감정평가의 의뢰) 제1항
④ 「감정평가 및 감정평가사에 관한 법률」 제5조(감정평가의 의뢰) 제2항, 제3항

19 정답해설

③ 공제사업은 감정평가사가 아닌 감정평가법인등이 가입하게 된다.

오답해설

「감정평가 및 감정평가사에 관한 법률」 제39조(징계) 제1항

5. 제17조 제1항 또는 제2항에 따른 등록이나 갱신등록을 하지 아니하고 제10조에 따른 업무를 수행한 경우
7. 제21조를 위반하여 감정평가업을 한 경우
10. 제47조에 따른 지도와 감독 등에 관하여 다음 각 목의 어느 하나에 해당하는 경우
    나. 장부나 서류 등의 검사를 거부 또는 방해하거나 기피한 경우
11. 감정평가사의 직무와 관련하여 금고 이상의 형을 선고받아(집행유예를 선고받은 경우를 포함한다) 그 형이 확정된 경우

20 정답해설

⑤ 조건이 붙은 경우는 기부받아서는 안 되나, 무상사용 조건은 조건으로 보지 않으므로 기부받을 수 있다.

> **「국유재산법」 제13조(기부채납)**
> ② 총괄청이나 중앙관서의 장은 제1항에 따라 국가에 기부하려는 재산이 국가가 관리하기 곤란하거나 필요하지 아니한 것인 경우 또는 기부에 조건이 붙은 경우에는 받아서는 아니 된다. 다만, 다음 각 호의 어느 하나에 해당하는 경우에는 기부에 조건이 붙은 것으로 보지 아니한다.
> 1. 행정재산으로 기부하는 재산에 대하여 기부자, 그 상속인, 그 밖의 포괄승계인에게 무상으로 사용허가하여 줄 것을 조건으로 그 재산을 기부하는 경우

오답해설

① 「국유재산법」 제6조(국유재산의 구분과 종류) 제2항

② 시행령 제4조의3

> **제4조의3(행정재산 관리 · 처분의 사무 위임)**
> ① 총괄청은 법 제8조 제6항에 따라 다음 각 호의 사무를 중앙관서의 장에게 위임한다.
> 1. 법 제13조의 기부채납에 따른 재산의 취득에 관한 사무
> 2. 행정재산(공용재산 중 법 제5조 제1항 제1호에 따른 재산은 제외한다)의 매입 등에 따른 취득에 관한 사무
> 3. 「국방 · 군사시설 사업에 관한 법률」 제2조 제1호에 따른 국방 · 군사시설의 취득에 관한 사무
> 4. 행정재산의 관리(취득에 관한 사무는 제외한다)에 관한 사무
> 5. 용도가 폐지된 행정재산(법 제5조 제1항 제1호에 따른 재산은 제외한다)의 처분에 관한 사무
> 6. 그 밖에 총괄청이 행정재산의 효율적인 관리 · 처분을 위하여 필요하다고 인정하여 지정하는 사무
>
> ② 중앙관서의 장이 제1항 제1호부터 제3호까지의 규정에 따라 취득하는 행정재산의 사용에 대해서는 법 제8조 제4항에 따른 승인을 받은 것으로 본다.

③ 「국유재산법」 제7조 제2항

④ 「국유재산법」 제8조의2(철회사유 : 다른 국가기관의 행정목적을 달성하기 위하여 우선적으로 필요한 경우, 보고나 감사 결과 위법하거나 부당한 재산관리가 인정되는 경우, 감사원의 감사 결과 위법하거나 부당한 재산관리가 인정되는 등 사용 승인의 철회가 불가피하다고 인정되는 경우)

21 정답해설

④ 20년을 넘을 수 없다.

행정재산의 사용허가기간은 5년 이내로 함이 원칙이다. 다만, 기부채납의 경우에는 사용료의 총액이 기부를 받은 재산의 가액에 이르는 기간 이내로 하되 그 기간은 20년을 넘을 수 없다.

오답해설

① 시행령 제29조(사용료율과 사용료 산출방법) 제7항

② 시행령 제27조 제2항

> 행정재산이 다음 어느 하나에 해당하는 경우에는 제한경쟁이나 지명경쟁의 방법으로 사용허가를 받을 자를 결정할 수 있다.
> 1. 토지의 용도 등을 고려할 때 해당 재산에 인접한 토지의 소유자를 지명하여 경쟁에 부칠 필요가 있는 경우
> 1의2. 수의방법에 따른 사용허가의 신청이 경합하는 경우
> 2. 그 밖에 재산의 위치 · 형태 · 용도 등이나 계약의 목적 · 성질 등으로 보아 사용허가 받는 자의 자격을 제한하거나 지명할 필요가 있는 경우

③ 법 제30조(사용허가) 제1항 제1호
⑤ 법 제36조(사용허가의 취소와 철회) 제1항 제3호

> **제36조(사용허가의 취소와 철회)**
> ① 중앙관서의 장은 행정재산의 사용허가를 받은 자가 다음 어느 하나에 해당하면 그 허가를 취소하거나 철회할 수 있다.
> 1. 거짓 진술을 하거나 부실한 증명서류를 제시하거나 그 밖에 부정한 방법으로 사용허가를 받은 경우
> 2. 사용허가 받은 재산을 제30조 제2항을 위반하여 다른 사람에게 사용·수익하게 한 경우
> 3. 해당 재산의 보존을 게을리하였거나 그 사용목적을 위배한 경우
> 4. 납부기한까지 사용료를 납부하지 아니하거나 제32조 제2항 후단에 따른 보증금 예치나 이행보증조치를 하지 아니한 경우
> 5. 중앙관서의 장의 승인 없이 사용허가를 받은 재산의 원래 상태를 변경한 경우

22 정답해설

④ 개발된 일반재산의 대부기간은 30년 이내로 할 수 있으며, 20년의 범위에서 한 차례만 연장할 수 있다(법 제46조 제4항).

오답해설

① 「국유재산법」 제48조(매각) 제1항 제2호
② 「국유재산법」 제57조(개발) 제1항
③ 「국유재산법 시행령」 제53조(용도를 지정한 매각) 제1항
⑤ 「국유재산법」 제54조(교환) 제1항

23 정답해설

① 소멸시효는 납부고지, 독촉, 교부청구, 압류에 의하여 중단된다(법 제73조의3 제2항).

24 정답해설

④

> **건축법 시행령 제2조(정의)**
> 17. "다중이용 건축물"이란 다음 각 목의 어느 하나에 해당하는 건축물을 말한다.
> 가. 다음의 어느 하나에 해당하는 용도로 쓰는 바닥면적의 합계가 5천제곱미터 이상인 건축물
> 1) 문화 및 집회시설(동물원 및 식물원은 제외한다)
> 2) 종교시설
> 3) 판매시설
> 4) 운수시설 중 여객용 시설
> 5) 의료시설 중 종합병원
> 6) 숙박시설 중 관광숙박시설
> 나. 16층 이상인 건축물

25 정답해설

③ 공공업무시설은 해당되지 않는다.

*** 위락시설과 숙박시설 등 대통령령으로 정하는 용도에 해당하는 건축물(건축법 시행령 제8조 제3항)**
1. 공동주택
2. 제2종 근린생활시설(일반음식점만 해당한다)
3. 업무시설(일반업무시설만 해당한다)
4. 숙박시설
5. 위락시설

26 정답해설

① 국방·군사시설은 주거업무시설에 해당된다.

* 시설군별 건축물의 용도(건축법 시행령 제14조 제5항)

시설군	용도분류
1. 자동차 관련 시설군	자동차 관련 시설
2. 산업 등 시설군	운수시설, 창고시설, 공장, 위험물저장 및 처리시설, 자원순환 관련 시설, 묘지 관련 시설, 장례시설
3. 전기통신시설군	방송통신시설, 발전시설
4. 문화집회시설군	문화 및 집회시설, 종교시설, 위락시설, 관광휴게시설
5. 영업시설군	판매시설, 운동시설, 숙박시설, 제2종 근린생활시설 중 다중생활시설
6. 교육 및 복지시설군	의료시설, 교육연구시설, 노유자시설(老幼者施設), 수련시설, 야영장 시설
7. 근린생활시설군	제1종 근린생활시설, 제2종 근린생활시설(다중생활시설은 제외한다)
8. 주거업무시설군	단독주택, 공동주택, 업무시설, 교정시설, 국방·군사시설
9. 그 밖의 시설군	동물 및 식물 관련 시설

27 정답해설

④ 공개공지 설치 지역은 "1. 일반주거지역, 준주거지역, 2. 상업지역, 3. 준공업지역, 4. 특별자치시장·특별자치도지사 또는 시장·군수·구청장이 도시화의 가능성이 크거나 노후 산업단지의 정비가 필요하다고 인정하여 지정·공고하는 지역"을 대상으로 한다(법 제43조 제1항).

28 정답해설

② 시행령 제55조

제55조(지상 경계의 결정기준 등)
① 법 제65조 제1항에 따른 지상 경계의 결정기준은 다음 각 호의 구분에 따른다.
1. 연접되는 토지 간에 높낮이 차이가 없는 경우 : 그 구조물 등의 중앙
2. 연접되는 토지 간에 높낮이 차이가 있는 경우 : 그 구조물 등의 하단부
3. 도로·구거 등의 토지에 절토(땅깎기)된 부분이 있는 경우 : 그 경사면의 상단부
4. 토지가 해면 또는 수면에 접하는 경우 : 최대만조위 또는 최대만수위가 되는 선
5. 공유수면매립지의 토지 중 제방 등을 토지에 편입하여 등록하는 경우 : 바깥쪽 어깨부분

29 정답해설

③ 하천 – "천"

「공간정보의 구축 및 관리 등에 관한 법률 시행규칙」 제64조(지목의 표기방법)

지목을 지적도 및 임야도(이하 "지적도면"이라 한다)에 등록하는 때에는 다음의 부호로 표기하여야 한다.

지목	부호	지목	부호
전	전	철도용지	철
답	답	제방	제
과수원	과	하천	천
목장용지	목	구거	구
임야	임	유지	유
광천지	광	양어장	양
염전	염	수도용지	수
대	대	공원	공
공장용지	장	체육용지	체
학교용지	학	유원지	원
주차장	차	종교용지	종
주유소용지	주	사적지	사
창고용지	창	묘지	묘
도로	도	잡종지	잡

30 정답해설

④ 제73조(경계점좌표등록부의 등록사항) : 토지의 소재, 지번, 좌표, 토지의 고유번호, 지적도면의 번호, 필지별 경계점좌표등록부의 장번호, 부호 및 부호도

31 정답해설

④

「공간정보의 구축 및 관리 등에 관한 법률」 제83조(축척변경)

③ 지적소관청은 제2항에 따라 축척변경을 하려면 축척변경 시행지역의 토지소유자 3분의 2 이상의 동의를 받아 제1항에 따른 축척변경위원회의 의결을 거친 후 시·도지사 또는 대도시 시장의 승인을 받아야 한다.

「공간정보의 구축 및 관리 등에 관한 법률 시행령」 제71조(축척변경 시행공고 등)

③ 축척변경 시행지역의 토지소유자 또는 점유자는 시행공고가 된 날(이하 "시행공고일"이라 한다)부터 30일 이내에 시행공고일 현재 점유하고 있는 경계에 국토교통부령으로 정하는 경계점표지를 설치하여야 한다.

32 정답해설

① 대법원장은 어느 등기소의 관할에 속하는 사무를 다른 등기소에 위임하게 할 수 있다(법 제8조).

오답해설

② 관할 등기소가 다른 여러 개의 부동산과 관련하여 등기목적과 등기원인이 동일하거나 그 밖에 대법원규칙으로 정하는 등기신청이 있는 경우에는 그중 하나의 관할 등기소에서 해당 신청에 따른 등기사무를 담당할 수 있다(법 제7조의2 제1항).

③ 상속 또는 유증으로 인한 등기신청의 경우에는 부동산의 관할 등기소가 아닌 등기소도 그 신청에 따른 등기사무를 담당할 수 있다(법 제7조의3 제1항).

④ 사건이 그 등기소의 관할이 아닌 경우는 신청 각하사유에 해당한다(법 제29조 제1호).
⑤ 부동산이 여러 등기소의 관할구역에 걸쳐 있을 때에는 대법원규칙으로 정하는 바에 따라 각 등기소를 관할하는 상급법원의 장이 관할 등기소를 지정한다(법 제7조 제2항).

33 정답해설

⑤ 종중(宗中), 문중(門中), 그 밖에 대표자나 관리인이 있는 법인 아닌 사단(社團)이나 재단(財團)에 속하는 부동산의 등기에 관하여는 그 사단이나 재단을 등기권리자 또는 등기의무자로 한다(법 제26조 제1항). 등기는 그 사단이나 재단의 명의로 그 대표자나 관리인이 신청한다(동조 제2항).

오답해설

① 법 제23조 제2항
② 법 제23조 제4항
③ 법 제89조
④ 법 제28조 제1항

34 정답해설

① 수탁자가 여러 명인 경우 등기관은 신탁재산이 합유인 뜻을 기록하여야 한다(법 제84조 제1항).

오답해설

② 「부동산등기법」 제82조(신탁등기의 신청방법) 제2항
③ 「부동산등기법」 제84조(수탁자가 여러 명인 경우) 제2항
④ 「부동산등기법」 제83조(수탁자의 임무 종료에 의한 등기)
⑤ 「부동산등기법」 제87조(신탁등기의 말소) 제3항

35 정답해설

⑤ 법 제105조 제1항

오답해설

① 관할 지방법원은 이의신청에 대하여 결정하기 전에 등기관에게 가등기 또는 이의가 있다는 뜻의 부기등기를 명령할 수 있다(법 제106조).
② 새로운 사실이나 새로운 증거방법을 근거로 이의신청을 할 수는 없다(법 제102조).
③ 이유 없다고 인정하면 3일 이내에 의견을 붙여 지방법원에 보내야 한다(법 제103조 제2항).
④ 이의에는 집행정지(執行停止)의 효력이 없다(법 제104조).

36 정답해설

② 법 제27조 제3항

오답해설

① 담보권설정자의 사업자등록이 말소된 경우에도 이미 설정된 동산담보권의 효력에는 영향을 미치지 아니한다(법 제4조).
③ 압류 후에는 수취한 과실에 미친다.

법 제11조(과실에 대한 효력)
동산담보권의 효력은 담보목적물에 대한 압류 또는 제25조 제2항의 인도 청구가 있은 후에 담보권설정자가 그 담보목적물로부터 수취한 과실(果實) 또는 수취할 수 있는 과실에 미친다.

④ 동산담보권은 피담보채권과 분리하여 타인에게 양도할 수 없다(법 제13조).
⑤ 담보권자는 동산담보권을 방해하는 자에게 방해의 제거를 청구할 수 있고, 동산담보권을 방해할 우려가 있는 행위를 하는 자에게 방해의 예방이나 손해배상의 담보를 청구할 수 있다(법 제20조).

37 정답해설

① 건축물이 아닌 부대시설・복리시설의 설치규모를 확대하는 때에는 위치가 변경되는 경우는 제외된다.

「도시 및 주거환경정비법 시행령」 제46조(사업시행계획인가의 경미한 변경)
*** 대통령령으로 정하는 경미한 사항을 변경하려는 때**
1. 정비사업비를 10퍼센트의 범위에서 변경하거나 관리처분계획의 인가에 따라 변경하는 때. 다만, 「주택법」 제2조 제5호에 따른 국민주택을 건설하는 사업인 경우에는 「주택도시기금법」에 따른 주택도시기금의 지원금액이 증가되지 아니하는 경우만 해당한다.
2. 건축물이 아닌 부대시설・복시설의 설치규모를 확대하는 때(위치가 변경되는 경우는 제외한다)
3. 대지면적을 10퍼센트의 범위에서 변경하는 때
4. 세대수와 세대당 주거전용면적을 변경하지 않고 세대당 주거전용면적의 10퍼센트의 범위에서 세대 내부구조의 위치 또는 면적을 변경하는 때
5. 내장재료 또는 외장재료를 변경하는 때
6. 사업시행계획인가의 조건으로 부과된 사항의 이행에 따라 변경하는 때
7. 건축물의 설계와 용도별 위치를 변경하지 아니하는 범위에서 건축물의 배치 및 주택단지 안의 도로선형을 변경하는 때
8. 「건축법 시행령」 제12조 제3항 각 호의 어느 하나에 해당하는 사항을 변경하는 때
9. 사업시행자의 명칭 또는 사무소 소재지를 변경하는 때
10. 정비구역 또는 정비계획의 변경에 따라 사업시행계획서를 변경하는 때
11. 법 제35조 제5항 본문에 따른 조합설립변경 인가에 따라 사업시행계획서를 변경하는 때
11의2. 계산 착오, 오기, 누락이나 이에 준하는 명백한 오류에 해당하는 사항을 정정하는 때
11의3. 사업시행기간을 단축하거나 연장하는 때. 다만, 법 제73조 제1항 각 호에 해당하는 자가(분양대상자가 아닌 경우) 소유하는 토지 또는 건축물(토지 또는 건축물의 소유자가 국가나 지방자치단체인 경우는 제외한다)의 취득이 완료되기 전에 사업시행기간을 연장하는 때는 제외한다.
12. 그 밖에 시・도조례로 정하는 사항을 변경하는 때

38 정답해설

⑤ 관리처분계획인가의 고시가 있은 때에는 제86조에 따른 이전고시가 있는 날까지 종전의 토지 또는 건축물을 사용하거나 수익할 수 없다(법 제81조 제1항).

오답해설

① 사업시행자는 분양신청을 받은 후 잔여분이 있는 경우에는 정관등 또는 사업시행계획으로 정하는 목적을 위하여 그 잔여분을 보류지(건축물을 포함한다)로 정하거나 조합원 또는 토지등소유자 이외의 자에게 분양할 수 있다. 이 경우 분양공고와 분양신청절차 등에 필요한 사항은 대통령령으로 정한다(법 제79조 제4항).
② 법 제79조(관리처분계획에 따른 처분 등) 제2항
③ 시장・군수등은 사업시행자의 관리처분계획인가의 신청이 있은 날부터 30일 이내에 인가 여부를 결정하여 사업시행자에게 통보하여야 한다. 다만, 시장・군수등은 제3항에 따라 관리처분계획의 타당성 검증을 요청하는 경우에는 관리처분계획인가의 신청을 받은 날부터 60일 이내에 인가 여부를 결정하여 사업시행자에게 통지하여야 한다(법 제78조 제2항).
④ 법 제73조(분양신청을 하지 아니한 자 등에 대한 조치) 제2항

39 정답해설

② 조합장이 아닌 조합임원은 대의원이 될 수 없다(법 제46조 제3항).

오답해설

① 공유하는 경우에는 가장 많은 지분을 소유한 자가 임원이 될 수 있다(법 제41조 제1항).

> **법 제41조(조합의 임원)**
> ① 조합은 조합원으로서 정비구역에 위치한 건축물 또는 토지(재건축사업의 경우에는 건축물과 그 부속토지를 말한다. 이하 이 항에서 같다)를 소유한 자[하나의 건축물 또는 토지의 소유권을 다른 사람과 공유한 경우에는 가장 많은 지분을 소유(2인 이상의 공유자가 가장 많은 지분을 소유한 경우를 포함한다)한 경우로 한정한다] 중 다음 각 호의 어느 하나의 요건을 갖춘 조합장 1명과 이사, 감사를 임원으로 둔다.

③ 조합임원은 같은 목적의 정비사업을 하는 다른 조합의 임원 또는 직원을 겸할 수 없다(법 제42조 제4항).

④ 시공자의 선정을 의결하는 총회의 경우에는 조합원의 과반수가 직접 출석하여야 하고, 창립총회, 시공자 선정 취소를 위한 총회, 사업시행계획서의 작성 및 변경, 관리처분계획의 수립 및 변경을 의결하는 총회 등 대통령령으로 정하는 총회의 경우에는 조합원의 100분의 20 이상이 직접 출석하여야 한다(법 제45조 제10항).

⑤ 퇴임된 임원이 퇴임 전에 관여한 행위는 그 효력을 잃지 아니한다(법 제43조 제3항).

40 정답해설

⑤ 'ㄴ'은 기본계획에 포함되는 내용이다.

> **법 제9조(정비계획의 내용) 제1항(정비계획 포함내용)**
> 1. 정비사업의 명칭
> 2. 정비구역 및 그 면적
> 2의2. 토지등소유자 유형별 분담금 추산액 및 산출근거
> 3. 도시·군계획시설의 설치에 관한 계획
> 4. 공동이용시설 설치계획
> 5. 건축물의 주용도·건폐율·용적률·높이에 관한 계획
> 6. 환경보전 및 재난방지에 관한 계획
> 7. 정비구역 주변의 교육환경 보호에 관한 계획
> 8. 세입자 주거대책
> 9. 정비사업시행 예정시기
> 10. 정비사업을 통하여 공공지원민간임대주택을 공급하거나 같은 조 제11호에 따른 주택임대관리업자(이하 "주택임대관리업자"라 한다)에게 임대할 목적으로 주택을 위탁하려는 경우에는 다음 각 목의 사항. 다만, 나목과 다목의 사항은 건설하는 주택 전체 세대수에서 공공지원민간임대주택 또는 임대할 목적으로 주택임대관리업자에게 위탁하려는 주택(이하 "임대관리 위탁주택"이라 한다)이 차지하는 비율이 100분의 20 이상, 임대기간이 8년 이상의 범위 등에서 대통령령으로 정하는 요건에 해당하는 경우로 한정한다.
>   가. 공공지원민간임대주택 또는 임대관리 위탁주택에 관한 획지별 토지이용 계획
>   나. 주거·상업·업무 등의 기능을 결합하는 등 복합적인 토지이용을 증진시키기 위하여 필요한 건축물의 용도에 관한 계획
>   다. 「국토의 계획 및 이용에 관한 법률」 제36조 제1항 제1호 가목에 따른 주거지역을 세분 또는 변경하는 계획과 용적률에 관한 사항
>   라. 그 밖에 공공지원민간임대주택 또는 임대관리 위탁주택의 원활한 공급 등을 위하여 대통령령으로 정하는 사항
> 11. 「국토의 계획 및 이용에 관한 법률」 제52조제1항 각 호의 사항에 관한 계획(필요한 경우로 한정한다)
> 12. 그 밖에 정비사업의 시행을 위하여 필요한 사항으로서 대통령령으로 정하는 사항

정답

01 ⑤	02 ①	03 ②	04 ③	05 ①	06 ②	07 ③	08 ③	09 ⑤	10 ③
11 ④	12 ④	13 ④	14 ④	15 ①	16 ④	17 ③	18 ③	19 ④	20 ⑤
21 ②	22 ④	23 ①	24 ⑤	25 ④	26 ②	27 ④	28 ①	29 ②	30 ①
31 ①	32 ⑤	33 ②	34 ③	35 ⑤	36 ④	37 ③	38 ②	39 ②	40 ①

01 정답해설

① 완벽한 표현충실성을 위해서는 서술에 세 가지의 특성이 있어야 할 것이다. 서술은 완전하고, 중립적이며, 오류가 없어야 할 것이다.

② 재무정보가 예측가치를 갖기 위해서 그 자체가 예측치 또는 예상치일 필요는 없다.

③ 나타내고자 하는 바를 충실하게 표현하는 가장 목적적합한 정보를 선택하려는 결정의 결과가 비대칭성이라면, 특정 회계기준에서 비대칭적인 요구사항을 포함할 수도 있다.

④ 오류가 없다는 것은 현상의 기술에 오류나 누락이 없고, 보고 정보를 생산하는 데 사용되는 절차의 선택과 적용 시 절차 상 오류가 없음을 의미한다. 이 맥락에서 오류가 없다는 것은 모든 면에서 완벽하게 정확하다는 것을 의미하지는 않는다.

02 정답해설

기업이 재무상태표에 유동자산과 비유동자산, 그리고 유동부채와 비유동부채로 구분하여 표시하는 경우, 이연법인세부채는 비유동부채로 분류한다(유동부채로 분류하지 아니한다).

03 정답해설

1) 기말재고(매가) = ₩1,500(기초재고) + ₩12,400(당기매입) + ₩1,100(순인상) − ₩1,000(순인하) − ₩10,000(당기 매출액) = ₩4,000
2) 저가기준 가중평균소매재고법 원가율 = (₩1,100 + ₩8,500) ÷ (₩1,500 + ₩12,400 + ₩1,100) = 64%
3) 기말재고(원가) = ₩4,000 × 64% = ₩2,560
4) 매출원가 = ₩1,100(기초재고) + ₩8,500(당기매입) − ₩2,560(기말재고) = ₩7,040

04 정답해설

1) 감모손실 = (90개 - 80개) × ₩300 = ₩3,000
2) 비정상감모손실 = ₩3,000(감모손실) × 30% = ₩900
3) 기말재고(저가재고) = 80개 × min[₩300(취득원가), ₩270(순실현가능가치)] = ₩21,600
4) 20×1년 포괄손익계산서에 표시될 매출원가 = ₩20,000(기초재고) + ₩80,000(당기매입) − ₩21,600(기말재고) − ₩900(비정상감모손실) = ₩77,500

05 정답해설

* 공장건물 신축과 관련하여 수령한 정부보조금은 연평균지출액 계산 시 차감한다.

1) 20×1년 연평균지출액 = ₩240,000 × 8/12 + (₩108,000 − ₩108,000) × 4/12 = ₩160,000
2) 20×1년 자본화이자율 = (₩12,000 + ₩10,000) ÷ (₩100,000 × 12/12 + ₩200,000 × 6/12) = 11%
3) 20×1년 자본화금액 = ₩160,000(연평균지출액) × 11% = ₩17,600(한도 : ₩22,000)

06 정답해설

1) 20×1년 초 복구충당부채 = ₩200,000 × 0.4632 = ₩92,640
2) 20×1년 초 장부금액(정부보조금을 차감한 순액) = ₩1,000,000 + ₩92,640 − ₩300,000(정부보조금)
= ₩792,640
3) 20×1년 감가상각비 = (₩792,640 − ₩0) × 1/10 = ₩79,264

07 정답해설

20×1년 말	(차) 토지	50,000	(대) 재평가잉여금	50,000
20×2년 말	(차) 재평가잉여금	40,000	(대) 토지	40,000
	(차) 재평가잉여금	10,000	(대) 손상차손누계액	60,000
	손상차손	50,000		

08 정답해설

1) ㈜감평이 교환 시 인식할 유형자산처분손실(A) = ₩40,000(제공한 자산의 공정가치) − ₩100,000(제공한 자산의 장부금액) = ₩60,000 처분손실
2) ㈜감평이 교환으로 취득한 자산의 취득원가 = ₩40,000(제공한 자산의 공정가치) + ₩10,000(현금지급액)
= ₩50,000
3) 20×1년 감가상각비(B) = (₩50,000 − ₩5,000) × 4/10 = ₩18,000

09 정답해설

① 내용연수가 비한정인 무형자산으로 최초 인식한 경우라도 그 이후에 비한정 내용연수를 유한 내용연수로 변경할 수 있다.
② 재평가모형을 적용하는 경우에 다음 사항을 허용하지 않는다.
  (1) 이전에 자산으로 인식하지 않은 무형자산의 재평가
  (2) 원가가 아닌 금액으로 무형자산을 최초로 인식
③ 계약상 권리 또는 기타 법적 권리로부터 발생하는 무형자산의 내용연수는 그러한 계약상 권리 또는 기타 법적 권리의 기간을 초과할수는 없지만, 자산의 예상사용기간에 따라 더 짧을수는 있다.
④ 무형자산의 상각액은 일반적으로 당기손익으로 인식한다. 그러나 자산이 갖는 미래경제적효익이 다른 자산의 생산에 소모되는 경우, 그 자산의 상각액은 다른 자산의 원가를 구성하여 장부금액에 포함한다. 예를 들면, 제조과정에서 사용된 무형자산의 상각은 재고자산의 장부금액에 포함한다.

10 정답해설

1) 20×1년 말 건물 장부금액 = ₩480,000 − [(₩480,000 − ₩0) × 1/4] = ₩360,000
2) 20×2년 초 투자부동산 계정대체 시 차액 = ₩380,000 − ₩360,000 = ₩20,000(재평가잉여금)

3) 20×2년 투자부동산 평가손익 = ₩410,000(20×2년 말 공정가치) − ₩380,000(20×2년 초 장부금액)
= ₩30,000 평가이익
→ 20×2년도 당기순이익은 투자부동산 평가이익으로 인해 ₩30,000 증가한다.

11 정답해설

1) 20×1년 말 장부금액 = ₩500,000 − [(₩500,000 − ₩0) × 1/5] = ₩400,000
2) 20×2년 감가상각비 = (₩400,000 + ₩200,000 − ₩60,000) × 1/6 = ₩90,000
3) 20×2년 당기순이익 감소액 = ₩30,000(수선유지비) + ₩90,000(감가상각비) = ₩120,000

12 정답해설

ㄴ. 금융리스로 제공한 부동산은 투자부동산에 해당하지 않는다.
ㄹ. 종업원이 사용하고 있는 부동산은 자가사용부동산에 해당한다.

13 정답해설

1) 20×2년 초 매각예정비유동자산으로 대체 시에는 순공정가치와 장부금액 중 작은 금액으로 인식한다.
20×2년 초 장부금액 = min[₩250,000(장부금액), ₩200,000(순공정가치)] = ₩200,000
2) 매각예정비유동자산은 감가상각하지 않으나 20×2년 말 회수가능액이 ₩190,000이 되어 손상이 발생하였으므로 20×2년 말 재무상태표에 인식할 매각예정비유동자산의 장부금액은 ₩190,000이다.

14 정답해설

투자채무상품에 대해 기타포괄손익–공정가치 측정 금융자산으로 분류하여도 해당 투자채무상품의 처분으로 인한 당기손익 효과는 상각후원가 측정 금융자산으로 분류한 경우와 같다.
1) 20×1년 말 상각후원가 측정 금융자산 장부금액 = ₩105,151 × 1.08 − ₩10,000 = ₩103,563
2) 20×2년 말 상각후원가 측정 금융자산 장부금액 = ₩103,563 × 1.08 − ₩10,000 = ₩101,848
3) 20×3년 초 처분손익 = ₩95,000(매각금액) − ₩101,848(장부금액) = ₩6,848 처분손실
→ 20×3년 당기순이익에 미치는 영향 = ₩6,848 감소

15 정답해설

* 상각후원가 측정 금융자산에서 당기손익–공정가치 측정 금융자산으로 분류 시 장부금액과 재분류시점의 공정가치 차액은 당기손익으로 인식한다.
1) 20×1년 말 상각후원가 측정 금융자산 장부금액 = ₩9,200 − ₩600(손실충당금) = ₩8,600
2) 20×2년 초 재분류로 인한 당기손익 = ₩8,800(재분류시점의 공정가치) − ₩8,600(장부금액) = ₩200 이익
(당기손익–공정가치 측정 금융자산 평가이익)

16 정답해설

1) 어음의 만기금액 = ₩120,000 + ₩120,000 × 10% × 4/12 = ₩124,000
2) 할인액 = ₩124,000 × 12% × 3/12 = ₩3,720
3) 현금수령액 = ₩124,000(만기금액) − ₩3,720(할인액) = ₩120,280
4) 어음할인 시 회계처리

(차) 현금	120,280	(대) 매출채권	120,000
매출채권처분손실	720	이자수익	1,000

17 정답해설

구분	20×1년 말	20×2년 말	20×3년 말
현금흐름	₩3,000 ₩450	₩3,000 ₩300	₩3,000 ₩150

1) 20×1년 말 장부금액 = ₩8,524 × 1.08 − ₩3,450 = ₩5,756
2) 20×2년 6월 30일 경과이자를 포함한 장부금액 = ₩5,756 + ₩5,756 × 8% × 6/12 = ₩5,986
3) 20×2년 6월 30일 사채상환손익 = ₩5,950(상환금액) − ₩5,986(장부금액) = ₩36 상환이익

18 정답해설

1) 20×1년 초 부채 장부금액 = ₩106,700 × 0.7722 + ₩6,000 × 2.5313 = ₩97,582
2) 20×1년 말 부채 장부금액 = ₩97,582 × 1.09 − ₩6,000 = ₩100,364
3) 20×2년 이자비용 = ₩100,364 × 9% = ₩9,033

19 정답해설

① 미래의 예상 영업손실은 충당부채로 인식하지 아니한다.
② 손실부담계약을 체결하고 있는 경우에는 관련된 현재의무를 충당부채로 인식한다.
③ 우발자산 및 우발부채는 재무제표에 인식하지 아니한다.
⑤ 예상되는 자산 처분이 충당부채를 생기게 한 사건과 밀접하게 관련되어 있더라도, 예상되는 자산 처분이익은 충당부채 측정에 고려하지 아니한다.

20 정답해설

1) 20×1년 말 충당부채 잔액 = ₩200,000 × 5% − ₩2,500 = ₩7,500
2) 20×2년 말 충당부채 잔액 = ₩7,500(20×1년 말 잔액) − ₩3,000(20×2년에 지출된 20×1년 판매분에 대한 보증비) + ₩250,000(20×2년 매출액) × 6% − ₩4,000 = ₩15,500

21 정답해설

구분	우선주	보통주
미지급(2년)	₩25,000 × 배당률 × 2회	−
당기분(1년)	₩25,000 × 배당률 × 1회	₩2,500
참가분	₩1,000	₩2,000
합계	₩5,500	₩4,500

1) 완전참가조건에 따라 보통주에 추가로 배당된 금액이 ₩2,000이므로 미지급분과 당기분을 지급하고 남은 잔여배당금은 ₩3,000이다. 잔여배당금 × (₩50,000/₩75,000) = ₩2,000 → 잔여배당금 = ₩3,000
2) 우선주에 대한 3회 배당금과 ₩2,500의 합은 전체 배당금 ₩10,000 중 ₩3,000의 잔여배당금을 차감한 ₩7,000이며, 보통주에 ₩2,500이 배당되니 우선주에 대한 3회 배당금은 총 ₩4,500이 된다.
3) 우선주 3회 배당금(₩4,500) = ₩25,000 × 배당률 × 3회
→ 배당률 = 6%

22 정답해설

* 주식선택권 행사로 인한 자본증가액 = 주식선택권 행사로 유입되는 현금수령액
20×3년 초 현금수령액 = 80명 × 10개 × ₩500(행사가격) = ₩400,000

23 정답해설

* 잠재적 보통주가 여러 개인 경우 희석효과가 가장 큰 것부터 반영한다.

1) 기본주당이익 = ₩1,000,000(당기순이익) ÷ 100주 = ₩10,000
2) 희석효과 구분

구분	희석효과	희석효과 순서
전환사채	₩425,000 ÷ 150주 = ₩2,833⋯	4
전환우선주	₩190,000 ÷ 100주 = ₩1,900	3
신주인수권부사채	₩10,000 ÷ 200주 = ₩50	2
옵션	주식수만 증가하므로 희석효과가 가장 크다.	1

구분	옵션	신주인수권부사채	전환우선주
계산	₩1,000,000 ÷ (100주 + 100주) = ₩5,000(희석효과 있음)	(₩1,000,000 + ₩10,000) ÷ (100주 + 100주 + 200주) = ₩2,525(희석효과 있음)	(₩1,000,000 + ₩10,000 + ₩190,000) ÷ (100주 + 100주 + 200주 + 100주) = ₩2,400(희석효과 있음)

3) 전환사채 반영 시 희석주당이익 = (₩1,000,000 + ₩10,000 + ₩190,000 + ₩425,000) ÷ (100주 + 100주 + 200주 + 100주 + 150주) = ₩2,500(반희석) → 전환우선주까지 반영했을 때의 ₩2,400보다 주당이익이 높아졌으므로 반희석이 되어 전환사채는 반영하지 않는다.
4) 20×1년 희석주당이익 = ₩2,400

24 정답해설

1) 포인트의 상대적 개별판매가격 = 10,000포인트 × 90% × ₩0.8 = ₩7,200
2) 상품에 배분된 거래가격 = ₩100,000 − ₩7,200 = ₩92,800
3) 20×1년 인식할 매출(수익) = ₩92,800(상품의 판매) + ₩7,200(포인트 관련 계약부채) × (6,000포인트/9,000포인트) = ₩97,600

25 정답해설

1) 20×1년 초 리스부채 = ₩1,000,000 × 2.4018 = ₩2,401,800
2) 20×1년 초 사용권자산 = ₩2,401,800(리스부채) + ₩98,200(리스이용자의 리스개설직접원가) = ₩2,500,000
3) 20×1년 말 이자비용 = ₩2,401,800(리스부채) × 12% = ₩288,216
4) 20×1년 말 사용권자산 상각비 = (₩2,500,000 − ₩0) × 1/5(내용연수) = ₩500,000
5) 20×1년 말 사용권자산 재평가손실 = ₩1,800,000(20×1년 말 사용권자산 공정가치) − ₩2,000,000(상각후 장부금액) = ₩200,000 재평가손실
6) 20×1년 당기순이익 감소액 = ₩288,216(이자비용) + ₩500,000(상각비) + ₩200,000(재평가손실) = ₩988,216

26 정답해설

1) 20×2년 초 이연법인세부채 = ₩80,000(미수이자) × 20% = ₩16,000
2) 20×2년 과세소득 = ₩500,000(회계이익) + ₩80,000(전기 미수이자) + ₩20,000(접대비 한도초과액) + ₩100,000(감가상각비 한도초과액) = ₩700,000
3) 20×2년 당기법인세 = ₩700,000 × 20% = ₩140,000
4) 20×2년 말 이연법인세자산 = ₩100,000(감가상각비 한도초과액) × 20% = ₩20,000

5) 20×2년 말 법인세회계처리

(차) 이연법인세자산	20,000	(대) 미지급법인세	140,000
이연법인세부채	16,000		
법인세비용	104,000		

▌법인세율의 변화가 없으므로 일시적 차이는 제외하고 기타의 차이만 반영하여 법인세비용을 계산할 수 있다. 법인세비용 = [(₩500,000 + ₩20,000(접대비 한도초과액)] × 20% = ₩104,000

27 정답해설

1) 기계장치 처분으로 인한 현금유입액 = ₩10,000(장부금액) + ₩50,000(처분이익) = ₩60,000
2) 기말 기계장치(₩150,000) = ₩130,000(기초 기계장치) − ₩30,000(기계장치 처분 시 제거된 취득원가) + ₩50,000(신규 취득한 기계장치)
   → 기계장치 취득으로 인한 현금유출액 = ₩50,000
3) 20×1년 순현금유입액 = ₩60,000(유입액) − ₩50,000(유출액) = (+) ₩10,000 순유입

28 정답해설

자기자본순이익률(15%) = 10%(매출액순이익률) × 1.2회(총자산회전율) × (1 + 부채비율)
→ 부채비율 = 25%

29 정답해설

1) 이전대가 = 200주 × ₩4,500(주당 공정가치) = ₩900,000
2) 피취득회사의 순자산공정가치 = (₩500,000 + ₩150,000 + ₩70,000) − ₩200,000(부채공정가치) = ₩520,000
   * 토지 취득세는 영업권 계산에 영향을 주지 않는다.
3) 20×1년 초 영업권 = ₩900,000(이전대가) − ₩520,000(피취득회사의 순자산공정가치) = ₩380,000

30 정답해설

1) 화폐성항목 : 은행 예금, 매출채권, 채권, 대출금, 매입채무, 채무, 미지급이자, 현금으로 지급하는 연금과 그 밖의 종업원급여, 현금으로 상환하는 충당부채, 리스부채, 부채로 인식하는 현금배당 등
   → 화폐성항목 : ㄱ. 현금으로 지급하는 연금, ㄴ. 현금으로 상환하는 충당부채, ㄷ. 부채로 인식하는 현금배당
2) 비화폐성항목 : 부동산, 장비, 재고자산, 지분증권(주식 등), 지적재산권, 재화와 용역에 대한 선급금, 영업권, 무형자산, 재고자산, 유형자산, 사용권자산, 비화폐성 자산을 인도하여 상환하는 충당부채 등

31 정답해설

재고자산			
기초직접재료	₩40,000	기말직접재료	₩60,000
직접재료 매입액	1,500,000	기말재공품	150,000
기초재공품	120,000	기말제품	60,000
가공원가	1,720,000	매출원가(₩4,000,000 × 80%)	3,200,000
기초제품	90,000		

1) 직접재료원가 = ₩40,000(기초직접재료) + ₩1,500,000(직접재료 매입액) − ₩60,000(기말직접재료)
= ₩1,480,000
2) 제조간접원가 = ₩1,720,000(가공원가) ÷ 1.6 = ₩1,075,000
3) 직접노무원가 = ₩1,075,000 × 60% = ₩645,000
4) 20×1년 기초(기본)원가 = ₩1,480,000(직접재료원가) + ₩645,000(직접노무원가) = ₩2,125,000

32 정답해설

제조간접원가	
₩370,000(실제발생액)	₩310,000(예정배부액)

1) 제조간접원가 배부차이 : ₩60,000 과소배부
2) 배부차이 조정 후 매출원가 = ₩1,500,000 + ₩60,000 × (₩1,500,000/₩2,000,000) = ₩1,545,000
* 배부차이를 기말재공품, 기말제품, 매출원가의 금액에 비례하여 배분한다.

33 정답해설

1) 공손수량 = 500단위(기초재공품) + 8,500단위(당기착수량) − 8,000단위(당기완성량) − 600단위(기말재공품)
= 400단위
2) 정상공손수량 = (500단위 + 7,500단위) × 3% = 240단위
3) 선입선출법 직접재료원가 완성품환산량 = 500단위(기초재공품) × 0% + 7,500단위(당기착수완성품) × 100% + 240단위(정상공손수량) × 100% + 160단위(비정상공손수량) × 100% + 600단위(기말재공품) × 100% = 8,500단위
4) 선입선출법 전환원가 완성품환산량 = 500단위(기초재공품) × (1 − 40%) + 7,500단위(당기착수완성품) × 100% + 240단위(정상공손수량) × 50% + 160단위(비정상공손수량) × 50% + 600단위(기말재공품) × 30% = 8,180단위
5) 정상공손원가 = ₩850,000(직접재료원가) × (240단위/8,500단위) + ₩409,000(전환원가) × (120단위/8,180단위) = ₩30,000

34 정답해설

1) 제품 C에 배분되는 결합원가 = ₩200,000 × (₩80,000/₩320,000) = ₩50,000
2) 제품 A에 배분되는 결합원가 = ₩200,000(결합원가 총액) − ₩86,000(제품 B에 배분되는 결합원가) − ₩50,000(제품 C에 배분되는 결합원가) = ₩64,000

35 정답해설

실제직접재료원가 = 4,850kg × ₩160 = ₩776,000	실제수량 × 표준가격 = 4,850kg × ₩150 = ₩727,500	실제 생산량 × 표준수량 × 표준가격 = ₩750,000
가격차이 ₩48,500(불리)	수량차이 ₩22,500(유리)	

1) 직접재료원가총차이(₩26,000 불리) = ₩48,500 불리(가격차이) + ₩22,500 유리(수량차이)
2) 실제생산량 × 2kg(표준수량) × ₩150(표준가격) = ₩750,000 → 실제생산량 = 2,500단위

36 정답해설
외부보고 및 조세 목적을 위해서 일반적으로 인정되는 방법은 전부원가계산만 해당한다.

37 정답해설
1) 영업이익 = ₩1,200,000(매출액) × 25%(공헌이익률) − ₩240,000(총고정원가) = ₩60,000
   → 세후영업이익 = ₩60,000 × (1 − 40%) = ₩36,000
2) 손익분기점 매출액 = ₩240,000(총고정원가) ÷ 25%(공헌이익률) = ₩960,000
   안전한계율 = (₩1,200,000 − ₩960,000) ÷ ₩1,200,000(매출액) = 20%
3) 영업레버리지도 = ₩300,000(공헌이익) ÷ ₩60,000(영업이익) = 5
4) 세후목표이익 달성을 위한 매출액 = [₩54,000/(1 − 40%) + ₩240,000] ÷ 25% = ₩1,320,000
5) 손익분기점 판매량 = ₩240,000(총고정원가) ÷ ₩300(단위당 공헌이익) = 800단위
   손익분기점 공헌이익 = 800단위 × ₩300 = ₩240,000

38 정답해설
1) 전부원가계산에서의 단위당 제조원가 = ₩150(변동제조원가) + [₩200,000(고정제조간접원가) ÷ 5,000단위(생산량)] = ₩190
2) 전부원가계산의 매출원가 = 판매량 × ₩190
3) 전부원가계산의 판매비와 관리비 = 판매량 × ₩20(단위당 변동판매관리비) + ₩110,000(고정판매관리비)
4) 전부원가계산하에서의 손익분기점 판매량 = 판매량 × ₩250 − (판매량 × ₩190 + 판매량 × ₩20 + ₩110,000) = ₩0
   → 20×1년 전부원가계산하에서의 손익분기점 판매량 = 2,750단위

39 정답해설
1) 잔여이익 = ₩230,000(영업이익) − (₩1,200,000 × 10%) = ₩110,000
2) 경제적 부가가치 = 세후영업이익 − (투하자본 × 가중평균자본비용)
   = ₩230,000(세전이익) × (1 − 30%) − (₩1,200,000 × 12%) = ₩17,000

40 정답해설
ㄹ. 적시생산시스템은 재고 보유를 최소화하는 방법으로, 역류원가계산을 적용하여 제품원가를 계산한다.
ㅁ. 카이젠원가계산은 제품의 제조단계에 초점을 맞춰 제품설계에 따라 제품을 생산하면서 지속적인 개선을 통하여 원가절감 방안을 모색한다.

박문각 감정평가사

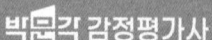

PART 02

2024년 기출문제 정답 및 해설

정답

01 ④	02 ④	03 ⑤	04 ①	05 ③	06 ③	07 ②	08 ②	09 ④	10 ⑤
11 ⑤	12 ④	13 ④	14 ⑤	15 ②	16 ①	17 ③	18 ②	19 ①	20 ①
21 ④	22 ④	23 ⑤	24 ③	25 ②	26 ①	27 ②	28 ③	29 ②	30 ⑤
31 ④	32 ⑤	33 ③	34 ②	35 ③	36 ①	37 ①	38 ②	39 ②	40 ①

01 정답해설

① 헌법재판소의 결정은 법원 기타 국가기관과 지방자치단체를 기속하므로, 그 결정내용이 민사에 관한 것인 한, 민법의 법원이 될 수 있다.

> **헌법재판소법 제47조【위헌결정의 효력】**
> ① 법률의 위헌결정은 법원과 그 밖의 국가기관 및 지방자치단체를 기속(羈束)한다.
> ② 위헌으로 결정된 법률 또는 법률의 조항은 그 결정이 있는 날부터 효력을 상실한다.

② 사실인 관습은 사적 자치가 인정되는 분야 즉 그 분야의 제정법이 주로 임의규정일 경우에는 법률행위의 해석기준으로서 또는 의사를 보충하는 기능으로서 이를 재판의 자료로 할 수 있을 것이나 이 이외의 즉 그 분야의 제정법이 주로 강행규정일 경우에는 그 강행규정 자체에 결함이 있거나 강행규정 스스로가 관습에 따르도록 위임한 경우 등 이외에는 법적 효력을 부여할 수 없다(대판 1983.6.14, 80다3231).

비교 제106조【사실인 관습】법령 중의 선량한 풍속 기타 사회질서에 관계없는 규정과 다른 관습이 있는 경우에 당사자의 의사가 명확하지 아니한 때에는 그 관습에 의한다.
→ 법률행위 해석 : 사실인 관습 > 임의규정

③ 종중 구성원의 자격에 관한 대법원의 견해의 변경은 관습상의 제도로서 대법원 판례에 의하여 법률관계가 규율되어 왔던 종중제도의 근간을 바꾸는 것인바, 대법원이 이 판결에서 종중 구성원의 자격에 관하여 '공동선조와 성과 본을 같이 하는 후손은 성별의 구별 없이 성년이 되면 당연히 그 구성원이 된다.'고 견해를 변경하는 것은 그동안 종중 구성원에 대한 우리 사회일반의 인식 변화와 아울러 전체 법질서의 변화로 인하여 성년 남자만을 종중의 구성원으로 하는 종래의 관습법이 더 이상 우리 법질서가 지향하는 남녀평등의 이념에 부합하지 않게 됨으로써 그 법적 효력을 부정하게 된 데에 따른 것일 뿐만 아니라, 위와 같이 변경된 견해를 소급하여 적용한다면, 최근에 이르기까지 수십 년 동안 유지되어 왔던 종래 대법원 판례를 신뢰하여 형성된 수많은 법률관계의 효력을 일시에 좌우하게 되고, 이는 법적 안정성과 신의성실의 원칙에 기초한 당사자의 신뢰보호를 내용으로 하는 법치주의의 원리에도 반하게 되는 것이므로, 위와 같이 변경된 대법원의 견해는 이 판결 선고 이후의 종중 구성원의 자격과 이와 관련하여 새로이 성립되는 법률관계에 대하여만 적용된다고 함이 상당하다(대판(전) 2005.7.21, 2002다1178).

④ 가족의례준칙 제13조의 규정과 배치되는 관습법의 효력을 인정하는 것은 관습법의 제정법에 대한 열후적, 보충적 성격에 비추어 민법 제1조의 취지에 어긋나는 것이다(대판 1983.6.14, 80다3231). 따라서 제정법과 배치되는 관습법은 효력이 없다.

⑤ 법령과 같은 효력을 갖는 관습법은 당사자의 주장 입증을 기다림이 없이 법원이 직권으로 이를 확정하여야 하고 사실인 관습은 그 존재를 당사자가 주장 입증하여야 하나, 관습은 그 존부자체도 명확하지 않을 뿐만

아니라 그 관습이 사회의 법적 확신이나 법적 인식에 의하여 법적 규범으로까지 승인되었는지의 여부를 가리기는 더욱 어려운 일이므로, 법원이 이를 알 수 없는 경우 결국은 당사자가 이를 주장 입증할 필요가 있다(대판 1983.6.14, 80다3231).

02 정답해설

① 공중접객업인 숙박업을 경영하는 자가 투숙객과 체결하는 숙박계약은 숙박업자가 고객에게 숙박을 할 수 있는 객실을 제공하여 고객으로 하여금 이를 사용할 수 있도록 하고 고객으로부터 그 대가를 받는 일종의 일시 사용을 위한 임대차계약으로서 객실 및 관련 시설은 오로지 숙박업자의 지배 아래 놓여 있는 것이므로 숙박업자는 통상의 임대차와 같이 단순히 여관 등의 객실 및 관련 시설을 제공하여 고객으로 하여금 이를 사용·수익하게 할 의무를 부담하는 것에서 한 걸음 더 나아가 고객에게 위험이 없는 안전하고 편안한 객실 및 관련 시설을 제공함으로써 고객의 안전을 배려하여야 할 보호의무를 부담하며 이러한 의무는 숙박계약의 특수성을 고려하여 신의칙상 인정되는 부수적인 의무로서 숙박업자가 이를 위반하여 고객의 생명·신체를 침해하여 투숙객에게 손해를 입힌 경우 불완전이행으로 인한 채무불이행책임을 부담하고, 이 경우 피해자로서는 구체적 보호의무의 존재와 그 위반 사실을 주장·입증하여야 하며 숙박업자로서는 통상의 채무불이행에 있어서와 마찬가지로 그 채무불이행에 관하여 자기에게 과실이 없음을 주장·입증하지 못하는 한 그 책임을 면할 수는 없다(대판 2000.11.24, 2000다38718·38725).

② 환자가 병원에 입원하여 치료를 받는 경우에 있어서, 병원은 진료뿐만 아니라 환자에 대한 숙식의 제공을 비롯하여 간호, 보호 등 입원에 따른 포괄적 채무를 지는 것인 만큼, 병원은 병실에의 출입자를 통제·감독하든가 그것이 불가능하다면 최소한 입원환자에게 휴대품을 안전하게 보관할 수 있는 시정장치가 있는 사물함을 제공하는 등으로 입원환자의 휴대품 등의 도난을 방지함에 필요한 적절한 조치를 강구하여 줄 신의칙상의 보호의무가 있다고 할 것이고, 이를 소홀히 하여 입원환자와는 아무런 관련이 없는 자가 입원환자의 병실에 무단출입하여 입원환자의 휴대품 등을 절취하였다면 병원은 그로 인한 손해배상책임을 면하지 못한다(대판 2003.4.11, 2002다63275).

③ 기획여행업자는 통상 여행 일반은 물론 목적지의 자연적·사회적 조건에 관하여 전문적 지식을 가진 자로서 우월적 지위에서 행선지나 여행시설 이용 등에 관한 계약 내용을 일방적으로 결정하는 반면, 여행자는 안전성을 신뢰하고 기획여행업자가 제시하는 조건에 따라 여행계약을 체결하는 것이 일반적이다. 이러한 점을 감안할 때, 기획여행업자는 여행자의 생명·신체·재산 등의 안전을 확보하기 위하여 여행목적지·여행일정·여행행정·여행서비스기관의 선택 등에 관하여 미리 충분히 조사·검토하여 여행계약 내용의 실시 도중에 여행자가 부딪칠지 모르는 위험을 미리 제거할 수단을 강구하거나, 여행자에게 그 뜻을 고지함으로써 여행자 스스로 위험을 수용할지에 관하여 선택할 기회를 주는 등 합리적 조치를 취할 신의칙상 안전배려의무를 부담한다(대판 2011.5.26, 2011다1330).

④ 계약의 성립에 기초가 되지 아니한 사정이 그 후 변경되어 일방당사자가 계약 당시 의도한 계약목적을 달성할 수 없게 됨으로써 손해를 입게 되었다 하더라도 특별한 사정이 없는 한 그 계약내용의 효력을 그대로 유지하는 것이 신의칙에 반한다고 볼 수도 없다(대판 2014.5.16, 2011다5578).

⑤ 강행법규인 구 국토이용관리법 제21조의3 제1항, 제7항을 위반하였을 경우에 있어서 위반한 자 스스로가 무효를 주장함이 신의성실의 원칙에 위배되는 권리의 행사라는 이유로 이를 배척한다면 투기거래 계약의 효력 발생을 금지하려는 국토이용관리법의 입법취지를 완전히 몰각시키는 결과가 되므로, 특단의 사정이 없는 한 그러한 주장이 신의성실의 원칙에 반한다고 할 수 없다(대판 1995.11.21, 94다20532).

03 정답해설

모든 항목이 옳다.

ㄱ. (○) : 의사무능력자가 사실상의 후견인이었던 아버지의 보조를 받아 자신의 명의로 대출계약을 체결하고 자신 소유의 부동산에 관하여 근저당권을 설정한 후 의사무능력자의 여동생이 특별대리인으로 선임되어 대출계약 및 근저당권설정계약의 효력을 부인하는 경우에, 이러한 무효 주장이 거래관계에 있는 당사자의 신뢰를 배신하고 정의의 관념에 반하는 예외적인 경우에 해당하지 않는 한 의사무능력자에 의하여 행하여진 법률행위의 무효를 주장하는 것이 신의칙에 반하여 허용되지 않는다고 할 수 없다(대판 2006.9.22, 2004다51627). 의사무능력자 甲과 乙이 체결한 대출거래약정 및 근저당권설정계약은 무효이다.

ㄴ. (○) : 무능력자의 책임을 제한하는 민법 제141조 단서는 부당이득에 있어 수익자의 반환범위를 정한 민법 제748조의 특칙으로서 무능력자의 보호를 위해 그 선의 · 악의를 묻지 아니하고 반환범위를 현존 이익에 한정시키려는 데 그 취지가 있으므로, 의사능력의 흠결을 이유로 법률행위가 무효가 되는 경우에도 유추적용되어야 할 것이나, 법률상 원인 없이 타인의 재산 또는 노무로 인하여 이익을 얻고 그로 인하여 타인에게 손해를 가한 경우에 그 취득한 것이 금전상의 이득인 때에는 그 금전은 이를 취득한 자가 소비하였는가의 여부를 불문하고 현존하는 것으로 추정되므로, 위 이익이 현존하지 아니함은 이를 주장하는 자, 즉 의사무능력자 측에 입증책임이 있다(대판 2009.1.15, 2008다58367).

ㄷ. (○) : 의사무능력자가 자신이 소유하는 부동산에 근저당권을 설정해 주고 금융기관으로부터 금원을 대출받아 이를 제3자에게 대여한 사안에서, 대출로써 받은 이익이 위 제3자에 대한 대여금채권 또는 부당이득반환채권의 형태로 현존하므로, 금융기관은 대출거래약정 등의 무효에 따른 원상회복으로서 위 대출금 자체의 반환을 구할 수는 없더라도 현존 이익인 위 채권의 양도를 구할 수 있다(대판 2009.1.15, 2008다58367).

04 정답해설

① 법정대리인으로부터 허락을 얻은 특정한 영업에 관하여는 미성년자는 성년자와 동일한 행위능력을 가지므로, 그 범위에서 법정대리권이 소멸한다(제8조).

> **제8조 【영업의 허락】**
> ① 미성년자가 법정대리인으로부터 허락을 얻은 특정한 영업에 관하여는 성년자와 동일한 행위능력이 있다.

② 제한능력을 이유로 하는 취소는 선의의 제3자에게 대항할 수 있다(제5조 제2항, 제10조 제1항, 제13조 제4항).

> **제5조 【미성년자의 능력】** ② 전항의 규정에 위반한 행위는 취소할 수 있다.
> **제10조 【피성년후견인의 행위와 취소】** ① 피성년후견인의 법률행위는 취소할 수 있다.
> **제13조 【피한정후견인의 행위와 동의】** ④ 한정후견인의 동의가 필요한 법률행위를 피한정후견인이 한정후견인의 동의 없이 하였을 때에는 그 법률행위를 취소할 수 있다. 다만, 일용품의 구입 등 일상생활에 필요하고 그 대가가 과도하지 아니한 법률행위에 대하여는 그러하지 아니하다.

③ **제16조 【제한능력자의 상대방의 철회권과 거절권】** ② 제한능력자의 단독행위는 추인이 있을 때까지 상대방이 거절할 수 있다.

④ 가정법원은 피성년후견인이 성년후견인의 동의를 받아야 하는 법률행위의 범위를 정할 수 있는 것이 아니라, 취소할 수 없는 피성년후견인의 법률행위의 범위를 정할 수 있는 것이다(제10조 제2항).

> **제10조 【피성년후견인의 행위와 취소】**
> ② 제1항에도 불구하고 가정법원은 취소할 수 없는 피성년후견인의 법률행위의 범위를 정할 수 있다.

⑤ 피특정후견인은 완전한 행위능력자이다. 일시적으로 또는 특정한 사무에 대하여 후원을 받을 뿐이다. 특정후견은 본인의 의사에 반하여 할 수 없다(제14조의2 제2항).

제14조의2【특정후견의 심판】
① 가정법원은 질병, 장애, 노령, 그 밖의 사유로 인한 정신적 제약으로 일시적 후원 또는 특정한 사무에 관한 후원이 필요한 사람에 대하여 본인, 배우자, 4촌 이내의 친족, 미성년후견인, 미성년후견감독인, 검사 또는 지방자치단체의 장의 청구에 의하여 특정후견의 심판을 한다.
② 특정후견은 본인의 의사에 반하여 할 수 없다.

비교 제9조【성년후견개시의 심판】② 가정법원은 성년후견개시의 심판을 할 때 본인의 의사를 고려하여야 한다.
제12조【한정후견개시의 심판】② 한정후견개시의 경우에 제9조 제2항을 준용한다.

05 정답해설

ㄱ. (○) : 대표자로서의 모든 권한을 포괄적으로 타인에게 위임하고 자신은 이사의 직무를 집행하지 않은 甲의 '직무유기'는 그 자체로 이사의 선관주의의무를 위반한 행위이다.

제61조【이사의 주의의무】
이사는 선량한 관리자의 주의로 그 직무를 행하여야 한다.

ㄴ. (×) : 비법인사단에 대하여는 사단법인에 관한 민법 규정 가운데서 법인격을 전제로 하는 것을 제외하고는 이를 유추적용하여야 할 것인바, 민법 제62조의 규정에 비추어 보면 비법인사단의 대표자는 정관 또는 총회의 결의로 금지하지 아니한 사항에 한하여 타인으로 하여금 특정한 행위를 대리하게 할 수 있을 뿐 비법인사단의 제반 업무처리를 포괄적으로 위임할 수는 없다 할 것이므로, 비법인사단 대표자가 행한 타인에 대한 업무의 포괄적 위임과 그에 따른 포괄적 수임인의 대행행위는 민법 제62조의 규정에 위반된 것이어서 비법인사단에 대하여는 그 효력이 미치지 아니한다(대판 1996.9.6, 94다18522). 대표자 甲의 포괄 위임에 근거한 A의 사실상 대표자로서 乙이 丙과 체결한 계약의 효력은 A에게 미치지 않는다.

제62조【이사의 대리인선임】
이사는 정관 또는 총회의 결의로 금지하지 아니한 사항에 한하여 타인으로 하여금 특정한 행위를 대리하게 할 수 있다.

ㄷ. (○) : 민법 제35조 제1항은 "법인은 이사 기타 대표자가 그 직무에 관하여 타인에게 가한 손해를 배상할 책임이 있다"라고 정한다. 여기서 '법인의 대표자'에는 그 명칭이나 직위 여하 또는 대표자로 등기되었는지 여부를 불문하고 당해 법인을 실질적으로 운영하면서 법인을 사실상 대표하여 법인의 사무를 집행하는 사람을 포함한다. 그리고 이러한 법리는 주택조합과 같은 비법인사단에도 마찬가지로 적용된다(대판 2011.4.28, 2008다15438, 구싱스윗닷홈주택조합 사건). A는 丁에 대하여 법인의 불법행위로 인한 손해배상책임을 부담한다.

06 정답해설

①, ④ 법인이 대표기관을 통하여 법률행위를 한 때에는 대리에 관한 규정이 준용된다(민법 제59조 제2항). 따라서 적법한 대표권을 가진 자와 맺은 법률행위의 효과는 대표자 개인이 아니라 본인인 법인에 귀속하고, 마찬가지로 그러한 법률행위상의 의무를 위반하여 발생한 채무불이행으로 인한 손해배상책임도 대표기관 개인이 아닌 법인만이 책임의 귀속주체가 되는 것이 원칙이다. 또한, 민법 제391조는 법정대리인 또는 이행보조자의 고의·과실을 채무자 자신의 고의·과실로 간주함으로써 채무불이행책임을 채무자 본인에게 귀속시키고 있는데, 법인의 경우도 법률행위에 관하여 대표기관의 고의·과실에 따른 채무불이행책임의 주체는 법인으로 한정된다(대판 2019.5.30, 2017다53265). 따라서 ① 대표자 甲이 A를 위하여 적법한 대표권 범위 내에서 계약을 체결한 경우, 그 계약의 효력은 본인이 사단법인 A에게 미친다. 그러나 ④ A의 乙에 대한 계약상

채무불이행책임 여부를 판단하는 경우, 원칙적으로 A의 고의·과실은 행위를 하는 대표자 甲을 기준으로 결정한다(제116조 제2항).

> **제59조【이사의 대표권】**
> ① 이사는 법인의 사무에 관하여 각자 법인을 대표한다. 그러나 정관에 규정한 취지에 위반할 수 없고 특히 사단법인은 총회의 의결에 의하여야 한다.
> ② 법인의 대표에 관하여는 대리에 관한 규정을 준용한다.
>
> **제116조【대리행위의 하자】**
> ① 의사표시의 효력이 의사의 흠결, 사기, 강박 또는 어느 사정을 알았거나 과실로 알지 못한 것으로 인하여 영향을 받은 경우에 그 사실의 유무는 대리인을 표준으로 하여 결정한다.

② 대표이사의 대표권한 범위를 벗어난 행위라 하더라도 그것이 회사의 권리능력의 범위 내에 속한 행위이기만 하면 대표권의 제한을 알지 못하는 제3자가 그 행위를 회사의 대표행위라고 믿은 신뢰는 보호되어야 하고, 대표이사가 대표권의 범위 내에서 한 행위는 설사 대표이사가 회사의 영리목적과 관계없이 자기 또는 제3자의 이익을 도모할 목적으로 그 권한을 남용한 것이라 할지라도 일단 회사의 행위로서 유효하고, 다만 그 행위의 상대방이 대표이사의 진의를 알았거나 알 수 있었을 때에는 회사에 대하여 무효가 되는 것이다(대판 2013.7.11, 2013다16473).

③ 법인의 정관에 법인 대표권의 제한에 관한 규정이 있으나 그와 같은 취지가 등기되어 있지 않다면 법인은 그와 같은 정관의 규정에 대하여 선의냐 악의냐에 관계없이 제3자에 대하여 대항할 수 없다(대판 1992.2.14, 91다24564). 즉 사단법인 A는 등기 없이는 대표권 제한에 관한 정관의 규정에 대해 악의인 제3자 乙에 대해서도 대항할 수 없다.

> **제60조【이사의 대표권에 대한 제한의 대항요건】**
> 이사의 대표권에 대한 제한은 등기하지 아니하면 제3자에게 대항하지 못한다.

⑤ 만약 계약의 체결이 대표자 甲과 법인 A의 이해가 상반하는 사항인 경우, 甲은 계약체결에 대해 대표권이 없다(제64조). 이 경우 특별대리인을 선임하여야 한다.

> **제64조【특별대리인의 선임】**
> 법인과 이사의 이익이 상반하는 사항에 관하여는 이사는 대표권이 없다. 이 경우에는 전조의 규정에 의하여 특별대리인을 선임하여야 한다.

07 정답해설

① 사단법인의 경우 해산사유를 정하는 때에는 그 사유는 정관에 필수적 기재사항이다(제40조 제7호).

> **제40조【사단법인의 정관】**
> 사단법인의 설립자는 다음 각 호의 사항을 기재한 정관을 작성하여 기명날인하여야 한다.
> 1. 목적
> 2. 명칭
> 3. 사무소의 소재지
> 4. 자산에 관한 규정
> 5. 이사의 임면에 관한 규정
> 6. 사원자격의 득실에 관한 규정
> 7. 존립시기나 해산사유를 정하는 때에는 그 시기 또는 사유

② 사단법인의 정관은 법적 성질이 계약이 아니라 자치법규로 보는 것이 타당하므로, 어느 시점의 사단법인의 사원들이 정관의 규범적인 의미내용과 다른 해석을 사원총회의 결의라는 방법으로 표명하였다고 하더라도 그 결의에 의한 해석은 그 사단법인의 구성원인 사원이나 법인을 구속할 수 없다(대판 2000.11.24, 99다12437).

③ "사단법인의 사원의 지위는 양도 또는 상속할 수 없다"고 한 민법 제56조의 규정은 강행규정은 아니라고 할 것이므로, 정관에 의하여 이를 인정하고 있을 때에는 양도·상속이 허용된다(대판 1992.4.14, 91다26850). 따라서 정관에 달리 정함이 없으면 제56조가 적용되어 사원의 지위는 양도할 수 없다.

> **제56조【사원권의 양도, 상속금지】**
> 사단법인의 사원의 지위는 양도 또는 상속할 수 없다.

④ 법인과 이사의 법률관계는 신뢰를 기초로 하는 위임 유사의 관계이다. 민법 제689조 제1항에 따르면 위임계약은 각 당사자가 언제든지 해지할 수 있다. 그러므로 법인은 원칙적으로 이사의 임기 만료 전에도 언제든지 이사를 해임할 수 있다. 다만 이러한 민법 규정은 임의규정이므로 법인이 자치법규인 정관으로 이사의 해임사유 및 절차 등에 관하여 별도 규정을 둘 수 있다. 이러한 규정은 법인과 이사의 관계를 명확히 하는 것 외에 이사의 신분을 보장하는 의미도 아울러 가지고 있으므로 이를 단순히 주의적 규정으로 볼 수는 없다. 따라서 법인의 정관에 이사의 해임사유에 관한 규정이 있는 경우 이사의 중대한 의무위반 또는 정상적인 사무집행 불능 등의 특별한 사정이 없는 이상 법인은 정관에서 정하지 아니한 사유로 이사를 해임할 수 없다(대판 2024.1.4, 2023다263537).

⑤ 법원의 직무집행정지 가처분결정에 의해 회사를 대표할 권한이 정지된 대표이사가 그 정지기간 중에 체결한 계약은 절대적으로 무효이고, 그 후 가처분신청의 취하에 의하여 보전집행이 취소되었다 하더라도 집행의 효력은 장래를 향하여 소멸할 뿐 소급적으로 소멸하는 것은 아니라 할 것이므로, 가처분신청이 취하되었다 하여 무효인 계약이 유효하게 되지는 않는다(대판 2008.5.29, 2008다4537).

08 정답해설

① 토지의 개수는 지적법에 의한 지적공부상의 토지의 필수를 표준으로 하여 결정되는 것으로 1필지의 토지를 수필의 토지로 분할하여 등기하려면 먼저 위와 같이 지적법이 정하는 바에 따라 분할의 절차를 밟아 지적공부에 각 필지마다 등록이 되어야 하고 지적법상의 분할절차를 거치지 아니하는 한 1개의 토지로서 등기의 목적이 될 수 없는 것이며 설사 등기부에만 분필의 등기가 실행되었다 하여도 이로써 분필의 효과가 발생할 수는 없는 것이므로 결국 이러한 분필등기는 1부동산1부등기용지의 원칙에 반하는 등기로서 무효라 할 것이다(대판 1990.12.7, 90다카25208).

② 등기부상만으로 어떤 토지 중 일부가 분할되고 그 분할된 토지에 대하여 지번과 지적이 부여되어 등기되어 있어도 지적공부 소관청에 의한 지번, 지적, 지목, 경계확정 등의 분필절차를 거친 바가 없다면 그 등기가 표상하는 목적물은 특정되었다고 할 수는 없으니, 등기부에 소유자로 등기된 자가 등기부에 기재된 면적에 해당하는 만큼의 토지를 특정하여 점유하였다고 하더라도 그 등기는 그가 점유하는 토지부분을 표상하는 등기로 볼 수 없어 그 점유자는 등기부취득시효의 요건인 '부동산의 소유자로 등기한 자'에 해당하지 아니하므로 등기부시효취득을 할 수는 없다(대판 1995.6.16, 94다4615).

③ 점유 기타 사실관계의 기한 권리변동에 있어서는 제110조 제2항이 적용되지 않는다. 주물을 점유하고 있다 하더라도, 현실적으로 점유하고 있지 않는 종물에 대한 점유가 인정되지 않는다. 주물에 대한 점유취득시효의 효력은 점유하지 않은 종물에 미치지 않는다.

> **제100조【주물, 종물】** ② 종물은 주물의 처분에 따른다.

④ 종물은 물건의 소유자가 그 물건의 상용에 공하기 위하여 자기 소유인 다른 물건을 이에 부속하게 한 것을 말하므로(민법 제100조 제1항) 주물과 다른 사람의 소유에 속하는 물건은 종물이 될 수 없다. 저당권의 실행으로 부동산이 경매된 경우에 그 부동산에 부합된 물건은 그것이 부합될 당시에 누구의 소유이었는지를 가릴 것 없이 그 부동산을 낙찰받은 사람이 소유권을 취득하지만, 그 부동산의 상용에 공하여진 물건일지라도 그 물건이 부동산의 소유자가 아닌 다른 사람의 소유인 때에는 이를 종물이라고 할 수 없으므로 부동산에 대한 저당권의 효력에 미칠 수 없어 부동산의 낙찰자가 당연히 그 소유권을 취득하는 것은 아니며, 나아가 부동산의 낙찰자가 그 물건을 선의취득하였다고 할 수 있으려면 그 물건이 경매의 목적물로 되었고 낙찰자가 선의이며 과실 없이 그 물건을 점유하는 등으로 선의취득의 요건을 구비하여야 한다(대판 2008.5.8, 2007다36933 · 36940).

⑤ 미분리의 천연과실과 수목의 집단은 토지의 일부이지만 명인방법을 갖춘 경우에는 독립한 부동산이다(대판 1977.4.12, 76도2887).

09 정답해설

① 어떠한 법률행위가 불공정한 법률행위에 해당하는지는 법률행위 시를 기준으로 판단하여야 한다. 따라서 계약 체결 당시를 기준으로 전체적인 계약 내용을 종합적으로 고려한 결과 불공정한 것이 아니라면 사후에 외부적 환경의 급격한 변화로 인하여 계약당사자 일방에게 큰 손실이 발생하고 상대방에게는 그에 상응하는 큰 이익이 발생할 수 있는 구조라고 하여 그 계약이 당연히 불공정한 계약에 해당한다고 말할 수 없다(대판(전) 2013.9.26, 2013다26746; 대판 2015.1.15, 2014다216072).

② 대리인이 매매계약을 체결한 경우, 경솔과 무경험은 그 대리인을 기준으로 판단하고 궁박상태에 있었는지의 여부는 본인의 입장에서 판단해야 한다(대판 2002.10.22, 2002다38927).

③ 적법한 절차에 의하여 이루어진 경매에 있어서 경락가격이 경매부동산의 시가에 비하여 저렴하다는 사유는 경락허가결정에 대한 적법한 불복이유가 되지 못하는 것이고 경매에 있어서는 불공정한 법률행위 또는 채무자에게 불리한 약정에 관한 것으로서 효력이 없다는 민법 제104조, 제608조는 적용될 여지가 없다(대결 1980.3.21, 80마77).

④, ⑤ 불공정한 법률행위는 무효이며 선의의 제3자에게도 무효를 주장할 수 있다. 그리고 무효행위의 추인에 의하여 유효로 될 수 없고, 법정추인이 적용될 여지도 없다(대판 1994.6.24, 94다10900).

■ 민법상 추인 비교

1. 무효행위의 추인		제139조	효과
(1)	강행법규 위반, 반사회적 법률행위, 불공정한 법률행위 등 무효	적용 ×	추인하여도 여전히 무효
(2)	통정허위표시로 무효, 무효의 가등기의 유용, 무효인 명의신탁 등 무효	적용 ○	무효임을 알고 추인한 때에는 새로운 법률로 본다(소급효 없다).
(3)	유동적 무효 : ㉠ 무권대리행위 ㉡ 무권리자 처분행위 ㉢ 토지거래허가를 받지 않고 한 토지매매 계약 등	적용 ×	추인이나 허가를 받으면 소급하여 효력발생
2. 취소할 수 있는 행위의 추인(취소권의 포기)		제143조 ○	유동적 유효 → 확정적 유효(소급효 ×)

10 정답해설

① 제111조【의사표시의 효력발생시기】② 의사표시자가 그 통지를 발송한 후 사망하거나 제한능력자가 되어도 의사표시의 효력에 영향을 미치지 아니한다.

② 통정허위표시는 표의자 스스로 그의 진의와 표시행위의 의미가 일치하지 않는다는 것을 알고, 그에 대하여 상대방과의 통정이 있으면 성립하는 것으로, 통정의 동기나 목적은 허위표시의 성립요건이 아니므로 허위표시의 성립에 영향이 없다.

> **제108조【통정한 허위의 의사표시】**
> ① 상대방과 통정한 허위의 의사표시는 무효로 한다.

③ 무효인 법률행위는 그 법률행위가 성립한 당초부터 당연히 효력이 발생하지 않는 것이므로, 무효인 법률행위에 따른 법률효과를 침해하는 것처럼 보이는 위법행위나 채무불이행이 있다고 하여도 법률효과의 침해에 따른 손해는 없는 것이므로 그 손해배상을 청구할 수는 없다(대판 2003.3.28, 2002다72125).

④ 착오가 법률행위 내용의 중요 부분에 있다고 하기 위하여는 표의자에 의하여 추구된 목적을 고려하여 합리적으로 판단하여 볼 때 표시와 의사의 불일치가 객관적으로 현저하여야 하고, 만일 그 착오로 인하여 표의자가 무슨 경제적인 불이익을 입은 것이 아니라고 한다면 이를 법률행위 내용의 중요 부분의 착오라고 할 수 없다(대판 1999.2.23, 98다47924).

⑤ 민법 제109조 제1항 단서는 의사표시의 착오가 표의자의 중대한 과실로 인한 때에는 그 의사표시를 취소하지 못한다고 규정하고 있는데, 위 단서 규정은 표의자의 상대방의 이익을 보호하기 위한 것이므로, 상대방이 표의자의 착오를 알고 이를 이용한 경우에는 착오가 표의자의 중대한 과실로 인한 것이라고 하더라도 표의자는 의사표시를 취소할 수 있다(대판 2014.11.27, 2013다49794).

11

정답해설

① 민법 제110조는 표의자의 재산의 보호가 아니라 표의자의 의사결정의 자유를 보호하는 데 그 목적이 있으므로 피기망자에게 손해를 가할 의사는 사기에 의한 의사표시의 성립요건이 아니다.

② 일반적으로 강박에 의한 의사표시라고 하려면 상대방이 불법으로 어떤 해악을 고지함으로 말미암아 공포를 느끼고 의사표시를 한 것이어야 한다(대판 1996.4.26, 94다34432).

③ 상대방 있는 의사표시에 관하여 제3자가 사기나 강박을 한 경우에는 상대방이 그 사실을 알았거나 알 수 있었을 경우에 한하여 그 의사표시를 취소할 수 있으나, 상대방의 대리인 등 상대방과 동일시할 수 있는 자의 사기나 강박은 제3자의 사기·강박에 해당하지 아니한다(대판 1999.2.23, 98다60828·60835).

④ 의사표시의 상대방이 아닌 자로서 기망행위를 하였으나 민법 제110조 제2항에서 정한 제3자에 해당되지 아니한다고 볼 수 있는 자란 그 의사표시에 관한 상대방의 대리인 등 상대방과 동일시할 수 있는 자만을 의미하고, 단순히 상대방의 피용자이거나 상대방이 사용자책임을 져야 할 관계에 있는 피용자에 지나지 않는 자는 상대방과 동일시할 수는 없어 이 규정에서 말하는 제3자에 해당한다(대판 1998.1.23, 96다41496).

⑤ 사기의 의사표시로 인한 매수인으로부터 부동산의 권리를 취득한 제3자는 특별한 사정이 없는 한 선의로 추정할 것이므로 사기로 인하여 의사표시를 한 부동신의 양도인이 제3자에 대하여 사기에 의한 의사표시의 취소를 주장하려면 제3자의 악의를 입증할 필요가 있다(대판 1970.11.24, 70다2155).

12

정답해설

① 부동산의 소유자로부터 매매계약을 체결할 대리권을 수여받은 대리인은 특별한 사정이 없는 한, 그 매매계약에서 약정한 바에 따라 중도금이나 잔금을 수령할 권한이 있다(대판 1994.2.8, 93다39379).

② 통상 사채알선업자가 전주(錢主)를 위하여 금전소비대차계약과 그 담보를 위한 담보권설정계약을 체결할 대리권을 수여받은 것으로 인정되는 경우라 하더라도 특별한 사정이 없는 한 일단 금전소비대차계약과 그 담보를 위한 담보권설정계약이 체결된 후에 이를 해제할 권한까지 당연히 가지고 있다고 볼 수는 없다(대판 1997.9.30, 97다23372).

③ 본인의 사망은 대리권 소멸사유이다(제127조). 본인 乙이 사망한다면 특별한 사정이 없는 한 임의대리인 甲의 대리권은 소멸한다.

> **제127조【대리권의 소멸사유】**
> 대리권은 다음 각 호의 어느 하나에 해당하는 사유가 있으면 소멸된다.
> 1. 본인의 사망
> 2. 대리인의 사망, 성년후견의 개시 또는 파산

④ 대리인은 행위능력을 요하는 것이 아니기 때문에 대리인 甲이 제한능력자인 미성년자임을 이유로 매매계약을 취소할 수 없다.

> **제117조【대리인의 행위능력】** 대리인은 행위능력자임을 요하지 아니한다.

⑤ 복대리인은 대리인이 대리권의 범위 내에서 대리인 자신의 이름으로 선임한 본인의 대리인이다. 임의대리인 甲이 부득이한 사유로 丙을 복대리인으로 선임한 것은 적법하며(제120조), 이때 복대리인 丙은 본인 乙을 대리한다(제123조 제1항). 丙은 대리인 甲의 대리인이 아니다.

> **제120조【임의대리인의 복임권】**
> 대리권이 법률행위에 의하여 부여된 경우에는 대리인은 본인의 승낙이 있거나 부득이한 사유가 있는 때가 아니면 복대리인을 선임하지 못한다.
>
> **제123조【복대리인의 권한】** ① 복대리인은 그 권한 내에서 본인을 대리한다.

13

정답해설

① 표현대리가 성립하면 그 본인은 표현대리행위에 대하여 전적인 책임을 져야 하고 상대방에게 과실이 있다고 하더라도 과실상계의 법리를 유추적용하여 그의 책임을 감경할 수 없다(대판 1996.7.12, 95다49554).

② 표현대리에 있어서는 대리권이 없음에도 불구하고 법률이 특히 거래상대방 보호와 거래안전유지를 위하여 본래 무효인 무권대리행위의 효과를 본인에게 미치게 한 것으로서 표현대리가 성립된다고 하여 무권대리의 성질이 유권대리로 전환되는 것은 아니므로, 양자의 구성요건 해당사실 즉 주요사실은 다르다고 볼 수밖에 없으니 유권대리에 관한 주장 속에 무권대리에 속하는 표현대리의 주장이 포함되어 있다고 볼 수 없다고 하였다(대판(전) 1983.12.13, 83다카1489).

③ 민법 제126조 소정의 권한을 넘는 표현대리 규정은 거래의 안전을 도모하여 거래상대방의 이익을 보호하려는 데에 그 취지가 있으므로 법정대리라고 하여 임의대리와는 달리 그 적용이 없다고 할 수 없다(대판 1997.6.27, 97다3828).

④ 복대리에도 표현대리법리가 적용된다. 따라서 대리인이 대리권 소멸 후 복대리인을 선임하여 복대리인으로 하여금 대리행위를 하도록 한 경우, 대리권 소멸 후의 표현대리가 성립할 수 있다(대판 1998.3.27, 97다48982).

⑤ 수권행위가 무효라면 처음부터 대리권이 존재하지 않았던 경우이므로 대리권 소멸 후의 표현대리에 관한 민법 제129조는 적용되지 않는다.

14

정답해설

① 무권대리인에 의한 매매계약에서 본인이 무권대리인이나 상대방으로부터 대금을 수령한 경우에는 특단의 사유가 없는 한 무권대리인의 매매계약을 추인하였다고 볼 것이다(대판 1963.4.11, 63다64; 대판 1992.2.28, 91다15584).

② 무권대리의 추인은 무권대리인이나 무권대리인의 상대방 어느 편에 대하여도 할 수 있다. 그러나 본인이 무권대리인에게 무권대리행위를 추인한 경우에는 상대방이 이를 알지 못하는 동안에는 본인은 상대방에게 추인의 효과를 주장하지 못하므로, 선의의 상대방은 그때까지 제134조에 의한 철회를 할 수 있다(대판 1981.4.14, 80다2314). 무권대리인에게 추인을 한 사실을 상대방 丙이 안 경우이므로 본인 甲은 丙에게 추인의 효력을 주장할 수 있다(제132조 단서).

> **제132조【추인, 거절의 상대방】**
> 추인 또는 거절의 의사표시는 상대방에 대하여 하지 아니하면 그 상대방에 대항하지 못한다. 그러나 상대방이 그 사실을 안 때에는 그러하지 아니하다.

③ 판례는 "甲은 乙의 무권대리인으로서 제135조 제1항의 규정에 의하여 매수인인 丙에게 부동산에 대한 소유권이전등기를 이행할 의무가 있으므로 그러한 지위에 있는 甲이 乙로부터 부동산을 상속받아 그 소유자가 되어 소유권이전등기이행의무를 이행하는 것이 가능하게 된 시점에서 자신이 소유자라고 하여 자신으로부터 부동산을 전전매수한 丁에게 원래 자신의 매매행위가 무권대리행위여서 무효였다는 이유로 丁 앞으로 경료된 소유권이전등기가 무효의 등기라고 주장하여 그 등기의 말소를 청구하거나 부동산의 점유로 인한 부당이득금의 반환을 구하는 것은 금반언의 원칙이나 신의성실의 원칙에 반하여 허용될 수 없다(대판 1994.9.27, 94다20617)"고 판시하여 무권대리인이 본인을 단독상속한 경우에 관하여 당연히 유효로 되는 것은 아니고 무권대리인이 본인의 지위에서 추인을 거절하는 것은 금반언의 원칙이나 신의칙상 허용되지 않는다고 본다.

④ 상대방 丙이 甲에게 기간을 정하여 그 추인 여부의 확답을 최고하였으나 본인 甲이 기간 내에 확답을 발송하지 않으면 추인은 거절한 것으로 본다(제131조).

> **제131조【상대방의 최고권】**
> 대리권 없는 자가 타인의 대리인으로 계약을 한 경우에 상대방은 상당한 기간을 정하여 본인에게 그 추인여부의 확답을 최고할 수 있다. 본인이 그 기간 내에 확답을 발하지 아니한 때에는 추인을 거절한 것으로 본다.

⑤ 타인의 대리인으로 계약을 한 자가 그 대리권을 증명하지 못하고 또 본인의 추인을 얻지 못한 때에는 상대방의 선택에 좇아 계약의 이행 또는 손해배상의 책임이 있다(제135조 제1항). 반대해석상 본인 甲이 매매계약을 추인하면 상대방 丙은 본인에게 계약을 책임을 물을 수 있으므로, 乙을 상대로 무권대리인의 책임을 물을 수 없다.

> **제135조【상대방에 대한 무권대리인의 책임】**
> ① 다른 자의 대리인으로서 계약을 맺은 자가 그 대리권을 증명하지 못하고 또 본인의 추인을 받지 못한 경우에는 그는 상대방의 선택에 따라 계약을 이행할 책임 또는 손해를 배상할 책임이 있다.

15 정답해설

① 국토이용관리법상 토지거래허가구역 내의 토지에 관한 거래계약은 관할관청으로부터 허가받기 전의 상태에서는 거래계약의 채권적 효력도 전혀 발생하지 아니하여 무효이므로 권리의 이전 또는 설정에 관한 어떠한 내용의 이행청구도 할 수 없고, 따라서 상대방의 거래계약상 채무불이행을 이유로 손해배상을 청구할 수도 없다(대판 2000.1.28, 99다40524).

② 유동적 무효의 상태에 있는 거래계약의 당사자는 상대방이 그 거래계약의 효력이 완성되도록 협력할 의무를 이행하지 아니하였음을 들어 일방적으로 유동적 무효의 상태에 있는 거래계약 자체를 해제할 수 없다(대판(전) 1999.6.17, 98다40459). 협력의무는 부수적 채무에 불과하기 때문이다.

③ 허가구역 지정기간 중에 허가구역 안의 토지에 대하여 토지거래허가를 받지 아니하고 토지거래계약을 체결한 후 허가구역 지정해제 등이 된 때에는 그 토지거래계약이 허가구역 지정이 해제되기 전에 확정적으로 무효로 된 경우를 제외하고는, 더 이상 관할 행정청으로부터 토지거래허가를 받을 필요가 없이 확정적으로 유효로

되어 거래 당사자는 그 계약에 기하여 바로 토지의 소유권 등 권리의 이전 또는 설정에 관한 이행청구를 할 수 있고, 상대방도 반대급부의 청구를 할 수 있다고 보아야 할 것이지, 여전히 그 계약이 유동적 무효상태에 있다고 볼 것은 아니다(대판(전) 1999.6.17, 98다40459).

④ 국토이용관리법상 토지거래허가를 받지 않고 매매계약을 체결한 경우 허가를 받기 전에는 물권적 효력은 물론 채권적 효력도 발생하지 아니하지만, 일단 허가를 받으면 그 계약은 소급해서 유효로 되므로, 허가 후에 새로이 거래계약을 체결할 필요는 없다(대판(전) 1991.12.24, 90다12243).

⑤ 계약당사자의 표시와 불일치한 의사(비진의표시, 허위표시 또는 착오) 또는 사기, 강박과 같은 하자 있는 의사에 의하여 토지거래 등이 이루어진 경우에 있어서, 이들 사유에 기하여 그 거래의 무효 또는 취소를 주장할 수 있는 당사자는 그러한 거래허가를 신청하기 전 단계에서 이러한 사유를 주장하여 거래허가 신청협력에 거절의사를 일방적으로 명백히 함으로써 그 계약을 확정적으로 무효화시키고 자신의 거래허가절차에 협력할 의무를 면함은 물론 기왕에 지급된 계약금 등의 반환도 구할 수 있다(대판 1996.11.8, 96다35309).

16

정답해설

① 매도인이 매수인의 중도금 지급채무불이행을 이유로 매매계약을 적법하게 해제한 후라도, 매수인으로서는 상대방이 한 계약해제의 효과로서 발생하는 손해배상책임을 지거나 매매계약에 따른 계약금의 반환을 받을 수 없는 불이익을 면하기 위하여 착오를 이유로 한 취소권을 행사하여 위 매매계약 전체를 무효로 돌리게 할 수 있다(대판 1991.8.27, 91다11308).

② 법률행위의 취소는 상대방에 대한 의사표시로 하여야 하나 그 취소의 의사표시는 특별히 재판상 행하여짐이 요구되는 경우 이외에는 특정한 방식이 요구되는 것이 아니고, 취소의 의사가 상대방에 의하여 인식될 수 있다면 어떠한 방법에 의하더라도 무방하다고 할 것이고, 법률행위의 취소를 당연한 전제로 한 소송상의 이행청구나 이를 전제로 한 이행거절 가운데는 취소의 의사표시가 포함되어 있다고 볼 수 있다(대판 1993.9.14, 93다13162).

③ 취소한 법률행위는 처음부터 무효인 것으로 간주되므로 취소할 수 있는 법률행위가 일단 취소된 이상 그 후에는 취소할 수 있는 법률행위의 추인에 의하여 이미 취소되어 무효인 것으로 간주된 당초의 의사표시를 다시 확정적으로 유효하게 할 수는 없고, 다만 무효인 법률행위의 추인의 요건과 효력으로서 추인할 수는 있다(대판 1997.12.12, 95다38240).

④ **제146조【취소권의 소멸】** 취소권은 추인할 수 있는 날로부터 3년 내에, 법률행위를 한 날로부터 10년 내에 행사하여야 한다.

⑤ 민법 제146조는 취소권은 추인할 수 있는 날로부터 3년 내에 행사하여야 한다고 규정하고 있는바, 이때의 3년이라는 기간은 일반 소멸시효기간이 아니라 제척기간으로서 제척기간이 도과하였는지 여부는 당사자의 주장에 관계없이 법원이 당연히 조사하여 고려하여야 할 사항이다(대판 1996.9.20, 96다25371).

17

정답해설

① 기성조건이 정지조건이면 조건 없는 법률행위로 하고, 해제조건이면 그 법률행위는 무효로 한다(제151조 제2항).

> **제151조【불법조건, 기성조건】**
> ② 조건이 법률행위의 당시 이미 성취한 것인 경우에는 그 조건이 정지조건이면 조건 없는 법률행위로 하고 해제조건이면 그 법률행위는 무효로 한다.

② 불능조건이 해제조건이면 조건 없는 법률행위로 하고, 정지조건이면 그 법률행위는 무효로 한다(제151조 제3항).

> **제151조【불법조건, 기성조건】**
> ③ 조건이 법률행위의 당시에 이미 성취할 수 없는 것인 경우에는 그 조건이 해제조건이면 조건 없는 법률행위로 하고 정지조건이면 그 법률행위는 무효로 한다.

③ 조건부 법률행위에 있어 조건의 내용 자체가 불법적인 것이어서 무효일 경우 또는 조건을 붙이는 것이 허용되지 아니하는 법률행위에 조건을 붙인 경우 그 조건만을 분리하여 무효로 할 수는 없고 그 법률행위 전부가 무효로 된다(대결 2005.11.8. 2005마541).

> **제151조【불법조건, 기성조건】**
> ① 조건이 선량한 풍속 기타 사회질서에 위반한 것인 때에는 그 법률행위는 무효로 한다.

④ 기한부 법률행위의 효력은 어떤 기한이든 기한도래 시부터 생기며 절대적으로 소급할 수 없다. 이는 당사자의 특약으로도 소급효를 인정할 수 없는데, 기한에 소급효를 인정하면 기한을 붙이는 것과 모순되기 때문이다(제152조).

비교 조건과 달리 기한은 당사자의 의사표시로 소급효를 인정하는 규정이 없다.

⑤ **제153조【기한의 이익과 그 포기】** ① 기한은 채무자의 이익을 위한 것으로 추정한다.

18 정답해설

① 확정기한부 채권은 기한이 도래한 때, 불확정 기한부 채권은 기한이 객관적으로 도래한 때부터 소멸시효가 진행한다.

② 부당이득반환청구권은 법률상 원인 없이 타인의 재산 또는 노무로 인하여 이익을 얻고 이로 인하여 타인에게 손해를 가한 경우에 성립하며, 그 성립과 동시에 권리를 행사할 수 있으므로 청구권이 성립한 때부터 소멸시효가 진행한다(대판 2017.7.18. 2017다9039 · 9046).

③ 소멸시효는 권리를 행사할 수 있는 때로부터 진행하며 여기서 권리를 행사할 수 있는 때라 함은 권리행사에 법률상의 장애가 없는 때를 말하므로 정지조건부권리의 경우에는 조건 미성취의 동안은 권리를 행사할 수 없는 것이어서 소멸시효가 진행되지 않는다(대판 1992.12.22. 92다28822).

④ **제166조【소멸시효의 기산점】** ② 부작위를 목적으로 하는 채권의 소멸시효는 위반행위를 한 때로부터 진행한다.

⑤ 타인의 대리인으로 계약을 한 자가 그 대리권을 증명하지 못하고 또 본인의 추인을 얻지 못한 때에는 상대방의 선택에 좇아 계약의 이행 또는 손해배상의 책임이 있는 것인바 이 상대방이 가지는 계약이행 또는 손해배상청구권의 소멸시효는 그 선택권을 행사할 수 있는 때로부터 진행한다 할 것이고 또 선택권을 행사할 수 있는 때라고 함은 대리권의 증명 또는 본인의 추인을 얻지 못한 때라고 할 것이다(대판 1965.8.24. 64다1156).

19 정답해설

① 시효중단사유의 하나로 규정하고 있는 재판상의 청구라 함은 통상적으로는 권리자가 원고로서 시효를 주장하는 자를 피고로 하여 소송물인 권리를 소의 형식으로 주장하는 경우를 가리키지만, 이와 반대로 시효를 주장하는 자가 원고가 되어 소를 제기한 데 대하여 피고로서 응소하여 그 소송에서 적극적으로 권리를 주장하고 그것이 받아들여진 경우도 마찬가지로 이에 포함되는 것으로 해석함이 타당하고 또한 응소행위로 인한 시효중단의 효력은 피고가 현실적으로 권리를 행사하여 응소한 때에 발생한다(대판 2005.12.23. 2005다59383, 59390).

② 물상보증인이 그 피담보채무의 부존재 또는 소멸을 이유로 제기한 저당권설정등기 말소등기절차이행청구소송에서 채권자 겸 저당권자가 청구기각의 판결을 구하고 피담보채권의 존재를 주장하였다고 하더라도 이로써

직접 채무자에 대하여 재판상 청구를 한 것으로 볼 수는 없는 것이므로 피담보채권의 소멸시효에 관하여 규정한 민법 제168조 제1호 소정의 '청구'에 해당하지 아니한다(대판 2004.1.16, 2003다30890).

③ **제178조【중단 후의 시효진행】** ② 재판상의 청구로 인하여 중단된 시효는 전항의 규정에 의하여 재판이 확정된 때로부터 새로이 진행한다.

④ 가압류를 시효중단사유로 규정한 이유는 가압류에 의하여 채권자가 권리를 행사하였다고 할 수 있기 때문이다. 가압류채권자의 권리행사는 가압류를 신청한 때에 시작되므로, 이 점에서도 가압류에 의한 시효중단의 효력은 가압류신청을 한 때에 소급한다(대판 2017.4.7, 2016다35451).

⑤ 민사소송법 제265조에 의하면 시효중단사유 중 하나인 '재판상의 청구'(민법 제168조 제1호, 제170조)는 소를 제기한 때 시효중단의 효력이 발생한다. 그런데 채권양도로 채권은 그 동일성을 잃지 않고 양도인으로부터 양수인에게 이전되며 이러한 법리는 채권양도의 대항요건을 갖추지 못하였다고 하더라도 마찬가지인 점, 민법 제149조의 "조건의 성취가 미정한 권리의무는 일반규정에 의하여 처분, 상속, 보존 또는 담보로 할 수 있다."라는 규정은 대항요건을 갖추지 못하여 채무자에게 대항하지 못하더라도 채권양도로 채권을 이전받은 양수인의 경우에도 그대로 준용될 수 있는 점, 채무자를 상대로 재판상 청구를 한 채권 양수인을 '권리 위에 잠자는 자'라고 할 수 없는 점 등에 비추어 보면, 비록 대항요건을 갖추지 못하여 채무자에게 대항하지 못한다고 하더라도 채권의 양수인이 채무자를 상대로 재판상 청구를 하였다면 이는 소멸시효 중단사유인 재판상 청구에 해당한다고 보아야 한다(대판 2018.6.15, 2018다10920).

20

정답해설

②, ③, ④, ⑤ 모두 민법 제108조 제2항의 '제3자'에 해당한다.

제108조 제2항의 제3자란 당사자 및 포괄승계인 이외의 자로서 허위표시에 의하여 외형상 형성된 법률관계를 토대로 실질적으로 새로운 법률상 이해관계를 맺은 자를 말한다.

따라서 1. 가장매매의 매수인으로부터 그 목적부동산을 다시 매수한 자나 저당권의 설정을 받은 자, 2. 가장매매의 매수인으로부터 매매계약에 의한 소유권이전청구권보전을 위한 가등기를 취득한 자, 3. 가장의 금전소비대차에 기한 대여금채권을 가압류한 자, 4. 가장의 전세권설정계약에 기하여 등기가 경료된 전세권에 관하여 저당권을 취득한 자는 모두 제3자에 해당한다.

① 구 상호신용금고법 소정의 계약이전은 금융거래에서 발생한 계약상의 지위가 이전되는 사법상의 법률효과를 가져오는 것이므로 계약이전을 받은 금융기관은 계약이전을 요구받은 금융기관과 대출채무자 사이의 통정허위표시에 따라 형성된 법률관계를 기초로 하여 새로운 법률상 이해관계를 가지게 된 민법 제108조 제2항의 제3자에 해당하지 않는다(대판 2004.1.15, 2002다31537).

② 가장매매의 매수인으로부터 그 목적부동산을 다시 매수한 자나 저당권의 설정을 받은 자도 허위표시에 의하여 외형상 형성된 법률관계를 토대로 실질적으로 새로운 법률상 이해관계를 맺은 자이다.

③ 통정한 허위표시에 의하여 외형상 형성된 법률관계로 생긴 채권을 가압류한 경우, 그 가압류권자는 허위표시에 기초하여 새로운 법률상 이해관계를 가지게 되므로 민법 제108조 제2항의 제3자에 해당한다고 봄이 상당하고, 또한 민법 제108조 제2항의 제3자는 선의이면 족하고 무과실은 요건이 아니다(대판 2004.5.28, 2003다70041).

④ 허위표시를 원인으로 한 가등기 및 본등기와 이를 바탕으로 그 후에 이루어진 소유권이전등기는 제108조 제2항에 의해 유효하다(대판 1996.4.26, 94다12074).

⑤ 실제로는 전세권설정계약이 없으면서도 임대차계약에 기한 임차보증금 반환채권을 담보할 목적으로 임차인과 임대인 사이의 합의에 따라 임차인 명의로 전세권설정등기를 경료한 후 그 전세권에 대하여 근저당권이 설정된 경우, 설령 위 전세권설정계약만 놓고 보아 그것이 통정허위표시에 해당하여 무효라 하더라도 이로써 위 전세권설정계약에 의하여 형성된 법률관계를 토대로 별개의 법률원인에 의하여 새로운 법률상 이해관계를 갖게 된 근저당권자에 대하여는 그와 같은 사정을 알고 있었던 경우에만 그 무효를 주장할 수 있다(대판 2008.3.13, 2006다29372 · 29389).

21 정답해설

① 일물일권주의(一物一權主義)의 원칙상, 물건의 일부분, 구성부분에는 물권이 성립할 수 없는 것이어서 구분 또는 분할의 절차를 거치지 아니한 채 하나의 부동산 중 일부분만에 관하여 따로 소유권보존등기를 경료하거나, 하나의 부동산에 관하여 경료된 소유권보존등기 중 일부분에 관한 등기만을 따로 말소하는 것은 허용되지 아니한다(대판 2000.10.27, 2000다39582).

② 온천권은 이를 관습법상의 물권이라고 볼 수 없고 온천수는 민법 제235조, 제236조 소정의 공용수 또는 생활상 필요한 용수에 해당하지 아니한다고 본다(대판 1970.5.26, 69다1239).

③ 1필의 토지의 일부에 대한 시효취득을 인정하기 위하여는 그 부분이 다른 부분과 구분되어 시효취득자의 점유에 속한다는 것을 인식하기에 족한 객관적 징표가 계속하여 존재할 것을 요한다 할 것이다(대판 2015.4.9, 2012다2408).

④ 1동의 건물은 그 전체를 경락허가의 대상으로 삼아야 할 것이고 그 일부분을 분리하여 따로 경락허가의 대상으로 삼을 수는 없는 것인바, 경매의 대상이 된 건물인 1동의 주택 및 창고와 부속건물 4동이 한 개의 건물로 등기되어 있고 미등기인 창고 2동이 있는데 경매법원이 등기된 건물 중 원채인 주택 및 창고와 부속건물 중 1동을 제외한 부속건물 3동을 따로 떼어 경락허가한 것은 일물일권주의에 위반되어 위법하고, 미등기인 창고 2동은 그것이 등기된 건물에 부속된 것이라면 같은 이유로 위법하고 따로 독립된 건물이라면 경매신청이 없는데 경락을 허가한 허물이 있다(대결 1990.10.11, 90마679).

⑤ **제371조 【지상권, 전세권을 목적으로 하는 저당권】** ① 본장의 규정은 지상권 또는 전세권을 저당권의 목적으로 한 경우에 준용한다.

22 정답해설

① 소유권에 기한 물권적 청구권은 점유하는 자에게 요구하는 권리이다. 따라서 소유자는 현재 점유하고 있지 않은 자를 상대로 소유물의 반환을 청구할 수 없다. 사회통념상 건물은 그 부지를 떠나서는 존재할 수 없는 것이고, 건물의 소유자는 현실로 건물이나 그 대지를 점거하고 있지 않더라도 그 건물의 소유를 위하여 그 부지를 점유한다고 보아야 한다(대판 1991.6.25, 91다10329). 乙소유 X토지를 점유하는 자는 건물소유자인 甲이며, Y 건물을 관리하는 甲의 직원 A은 점유자인 甲의 지시에 따라 즉 점유보조관계에 기해서 사실상 지배를 하는 자로서 민법 제195조에 의해 점유자로 인정되지 않는 점유보조자일 뿐이다. 토지 소유자 乙은 Y를 관리하는 甲의 직원 A에게는 토지 점유자가 아니므로 X의 반환청구를 할 수 없다.

> **제213조 【소유물반환청구권】**
> 소유자는 그 소유에 속한 물건을 점유한 자에 대하여 반환을 청구할 수 있다. 그러나 점유자가 그 물건을 점유할 권리가 있는 때에는 반환을 거부할 수 있다.

② 甲이 법인인 경우 甲법인 자체가 건물의 소유자이므로(제34조), X토지의 소유자 乙은 甲의 대표이사 B 개인에게 아니라 토지 점유자인 甲법인에게 X의 반환청구를 할 수 있다.

③ 건물의 소유자가 건물의 소유를 통하여 타인 소유의 토지를 점유하고 있다고 하더라도 토지 소유자로서는 건물의 철거와 대지 부분의 인도를 청구할 수 있을 뿐 자기 소유의 건물을 점유하고 있는 자에 대하여 건물에서 퇴거할 것을 청구할 수는 없다(대판 1999.7.9, 98다57457 · 57464). 乙은 건물소유자인 甲에게 Y건물에서 퇴거할 것을 청구할 수 없다.

④ 건물철거는 그 소유권의 종국적 처분에 해당되는 사실행위이므로 원칙으로는 그 소유자에게만 그 철거처분권이 있다 할 것이고, 예외적으로 건물을 전소유자로부터 매수하여 점유하고 있는 등 그 권리의 범위 내에서 그 점유 중인 건물에 대하여 법률상 또는 사실상 처분을 할 수 있는 지위에 있는 자에게도 그 철거처분권이 있다(대판 2003.1.24, 2002다61521). 토지 소유자 乙은 丙이 매수하여 인도받았다면 건물에 대하여 사실상 처분을 할 수 있는 지위에 있는 자이므로 丙을 상대로 건물철거 청구를 할 수 있다.

⑤ 소유권에 의하여 발생되는 물상청구권은 소유권과 분리하여 이를 소유권 없는 전소유자에게 유보하여 행사시킬 수는 없다(대판 1980.9.9, 80다7). 토지의 반환청구권만 유보하고 소유권을 丁에게 양도할 수는 없다.

23

정답해설

① 환매기간을 제한하는 환매특약이 등기부에 기재되어 있는 때에는 반증이 없는 한 등기부 기재와 같은 환매특약이 진정하게 성립된 것으로 추정함이 상당하다(대판 1991.10.11, 91다13700).

② 소유권이전등기가 전 등기명의인의 직접적인 처분행위에 의한 것이 아니라 제3자가 그 처분행위에 개입된 경우 현 등기명의인이 그 제3자가 전 등기명의인의 대리인이라고 주장하더라도 현 소유명의인의 등기가 적법히 이루어진 것으로 추정되므로, 그 등기가 원인무효임을 이유로 그 말소를 청구하는 전 소유명의인으로서는 그 반대사실, 즉 그 제3자에게 전 소유명의인을 대리할 권한이 없었다던가, 또는 제3자가 전 소유명의인의 등기서류를 위조하였다는 등의 무효사실에 대한 입증책임을 진다(대판 1997.4.8, 97다416).

③ 저당권등기가 있으면 저당권의 존재뿐만 아니라 피담보채권의 존재도 추정된다.

④ 등기는 물권의 효력 발생 요건이고 존속 요건은 아니어서 등기가 원인 없이 말소된 경우에는 그 물권의 효력에 아무런 영향이 없고, 그 회복등기가 마쳐지기 전이라도 말소된 등기의 등기명의인은 적법한 권리자로 추정되므로 원인 없이 말소된 등기의 효력을 다투는 쪽에서 그 무효 사유를 주장・입증하여야 한다(대판 1997.9.30, 95다39526).

⑤ 토지등기부의 표제부는 사실의 등기이지 권리의 등기가 아니므로 추정력이 없다. 따라서 그로 인하여 등기부상 면적의 존재가 추정된다고 할 수 없다. 또한 토지의 면적은 지적공부에 따른다(대판 1991.2.22, 90다12977).

24

정답해설

①, ② 민법 제330조, 제343조, 제249조에 의하면 동산질권을 선의취득하기 위하여는 질권자가 평온, 공연하게 선의이며 과실 없이 질권의 목적동산을 취득하여야 하고, 그 취득자의 선의, 무과실은 동산질권자가 입증하여야 한다(대판 1981.12.22, 80다2910). 따라서 丙이 질권을 선의취득하기 위해서는 평온, 공연하게 X의 점유를 취득하였어야 하고, 丙 자신이 甲이 소유자가 아니라는 사실에 대하여 선의이고 무과실이라는 사실을 증명하여야 한다.

> **제249조【선의취득】**
> 평온, 공연하게 동산을 양수한 자가 선의이며 과실 없이 그 동산을 점유한 경우에는 양도인이 정당한 소유자가 아닌 때에도 즉시 그 동산의 소유권을 취득한다.
>
> **제343조【준용규정】**
> 제249조 내지 제251조, 제321조 내지 제325조의 규정은 동산질권에 준용한다.

③ 민법 제249조가 규정하는 선의, 무과실의 기준시점은 물권행위가 완성되는 때인 것이므로 물권적 합의가 동산의 인도보다 먼저 행하여지면 인도된 때를, 인도가 물권적 합의보다 먼저 행하여지면 물권적 합의가 이루어진 때를 기준으로 해야 한다(대판 1991.3.22, 91다70). 丙이 계약을 체결할 당시 선의였더라도 X를 인도받을 때에도, 즉 물권행위가 완성된 때까지 선의・무과실이 계속되어야 한다. 따라서 인도받을 때 악의였다면 丙의 선의취득은 인정되지 않는다.

④ 동산의 선의취득에 필요한 점유의 취득은 현실적 인도가 있어야 하고 점유개정에 의한 점유취득만으로서는 그 요건을 충족할 수 없다(대판 1978.1.17, 77다1872). 甲이 직접점유를 취득하는 형태로 丙이 점유를 취득한 것은 점유개정에 해당하므로 丙의 선의취득은 인정되지 않는다.

⑤ 동산의 선의취득은 양도인이 무권리자라고 하는 점을 제외하고는 아무런 흠이 없는 거래행위이어야 성립한다(대판 2008.5.8, 2007다36933・36940). 따라서 거래행위가 제한능력, 의사의 흠결 등으로 무효・취소된 때에는 선의취득은 성립하지 않는다. 甲이 계약을 취소하면 丙은 선의취득을 할 수 없다.

25 정답해설

① 민법 제201조 제1항은 "선의의 점유자는 점유물의 과실을 취득한다."라고 규정하고 있는바, 여기서 선의의 점유자라 함은 과실수취권을 포함하는 권원이 있다고 오신한 점유자를 말하고, 다만 그와 같은 오신을 함에는 오신할 만한 정당한 근거가 있어야 한다(대판 2000.3.10, 99다63350). 지상권자는 타주점유자이지만, 용익물권자로서 과실수취권이 인정된다.

② 물건을 통상 사용하는 데 적합한 상태로 보존하고 관리하는 데 지출되는 비용은 필요비를 말하는데, 점유자가 선의·악의나 소유의사를 묻지 않고 회복자에 대하여 필요비의 상환을 청구할 수 있다. 다만 점유자가 과실을 취득한 경우에 통상의 필요비는 청구하지 못한다(제203조 제1항 단서). 타주점유자는 특별한 사정이 없는 한 회복자에 대하여 점유물을 보존하기 위하여 지출한 금액의 상환을 청구할 수 있다.

> **제203조【점유자의 상환청구권】**
> ① 점유자가 점유물을 반환할 때에는 회복자에 대하여 점유물을 보존하기 위하여 지출한 금액 기타 필요비의 상환을 청구할 수 있다. 그러나 점유자가 과실을 취득한 경우에는 통상의 필요비는 청구하지 못한다.

③ 악의의 점유자가 과실(過失) 없이 과실(果實)을 수취하지 못한 경우에는 그 대가를 보상할 필요가 없다.

> **제201조【점유자와 과실】**
> ② 악의의 점유자는 수취한 과실을 반환하여야 하며 소비하였거나 과실로 인하여 훼손 또는 수취하지 못한 경우에는 그 과실의 대가를 보상하여야 한다.

④ 점유자의 멸실·훼손의 책임은 원칙적으로 전부 배상이고, 소유 의사로 선의인 점유자만 현존이익을 배상한다. 선의라 해도 타주점유자는 전부 배상하여야 한다(제202조 단서).

> **제202조【점유자의 회복자에 대한 책임】**
> 점유물이 점유자의 책임 있는 사유로 인하여 멸실 또는 훼손된 때에는 악의의 점유자는 그 손해의 전부를 배상하여야 하며 선의의 점유자는 이익이 현존하는 한도에서 배상하여야 한다. 소유의 의사가 없는 점유자는 선의인 경우에도 손해의 전부를 배상하여야 한다.

⑤ **제203조【점유자의 상환청구권】** ② 점유자가 점유물을 개량하기 위하여 지출한 금액 기타 유익비에 관하여는 그 가액의 증가가 현존한 경우에 한하여 회복자의 선택에 좇아 그 지출금액이나 증가액의 상환을 청구할 수 있다.

26 정답해설

① 경계에 설치된 담이 공유인 경우, 제268조 제3항에 의해 법률상 공유물분할청구가 금지된다.

> **제268조【공유물의 분할청구】**
> ① 공유자는 공유물의 분할을 청구할 수 있다. 그러나 5년 내의 기간으로 분할하지 아니할 것을 약정할 수 있다.
> ② 전항의 계약을 갱신한 때에는 그 기간은 갱신한 날부터 5년을 넘지 못한다.
> ③ 전2항의 규정은 제215조, 제239조의 공유물에는 적용하지 아니한다.

②, ③ 인접하여 토지를 소유한 자가 통상의 경계표나 담을 설치하는 경우 별다른 관습이나 특약이 없는 한 그 설치비용은 절반씩, 측량비용은 토지 면적비율로 부담한다(제237조).

> **제237조【경계표, 담의 설치권】**
> ① 인접하여 토지를 소유한 자는 공동비용으로 통상의 경계표나 담을 설치할 수 있다.
> ② 전항의 비용은 쌍방이 절반하여 부담한다. 그러나 측량비용은 토지의 면적에 비례하여 부담한다.

④ **제240조【수지, 목근의 제거권】** ③ 인접지의 수목 뿌리가 경계를 넘은 때에는 임의로 제거할 수 있다.
⑤ **제242조【경계선부근의 건축】** ① 건물을 축조함에는 특별한 관습이 없으면 경계로부터 반미터 이상의 거리를 두어야 한다.

27

정답해설

① 건물을 소유하기 위하여 그 건물 부지를 평온・공연하게 20년간 점유함으로써 건물부지에 대한 지상권을 시효취득한다(대판 1994.10.14, 94다9849).
② 저당권은 그 성질상 점유를 수반하지 않기 때문에 시효취득의 대상이 되지 않는다.
③ **제245조【점유로 인한 부동산소유권의 취득기간】** ① 20년간 소유의 의사로 평온, 공연하게 부동산을 점유하는 자는 등기함으로써 그 소유권을 취득한다.
④ 민법 제294조에 의하여 지역권은 계속되고 표현된 것에 한하여 같은 법 제245조의 규정을 준용하게 되어 있으므로 지역권을 시효취득한 자는 등기함으로써 그 지역권을 취득하는 것이라고 보아야 할 것인데 원고가 지역권을 등기한 바 없고 그 대지는 취득시효 기간이 지난 뒤에 피고가 소유자로부터 매수하여 소유권이전등기까지 경료하였다면 원고가 지역권을 승계취득하였다고 하더라도 피고에 대하여 이를 주장할 수 없다(대판 1990.10.30, 90다카20395).
⑤ 동산질권도 시효취득의 대상이 된다(제248조).

> **제248조【소유권 이외의 재산권의 취득시효】** 전3조의 규정은 소유권 이외의 재산권의 취득에 준용한다.

28

정답해설

① 동산이 부동산에 부합하여 동산의 소유권이 소멸한 때에는 그 동산을 목적으로 한 다른 권리도 소멸한다(제260조 제1항)

> **제260조【첨부의 효과】**
> ① 전4조의 규정에 의하여 동산의 소유권이 소멸한 때에는 그 동산을 목적으로 한 다른 권리도 소멸한다.

② 부합한 동산의 주종을 구별할 수 없는 때에는 동산의 소유자는 부합 당시의 가액의 비율로 합성물을 공유한다(제257조).

> **제257조【동산 간의 부합】**
> 동산과 동산이 부합하여 훼손하지 아니하면 분리할 수 없거나 그 분리에 과다한 비용을 요할 경우에는 그 합성물의 소유권은 주된 동산의 소유자에게 속한다. 부합된 동산의 주종을 구별할 수 없는 때에는 동산의 소유자는 부합 당시의 가액의 비율로 합성물을 공유한다.

③ 민법 제256조 단서 소정의 '권원'이라 함은 지상권, 전세권, 임차권 등과 같이 타인의 부동산에 자기의 동산을 부속시켜서 그 부동산을 이용할 수 있는 권리를 뜻하므로 그와 같은 권원이 없는 자가 토지소유자의 승낙을 받음이 없이 그 임차인의 승낙을 받아 그 부동산 위에 나무를 심었다면 특별한 사정이 없는 한 토지소유자에 대하여 그 나무의 소유권을 주장할 수 없다(대판 1989.7.11, 88다카9067). X토지의 양수인은 자신의 소유인 수목을 벌채할 수 있다.

> **제256조【부동산에의 부합】**
> 부동산의 소유자는 그 부동산에 부합한 물건의 소유권을 취득한다. 그러나 타인의 권원에 의하여 부속된 것은 그러하지 아니하다.

④ 부동산에 부합된 물건이 사실상 분리복구가 불가능하여 거래상 독립한 권리의 객체성을 상실하고 그 부동산과 일체를 이루는 부동산의 구성부분이 된 경우에는 타인이 권원에 의하여 이를 부합시켰더라도 그 물건의 소유권은 부동산의 소유자에게 귀속되어 부동산의 소유자는 방해배제청구권에 기하여 부합물의 철거를 청구할 수 없지만(대판 1985.12.4, 84다카2428; 대판 2008.5.8, 2007다36933 · 36940 등 참조), 부합물이 위와 같은 요건을 충족하지 못해 그 물건의 소유권이 부동산의 소유자에게 귀속되었다고 볼 수 없는 경우에는 부동산의 소유자는 방해배제청구권에 기하여 부합물의 철거를 청구할 수 있다.

⑤ 일반적으로 건물의 증축부분이 축조 당시는 본건물의 구성부분이 됨으로써 독립의 권리의 객체성을 상실하여 본건물에 부합되었다고 할지라도 그 후 구조의 변경 등으로 독립한 권리의 객체성을 취득하게 된 때에는 본건물과 독립하여 거래의 대상이 될 수 있다(대판 1982.1.26, 81다519).

29 정답해설

① 어떠한 물건에 대한 소유권과 다른 물권이 동일한 사람에게 귀속한 경우 그 제한물권은 혼동에 의하여 소멸하는 것이 원칙이지만, 본인 또는 제3자의 이익을 위하여 그 제한물권을 존속시킬 필요가 있다고 인정되는 경우에는 민법 제191조 제1항 단서의 해석에 의하여 혼동으로 소멸하지 않는다고 보아야 할 것이다(대판 1998.7.10, 98다18643). X토지에 甲이 1번 저당권, 乙이 2번 저당권을 취득하고, 丙이 X토지를 가압류한 후 乙이 X토지를 매수하여 소유권을 취득한 경우 乙의 후순위 저당권이 혼동으로 소멸하게 된다면, 가압류한 丙은 이로 인하여 부당한 이득을 얻게 되는 반면 乙은 손해를 보게 되는 불합리한 결과가 되므로, 乙의 저당권은 그 이후의 소유권 취득에도 불구하고 혼동으로 소멸하지 않는다.

② 유치권은 법정담보물권이기는 하나 채권자의 이익보호를 위한 채권담보의 수단에 불과하므로 이를 포기하는 특약은 유효하고, 유치권을 사전에 포기한 경우 다른 법정요건이 모두 충족되더라도 유치권이 발생하지 않는 것과 마찬가지로 유치권을 사후에 포기한 경우 곧바로 유치권은 소멸하며, 채권자가 유치권의 소멸 후에 그 목적물을 계속하여 점유한다고 하여 여기에 적법한 유치의 의사나 효력이 있다고 인정할 수 없고 다른 법률상 권원이 없는 한 무단점유에 지나지 않는다(대결 2011.5.13, 2010마1544).

③ 혼동으로 물권이 소멸하기 위해서는 1) 양립될 수 없는 물권이, 2) 동일인에게 귀속되는 경우이어야 한다. 따라서 점유권에 대해서는 혼동의 법리가 적용되지 않는다. 점유권은 다른 물권과 양립할 수 있기 때문이다(제191조 제3항 참조).

> **제191조 【혼동으로 인한 물권의 소멸】**
> ① 동일한 물건에 대한 소유권과 다른 물권이 동일한 사람에게 귀속한 때에는 다른 물권은 소멸한다. 그러나 그 물권이 제3자의 권리의 목적이 된 때에는 소멸하지 아니한다.
> ③ 점유권에 관하여는 전2항의 규정을 적용하지 아니한다.

④ 지역권은 20년간 행사하지 않으면 소멸시효가 완성된다(제162조 제2항).

> **제162조 【채권, 재산권의 소멸시효】**
> ① 채권은 10년간 행사하지 아니하면 소멸시효가 완성한다.
> ② 채권 및 소유권 이외의 재산권은 20년간 행사하지 아니하면 소멸시효가 완성한다.

⑤ 임차주택의 양수인에게 대항할 수 있는 주택임차인이 당해 임차주택을 경락받아 그 대금을 납부함으로써 임차주택의 소유권을 취득한 때에는, 그 주택임차인은 임대인의 지위를 승계하는 결과, 그 임대차계약에 기한 채권이 혼동으로 인하여 소멸하게 되므로 그 임대차는 종료된 상태가 된다(대판 1998.9.25, 97다28650). 경매절차이므로 소멸주의에 따라 후순위 저당권도 소멸하게 되고, 따라서 임차권을 존치시킬 이유가 없다.

30 정답해설

① 토지 소유자가 그 소유의 토지를 도로, 수도시설의 매설 부지 등 일반 공중을 위한 용도로 제공한 경우에 소유자가 토지를 소유하게 된 경위와 보유기간, 소유자가 토지를 공공의 사용에 제공한 경위와 그 규모, 토지의 제공에 따른 소유자의 이익 또는 편익의 유무, 해당 토지 부분의 위치나 형태, 인근의 다른 토지들과의 관계, 주위 환경 등 여러 사정을 종합적으로 고찰하고, 토지 소유자의 소유권 보장과 공공의 이익 사이의 비교형량을 한 결과 소유자가 그 토지에 대한 독점적·배타적인 사용·수익권을 포기한 것으로 볼 수 있다면 타인[사인(私人)뿐만 아니라 국가, 지방자치단체도 이에 해당할 수 있다. 이하 같다]이 그 토지를 점유·사용하고 있다 하더라도 특별한 사정이 없는 한 그로 인해 토지 소유자에게 어떤 손해가 생긴다고 볼 수 없으므로 토지 소유자는 그 타인을 상대로 부당이득반환을 청구할 수 없고 토지의 인도 등을 구할 수도 없다(대판(전) 2019.1.24, 2016다264556). 甲은 그 타인에 대하여 X토지의 인도청구를 할 수 없다.

②, ③ 소유권의 핵심적 권능에 속하는 사용·수익 권능의 대세적·영구적인 포기는 물권법정주의에 반하여 허용할 수 없으므로 토지 소유자의 독점적·배타적인 사용·수익권의 행사가 제한되는 것으로 보는 경우에도 일반 공중의 무상 이용이라는 토지이용현황과 양립 또는 병존하기 어려운 토지 소유자의 독점적이고 배타적인 사용·수익만이 제한될 뿐이고, 토지 소유자는 일반 공중의 통행 등 이용을 방해하지 않는 범위 내에서는 그 토지를 처분하거나 사용·수익할 권능을 상실하지 않는다(대판(전) 2019.1.24, 2016다264556). ② 甲이 X토지의 사용·수익권을 대세적·영구적으로 포기하는 것은 허용되지 않는다. ③ 甲은 일반 공중의 통행을 방해하지 않는 범위에서 X토지를 처분할 수 있다.

④ 상속인은 피상속인의 일신에 전속한 것이 아닌 한 상속이 개시된 때로부터 피상속인의 재산에 관한 포괄적 권리·의무를 승계하므로 피상속인이 사망 전에 그 소유 토지를 일반 공중의 이용에 제공하여 독점적·배타적인 사용·수익권을 포기한 것으로 볼 수 있고 그 토지가 상속재산에 해당하는 경우에는 피상속인의 사망 후 그 토지에 대한 상속인의 독점적·배타적인 사용·수익권의 행사 역시 제한된다(대판(전) 2019.1.24, 2016다264556).

⑤ 토지소유자의 독점적·배타적 사용·수익권 행사 제한의 법리는 토지가 도로, 수도시설의 매설 부지 등 일반 공중을 위한 용도로 제공된 경우에 적용되는 것이어서 토지가 건물의 부지 등 지상 건물의 소유자들만을 위한 용도로 제공된 경우에는 적용되지 않는다. 따라서 토지소유자가 그 소유 토지를 건물의 부지로 제공하여 지상 건물소유자들이 이를 무상으로 사용하도록 허락하였다고 하더라도 그러한 법률관계가 물권의 설정 등으로 특정승계인에게 대항할 수 있는 것이 아니라면 채권적인 것에 불과하여 특정승계인이 그러한 채권적 법률관계를 승계하였다는 등의 특별한 사정이 없는 한 특정승계인의 그 토지에 대한 소유권 행사가 제한된다고 볼 수 없다(대판 2019.11.14, 2015다211685). 특별한 사정이 없는 한 X토지의 매수인의 배타적 사용·수익권 행사는 제한되지 않는다.

31 정답해설

① 공유물의 소수지분권자가 다른 공유자와 협의 없이 공유물의 전부 또는 일부를 독점적으로 점유·사용하고 있는 경우 다른 소수지분권자는 공유물의 보존행위로서 그 인도를 청구할 수는 없고, 다만 자신의 지분권에 기초하여 공유물에 대한 방해 상태를 제거하거나 공동 점유를 방해하는 행위의 금지 등을 청구할 수 있다(대판(전) 2020.5.21, 2018다287522). 토지의 1/3 지분을 소유하고 있는 소수지분권자 乙은 甲에게 자신의 공유지분권에 기초하여 X토지에 대한 방해배제청구를 할 수 있다.

② 공유물을 처분하기 위해서는 전원의 동의가 있어야 한다(제264조). 甲과 乙이 협의하여 X토지를 매도하였다 하더라도 공유자 丙의 동의가 없어 공유물인 X토지의 처분의 효력은 없다. 다만, 甲과 乙의 지분처분으로 효력이 있을 뿐이므로(제263조), 丙의 지분에는 미치지 않는다.

> **제263조【공유지분의 처분과 공유물의 사용, 수익】**
> 공유자는 그 지분을 처분할 수 있고 공유물 전부를 지분의 비율로 사용, 수익할 수 있다.
>
> **제264조【공유물의 처분, 변경】**
> 공유자는 다른 공유자의 동의 없이 공유물을 처분하거나 변경하지 못한다.

③ 공유물을 점유할 아무런 권리가 없는 제3자에 대해서는 각 공유자는 단독으로 반환을 청구할 수 있고, 이 때 자신에게 목적물 전부를 반환할 것을 청구할 수 있다. 판례는 보존행위를 근거로 한다. 丁이 X토지의 점유를 무단으로 침해하고 있는 경우, 공유자 아닌 제3자인 丁에게 甲은 X토지 중 자신의 지분에 한하지 않고, 전부에 대해 반환을 청구할 수 있다.

④ 민법 제267조는 '공유자가 그 지분을 포기하거나 상속인 없이 사망한 때에는 그 지분은 다른 공유자에게 각 지분의 비율로 귀속한다.'고 규정하고 있다. 여기서 공유지분의 포기는 법률행위로서 상대방 있는 단독행위에 해당하므로, 부동산 공유자의 공유지분 포기의 의사표시가 다른 공유자에게 도달하더라도 이로써 곧바로 공유지분 포기에 따른 물권변동의 효력이 발생하는 것은 아니고, 다른 공유자는 자신에게 귀속될 공유지분에 관하여 소유권이전등기청구권을 취득하며, 이후 민법 제186조에 의하여 등기를 하여야 공유지분 포기에 따른 물권변동의 효력이 발생한다(대판 1965.6.15, 65다301 참조). 그리고 부동산 공유자의 공유지분 포기에 따른 등기는 해당 지분에 관하여 다른 공유자 앞으로 소유권이전등기를 하는 형태가 되어야 한다(대판 2016.10.27, 2015다52978). 甲이 자신의 지분을 포기하더라도 乙과 丙이 이전등기를 하여야 甲의 지분을 취득한다.

⑤ 공유자가 1년 이상 관리비용 기타 의무이행을 지체한 때에는 다른 공유자는 상당한 가액으로 지분을 매수할 수 있다(제266조 제2항). 甲, 乙은 丙의 지분을 무상으로 취득할 수는 없다.

> **제266조【공유물의 부담】**
> ② 공유자가 1년 이상 전항의 의무이행을 지체한 때에는 다른 공유자는 상당한 가액으로 지분을 매수할 수 있다.

32 정답해설

① 공유자는 다른 약정이 없으면 언제든지 공유물의 분할을 청구할 수 있다(민법 제268조). 공유는 공동소유자 상호 간에 아무런 인적 결합관계 없이 각기 독립적으로 목적물을 지배할 수 있는 공동소유 형태로서, 물건에 대한 1개의 소유권이 분량적으로 분할되어 여러 사람에게 속하는 것이므로 특별한 사정이 없는 한 각 공유자는 공유물의 분할을 청구하여 기존의 공유관계를 해소하고 각 공유자 간에 공유물을 분배하는 법률관계를 실현하는 일방적인 권리를 가진다(대판 1991.11.12, 91다27228 등 참조). 甲은 乙과 丙의 동의를 얻지 않고서 공유물의 분할을 청구할 수 있다.

② 5년 내의 기간으로 분할금지약정이 가능하므로, 甲, 乙, 丙이 3년간 공유물을 분할하지 않기로 합의한 것은 유효하다(제268조 제1항).

> **제268조【공유물의 분할청구】**
> ① 공유자는 공유물의 분할을 청구할 수 있다. 그러나 5년 내의 기간으로 분할하지 아니할 것을 약정할 수 있다.

③ 공유관계의 발생원인과 공유지분의 비율 및 분할된 경우의 경제적 가치, 분할 방법에 관한 공유자의 희망 등의 사정을 종합적으로 고려하여 당해 공유물을 특정한 자에게 취득시키는 것이 상당하다고 인정되고, 다른 공유자에게는 그 지분의 가격을 취득시키는 것이 공유자 간의 실질적인 공평을 해치지 않는다고 인정되는 특별한 사정이 있는 때에는 공유물을 공유자 중의 1인의 단독소유 또는 수인의 공유로 하되 현물을 소유하게 되는 공유자로 하여금 다른 공유자에 대하여 그 지분의 적정하고도 합리적인 가격을 배상시키는 방법에 의한 분할도 현물분할의 하나로 허용된다(대판 2004.10.14, 2004다30583).

④ 甲, 乙의 공유인 부동산 중 甲의 지분 위에 설정된 근저당권 등 담보물권은 특단의 합의가 없는 한 공유물분할이 된 뒤에도 종전의 지분비율대로 공유물 전부의 위에 그대로 존속하고 근저당권설정자인 甲 앞으로 분할된 부분에 당연히 집중되는 것은 아니므로, 甲과 담보권자 사이에 공유물분할로 甲의 단독소유로 된 토지부분 중 원래의 乙지분부분을 근저당권의 목적물에 포함시키기로 합의하였다고 하여도 이런 합의가 乙의 단독소유로된 토지부분 중 甲지분부분에 대한 피담보채권을 소멸시키기로 하는 합의까지 내포한 것이라고는 할 수 없다(대판 1989.8.8, 88다카24868).

⑤ 공유물분할은 협의분할을 원칙으로 하고 협의가 성립되지 아니한 때에는 재판상 분할을 청구할 수 있으므로 공유자 사이에 이미 분할에 관한 협의가 성립된 경우에는 일부 공유자가 분할에 따른 이전등기에 협조하지 않거나 분할에 관하여 다툼이 있더라도 그 분할된 부분에 대한 소유권이전등기를 청구하든가 소유권확인을 구함은 별문제이나 또다시 소로써 그 분할을 청구하거나 이미 제기한 공유물분할의 소를 유지함은 허용되지 않는다(대판 1995.1.12, 94다30348 · 30355).

> **제269조 【분할의 방법】**
> ① 분할의 방법에 관하여 협의가 성립되지 아니한 때에는 공유자는 법원에 그 분할을 청구할 수 있다.

33 정답해설

① 근저당권 등 담보권 설정의 당사자들이 그 목적이 된 토지 위에 차후 용익권이 설정되거나 건물 또는 공작물이 축조 · 설치되는 등으로써 그 목적물의 담보가치가 저감하는 것을 막는 것을 주요한 목적으로 하여 채권자 앞으로 아울러 지상권을 설정하였다면, 그 피담보채권이 변제 등으로 만족을 얻어 소멸한 경우는 물론이고 시효소멸한 경우에도 그 지상권은 피담보채권에 부종하여 소멸한다(대판 2011.4.14, 2011다6342).

② 민법 제280조 제1항 제1호가 석조 · 석회조 · 연와조 또는 이와 비슷한 견고한 건물이나 수목의 '소유를 목적으로 하는' 지상권의 경우 그 존속기간은 30년보다 단축할 수 없다고 규정하고 있음에 비추어 볼 때, 같은 법조 소정의 최단 존속기간에 관한 규정은 지상권자가 그 소유의 건물 등을 건축하거나 수목을 식재하여 토지를 이용할 목적으로 지상권을 설정한 경우에만 그 적용이 있다(대판 1996.3.22, 95다49318). 기존 건물의 사용을 목적으로 지상권이 설정된 경우에는 적용되지 않아 그 존속기간을 30년 미만으로 정할 수 있다.

③ 부동산에 부합한 물건이 타인이 적법한 권원에 의하여 부속한 것인 때에는 민법 제256조 단서에 따라 그 물건의 소유권은 그 타인의 소유에 귀속되는 것이다. 지상권자가 존속기간 중 심은 수목의 소유권은 그 지상권자에게 귀속되는 것이고, 경우에 따라 지상권자는 수목에 대해 지상물매수청구권을 행사할 수 있다.

④ 지상권자는 지상권설정자의 동의 없이 타인에게 그 권리를 양도하거나 그 권리의 존속기간 내에 그 토지를 임대할 수 있다(제282조). 이는 편면적 강행규정으로(제289조), 이를 금지하는 특약은 무효이다. 따라서 양도가 금지된 지상권의 양수인은 양수한 지상권으로 지상권설정자에게 대항할 수 있다.

비교 전세권 양도규정 : 임의규정 → 전세권 금지특약 : 유효

> **제282조 【지상권의 양도, 임대】**
> 지상권자는 타인에게 그 권리를 양도하거나 그 권리의 존속기간 내에서 그 토지를 임대할 수 있다.
>
> **제289조 【강행규정】**
> 제280조부터 제287조의 규정에 위반되는 계약으로 지상권자에게 불리한 것은 그 효력이 없다.

⑤ 대법원은 연속해서 2년 이상일 필요가 없고, 특정당사자 간 2년분 이상이면 요건을 충족하고, 전소유자에게 연체된 부분의 합산을 신소유자는 주장하지 못한다고 한다(대판 2001.3.13, 99다17142).

> **제287조 【지상권 소멸청구권】**
> 지상권자가 2년 이상의 지료를 지급하지 아니한 때에는 지상권설정자는 지상권의 소멸을 청구할 수 있다.

34

정답해설

ㄱ. (○) : 전세권이 갱신 없이 존속기간이 만료되면 그 용익물권적 권능은 전세권설정등기의 말소 없이도 소멸한다(대판 1999.9.17, 98다31301).

ㄴ. (×) : 전세금의 지급은 전세권 성립의 요소가 되는 것이지만 그렇다고 하여 전세금의 지급이 반드시 현실적으로 수수되어야만 하는 것은 아니고 기존의 채권으로 전세금의 지급에 갈음할 수도 있다(대판 2009.1.30, 2008다67217).

ㄷ. (○) : 전세권자는 전세금을 지급하고 타인의 부동산을 점유하여 그 부동산의 용도에 좇아 사용·수익하며, 그 부동산 전부에 대하여 후순위권리자 기타 채권자보다 전세금의 우선변제를 받을 권리가 있다(민법 제303조 제1항). 이처럼 전세권이 용익물권적인 성격과 담보물권적인 성격을 모두 갖추고 있는 점에 비추어 전세권 존속기간이 시작되기 전에 마친 전세권설정등기도 특별한 사정이 없는 한 유효한 것으로 추정된다. 한편 부동산등기법 제4조 제1항은 "같은 부동산에 관하여 등기한 권리의 순위는 법률에 다른 규정이 없으면 등기한 순서에 따른다."라고 정하고 있으므로, 전세권은 등기부상 기록된 전세권설정등기의 존속기간과 상관없이 등기된 순서에 따라 순위가 정해진다(대결 2018.1.25, 2017마1093).

ㄹ. (×) : 전세권이 용익물권적 성격과 담보물권적 성격을 겸비하고 있다는 점 및 목적물의 인도는 전세권의 성립요건이 아닌 점 등에 비추어 볼 때, 당사자가 주로 채권담보의 목적으로 전세권을 설정하였고, 그 설정과 동시에 목적물을 인도하지 아니한 경우라 하더라도, 장차 전세권자가 목적물을 사용·수익하는 것을 완전히 배제하는 것이 아니라면, 그 전세권의 효력을 부인할 수는 없다(대판 1995.2.10, 94다18508).

35

정답해설

① 유치권은 점유가 불법행위로 개시된 경우에는 인정되지 않는다(제320조 제2항).

> **제320조【유치권의 내용】**
> ② 전항의 규정은 그 점유가 불법행위로 인한 경우에 적용하지 아니한다.

② 유치권은 점유하는 물건으로써 유치권자의 피담보채권에 대한 우선적 만족을 확보하여 주는 법정담보물권이다(민법 제320조 제1항, 상법 제58조). 한편 유치권자가 민법 제324조 제2항을 위반하여 유치물 소유자의 승낙 없이 유치물을 임대한 경우 유치물의 소유자는 이를 이유로 민법 제324조 제3항에 의하여 유치권의 소멸을 청구할 수 있다. 민법 제324조에서 정한 유치권소멸청구는 유치권자의 선량한 관리자의 주의의무 위반에 대한 제재로서 채무자 또는 유치물의 소유자를 보호하기 위한 규정이므로, 특별한 사정이 없는 한 민법 제324조 제2항을 위반한 임대행위가 있은 뒤에 유치물의 소유권을 취득한 제3자도 유치권소멸청구를 할 수 있다(대판 2023.8.31, 2019다295278).

③ 점유회수의 소를 제기하여 승소판결을 받아 점유를 회복하면 점유를 상실하지 않았던 것으로 되어 유치권이 되살아나지만, 위와 같은 방법으로 점유를 회복하기 전에는 유치권이 되살아나는 것이 아니다(대판 2012.2.9, 2011다72189).

④ 유치권의 성립요건이자 존속요건인 유치권자의 점유는 직접점유이든 간접점유이든 관계가 없으나, 다만 유치권은 목적물을 유치함으로써 채무자의 변제를 간접적으로 강제하는 것을 본체적 효력으로 하는 권리인 점 등에 비추어, 그 직접점유자가 채무자인 경우에는 유치권의 요건으로서의 점유에 해당하지 않는다(대판 2008.4.11, 2007다27236).

⑤ 민법 제367조에 의한 우선상환은 제3취득자가 경매절차에서 배당받는 방법으로 민법 제203조 제1, 2항에서 규정한 비용에 관하여 경매절차의 매각대금에서 우선변제받을 수 있다는 것이지 이를 근거로 제3취득자가 직접 저당권설정자, 저당권자 또는 경매절차 매수인 등에 대하여 비용상환을 청구할 수 있는 권리가 인정될 수 없다. 따라서 제3취득자는 민법 제367조에 의한 비용상환청구권을 피담보채권으로 주장하면서 유치권을 행사할 수 없다(대판 2023.7.13, 2022다265093).

36 정답해설

① 주택건물의 신축공사를 한 수급인이 그 건물을 점유하고 있고 또 그 건물에 관하여 생긴 공사금 채권이 있다면, 수급인은 그 채권을 변제받을 때까지 건물을 유치할 권리가 있다고 할 것이고, 이러한 유치권은 수급인이 점유를 상실하거나 피담보채무가 변제되는 등 특단의 사정이 없는 한 소멸되지 않는다(대판 1995.9.15, 95다16202・16219).

② 임대인과 임차인 사이에 건물명도 시 권리금을 반환하기로 하는 약정이 있었다 하더라도 그와 같은 권리금반환청구권은 건물에 관하여 생긴 채권이라 할 수 없으므로 그와 같은 채권을 가지고 건물에 대한 유치권을 행사할 수 없다(대판 1994.10.14, 93다62119).

③ 부동산 매도인이 매매대금을 다 지급받지 아니한 상태에서 매수인에게 소유권이전등기를 마쳐주어 목적물의 소유권을 매수인에게 이전한 경우에는, 매도인의 목적물인도의무에 관하여 동시이행의 항변권 외에 물권적 권리인 유치권까지 인정할 것은 아니다. 따라서 매도인이 부동산을 점유하고 있고 소유권을 이전받은 매수인에게서 매매대금 일부를 지급받지 못하고 있다고 하여 매매대금채권을 피담보채권으로 매수인이나 그에게서 부동산 소유권을 취득한 제3자를 상대로 유치권을 주장할 수 없다(대결 2012.1.12, 2011마2380).

④ 甲이 건물 신축공사 수급인인 乙주식회사와 체결한 약정에 따라 공사현장에 시멘트와 모래 등의 건축자재를 공급한 경우 甲의 건축자재대금채권은 매매계약에 따른 매매대금채권에 불과할 뿐 건물 자체에 관하여 생긴 채권이라고 할 수 없다(대판 2012.1.26, 2011다96208).

⑤ 건물의 임대차에 있어서 임차인의 임대인에게 지급한 임차보증금반환청구권이나 임대인이 건물시설을 아니하기 때문에 임차인에게 건물을 임차목적대로 사용 못 한 것을 이유로 하는 손해배상청구권은 모두 민법 제320조 소정 소위 그 건물에 관하여 생긴 채권이라 할 수 없다(대판 1976.5.11, 75다1305).

37 정답해설

① 질물보다 먼저 채무자의 다른 재산에 관한 배당을 실시하는 경우에는 제340조 제1항은 적용하지 않으며, 따라서 질권자는 채권 전액을 가지고 배당에 참가하여 배당받을 수 있다(제340조 제2항 본문). 그러나 다른 채권자는 질권자에게 그 배당금액의 공탁을 청구할 수 있다(제340조 제2항 단서).

> **제340조 【질물 이외의 재산으로부터의 변제】**
> ① 질권자는 질물에 의하여 변제를 받지 못한 부분의 채권에 한하여 채무자의 다른 재산으로부터 변제를 받을 수 있다.
> ② 전항의 규정은 질물보다 먼저 다른 재산에 관한 배당을 실시하는 경우에는 적용하지 아니한다. 그러나 다른 채권자는 질권자에게 그 배당금액의 공탁을 청구할 수 있다.

② 질권자는 채권 전부를 변제받을 때까지 질물 전부에 대하여 그 권리를 행사할 수 있다(제321조, 제343조).

> **제321조 【유치권의 불가분성】**
> 유치권자는 채권 전부의 변제를 받을 때까지 유치물 전부에 대하여 그 권리를 행사할 수 있다.
>
> **제343조 【준용규정】** 제249조 내지 제251조, 제321조 내지 제325조의 규정은 동산질권에 준용한다.

③ **제342조 【물상대위】** 질권은 질물의 멸실, 훼손 또는 공용징수로 인하여 질권설정자가 받을 금전 기타 물건에 대하여도 이를 행사할 수 있다. 이 경우에는 그 지급 또는 인도 전에 압류하여야 한다.

④ **제338조 【경매, 간이변제충당】** ② 정당한 이유 있는 때에는 질권자는 감정인의 평가에 의하여 질물로 직접 변제에 충당할 것을 법원에 청구할 수 있다. 이 경우에는 질권자는 미리 채무자 및 질권설정자에게 통지하여야 한다.

⑤ **제336조 【전질권】** 질권자는 그 권리의 범위 내에서 자기의 책임으로 질물을 전질할 수 있다. 이 경우에는 전질을 하지 아니하였으면 면할 수 있는 불가항력으로 인한 손해에 대하여도 책임을 부담한다.

38 정답해설

① 민법 제359조 전문은 "저당권의 효력은 저당부동산에 대한 압류가 있은 후에 저당권설정자가 그 부동산으로부터 수취한 과실 또는 수취할 수 있는 과실에 미친다."라고 규정하고 있는데, 위 규정상 '과실'에는 천연과실뿐만 아니라 법정과실도 포함되므로, 저당부동산에 대한 압류가 있으면 압류 이후의 저당권설정자의 저당부동산에 관한 차임채권 등에도 저당권의 효력이 미친다(대판 2016.7.27, 2015다230020).

> **제359조【과실에 대한 효력】**
> 저당권의 효력은 저당부동산에 대한 압류가 있은 후에 저당권설정자가 그 부동산으로부터 수취한 과실 또는 수취할 수 있는 과실에 미친다. 그러나 저당권자가 그 부동산에 대한 소유권, 지상권 또는 전세권을 취득한 제3자에 대하여는 압류한 사실을 통지한 후가 아니면 이로써 대항하지 못한다.

② 종물은 주물의 상용에 이바지하는 관계에 있어야 하고, 주물의 상용에 이바지한다 함은 주를 그 주제의 효용을 다하게 하는 것을 말하는 것으로서 주물의 소유자나 이용자의 상용에 공여되고 있더라도 주물 그 자체의 효용과 직접 관계가 없는 물건은 종물이 아니다(대판 1997.10.10, 97다3750). 기존건물의 상용에 공하기 위하여 부속된 종물이라거나 기존건물에 부합된 부속건물이라고 할 수 없는 건물을 경매신청된 기존건물의 부합물이나 종물로 보아 경매법원에서 경매를 같이 진행하여 경락허가를 하였다 하더라도 이 사건 건물에 대한 경락은 당연무효이고 따라서 그 경락인은 이 사건 건물에 대한 소유권을 취득할 수 없다(대판 1988.2.23, 87다카600).

③ 집합건물 구분소유자의 대지사용권은 전유부분과 분리처분이 가능하도록 규약으로 정하였다는 등의 특별한 사정이 없는 한 전유부분과 종속적 일체불가분성이 인정되므로, 구분건물의 전유부분에 대한 저당권 또는 경매개시결정과 압류의 효력은 당연히 종물 내지 종된 권리인 대지사용권에까지 미치고, 그에 터 잡아 진행된 경매절차에서 전유부분을 경락받은 자는 그 대지사용권도 함께 취득한다(대판 2008.3.13, 2005다15048).

④ 건물의 증축부분이 기존건물에 부합하여 기존건물과 분리하여서는 별개의 독립물로서의 효용을 갖지 못하는 이상 기존건물에 대한 근저당권은 민법 제358조에 의하여 부합된 증축부분에도 효력이 미치는 것이므로 기존건물에 대한 경매절차에서 경매목적물로 평가되지 아니하였다고 할지라도 경락인은 부합된 증축부분의 소유권을 취득한다(대판 1992.12.8, 92다26772 · 26789).

⑤ 저당권의 효력이 저당부동산에 부합된 물건과 종물에 미친다는 민법 제358조 본문을 유추하여 보면 건물에 대한 저당권의 효력은 그 건물에 종된 권리인 건물의 소유를 목적으로 하는 지상권에도 미치게 되므로, 건물에 대한 저당권이 실행되어 경락인이 그 건물의 소유권을 취득하였다면 경락 후 건물을 철거한다는 등의 매각조건에서 경매되었다는 등 특별한 사정이 없는 한, 경락인은 건물 소유를 위한 지상권도 민법 제187조의 규정에 따라 등기 없이 당연히 취득하게 되고, 한편 이 경우에 경락인이 건물을 제3자에게 양도한 때에는, 특별한 사정이 없는 한 민법 제100조 제2항의 유추적용에 의하여 건물과 함께 종된 권리인 지상권도 양도하기로 한 것으로 봄이 상당하다(대판 1996.4.26, 95다52864).

39 정답해설

ㄷ. 항목의 경우에만 법정지상권이 성립한다.

ㄱ. (×) : 민법 제366조의 법정지상권은 저당권 설정 당시부터 저당권의 목적되는 토지 위에 건물이 존재할 경우에 한하여 인정되며, 토지에 관하여 저당권이 설정될 당시 그 지상에 토지소유자에 의한 건물의 건축이 개시되기 이전이었다면, 건물이 없는 토지에 관하여 저당권이 설정될 당시 근저당권자가 토지소유자에 의한 건물의 건축에 동의하였다고 하더라도 그러한 사정은 주관적 사항이고 공시할 수도 없는 것이어서 토지를 낙찰받는 제3자로서는 알 수 없는 것이므로 그와 같은 사정을 들어 법정지상권의 성립을 인정한다면 토지 소유권을 취득하려는 제3자의 법적 안정성을 해하는 등 법률관계가 매우 불명확하게 되므로 법정지상권이 성립되지 않는다(대판 2003.9.5, 2003다26051).

ㄴ. (×) : 동일인의 소유에 속하는 토지 및 그 지상 건물에 관하여 공동저당권이 설정된 후 그 지상 건물이 철거되고 새로 건물이 신축된 경우에는 그 신축건물의 소유자가 토지의 소유자와 동일하고 토지의 저당권자에게 신축건물에 관하여 토지의 저당권과 동일한 순위의 공동저당권을 설정해 주는 등 특별한 사정이 없는 한 저당물의 경매로 인하여 토지와 그 신축건물이 다른 소유자에 속하게 되더라도 그 신축건물을 위한 법정지상권은 성립하지 않는다(대판(전) 2003.12.18, 98다43601).

ㄷ. (○) : 건물공유자의 1인이 그 건물의 부지인 토지를 단독으로 소유하면서 그 토지에 관하여만 저당권을 설정하였다가 위 저당권에 의한 경매로 인하여 토지의 소유자가 달라진 경우, 건물공유자들은 민법 제366조에 의하여 토지 전부에 관하여 건물의 존속을 위한 법정지상권을 취득한다고 보아야 한다(대판 2011.1.13, 2010다67159).

40 정답해설

최근 대법원은 공동저당권이 설정되어 있는 수개의 부동산 중 일부는 채무자 소유이고 일부는 물상보증인의 소유인 경우 위 각 부동산의 경매대가를 동시에 배당하는 때에는 민법 제368조 제1항은 적용되지 아니한다고 봄이 상당하다고 하면서 이러한 경우 경매법원으로서는 채무자 소유 부동산의 경매대가에서 공동저당권자에게 우선적으로 배당을 하고, 부족분이 있는 경우에 한하여 물상보증인 소유 부동산의 경매대가에서 추가로 배당을 하여야 한다고 보았다(대판 2010.4.15, 2008다41475). 사안의 경우가 甲의 3억원 채권담보를 위해 채무자 乙소유의 X토지와 물상보증인 丙소유의 Y토지에 각각 1번의 공동저당권이 설정된 경우이다. 따라서 동시배상되는 경우라도 제368조 제1항은 적용되지 않는다. 이러한 판례의 따르면 동시배당의 경우 甲은 채무자 乙소유의 X토지에서 경매대가인 3억원 모두를 우선 변제받고, 후순위 저당권자인 丁은 배당받을 것이 없게 된다.

[1] 사안의 정리

토지	소유자	매각대금	순위 1번 및 채권	순위 2번 및 채권
X	乙(채무자)	3억원	공동저당권자 甲 3억원	저당권자 丁 2억원
Y	丙(물상보증인)	2억원	공동저당권자 甲 3억원	

[2] 동시배당

(1) 부동산 경매대가 : 乙(채무자) X토지 3억원 + 丙(물상보증인) Y토지 2억원
(2) 甲이 배당받는 금액 : 乙(채무자) X토지 3억원 + 丙(물상보증인) Y토지 0원
丁이 배당받는 금액 : 乙(채무자) X토지 0원
丙이 배당받는 금액 : 丙(물상보증인) Y토지 2억원

사안은 물상보증인 丙소유의 Y토지가 우선 매각으로 공동저당권자 甲이 우선 2억원을 배상받은 후, 채무자 乙소유의 X토지가 배당되는 이시배당이 실시되는 경우이다.
판례는 공동저당에 제공된 채무자 소유 부동산과 물상보증인 소유 부동산 가운데 물상보증인 소유 부동산이 먼저 경매되어 매각대금에서 선순위 공동저당권자가 변제를 받은 때에는 물상보증인은 채무자에 대하여 구상권을 취득함과 동시에 변제자대위에 의하여 채무자 소유 부동산에 대한 선순위 공동저당권을 대위취득한다(대판 2018.7.11, 2017다292756). Y토지의 매각대금(2억원)에서 甲이 2억원을 배당받았으므로 남은 채권액 1억원을 X토지의 매각대금(3억원)에서 甲이 1억원을 우선배당을 받는다. 매각대금 중 나머지 2억원은 물상보증인 丙이 변제자대위에 의하여 채무자 乙소유의 X토지에 대한 선순위 공동저당권자 甲을 대위하여 배당받는다. 결국 丁이 배당받을 수 있는 금액은 없게 된다.

■ 공동저당

목적물 전부가 채무자 소유 또는 물상보증인 소유인 경우	1. 동시배당: 제368조 제1항 적용 → 각 부동산의 경매대가에 비례하여 채권분담 2. 이시배당: 제368조 제2항 적용 → 전문: 공동저당권자는 먼저 경매된 부동산의 대가에서 채권 전부변제수령 가능 → 후문: 이 경우 먼저 경매된 부동산의 후순위저당권자는 동시에 배당하였으면 공동저당권자가 다른 부동산에서 변제받을 수 있는 금액의 한도에서 공동저당권자를 대위하여 저당권행사 가능
목적물 일부는 채무자 소유, 목적물 일부는 물상보증인 소유인 경우	1. 동시배당: 제368조 제1항 적용 × → ① 채무자소유: 먼저 배당 ○ ② 부족 시: 물상보증인 ○ 2. 이시배당 (1) 채무자 소유가 먼저 경매된 경우: 제368조 제2항 대위 × (2) 물상보증인 소유가 먼저 경매된 경우 ① 물상보증인: 법정대위(제481조) ② 후순위저당권자(= 물상보증인에게 돈을 대여한 자): 물상대위

정답

01 ①	02 ⑤	03 ④	04 ④	05 ④	06 ③	07 ④	08 ②	09 ①	10 ⑤
11 ③	12 ⑤	13 ①	14 ③	15 ①	16 ⑤	17 ⑤	18 ①	19 ②	20 ①
21 ④	22 ③	23 ④	24 ③	25 ②	26 ⑤	27 ①	28 ②	29 ③	30 ②
31 ④	32 ③	33 ⑤	34 ④	35 ②	36 ②	37 ③	38 ④	39 ①	40 ③

01

정답해설 > 예산선의 이동

1) Y재 가격의 상승

Y재 가격이 상승하는 경우, 예산선은 횡축절편을 중심으로 시계 반대방향으로 회전이동하면서 예산집합이 축소된다.

2) X재 가격의 하락

X재 가격이 하락하는 경우, 예산선은 종축절편을 중심으로 시계 반대방향으로 회전이동하면서 예산집합이 확장된다.

3) 소득의 변화

소득이 감소하는 경우, 예산선은 평행하게 원점을 향해서 이동하면서 예산집합이 축소된다.

따라서 Y재 가격이 절대적으로 상승하는 1)의 효과는 상대가격의 하락과 소득의 감소로 분해가능하므로 이는 위 2)와 3)의 조합으로 달성가능하다.

02

정답해설 > 재화의 성격 / 가격탄력성과 기업의 총수입

수요가 탄력적인 구간에서는 가격이 하락하는 경우, 가격하락의 효과보다도 수요량 증가의 효과가 더 크기 때문에 총수입이 증가한다. 반대로 수요가 비탄력적인 구간에서는 가격이 상승하는 경우, 가격상승의 효과가 수요량 감소의 효과보다 더 크기 때문에 총수입 혹은 소비자의 지출액이 증가한다.

정상재란 소득이 증가할 때 소비가 증가하는 재화로서 소득탄력성이 0보다 큰 재화를 의미한다. 특히 소득탄력성이 0보다 크고 1보다 작은 경우에는 필수재라고 하며 소득탄력성이 1보다 큰 경우에는 사치재로 분류할 수 있다. 한편, 열등재란 소득이 증가할 때 소비가 감소하는 재화로서 소득탄력성이 0보다 작은 재화를 의미한다.

열등재란 소득이 증가할 때 소비가 감소하는 재화로서 소득탄력성이 0보다 작은 재화를 의미한다. 특히 열등재의 일종인 기펜재의 경우 가격변화에 따른 대체효과의 절대적 크기보다 소득효과의 절대적 크기가 더 크기 때문에 수요곡선은 우상향하며 수요법칙이 성립하지 않는다. 그러나 기펜재가 아닌 열등재의 경우 대체효과의 절대적 크기가 소득효과의 절대적 크기보다 더 크기 때문에 수요곡선은 우하향하며 수요법칙은 성립한다.

03

정답해설 > 특수한 무차별곡선

다음과 같이 경우의 수를 나누어서 그리면 된다.

1) $X>Y$인 경우 $U=X+2Y$

$X>Y$인 영역에서는 기울기가 $-\frac{1}{2}$인 우하향하는 직선이 된다.

예를 들어, $U=1$인 경우, $1=X+2Y$, 즉 $Y=-\frac{1}{2}X+\frac{1}{2}$을 그리면 된다.

2) $X=Y$인 경우 $U=3X=3Y$

예를 들어, $U=1$인 경우, $X=Y=\frac{1}{3}$, 즉 점 자체를 표시하면 된다.

3) $X<Y$인 경우 $U=2X+Y$

$X<Y$인 영역에서는 기울기가 -2인 우하향하는 직선이 된다.

예를 들어, $U=1$인 경우, $1=2X+Y$, 즉 $Y=-2X+1$을 그리면 된다.

위의 식에 따라 무차별곡선의 개형을 그리면 ④가 된다.

04

정답해설 한계대체율

한계대체율은 두 재화 간의 주관적 교환비율로서 두 재화의 한계효용의 비율로 나타낼 수 있으며, 기하적으로는 무차별곡선의 기울기가 된다.

설문에서 한계대체율 ($\frac{MU_X}{MU_Y}$)을 구하면 $\frac{MU_X}{MU_Y}=\frac{Y+1}{X+2}$이 된다.

이때, 한계대체율은 4이며 X재 선택이 14임을 고려하여 다시 쓰면 아래와 같다.

$$\frac{MU_X}{MU_Y}=\frac{Y+1}{X+2}=\frac{Y+1}{14+2}=4$$

이를 풀면 $Y=63$이 된다.

05

정답해설 등량곡선

ㄱ. (○) : 한계기술대체율은 두 생산요소 간의 주관적 교환비율로서 두 생산요소의 한계생산의 비율로 나타낼 수 있으며, 기하적으로 등량곡선의 기울기가 된다.

ㄴ. (○) : 두 생산요소 사이에 완전 대체의 관계가 있다면 등량곡선은 우하향하는 직선이며 완전 보완의 관계가 있다면 L자형으로 나타난다.

ㄷ. (○) : 등량곡선이 원점에 대해 볼록한 모양이면 노동 투입량이 늘어날 때 자본 투입량과의 기울기가 감소하므로 한계기술대체율 체감의 법칙이 성립한다.

ㄹ. (×) : CD생산함수가 $Q=AL^{\alpha}K^{\beta}$일 때, 한계기술대체율은 $\frac{MP_L}{MP_K}=\frac{\alpha K}{\beta L}$이 된다.

06

정답해설 시장공급의 도출

설문에서 한계비용함수가 $MC=Q$인 경우, 재화에 대한 개별공급함수는 $P=Q$이고, 동일한 개별공급함수를 가진 공급자가 100개일 때의 공급함수는 $Q_S=100P$가 된다.

한편, 한계비용함수가 $MC=0.2Q$인 경우 재화에 대한 개별공급함수는 $P=0.2Q$, $Q=5P$이고, 동일한 개별공급함수를 가진 공급자가 60개일 때의 공급함수는 $Q=5P\times 60=300P$가 된다.

따라서 위 두 유형의 공급자들을 모두 포괄하는 시장공급함수는 $Q_S=100P$와 $Q=300P$의 수평합으로 구할 수 있으며, $Q=400P$가 된다.

07 정답해설 경쟁기업의 단기균형

경쟁기업의 단기균형은 다음과 같다.

1) 이윤 $\pi = TR - TC$
2) 총수입 $TR = PQ$
   ① 수요
      i) $P = \overline{P}$는 개별기업이 시장에서 받을 수 있는 가격으로 개별기업이 직면하는 수요
      ii) 완전경쟁시장의 특성상 개별기업은 정해진 시장가격보다 더 받을 수 없으며 덜 받을 필요도 없다. 즉, 수요는 $P = \overline{P}$ 수준에서 무한대로 상정할 수 있다. 이는 평균수입과 한계수입을 의미한다.
   ② 따라서 총수입 $TR = PQ = \overline{P}Q$
3) 총비용 $TC = C(Q)$
4) 이윤극대화

$$\underset{Q}{Max}\,\pi = TR - TC = \overline{P}Q - C(Q) \quad \therefore \frac{dTR}{dQ} - \frac{dTC}{dQ} = 0 \quad \overline{P} = C'(Q)$$

설문에서 가격 $P = 100$이고, A기업의 단기총비용함수는 $TC = 4Q^2 + 4Q + 100$이므로 경쟁기업의 균형조건 $P = MC$를 적용하면 $100 = 8Q + 4$가 된다. 따라서 경쟁기업의 생산량은 $Q = 12$가 된다.
따라서 총수입 $TR = P \times Q = 1{,}200$, 총비용 $TC = 724$이므로 이윤 $\pi = 476$이 된다.

08 정답해설 시장실패의 원인

역선택, 외부성, 불완전한 정보 등이 존재하는 경우 시장실패가 발생할 수 있다. 특히 긍정적 외부성도 부정적 외부성과 마찬가지로 시장실패를 초래한다. 그리고 규모의 경제가 존재할 때도 시장실패가 발생할 수 있다. 생산량이 증가함에 따라서 장기평균비용이 하락하는 현상을 규모의 경제라고 하며 이는 장기평균비용곡선이 우하향하는 것으로 나타난다. 규모의 경제가 시장 전체에 걸쳐서 나타날 경우 다수의 기업이 경쟁하는 경쟁적 시장에서는 생산비용이 크게 높아지기 때문에 결국 퇴출이 발생하여 공존할 수 없다. 결국 규모의 경제가 강하게 존재하는 상황하에서는 최종적으로 자연스럽게 하나의 기업만이 살아남아 독점의 시장구조로 형성되는데 이를 자연독점이라고 한다.

09 정답해설 가격변화와 예외적인 소비자선택

설문에서와 같이 우하향하는 직선형태의 효용함수의 경우, 한계대체율이 항상 일정하며, 여기서는 1이 된다.

1) X재 가격이 5이고, Y재 가격이 6인 경우

$\frac{MU_X}{MU_Y} = 1 > \frac{P_X}{P_Y} = \frac{5}{6}$ 이므로 항상 X재만 소비한다.

2) X재 가격이 8로 상승하고, Y재 가격은 6으로 그대로인 경우

$\frac{MU_X}{MU_Y} = 1 < \frac{P_X}{P_Y} = \frac{8}{6}$ 이므로 항상 Y재만 소비한다.

위와 같이 완전대체효용함수에서 X재만 소비하고 있던 상황에서 X재 가격이 상승함에 따라서 X재 소비를 전혀 하지 않게 되는 경우, 이는 가격효과를 분해해 볼 때 대체효과에 의한 것이다. 즉 대체효과에 의하여 X재 소비가 극단적으로 0이 되는 수준으로 줄었고 Y재 소비는 늘었으며, 소득효과에 의하여는 추가적인 Y재 소비의 감소가 나타난다.

10 정답해설 독점규제와 가격설정

이중가격 설정(Two-Tier pricing)은 다음과 같다.

1) 배경

한계비용가격설정은 독점기업의 가격수준을 한계비용으로 설정하는 방식으로서 자원배분의 효율성은 달성할 수 있다는 장점은 있으나 독점기업에 손실을 야기한다는 문제점이 있다. 한편 평균비용가격설정은 독점기업의 가격수준을 평균비용으로 설정하는 방식으로서 독점기업에 손실을 야기하지 않는다는 장점은 있으나 자원배분의 효율성 달성에 실패한다는 문제점이 있다. 따라서 효율적인 산출량을 실현하면서도 독점기업에 손실을 야기하지 않는 규제방식으로서 이중가격설정을 도입해 볼 수 있다.

2) 의의

이중가격 설정은 가격을 수요자에 따라서 특정 집단의 수요자에게는 낮은 가격(한계비용수준)을, 그리고 다른 집단의 수요자에게는 높은 가격(손실보전 가능한 수준)을 설정하는 방식이다. 낮은 가격은 한계비용곡선과 수요곡선이 교차할 때 설정되고, 높은 가격은 손실을 보전할 수 있는 수준의 가격이 된다. 이는 수요자 집단에 따른 차별적 가격설정으로서 사실상 가격차별을 의미한다.

3) 한계

어떤 수요자 집단에는 높은 가격을 또 다른 수요자 집단에는 낮은 가격을 설정하게 되는데 어떤 기준에 의하여 수요자 집단을 나눠야 하는지도 문제가 될 수 있으며 또한 수요자 집단 간에 실질적인 소득 이전의 결과를 가져오므로 공평성의 문제가 발생하게 된다. 또한 서로 다른 수요자 집단 간에 적용되어야 할 가격 수준을 합리적으로 정확하게 산정하는 것은 매우 어려워서 사실상 적용이 제약되는 측면이 있다.

11 정답해설 수요와 공급의 가격탄력성

ㄱ. (○) : 수요곡선이 수직선이면 가격이 변화하더라도 수요량은 언제나 일정함을 의미하므로 수요의 가격탄력성은 0으로 일정하다.

ㄷ. (○) : 공급곡선이 원점을 통과하는 경우, 공급의 가격탄력성은 임의의 모든 점에서 항상 1이 된다. 따라서 기울기가 다른 공급곡선이라도 원점을 통과한다면 모두 공급의 가격탄력성은 1이다.

ㄹ. (×) : 수요곡선이 우하향하는 직선인 경우, 수요곡선상의 각 점에서 측정하는 가격탄력성은 모두 상이하다.

12 정답해설 가격규제와 비효율성

정부가 시장에서 형성되는 균형가격이 사회적 관점에서 너무 높거나 혹은 너무 낮다고 판단할 경우에는 시장에 개입하여 가격의 하한 혹은 상한을 설정할 수 있는데, 이를 가격규제라고 한다. 가격규제에는 가격의 상한을 설정하는 최고가격제(가격상한제, Price Ceiling)와 하한을 설정하는 최저가격제(가격하한제, Price Floor)가 있다. 최고가격세로는 대표적으로 분양가상한제를, 그리고 최저가격제로는 대표직으로 최저임금제를 예로 들 수 있다. 시장에서 자유롭게 형성되어야 할 가격에 제약을 가해서 거래가격의 상한이나 하한을 통제하게 되면 수급량이 괴리되고 이로 인해서 당연히 가격변화 압력이 나타난다. 그러나 가격은 통제되고 있기 때문에 가격변화의 압력은 다른 식으로 우회로를 찾게 된다. 결국 가격규제로 인해서 사회총잉여는 감소하여 비효율을 노정하게 된다. 따라서 가격상한제든 가격하한제든 관계없이 시장에 대한 정부개입으로 인해서 자중손실이 발생한다.

13 정답해설 평균비용과 한계비용

ㄷ과 ㄹ이 틀린 내용이며 이를 옳게 고치면 다음과 같다.

단기한계비용곡선은 단기평균곡선의 최저점을 왼쪽 아래에서부터 통과하여 교차하면서 오른쪽 위로 지나간다. 또한 단기한계비용곡선은 단기평균비용곡선의 최저점에서 교차한다.

생산량이 증가함에 따라 장기평균비용이 하락하는 현상을 규모의 경제라고 한다. 규모의 경제가 있는 경우 평균비용곡선은 우하향하는 형태이며, 반대로 규모의 불경제가 있는 경우 평균비용곡선은 우상향하는 형태를 보인다. 장기평균비용곡선의 최하점을 기준으로 하여 좌측은 규모의 경제, 우측은 규모의 불경제이다.

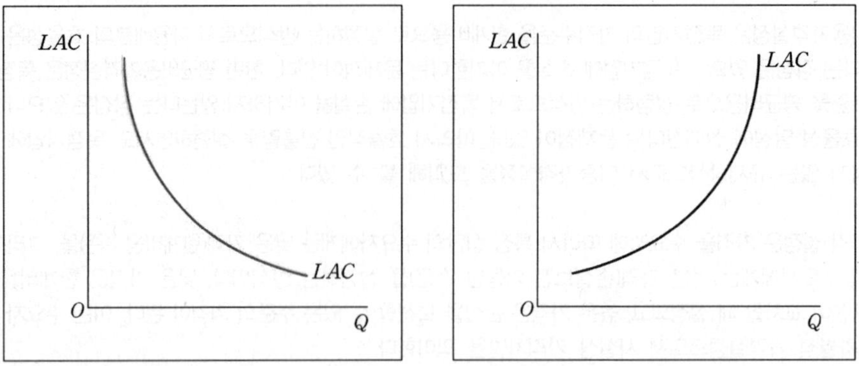

14 정답해설 생산자 최적선택의 조건

비용극소화는 주어진 생산량 제약하에서 비용을 극소화한 상태로서 비용선과 등량곡선이 접하는 점에서 달성될 수 있다.

이는 한계기술대체율($\frac{MP_L}{MP_K}$) = 요소상대가격($\frac{w}{r}$)이어야 함을 의미한다.

따라서 $\frac{MP_L}{MP_K} = \frac{w}{r}$, $\frac{K}{L} = \frac{12}{24} = 2$, $L = 2K$가 된다.

참고로 비용극소화 조건식을 변형하면, 노동 구입 1원의 한계생산($\frac{MP_L}{w}$) = 자본 구입 1원의 한계생산($\frac{MP_K}{r}$)이 됨에 유의하자.

15 정답해설 다양한 사회후생함수

사회후생함수란 개인의 효용수준을 사회의 후생수준으로 나타내 주는 함수로서 두 사람의 효용수준이 만일 U^A, U^B 라고 할 경우 사회후생은 $SW = f(U^A, U^B)$와 같은 함수로 나타낼 수 있다. 그리고 이를 기하적으로 표현하게 되면 동일한 수준의 사회후생을 가져다주는 개인의 효용 수준의 조합의 궤적을 구할 수 있는데 이를 사회무차별곡선이라고 한다.

사회구성원들의 개인적인 효용수준을 사회전체의 후생수준으로 변환시키는 과정에서 필연적으로 개인의 효용수준을 어떻게 비교하고 평가하는지가 반영되어야 한다. 이러한 개인의 효용 간 비교, 평가과정에서 공평성의 가치판단이 드러난다(분배적 정의).

공평성에 대한 가치판단 중에서 평등주의적 성향이 강할수록, 사회후생함수를 기하적으로 표현하면 원점에 대해 더 볼록해진다.

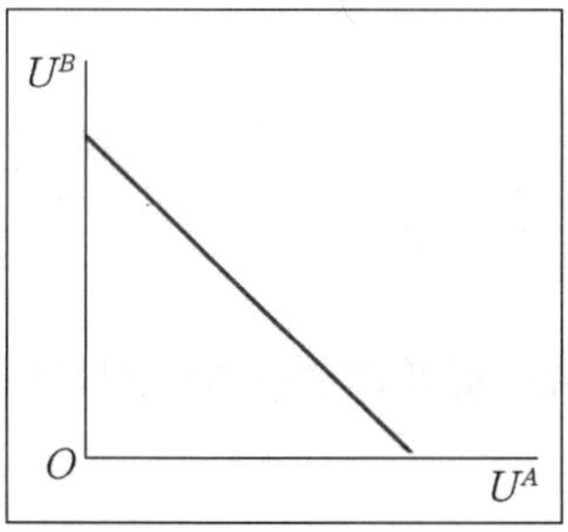

〈공리주의〉

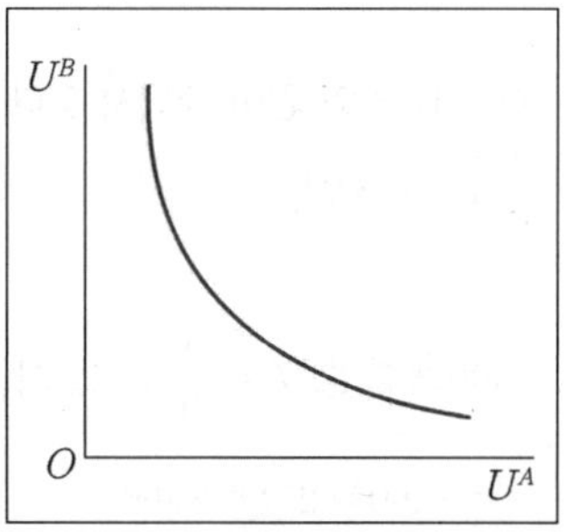

〈평등주의〉

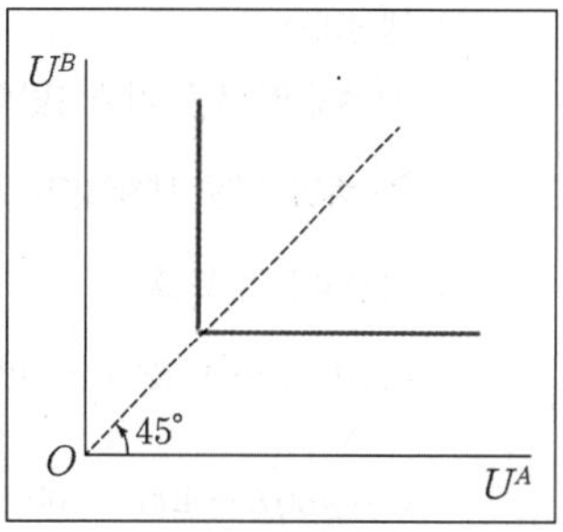

〈롤스주의〉

16

정답해설 〉 독점규제와 한계비용가격설정

독점체제는 자원배분의 효율성 및 소득분배의 공평성 측면에서 여러가지 문제점들을 가지고 있기 때문에 정부는 여러 정책수단을 동원하여 이를 치유하기 위해 노력하고 있다. 이러한 독점규제는 대체로 가격규제방식, 국유화방식, 경쟁체제 도입방식으로 나누어 볼 수 있다.

한계비용가격설정은 독점기업의 가격수준을 한계비용으로 설정하는 방식으로서 자원배분의 효율성은 달성할 수 있다는 장점은 있으나 독점기업에 손실을 야기한다는 문제점이 있다.

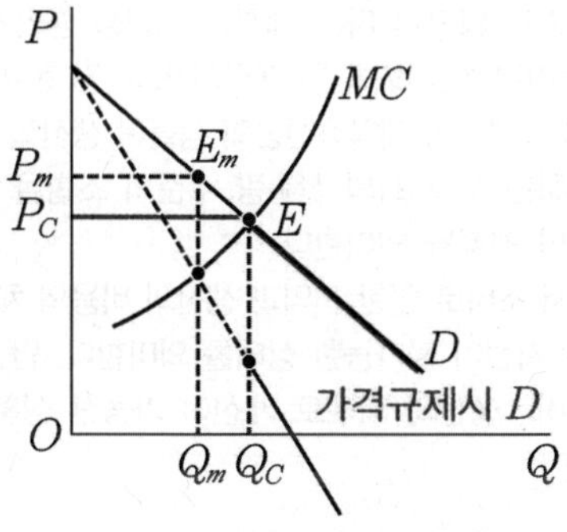

한계비용가격설정에 따라 독점기업의 가격수준을 한계비용과 일치시키면 다음과 같다.

$MC=5,\ P=140-Q,\ 5=140-Q,\ Q=135$

$TR=PQ=5\times135=675,\ \ TC=750+5\times135=750+675$

$\pi=TR-TC=-750$

17

정답해설 〉 비용함수의 도출

1) 비용

① 단기비용은 가변비용인 노동비용과 고정비용인 자본비용으로 구성되며 다음과 같이 표현할 수 있다. $C=wL+rK$ (단, w는 가변생산요소인 노동의 임금, r은 고정생산요소인 자본의 임대료, K는 자본투입량, L은 노동투입량)

② 설문에서 주어진 가변생산요소의 가격 400, 고정비용 400을 대입하여 위의 식을 다시 표현하자. $C=wL+rK=400L+400$

2) 생산함수

① 설문에서 단기생산함수는 $Q=4L^{0.5}$와 같이 주어져 있다.

② 위의 식을 변형하면 $L=\frac{1}{16}Q^2$이 된다.

3) 비용함수의 도출

위에서 구한 1) ② $C=400L+400$에 2) ② $L=\frac{1}{16}Q^2$을 대입하면 다음과 같이 단기총비용함수가 도출된다.

$$C=400L+400=400\times\frac{1}{16}Q^2+400=25Q^2+400$$

18 정답해설 파레토효율

소비의 파레토효율이란 소비에 있어서 효용이 가장 극대화된 상태로서 더 이상 소비의 파레토 개선이 불가능한 상태를 의미한다. 만일 다른 이에게 손해를 주지 않으면서 최소한 한 사람 이상의 효용을 증가시킬 수 있으면 소비의 파레토 개선이 가능한 상황이다. 소비의 파레토효율이 달성되도록 두 사람의 한계대체율이 서로 같게 되는 점들을 연결한 곡선을 소비의 계약곡선이라고 한다. 소비의 계약곡선상의 점들이 소비의 효율성을 보장한다. 효용가능곡선이란 소비의 계약곡선상의 점에 대응하는 두 사람의 효용수준의 조합을 연결한 곡선으로서 소비의 파레토효율이 달성되는 효용수준의 조합의 궤적을 의미한다.

생산의 파레토효율이란 생산에 있어서 재화의 산출이 가장 극대화된 상태로서 더 이상 생산의 파레토 개선이 불가능한 상태를 의미한다. 만일 어느 한 재화의 생산을 감소시키지 않고서 다른 재화의 생산을 증가시킬 수 있으면 생산의 파레토 개선이 가능한 상황이다. 생산의 파레토효율이 달성되도록 두 재화의 요소 간 한계기술대체율이 서로 같게 되는 점들을 연결한 곡선을 계약곡선이라고 한다. 생산의 계약곡선상의 점들이 생산의 효율성을 보장한다. 생산가능곡선이란 생산의 계약곡선상의 점에 대응하는 두 재화의 산출량 수준의 조합을 연결한 곡선으로서 생산의 파레토효율이 달성되는 산출량 수준의 조합의 궤적을 의미한다.

소비・생산 전체의 파레토효율이란 소비와 생산의 종합적 관점에서 소비로 인한 편익과 생산의 비용의 차이로서의 잉여가 가장 극대화된 상태로서 더 이상 소비・생산의 파레토 개선이 불가능한 상태를 의미한다. 만일 다른 주체에게 손해를 주지 않으면서 잉여를 증가시킬 수 있으면 소비・생산의 파레토 개선이 가능한 상황이다.

19 정답해설 비용의 분류와 개념

완전경쟁기업의 공급곡선이 $Q_A(P)=\frac{P}{2}$이므로 한계비용곡선은 $MC=2Q$가 됨을 알 수 있다. 가변비용은 한계비용을 적분하여 구할 수 있으며 특히 적분상수가 0일 때 해당한다. 혹은 보다 쉽게 구하기 위해서는 한계비용곡선의 그래프를 그린 후에 특정 생산량 수준(여기서는 5)에서 한계비용곡선 아래의 면적을 구하면 된다. 먼저 적분하여 적분상수가 0임을 고려하면, 가변비용 $TVC=Q^2$이 되므로 $Q=5$일 때, $TVC=25$가 된다. 혹은 한계비용곡선을 그린 후에 $Q=5$일 때 $MC=10$임을 이용하여, 한계비용곡선 아래 부분의 면적을 구하면 $\frac{5\times10}{2}=25$가 됨을 다시 한 번 확인할 수 있다.

20 정답해설 수요독점과 한계요소비용

요소시장의 수요 측면이 독점적인 경우 한계요소비용은 한계비용과 한계생산의 곱으로 이루어지며, $[W(L)\,L]'$과 같이 도출할 수 있다. 이때 $W=W(L)$은 노동공급함수이다.

노동공급곡선이 $w=w(L)=60+0.08L$로 주어진 경우, 한계요소비용 MFC를 구하면 다음과 같다.

$MFC=[w(L)\,L]'=[(60+0.08L)L]'=60+0.16L$

따라서 노동량 $L=1,000$인 경우 한계요소비용은 $MFC=60+0.16\times1,000=220$이 된다.
이때, 임금 $w=w(L)=60+0.08L=60+0.08\times1,000=140$이 된다.
따라서 한계요소비용 220은 임금 140보다 80만큼 더 높다.

21 정답해설 경제성장률과 물가상승률

ㄱ. 2022 $GDP=100\times10+80\times50=5,000$

2023 $GDP=100\times10+100\times50=6,000$

따라서 경제성장률은 20%가 된다.

ㄴ. 2022 $CPI=10\times\frac{2}{3}+50\times\frac{1}{3}=\frac{70}{3}$

2023 $CPI=15\times\frac{2}{3}+40\times\frac{1}{3}=\frac{70}{3}$

따라서 소비자물가지수는 변화가 없으므로 소비자물가상승률은 0%가 된다.

22 정답해설 국내총생산(GDP)의 개념과 측정방법

국내총생산(GDP)은 생산측면, 분배측면, 지출측면에서 각각 파악할 수 있는데, 지출측면에서 파악하는 경우 생산물이 처분된 유형별로 처분금액의 합계(소비, 투자, 정부지출, 순수출)로 측정된다. 이때, 국민소득계정에서 투자는 건설투자, 설비투자, 재고투자로 구분된다. 건설투자는 공장, 사무실, 주택을 신축하고 개보수하는 기업의 지출이며, 설비투자는 기계, 차량운반구, 전산장비 등을 확충하는 기업의 지출이며 마지막으로 재고투자는 기업이 생산을 위해 보유하는 원자재, 재공품(생산 중에 있는 중간 산물)과 생산이 완료되어 보유하고 있는 최종생산물을 의미한다. 투자는 재고의 변동을 투자의 한 유형으로 포함하고 있다. 따라서 2023년 베트남의 투자는 재고투자 10억달러가 된다.

23 정답해설 국민소득계정

GDP는 소비, 투자, 정부지출, 순수출의 합으로 구성된다. 이를 국내총생산과 그 처분의 식으로 나타내면 $Y=C+I+G+X-M$ 과 같다. 이를 변형하면 $(Y-T-C)+(T-G)+(M-X)=I$가 된다.
여기에 설문에 주어진 자료를 대입하면 다음과 같다.

$(Y-T-C)+(T-G)+(M-X)=I$

$S_P+50-40=50+60,\ S_P=100$

24 정답해설 디스인플레이션정책과 먼델–토빈효과

인플레이션감축정책으로 인하여 단기적으로 실업률이 상승하고 인플레이션율은 하락한다. 따라서 (ㄷ) 총생산은 감소하고 경기는 침체된다. 이제 민간부문이 자신의 예상을 재조정하게 되면서 기대인플레이션율이 하락하면서 단기필립스곡선은 하방이동한다. 이 과정에서 다시 장기균형을 회복하게 되어 단기적으로 상승했던 실업률은 다시 자연실업률 수준으로 회귀한다. 이때 (ㄱ) 기대인플레이션율의 조정속도가 빠를수록 장기균형에 빨리 도달할 수 있다.

만일 실질이자율이 불변인 경우, 기대인플레이션율과 명목이자율 간 일대일 대응관계를 나타내는데 이를 피셔효과라고 한다. 그러나, 만일 실질이자율이 변화하는 경우에는 기대인플레이션율이 변화하더라도 명목이자율 간의 일대일 관계는 성립하지 않는다. 특히, 기대인플레이션율이 상승하는 경우 실질이자율이 하락하여 투자가 증가하게 되는데 이를 먼델–토빈 효과라고 한다.

먼델-토빈효과에 의하면 기대인플레이션율이 상승할 경우 명목자산(화폐)에 대한 수익률이 하락하므로 명목자산에 대한 수요가 감소하고 대신 실물자산에 대한 수요가 증가한다. 이는 실물자산 가격의 상승으로 이어져서 실물자산의 공급이 증가한다. 이에 따라 자본의 한계생산성이 하락하게 되므로 실질이자율은 하락한다. 결국 기대인플레이션율의 상승으로 실질이자율이 하락하여 투자가 증가하게 되는 것이다. 반대로 (ㄴ) 기대인플레이션율이 하락할 경우에는 실질이자율은 상승한다.

25 정답해설 손실함수와 손실극소화

원칙적으로 손실함수의 손실극소화모형은 필립스곡선이 통화당국의 정책 수립 시 제약조건 역할을 한다. 따라서 필립스곡선의 제약하에서 목적함수인 손실함수를 극소화하도록 목표 인플레이션율을 설정해야 한다. 다만, 본 문제에서는 필립스곡선이 주어지지 않았고 민간의 기대인플레이션율이 0으로 고정되어 있다는 제약조건만 주어졌으므로 다음과 같이 쉽게 풀 수 있다.

$L=-0.5(\pi-\pi^e)+0.5\pi^2,\ \ \pi^e=0$

이때, 손실을 극소화하기 위해서 목적함수인 손실함수를 π로 미분하여 0으로 두면 다음과 같다.

$\dfrac{dL}{d\pi}=0,\ \ \pi=0.5$

26 정답해설 통화정책의 전달경로

재정정책은 정부지출, 조세와 같은 실물변수를 조정하여 역시 실물변수인 국민소득에 영향을 미치는 정책이다. 반면, 통화정책은 통화량, 명목이자율과 같은 명목변수를 조정하여 실물변수를 변화시키는 정책이므로 명목변수가 어떤 경로를 통하여 실물변수를 자극하여 효과가 파급되는지가 중요하다. 이를 통화정책의 전달경로, 파급경로 혹은 전달기구라고 한다.

통화정책의 전달 중 환율경로는 다음과 같다.

i) 통화량 변동이 환율을 변동시키고 결국 순수출 및 국민소득에 영향을 미치는 경로이다.
ii) 통화량이 증가하면 이자율이 하락하여 해외로 자본이 유출되면서 환율이 상승하게 된다.
iii) 환율상승에 따라서 순수출이 증가하고 국민소득도 증가한다. 이 경로는 1970년대 이후 세계경제가 고정환율제에서 변동환율제로 이행하면서 그 중요성이 커지게 되었다.
iv) 다만, 변동환율제도하라고 해도 자본이동이 완전히 통제되고 있는 경우에는 환율경로가 나타나지 않는다.

27 정답해설 대부자금시장 모형

1) 정부지출이 150일 때

$S=s(r)(\overline{Y}-\overline{T})+(\overline{T}-\overline{G})=0.05r(1{,}000-200)+(200-200)=40r$

$I=200-10r$

균형을 구하면, $I=S=170,\ r=3$이 된다.

2) 정부지출이 200일 때

$S=s(r)(\overline{Y}-\overline{T})+(\overline{T}-\overline{G})=0.05r(1{,}000-200)+(200-150)=40r+50$

$I=200-10r$

균형을 구하면, $I=S=160,\ r=4$이 된다.

따라서 실질이자율은 3%에서 4%로 1%p 상승하고, 민간투자는 170에서 160으로 10만큼 감소한다.

28 정답해설 소비이론 종합

생애주기가설 혹은 평생소득이론이란 평생소득(평생동안 사용할 수 있는 소득)이 소비를 결정한다는 것으로서, 전생애에 걸친 소득의 패턴이나 흐름을 고려하여 소비행위를 결정함을 의미한다. 매기의 소비는 평생소득에 의해서 결정되며, 특히 균등화된 소비로 결정된다.

만일 다른 조건의 변화가 없다면, 특히 은퇴연령에 변화가 없다면 평생동안 사용할 수 있는 평생소득은 불변이다. 이때 소득이 불변인 상황에서 기대수명만 증가하면 매기의 균등화된 소비는 감소한다.

참고로, 매기 균등화된 소비를 다음과 같은 간단한 모형으로 도출할 수 있다.

i) 현재 나이가 t세인 소비자를 가정하자.

ii) 비인적자산은 NW이다.

iii) 인적자산은 소비자가 R세에 은퇴할 때까지 매기 Y의 근로소득의 축적분이다.

iv) 평생소득은 비인적자산과 인적자산의 합으로서 $NW+Y(R-t)$이 된다. 단, 이자율은 0으로서 현재가치를 무시하고 조세가 없다고 가정하자.

v) 평생소비는 N세에 사망할 때까지 균등하게 이루어진다고 가정하면 $C(N-t)=NW+Y(R-t)$의 식이 성립한다.

vi) 따라서 위의 식으로부터 균등화된 소비를 계산하면 $C=\frac{NW}{(N-t)}+\frac{Y(R-t)}{(N-t)}$가 된다.

vii) 이때, 기대여명이 증가하여 N이 증가하면 C는 감소한다.

29 정답해설 균형국민소득의 결정

1) 정부지출이 10인 경우

① 균형조건식은 $Y=1+0.5(Y-2-0.2Y)+2+10$이 된다.

② 따라서 균형국민소득 $Y=20$이 된다.

2) 정부지출이 10+1인 경우

① 균형조건식은 $Y=1+0.5(Y-2-0.2Y)+2+10+1$이 된다.

② 따라서 균형국민소득 $Y=20+\frac{1}{0.6}$이 된다.

3) 소득의 증가

균형국민소득의 증가분 $\Delta Y=\frac{1}{0.6}=\frac{5}{3}$이 된다.

30 정답해설 $IS-LM$모형의 이해

사실상 이 문제는 IS곡선을 묻고 있는 것으로 해석가능하다. 따라서 국민소득이 주어졌을 때, 재화시장의 균형을 달성시키는 이자율을 다음과 같이 구할 수 있다.

IS: $Y=2+0.8(Y-10)+2-10r+10$, $Y=20$

따라서 $20=2+0.8(20-10)+2-10r+10$이 되므로 $r=0.2$가 된다.

31 정답해설 성장회계

경제성장의 요인으로서 노동, 자본, 기술이 각각 경제성장에 기여하는 상대적 크기를 비교함으로써 경제성장에서 어떤 요인이 특히 중요한 역할을 하는지 분석하는 것을 성장회계라고 한다.

특히 Cobb-Douglas 생산함수에서 성장회계방정식은 다음과 같다.

1) $Y = AK^{\alpha}L^{1-\alpha}$, Y:생산량, K:자본, L:노동, A:기술수준 혹은 총요소생산성, $0 < \alpha < 1$

2) 자연로그로 변형 $\ln Y = \ln A + \alpha \ln K + (1-\alpha)\ln L$

시간에 대하여 미분 $\hat{Y} = \hat{A} + \alpha\hat{K} + (1-\alpha)\hat{L}$

여기서 A를 총요소생산성 혹은 솔로우 잔차라고 한다. 총요소생산성은 자본과 노동 이외에 경제의 성장에 기여하는 것들을 망라하여 포함하고 있다. 예를 들면, 기술수준, 경제 및 사회제도, 산업의 구조 등이며 이들은 모두 경제의 생산성에 영향을 미칠 수 있다.

문제에서 주어진 자본량과 노동량의 증가율을 위의 식에 대입하면 다음과 같다.

$\hat{Y} = \hat{A} + 0.5\hat{K} + 0.5\hat{L}$

$5 = \hat{A} + 2 - 1$, $\hat{A} = 4$

32

정답해설 구매력평가설과 이자율평가설

피셔방정식, 구매력 평가설, 이자율 평가설이 성립하는 경우 양국의 실질이자율은 동일하게 된다.

1) 미국, 피셔방정식

먼저, 미국의 경우, 인플레이션율이 5%이고, 명목이자율이 5%이므로 피셔방정식에 의하여 $5 = 0 + 5$가 성립하므로 실질이자율은 0%가 된다.

2) 양국의 실질이자율

양국의 실질이자율은 동일하므로 한국의 실질이자율도 0%가 된다.

3) 한국, 피셔방정식

이제 한국의 경우, 인플레이션율이 5%이고, 실질이자율이 0%이므로 피셔방정식에 의하여 $3 = 0 + 3$가 성립하므로, 명목이자율은 3%가 된다.

33

정답해설 솔로우 모형의 균제상태와 황금률 계산

설문에서 1인당 생산함수는 $y = 0.5k^{0.2}$로 주어져 있다. 그리고 저축률이 $s = 0.2$, 감가상각률은 $\delta = 0.1$, 인구증가율 $n = 0$로 주어져 있다.

따라서 균제상태에서의 1인당 자본량은 $k^* = \left(\frac{sA}{n+\delta}\right)^{\frac{1}{1-\alpha}} = \left(\frac{0.2 \times 0.5}{0+0.1}\right)^{\frac{1}{1-0.2}} = 1$이 된다.

특히 (ㄹ) 균제상태에서의 저축률이 황금률의 저축률과 같게 되어 현상태가 황금률의 균제상태가 되므로 황금률 수준의 1인당 자본량도 1이 된다.

만일 (ㄷ) 균제상태에서 벗어나는 경우 균제상태의 자본량으로 수렴하게 되어 1인당 자본량, 1인당 생산량이 모두 불변이므로 변화율은 0이 된다.

(ㄱ) 1인당 자본량이 2일 때, 1인당 투자와 1인당 자본 모두 감소한다. 이때는 (ㄴ) 1인당 자본의 감가상각이 1인당 저축보다 더 크다.

34

정답해설 환율제도

개방거시경제의 목표를 통화정책의 자주성, 자본이동의 자유성, 환율의 안정성이라고 한다면, 개방거시경제의 목표를 모두 달성하는 환율제도는 없다는 것으로서 크루그만의 삼자택일의 딜레마(trilemma) 혹은 불가능한 삼위일체라고 한다. 이는 환율을 안정적으로 유지(고정환율유지)하고 (ㄷ) 국가간 자유로운 자본이동을 허용하며, 자국의 독자적인 통화정책을 보장하는 환율제도는 없다는 의미이다.

외국채권의 기대수익률은 외국채권의 자체의 수익률뿐만 아니라 환율, 특히 예상환율에 의하여 결정된다. 만일 (ㄹ) 국내통화가 절상될 것으로 기대된다면, 환율이 하락할 것으로 예상되어 외국채권의 기대수익률은 하락한다. 참고로, 외국채권의 기대수익률 혹은 외화예금의 기대수익률은 다음과 같이 도출할 수 있다.

1원을 외국에 외화로 예금할 경우 먼저 1원을 외화로 환전하는 과정이 필요하다. 즉 환율이 e라고 하면, 1원을 $\frac{1}{e}$ 달러로 환전하여 외국에 예금할 경우 1년 후 원리합계가 $\frac{1}{e}(1+r^*)$ 달러라고 하자. 이제 달러를 다시 원화로 환전하면 $\frac{1}{e}(1+r^*)\times e^e$원이 된다. 이때 e^e는 미래의 예상환율이 된다.

따라서 수익률은 $\frac{e^e}{e}(1+r^*)-1+r^*-r^*=r^*+\frac{e^e}{e}-1+(\frac{e^e}{e}r^*-r^*)$이 된다.

이때 $(\frac{e^e}{e}r^*-r^*)=r^*(\frac{e^e-e}{e})$은 작은 값이므로 무시하면, $r^*+\frac{e^e-e}{e}$가 된다. 따라서 외국의 외화예금 기대수익률은 $r^*+\frac{e^e-e}{e}$이 된다. 이때, 환율하락이 예상되면, e^e가 작아지므로 외화예금의 기대수익률 $r^*+\frac{e^e-e}{e}$가 하락한다.

35 정답해설 재정정책의 효과

재정정책의 효과로서 승수효과와 이를 상쇄하는 구축효과는 다음과 같다.

1) 정부지출이 증가하는 경우 IS곡선이 우측으로 이동하여 균형국민소득이 증가, 이자율은 상승한다.
2) 한편, 정부지출 증가는 이자율을 상승시켜 투자를 감소시키고 국민소득을 감소시키는데, 이를 구축효과라고 한다. 이러한 구축효과는 IS곡선이 가파를수록, LM곡선이 완만할수록 구축효과는 작으므로 정부지출의 효과가 커진다.
3) 따라서 완전한 구축효과는 IS곡선이 정부지출의 증대로 우측으로 이동하고 LM곡선이 수직일 때 나타나며, 이때는 국민소득에 전혀 변함이 없다.

36 정답해설 IS–LM 균형 계산

1) 최초의 균형
   ① IS곡선의 방정식 : $r=120-5Y$로 주어져 있다.
   ② LM곡선의 방정식 : 화폐공급과 화폐수요가 일치하여 $\frac{40}{1}=3Y-r$이므로 $r=3Y-40$가 된다.
   ③ IS–LM 균형 : 위의 두 식을 연립하여 풀면 $Y=20$, $r=20$이 된다.
2) 통화량의 감소와 LM곡선의 이동
   ① 통화량 감소를 통한 이자율의 상승은 LM곡선이 왼쪽으로 이동하였음을 의미한다.
   ② 이동한 LM곡선의 방정식은 새로운 통화량과 화폐수요의 균형으로부터 다음과 같이 도출된다.
   명목화폐공급의 감소분을 k라고 하면, 감소한 화폐공급과 화폐수요가 일치하여 $\frac{40-k}{1}=3Y-r$이므로 $r=3Y+k-40$이 된다.
3) 새로운 IS–LM 균형
   ① IS곡선의 방정식 : $r=120-5Y$
   ② 새로운 LM곡선의 방정식 : $r=3Y+k-40$
   ③ 새로운 균형이자율은 원래의 이자율 20보다 5 높은 25가 되어야 한다.
   따라서 $r=25$를 IS곡선의 방정식에 대입하면, $25=120-5Y$, $Y=19$가 된다.
   ④ 이제 $Y=19$, $r=25$를 LM곡선의 방정식 $r=3Y+k-40$에 대입하면, $25=3\times 19=k-40$이 된다.
   따라서 $k=8$이 된다. 즉 이자율을 5만큼 높이기 위한 통화량의 감소분은 8이 된다.

37 정답해설 구매력 평가설과 빅맥환율

만일 모든 재화에 대하여 일물일가의 법칙이 성립한다면, 자국과 외국 모두 소비패턴이 동일하고 모든 재화에 대한 가중치가 동일한 경우 환율은 양국의 물가, 즉 구매력에 의해서 결정된다. 이를 구매력 평가설이라고 한다. 구매력 평가설에 의하면 환율 $e=\frac{P}{P^*}$ 즉 자국물가와 외국물가의 비율이 된다. 문제에서 햄버거가 대표상품이라고 하였고, 한국 햄버거가격이 5,000원, 미국 햄버거가격이 5달러이므로 (ㄱ) 구매력평가설에 의한 환율은 1,000원/달러가 된다.

(ㄴ) 만일 현재 환율이 1,100원/달러이라면, 5달러를 가지고 미국에서 햄버거를 사는 것보다는 한국에서 구매하게 되면 500원의 차익을 얻을 수 있다. 따라서 이러한 차익을 노리고 한국의 햄버거 수요가 늘게 되고, 미국의 햄버거 가격과 환율이 변하지 않는다는 전제하에 결국 한국 햄버거 가격은 상승한다.

38 정답해설 새고전학파와 새케인즈학파

실물적 경기변동이론 모형의 펀더멘털은 가계의 효용함수, 기업의 생산함수이다. 이를 이용하여 가계의 효용극대화와 기업의 이윤극대화라는 미시적 최적화 모형을 구축한다. 가계와 기업은 노동시장과 자본시장에서 만나게 되는데 노동시장과 자본시장에서 가계는 공급자, 기업은 수요자의 역할을 담당한다. 각각의 시장에서 가계와 기업은 최적화행동을 한다. 가계는 합리적 기대하에서 미래소득을 예상하고 현재소비를 결정한다. 실물적 기술충격에 의해서 나타나는 현재소득과 미래소득의 변화를 합리적으로 예상하고 소비를 최적으로 유지할 수 있다는 것이다. 또한 가계는 합리적 기대를 바탕으로 하여 현재임금과 미래임금 사이에서 노동의 기간 간 대체를 결정함으로써 노동의 공급도 최적으로 유지할 수 있다.

새케인즈학파는 새고전학파와는 달리 경기변동을 균형국민소득 수준으로부터 이탈한 현상으로 보고 있으며 이탈의 핵심적 원인이 바로 가격 및 임금의 경직성이라고 한다. 새케인즈학파는 가격 및 임금의 경직성이 단순한 가정이 아니라 경제주체들의 최적화 행동의 결과로 나타나는 합리적인 것임을 증명하고, 총수요 충격이 가격조정이 아닌 생산 수준의 변화를 유발하여 경기변동을 촉발하는 것이라고 설명한다.

39 정답해설 실업률

<table>
<tr><td rowspan="3">15세 이상 생산가능인구(P)
200</td><td rowspan="2">경제활동인구(L)
100</td><td>취업자(E) 90</td></tr>
<tr><td>실업자(U) 10</td></tr>
<tr><td>비경제활동인구(NL)
100</td><td>비경제활동인구(NL)
100</td></tr>
</table>

<table>
<tr><td rowspan="3">15세 이상 생산가능인구(P)
200</td><td rowspan="2">경제활동인구(L)
100</td><td>취업자(E) 90 + 2 − 0.9</td></tr>
<tr><td>실업자(U) 10 − 2 − 1 + 0.9 + 1</td></tr>
<tr><td>비경제활동인구(NL)
100</td><td>비경제활동인구(NL)
100 + 1 − 1</td></tr>
</table>

따라서 실업률 $u=\frac{10-2-1+0.9+1}{100}=\frac{8.9}{100}=8.9\%$이다.

40 정답해설 통화승수

통화승수란 본원통화 1단위가 통화량을 얼마나 증가시키는지를 나타내는 지표로서 다음과 같다.

$m=\frac{1}{(c+r-cr)}=\frac{k+1}{k+r}$,

$r=\frac{R}{D}$ (지급준비율 = 지급준비금 ÷ 예금통화),

$c=\frac{C}{M}$ (현금통화비율 = 현금통화 ÷ 통화),

$k=\frac{C}{D}$ (현금예금비율 = 현금통화 ÷ 예금통화)

문제에서 민간부문은 현금 25%, 요구불예금 25%, 저축성예금 50%로 나누어 보유하므로 현금통화비율은 $c=\frac{C}{M}=0.25$이 된다.

그리고 은행의 지급준비율은 요구불예금과 저축성예금에 대하여 동일하게 10%이므로 지급준비율은 $r=\frac{R}{D}=0.1$이 된다.

따라서 통화승수는 다음과 같이 구할 수 있다.

$m=\frac{1}{c+r-cr}=\frac{1}{0.25+0.1-0.25\times0.1}=\frac{1}{0.325}=3.07 \fallingdotseq 3.1$

정답

01 ②	02 ④	03 ③	04 ⑤	05 ③	06 ③	07 ⑤	08 ③	09 ②	10 ①
11 ④	12 ②	13 ⑤	14 ⑤	15 ④	16 ④	17 ①	18 ②	19 ①	20 ②
21 ②	22 ⑤	23 ③	24 ④	25 ①	26 ④	27 ①	28 ③	29 ②	30 ④
31 ①	32 ②	33 ①	34 ④	35 ③	36 ②	37 ⑤	38 ③	39 ⑤	40 ①

01 정답해설

② 정착물 중 종속 정착물은 ㄴ(다년생 식물), ㅁ(구거)이다.

1. 동산 : 가식 중에 있는 수목, 경작수확물(경작된 수확물)
2. 독립 정착물 : 건물, 소유권보존등기된 입목
3. 종속 정착물 : 다년생 식물, 구거

02 정답해설

④ 허가 ⇨ 신고 : 개업공인중개사는 등록관청에 신고하고 그 관할 구역 외의 지역에 분사무소를 둘 수 있다.

03 정답해설

③ 옳은 지문이다.

오답해설

① 임대주택 ⇨ 국민주택 : 민영주택은 국민주택을 제외한 주택을 말한다. 주택법은 재원을 기준으로 주택을 국민주택과 민영주택으로 구분하고, 국민주택을 제외한 주택을 민영주택이라고 정의하고 있다.

② 공간의 일부를 구분소유 할 수 있는 ⇨ 없는 : 세대구분형 공동주택이란 공동주택의 주택 내부 공간의 일부를 세대별로 구분하여 생활이 가능한 구조로 하되, 그 구분된 공간의 일부를 구분소유 할 수 없는 주택으로서 대통령령으로 정하는 건설기준, 설치기준, 면적기준 등에 적합한 주택을 말한다.

④ 이산화탄소 배출량을 증대 ⇨ 저감 : 에너지절약형 친환경주택이란 저에너지 건물 조성기술 등 대통령령으로 정하는 기술을 이용하여 에너지 사용량을 절감하거나 이산화탄소 배출량을 저감할 수 있도록 건설된 주택을 말하며, 그 종류와 범위는 대통령령으로 정한다.

⑤ 구조를 쉽게 변경할 수 없는 ⇨ 있는 : 장수명 주택이란 구조적으로 오랫동안 유지·관리될 수 있는 내구성을 갖추고, 입주자의 필요에 따라 내부 구조를 쉽게 변경할 수 있는 가변성과 수리 용이성 등이 우수한 주택을 말한다.

04 정답해설

⑤ 실제 시험에서는 전략상 버리는 문제입니다. 해설은 참고만 하십시오.

1. 종합합산과세대상 : 별도합산과세대상 또는 분리과세대상이 되는 토지를 제외한 토지

2. 별도합산과세대상

가. 공장용 건축물의 부속토지 등 대통령령으로 정하는 건축물의 부속토지
나. 차고용 토지, 보세창고용 토지, 시험・연구・검사용 토지, 물류단지시설용 토지 등 공지상태(空地狀態)나 해당 토지의 이용에 필요한 시설 등을 설치하여 업무 또는 경제활동에 활용되는 토지로서 대통령령으로 정하는 토지
다. 철거・멸실된 건축물 또는 주택의 부속토지로서 대통령령으로 정하는 부속토지

3. 분리과세대상

가. 공장용지・전・답・과수원 및 목장용지로서 대통령령으로 정하는 토지
나. 산림의 보호육성을 위하여 필요한 임야 및 종중 소유 임야로서 대통령령으로 정하는 임야
다. 골프장용 토지와 같은 항에 따른 고급오락장용 토지로서 대통령령으로 정하는 토지
라. 공장의 부속토지로서 개발제한구역의 지정이 있기 이전에 그 부지취득이 완료된 곳으로서 대통령령으로 정하는 토지
마. 국가 및 지방자치단체 지원을 위한 특정목적 사업용 토지로서 대통령령으로 정하는 토지
바. 에너지・자원의 공급 및 방송・통신・교통 등의 기반시설용 토지로서 대통령령으로 정하는 토지
사. 국토의 효율적 이용을 위한 개발사업용 토지로서 대통령령으로 정하는 토지
아. 그 밖에 지역경제의 발전, 공익성의 정도 등을 고려하여 분리과세하여야 할 타당한 이유가 있는 토지로서 대통령령으로 정하는 토지

05 정답해설

③ 감소 ⇨ 증가 : 건축원자재 가격의 하락은 주택의 공급(공간재고)를 증가시킨다.

06 정답해설

③ 옳은 지문은 ㄱ, ㄷ이다. ㄴ은 이행지에 대한 설명이다. ㄹ은 소지에 대한 설명이다.

07 정답해설

⑤ (ㄱ)은 전속중개계약, (ㄴ)은 일반중개계약이다.

08 정답해설

③ 행정학 시험에서 자주 출제되는 내용으로 해설은 참고만 하십시오.

구분	도		특별시, 광역시	
	도세	시/군세	특별(광역)시세	구세
보통세	・취득세 ・등록면허세 ・지방소비세 ・레저세	・재산세 ・지방소득세 ・주민세 ・자동차세 ・담배소비세	・취득세 ・지방소비세 ・지방소득세 ・주민세 ・자동차세 ・담배소비세 ・레저세	・재산세 ・등록면허세
목적세	・지역자원시설세 ・지방교육세		・지역자원시설세 ・지방교육세	

09

정답해설

② (ㄱ)은 부동성, (ㄴ)은 내부화이다.

10

정답해설

① 빈집정비사업은 소규모주택정비사업과 별도의 사업이다.

1. 빈집 및 소규모주택 정비에 관한 특례법은 1) 빈집정비사업과 2) 소규모주택정비사업을 규정하고 있다.
   1) 빈집정비사업 : 빈집을 개량 또는 철거하거나 효율적으로 관리 또는 활용하기 위한 사업을 말한다.
   2) 소규모주택정비사업 : 노후·불량건축물의 밀집 등 대통령령으로 정하는 요건에 해당하는 지역 또는 가로구역에서 시행하는 다음 각 목의 사업을 말한다.

가. 자율주택정비사업 : 단독주택, 다세대주택 및 연립주택을 스스로 개량 또는 건설하기 위한 사업
나. 가로주택정비사업 : 가로구역에서 종전의 가로를 유지하면서 소규모로 주거환경을 개선하기 위한 사업
다. 소규모재건축사업 : 정비기반시설이 양호한 지역에서 소규모로 공동주택을 재건축하기 위한 사업
라. 소규모재개발사업 : 역세권 또는 준공업지역에서 소규모로 주거환경 또는 도시환경을 개선하기 위한 사업

11

정답해설

④ 감정평가법인등은 토지를 감정평가할 때에는 공시지가기준법을 적용해야 한다.

12

정답해설

② 원가법에 의한 적산가액은 322,000,000원이다.

1. 재조달원가 : 1,000,000원/㎡ × 350㎡ × 1.15(시) = 402,500,000원
2. 감가수정액 : 402,500,000원 ÷ 50년(전체내용연수) × 10년(경과연수, 만년감가) = 80,500,000원
3. 적산가액 : 402,500,000원 − 80,500,000원 = 322,000,000원

13

정답해설

⑤ 모두 옳은 지문이다.

ㄴ. 재조달원가는 도급방식을 기준으로 한다. 따라서 수급인의 적정이윤이 원가에 포함된다.
ㄷ. 경제적(외부적) 감가는 외부환경과의 부적합으로 만들어지는 감가이다. 따라서 외부효과의 근거가 되는 지리적 위치의 고정성(부동성)에 의해 발생한다.

14

정답해설

⑤ 옳은 지문이다.

오답해설

① 복수기간 ⇨ 단일기간 : 직접환원법은 단일기간의 순수익을 적절한 환원율로 환원하여 대상 물건의 가액을 산정하는 방법을 말한다.
② 수익분석법 ⇨ 수익환원법 : 수익가액이란 수익환원법에 의해 산정된 가액을 말한다. 수익임료란 수익분석법에 의해 산정되는 임료를 말한다.
③ 가능총수익 ⇨ 유효총수익 : 순수익은 대상 물건에 귀속하는 적절한 수익으로서 유효총수익에서 운영경비를 공제하여 산정한다. 이 경우 자본적지출은 비용으로 고려하지 않는다.

④ 투자결합법 ⇨ 시장추출법 : 직접환원법에서 사용할 환원율은 시장추출법으로 구하는 것을 원칙으로 한다. 다만, 시장추출법의 적용이 적절하지 않은 때에는 요소구성법, 투자결합법, 유효총수익승수에 의한 결정방법, 시장에서 발표된 환원율 등을 검토하여 조정할 수 있다.

15 정답해설

④ 적합의 원칙 ⇨ 균형의 원칙 : 부동산의 가격이 내부적인 요인에 의하여 긍정적 또는 부정적 영향을 받아 형성되는 것은 균형의 원칙에 해당된다.

16 정답해설

④ 수익환원법이 주된 평가방법인 것은 5개(광업재단, 상표권, 영업권, 특허권, 전용측선이용권)이다. 과수원은 거래사례비교법이 주된 평가방법이다.

17 정답해설

① 옳은 지문이다.

오답해설

② 속한 지역 ⇨ 속하지 않은 지역 : 유사지역이란 대상부동산이 속하지 아니한 지역으로서 인근지역과 유사한 특성을 갖는 지역이다.

③ 미치지 않는 관계 ⇨ 미치는 관계 : 동일수급권이란 대상부동산과 수요・공급 관계가 성립하고 가치 형성에 서로 영향을 미치는 다른 부동산이 존재하는 권역이다.

④ 지역분석이 아니라 개별분석에 대한 설명이다.

⑤ 지역분석이 먼저 실시되고, 그 결과를 바탕으로 개별분석이 이루어진다.

18 정답해설

② 건물의 연간 감가율은 5%이다.

1. 종합 환원율(상각전) : 1.8억(순영업소득)/20억(부동산가격) = 9%
2. 건물의 연간 감가율(a) : 5%
   1) 토지 환원율 : 8%
   2) 건물 환원율(상각전) : 8% + a(연간 감가율)
   3) 종합 환원율(물리적 투자결합법) : 8% × 0.8(토지구성비) + (8% + a) × 0.2(건물구성비) = 9%, a = 5%

19 정답해설

① 옳은 연결이다. (ㄱ) 가치 정의는 영속성에 근거한다. (ㄴ) 토지에 원가방식을 적용하는 것이 어려운 이유는 토지는 생산할 수 없는 재화이기 때문이다. 따라서 부증성과 관계된다. (ㄷ) 부동산은 모두 다르고(개별적이고), 거래 내용도 거래 당사자에 따라 다르다(개별적이다). 즉 개별분석과 사정보정은 개별성에 근거한다.

20 정답해설

② 구분소유가 아닌 부동산, 일반적인 복합부동산(토지와 건물로 구성된 부동산)은 토지와 건물을 개별로 감정평가하는 것이 원칙이다. 아파트와 같은 구분소유 부동산은 건물에 대지사용권을 반영한 가치를 평가해야 하기 때문에 건물과 대지사용권을 일체로 하는 거래사례비교법을 적용하는 것이 원칙이나, 일반적인 복합부동산은 토지와 건물을 개별평가하는 것이 원칙이다.

1. 구분소유 부동산의 감정평가방법(감정평가 실무기준)

> ① 구분소유 부동산을 감정평가할 때에는 건물(전유부분과 공유부분)과 대지사용권을 일체로 한 거래사례비교법을 적용하여야 한다.
> ② 구분소유 부동산을 감정평가할 때에는 층별・위치별 효용요인을 반영하여야 한다.
> ③ 감정평가액은 합리적인 배분기준에 따라 토지가액과 건물가액으로 구분하여 표시할 수 있다.

2. 복합부동산의 감정평가방법(감정평가 실무기준)

> ① 복합부동산은 토지와 건물을 개별로 감정평가하는 것을 원칙으로 한다. 다만, 토지와 건물이 일체로 거래되는 경우에는 일괄하여 감정평가할 수 있다.
> ② 토지와 건물을 일괄하여 감정평가할 때에는 거래사례비교법을 적용하여야 한다.
> ③ 토지와 건물을 일괄하여 감정평가한 경우의 감정평가액은 합리적인 배분기준에 따라 토지가액과 건물가액으로 구분하여 표시할 수 있다.

21

정답해설

② 정보비용의 현재가치는 1억원이다.

1. 1년 후 정보가치 : (55,000만원 − 27,500만원) × 0.4(들어오지 않을 가능성) = 11,000만원
2. 정보의 현재가치 : 11,000만원 ÷ 1.1 = 10,000만원(1억원)

22

정답해설

⑤ 수요가 변화할 때, 공급의 가격탄력성이 작을수록(비탄력적일수록), 가격의 변동폭은 크고, 거래량의 변동폭은 작다.

23

정답해설

③ 재산은 저량(stock) 변수이다.

1. 유량 : 소득, 수출, 소비, 투자, 수요, 공급
2. 저량 : 재산, 가격, 자산, 재고량

24

정답해설

④ 옳은 지문은 ㄴ, ㄹ, ㅁ이다.

ㅁ. 유동화 과정에서 은행이 대출채권(위험자산)을 매각하면 위험자산(BIS 계산식의 분모)의 비중이 감소한다. 따라서 자기자본비율은 증가한다.

$$\text{자기자본비율(BIS)} = \frac{\text{자본}}{\text{가중평균 위험자산}}$$

오답해설

ㄱ. 채권을 표시하는 증권(애매모호한 표현이나, 이에 대한 문제 이의신청은 받아들여지지 않았음) ⇨ 지분형 증권 : MPTS는 지분형 증권으로 원리금수취권과 주택저당에 대한 채권을 모두 투자자에게 이전하는 증권이다.

ㄷ. 만기가 일치하도록 ⇨ 서로 다른 만기를 가진 : CMO는 이자율과 만기가 다른 다양한 채권으로 발행한다.

25

정답해설

① 프로젝트 대출은 사업주의 부채로 표시되지 않는데, 이를 부(簿)외 금융효과라고 한다.

26 정답해설

1. 2(부채감당률) = 4,000만원(순) ÷ 부채서비스액, 부채서비스액(원리금상환액) = 2,000만원
2. 대출금액 : 2,000만원 ÷ 0.1(저당상수) = 2억원
3. 매매가격 : 4억원
4. 대부비율(LTV) : 50%

27 정답해설

① 수요의 증가폭이 크다면, 수요의 증가가 시장을 결정한다. 따라서 균형가격은 상승하고, 균형거래량은 증가한다.

28 정답해설

③ 금융감독원 ⇨ 금융위원회 : 금융(회계)과 관련된 정책을 결정하는 것은 금융위원회(정부의결기관)이다. 금융감독원은 금융위원회의 지시를 받아 은행, 보험회사, 증권회사 등 금융기관에 대한 검사와 감독 업무를 담당한다.

29 정답해설

② 수요곡선을 우측으로 이동시키는 요인(수요 증가 요인)은 3개이다.
1. 수요곡선 자체를 이동시키지 않는 요인(수요량의 변화 요인) : 아파트 가격의 하락
2. 수요 증가 요인 : 대체주택 가격의 상승, DSR 규제 완화, 가구수 증가
3. 수요 감소 요인 : 대출금리 상승, 수요자의 실질 소득 감소, 부채감당률 규제 강화

30 정답해설

④ 옳은 지문이다. 듀레이션은 빠르게 상환하는 방식일수록 짧고, 상대적으로 천천히 상환하는 방식일수록 길다. 따라서 원금 균등 상환 방식에 비해 상대적으로 천천히 상환하는 원리금 균등 상환 방식의 듀레이션이 보다 길다.

오답해설

① 대출자 ⇨ 차입자 : 콜옵션(조기상환권)은 차입자의 권리이다.
② 작은 ⇨ 큰 : 금융기관은 위험을 줄이기 위해 부채감당률이 1보다 큰 대출안에서 보다 큰 수치의 순서대로 대출을 실행한다.
③ 하락 ⇨ 상승 : 대출수수료와 조기상환수수료는 이자와 별도로 차입자가 부담하는 비용이다. 따라서 이러한 수수료가 존재한다면 차입자의 실효이자율은 상승한다. 또한 조기상환수수료는 조기상환이 빠를수록 보다 많은 수수료를 부담하는 특징이 있다. 따라서 조기상환시점이 앞당겨 질수록 실효이자율은 보다 상승한다.
⑤ 원리금 균등 상환 방식은 상대적으로 천천히 상환하는 방식으로 상환기간 전체의 누적이자액이 원금 균등 상환 방식에 비해 보다 많은 방식이다. 따라서 총상환액(누적원금 + 누적이자)은 원리금 균등 상환 방식이 보다 많다.

31 정답해설

① 체계적 위험 ⇨ 비체계적 위험 : 포트폴리오는 비체계적 위험을 감소시킨다.

32 정답해설

② BTO 방식에 대한 설명이다. 특히 시설의 최종수요자로부터 이용료를 징수하여 투자비를 회수하는 방식은 BTO 방식이다.

33 정답해설

① 부채감당률법에 의한 환원율은 5.61%이다.

1. 순영업소득
   1) 가능총소득 : 85,000,000원
   2) 유효총소득 : 85,000,000원 × 0.95 = 80,750,000원
   3) 영업경비 : 85,000,000원 × 0.07(관리수수료, 유틸리티, 관리직원인건비) = 5,950,000원
   4) 순영업소득 : 80,750,000원 − 5,950,000원 = 74,800,000원
2. 부채감당률 : 74,800,000원(순) ÷ 20,000,000원(부채서비스액) = 3.74
3. 환원율 : 3.74(부채감당률) × 25%(대부비율) × 0.06(저당상수) = 5.61%

34 정답해설

④ 총투자수익률은 순영업소득을 총투자액으로 나눈 비율이다.

35 정답해설

③ 동일하게 ⇨ 다양하게 : 세분시장은 마케팅 믹스 요소에 대해 다양하게 반응한다.

36 정답해설

② 수익률은 더해지지 않는다. 예로 5% 수익률을 갖는 투자안(A)와 5% 수익률을 갖는 투자안(B)를 결합하여 투자한다고 가정하자. 결합 투자안(A + B)의 수익률은 5%이지, 10%가 되는 것이 아님을 주의해야 한다.

구분	A	B	A + B
투자금액	100	100	200
수익	5	5	10
수익률	5%	5%	5%

37 정답해설

⑤ 기밀 및 보안의 측면에서 유리한 방식은 자기관리방식이다.

38 정답해설

③ 옳은 연결이다.

$$1년간\ 자기자본수익률 = \frac{순영업소득 - 이자비용 \pm 가격변화}{지분투자액}$$

1. (ㄱ) 타인자본을 활용하지 않은 경우
   {500만원(순) − 0원(이자) + 200만원(가치상승)} ÷ 10,000만원(지분투자금액) = 7%

2. (ㄴ) 타인자본을 40% 활용하는 경우
{500만원 − 160만원(= 4,000만원 × 4%, 이자) + 200만원} ÷ 6,000만원(지분투자금액) = 9%

39 정답해설

⑤ 지급해야 할 예상 임대료는 13,000만원이다.
1. 예상 매출액 분석
1) 1월~7월(7개월) : 8만원/㎡ × 200㎡ = 1,600만원. 기본임대료만 지불
2) 8월~12월(5개월) : 20만원/㎡ × 200㎡ = 4,000만원. 기본임대료와 추가임대료 지불
2. 임대료 계산
1) 1월~7월 : 5만원/㎡ × 200㎡(월기본임대료) × 7개월 = 7,000만원
2) 8월~12월 : {5만원/㎡ × 200㎡(월기본임대료) + 2,000만원(초과매출액) × 10%(추가임대료율)} × 5개월 = 6,000만원
3) 합계 : 13,000만원

40 정답해설

① 옳은 연결이다.
ㄱ. 신탁은 수익을 목적으로 한다. 따라서 신탁증서를 수익증서라고 한다.
ㄴ. 토지를 원래의 토지소유자에게 돌려주는(재분배하는) 방식은 환지방식이다.
ㄷ. 공익성이 강한 방식은 공영개발방식이다.

정답

01 ④	02 ⑤	03 ④	04 ①	05 ③	06 ①	07 ②	08 ③	09 ②	10 ③
11 ④	12 ④	13 ⑤	14 ⑤	15 ②	16 ④	17 ⑤	18 ②	19 ②	20 ③
21 ①	22 ③	23 ①	24 ⑤	25 ③	26 ②	27 ③	28 ⑤	29 ④	30 ①
31 ⑤	32 ⑤	33 ①	34 ②	35 ④	36 ②	37 ④	38 ④	39 ④	40 ①

01

정답해설

④ 도축장은 보건위생시설이다.

영 제2조(기반시설)

① "기반시설"이란 다음 시설을 말한다(당해 시설 그 자체의 기능발휘와 이용을 위하여 필요한 부대시설 및 편익시설을 포함한다).

1. 교통시설
   도로 · 철도 · 항만 · 공항 · 주차장 · 자동차정류장 · 궤도 · 차량 검사 및 면허시설

도로 :

가. 일반도로　나. 자동차전용도로　다. 보행자전용도로
라. 보행자우선도로　마. 자전거전용도로　바. 고가도로
사. 지하도로

자동차정류장 :

가. 여객자동차터미널　나. 물류터미널　다. 공영차고지
라. 공동차고지　마. 화물자동차 휴게소　바. 복합환승센터
사. 환승센터

2. 공간시설
   광장 · 공원 · 녹지 · 유원지 · 공공공지

광장 :

가. 교통광장　나. 일반광장　다. 경관광장
라. 지하광장　마. 건축물부설광장

3. 유통 · 공급시설
   유통업무설비, 수도 · 전기 · 가스 · 열공급설비, 방송 · 통신시설, 공동구 · 시장, 유류저장 및 송유설비
4. 공공 · 문화체육시설
   학교 · 공공청사 · 문화시설 · 공공필요성이 인정되는 체육시설 · 연구시설 · 사회복지시설 · 공공직업훈련시설 · 청소년수련시설
5. 방재시설
   하천 · 유수지 · 저수지 · 방화설비 · 방풍설비 · 방수설비 · 사방설비 · 방조설비

> 6. 보건위생시설
>   장사시설 · 도축장 · 종합의료시설
> 7. 환경기초시설
>   하수도 · 폐기물처리 및 재활용시설 · 빗물저장 및 이용시설 · 수질오염방지시설 · 폐차장

02 **정답해설**

⑤ 법 제13조 제5항

오답해설

① 중앙행정기관의 장, 시 · 도지사, 시장 또는 군수는 국토교통부장관이나 도지사에게 광역계획권의 지정 또는 변경을 요청할 수 있다(법 제10조 제2항).
② 도지사가 광역계획권을 지정하거나 변경하려면 관계 중앙행정기관의 장, 관계 시 · 도지사, 시장 또는 군수의 의견을 들은 후 지방도시계획위원회의 심의를 거쳐야 한다(법 제10조 제4항).
③ 국토교통부장관 또는 도지사는 광역계획권을 지정하거나 변경하면 지체 없이 관계 시 · 도지사, 시장 또는 군수에게 그 사실을 통보하여야 한다(법 제10조 제5항).
④ 2년이 아니라 3년을 기한으로 한다(법 제11조 제1항 제3호).

03 **정답해설**

④ 도시 · 군관리계획의 입안을 제안받은 자는 제안자와 협의하여 제안된 도시 · 군관리계획의 입안 및 결정에 필요한 비용의 전부 또는 일부를 제안자에게 부담시킬 수 있다(법 제26조 제3항).

오답해설

①

> **법 제24조(도시 · 군관리계획의 입안권자)**
> ⑤ 국토교통부장관은 다음 각 호의 어느 하나에 해당하는 경우에는 직접 또는 관계 중앙행정기관의 장의 요청에 의하여 도시 · 군관리계획을 입안할 수 있다.
> 1. 국가계획과 관련된 경우
> 2. 둘 이상의 시 · 도에 걸쳐 지정되는 용도지역 · 용도지구 또는 용도구역과 둘 이상의 시 · 도에 걸쳐 이루어지는 사업의 계획 중 도시 · 군관리계획으로 결정하여야 할 사항이 있는 경우
> 3. 특별시장 · 광역시장 · 특별자치시장 · 특별자치도지사 · 시장 또는 군수가 제138조에 따른 기한까지 국토교통부장관의 도시 · 군관리계획 조정 요구에 따라 도시 · 군관리계획을 정비하지 아니하는 경우

② 법 제25조 제1항
③ 법 제26조 제1항
⑤

> **영 제21조(도시 · 군관리계획의 입안을 위한 기초조사 면제사유 등) 제2항**
> 3. 토지적성평가를 실시하지 아니할 수 있는 요건
>   아. 다음의 어느 하나에 해당하는 용도지역 · 용도지구 · 용도구역의 지정 또는 변경의 경우
>   1) 주거지역 · 상업지역 · 공업지역 또는 계획관리지역의 그 밖의 용도지역으로의 변경(계획관리지역을 자연녹지지역으로 변경하는 경우는 제외한다)
>   2) 주거지역 · 상업지역 · 공업지역 또는 계획관리지역 외의 용도지역 상호간의 변경(자연녹지지역으로 변경하는 경우는 제외한다)
>   3) 용도지구 · 용도구역의 지정 또는 변경(개발진흥지구의 지정 또는 확대지정은 제외한다)

04 정답해설

① 제2종일반주거지역은 중층주택을 중심으로 한다.

> **영 제30조(용도지역의 세분) 제1항**
> 가. 전용주거지역 : 양호한 주거환경을 보호하기 위하여 필요한 지역
> (1) 제1종전용주거지역 : 단독주택 중심의 양호한 주거환경을 보호하기 위하여 필요한 지역
> (2) 제2종전용주거지역 : 공동주택 중심의 양호한 주거환경을 보호하기 위하여 필요한 지역
> 나. 일반주거지역 : 편리한 주거환경을 조성하기 위하여 필요한 지역
> (1) 제1종일반주거지역 : 저층주택을 중심으로 편리한 주거환경을 조성하기 위하여 필요한 지역
> (2) 제2종일반주거지역 : 중층주택을 중심으로 편리한 주거환경을 조성하기 위하여 필요한 지역
> (3) 제3종일반주거지역 : 중고층주택을 중심으로 편리한 주거환경을 조성하기 위하여 필요한 지역
> 다. 준주거지역 : 주거기능을 위주로 이를 지원하는 일부 상업기능 및 업무기능을 보완하기 위하여 필요한 지역

05 정답해설

③ 법 제44조 제5항

오답해설

① 200만제곱미터를 초과하여야 한다(영 제35조의2 제1항).

②
> **영 제35조의3(공동구에 수용하여야 하는 시설)**
> 1) 필수 : 전선로, 통신선로, 수도관, 열수송관(난방), 중수도관(물재활용), 쓰레기수송관
> 2) 공동구협의회 심의를 거쳐 수용할 수 있는 시설 : 가스관, 하수도관, 그 밖의 시설

④ 점용예정자는 공동구설치공사 착수 전에 부담액의 3분의 1 이상 납부하고 점용공사기간 만료일(만료일 전에 공사가 완료된 경우에는 공사완료일) 전까지 나머지를 납부해야 한다(영 제38조 제4항).

⑤ 공동구관리자는 대통령령으로 정하는 바에 따라 1년에 1회 이상 공동구의 안전점검을 실시하여야 한다(법 제44조의2 제3항).

06 정답해설

①
> **영 제55조(개발행위허가의 규모)**
> ① 법 제58조 제1항 제1호 본문에서 "대통령령으로 정하는 개발행위의 규모"란 다음 각호에 해당하는 토지의 형질변경면적을 말한다. 다만, 관리지역 및 농림지역에 대하여는 토지형질변경 및 토석의 채취의 규정에 의한 면적의 범위 안에서 특별시·광역시·특별자치시·특별자치도·시 또는 군의 도시군계획조례로 따로 정할 수 있다.
> 1. 도시지역
> 가. 주거지역, 상업지역, 자연녹지지역, 생산녹지지역 : 1만제곱미터 미만
> 나. 공업지역 : 3만제곱미터 미만
> 다. 보전녹지지역 : 5천제곱미터 미만
> 2. 관리지역/농림지역 : 3만제곱미터 미만
> 3. 자연환경보전지역 : 5천제곱미터 미만

07

정답해설

② ㄴ. 80% – ㄷ. 70% – ㄱ. 50% – ㄹ. 20%

> **영 제84조(용도지역안에서의 건폐율) 제1항**
> 2. 제2종전용주거지역 : 50퍼센트 이하
> 10. 유통상업지역 : 80퍼센트 이하
> 12. 일반공업지역 : 70퍼센트 이하
> 20. 농림지역 : 20퍼센트 이하

08

정답해설

③ 새로 설치된 공공시설은 세목 통지 시에 귀속된다.

> **법 제65조(개발행위에 따른 공공시설 등의 귀속)**
> ⑤ 개발행위허가를 받은 자가 행정청인 경우 개발행위허가를 받은 자는 개발행위가 끝나 준공검사를 마친 때에는 해당 시설의 관리청에 공공시설의 종류와 토지의 세목(細目)을 통지하여야 한다. 이 경우 공공시설은 그 통지한 날에 해당 시설을 관리할 관리청과 개발행위허가를 받은 자에게 각각 귀속된 것으로 본다.

09

정답해설

②

> **법 제66조(개발밀도관리구역)**
> ② 특별시장・광역시장・특별자치시장・특별자치도지사・시장 또는 군수는 개발밀도관리구역에서는 대통령령으로 정하는 범위에서 건폐율 또는 용적률을 강화하여 적용한다.
>
> **영 제62조(개발밀도의 강화범위 등)**
> ① "대통령령으로 정하는 범위"란 해당 용도지역에 적용되는 용적률의 최대한도의 50퍼센트를 말한다.

오답해설

① 주거・상업・공업지역에서 기반시설(도시・군계획시설포함)의 처리・공급 또는 수용능력이 부족할 것으로 예상되는 지역 중 기반시설의 설치가 곤란한 지역을 개발밀도관리구역으로 지정(변경)할 수 있고, 지정하는 경우 고시해야 한다(법 제66조 제1항, 제4항).

③ 특별시장・광역시장・특별자치시장・특별자치도지사・시장 또는 군수는 개발밀도관리구역을 지정하거나 변경하려면 개발밀도관리구역의 명칭・범위・건폐율 또는 용적률의 강화범위를 포함하여 지방도시계획위원회의 심의를 거쳐야 한다(법 제66조 제3항).

④ 개발밀도관리구역의 지정 또는 변경의 고시는 당해 지방자치단체의 공보에 게재하는 방법에 의한다(영 제62조 제2항).

⑤ 개발밀도관리구역은 도로・수도공급설비・하수도・학교 등의 기반시설의 용량이 부족할 것으로 예상되는 지역 중 기반시설의 설치가 곤란한 지역을 지정한다(법 제2조 제6호).

10

정답해설

③ 성장관리계획구역에서는 조례로 정하는 비율까지 건폐율을 완화하여 적용 가능하다.

> **법 제75조의3(성장관리계획의 수립 등) 제2항**
> 1. 계획관리지역 : 50퍼센트 이하
> 2. 생산관리지역 농림지역 및 녹지지역(자연녹지/생산녹지) : 30퍼센트 이하

11 정답해설

④ 법 제42조 제1항 제3호

오답해설

① 도시·군관리계획 대상이다(법 제36조 제2항).
② 도지사가 입안할 수 있는 경우이다.

> **법 제24조(도시·군관리계획의 입안권자)**
> ⑤ 국토교통부장관은 제1항이나 제2항에도 불구하고 다음 각 호의 어느 하나에 해당하는 경우에는 직접 또는 관계 중앙행정기관의 장의 요청에 의하여 도시·군관리계획을 입안할 수 있다. 이 경우 국토교통부장관은 관할 시·도지사 및 시장·군수의 의견을 들어야 한다.
> 1. 국가계획과 관련된 경우
> 2. 둘 이상의 시·도에 걸쳐 지정되는 용도지역·용도지구 또는 용도구역과 둘 이상의 시·도에 걸쳐 이루어지는 사업의 계획 중 도시·군관리계획으로 결정하여야 할 사항이 있는 경우
> 3. 특별시장·광역시장·특별자치시장·특별자치도지사·시장 또는 군수가 제138조에 따른 기한까지 국토교통부장관의 도시·군관리계획 조정 요구에 따라 도시·군관리계획을 정비하지 아니하는 경우
>
> ⑥ 도지사는 제1항이나 제2항에도 불구하고 다음 각 호의 어느 하나의 경우에는 직접 또는 시장이나 군수의 요청에 의하여 도시·군관리계획을 입안할 수 있다. 이 경우 도지사는 관계 시장 또는 군수의 의견을 들어야 한다.
> 1. 둘 이상의 시·군에 걸쳐 지정되는 용도지역·용도지구 또는 용도구역과 둘 이상의 시·군에 걸쳐 이루어지는 사업의 계획 중 도시·군관리계획으로 결정하여야 할 사항이 포함되어 있는 경우
> 2. 도지사가 직접 수립하는 사업의 계획으로서 도시·군관리계획으로 결정하여야 할 사항이 포함되어 있는 경우

③ 공유수면(바다만 해당한다)의 매립 목적이 그 매립구역과 이웃하고 있는 용도지역의 내용과 같으면 제25조와 제30조에도 불구하고 도시·군관리계획의 입안 및 결정 절차 없이 그 매립준공구역은 그 매립의 준공인가일부터 이와 이웃하고 있는 용도지역으로 지정된 것으로 본다(법 제42조 제1항).
⑤ 개발사업의 완료로 해제되는 경우는 제외한다(법 제42조 제4항).

12 정답해설

④ 신고가 아니라 허가를 받아야 한다.

> **법 제81조(시가화조정구역에서의 행위 제한 등)**
> ② 다음 각 호의 어느 하나에 해당하는 행위에 한정하여 특별시장·광역시장·특별자치시장·특별자치도지사·시장 또는 군수의 허가를 받아 그 행위를 할 수 있다.
> 1. 농업·임업 또는 어업용의 건축물 중 대통령령으로 정하는 종류와 규모의 건축물이나 그 밖의 시설을 건축하는 행위
> 2. 마을공동시설, 공익시설·공공시설, 광공업 등 주민의 생활을 영위하는 데에 필요한 행위로서 대통령령으로 정하는 행위
> 3. 입목의 벌채, 조림, 육림, 토석의 채취, 그 밖에 대통령령으로 정하는 경미한 행위

오답해설

① 영 제32조 제1항
② 도시·군관리계획 결정 당시 이미 사업이나 공사에 착수한 자(이 법 또는 다른 법률에 따라 허가·인가·승인 등을 받아야 하는 경우에는 그 허가·인가·승인 등을 받아 사업이나 공사에 착수한 자를 말한다)는 그 도시·군관리계획 결정과 관계없이 그 사업이나 공사를 계속할 수 있다. 다만, 시가화조정구역이나 수산자원보호구역의 지정에 관한 도시·군관리계획 결정이 있는 경우에는 대통령령으로 정하는 바에 따라 특별시장·광역시장·특별자치시장·특별자치도지사·시장 또는 군수에게 신고하고 그 사업이나 공사를 계속할 수 있다(법

제31조 제2항).

③ 개발제한구역・도시자연공원구역・시가화조정구역 또는 공원에서 해제되는 구역, 녹지지역에서 주거・상업・공업지역으로 변경되는 구역과 새로 도시지역으로 편입되는 구역 중 계획적인 개발 또는 관리가 필요한 지역의 전부 또는 일부에 대하여 지구단위계획구역으로 지정할 수 있다(법 제51조 제1항 제8호).

⑤ 법 제39조 제2항

13 정답해설

⑤ 「공익사업을 위한 토지 등의 취득 및 보상에 관한 법률」 제22조에 따른 사업인정고시는 적용 특례규정의 대상이 아니다.

법 제83조의3(도시혁신구역에서의 다른 법률의 적용 특례)

① 도시혁신구역에 대하여는 다음 각 호의 법률 규정에도 불구하고 도시혁신계획으로 따로 정할 수 있다.

1. 「주택법」 제35조에 따른 주택의 배치, 부대시설・복리시설의 설치기준 및 대지조성기준
2. 「주차장법」 제19조에 따른 부설주차장의 설치
3. 「문화예술진흥법」 제9조에 따른 건축물에 대한 미술작품의 설치
4. 「건축법」 제43조에 따른 공개 공지 등의 확보
5. 「도시공원 및 녹지 등에 관한 법률」 제14조에 따른 도시공원 또는 녹지 확보기준
6. 「학교용지 확보 등에 관한 특례법」 제3조에 따른 학교용지의 조성・개발 기준

14 정답해설

⑤ ㄱ, ㄴ, ㄷ, ㄹ

영 제30조(표준주택가격 조사・산정의 절차)

① 법 제16조 제4항에 따라 표준주택가격 조사・산정을 의뢰받은 「한국부동산원법」에 따른 한국부동산원(이하 "부동산원"이라 한다)은 표준주택가격 및 그 밖에 국토교통부령으로 정하는 사항을 조사・산정한 후 국토교통부령으로 정하는 바에 따라 표준주택가격 조사・산정보고서를 작성하여 국토교통부장관에게 제출하여야 한다.

규칙 제11조(표준주택가격 조사・산정보고서)

① 영 제30조 제1항에서 "국토교통부령으로 정하는 사항"이란 다음 각 호의 사항을 말한다.

1. 주택의 소재지, 공부상 지목 및 대지면적
2. 주택 대지의 용도지역
3. 도로접면
4. 대지 형상
5. 주건물 구조 및 층수
6. 「건축법」 제22조에 따른 사용승인(이하 "사용승인"이라 한다)연도
7. 주위 환경

15 정답해설

② 임시사용승인일을 포함한다.

법 제20조(비주거용 표준부동산가격의 조사・산정 및 공시 등)

② 제1항에 따른 비주거용 표준부동산가격의 공시에는 다음 각 호의 사항이 포함되어야 한다.

4. 비주거용 표준부동산의 용도, 연면적, 구조 및 사용승인일(임시사용승인일을 포함한다)

오답해설

①

영 제58조(비주거용 개별부동산가격 공시기준일을 다르게 할 수 있는 비주거용 일반부동산) ① 법 제21조 제4항에 따라 비주거용 개별부동산가격 공시기준일을 다르게 할 수 있는 비주거용 일반부동산은 다음 각 호의 어느 하나에 해당하는 부동산으로 한다. 1. 「공간정보의 구축 및 관리 등에 관한 법률」에 따라 그 대지가 분할 또는 합병된 비주거용 일반부동산 2. 「건축법」에 따른 건축·대수선 또는 용도변경이 된 비주거용 일반부동산 3. 국유·공유에서 매각 등에 따라 사유로 된 비주거용 일반부동산으로서 비주거용 개별부동산가격이 없는 비주거용 일반부동산

③ 법 제23조 제1항

④ 법 제22조 제3항

⑤ 국토교통부장관은 비주거용 집합부동산가격의 오류를 정정하려는 경우에는 중앙부동산가격공시위원회의 심의를 거쳐 정정사항을 결정·공시하여야 한다. 다만, 틀린 계산 또는 오기의 경우에는 중앙부동산가격공시위원회의 심의를 거치지 아니할 수 있다(영 제70조 제2항).

16 정답해설

④ 표준지 공시지가의 공시사항에는 지번, 단위면적당 가격, 면적 및 형상, 표준지 이용상황, 주변토지 이용상황, 지목, 용도지역, 도로상황, 그 밖에 필요한 사항이 있다(법 제5조, 영 제10조 제2항).

오답해설

① 30일 이내에 이의를 신청할 수 있다.

법 제11조(개별공시지가에 대한 이의신청) ① 개별공시지가에 이의가 있는 자는 그 결정·공시일부터 30일 이내에 서면으로 시장·군수 또는 구청장에게 이의를 신청할 수 있다.

② 단위면적은 1제곱미터로 한다.

영 제10조(표준지공시지가의 공시사항) ① 법 제5조 제2호의 단위면적은 1제곱미터로 한다.

③ 표준지로 선정된 토지, 조세 또는 부담금 등의 부과대상이 아닌 토지, 그 밖에 대통령령으로 정하는 토지에 대하여는 개별공시지가를 결정·공시하지 아니할 수 있다(법 제10조 제2항).

⑤ 국고에서 보조할 수 있는 비용은 개별공시지가의 결정·공시에 드는 비용의 50퍼센트 이내로 한다(영 제24조).

17 정답해설

⑤ '자격의 정지'라는 용어는 징계규정에 없는 용어이다.

법 제39조(징계) ② 감정평가사에 대한 징계의 종류는 다음과 같다. 1. 자격의 취소 2. 등록의 취소 3. 2년 이하의 업무정지 4. 견책

18 정답해설

② 감정평가법 제32조 제1항에서는 감정평가법인이 "장부나 서류 등의 검사를 거부, 방해 또는 기피한 경우"에는 설립인가를 취소하거나 2년 이내의 범위에서 기간을 정하여 업무의 정지를 명할 수 있다고 규정하고 있으며, 제5항에서는 설립인가의 취소와 업무정지에 관한 기준은 대통령령으로 정한다고 하여 시행령 별표 3에서 세부적인 유형을 구분하고 있다.

별표 3에서는 '장부나 서류 등의 검사를 거부, 방해 또는 기피한 경우'에는 1회 위반 시에 업무정지 1개월, 2회 위반 시에 업무정지 3개월, 3회 이상 위반 시에 업무정지 6개월을 하도록 규정하고 있다.

19 정답해설

② 교육연수의 대상자는 등록의 취소 및 2년 이하의 업무정지의 징계를 받은 감정평가사로 한다(영 제16조의2 제1항).

20 정답해설

③ ㄱ : 기부채납, ㄴ : 변상금, ㄷ : 기획재정부장관

법 제2조(정의)

2. "기부채납"이란 국가 외의 자가 제5조 제1항 각 호에 해당하는 재산의 소유권을 무상으로 국가에 이전하여 국가가 이를 취득하는 것을 말한다(법 제2조 제2호).
9. "변상금"이란 사용허가나 대부계약 없이 국유재산을 사용・수익하거나 점유한 자(사용허가나 대부계약 기간이 끝난 후 다시 사용허가나 대부계약 없이 국유재산을 계속 사용・수익하거나 점유한 자를 포함한다. 이하 "무단점유자"라 한다)에게 부과하는 금액을 말한다.
10. "총괄청"이란 기획재정부장관을 말한다.

21 정답해설

①

법 제5조(국유재산의 범위)

① 국유재산의 범위는 다음 각 호와 같다.
3. 「정부기업예산법」 제2조에 따른 정부기업이나 정부시설에서 사용하는 기계와 기구 중 대통령령으로 정하는 것[기관차・전차・객차(客車)・화차(貨車)・기동차(汽動車) 등 궤도차량]

② 제1항 제3호의 기계와 기구로서 해당 기업이나 시설의 폐지와 함께 포괄적으로 용도폐지된 것은 해당 기업이나 시설이 폐지된 후에도 국유재산으로 한다.

22 정답해설

③ 법 제36조 제1항 제3호

제36조(사용허가의 취소와 철회)

① 중앙관서의 장은 행정재산의 사용허가를 받은 자가 다음 각 호의 어느 하나에 해당하면 그 허가를 취소하거나 철회할 수 있다.
1. 거짓 진술을 하거나 부실한 증명서류를 제시하거나 그 밖에 부정한 방법으로 사용허가를 받은 경우
2. 사용허가 받은 재산을 제30조 제2항을 위반하여 다른 사람에게 사용・수익하게 한 경우
3. 해당 재산의 보존을 게을리하였거나 그 사용목적을 위배한 경우

4. 납부기한까지 사용료를 납부하지 아니하거나 제32조 제2항 후단에 따른 보증금 예치나 이행보증조치를 하지 아니한 경우
5. 중앙관서의 장의 승인 없이 사용허가를 받은 재산의 원래 상태를 변경한 경우

오답해설

① 사용허가를 받은 자는 허가기간이 끝나거나 제36조에 따라 사용허가가 취소 또는 철회된 경우에는 그 재산을 원래 상태대로 반환하여야 한다. 다만, 중앙관서의 장이 미리 상태의 변경을 승인한 경우에는 변경된 상태로 반환할 수 있다(법 제38조).

② 수의계약이 가능한 경우에 해당한다.

영 제27조(사용허가의 방법)

③ 행정재산이 다음 각 호의 어느 하나에 해당하는 경우에는 법 제31조 제1항 단서에 따라 수의의 방법으로 사용허가를 받을 자를 결정할 수 있다.
1. 주거용으로 사용허가를 하는 경우
2. 경작용으로 실경작자에게 사용허가를 하는 경우
3. 외교상 또는 국방상의 이유로 사용·수익 행위를 비밀리에 할 필요가 있는 경우
4. 천재지변이나 그 밖의 부득이한 사유가 발생하여 재해 복구나 구호의 목적으로 사용허가를 하는 경우

4의2. 법 제18조 제1항 제3호에 따른 사회기반시설로 사용하려는 지방자치단체나 지방공기업에 사용허가를 하는 경우

5. 법 제34조 제1항에 따라 사용료 면제의 대상이 되는 자에게 사용허가를 하는 경우
6. 국가와 재산을 공유하는 자에게 국가의 지분에 해당하는 부분에 대하여 사용허가를 하는 경우
7. 국유재산 관리·처분에 지장이 없는 경우로서 사용목적이나 계절적 요인 등을 고려하여 6개월 미만의 사용허가를 하는 경우
8. 두 번에 걸쳐 유효한 입찰이 성립되지 아니한 경우
9. 그 밖에 재산의 위치·형태·용도 등이나 계약의 목적·성질 등으로 보아 경쟁입찰에 부치기 곤란하다고 인정되는 경우

④ 국가를 당사자로 하는 계약에 관한 법률을 준용한다(법 제31조).

⑤ 행정재산의 사용허가를 받은 자가 그 재산에 대하여 유지·보수 외의 시설을 설치하려는 때에는 그 경비조서를 갖추어 소관 중앙관서의 장의 승인을 받아야 한다(규칙 제19조 제1항).

23

정답해설

①

법 제51조(소유권의 이전 등)

① 일반재산을 매각하는 경우 해당 매각재산의 소유권 이전은 매각대금이 완납된 후에 하여야 한다.

② 제1항에도 불구하고 제50조 제2항에 따라 매각대금을 나누어 내게 하는 경우로서 공익사업의 원활한 시행 등을 위하여 소유권의 이전이 불가피하여 대통령령으로 정하는 경우에는 매각대금이 완납되기 전에 소유권을 이전할 수 있다.

오답해설

② 법 제52조 제1호

③ 영 제55조 제2항 제1호

④ 영 제53조 제1항

⑤ 법 제46조 제4항

24

정답해설

⑤

영 제2조(정의)

18. "특수구조 건축물"이란 다음 각 목의 어느 하나에 해당하는 건축물을 말한다.
   가. 한쪽 끝은 고정되고 다른 끝은 지지(支持)되지 아니한 구조로 된 보·차양 등이 외벽(외벽이 없는 경우에는 외곽 기둥을 말한다)의 중심선으로부터 3미터 이상 돌출된 건축물
   나. 기둥과 기둥 사이의 거리(기둥의 중심선 사이의 거리를 말하며, 기둥이 없는 경우에는 내력벽과 내력벽의 중심선 사이의 거리를 말한다. 이하 같다)가 20미터 이상인 건축물
   다. 무량판 구조(보가 없이 바닥판 · 기둥으로 구성된 구조를 말한다. 이하 같다)를 가진 건축물로서 무량판 구조인 어느 하나의 층에 수직으로 배치된 주요구조부의 전체 단면적에서 보가 없이 배치된 기둥의 전체 단면적이 차지하는 비율이 4분의 1 이상인 건축물
   라. 특수한 설계·시공·공법 등이 필요한 건축물로서 국토교통부장관이 정하여 고시하는 구조로 된 건축물

25

정답해설

③ 장례시설은 산업 등 시설군에 속한다(영 제14조 제5항).

시설군	용도분류
1. 자동차 관련 시설군	자동차 관련 시설
2. 산업 등 시설군	운수시설, 창고시설, 공장, 위험물저장 및 처리시설, 자원순환 관련 시설, 묘지 관련 시설, 장례시설
3. 전기통신시설군	방송통신시설, 발전시설
4. 문화집회시설군	문화 및 집회시설, 종교시설, 위락시설, 관광휴게시설
5. 영업시설군	판매시설, 운동시설, 숙박시설, 제2종 근린생활시설 중 다중생활시설
6. 교육 및 복지시설군	의료시설, 교육연구시설, 노유자시설(老幼者施設), 수련시설, 야영장 시설
7. 근린생활시설군	제1종 근린생활시설, 제2종 근린생활시설(다중생활시설은 제외한다)
8. 주거업무시설군	단독주택, 공동주택, 업무시설, 교정시설, 국방·군사시설
9. 그 밖의 시설군	동물 및 식물 관련 시설

26

정답해설

② ㄱ : 경관지구, ㄴ : 「지역문화진흥법」에 따른 문화지구 안의 도로

법 제77조의2(특별가로구역의 지정)

① 국토교통부장관 및 허가권자는 도로에 인접한 건축물의 건축을 통한 조화로운 도시경관의 창출을 위하여 이 법 및 관계 법령에 따라 일부 규정을 적용하지 아니하거나 완화하여 적용할 수 있도록 다음 각 호의 어느 하나에 해당하는 지구 또는 구역에서 대통령령으로 정하는 도로에 접한 대지의 일정 구역을 특별가로구역으로 지정할 수 있다.
1. 삭제 〈2017.4.18.〉
2. 경관지구
3. 지구단위계획구역 중 미관유지를 위하여 필요하다고 인정하는 구역

영 제110조의2(특별가로구역의 지정)

① 법 제77조의2 제1항에서 "대통령령으로 정하는 도로"란 다음 각 호의 어느 하나에 해당하는 도로를 말한다.

> 1. 건축선을 후퇴한 대지에 접한 도로로서 허가권자(허가권자가 구청장인 경우에는 특별시장이나 광역시장을 말한다. 이하 이 조에서 같다)가 건축조례로 정하는 도로
> 2. 허가권자가 리모델링 활성화가 필요하다고 인정하여 지정·공고한 지역 안의 도로
> 3. 보행자전용도로로서 도시미관 개선을 위하여 허가권자가 건축조례로 정하는 도로
> 4. 「지역문화진흥법」 제18조에 따른 문화지구 안의 도로
> 5. 그 밖에 조화로운 도시경관 창출을 위하여 필요하다고 인정하여 국토교통부장관이 고시하거나 허가권자가 건축조례로 정하는 도로

27 정답해설

③

> **법 제49조(건축물의 피난시설 및 용도제한 등) 및 영 제53조(경계벽 등의 설치) 제2항**
> ④ 대통령령으로 정하는 용도 및 규모의 건축물에 대하여 가구·세대 등 간 소음 방지를 위하여 국토교통부령으로 정하는 바에 따라 경계벽 및 바닥을 설치하여야 한다.
> 1. 단독주택 중 다가구주택
> 2. 공동주택(「주택법」 제15조에 따른 주택건설사업계획승인 대상은 제외한다)
> 3. 업무시설 중 오피스텔
> 4. 제2종 근린생활시설 중 다중생활시설
> 5. 숙박시설 중 다중생활시설

28 정답해설

⑤ 주유소용지는 "주"로 표기한다.

29 정답해설

④ 등록전환 신청사유에 해당되지 않는다. 등록전환은 임야도를 지적도로 전환하는 것이기에 이미 지적도인 경우에는 등록전환 대상이 아니다.

> **영 제64조**
> ① 등록전환을 신청할 수 있는 경우는 다음 각 호와 같다.
> 1. 「산지관리법」에 따른 산지전용허가·신고, 산지일시사용허가·신고, 「건축법」에 따른 건축허가·신고 또는 그 밖의 관계 법령에 따른 개발행위 허가 등을 받은 경우
> 2. 대부분의 토지가 등록전환되어 나머지 토지를 임야도에 계속 존치하는 것이 불합리한 경우
> 3. 임야도에 등록된 토지가 사실상 형질변경되었으나 지목변경을 할 수 없는 경우
> 4. 도시·군관리계획선에 따라 토지를 분할하는 경우

30 정답해설

① ㄱ. 영 제59조 제1항
ㄴ. 영 제58조 제28호 나목

오답해설

ㄷ. 토지나 건축물의 용도가 변경된 경우에는 지목변경을 신청할 수 있다(영 제67조 제1항).
ㄹ. 시·도지사의 승인이 필요한 경우는 지번변경(법 제66조 제2항), 축척변경(법 제83조 제3항), 공부반출(법 제69조 제1항)이다.

31 정답해설

⑤ 법 제87조 제1호

오답해설

① 토지의 소재, 지번, 지목, 면적, 소유자의 성명 또는 명칭, 주소 및 주민번호(등록번호), 그 밖에 국토교통부령으로 정하는 사항을 등록한다(법 제71조 제1항).
② 토지소유자가 변경된 날과 그 원인을 등록하여야 한다(규칙 제68조 제3항).
③ 지적공부에 등록하는 지번・지목・면적・경계 또는 좌표는 토지의 이동이 있을 때 토지소유자(법인이 아닌 사단이나 재단의 경우에는 그 대표자나 관리인을 말한다)의 신청을 받아 지적소관청이 결정한다. 다만, 신청이 없으면 지적소관청이 직권으로 조사・측량하여 결정할 수 있다(법 제64조 제2항).
④ 지적소관청은 지적공부에 등록된 토지가 지형의 변화 등으로 바다로 된 경우로서 원상(原狀)으로 회복될 수 없거나 다른 지목의 토지로 될 가능성이 없는 경우에는 지적공부에 등록된 토지소유자에게 지적공부의 등록말소 신청을 하도록 통지하여야 한다. 토지소유자가 통지를 받은 날부터 90일 이내에 등록말소 신청을 하지 아니하면 대통령령으로 정하는 바에 따라 등록을 말소한다(법 제82조 제1항).

32 정답해설

⑤

규칙 제108조(등기필정보 통지의 상대방)

② 법정대리인이 등기를 신청한 경우에는 그 법정대리인에게, 법인의 대표자나 지배인이 신청한 경우에는 그 대표자나 지배인에게, 법인 아닌 사단이나 재단의 대표자나 관리인이 신청한 경우에는 그 대표자나 관리인에게 등기필정보를 통지한다.

오답해설

①

법 제26조(법인 아닌 사단 등의 등기신청)

① 종중(宗中), 문중(門中), 그 밖에 대표자나 관리인이 있는 법인 아닌 사단(社團)이나 재단(財團)에 속하는 부동산의 등기에 관하여는 그 사단이나 재단을 등기권리자 또는 등기의무자로 한다.
② 제1항의 등기는 그 사단이나 재단의 명의로 그 대표자나 관리인이 신청한다.

② 법인 아닌 사단이나 재단 및 국내에 영업소나 사무소의 설치 등기를 하지 아니한 외국법인의 등록번호는 시장(행정시의 시장을 포함하며, 자치구가 아닌 구를 두는 시의 시장은 제외한다), 군수 또는 구청장(자치구가 아닌 구의 구청장을 포함한다)이 부여한다(법 제49조 제1항 제3호).
③ 법인 아닌 사단이나 재단 명의의 등기를 할 때에는 그 대표자나 관리인의 성명, 주소 및 주민등록번호를 함께 기록해야 한다(법 제48조 제3항).

④

규칙 제67조(전자신청의 방법)

① 전자신청은 당사자가 직접 하거나 자격자대리인이 당사자를 대리하여 한다. 다만, 법인 아닌 사단이나 재단은 전자신청을 할 수 없다.

33 정답해설

① 가등기는 등기 대상에 해당하는 권리의 설정, 이전, 변경 또는 소멸의 청구권(請求權)을 보전(保全)하려는 때에 한다. 그 청구권이 시기부(始期附) 또는 정지조건부(停止條件附)일 경우나 그 밖에 장래에 확정될 것인 경우에도 같다(법 제88조).

오답해설

② 사건이 그 등기소의 관할이 아닌 경우 및 사건이 등기할 것이 아닌 경우 등기관은 등기권리자, 등기의무자와 등기상 이해관계 있는 제3자에게 1개월 이내의 기간을 정하여 그 기간에 이의를 진술하지 아니하면 등기를 말소한다는 뜻을 통지하여야 한다(법 제58조 제1항).

③ 환매특약등기는 부기등기이다(법 제52조 제6호).

④

법 제65조(소유권보존등기의 신청인)

미등기의 토지 또는 건물에 관한 소유권보존등기는 다음 각 호의 어느 하나에 해당하는 자가 신청할 수 있다.

1. 토지대장, 임야대장 또는 건축물대장에 최초의 소유자로 등록되어 있는 자 또는 그 상속인, 그 밖의 포괄승계인
2. 확정판결에 의하여 자기의 소유권을 증명하는 자
3. 수용(收用)으로 인하여 소유권을 취득하였음을 증명하는 자
4. 특별자치도지사, 시장, 군수 또는 구청장(자치구의 구청장을 말한다)의 확인에 의하여 자기의 소유권을 증명하는 자(건물의 경우로 한정한다)

⑤ 이의에는 집행정지(執行停止)의 효력이 없다(법 제104조).

34 정답해설

② 등기관이 등기사무를 처리한 때에는 등기사무를 처리한 등기관이 누구인지 알 수 있는 조치를 하여야 한다(법 제11조 제4항).

오답해설

① 법 제11조 제3항
③ 법 제14조 제2항
④ 법 제15조 제1항
⑤ 법 제19조 제2항

35 정답해설

④ 대지권이 등기된 구분건물의 등기기록에는 건물만에 관한 소유권이전등기 또는 저당권설정등기, 그 밖에 이와 관련이 있는 등기를 할 수 없다(법 제61조 제3항).

오답해설

① 도면의 번호[같은 지번 위에 여러 개의 건물이 있는 경우와 「집합건물의 소유 및 관리에 관한 법률」 제2조 제1호의 구분소유권(區分所有權)의 목적이 되는 건물(이하 "구분건물"이라 한다)인 경우로 한정한다](법 제40조 제1항 제6호)
② 법 제43조 제3항
③ 법 제46조 제1항
⑤ 구분건물에 대하여는 전유부분마다 부동산고유번호를 부여한다(규칙 제12조 제2항).

36 정답해설

② 등기명의인 표시의 변경 또는 경정(更正)의 등기는 등기명의인 단독으로 신청할 수 있다(법 제41조 제2항).

오답해설

① 장래취득할 동산도 담보등기가 가능하다.

> **법 제3조(동산담보권의 목적물)**
> ② 여러 개의 동산(장래에 취득할 동산을 포함한다)이더라도 목적물의 종류, 보관장소, 수량을 정하거나 그 밖에 이와 유사한 방법으로 특정할 수 있는 경우에는 이를 목적으로 담보등기를 할 수 있다.

③ 담보권설정자와 담보권자는 존속기간을 갱신하려면 그 만료 전에 연장등기를 신청하여야 한다(법 제49조 제2항).

④ 판결에 의한 등기는 승소한 등기권리자 또는 등기의무자 단독으로 신청할 수 있고, 상속이나 그 밖의 포괄승계로 인한 등기는 등기권리자 단독으로 신청할 수 있다(법 제41조 제3항).

⑤ 담보권설정자와 담보권자는 말소등기를 신청할 수 있다. 담보권자도 말소등기신청이 가능하다.

> **법 제50조(말소등기)**
> ① 담보권설정자와 담보권자는 다음 각 호의 어느 하나에 해당하는 경우에 말소등기를 신청할 수 있다.
> 1. 담보약정의 취소, 해제 또는 그 밖의 원인으로 효력이 발생하지 아니하거나 효력을 상실한 경우
> 2. 담보목적물인 동산이 멸실되거나 채권이 소멸한 경우
> 3. 그 밖에 담보권이 소멸한 경우

37 **정답해설**

④

> **법 제52조(사업시행계획서의 작성)**
> ① 사업시행자는 정비계획에 따라 다음 각 호의 사항을 포함하는 사업시행계획서를 작성하여야 한다.
> 1. 토지이용계획(건축물배치계획을 포함한다)
> 2. 정비기반시설 및 공동이용시설의 설치계획
> 3. 임시거주시설을 포함한 주민이주대책
> 4. 세입자의 주거 및 이주 대책
> 5. 사업시행기간 동안 정비구역 내 가로등 설치, 폐쇄회로 텔레비전 설치 등 범죄예방대책
> 6. 제10조에 따른 임대주택의 건설계획(재건축사업의 경우는 제외한다)
> 7. 제54조 제4항, 제101조의5 및 제101조의6에 따른 국민주택규모 주택의 건설계획(주거환경개선사업의 경우는 제외한다)
> 8. 공공지원민간임대주택 또는 임대관리 위탁주택의 건설계획(필요한 경우로 한정한다)
> 9. 건축물의 높이 및 용적률 등에 관한 건축계획
> 10. 정비사업의 시행과정에서 발생하는 폐기물의 처리계획
> 11. 교육시설의 교육환경 보호에 관한 계획(정비구역부터 200미터 이내에 교육시설이 설치되어 있는 경우로 한정한다)
> 12. 정비사업비
> 13. 그 밖에 사업시행을 위한 사항으로서 대통령령으로 정하는 바에 따라 시·도조례로 정하는 사항

오답해설

① 재건축사업에 대한 개념이다.

> **법 제2조(정의) 제2호**
> 다. 재건축사업: 정비기반시설은 양호하나 노후·불량건축물에 해당하는 공동주택이 밀집한 지역에서 주거환경을 개선하기 위한 사업. 이 경우 다음 요건을 모두 갖추어 시행하는 재건축사업을 "공공재건축사업"이라 한다.

② 하나의 정비구역을 둘 이상의 정비구역으로 분할할 수 있다.

> **법 제18조(정비구역의 분할, 통합 및 결합)**
> ① 정비구역의 지정권자는 정비사업의 효율적인 추진 또는 도시의 경관보호를 위하여 필요하다고 인정하는 경우에는 다음 각 호의 방법에 따라 정비구역을 지정할 수 있다.
> 1. 하나의 정비구역을 둘 이상의 정비구역으로 분할

③ 재건축사업은 관리처분계획에 따라 공급한다(법 제23조 제3항). 주거환경개선사업 및 재개발사업의 경우에 환지로 공급하는 방법으로 할 수 있다(법 제23조 제2항).

⑤ 20인 미만인 경우에는 토지등소유자가 직접 재개발사업을 시행할 수 있다(법 제25조 제1항 제2호).

38 정답해설

④ ㄱ, ㄴ, ㄹ

> **영 제31조(조합설립인가내용의 경미한 변경)**
> 법 제35조 제5항 단서에서 "대통령령으로 정하는 경미한 사항"이란 다음 각 호의 사항을 말한다.
> 1. 착오·오기 또는 누락임이 명백한 사항
> 2. 조합의 명칭 및 주된 사무소의 소재지와 조합장의 성명 및 주소(조합장의 변경이 없는 경우로 한정한다)
> 3. 토지 또는 건축물의 매매 등으로 조합원의 권리가 이전된 경우의 조합원의 교체 또는 신규가입
> 4. 조합임원 또는 대의원의 변경(법 제45조에 따른 총회의 의결 또는 법 제46조에 따른 대의원회의 의결을 거친 경우로 한정한다)
> 5. 건설되는 건축물의 설계 개요의 변경
> 6. 정비사업비의 변경
> 7. 현금청산으로 인하여 정관에서 정하는 바에 따라 조합원이 변경되는 경우
> 8. 법 제16조에 따른 정비구역 또는 정비계획의 변경에 따라 변경되어야 하는 사항. 다만, 정비구역 면적이 10퍼센트 이상의 범위에서 변경되는 경우는 제외한다.
> 9. 그 밖에 시·도조례로 정하는 사항

39 정답해설

④ 법 제14조 제1항 제7호

오답해설

① 자치구의 구청장 또는 광역시의 군수는 제9조에 따른 정비계획을 입안하여 특별시장·광역시장에게 정비구역 지정을 신청하여야 한다(법 제8조 제5항).

② 용도변경도 허가 대상이다(법 제19조 제1항 및 영 제15조 제1항 제1호).

③ 조합이 조합설립인가를 받은 날부터 3년이 되는 날까지 사업시행계획인가를 신청하지 아니하는 경우 해당 정비구역등을 해제하여야 한다(법 제20조 제1항 제2호 라목).

⑤ 정비구역등이 해제된 경우에는 정비계획으로 변경된 용도지역, 정비기반시설 등은 정비구역 지정 이전의 상태로 환원된 것으로 본다(법 제22조 제1항).

40 정답해설

① 시공자 · 설계자 및 감정평가법인등(시장 · 군수등이 선정 · 계약하는 감정평가법인등은 제외한다)의 선정 및 변경은 총회의 의결을 거쳐야 한다(법 제45조 제1항 제5호).

오답해설

② 관리처분계획을 변경 · 중지 또는 폐지하려는 경우에도 인가를 받아야 한다(경미한 사항을 변경하려는 경우에는 시장 · 군수등에게 신고해야 한다).

> **법 제74조(관리처분계획의 인가 등)**
>
> ① 사업시행자는 제72조에 따른 분양신청기간이 종료된 때에는 분양신청의 현황을 기초로 다음 각 호의 사항이 포함된 관리처분계획을 수립하여 시장 · 군수등의 인가를 받아야 하며, 관리처분계획을 변경 · 중지 또는 폐지하려는 경우에도 또한 같다. 다만, 대통령령으로 정하는 경미한 사항을 변경하려는 경우에는 시장 · 군수등에게 신고하여야 한다.
>
> **영 제61조(관리처분계획의 경미한 변경)**
>
> 법 제74조 제1항 각 호 외의 부분 단서에서 "대통령령으로 정하는 경미한 사항을 변경하려는 경우"란 다음 각 호의 어느 하나에 해당하는 경우를 말한다.
>
> 1. 계산착오 · 오기 · 누락 등에 따른 조서의 단순정정인 경우(불이익을 받는 자가 없는 경우에만 해당한다)
> 2. 법 제40조 제3항에 따른 정관 및 법 제50조에 따른 사업시행계획인가의 변경에 따라 관리처분계획을 변경하는 경우
> 3. 법 제64조에 따른 매도청구에 대한 판결에 따라 관리처분계획을 변경하는 경우
> 4. 법 제129조에 따른 권리 · 의무의 변동이 있는 경우로서 분양설계의 변경을 수반하지 아니하는 경우
> 5. 주택분양에 관한 권리를 포기하는 토지등소유자에 대한 임대주택의 공급에 따라 관리처분계획을 변경하는 경우
> 6. 「민간임대주택에 관한 특별법」 제2조 제7호에 따른 임대사업자의 주소(법인인 경우에는 법인의 소재지와 대표자의 성명 및 주소)를 변경하는 경우

③ 다음 날부터 90일이다. 사업시행자는 관리처분계획이 인가 · 고시된 다음 날부터 90일 이내에 손실보상에 관한 협의를 하여야 한다.

> **법 제73조(분양신청을 하지 아니한 자 등에 대한 조치)**
>
> ① 사업시행자는 관리처분계획이 인가 · 고시된 다음 날부터 90일 이내에 다음 각 호에서 정하는 자와 토지, 건축물 또는 그 밖의 권리의 손실보상에 관한 협의를 하여야 한다. 다만, 사업시행자는 분양신청기간 종료일의 다음 날부터 협의를 시작할 수 있다.
>
> 1. 분양신청을 하지 아니한 자

④ 재건축사업은 시장 · 군수등이 선정 · 계약한 1인 이상의 감정평가법인등과 조합총회의 의결로 선정 · 계약한 1인 이상의 감정평가법인등이 평가한 금액을 산술평균하여 결정한다(법 제74조 제4항 제1호 나목).

⑤ 시장 · 군수등이 직접 관리처분계획을 수립하는 경우에도 토지등소유자에게 공람하게 하고 의견을 들어야 한다(법 제78조 제6항).

정답

01 ②	02 ②	03 ④	04 ②	05 ①	06 ①	07 ⑤	08 ②	09 ④	10 ③
11 ④	12 ④	13 ④	14 ⑤	15 ①	16 ⑤	17 ⑤	18 ③	19 ①	20 ①
21 모두 정답	22 ①	23 ③	24 ③	25 ④	26 ②	27 ⑤	28 ①	29 모두 정답	30 ④
31 ③	32 ④	33 ①	34 ④	35 ③	36 ⑤	37 ④	38 ②	39 ⑤	40 ②

01

정답해설

부채가 발생하거나 인수할 때의 역사적 원가는 발생시키거나 인수하면서 수취한 대가에서 거래원가를 차감한 가치이다.

02

정답해설

① 기업이 재무상태표에 유동자산과 비유동자산, 그리고 유동부채와 비유동부채로 구분하여 표시하는 경우, 이연법인세자산은 유동자산으로 분류하지 아니한다.
③ 재무제표 이외에 환경보고서나 부가가치보고서는 한국채택국제회계기준을 적용하여 작성하지 아니한다.
④ 부적절한 회계정책은 이에 대하여 공시나 주석 또는 보충자료를 통해 설명하더라도 정당화될 수 없다.
⑤ 당기손익과 기타포괄손익은 단일 또는 별개의 포괄손익계산서로 작성할 수 있다.

03

정답해설

1) 제품 A의 평가손실 = ₩1,000 − (₩900 − ₩90) = ₩190
2) 제품 B의 평가손실 = ₩1,200 − (₩1,250 − ₩125) = ₩75
3) 원재료 A를 이용하여 생산하는 제품이 원가 이상으로 판매될 것으로 예상되므로 원재료 A는 평가손실을 인식하지 아니한다.
4) 원재료 B의 평가손실 = ₩1,000 − ₩900 = ₩100
5) 20×1년도에 인식할 재고자산평가손실 = ₩190 + ₩75 + ₩100 = ₩365

04

정답해설

1) 기말재고(매가) = ₩1,500(기초재고액) + ₩11,500(당기매입액) + ₩600(순인상액) − ₩100(순인하액) − ₩9,500(당기매출액) = ₩4,000
2) 기말재고(원가) = ₩4,000 × ₩9,000/(₩11,500 + ₩600 − ₩100) = ₩3,000
3) 매출원가 = ₩1,000(기초재고 원가) + ₩9,000(당기매입액 원가) − ₩3,000(기말재고 원가) = ₩7,000

05

정답해설

1) 20×2년 말 누적보상비용 = (100명 − 12명 − 15명) × 10개 × ₩15 × 2/3 = ₩7,300

2) 20×3년 보상비용 = 75명 × 10개 × ₩17 × 3/3 − ₩7,300(20×2년 말 누적보상비용) − (40명 × 10개 × ₩1) = ₩5,050

06 정답해설

1) 기초자본 = ₩10,000(기초자산) − ₩9,000(기초부채) = ₩1,000
2) 기말자본 = ₩11,000(기말자산) − ₩9,500(기말부채) = ₩1,500
3) 기말자본(₩1,500) = ₩1,000(기초자본) − ₩150(자기주식 취득) − ₩165(현금배당 결의) + ₩80(기타포괄이익 발생) + 당기순이익(?)
→ 당기순이익 = ₩735
4) 총자산이익률 = ₩735(당기순이익) ÷ ₩10,500(평균자산) = 7%

07 정답해설

1) 10월 초 주주우선배정 방식의 유상증자
㉠ 공정가치 발행주식수 = 1,000주 × (₩2,000/₩2,500) = 800주
㉡ 무상증자 주식수 = 1,000주 − 800주 = 200주
㉢ 기초 유통보통주식수에 배부되는 무상증자 주식수 = 200주 × (3,300주/5,000주) = 132주
㉣ 7월 초 전환사채 전환주식수에 배부되는 무상증자 주식수 = 200주 × (900주/5,000주) = 36주
㉤ 10월 초 공정가치 발행주식수에 배부되는 무상증자 주식수 = 200주 × (800주/5,000주) = 32주
2) 20×1년 가중평균유통보통주식수 = (3,300주 + 132주) × 12/12 + (900주 + 36주) × 6/12 + (800주 + 32주) × 3/12 = 4,108주

08 정답해설

1) 20×3년도 기초재고 ₩10 과소계상
(−) 20×3년도 기말재고 ₩20 과대계상
= 20×3년도 매출원가 ₩30 과소계상
20×3년도 당기순이익 ₩30 과대계상
2) 20×3년도 오류수정 후 당기순이익 = ₩250 − ₩30 = ₩220
* 20×1년도 기말재고의 오류는 20×2년 말 마감 시 자동조정되므로 20×3년도 당기순이익에는 영향을 주지 않는다.

09 정답해설

구분	우선주	보통주
미지급(1년)	₩50	−
당기분	₩50	₩160
참가분	₩48	₩192
합계	₩148	₩352

우선주에 추가배분되는 배당금 = (₩500 − ₩260) × (₩1,000/₩5,000) = ₩48
→ 잔여배당금은 우선주와 보통주의 자본금 비율로 배분한다.

10 정답해설

ㄴ : 계약식별 → ㄹ : 수행의무 식별 → ㄱ : 거래가격 산정 → ㄷ : 거래가격을 수행의무에 배분 → ㅁ : 수익인식

11 정답해설

1) 20×1년 말 사채 장부금액 = ₩876 × 1.1 − ₩50 = ₩914
2) 20×2년 6월 30일 조기상환 시 장부금액 = ₩300(상환가액) + ₩84(사채상환이익) = ₩384
3) 20×2년 6월 30일 경과이자를 포함한 장부금액 = ₩914 + ₩914 × 10% × 6/12 = ₩960
4) 20×2년 6월 30일 조기상환비율 = ₩384 ÷ ₩960 = 40%
5) 20×2년 말 재무상태표 상 사채 장부금액 = (₩914 × 1.1 − ₩50) × 60% = ₩574

12 정답해설

1) 20×1년 초 부채요소의 공정가치 = ₩1,135 × 0.7118 + ₩50 × 2.4018 = ₩928
2) 20×1년 초 신주인수권대가 = ₩1,000(발행금액) − ₩928(부채요소의 공정가치) = ₩72
3) 20×2년 초 신주인수권 행사 시 회계처리

(차)	현금	600	(대) 자본금	300
	상환할증금	81	신주인수권조정	16
			주식발행초과금	365
(차)	신주인수권대가	43	(대) 주식발행초과금	43

→ 증가하는 주식발행초과금 = ₩365 + ₩43 = ₩408

13 정답해설

20×1.2.1.	(차) 생물자산	3,000	(대) 현금	3,000
20×1.12.27.	(차) 수확물	1,000	(대) 수확물평가이익	1,000
20×1.12.28.	(차) 현금 또는 매출채권	1,200	(대) 매출	1,200
	(차) 매출원가	1,000	(대) 수확물(재고자산)	1,000
20×1.12.29.	(차) 생물자산	300	(대) 생물자산평가이익	300
20×1.12.31.	(차) 생물자산	150	(대) 생물자산평가이익	150

1) 20×1년 12월 31일 생물자산평가이익 = 2마리 × (₩1,600 − ₩1,500) + 1마리 × (₩250 − ₩300) = ₩150
2) 20×1년도 포괄손익계산서 상 당기순이익 증가액 = ₩1,000(수확물평가이익) + ₩1,200(매출) − ₩1,000(매출원가) + ₩300(생물자산평가이익) + ₩150(생물자산평가이익) = ₩1,650

14 정답해설

1) 20×2년 7월 1일 당기손익 − 공정가치측정 금융자산 처분손익
   = ₩570(순매각금액) − (5주 × ₩90) = ₩120 처분이익
   * 순매각금액 = 5주 × ₩120 − (₩600 × 5%) = ₩570
2) 20×2년 말 당기손익 − 공정가치 측정 금융자산 평가손익 = 5주 × (₩110 − ₩90) = ₩100 평가이익
3) 20×2년도 포괄손익계산서의 당기순이익 증가액 = ₩120 처분이익 + ₩100 평가이익 = ₩220

15 정답해설

리스제공자 입장에서 일반적으로 금융리스로 분류되려면 리스자산의 위험과 보상이 리스이용자에게 이전되어야 한다. 그러나 리스기간 종료시점에 기초자산의 소유권을 그 시점의 공정가치에 해당하는 변동 지급액으로 이전하는 경우 리스자산의 위험과 보상이 리스이용자에게 이전되었다고 볼 수 없으므로 일반적으로 금융리스로 분류될 수 있는 조건에 해당하지 아니한다.

16 정답해설

ㄱ, ㄴ : 항공사의 항공기 정비 및 여과장치설치는 의무발생사건에 해당하지 않으므로 충당부채로 인식할 수 있는 상황에 해당하지 아니한다.

17 정답해설

1) 토지 A의 재평가회계처리

20×1.12.31.	(차) 토지	100	(대) 재평가잉여금(기타포괄이익)	100
20×2.12.31.	(차) 재평가잉여금	100	(대) 토지	150
	재평가손실(당기손실)	50		
20×3.12.31.	(차) 재평가손실(당기손실)	30	(대) 토지	30

2) 토지 B의 재평가회계처리

20×1.12.31.	(차) 재평가손실(당기손실)	300	(대) 토지	300
20×2.12.31.	(차) 토지	300	(대) 재평가이익(당기손익)	300
20×3.12.31.	(차) 토지	100	(대) 재평가잉여금(기타포괄이익)	100

① 20×1년 말 토지 A로부터 당기순이익은 불변한다.
② 20×2년 말 토지 A로부터 당기순이익 ₩50이 감소한다.
③ 20×2년 말 토지 B로부터 기타포괄이익은 불변한다.
④ 20×3년 말 토지 A로부터 기타포괄이익은 불변한다.

18 정답해설

1) 20×1년 초 상각후원가 측정 금융자산 장부금액 = ₩1,000 × 0.6830 + ₩80 × 3.1698 = ₩937
2) 20×1년 상각후원가 측정 금융자산 이자수익 = ₩937 × 10% = ₩94
3) 20×1년 말 상각후원가 측정 금융자산 장부금액 = ₩937 × 1.1 − ₩80 = ₩951
4) 20×1년 말 회수가능액 = ₩800 × 0.7513(3기간, 10%, 현가계수) + ₩50 × 2.4868(3기간, 10%, 연금현가계수) = ₩725
5) 20×1년 말 손상차손 = ₩951(20×1년 말 장부금액) − ₩725(20×1년 말 회수가능액) = ₩226
6) 20×1년도 포괄손익계산서의 당기순이익에 미치는 영향 = ₩94(이자수익) − ₩226(손상차손) = ₩132 감소

19 정답해설

구분	20×1년 말	20×2년 말	20×3년 말
현금흐름	₩345	₩330	₩315

1) 20×1년 초 금융부채 장부금액 = ₩345 × 0.9434 + ₩330 × 0.8900 + ₩315 × 0.8396 = ₩884
2) 20×1년 말 장부금액 = ₩884 × 1.06 − ₩345 = ₩592
3) 20×2년 말 장부금액 = ₩592 × 1.06 − ₩330 = ₩298
별해법 : ₩315(20×3년 말 현금흐름) × 0.9434 = ₩297

20 정답해설

1) 개인이 다음 중 어느 하나에 해당하는 경우, 그 개인이나 그 개인의 가까운 가족은 보고기업과 특수관계에 있다.
   ① 보고기업에 지배력 또는 공동지배력이 있는 경우
   ② 보고기업에 유의적인 영향력이 있는 경우
   ③ 보고기업 또는 그 지배기업의 주요 경영진의 일원인 경우
2) 개인의 가까운 가족 : 당해 기업과의 거래 관계에서 당해 개인의 영향을 받거나 당해 개인에게 영향력을 행사할 것으로 예상되는 가족으로서 다음의 경우를 포함한다.
   ① 자녀 및 배우자(사실상 배우자 포함. 이하 같다)
   ② 배우자의 자녀
   ③ 당해 개인이나 배우자의 피부양자

21 정답해설

이자비용(사채할인발행차금상각 포함)을 먼저 인식한 후 사채의 기말장부금액에 대하여 외화환산을 한다. 표시이자는 지급일 환율을 적용하고 사채할인발행차금상각부분은 당기 발행 사채라면 발행일 환율을 적용하고, 전기 발행 사채라면 전기말 환율을 적용한다. 이자비용은 당기 평균환율을 적용하여 인식하고, 그 차액은 외환차손익으로 인식한다.

1) 20×1년 이자비용 = \$920 × 6% = \$55 × ₩1,280(평균환율) = ₩70,400
2) 표시이자 = \$1,000 × 3% = \$30 × ₩1,250(지급일의 환율) = ₩37,500
3) 20×1년 사채할인발행차금 상각 = \$920 × 6% − \$30 = \$25 × ₩1,300(발행일의 환율) = ₩32,500

(차) 이자비용	70,400	(대) 현금	37,500
		사채할인발행차금	32,500
		외환차익	400

4) 이자비용 인식 후 20×1년 말 사채 장부금액 = \$920 + \$25(당기 사채할인발행차금 상각) = \$945
5) 외화환산이익 = \$945 × (₩1,300 − ₩1,250) = ₩47,250
   외화사채는 화폐성항목으로 마감환율로 환산하여야 하며, 부채의 장부금액이 감소하였으므로 외화환산이익이 발생한다.
6) 20×1년도 포괄손익계산서의 당기순이익에 미치는 영향 = (₩70,400) + ₩400(외환차익) + ₩47,250(외화환산이익) = ₩22,750 감소

▌화폐성 외화자산, 외화부채는 마감환율로 환산하며, 마감환율로 환산하는 과정에서 발생하는 외화환산손익도 당기손익에 영향을 주는 사건에 해당한다. 단, 본 문제의 선지에 외화환산손익까지 반영한 당기손익금액이 제시되어 있지 않아 문제오류로 모두 정답으로 처리되었다.

22 정답해설

1) 20×2년 말 감가상각 후 장부금액 = ₩50,000 − [(₩50,000 − ₩0) × 2/5] = ₩30,000
2) 20×2년 말 손상차손(A) = ₩30,000(20×2년 말 감가상각 후 장부금액) − ₩18,000(20×2년 말 회수가능액) = ₩12,000
3) 20×3년 말 감가상각 후 장부금액 = ₩18,000 − [(₩18,000 − ₩0) × 1/3] = ₩12,000
4) 20×3년 말 손상차손환입액(B) = min[₩20,000(20×3년 말 손상을 인식하지 않았을 경우의 감가상각 후 장부금액), ₩21,000(회수가능액)] − ₩12,000(20×3년 말 감가상각 후 장부금액) = ₩8,000

23

정답해설

1) 유형자산 재평가모형

20×1년 말 재평가회계처리 = ₩9,000(20×1년 말 공정가치) − ₩8,000(20×1년 말 감가상각 후 장부금액)
= ₩1,000(재평가잉여금)

20×2년 감가상각비 = (₩9,000 − ₩0) × 1/4 = ₩2,250

20×2년 말 재평가회계처리 = ₩11,000(20×2년 말 공정가치) − ₩6,750(20×2년 말 감가상각 후 장부금액)
= ₩4,250 재평가잉여금

→ 20×2년 당기순이익에 미치는 영향 = ₩2,250(감가상각비) 감소(A)

2) 투자부동산 공정가치모형

20×2년 투자부동산 평가손익 = ₩11,000(20×2년 말 공정가치) − ₩9,000(20×1년 말 공정가치)
= ₩2,000 평가이익 → 20×2년 당기순이익 ₩2,000 증가(B)

24

정답해설

1) 20×1년 초 복구충당부채 = ₩3,000 × 0.7130 = ₩2,139
2) 20×1년 유형자산 감가상각비 = (₩13,000 + ₩2,139 − ₩1,000) × 1/5 = ₩2,828
3) 20×1년 복구충당부채 이자비용 = ₩2,139 × 7% = ₩150
4) 20×1년도 포괄손익계산서에 인식할 비용 = ₩2,828(감가상각비) + ₩150(이자비용) = ₩2,978

25

정답해설

1) 기말 확정급여채무의 현재가치(₩190,000) = ₩120,000(기초 확정급여채무의 현재가치) + ₩12,000(이자비용) + ₩60,000(당기 근무원가) − ₩10,000(퇴직급여 지급액) + 보험수리적손실 → 보험수리적손실 = ₩8,000
2) 기말 사외적립자산 공정가치(₩110,000) = ₩90,000(기초 사외적립자산 공정가치) + ₩9,000(이자수익) − ₩10,000(퇴직급여 지급액) + ₩20,000(기여금 출연) + 재측정요소 → 재측정요소 = ₩1,000
3) 20×1년 말 기타포괄손익누계액에 미치는 영향 = ₩8,000(보험수리적손실) 감소 + ₩1,000(재측정요소) 증가
= ₩7,000 감소

26

정답해설

당해 자산에 대한 자금 조달 또는 수확 후 생물자산의 복구 관련 현금흐름(예를 들어, 수확 후 조림지에 나무를 다시 심는 원가)은 생물자산의 원가에 포함하지 아니한다.

27

정답해설

ㄱ. 경영자가 의도하는 방식으로 운용될 수 있으나 아직 사용하지 않고 있는 기간에 발생한 원가는 무형자산의 장부금액에 포함하지 아니한다.

ㄷ. 최초에 비용으로 인식한 무형항목에 대한 지출은 그 이후에 무형자산의 원가로 인식할 수 없다.

28

정답해설

매각예정으로 분류된 비유동자산(또는 처분자산집단)은 공정가치에서 처분부대원가를 뺀 금액과 장부금액 중 작은 금액으로 측정한다.

29 정답해설

1) 20×2년 1월 1일~9월 30일 감가상각비 = (₩61,000 − ₩1,000) × 1/5 × 9/12 = ₩9,000
2) 20×2년 10월 1일~12월 31일 감가상각비 = (₩43,000 − ₩1,000) × 3/6 × 3/12 = ₩5,250
3) 20×2년 감가상각비 = ₩9,000 + ₩5,250 = ₩14,250

감가상각방법, 내용연수의 변경은 회계추정의 변경에 따라 전진적용한다. 전진적용은 그 변경을 당기 기초부터 반영하는 것으로 가답안의 풀이방법처럼 기중 회계추정의 변경 시 10월 1일부터 반영하는 것이 아니라 20×2년 1월 1일부터 변경된 내용을 반영하는 것이다. 이에 따라 문제를 풀이하는 경우 20×2년 10월 1일 기준으로 3년의 잔여내용연수는 20×2년 1월 1일 기준으로는 3년 9개월이 되어 연수합계법의 잔여내용연수를 산출할 수 없다. 제시된 자료는 회계추정의 변경에 따른 전진적용을 잘못 적용한 것으로 선지 내 정답이 없어 모두 정답으로 처리되었다.

30 정답해설

1) ㈜감평의 교환회계처리

(차)	(신)유형자산	7,900	(대) (구)유형자산	10,000
	현금	3,000	처분이익	900

2) ㈜한국의 유형자산처분손익 = ₩7,900(제공한 자산의 공정가치) − ₩8,000(제공한 자산의 장부금액)
= 손실 ₩100

31 정답해설

재고자산			
기초직접재료	₩5,000	기말직접재료	₩6,000
직접재료 매입액	30,000	기말재공품	12,000
기초재공품	10,000	기말제품	5,000
직접노무원가 발생액	20,000	매출원가(₩90,000 × 70%)	63,000
제조간접원가 예정배부액	?		
기초제품	7,000		

1) 제조간접원가 예정배부액 = ₩14,000
2) 20×1년 제조간접원가 예정배부율 = ₩14,000(예정배부액) ÷ 1,000시간 = ₩14
* 직접노무시간 = ₩20,000(직접노무원가 발생액) ÷ ₩20(시간당 직접노무원가) = 1,000시간

32 정답해설

P2에 배분될 보조부문원가 = ₩60,000(S1 보조부문원가) × (18기계시간/48기계시간) + ₩30,000(S2 보조부문원가) × (240kW/400kW) = ₩40,500

33 정답해설

1) 물량의 흐름

재공품			
기초재공품	60단위	당기완성품	260단위
		공손수량	20단위
당기착수량	300단위	기말재공품	80단위

2) 정상공손수량 = (60단위 + 200단위) × 5% = 13단위
3) 비정상공손수량 = 20단위(전체 공손수량) − 13단위(정상공손수량) = 7단위

34 정답해설

1) 직접재료 구입가격차이(₩3,000 불리) = 실제구입량(?) × (₩5 − ₩3)
→ 실제 구입량 = 1,500kg
2) 직접재료 능률차이(₩900 유리) = 실제사용량(?) × ₩3 < 800단위 × 2kg × ₩3
→ 실제 사용량 = 1,300kg
3) 기말 직접재료 재고수량 = 1,500kg(구입량) − 1,300kg(사용량) = 200kg

35 정답해설

1) 1분기 전부원가계산 영업이익(₩7,000) = ₩5,000(1분기 변동원가계산 영업이익) + 기말재고에 포함된 고정제조간접원가(?) → 기말재고에 포함된 고정제조간접원가 = ₩2,000
2) 2분기 변동원가계산에 의한 영업이익(₩6,000) + 기말재고에 포함된 고정제조간접원가(150단위 × 단위당 고정제조간접원가) − 기초재고에 포함된 고정제조간접원가(₩2,000) = ₩8,500(2분기 전부원가계산에 의한 영업이익)
→ 기말재고에 포함된 고정제조간접원가 = ₩4,500(단위당 고정제조간접원가 ₩30)
3) 2분기에 발생한 고정제조간접원가 = 800단위(2분기 생산량) × ₩30(2분기 단위당 고정제조간접원가)
= ₩24,000

36 정답해설

1) 부산품의 순실현가치 = 50단위 × ₩30 − ₩500(추가가공원가) = ₩1,000
배부대상 결합원가 = ₩1,450 − ₩1,000 = ₩450
2) 주산품 A, B의 순실현가치
A = 100단위 × ₩60 − ₩1,000 = ₩5,000
B = 140단위 × ₩30 − ₩200 = ₩4,000
3) 주산품 A에 배부되는 결합원가 = ₩450 × (₩5,000/₩9,000) = ₩250
4) 주산품 A의 총제조원가 = ₩250(결합원가 배부액) + ₩1,000(추가가공원가) = ₩1,250
5) 주산품 A의 매출총이익 = 80단위 × ₩60 − (₩1,250 × 80단위/100단위) = ₩3,800

37 정답해설

1) 20×1년 세후목표이익 달성을 위한 판매량 = (₩30,000 + ₩16,000) ÷ ₩400 = 115단위
2) 세전이익 = ₩10,000 + (₩12,500 − ₩8,000)/(1 − 0.25) = ₩16,000

38 정답해설

1) 사업부 X의 영업이익 = ₩70,000(사업부 X의 평균영업자산) × 15%(투자수익률) = ₩10,500
2) 사업부 X의 잔여이익 = ₩10,500(영업이익) − (₩70,000 × 10%) = ₩3,500
3) 사업부 Y의 잔여이익 = ₩3,500 − ₩2,500 = ₩1,000 = 영업이익 − (₩50,000 × 10%)
→ 사업부 Y의 영업이익 = ₩6,000
4) 사업부 Y의 투자수익률 = ₩6,000(영업이익) ÷ ₩50,000(사업부 Y의 평균영업자산) = 12%

39 정답해설

1월 말의 예상 현금유입액 = ₩5,000(11월 판매분) + ₩30,000 × 3/4 + ₩100,000(20×2년 1월 판매예산) × 60% × 95% = ₩84,500

40 정답해설

카이젠원가계산은 제조단계에서의 원가절감에 초점을 맞추고 있다.

PART

03

2023년 기출문제 정답 및 해설

제1과목 민법
제2과목 경제학원론
제3과목 부동산학원론
제4과목 감정평가관계법규
제5과목 회계학

정답

01 ⑤	02 ④	03 ⑤	04 ⑤	05 ①	06 ③	07 ④	08 ②	09 ⑤	10 ①
11 ⑤	12 ③	13 ①	14 ①	15 ⑤	16 ③	17 ①	18 ①	19 ②	20 ②
21 ②	22 ①	23 ⑤	24 ②	25 ④	26 ⑤	27 ③	28 ③	29 ②	30 ②
31 ④	32 ④	33 ⑤	34 ④	35 ③	36 ②	37 ④	38 ④	39 ③	40 ①

01 정답해설

① 민법 제1조의 민사에 관한 '법률'이란 형식적 의미의 법률에 한정하지 않고 모든 성문법(제정법)을 의미한다. 따라서 명령, 규칙, 조례, 조약도 포함한다. 민법전만을 의미하지는 않는다.

> **제1조【법원】**
> 민사에 관하여 법률에 규정이 없으면 관습법에 의하고 관습법이 없으면 조리에 의한다.

비교 제185조【물권의 종류】물권법정주의에서의 법률은 국회에서 제정한 형식적 의미의 법률을 말한다.
→ 제185조의 법률이란 국회가 제정하는 형식적 의미의 법률만을 의미한다.
→ 제185조의 관습법은 ① 관습법상 법정지상권, ② 분묘기지권, ③ 동산의 양도담보만 해당한다.

② 관습법이란 사회의 거듭된 관행으로 생성한 사회생활규범이 사회의 법적 확신과 인식에 의하여 법적 규범으로 승인・강행되기에 이른 것을 말하고, 사실인 관습은 사회의 관행에 의하여 발생한 사회생활규범인 점에서 관습법과 같으나 사회의 법적 확신이나 인식에 의하여 법적 규범으로서 승인된 정도에 이르지 않은 것을 말하는바, 관습법은 바로 법원으로서 법령과 같은 효력을 갖는 관습으로서 법령에 저촉되지 않는 한 법칙으로서의 효력이 있는 것이며, 이에 반하여 사실인 관습은 법령으로서의 효력이 없는 단순한 관행으로서 법률행위의 당사자의 의사를 보충함에 그치는 것이다(대판 1983.6.14, 80다3231). 민법 제1조에서 민법의 법원으로 규정한 '관습법'에는 사실인 관습이 포함되지 않는다.

③ 대법원은 법률에 저촉되지 않는 범위 안에서 소송에 관한 절차, 법원의 내부규율과 사무처리에 관한 규정을 제정할 수 있다(헌법 제108조). 이 규칙이 민사에 관한 사항을 정한 것이면 민법의 법원이 된다. 대법원이 정한 「공탁규칙」도 이러한 민사에 관한 사항을 정한 것으로 민법의 법원이 될 수 있다.

> **헌법 제108조**
> 대법원은 법률에 저촉되지 아니하는 범위 안에서 소송에 관한 절차, 법원의 내부규율과 사무처리에 관한 규칙을 제정할 수 있다.

④ 헌법에 의하여 체결・공포된 조약과 일반적으로 승인된 국제법규는 국내법과 같은 효력을 가지므로(헌법 제6조), 그것이 민사에 관한 것이더라도 민법의 법원이 될 수 있다.

> **헌법 제6조**
> ① 헌법에 의하여 체결・공포된 조약과 일반적으로 승인된 국제법규는 국내법과 같은 효력을 가진다.

⑤ 미등기 무허가건물의 양수인에게 소유권에 준하는 관습법상의 물권을 인정할 수 없다(대판 2006.10.27, 2006다49000).

비교 관습법상 물권 : 분묘기지권, 관습법상 법정지상권, 동산의 양도담보

02 정답해설

① 민법은 후견사무의 확대와 전문화에 따라 한 명의 후견인이 모든 후견사무를 할 수 있는 상황 등을 대비해 복수의 성년후견인을 선임할 수 있도록 함으로써 전문적이고 효율적인 후견을 보장하고 있다(제930조 제2항).

> **제930조 【후견인의 수와 자격】**
> ① 미성년후견인의 수(數)는 한 명으로 한다.
> ② 성년후견인은 피성년후견인의 신상과 재산에 관한 모든 사정을 고려하여 여러 명을 둘 수 있다.
> ③ 법인도 성년후견인이 될 수 있다.

② 가정법원은 피성년후견인이 단독으로 할 수 있는 법률행위의 범위를 정할 수 있고(제10조 제2항), 일정한 자의 청구에 의해 그 범위를 변경할 수 있다(제10조 제3항).

> **제10조 【피성년후견인의 행위와 취소】**
> ① 피성년후견인의 법률행위는 취소할 수 있다.
> ② 제1항에도 불구하고 가정법원은 취소할 수 없는 피성년후견인의 법률행위의 범위를 정할 수 있다.
> ③ 가정법원은 본인, 배우자, 4촌 이내의 친족 성년후견인 성년후견감독인, 검사 또는 지방자치단체의 장의 청구에 의하여 제2항의 범위를 변경할 수 있다.

③ 가정법원이 피성년후견인에 대하여 한정후견 개시의 심판을 할 때에는 종전의 성년후견의 종료 심판을 하여야 한다. 왜냐하면 능력의 범위가 차이가 있기 때문이다(제14조의3 제2항).

> **제14조의3 【심판 사이의 관계】**
> ② 가정법원이 피성년후견인 또는 피특정후견인에 대하여 한정후견개시의 심판을 할 때에는 종전의 성년후견 또는 특정후견의 종료 심판을 한다.

④ 성년후견이나 한정후견에 관한 심판 절차는 가사소송법 제2조 제1항 제2호 (가)목에서 정한 가사비송사건으로서, 가정법원이 당사자의 주장에 구애받지 않고 후견적 입장에서 합목적적으로 결정할 수 있다. 이때 성년후견이든 한정후견이든 본인의 의사를 고려하여 개시 여부를 결정한다는 점은 마찬가지이다(민법 제9조 제2항, 제12조 제2항).
따라서 한정후견의 개시를 청구한 사건에서 의사의 감정 결과 등에 비추어 성년후견 개시의 요건을 충족하고 본인도 성년후견의 개시를 희망한다면 법원이 성년후견을 개시할 수 있고, 성년후견 개시를 청구하고 있더라도 필요하다면 한정후견을 개시할 수 있다고 보아야 한다(대결 2021.6.10, 2020스596). 한정후견의 개시를 청구한 사건에서 의사의 감정 결과 성년후견 개시의 요건을 충족하고 있다 하더라도 법원은 본인의 의사를 고려하지 않고 성년후견을 개시할 수 없다.

> **제9조 【성년후견개시의 심판】**
> ② 가정법원은 성년후견개시의 심판을 할 때 본인의 의사를 고려하여야 한다.
>
> **제12조 【한정후견개시의 심판】**
> ② 한정후견개시의 경우에 제9조 제2항을 준용한다.

비교 제14조의2【특정후견의 심판】② 특정후견은 본인의 의사에 반하여 할 수 없다.

⑤ 피특정후견인은 완전한 행위능력자이다. 일시적으로 또는 특정한 사무에 대하여 후원을 받을 뿐이다. 따라서 특정후견의 심판이 있은 후에 피특정후견인이 특정후견인의 동의 없이 재산상의 법률행위를 하더라도 이는 유효한 법률행위로서 취소의 대상이 되지 않는다.

■ 피후견인의 비교

내용	피성년후견인	피한정후견인	피특정후견인
요건	정신적 제약		
	사무처리능력 지속적 결여	사무처리능력 부족	일시적 후원 또는 특정한 사무에 관한 후원 필요
청구권자[6]	본인, 배우자, 4촌 이내 친족 미성년후견인, 미성년후견감독인, 한정후견인, 한정후견감독인, 특정후견인, 특정후견감독인, 검사 또는 지방자치단체의 장	본인, 배우자, 4촌 이내 친족 미성년후견인, 미성년후견감독인, 성년후견인, 성년후견감독인, 특정후견인, 특정후견감독인, 검사 또는 지방자치단체의 장	본인, 배우자, 4촌 이내 친족 미성년후견인, 미성년후견감독인, × ×[7] 검사 또는 지방자치단체의 장
심판	• 개시심판 시 본인 의사 고려 • 개시심판과 종료심판이 있음	• 개시심판 시 본인 의사 고려 • 개시심판과 종료심판이 있음	• 심판 시 본인 의사에 반하면 안 됨 • 개시심판과 종료심판이 없음[8]
능력	• 원칙 : 제한능력자로서 단독으로 법률행위 불가 • 예외 ① 법원이 단독으로 할 수 있는 범위 정할 수 있음 ② 일용품 구입 등 일상행위는 단독 가능	• 원칙 : 행위능력 있음 • 예외 : 법원이 한정후견인의 동의를 받도록 정한 행위에 한하여 한정후견인의 동의가 필요 • 예외의 예외 : 일용품 구입 등 일상행위는 단독 가능	• 제한능력자 아님 행위능력 있고 제한되지 않음
후견인	• 성년후견개시심판 시 가정법원이 직권으로 선임 • 성년후견인은 법정대리인임	• 한정후견개시심판 시 가정법원이 직권으로 선임 • 한정후견인은 법정대리인 × 한정후견인에게 가정법원의 대리권 수여심판 시 대리권 인정	• 특정후견 따른 보호조치로 가정법원 특정후견인 선임가능 • 특정후견인은 법정대리인 × 특정후견인에게 가정법원의 대리권 수여심판 시 대리권 인정

03 정답해설

① 부재자 스스로 위임한 재산관리인이 있는 경우에는, 그 재산관리인의 권한은 그 위임의 내용에 따라 결정될 것이며 그 위임관리인에게 재산처분권까지 위임된 경우에는 그 재산관리인이 그 재산을 처분함에 있어 법원의 허가를 요하는 것은 아니라 할 것이므로 재산관리인이 법원의 허가 없이 부동산을 처분하는 행위를 무효라고 할 수 없다(대판 1973.7.24, 72다2136).

② 종래의 주소나 거소를 떠난 부재자가 재산관리인을 정하지 아니한 때에는 법원은 이해관계인이나 검사의 청구에 의하여 재산관리에 관하여 필요한 처분을 명하여야 한다(제22조). 이때 이해관계인에는 부재자의 재산보존에 법률상 이해관계를 가진 자로서 추정상속인, 배우자, 수증자, 채권자, 공동채무자, 보증인 등이 포함된다. 따라서 부재자가 재산관리인을 정하지 아니한 때에는 부재자의 채권자는 법률상 이해관계인로서 재산관리에 필요한 처분을 명할 것을 법원에 청구할 수 있다.

6) 법원의 직권으로는 안 됨
7) 유의 : 성년후견인, 성년후견감독인, 한정후견인, 한정후견감독인은 청구권자 아님
8) 특정후견의 기간이나 사무의 범위를 정한 이후, 기간이 지나거나 사무처리의 종결에 의해 특정후견도 자연히 종결됨

> **제22조【부재자의 재산의 관리】**
> ① 종래의 주소나 거소를 떠난 자가 재산관리인을 정하지 아니한 때에는 법원은 이해관계인이나 검사의 청구에 의하여 재산관리에 관하여 필요한 처분을 명하여야 한다. 본인의 부재 중 재산관리인의 권한이 소멸한 때에도 같다.

③ 법원이 선임한 재산관리인이 부재자의 재산에 대해 보존행위와 이용・개량하는 관리행위를 함에는 처분행위와는 달리 법원의 허가를 받을 필요가 없다(제25조). 따라서 '부재자 재산에 대한 차임청구나 불법행위로 인한 손해배상청구'는 보존행위인 점에서 법원의 허가 없이 할 수 있다.

> **제25조【관리인의 권한】**
> 법원이 선임한 재산관리인이 제118조에 규정한 권한을 넘는 행위를 함에는 법원의 허가를 얻어야 한다.
>
> **제118조【대리권의 범위】**
> 권한을 정하지 아니한 대리인은 다음 각 호의 행위만을 할 수 있다.
> 1. 보존행위
> 2. 대리의 목적인 물건이나 권리의 성질을 변하지 아니하는 범위에서 그 이용 또는 개량하는 행위

④ 법원의 재산관리인의 초과행위허가의 결정은 그 허가받은 재산에 대한 장래의 처분행위뿐 아니라 기왕의 처분행위를 추인하는 방법으로도 할 수 있다. 따라서 관리인이 허가 없이 부재자 소유 부동산을 매각한 경우라도 사후에 법원의 허가를 얻어 이전등기절차를 경료케 하였다면 추인에 의하여 유효한 처분행위로 된다(대판 1982.9.14, 80다3063; 대판 1982.12.14, 80다1872).

⑤ 법원에 의하여 부재자재산관리인으로 선임된 자는 그 부재자의 사망이 확인된 후라 할지라도 위 선임결정이 취소되지 않는 한 관리인으로서의 권한이 소멸하지 않고 계속하여 권한을 행사할 수 있다(대판 1991.11.26, 91다11810).

04 정답해설

① 감사는 이사와 달리 임의기관으로, 감사의 임면에 관한 사항은 정관의 필요적 기재사항이 아니다.

> **제66조【감사】**
> 법인은 정관 또는 총회의 결의로 감사를 둘 수 있다.
>
> **제40조【사단법인의 정관】**
> 사단법인의 설립자는 다음 각 호의 사항을 기재한 정관을 작성하여 기명날인하여야 한다.
> 1. 목적
> 2. 명칭
> 3. 사무소의 소재지
> 4. 자산에 관한 규정
> 5. 이사의 임면에 관한 규정
> 6. 사원자격의 득실에 관한 규정
> 7. 존립시기나 해산사유를 정하는 때에는 그 시기 또는 사유

②, ③ 법인의 정관은 필요적 기재사항이든 임의적 기재사항이든 기재되면 동일한 효력이 있는 것으로 변경을 위해서는 모두 주무관청의 허가가 있어야 효력이 발생한다. 정관의 임의적 기재사항이 정관에 기재되더라도 정관의 변경절차 없이는 변경할 수 없다. 또한 정관변경의 의결정족수가 충족되었라도 주무관청의 허가가 없이는 정관변경의 효력이 생기지 않는다.

> **제42조【사단법인의 정관의 변경】**
> ① 사단법인의 정관은 총사원 3분의 2 이상의 동의가 있는 때에 한하여 이를 변경할 수 있다. 그러나 정수에 관하여 정관에 다른 규정이 있는 때에는 그 규정에 의한다.
> ② 정관의 변경은 주무관청의 허가를 얻지 아니하면 그 효력이 없다.

④ 재단법인의 기본재산에 관한 사항은 정관의 기재사항으로서 기본재산의 변경은 정관의 변경을 초래하기 때문에 주무장관의 허가를 받아야 하고, 따라서 기존의 기본재산을 처분하는 행위는 물론 새로이 기본재산으로 편입하는 행위도 주무장관의 허가가 있어야 유효하고, 또 일단 주무장관의 허가를 얻어 기본재산에 편입하여 정관 기재사항의 일부가 된 경우에는 비록 그것이 명의신탁관계에 있었던 것이라 하더라도 이것을 처분(반환)하는 것은 정관의 변경을 초래하는 점에 있어서는 다를 바 없으므로 주무장관의 허가 없이 이를 이전등기할 수는 없다(대판 1991.5.28, 90다8558).

> **제45조【재단법인의 정관변경】**
> ③ 제42조 제2항의 규정은 전2항의 경우에 준용한다.

⑤ 민법상 재단법인의 기본재산에 관한 저당권 설정행위는 특별한 사정이 없는 한 정관의 기재사항을 변경하여야 하는 경우에 해당하지 않으므로, 그에 관하여는 주무관청의 허가를 얻을 필요가 없다(대결 2018.7.20, 2017마1565).

05 정답해설

① 비법인사단에 대하여는 사단법인에 관한 민법 규정 가운데서 법인격을 전제로 하는 것을 제외하고는 이를 유추적용하여야 할 것인바, 민법 제62조의 규정에 비추어 보면 비법인사단의 대표자는 정관 또는 총회의 결의로 금지하지 아니한 사항에 한하여 타인으로 하여금 특정한 행위를 대리하게 할 수 있을 뿐 비법인사단의 제반 업무처리를 포괄적으로 위임할 수는 없다 할 것이므로, 비법인사단 대표자가 행한 타인에 대한 업무의 포괄적 위임과 그에 따른 포괄적 수임인의 대행행위는 민법 제62조의 규정에 위반된 것이어서 비법인사단에 대하여는 그 효력이 미치지 아니한다(대판 1996.9.6, 94다18522).

> **제62조【이사의 대리인 선임】**
> 이사는 정관 또는 총회의 결의로 금지하지 아니한 사항에 한하여 타인으로 하여금 특정한 행위를 대리하게 할 수 있다.

② 법인 아닌 사단의 총유물의 관리 및 처분행위에 대해 정관에 달리 정한 바가 없으면 사원총회의 결의를 요하며, 비록 대표자에 의한 총유물의 처분이라도 위와 같은 절차를 거치지 않은 처분행위는 무효이다(대판 2014.2.13, 2012다112299 등).

③ 종중의 그 구성원인 종원에 대하여 그 자격을 박탈하는 소위 할종이라는 징계처분은 비록 그와 같은 관행이 있다 하더라도 이는 공동선조의 후손으로서 혈연관계를 바탕으로 하여 자연적으로 구성되는 종족단체인 종중의 본질에 반하는 것이므로 그러한 관행이나 징계처분은 위법 무효하여 피징계자의 종중원으로서의 신분이나 지위를 박탈하는 효력이 생긴다고 할 수 없다(대판 1983.2.8, 80다1194).

④ 고유 의미의 종중이란 공동선조의 분묘 수호와 제사, 종원 상호 간 친목 등을 목적으로 하는 자연발생적인 관습상 종족집단체로서 특별한 조직행위를 필요로 하는 것이 아니고, 공동선조의 후손은 그 의사와 관계없이 성년이 되면 당연히 그 구성원(종원)이 되는 것이며 그중 일부 종원을 임의로 그 종원에서 배제할 수 없다(대판 2019.2.14, 2018다264628).

⑤ 제275조 제1항【물건의 총유】법인이 아닌 사단의 사원이 집합체로서 물건을 소유할 때에는 총유로 한다.

06 정답해설

형성권이란 권리자의 일방적 의사표시에 의하여 법률관계의 발생・변경・소멸을 일으키는 권리를 말한다. 제한능력자의 법률행위에 대한 법정대리인의 동의권(제5조, 제10조, 제13조), 제한능력을 이유로 한 제한능력자와 그 대리인 및 그 승계인의 취소권(제5조, 제10조, 제13조, 제140조), 착오에 의해 의사표시를 한 표의자와 그 대리인 및 승계인의 취소권(제109조 제1항, 제140조), 추인권(제143조), 제한능력자 상대방의 최고권(제15조)과 철회권 및 거절권(제16조), 상계권(제492조), 계약의 해제권과 해지권(제543조), 매매의 일방예약완결권(제564조), 약혼해제권(제805조) 등이 이에 속한다.

① 취소권이나 동의권은 형성권이나, 저당권은 물권으로 지배권이다.
② 상계권과 예약완결권은 형성권이나, 광업권, 어업권 등의 준물권은 지배권이다.
③ 해제권과 취소권은 형성권이며, 지상물매수청구권(제283조)은 청구권이라는 명칭에 구애받지 않고 그 성질상 형성권이다. 모두 형성권이다.
④ 추인권과 해지권은 형성권이나, 물권적 청구권은 물권에 근거한 청구권이다.
⑤ 해지권은 형성권이고, 부속물매수청구권(제316조)은 청구권이라는 명칭에 구애받지 않고 그 성질상 형성권이다. 그러나 부양청구권은 청구권이다.

■ 명칭은 청구권이지만 형성권인 권리

명칭에 구애받지 않고 그 성질에 따라 공유물분할청구권(제268조), 지상권자의 지상물매수청구권(제283조), 지료증감청구권(제286조), 부속물매수청구권(제316조), 임차인과 전차인의 매수청구권(제643조~제647조)은 형성권이다.

07 정답해설

① 이사의 변경등기는 설립등기 이외의 등기로 제54조에 따를 때 효력발생요건이 아니라 대항요건이다.

제54조 【설립등기 이외의 등기의 효력과 등기사항의 공고】

① 설립등기 이외의 본 절의 등기사항은 그 등기 후가 아니면 제3자에게 대항하지 못한다.

② 이사가 수인인 경우, 원칙적으로 법인의 사무에 관하여 이사는 각자 법인을 대표하고, 특별한 사정이 있을 때 예외적으로 공동으로 대표할 수 있다.

제59조 【이사의 대표권】

① 이사는 법인의 사무에 관하여 각자 법인을 대표한다. 그러나 정관에 규정한 취지에 위반할 수 없고 특히 사단법인은 총회의 의결에 의하여야 한다.

③ 사단법인의 정관의 변경은 해산결의와 함께 사원총회의 전권사항으로, 이러한 사원총회의 권한은 정관으로도 박탈할 수 없다.
④ 민법 제74조는 사단법인과 어느 사원과의 관계사항을 의결하는 경우 그 사원은 의결권이 없다고 규정하고 있으므로, 민법 제74조의 유추해석상 민법상 법인의 이사회에서 법인과 어느 이사와의 관계사항을 의결하는 경우에는 그 이사는 의결권이 없다. 이때 의결권이 없다는 의미는 상법 제368조 제4항, 제371조 제2항의 유추해석상 이해관계 있는 이사는 이사회에서 의결권을 행사할 수는 없으나 의사정족수 산정의 기초가 되는 이사의 수에는 포함되고, 다만 결의 성립에 필요한 출석이사에는 산입되지 아니한다고 풀이함이 상당하다(대판 2009.4.9, 2008다1521).
⑤ 법인의 정관에 법인 대표권의 제한에 관한 규정이 있으나 그와 같은 취지가 등기되어 있지 않다면 법인은 그와 같은 정관의 규정에 대하여 선의냐 악의냐에 관계없이 제3자에 대하여 대항할 수 없다(대판 1992.2.14, 91다24564). 즉 등기 없이는 대표권 제한에 관한 정관의 규정에 대해 악의인 제3자에 대해서도 대항할 수 없다.

> **제60조【이사의 대표권에 대한 제한의 대항요건】**
> 이사의 대표권에 대한 제한은 등기하지 아니하면 제3자에게 대항하지 못한다.

08 정답해설

① 주물과 종물은 독립한 물건이어야 하므로 주물의 구성부분은 종물이 될 수 없다(대판 2008.5.8, 2007다36933).

② '일물일권주의'의 원칙에 따라 물건의 일부나 구성부분 또는 물건의 집단은 원칙적으로 물권의 객체가 되지 못한다. 즉 물건은 원칙적으로 독립성이 있는 물건이어야 한다(독립성). 다만 물권의 대상이 되기에 적합한 특정성을 구비하고 공시방법이 있으며 사회적 필요가 있다면 물건의 일부나 집단에도 물권이 인정될 수 있다. 토지의 일부에 대한 지상권, 부동산의 일부에 대한 전세권 등이 이에 해당한다. 따라서 분필절차를 거치지 않은 1필의 토지의 일부라도 용익물권의 객체가 될 수 있다.

③ 자연공원법(1995.12.30, 법률 제5122호로 개정된 것) 제26조 및 제33조의 규정내용과 입법목적을 종합하여 보면, 국립공원의 입장료는 토지의 사용대가라는 민법상 과실이 아니라 수익자 부담의 원칙에 따라 국립공원의 유지・관리비용의 일부를 국립공원 입장객에게 부담시키고자 하는 것이어서 토지의 소유권이나 그에 기한 과실수취권과는 아무런 관련이 없고, 국립공원의 유지・관리비는 원칙적으로 국가가 부담하여야 할 것이지만 형평에 따른 수익자부담의 원칙을 적용하여 국립공원 이용자에게 입장료를 징수하여 국립공원의 유지・관리비의 일부에 충당하는 것도 가능하다고 할 것이다(대판 2001.12.28, 2000다27749).

④ 어느 건물이 주된 건물의 종물이기 위하여는 주물의 상용에 이바지하는 관계에 있어야 하고 이는 주물 자체의 경제적 효용을 다하게 하는 것을 말하는 것이므로, 주물의 소유자나 이용자의 사용에 공여되고 있더라도 주물 자체의 효용과 관계없는 물건은 종물이 아니다(대판 2007.12.13, 2007도7247).

⑤ 민법 제358조에 따르면, 저당권의 효력은 저당부동산에 부합된 물건과 종물에 미치나, 법률에 특별한 규정 또는 설정행위에 다른 약정이 있으면 그러하지 아니하다. 즉, "저당권의 효력이 종물에 미치지 않는다"는 약정이 있는 경우, 이를 등기하지 않으면 그 약정으로써 제3자에게 대항할 수 없다(부동산등기법 제75조 제1항 제7호).

> **제358조【저당권의 효력의 범위】**
> 저당권의 효력은 저당부동산에 부합된 물건과 종물에 미친다. 그러나 법률에 특별한 규정 또는 설정행위에 다른 약정이 있으면 그러하지 아니하다.
>
> **부동산등기법 제75조【저당권의 등기사항】**
> ① 등기관이 저당권설정의 등기를 할 때에는 제48조에서 규정한 사항 외에 다음 각 호의 사항을 기록하여야 한다. 다만, 제3호부터 제8호까지는 등기원인에 그 약정이 있는 경우에만 기록한다.
> 7. 「민법」 제358조 단서의 약정

09 정답해설

불능의 종류에는 법률행위 성립 당시에 이미 불능인 원시적 불능과 법률행위 성립 당시에는 가능하였지만 그 후에 불능인 후발적 불능이 있다. 원시적 불능의 경우는 법률행위의 목적이 원시적・객관적・전부불능인 경우 그 법률행위는 무효이다. 민법은 제535조 제1항에서 원시적・객관적・전부 불능의 경우를 규율하고 있다. 즉 원시적 불능을 목적으로 하는 법률행위는 무효이지만 채무자가 그 불능을 알았거나 알 수 있었을 경우에는 그 상대방이 계약을 유효로 믿었기 때문에 받은 손해를 배상할 책임 즉, 계약체결상 과실책임을 지게 된다. 후발적 불능의 경우는 계약체결 후 이행기 전에 불능이 된 경우에는 귀책사유가 있으면 채무불이행책임(제390조, 제546조)이 문제되고 귀책사유가 없으면 위험부담(제537조)이 문제된다.

ㄱ. (O) : 甲이 乙에게 매도한 건물이 계약체결 후 甲의 방화로 전소하여 乙에게 이전할 수 없게 된 경우는

후발적 불능이 채무자 甲의 방화로 전소되었으므로 채무자가 귀책사유로 인한 채무불이행에 해당하여 甲의 손해배상책임(제390조)이 문제될 수 있다.

> **제390조【채무불이행과 손해배상】**
> 채무자가 채무의 내용에 좇은 이행을 하지 아니한 때에는 채권자는 손해배상을 청구할 수 있다. 그러나 채무자의 고의나 과실 없이 이행할 수 없게 된 때에는 그러하지 아니하다.

ㄴ. (○) : 甲이 乙에게 매도한 토지가 계약체결 후 재결수용한 경우이므로, 후발적 불능이 채무자의 귀책사유가 아닌 공용수용으로 인한 것이므로, 위험부담(제537조)이 문제될 수 있다.

> **제537조【채무자위험부담주의】**
> 쌍무계약의 당사자 일방의 채무가 당사자쌍방의 책임 없는 사유로 이행할 수 없게 된 때에는 채무자는 상대방의 이행을 청구하지 못한다.

ㄷ. (○) : 甲이 乙에게 매도하기로 한 건물이 계약체결 전에 지진으로 전파(全破)된 경우이므로, 원시적 · 객관적 · 전부불능으로 그 법률행위는 무효이나, 계약체결상의 과실책임(제535조 제1항)이 문제될 수 있다.

> **제535조【계약체결상의 과실】**
> ① 목적이 불능한 계약을 체결할 때에 그 불능을 알았거나 알 수 있었을 자는 상대방이 그 계약의 유효를 믿었음으로 인하여 받은 손해를 배상하여야 한다. 그러나 그 배상액은 계약이 유효함으로 인하여 생길 이익액을 넘지 못한다.
> ② 전항의 규정은 상대방이 그 불능을 알았거나 알 수 있었을 경우에는 적용하지 아니한다.

10 정답해설

① 민사사건은 대립하는 당사자 사이의 사법상 권리 또는 법률관계에 관한 쟁송으로서 형사사건과 달리 그 결과가 승소와 패소 등으로 나누어지므로 사적 자치의 원칙이나 계약자유의 원칙에 비추어 보더라도 성공보수약정이 허용됨에 아무런 문제가 없고, 의뢰인이 승소하면 변호사보수를 지급할 수 있는 경제적 이익을 얻을 수 있으므로, 당장 가진 돈이 없어 변호사보수를 지급할 형편이 되지 않는 사람도 성공보수를 지급하는 조건으로 변호사의 조력을 받을 수 있게 된다는 점에서 제도의 존재 이유를 찾을 수 있다. 그러나 형사사건의 경우에는 재판결과에 따라 변호사와 나눌 수 있는 경제적 이익을 얻게 되는 것이 아닐 뿐 아니라 법원은 피고인이 빈곤 그 밖의 사유로 변호인을 선임할 수 없는 경우에는 국선변호인을 선정하여야 하므로(형사소송법 제33조), 형사사건에서의 성공보수약정을 민사사건의 경우와 같이 볼 수 없다(대판(전) 2015.7.23, 2015다200111).

비교 성공보수약정 ㉠ 비변호사 : 당연 무효
㉡ 변호사 : → 형사사건 : 당연 무효
→ 민사사건 : 유효

② 도박자금에 제공할 목적으로 금전의 대차를 한 때에는 그 대차계약은 민법 제103조의 반사회질서의 법률행위로 무효이다(대판 1973.5.22, 72다2249).

③ 매도인이 매수인에게 목적부동산을 매도한 사실을 알고서 수증자가 매도인으로부터 증여를 원인으로 하여 소유권이전등기를 함으로써 매도인의 매수인에 대한 배임행위에 가담한 결과에 이르렀다면, 이는 실체관계에 부합하는 유효한 등기가 될 리가 없고 반사회질서의 행위로서 무효이다(대판 1983.4.26, 83다카57).

④ 민법 제746조의 규정취의는 민법 제103조와 함께 사법의 기본이념으로 사회적 타당성이 없는 행위를 한 사람은 그 형식 여하를 불문하고 스스로 한 불법행위의 무효를 주장하여 그 복구를 소구할 수 없다는 법의 이상을 표현한 것이고 부당이득반환청구만을 제한하는 규정이 아니므로 불법의 원인으로 급여를 한 사람이 그 원인행위가 무효라고 주장하고 그 결과 급여물의 소유권이 자기에게 있다는 주장으로 소유권에 기한 반환청구를 하는 것도 허용할 수 없는 것이니, 도박채무가 불법무효로 존재하지 않는다는 이유로 양도담보조로

이전해 준 소유권이전등기의 말소를 청구하는 것은 허용되지 않는다(대판 1989.9.29, 89다카5994). 불법인 마약거래행위를 원인으로 한 마약대금채무의 변제로서 토지를 양도하기로 한 계약도 반사회질서의 행위로서 무효이다.

⑤ 당초부터 오로지 보험사고를 가장하여 보험금을 취득할 목적으로 체결된 생명보험계약에 의하여 보험금을 지급하게 하는 것은 보험계약을 악용하여 부정한 이득을 얻고자 하는 사행심을 조장함으로써 사회적 상당성을 일탈하게 되므로, 이와 같은 생명보험계약은 사회질서에 위배되는 법률행위로서 무효이다(대판 2000.2.11, 99다49064).

11 정답해설

① 강제집행을 면할 목적으로 부동산에 허위의 근저당권설정등기를 경료하는 행위는 민법 제103조의 선량한 풍속 기타 사회질서에 위반한 사항을 내용으로 하는 법률행위로 볼 수 없다(대판 2004.5.28, 2003다70041). 통정허위표시에 의한 급부는 특별한 사정이 없는 한 제103조 위반이 아니어서 불법원인급여에 해당하지 않는다.

② 제3자란 당사자 및 포괄승계인 이외의 자로서 허위표시에 의하여 외형상 형성된 법률관계를 토대로 실질적으로 새로운 법률상 이해관계를 맺은 자를 말한다. 그러므로 허위표시로 형성된 법률관계에 새로운 이해관계를 맺은 자가 아닌 대리인의 통정허위표시에서 본인은 계약이 당사자로서 선의라 할지라도 특별한 사정이 없는 한 그는 허위표시의 유효를 주장할 수 없다.

> **제116조【대리행위의 하자】**
> ① 의사표시의 효력이 의사의 흠결, 사기, 강박 또는 어느 사정을 알았거나 과실로 알지 못한 것으로 인하여 영향을 받은 경우에 그 사실의 유무는 대리인을 표준하여 결정한다.

③ 은닉행위란 가장행위 뒤에 숨어 있는 당사자가 진실로 달성하고자 하는 법률행위를 말한다. 그 예가 증여를 하면서 증여세를 면탈하기 위하여 매매를 가장한 경우, 증여행위가 이에 해당한다. 이러한 은닉행위는 허위표시와는 달리 그 법률행위의 요건을 구비하는 한 유효하다(대판 1993.8.27, 93다12930).

④ 민법 제108조 제2항의 제3자는 선의이면 족하고 무과실은 요건이 아니다(대판 2004.5.28, 2003다70041). 선의의 제3자는 통정허위표시를 알지 못한 것에 대해 과실이 없어야 하는 것은 아니다.

⑤ 선의의 제3자가 보호될 수 있는 법률상 이해관계는 계약의 당사자를 상대로 하여 직접 법률상 이해관계를 가지는 경우 외에도 그 법률상 이해관계를 바탕으로 하여 다시 위 계약에 의하여 형성된 법률관계와 새로이 법률상 이해관계를 가지게 되는 경우도 포함된다(대판 2013.2.15, 2012다49292). 제3자는 악의이나 제3자로부터의 전득자가 선의라면 전득자에게 통정허위표시의 무효로 대항할 수 없다.

12 정답해설

① 민법 제109조 제1항에 의하면 법률행위 내용의 중요 부분에 착오가 있는 경우 착오에 중대한 과실이 없는 표의자는 법률행위를 취소할 수 있고, 민법 제580조 제1항, 제575조 제1항에 의하면 매매의 목적물에 하자가 있는 경우 하자가 있는 사실을 과실 없이 알지 못한 매수인은 매도인에 대하여 하자담보책임을 물어 계약을 해제하거나 손해배상을 청구할 수 있다. 착오로 인한 취소 제도와 매도인의 하자담보책임 제도는 취지가 서로 다르고, 요건과 효과도 구별된다. 따라서 매매계약 내용의 중요 부분에 착오가 있는 경우 매수인은 매도인의 하자담보책임이 성립하는지와 상관없이 착오를 이유로 매매계약을 취소할 수 있다(대판 2018.9.13, 2015다78703).

② 민법 제109조에서 규정한 바와 같이 의사표시에 착오가 있다고 하려면 법률행위를 할 당시에 실제로 없는 사실을 있는 사실로 잘못 깨닫거나 아니면 실제로 있는 사실을 없는 것으로 잘못 생각하듯이 표의자의 인식과 그 대조사실이 어긋나는 경우라야 하므로, 표의자가 행위를 할 당시 장래에 있을 어떤 사항의 발생이 미필적임을 알아 그 발생을 예기한 데 지나지 않는 경우는 표의자의 심리상태에 인식과 대조의 불일치가 있다고

할 수 없어 이를 착오로 다룰 수는 없다(대판 2012.12.13, 2012다65317 등).

③ 의사표시의 동기에 착오가 있는 경우에는 당사자 사이에 그 동기를 의사표시의 내용으로 삼았을 때에 한하여 의사표시의 내용의 착오가 되는 것이고 이와 같은 의사표시의 내용의 착오는 보통 일반인이 표의자의 입장에 섰더라면 그와 같은 의사표시를 하지 않았으리라고 여겨질 정도로 그 착오가 중요한 부분에 관한 것이면 표의자는 그 의사표시를 취소할 수 있다(대판 1989.1.17, 87다카1271 등). 또한 동기의 착오가 상대방에 의해 유발된 경우에는 그 착오로 인한 의사표시를 취소할 수 있으므로(대판 2012.12.13, 2012다65317), 동기가 표시되지 않더라도 의사표시의 취소 사유인 착오에 해당할 수 있다. 따라서 동기의 착오는 동기가 표시되어 해석상 법률행위의 내용으로 된 경우에 한해서만 유일하게 고려되는 것은 아니다.

④ 매매목적물의 시가에 대한 착오는 중요부분에 대한 착오에 해당하지 않는다(대판 1992.10.23, 92다29337). 따라서 시가에 대한 착오를 이유로 매매계약을 취소할 수 없다.

⑤ 민법 제109조 제1항 단서는 의사표시의 착오가 표의자의 중대한 과실로 인한 때에는 그 의사표시를 취소하지 못한다고 규정하고 있는데, 위 단서 규정은 표의자의 상대방의 이익을 보호하기 위한 것이므로, 상대방이 표의자의 착오를 알고 이를 이용한 경우에는 착오가 표의자의 중대한 과실로 인한 것이라고 하더라도 표의자는 의사표시를 취소할 수 있다(대판 2014.11.27, 2013다49794).

	조문	성립요건	적용범위
착오에 기한 의사 표시	제109조【착오로 인한 의사표시】 ① 의사표시는 법률행위의 내용의 중요부분에 착오가 있는 때에는 취소할 수 있다. 그러나 그 착오가 표의자의 중대한 과실로 인한 때에는 취소하지 못한다. ② 전항의 의사표시의 취소는 선의의 제3자에게 대항하지 못한다.	① 의사표시의 존재 ② 의사 ≠ 표시 ③ 표의자가 불일치를 모르고(착오) ④ 법률행위의 내용 ⑤ 중요부분 → 취소 ⑥ 중과실이 없을 것 : 상대방이 주장, 증명	※ 동기의 착오 원칙 : 제109조의 착오에 해당 × 예외 : → 상대방에게 표시 and 해석상 법률행위의 내용으로 된 경우 ○ (합의 ×) → 유발된 동기의 착오 ○ (상대방에게서 표시여부 불문) ☞ 혼동하지 말자 ※ 동기의 불법 원칙 : 계약 내용의 불법 × → 제103조에 포함 × 예외 : 표시 or 상대방에게 알려진 경우 → 제103조에 포함 ○

13 정답해설

① 의사표시의 도달은 이미 완성된 의사표시의 효력발생요건이므로(제111조 제1항) 발신 후 표의자가 사망하였더라도, 그 의사표시의 효력에 영향을 미치지 아니하므로, 그 의사표시는 유효하다(동조 제2항).

> **제111조【의사표시의 효력발생시기】**
> ① 상대방이 있는 의사표시는 상대방에게 도달한 때에 그 효력이 생긴다.
> ② 의사표시자가 그 통지를 발송한 후 사망하거나 제한능력자가 되어도 의사표시의 효력에 영향을 미치지 아니한다.

② 민법 제111조는 도달주의의 원칙을 정하고 있고, 이는 임의규정이므로 당사자는 약정으로 의사표시의 효력발생시기를 달리 정할 수 있다.

③ 상대방이 정당한 사유 없이 통지의 수령을 거절한 경우에는 상대방이 그 통지의 내용을 알 수 있는 객관적 상태에 놓여 있는 때에 의사표시의 효력이 생기는 것으로 보아야 한다(대판 2008.6.12, 2008다19973).

④ 재단법인의 설립행위는 재단에 법인격취득의 효과를 발생시키려는 의사표시를 요소로 하는 '상대방 없는 단독행위'에 해당한다(대판 1999.7.9, 98다9045). 상대방 없는 의사표시는 원칙적으로 표시행위가 완료된 때 의사

표시의 효력이 발생한다. 따라서 상대방 없는 단독행위인 재단법인 설립행위의 효력발생을 위해서는 의사표시의 도달이 요구되지 않는다.

⑤ 민법은 제한능력자를 보호하기 위하여 모든 제한능력자를 의사표시의 수령무능력자라고 본다.

> **제112조【제한능력자에 대한 의사표시의 효력】**
> 의사표시의 상대방이 의사표시를 받은 때에 제한능력자인 경우에는 의사표시자는 그 의사표시로써 대항할 수 없다. 다만, 그 상대방의 법정대리인이 의사표시가 도달한 사실을 안 후에는 그러하지 아니하다.

14 정답해설

① 민법 제135조 제1항은 "타인의 대리인으로 계약을 한 자가 그 대리권을 증명하지 못하고 또 본인의 추인을 얻지 못한 때에는 상대방의 선택에 좇아 계약의 이행 또는 손해배상의 책임이 있다."고 규정하고 있다. 위 규정에 따른 무권대리인의 상대방에 대한 책임은 무과실책임으로서 대리권의 흠결에 관하여 대리인에게 과실 등의 귀책사유가 있어야만 인정되는 것이 아니고, 무권대리행위가 제3자의 기망이나 문서위조 등 위법행위로 야기되었다고 하더라도 책임은 부정되지 아니한다(대판 2014.2.27, 2013다213038).

② 자기계약·쌍방대리의 금지규정(제124조)에 위반하는 행위는 절대적 무효가 아니라, 무권대리로 유동적 무효가 된다. 따라서 본인이 사후에 추인하여 완전한 대리행위로 할 수 있다.

> **제124조【자기계약, 쌍방대리】**
> 대리인은 본인의 허락이 없으면 본인을 위하여 자기와 법률행위를 하거나 동일한 법률행위에 관하여 당사자 쌍방을 대리하지 못한다. 그러나 채무의 이행은 할 수 있다.

③ 대리인의 성년후견의 개시는 대리권 소멸사유이다(제127조). 이는 대리인은 행위능력자임을 요하지 않으므로(제117조), 성년후견의 개시 또는 파산은 대리인으로 선임된 후에 성년후견이 개시 또는 파산선고를 받은 경우에 대리권이 소멸한다는 의미이다. 주의할 것은 한정후견의 개시는 제외된다는 점이다.

> **제127조【대리권의 소멸사유】**
> 대리권은 다음 각 호의 어느 하나에 해당하는 사유가 있으면 소멸된다.
> 1. 본인의 사망
> 2. 대리인의 사망, 성년후견의 개시 또는 파산

④ 제119조【각자대리】대리인이 수인인 때에는 각자가 본인을 대리한다. 그러나 법률 또는 수권행위에 다른 정한 바가 있는 때에는 그러하지 아니하다.

⑤ 상대방 없는 단독행위의 무권대리는 절대적 무효이며, 본인은 추인할 수도 없고 추인하여도 확정적 무효이다.

15 정답해설

① 복대리인은 대리인이 대리권의 범위 내에서 대리인 자신의 이름으로 선임한 본인의 대리인이다.

② 제123조 제2항【복대리인의 권한】복대리인은 본인이나 제3자에 대하여 대리인과 동일한 권리의무가 있다.

③ 복대리인을 선임해도 대리인의 대리권은 소멸하지 않으며, 반대로 대리권이 소멸하면 복대리권도 소멸한다.

④ 복대리인은 대리인에 의해 선임된 자이므로 대리인의 지휘·감독을 받게 되며, 복대리인의 대리권은 대리인이 가지는 대리권의 존재 및 범위에 의존한다(부종성). 따라서 대리인의 대리권이 소멸하면 복대리인의 복대리권도 소멸한다. 따라서 대리인이 복대리인을 선임한 후 사망하였다면 대리인 사망으로 대리권이 소멸하므로, 특별한 사정이 없는 한 그 복대리권은 소멸한다.

⑤ 대리인이 사자 내지 임의로 선임한 복대리인을 통하여 권한 외의 법률행위를 한 경우, 상대방이 그 행위자를 대리권을 가진 대리인으로 믿었고 또한 그렇게 믿는 데에 정당한 이유가 있는 때에는, 복대리인 선임권이 없는 대리인에 의하여 선임된 복대리인의 권한도 기본대리권이 될 수 있을 뿐만 아니라, 그 행위자가 사자라고

하더라도 대리행위의 주체가 되는 대리인이 별도로 있고 그들에게 본인으로부터 기본대리권이 수여된 이상, 민법 제126조를 적용함에 있어서 기본대리권의 흠결 문제는 생기지 않는다(대판 1998.3.27, 97다48982).

16 정답해설

① 제133조 【추인의 효력】 추인은 다른 의사표시가 없는 때에는 계약 시에 소급하여 그 효력이 생긴다. 그러나 제3자의 권리를 해하지 못한다.

② 민법 제137조의 규정에 비추어 보면, 하나의 법률행위의 일부분에 무효사유가 있더라도 그 법률행위가 가분적이거나 그 목적물의 일부가 특정될 수 있다면 그 나머지 부분이라도 이를 유지하려는 당사자의 가정적 의사가 인정되는 경우, 그 일부만을 무효로 하고 나머지 부분은 유효한 것으로 유지하는 것도 가능하다(대판 2015.12.10, 2013다207538).

> **제137조 【법률행위의 일부무효】**
> 법률행위의 일부분이 무효인 때에는 그 전부를 무효로 한다. 그러나 그 무효부분이 없더라도 법률행위를 하였을 것이라고 인정될 때에는 나머지 부분은 무효가 되지 아니한다.

③ 구 국토의 계획 및 이용에 관한 법률(2016.1.19. 법률 제13797호로 개정되기 전의 것, 이하 '구 국토계획법'이라고 한다)에서 정한 토지거래계약 허가구역 내 토지에 관하여 허가를 배제하거나 잠탈하는 내용으로 매매계약이 체결된 경우에는, 강행법규인 구 국토계획법 제118조 제6항에 따라 계약은 체결된 때부터 확정적으로 무효이다. 계약체결 후 허가구역 지정이 해제되거나 허가구역 지정기간 만료 이후 재지정을 하지 아니한 경우라 하더라도 이미 확정적으로 무효로 된 계약이 유효로 되는 것이 아니다(대판 2019.1.31, 2017다228618).

④ 무효인 법률행위를 추인에 의하여 새로운 법률행위로 보기 위하여서는 당사자가 이전의 법률행위가 무효임을 알고 그 행위에 대하여 추인하여야 한다(대판 2014.3.27, 2012다106607).

⑤ 법률행위에 따라 권리가 이전되려면 권리자 또는 처분권한이 있는 자의 처분행위가 있어야 한다. 무권리자가 타인의 권리를 처분한 경우에는 특별한 사정이 없는 한 권리가 이전되지 않는다. 그러나 이러한 경우에 권리자가 무권리자의 처분을 추인하는 것도 자신의 법률관계를 스스로의 의사에 따라 형성할 수 있다는 사적 자치의 원칙에 따라 허용된다. 이러한 추인은 무권리자의 처분이 있음을 알고 해야 하고, 명시적으로 또는 묵시적으로 할 수 있으며, 그 의사표시는 무권리자나 그 상대방 어느 쪽에 해도 무방하다(대판 2017.6.8, 2017다3499).

17 정답해설

① 제146조 【취소권의 소멸】 취소권은 추인할 수 있는 날로부터 3년 내에, 법률행위를 한 날로부터 10년 내에 행사하여야 한다.

② 취소의 의사표시란 반드시 명시적이어야 하는 것은 아니고, 취소자가 그 착오를 이유로 자신의 법률행위의 효력을 처음부터 배제하려고 한다는 의사가 드러나면 족한 것이며, 취소원인의 진술 없이도 취소의 의사표시는 유효한 것이므로, 신원보증서류에 서명날인하는 것으로 잘못 알고 이행보증보험약정서를 읽어보지 않은 채 서명날인한 것일 뿐 연대보증약정을 한 사실이 없다는 주장은 위 연대보증약정을 착오를 이유로 취소한다는 취지로 볼 수 있다(대판 2005.5.27, 2004다43824).

③ 취소권은 법률행위의 직접 상대방에게 취소함이 원칙이므로 전득자는 취소의 상대방이 아니다. 따라서 취소할 수 있는 법률행위의 상대방이 그 행위로 취득한 특정의 권리를 양도한 경우, 양수인이 아닌 원래의 상대방에게 취소의 의사표시를 하여야 한다.

> **제142조 【취소의 상대방】**
> 취소할 수 있는 법률행위의 상대방이 확정한 경우에는 그 취소는 그 상대방에 대한 의사표시로 하여야 한다.

④ 근로계약은 근로자가 사용자에게 근로를 제공하고 사용자는 이에 대하여 임금을 지급하는 것을 목적으로 체결된 계약으로서(근로기준법 제2조 제1항 제4호) 기본적으로 그 법적 성질이 사법상 계약이므로 계약 체결에 관한 당사자들의 의사표시에 무효 또는 취소의 사유가 있으면 상대방은 이를 이유로 근로계약의 무효 또는 취소를 주장하여 그에 따른 법률효과의 발생을 부정하거나 소멸시킬 수 있다.
다만 그와 같이 근로계약의 무효 또는 취소를 주장할 수 있다 하더라도 근로계약에 따라 그동안 행하여진 근로자의 노무 제공의 효과를 소급하여 부정하는 것은 타당하지 않으므로 이미 제공된 근로자의 노무를 기초로 형성된 취소 이전의 법률관계까지 효력을 잃는다고 보아서는 아니 되고, 취소의 의사표시 이후 장래에 관하여만 근로계약의 효력이 소멸된다고 보아야 한다(대판 2017.12.22, 2013다25194, 2013다25200).

⑤ 매도인이 매수인의 중도금 지급채무불이행을 이유로 매매계약을 적법하게 해제한 후라도, 매수인으로서는 상대방이 한 계약해제의 효과로서 발생하는 손해배상책임을 지거나 매매계약에 따른 계약금의 반환을 받을 수 없는 불이익을 면하기 위하여 착오를 이유로 한 취소권을 행사하여 위 매매계약 전체를 무효로 돌리게 할 수 있다(대판 1991.8.27, 91다11308).

18 정답해설

① 조건을 붙이게 되면 법률행위의 효력이 불안정하게 되므로 그 효과가 즉시 발생해야 하거나 확정적으로 존속해야 하는 것에는 조건을 붙일 수 없다. 예를 들면 단독행위, 신분행위, 어음·수표행위 등이 있다. 이에 해당하지 않는 물권행위에는 조건을 붙일 수 있다.

② 조건은 법률행위의 내용으로서 당사자들이 임의로 정한 것이므로 법률이 정한 조건인 법정조건은 조건이 아니다.

③ 고의에 의한 경우만이 아니라 과실에 의한 경우에도 신의성실에 반하여 조건의 성취를 방해한 때에 해당한다고 할 것이므로, 그 상대방은 민법 제150조 제1항의 규정에 의하여 그 조건이 성취된 것으로 주장할 수 있다(대판 1998.12.22, 98다42356).

> **제150조【조건성취, 불성취에 대한 반신의행위】**
> ① 조건의 성취로 인하여 불이익을 받을 당사자가 신의성실에 반하여 조건의 성취를 방해한 때에는 상대방은 그 조건이 성취한 것으로 주장할 수 있다.

④ 부첩관계인 부부생활의 종료를 해제조건으로 하는 증여계약은 그 조건만이 무효인 것이 아니라 증여계약 자체가 무효이다(대판 1966.6.21, 66다530).

> **제151조【불법조건, 기성조건】**
> ① 조건이 선량한 풍속 기타 사회질서에 위반한 것인 때에는 그 법률행위는 무효로 한다.

⑤ 조건성취의 효력은 소급하지 않고 그 성취된 때로부터 법률효과가 발생하고 소멸하는 것이 원칙이다. 그러나 제3자의 권리를 해하지 않는 한 당사자의 의사표시로 소급효를 허용할 수 있다(제147조 제3항).

> **제147조【조건성취의 효과】**
> ③ 당사자가 조건성취의 효력을 그 성취 전에 소급하게 할 의사를 표시한 때에는 그 의사에 의한다.

비교 기한은 당사자의 의사표시로 소급효를 인정하는 규정이 없다.

19 정답해설

① 하자담보책임에 기한 매수인의 손해배상청구권과 관련하여 민법 제582조의 제척기간 규정으로 인하여 소멸시효 규정의 적용이 배제되지는 않는다. 즉 매도인에 대한 하자담보에 기한 손해배상청구권에 대하여는 민법 제582조의 제척기간이 적용되고, 이는 법률관계의 조속한 안정을 도모하고자 하는 데에 취지가 있다. 그런데

하자담보에 기한 매수인의 손해배상청구권은 권리의 내용 · 성질 및 취지에 비추어 민법 제162조 제1항의 채권 소멸시효의 규정이 적용되고, 민법 제582조의 제척기간 규정으로 인하여 소멸시효 규정의 적용이 배제된다고 볼 수 없으며, 이때 다른 특별한 사정이 없는 한 무엇보다도 매수인이 매매 목적물을 인도받은 때부터 소멸시효가 진행한다고 해석함이 타당하다(대판 2011.10.13, 2011다10266).

② 부동산에 대한 매매대금 채권이 소유권이전등기청구권과 동시이행의 관계에 있다고 할지라도 매도인은 매매대금의 지급기일 이후 언제라도 그 대금의 지급을 청구할 수 있는 것이며, 다만 매수인은 매도인으로부터 그 이전등기에 관한 이행의 제공을 받기까지 그 지급을 거절할 수 있는 데 지나지 아니하므로 매매대금 청구권은 그 지급기일 이후 시효의 진행에 걸린다(대판 1991.3.22, 90다9797). 소멸시효의 기산점은 권리를 행사할 수 있는 때로부터 진행하기 때문에 동시이행의 항변권이 붙어 있는 채권이라도 그 이행기로부터 진행한다.

③ 민사소송법 제265조에 의하면 시효중단사유 중 하나인 '재판상의 청구'(민법 제168조 제1호, 제170조)는 소를 제기한 때 시효중단의 효력이 발생한다. 그런데 채권양도로 채권은 그 동일성을 잃지 않고 양도인으로부터 양수인에게 이전되며 이러한 법리는 채권양도의 대항요건을 갖추지 못하였다고 하더라도 마찬가지인 점, 민법 제149조의 "조건의 성취가 미정한 권리의무는 일반규정에 의하여 처분, 상속, 보존 또는 담보로 할 수 있다."라는 규정은 대항요건을 갖추지 못하여 채무자에게 대항하지 못하더라도 채권양도로 채권을 이전받은 양수인의 경우에도 그대로 준용될 수 있는 점, 채무자를 상대로 재판상 청구를 한 채권 양수인을 '권리 위에 잠자는 자'라고 할 수 없는 점 등에 비추어 보면, 비록 대항요건을 갖추지 못하여 채무자에게 대항하지 못한다고 하더라도 채권의 양수인이 채무자를 상대로 재판상 청구를 하였다면 이는 소멸시효 중단사유인 재판상 청구에 해당한다고 보아야 한다(대판 2018.6.15, 2018다10920).

④ 비법인사단이 총유물에 관한 매매계약을 체결하는 행위는 총유물 그 자체의 처분이 따르는 채무부담행위로서 총유물의 처분행위에 해당하나, 그 매매계약에 의하여 부담하고 있는 채무의 존재를 인식하고 있다는 뜻을 표시하는 데 불과한 소멸시효 중단사유로서의 승인은 총유물 그 자체의 관리 · 처분이 따르는 행위가 아니어서 총유물의 관리 · 처분행위라고 볼 수 없다(대판 2009.11.26, 2009다64383).

⑤ 소멸시효 이익의 포기는 상대적 효과가 있을 뿐이어서 다른 사람에게는 영향을 미치지 아니함이 원칙이나, 소멸시효 이익의 포기 당시에는 권리의 소멸에 의하여 직접 이익을 받을 수 있는 이해관계를 맺은 적이 없다가 나중에 시효이익을 이미 포기한 자와의 법률관계를 통하여 비로소 시효이익을 원용할 이해관계를 형성한 자는 이미 이루어진 시효이익 포기의 효력을 부정할 수 없다(대판 2015.6.11, 2015다200227). 채권의 소멸시효 완성 후 채무자가 채권자에게 그 담보를 위해 저당권을 설정해 줌으로써 소멸시효의 이익을 포기했다면 그 효력은 소멸시효 이익 포기 후 저당부동산을 취득한 제3자에게도 미친다.

20 정답해설

ㄱ. (○) : 소멸시효를 원용할 수 있는 사람은 권리의 소멸에 의하여 직접 이익을 받는 자에 한정되는바, 사해행위취소소송의 상대방이 된 사해행위의 수익자는, 사해행위가 취소되면 사해행위에 의하여 얻은 이익을 상실하고 사해행위취소권을 행사하는 채권자의 채권이 소멸하면 그와 같은 이익의 상실을 면하는 지위에 있으므로, 그 채권의 소멸에 의하여 직접 이익을 받는 자에 해당하는 것으로 보아야 한다(대판 2007.11.29, 2007다54849).

ㄴ. (×) : 소멸시효가 완성된 경우에, 채무자에 대한 일반 채권자는 자기의 채권을 보전하기 위하여 필요한 한도 내에서 채무자를 대위하여 소멸시효 주장을 할 수 있을 뿐, 채권자의 지위에서 독자적으로 소멸시효의 주장을 할 수 없다(대판 2014.5.16, 2012다20604).

ㄷ. (○) : 유치권이 성립된 부동산의 매수인은 피담보채권의 소멸시효가 완성되면 시효로 인하여 채무가 소멸되는 결과 직접적인 이익을 받는 자에 해당하므로 소멸시효의 완성을 원용할 수 있는 지위에 있다고 할 것이나, 매수인은 유치권자에게 채무자의 채무와는 별개의 독립된 채무를 부담하는 것이 아니라 단지 채무자의 채무를 변제할 책임을 부담하는 점 등에 비추어 보면, 유치권의 피담보채권의 소멸시효기간이 확정판결 등에 의하여 10년으로 연장된 경우 매수인은 그 채권의 소멸시효기간이 연장된 효과를 부정하고 종전의 단기소멸시효기간을 원용할 수는 없다(대판 2009.9.24, 2009다39530).

ㄹ. (×) : 소멸시효가 완성된 경우 이를 주장할 수 있는 사람은 시효로 채무가 소멸되는 결과 직접적인 이익을 받는 사람에 한정된다. 후순위 담보권자는 선순위 담보권의 피담보채권이 소멸하면 담보권의 순위가 상승하고 이에 따라 피담보채권에 대한 배당액이 증가할 수 있지만, 이러한 배당액 증가에 대한 기대는 담보권의 순위 상승에 따른 반사적 이익에 지나지 않는다. 후순위 담보권자는 선순위 담보권의 피담보채권 소멸로 직접 이익을 받는 자에 해당하지 않아 선순위 담보권의 피담보채권에 관한 소멸시효가 완성되었다고 주장할 수 없다고 보아야 한다(대판 2021.2.5, 2016다232597).

21 정답해설

① 물권의 객체는 물건이 원칙이나, 예외적으로 지상권과 전세권도 저당권의 객체가 될 수 있다.

> **제371조 【지상권, 전세권을 목적으로 하는 저당권】**
> ① 본장의 규정은 지상권 또는 전세권을 저당권의 목적으로 한 경우에 준용한다.

② 일반적으로 일단의 증감 변동하는 동산을 하나의 물건으로 보아 이를 채권담보의 목적으로 삼으려는 이른바 집합물에 대한 양도담보설정계약체결도 가능하며 이 경우 그 목적 동산이 담보설정자의 다른 물건과 구별될 수 있도록 그 종류, 장소 또는 수량지정 등의 방법에 의하여 특정되어 있으면 그 전부를 하나의 재산권으로 보아 이에 유효한 담보권의 설정이 된 것으로 볼 수 있다(대판 1990.12.26, 88다카20224).

③ 저당권은 부동산을 목적으로 하고 질권은 동산이나 재산을 목적으로 하므로, 하나의 물건에 관하여 양 권리가 동시에 성립할 수는 없다.

④ 토지소유권은 토지의 상하에 미치나(제212조), 지상공간의 일부만을 대상으로 하는 구분지상권도 원칙적으로 허용된다(제289조의2 제1항).

> **제212조 【토지소유권의 범위】**
> 토지의 소유권은 정당한 이익 있는 범위 내에서 토지의 상하에 미친다.
>
> **제289조의2 【구분지상권】**
> ① 지하 또는 지상의 공간은 상하의 범위를 정하여 건물 기타 공작물을 소유하기 위한 지상권의 목적으로 할 수 있다. 이 경우 설정행위로써 지상권의 행사를 위하여 토지의 사용을 제한할 수 있다.

⑤ 지적법에 의하여 어떤 토지가 지적공부에 1필지의 토지로 등록되면 그 토지는 특별한 사정이 없는 한 등록으로써 특정되므로, 지적도를 작성함에 있어서 기술적 착오로 말미암아 지적도상의 경계선이 진실한 경계선과 다르게 작성되었다는 등의 특별한 사정이 없는 한 토지 소유권의 범위는 현실의 경계에 관계없이 지적공부상의 경계에 의하여 확정되어야 한다(대판 2012.1.12, 2011다72066).

22 정답해설

① 유치권은 법률규정에 의하여 당연히 생기는 법정담보물권이므로, 당사자의 의사로 설정할 수 없다. 다만 당사자 사이에 특약으로 유치권의 성립을 배제할 수 있다(대결 2011.5.13, 2010마1544).

> **제320조 【유치권의 내용】**
> ① 타인의 물건 또는 유가증권을 점유한 자는 그 물건이나 유가증권에 관하여 생긴 채권이 변제기에 있는 경우에는 변제를 받을 때까지 그 물건 또는 유가증권을 유치할 권리가 있다.

②, ④, ⑤ 채권질권, 전세권저당권, 동산·채권 등의 담보에 관한 법률에 따른 동산담보권은 당사자의 의사표시에 의해 발생하는 약정담보물권이다.

> **제345조【권리질권의 목적】**
> 질권은 재산권을 그 목적으로 할 수 있다. 그러나 부동산의 사용, 수익을 목적으로 하는 권리는 그러하지 아니하다.
>
> **제371조【지상권, 전세권을 목적으로 하는 저당권】**
> ① 본장의 규정은 지상권 또는 전세권을 저당권의 목적으로 한 경우에 준용한다.
>
> **동산·채권 등의 담보에 관한 법률 제3조【동산담보권의 목적물】**
> ① 법인 또는 「부가가치세법」에 따라 사업자등록을 한 사람(이하 "법인 등"이라 한다)이 담보약정에 따라 동산을 담보로 제공하는 경우에는 담보등기를 할 수 있다.

③ 법정지상권은 법률규정에 의하여 당연히 생기는 법정용익물권이다.

> **제305조【건물의 전세권과 법정지상권】**
> ① 대지와 건물이 동일한 소유자에 속한 경우에 건물에 전세권을 설정한 때에는 그 대지소유권의 특별승계인은 전세권설정자에 대하여 지상권을 설정한 것으로 본다. 그러나 지료는 당사자의 청구에 의하여 법원이 이를 정한다.
>
> **제366조【법정지상권】**
> 저당물의 경매로 인하여 토지와 그 지상건물이 다른 소유자에 속한 경우에는 토지소유자는 건물소유자에 대하여 지상권을 설정한 것으로 본다. 그러나 지료는 당사자의 청구에 의하여 법원이 이를 정한다.

23 정답해설

① 등기는 물권의 효력 발생요건이고 효력 존속요건이 아니므로 물권에 관한 등기가 원인 없이 말소된 경우에 그 물권의 효력에는 아무런 영향을 미치지 않는다고 봄이 타당한바, 등기공무원이 관할지방법원의 명령에 의하여 소유권이전등기를 직권으로 말소하였으나 그 후 동 명령이 취소 확정된 경우에는 말소등기는 결국 원인 없이 경료된 등기와 같이 되어 말소된 소유권이전등기는 회복되어야 하고 회복등기를 마치기 전이라도 말소된 소유권이전등기의 최종명의인은 적법한 권리자로 추정된다(대판 1982.9.14, 81다카923).

② 미등기건물을 등기할 때에는 소유권을 원시취득한 자 앞으로 소유권보존등기를 한 다음 이를 양수한 자 앞으로 이전등기를 함이 원칙이라 할 것이나, 원시취득자와 승계취득자 사이의 합치된 의사에 따라 그 주차장에 관하여 승계취득자 앞으로 직접 소유권보존등기를 경료하게 되었다면, 그 소유권보존등기는 실체적 권리관계에 부합되어 적법한 등기로서의 효력을 가진다(대판 1995.12.26, 94다44675).

③ 판례는 '무효등기의 유용'과 관련하여 표제부의 유용은 허용되지 않는다고 한다. 즉 판례는 "멸실된 건물과 신축된 건물이 위치나 기타 여러 가지 면에서 서로 같다고 하더라도 그 두 건물이 동일한 건물이라고는 할 수 없으므로 신축건물의 물권변동에 관한 등기를 멸실건물의 등기부에 등재하여도 그 등기는 무효이고 가사 신축건물의 소유자가 멸실건물의 등기를 신축건물의 등기로 전용할 의사로써 멸실건물의 등기부상 표시를 신축건물의 내용으로 표시 변경 등기를 하였다고 하더라도 그 등기가 무효임에는 변함이 없다"고 한다(대판 1980.11.11, 80다441).

④ 동일 부동산에 관하여 등기명의인을 달리하여 중복된 소유권보존등기가 경료된 경우에는, 먼저 이루어진 소유권보존등기가 원인무효가 되지 아니하는 한, 뒤에 된 소유권보존등기는 실체권리관계에 부합되는지의 여부를 따질 필요도 없이 무효이다(대판(전) 1996.10.17, 96다12511).

> **비교** 동일 부동산에 관하여 등기명의인을 달리하여 중복하여 보존등기가 이루어진 경우와는 달리, 동일인 명의로 소유권보존등기가 중복되어 있는 경우에는, 먼저 경료된 등기가 유효하고 뒤에 경료된 중복등기는 그것이 실체관계에 부합하는 여부를 가릴 것 없이 무효이다(대판 1981.11.18, 81다1340).

⑤ 중간생략등기의 합의란 부동산이 전전 매도된 경우 각각의 매매계약이 유효하게 성립함을 전제로 그 이행의 편의상 최초의 매도인으로부터 최종의 매수인 앞으로 소유권이전등기를 경료하기로 한다는 당사자 사이의 합의에 불과할 뿐, 최초의 매도인과 최종의 매수인 사이에 매매계약이 체결되었다는 것을 의미하는 것은 아니므로,

최초매도인과 최종매수인 사이에 매매계약이 체결되었다고 볼 수 없고, 설사 최종매수인이 자신과 최초매도인을 매매당사자로 하는 토지거래허가를 받아 자신 앞으로 소유권이전등기를 경료하였더라도 그러한 최종매수인 명의의 소유권이전등기는 적법한 토지거래허가 없이 경료된 등기로서 무효이다(대판 1997.11.11, 97다33218).

24 정답해설

① 지상권설정계약이라는 법률행위에 기한 지상권의 취득은 제186조가 적용되어 등기가 필요하다.

> **제186조【부동산물권변동의 효력】**
> 부동산에 관한 법률행위로 인한 물권의 득실변경은 등기하여야 그 효력이 생긴다.

② 저당권의 피담보채권의 시효소멸에 따른 저당권의 소멸은 제369조의 법률규정에 따른 것이므로 제187조가 적용되어 말소등기 없이 물권변동의 효력이 발생한다.

> **제187조【등기를 요하지 아니하는 부동산물권 취득】**
> 상속, 공용징수, 판결, 경매, 기타 법률의 규정에 의한 부동산에 관한 물권의 취득은 등기를 요하지 아니한다. 그러나 등기를 하지 아니하면 이를 처분하지 못한다.
>
> **제369조【부종성】**
> 저당권으로 담보한 채권이 시효의 완성 기타 사유로 인하여 소멸한 때에는 저당권도 소멸한다.

③ 공익사업을 위한 토지 등의 취득 및 보상에 관한 법령(이하 '공익사업법령'이라고 한다)에 의한 협의취득은 사법상의 법률행위이므로 당사자 사이의 자유로운 의사에 따라 채무불이행책임이나 매매대금 과부족금에 대한 지급의무를 약정할 수 있다. 그리고 협의취득을 위한 매매계약을 해석함에 있어서도 처분문서 해석의 일반원칙으로 돌아와 매매계약서에 기재되어 있는 문언대로의 의사표시의 존재와 내용을 인정하여야 하고, 당사자 사이에 계약의 해석을 둘러싸고 이견이 있어 처분문서에 나타난 당사자의 의사해석이 문제되는 경우에는 그 문언의 내용, 그러한 약정이 이루어진 동기와 경위, 그 약정에 의하여 달성하려는 목적, 당사자의 진정한 의사 등을 종합적으로 고찰하여 논리와 경험칙에 따라 합리적으로 해석하여야 한다. 다만 공익사업법은 공익사업의 효율적인 수행을 통하여 공공복리의 증진과 재산권의 적정한 보호를 도모하는 것을 목적으로 하고 협의취득의 배후에는 수용에 의한 강제취득 방법이 남아 있어 토지 등의 소유자로서는 협의에 불응하면 바로 수용을 당하게 된다는 심리적 강박감이 자리 잡을 수밖에 없으며 협의취득 과정에는 여러 가지 공법적 규제가 있는 등 공익적 특성을 고려하여야 한다(대판 2012.2.23, 2010다91206). 따라서 협의취득은 사법상 법률행위이므로 제186조가 적용되어 등기가 필요하다.

비교 공익사업을 위한 토지 등의 취득 및 보상에 관한 법령(이하 '공익사업법령'이라고 한다)에 의한 강제취득으로서의 재결수용은 제187조의 공용징수에 해당하여 등기 없이 재결에서 정해진 시점에 취득한다.

④ 공유물분할의 소송절차 또는 조정절차에서 공유자 사이에 공유토지에 관한 현물분할의 협의가 성립하여 그 합의사항을 조서에 기재함으로써 조정이 성립하였다고 하더라도, 그와 같은 사정만으로 재판에 의한 공유물분할의 경우와 마찬가지로 그 즉시 공유관계가 소멸하고 각 공유자에게 그 협의에 따른 새로운 법률관계가 창설되는 것은 아니고, 공유자들이 협의한 바에 따라 토지의 분필절차를 마친 후 각 단독소유로 하기로 한 부분에 관하여 다른 공유자의 공유지분을 이전받아 등기를 마침으로써 비로소 그 부분에 대한 대세적 권리로서의 소유권을 취득하게 된다고 보아야 한다(대판(전) 2013.11.21, 2011두1917).

⑤ 매매 등 법률행위를 원인으로 한 소유권이전등기절차 이행의 소에서의 원고 승소판결은 부동산물권취득이라는 형성적 효력이 없어 민법 제187조 소정의 판결에 해당하지 않으므로 승소판결에 따른 소유권이전등기 경료 시까지는 부동산의 소유권을 취득한다고 볼 수 없다(대판 1982.10.12, 82다129).

25 정답해설

① 자동차관리법 제6조는 "자동차 소유권의 득실변경은 등록을 하여야 그 효력이 생긴다."라고 규정하고 있다. 이는 현대사회에서 자동차의 경제적 효용과 재산적 가치가 크므로 민법상 불완전한 공시방법인 '인도'가 아니라 공적 장부에 의한 체계적인 공시방법인 '등록'에 의하여 소유권 변동을 공시함으로써 자동차 소유권과 이에 관한 거래의 안전을 한층 더 보호하려는 데 취지가 있다. 따라서 자동차관리법이 적용되는 자동차의 소유권을 취득함에는 민법상 공시방법인 '인도'에 의할 수 없고 나아가 이를 전제로 하는 민법 제249조의 선의취득 규정은 적용되지 아니함이 원칙이다(대판 2016.12.15, 2016다205373).

> **제249조【선의취득】**
> 평온, 공연하게 동산을 양수한 자가 선의이며 과실 없이 그 동산을 점유한 경우에는 양도인이 정당한 소유자가 아닌 때에도 즉시 그 동산의 소유권을 취득한다.

② 양도인이 무권리자라는 점을 제외하고는 거래행위는 아무런 흠이 없이 유효하게 성립한 것이어야 한다(대판 1995.6.29, 94다22071). 따라서 거래행위가 제한능력, 의사의 흠결 등으로 무효·취소된 때에는 선의취득은 성립하지 않는다.

③ 선의취득에서 양수인의 점유취득에는 목적물 반환청구권의 양도에 의한 선의취득은 인정된다. 즉 양도인이 소유자로부터 보관을 위탁받은 동산을 제3자에게 보관시킨 경우에 양도인이 그 제3자에 대한 반환청구권을 양수인에게 양도하고 지명채권 양도의 대항요건을 갖추었을 때에는 동산의 선의취득에 필요한 점유의 취득 요건을 충족한다(대판 1999.1.26, 97다48906).

④ 동산질권을 선의취득하기 위하여는 질권자가 평온, 공연하게 선의이며 과실 없이 질권의 목적동산을 취득하여야 하고, 그 취득자의 선의, 무과실은 동산질권자가 입증하여야 한다(대판 1981.12.22, 80다2910).

> **제343조【준용규정】**
> 제249조 내지 제251조, 제321조 내지 제325조의 규정은 동산질권에 준용한다.

⑤ 민법 제251조는 민법 제249조와 제250조를 전제로 하고 있는 규정이므로 무과실도 당연한 요건이라고 해석하여야 한다(대판 1991.3.22, 91다70). 양수인이 도품을 공개시장에서 선의·무과실로 매수한 경우, 피해자는 양수인이 지급한 대가를 변상하고 그 물건의 반환을 청구할 수 있다(제251조).

> **제251조【도품, 유실물에 대한 특례】**
> 양수인이 도품 또는 유실물을 경매나 공개시장에서 또는 동 종류의 물건을 판매하는 상인에게서 선의로 매수한 때에는 피해자 또는 유실자는 양수인이 지급한 대가를 변상하고 그 물건의 반환을 청구할 수 있다

26 정답해설

① 점유매개관계에 기한 지상권자, 전세권자, 임차인, 수치인, 질권자 등이 점유매개자이며, 이들 점유는 타인이 소유자임을 전제하는 점유이므로 타주점유이다.

② 부동산을 매수하여 이를 점유하게 된 자는 그 매매가 무효가 된다는 사정이 있음을 알았다는 등의 특단의 사정이 없는 한 그 점유의 시초에 소유의 의사로 점유한 것이며, 나중에 매도자에게 처분권이 없었다는 등의 사유로 그 매매가 무효인 것이 밝혀졌다 하더라도 그와 같은 점유의 성질이 변하는 것은 아니다(대판 1996.5.28, 95다40328).

③ 등기명의가 신탁되었다면 특별한 사정이 없는 한 명의수탁자의 부동산에 관한 점유는 그 권원의 성질상 자주점유라고 할 수 없고, 다시 명의수탁자로부터 상속에 의하여 점유를 승계한 자의 점유도 상속 전과 그 성질 내지 태양을 달리하는 것이 아니어서, 특별한 사정이 없는 한 그 점유가 자주점유로는 될 수 없고, 그 점유가 자주점유로 되기 위하여는 점유자가 소유자에 대하여 소유의 의사가 있는 것을 표시하거나 새로운 권원에 의하여 다시 소유의 의사로써 점유를 시작하여야만 한다(대판 1996.6.11, 96다7403).

④ 공유자 1인이 공유토지 전부를 점유하고 있는 경우, 특별한 사정이 없는 한 다른 공유자의 지분비율 범위에 대해서는 타주점유에 해당한다(대판 2008.9.25, 2008다31485).

⑤ 점유자의 점유가 소유의 의사 있는 자주점유인지 아니면 소유의 의사 없는 타주점유인지의 여부는 점유자의 내심의 의사에 의하여 결정되는 것이 아니라 점유 취득의 원인이 된 권원의 성질이나 점유와 관계가 있는 모든 사정에 의하여 외형적·객관적으로 결정되어야 한다(대판(전) 1997.8.21, 95다28625).

27 정답해설

① 선의의 점유자는 점유물의 과실을 취득하는데, 여기의 과실은 천연과실과 법정과실을 포함하고, 물건을 현실적으로 사용하여 얻는 이익인 사용이익도 과실에 준하는 것으로 취급된다(대판 1996.1.26, 95다44290). 선의의 점유자가 직접 물건을 사용함으로써 얻은 이득도 과실에 준하는 것으로 취급되므로 회복자에게 반환할 필요가 없다.

② 민법 제203조 제2항에 의한 점유자의 회복자에 대한 유익비상환청구권은 점유자가 계약관계 등 적법하게 점유할 권리를 가지지 않아 소유자의 소유물반환청구에 응하여야 할 의무가 있는 경우에 성립되는 것으로서, 이 경우 점유자는 그 비용을 지출할 당시의 소유자가 누구이었는지 관계없이 점유회복 당시의 소유자 즉 회복자에 대하여 비용상환청구권을 행사할 수 있는 것이나, 점유자가 유익비를 지출할 당시 계약관계 등 적법한 점유의 권원을 가진 경우에 그 지출비용의 상환에 관하여는 그 계약관계를 규율하는 법조항이나 법리 등이 적용되는 것이어서, 점유자는 그 계약관계 등의 상대방에 대하여 해당 법조항이나 법리에 따른 비용상환청구권을 행사할 수 있을 뿐 계약관계 등의 상대방이 아닌 점유회복 당시의 소유자에 대하여 민법 제203조 제2항에 따른 지출비용의 상환을 구할 수는 없다(대판 2003.7.25, 2001다64752).

③ 민법 제201조 제1항은 "선의의 점유자는 점유물의 과실을 취득한다."라고 규정하고 있는바, 여기서 선의의 점유자라 함은 과실수취권을 포함하는 권원이 있다고 오신한 점유자를 말하고, 다만 그와 같은 오신을 함에는 오신할 만한 정당한 근거가 있어야 한다(대판 2000.3.10, 99다63350).

④ 피고가 본건 토지의 선의의 점유자로 그 과실(果實)을 취득할 권리가 있어 경작한 농작물의 소유권을 취득할 수 있다 하더라도 법령의 부지로 상속인이 될 수 없는 사람을 상속인이라고 생각하여 본건 토지를 점유하였다면 피고에게 과실(過失)이 있다고 아니할 수 없고 따라서 피고의 본건 토지의 점유는 진정한 소유자에 대하여 불법행위를 구성하는 것이라 아니할 수 없는 것이고 피고에게는 그 불법행위로 인한 손해배상의 책임이 있는 것이며 선의의 점유자도 과실취득권이 있다하여 불법행위로 인한 손해배상책임이 배제되는 것은 아니다(대판 1966.7.19, 66다994).

⑤ 점유자의 멸실·훼손의 책임은 원칙적으로 전부 배상이고, 소유 의사로 선의인 점유자만 현존이익을 배상한다. 선의라 해도 타주점유자는 전부 배상하여야 한다(제202조 단서).

> **제202조 【점유자의 회복자에 대한 책임】**
> 점유물이 점유자의 책임 있는 사유로 인하여 멸실 또는 훼손된 때에는 악의의 점유자는 그 손해의 전부를 배상하여야 하며 선의의 점유자는 이익이 현존하는 한도에서 배상하여야 한다. 소유의 의사가 없는 점유자는 선의인 경우에도 손해의 전부를 배상하여야 한다.

■ 점유자와 회복자 관계[9)]

	점유자의 과실[10)]취득	점유자의 멸실·훼손의 책임	점유자의 비용상환청구권
효과	① 선의의 점유자 선의(본권이 있다고 오신)+ 오신할 만한 정당한 근거가 有 → 과실수취권 인정[11)] ② 본권에 관한 소에서 패소한 때 소가 제기된 때부터 악의로 간주 (제197조 제2항) ③ 악의의 점유자의 구체적 반환범위 제201조 제2항 × 제748조 제2항 적용 (받은 이익+이자+지연손해금) ④ 악의 점유자=폭력·은비의 점유자	① 원칙 : 전부 배상 ② 예외 : 선의&자주 = 현존이익 배상	① 선의·악의 및 자주·타주 불문 : 비용상환청구 가능 ② 계약관계가 존재한 경우 : 제203조는 적용 × ③ 필요비 : 과실을 취득한 경우(선의)에 통상의 필요비는 청구× ④ 유익비 ⅰ) 가액의 증가가 현존 ⅱ) 회복자의 선택채권 ⅲ) 상당기간 허여 가능 ⑤ 필요비·유익비에 기한 유치권 인정[12)] ⑥ 필요비·유익비의 상환청구시기 : 반환하거나 반환청구 받은 때

28 정답해설

① **인접하여 토지를 소유한 자가 통상의 경계표나 담을 설치하는 경우 별다른 관습이나 특약이 없는 한** 그 설치비용은 절반씩, 측량비용은 토지 면적비율로 부담**하며(제237조), 설치된 경계표 등은 상린자의 공유로 추정된다(제239조).**

> **제237조 【경계표, 담의 설치권】**
> ① 인접하여 토지를 소유한 자는 공동비용으로 통상의 경계표나 담을 설치할 수 있다.
> ② 전항의 비용은 쌍방이 절반하여 부담한다. 그러나 측량비용은 토지의 면적에 비례하여 부담한다.
> ③ 전2항의 규정은 다른 관습이 있으면 그 관습에 의한다.

② **지상권자 상호 간에도 상린관계에 관한 규정이 준용된다(제290조 제1항).**

> **제290조 【준용규정】**
> ① 제213조, 제214조, 제216조 내지 제244조의 규정은 지상권자 간 또는 지상권자와 인지소유자 간에 이를 준용한다.

③ **주위토지통행권은 주위토지 소유자의 토지에 대한 독점적 사용권을 제한하는 권리로서 인접한 토지 소유자 간의 이해를 조정하는 데 목적이 있으므로 사람이 출입하고 다소의 물건을 공로로 운반할 정도의 폭만 확보될 수 있다면 주위토지 소유자의 손해가 가장 적은 장소와 방법을 선택하여야 하고, 또 현재의 토지의 용법에 따른 이용의 범위에서 인정되는 것이지 더 나아가** 장차의 이용상황까지를 미리 대비하여 통행로를 정할 것은 아니다**(대판 1992.12.22, 92다30528).**

④ 제242조 제1항 【경계선부근의 건축】 **건물을 축조함에는 특별한 관습이 없으면 경계로부터** 반미터 **이상의 거리를 두어야 한다.**

⑤ **경계에 설치된 경계표나 담은 특별한 사정이 없는 한, 상린자의 공유로 추정한다(제239조).**

---

9) 소유자와 반환의무를 부담하는 점유자(불법점유자나 무단점유자 등)와의 법률관계 규율
10) 여기서의 과실은 사용이익을 포함(판례)
11) 과실을 취득할 수 있는 범위 내에서 부당이득은 성립하지 않는다.
12) 비용상환청구권은 '물건에 관하여 생긴 채권'이기 때문이다.

> **제239조【경계표 등의 공유추정】**
> 경계에 설치된 경계표, 담, 구거(도랑) 등은 상린자의 공유로 추정한다. 그러나 경계표, 담, 구거(도랑) 등이 상린자 일방의 단독비용으로 설치되었거나 담이 건물의 일부인 경우에는 그러하지 아니하다.

29 정답해설

① 집합건물의 공용부분은 구분소유자 전원의 공유에 속하나(집합건물법 제10조 제1항), 그 공유는 민법상의 공유와는 달리 건물의 구분소유라고 하는 공동의 목적을 위하여 인정되는 것으로 집합건물법 제13조는 공용부분에 대한 공유자의 지분은 그가 가지는 전유부분의 처분에 따를 뿐 전유부분과 분리하여 처분할 수 없도록 규정하고 있다. 또한 공용부분을 전유부분으로 변경하기 위하여는 집합건물법 제15조에 따른 구분소유자들의 집회결의와 그 공용부분의 변경으로 특별한 영향을 받게 되는 구분소유자의 승낙을 얻어야 한다. 그런데 공용부분에 대하여 취득시효의 완성을 인정하여 그 부분에 대한 소유권취득을 인정한다면 전유부분과 분리하여 공용부분의 처분을 허용하고 일정 기간의 점유로 인하여 공용부분이 전유부분으로 변경되는 결과가 되어 집합건물법의 취지에 어긋나게 된다. 따라서 집합건물의 공용부분은 취득시효에 의한 소유권 취득의 대상이 될 수 없다고 봄이 타당하다(대판 2013.12.12, 2011다78200 · 78217).

② 시효완성을 이유로 한 소유권취득의 효력은 점유를 개시한 때로 소급하며(제245조 제1항), 등기를 함으로써 점유를 개시한 때로 소급하여 그 소유권을 취득한다(제247조 제1항).

> **제245조【점유로 인한 부동산소유권의 취득기간】**
> ① 20년간 소유의 의사(자주)로 평온, 공연하게 부동산을 점유하는 자는 등기함으로써 그 소유권을 취득한다.
>
> **제247조【소유권취득의 소급효, 중단사유】**
> ① 전2조의 규정에 의한 소유권 취득의 효력은 점유를 개시한 때에 소급한다.

③ 점유자가 점유 개시 당시에 소유권 취득의 원인이 될 수 있는 법률행위 기타 법률요건이 없이 그와 같은 법률요건이 없다는 사실을 잘 알면서 타인 소유의 부동산을 무단점유한 것임이 입증된 경우, 특별한 사정이 없는 한 점유자는 타인의 소유권을 배척하고 점유할 의사를 갖고 있지 않다고 보아야 할 것이므로 이로써 소유의 의사가 있는 점유라는 추정은 깨어졌다고 할 것이다(대판(전) 1997.8.21, 95다28625). 결국 자주점유 추정이 깨어져 취득시효는 인정되지 않는다.

④ 취득시효기간 중 계속해서 등기명의자가 동일한 경우에는 그 기산점을 어디에 두든지 간에 취득시효의 완성을 주장할 수 있는 시점에서 보아 그 기간이 경과한 사실만 확정되면 충분하므로, 전 점유자의 점유를 승계하여 자신의 점유기간을 통산하여 20년이 경과한 경우에 있어서도 전 점유자가 점유를 개시한 이후의 임의의 시점을 그 기산점으로 삼을 수 있다(대판 1998.5.12, 97다8496 · 8502).

⑤ 시효이익의 포기와 같은 상대방 있는 단독행위는 그 의사표시로 인하여 권리에 직접적인 영향을 받는 상대방에게 도달하는 때에 효력이 발생한다 할 것인바, 특별한 사정이 없는 한 시효취득자가 취득시효완성 당시의 진정한 소유자에 대하여 하여야 그 효력이 발생하는 것이지 원인무효인 등기의 등기부상 소유명의자에게 그와 같은 의사를 표시하였다고 하여 그 효력이 발생하는 것은 아니라 할 것이다(대판 1994.12.23, 94다40734).

30 정답해설

① 민법은 부동산에의 부합(제256조)과 동산 간의 부합(제257조)도 인정한다.

> **제256조【부동산에의 부합】**
> 부동산의 소유자는 그 부동산에 부합한 물건의 소유권을 취득한다. 그러나 타인의 권원에 의하여 부속된 것은 그러하지 아니하다.

> **제257조 【동산 간의 부합】**
> 동산과 동산이 부합하여 훼손하지 아니하면 분리할 수 없거나 그 분리에 과다한 비용을 요할 경우에는 그 합성물의 소유권은 주된 동산의 소유자에게 속한다. 부합된 동산의 주종을 구별할 수 없는 때에는 동산의 소유자는 부합 당시의 가액의 비율로 합성물을 공유한다.

② 건물의 증축 부분이 기존건물에 부합하여 기존건물과 분리하여서는 별개의 독립물로서의 효용을 갖지 못하는 이상 기존건물에 대한 근저당권은 민법 제358조에 의하여 부합된 증축 부분에도 효력이 미치는 것이므로 기존건물에 대한 경매절차에서 경매목적물로 평가되지 아니하였다고 할지라도 경락인은 부합된 증축 부분의 소유권을 취득한다(대판 2002.10.25, 2000다63110). 건물의 증축부분인 부동산도 부합이 될 수 있다.

③ 부합은 소유자를 달리하는 여러 개의 물건이 결합하여 1개의 물건으로 되는 경우 그 물건의 소유권를 정하기 위한 규정이다. 따라서 여러 동산들이 결합하는 경우라도 동일인 소유라면 부합은 인정되지 않는다.

④ 부동산에 부합된 물건이 사실상 분리복구가 불가능하여 거래상 독립한 권리의 객체성을 상실하고 그 부동산과 일체를 이루는 부동산의 구성 부분이 된 경우에는 타인이 권원에 의하여 이를 부합시켰더라도 그 물건의 소유권은 부동산의 소유자에게 귀속된다(대판 2012.1.26, 2009다76546). 즉 구성 부분으로서 부합이 된다.

⑤ 제256조 【부동산에의 부합】 부동산의 소유자는 그 부동산에 부합한 물건의 소유권을 취득한다. 그러나 타인의 권원에 의하여 부속된 것은 그러하지 아니하다.

31 정답해설

① 제264조 【공유물의 처분, 변경】 공유자는 다른 공유자의 동의 없이 공유물을 처분하거나 변경하지 못한다.

② 합유는 수인이 조합체로서 물건을 소유하는 형태이고(제271조 제1항), 조합원은 자신의 지분을 조합원 전원의 동의 없이 처분할 수 없다(제273조 제1항).

> **제271조 【물건의 합유】**
> ① 법률의 규정 또는 계약에 의하여 수인이 조합체로서 물건을 소유하는 때에는 합유로 한다. 합유자의 권리는 합유물 전부에 미친다.
>
> **제273조 【합유지분의 처분과 합유물의 분할금지】**
> ① 합유자는 전원의 동의 없이 합유물에 대한 지분을 처분하지 못한다.

③ 제272조 【합유물의 처분, 변경과 보존】 합유물을 처분 또는 변경함에는 합유자 전원의 동의가 있어야 한다. 그러나 보존행위는 각자가 할 수 있다.

④ 등기만은 편의상 각 구분소유의 면적에 해당하는 비율로 공유지분등기를 하여 놓은 경우, 구분소유자들 사이에 공유지분등기의 상호명의신탁관계 내지 건물에 대한 구분소유적 공유관계가 성립하지만, 1동 건물 중 각 일부분의 위치 및 면적이 특정되지 않거나 구조상 · 이용상 독립성이 인정되지 아니한 경우에는 공유자들 사이에 이를 구분소유하기로 하는 취지의 약정이 있다 하더라도 일반적인 공유관계가 성립할 뿐, 공유지분등기의 상호명의신탁관계 내지 건물에 대한 구분소유적 공유관계가 성립한다고 할 수 없다(대판 2014.2.27, 2011다42430).

⑤ 공유물분할 금지약정은 갱신할 수 있다(제268조 제2항). 그러나 그 기간은 갱신한 날부터 5년을 넘지 못할 뿐이다.

> **제268조 【공유물의 분할청구】**
> ① 공유자는 공유물의 분할을 청구할 수 있다. 그러나 5년 내의 기간으로 분할하지 아니할 것을 약정할 수 있다.
> ② 전항의 계약을 갱신한 때에는 그 기간은 갱신한 날부터 5년을 넘지 못한다.

32 정답해설

① 명의신탁약정이 3자 간 등기명의신탁인지 아니면 계약명의신탁인지의 구별은 계약당사자가 누구인가를 확정하는 문제로 귀결되고, 계약명의자인 명의수탁자가 아니라 명의신탁자에게 계약에 따른 법률효과를 직접 귀속시킬 의도로 계약을 체결한 사정이 인정된다면 명의신탁자가 계약당사자이므로, 이 경우의 명의신탁관계는 3자 간 등기명의신탁으로 보아야 한다(대판 2016.10.27, 2016두43091).

② 부동산 실권리자명의 등기에 관한 법률상 "명의신탁약정"이란 부동산에 관한 소유권이나 그 밖의 물권, 즉 "부동산에 관한 물권"을 대상으로 한다(부동산 실권리자명의 등기에 관한 법률 제2조 제1호). 부동산 물권인 부동산소유권 또는 그 공유지분뿐만 아니라 용익물권도 명의신탁의 대상이 될 수 있다.

> **부동산 실권리자명의 등기에 관한 법률 제2조【정의】**
> 이 법에서 사용하는 용어의 뜻은 다음과 같다.
> 1. "명의신탁약정"이란 부동산에 관한 소유권이나 그 밖의 물권(이하 "부동산에 관한 물권"이라 한다)을 보유한 자 또는 사실상 취득하거나 취득하려고 하는 자(이하 "실권리자"라 한다)가 타인과의 사이에서 대내적으로는 실권리자가 부동산에 관한 물권을 보유하거나 보유하기로 하고 그에 관한 등기(가등기를 포함한다. 이하 같다)는 그 타인의 명의로 하기로 하는 약정[위임・위탁매매의 형식에 의하거나 추인(追認)에 의한 경우를 포함한다]을 말한다.

③ 부동산 실권리자명의 등기에 관한 법률 제8조 제1호에 의하면 종중이 보유한 부동산에 관한 물권을 종중 이외의 자의 명의로 등기하는 명의신탁의 경우 조세포탈, 강제집행의 면탈 또는 법령상 제한의 회피를 목적으로 하지 아니하는 경우에는 같은 법 제4조 내지 제7조 및 제12조 제1항・제2항의 규정의 적용이 배제되어 종중이 같은 법 시행 전에 명의신탁한 부동산에 관하여 같은 법 제11조의 유예기간 이내에 실명등기 또는 매각처분을 하지 아니한 경우에도 그 명의신탁약정은 여전히 그 효력을 유지하는 것이지만, 부동산을 명의신탁한 경우에는 소유권이 대외적으로 수탁자에게 귀속하므로 명의신탁자는 신탁을 이유로 제3자에 대하여 그 소유권을 주장할 수 없고 특별한 사정이 없는 한 신탁자가 수탁자에 대해 가지는 명의신탁해지를 원인으로 한 소유권이전등기청구권은 집행채권자에게 대항할 수 있는 권리가 될 수 없으므로 결국 명의신탁자인 종중은 명의신탁된 부동산에 관하여 제3자이의의 소의 원인이 되는 권리를 가지고 있지 않다고 할 것이다(대판 2007.5.10, 2007다7409). 명의신탁자인 종중은 명의신탁재산에 대한 불법점유자 내지 불법등기명의자에 대하여 직접 그 인도 또는 등기말소를 청구할 수 없다.

④ 부동산 실권리자명의 등기에 관한 법률 제5조에 의하여 부과되는 과징금에 대한 특례를 규정한 같은 법 제8조 제2호 소정의 '배우자'에는 사실혼 관계에 있는 배우자는 포함되지 아니한다(대판 1999.5.14, 99두35). 특례에 해당하지 않아 여전히 무효이다.

⑤ 부동산 실권리자명의 등기에 관한 법률 제4조 제2항 단서는 부동산 거래의 상대방을 보호하기 위한 것으로 상대방이 명의신탁약정이 있다는 사실을 알지 못한 채 물권을 취득하기 위한 계약을 체결한 경우 그 계약과 그에 따른 등기를 유효라고 한 것이다(대판 2018.4.10, 2017다257715). 즉 물권변동은 유효하고, 명의수탁자는 완전한 소유권을 취득한다.

> **부동산 실권리자명의 등기에 관한 법률 제4조【명의신탁약정의 효력】**
> ① 명의신탁약정은 무효로 한다.
> ② 명의신탁약정에 따른 등기로 이루어진 부동산에 관한 물권변동은 무효로 한다. 다만, 부동산에 관한 물권을 취득하기 위한 계약에서 명의수탁자가 어느 한쪽 당사자가 되고 상대방 당사자는 명의신탁약정이 있다는 사실을 알지 못한 경우에는 그러하지 아니하다.
> ③ 제1항 및 제2항의 무효는 제3자에게 대항하지 못한다.

33 정답해설

① 지상권자는 지상권설정자인 토지소유자의 동의 없이 타인에게 그 권리를 양도하거나 그 권리의 존속기간 내에 그 토지를 임대할 수 있다(제282조).

> **제282조【지상권의 양도, 임대】**
> 지상권자는 타인에게 그 권리를 양도하거나 그 권리의 존속기간 내에서 그 토지를 임대할 수 있다.

② 토지사용의 대가인 지료는 지상권의 요소가 아니므로, 지료합의가 없는 지상권 설정계약도 유효하다(제279조). 지상권에 있어서 지료의 지급은 그의 요소가 아니어서 지료에 관한 유상 약정이 없는 이상 지료의 지급을 구할 수 없다(대판 1999.9.3, 99다24874).

비교 약정지상권 : 지료지급의무 × / 법정지상권 : 지료지급의무 ○

> **제279조【지상권의 내용】**
> 지상권자는 타인의 토지에 건물 기타 공작물이나 수목을 소유하기 위하여 그 토지를 사용하는 권리가 있다

③ 수목의 소유를 목적으로 한 지상권의 최단존속기간은 30년이다(제280조 제1항).

> **제280조【존속기간을 약정한 지상권】**
> ① 계약으로 지상권의 존속기간을 정하는 경우에는 그 기간은 다음 연한보다 단축하지 못한다.
> 1. 석조, 석회조, 연와조 또는 이와 유사한 견고한 건물이나 수목의 소유를 목적으로 하는 때에는 30년
> 2. 전호 이외의 건물의 소유를 목적으로 하는 때에는 15년
> 3. 건물 이외의 공작물의 소유를 목적으로 하는 때에는 5년

④ 구분지상권은 제3자가 토지를 사용・수익할 권리를 가진 때에도 그 권리자 및 그 권리를 목적으로 하는 권리를 가진 자 전원의 승낙이 있으면 이를 설정할 수 있다(제289조 제2항). 즉 지상권이 설정된 토지의 소유자는 그 지상권자의 승낙 없이 그 토지 위에 구분지상권을 설정할 수 없다.

> **제289조의2【구분지상권】**
> ① 지하 또는 지상의 공간은 상하의 범위를 정하여 건물 기타 공작물을 소유하기 위한 지상권의 목적으로 할 수 있다. 이 경우 설정행위로써 지상권의 행사를 위하여 토지의 사용을 제한할 수 있다.
> ② 제1항의 규정에 의한 구분지상권은 제3자가 토지를 사용・수익할 권리를 가진 때에도 그 권리자 및 그 권리를 목적으로 하는 권리를 가진 자 전원의 승낙이 있으면 이를 설정할 수 있다. 이 경우 토지를 사용・수익할 권리를 가진 제3자는 그 지상권의 행사를 방해하여서는 아니 된다.

⑤ 2001.1.13.부터 시행된 '장사 등에 관한 법률'(이하 개정 전후를 불문하고 '장사법'이라고 한다) 부칙 규정들에 의하면, 토지 소유자의 승낙 없이 설치된 분묘에 대하여 토지 소유자가 이를 개장하는 경우에 분묘의 연고자는 당해 토지 소유자에 대항할 수 없다는 내용의 규정들은 장사법(법률 제6158호) 시행 후 설치된 분묘에 관하여만 적용한다고 명시하고 있으므로, 위 법률 시행 전에 설치된 분묘에 대한 분묘기지권의 존립 근거가 위 법률의 시행으로 상실되었다고 볼 수 없다(대판(전) 2017.1.19, 2013다17292).

34 정답해설

① 지역권은 요역지의 사용가치를 높이기 위해 타인의 토지인 승역지를 이용하는 것을 내용으로 하는 물권이다(제291조).

> **제291조【지역권의 내용】**
> 지역권자는 일정한 목적을 위하여 타인의 토지를 자기 토지의 편익에 이용하는 권리가 있다.

② 요역지와 승역지는 반드시 인접하고 있을 필요는 없다. 상린관계와 차이점이다.

③ 제296조【소멸시효의 중단, 정지와 불가분성】요역지가 수인의 공유인 경우에 그 1인에 의한 지역권 소멸시효의 중단 또는 정지는 다른 공유자를 위하여 효력이 있다.

④ 지역권은 방해제거청구권, 방해예방청구권은 인정된다(제301조, 제214조). 그러나 승역지를 점유하는 권능이 없기 때문에 승역지의 점유침탈이 있는 경우라도 지역권에 기한 승역지 반환청구권은 행사할 수 없다.

> **제301조【준용규정】**
> 제214조의 규정은 지역권에 준용한다.

⑤ 제294조【지역권 취득기간】지역권은 계속되고 표현된 것에 한하여 제245조의 규정을 준용한다.

35 정답해설

① 건물의 일부에 대하여 전세권이 설정되어 있는 경우 그 전세권자는 민법 제303조 제1항의 규정에 의하여 그 건물 전부에 대하여 후순위권리자 기타 채권자보다 전세금의 우선변제를 받을 권리가 있고, 민법 제318조의 규정에 의하여 전세권설정자가 전세금의 반환을 지체한 때에는 전세권의 목적물의 경매를 청구할 수 있는 것이나, 전세권의 목적물이 아닌 나머지 건물부분에 대하여는 우선변제권은 별론으로 하고 경매신청권은 없으므로, 위와 같은 경우 전세권자는 전세권의 목적이 된 부분을 초과하여 건물 전부의 경매를 청구할 수 없다고 할 것이고, 그 전세권의 목적이 된 부분이 구조상 또는 이용상 독립성이 없어 독립한 소유권의 객체로 분할할 수 없고 따라서 그 부분만의 경매신청이 불가능하다고 하여 달리 볼 것은 아니다(대결 2001.7.2, 2001마212).

비교 일부전세의 경우 → 나머지 경매 ×, 우선변제 ○
즉, 전세권의 목적이 된 부분을 초과한 경매 ×, 불가분관계에 있다 하더라도
✔ but 우선변제권은 전부에서 가능

② 전세권이 용익물권적 성격과 담보물권적 성격을 겸비하고 있다는 점 및 목적물의 인도는 전세권의 성립요건이 아닌 점 등에 비추어 볼 때, 당사자가 주로 채권담보의 목적으로 전세권을 설정하였고, 그 설정과 동시에 목적물을 인도하지 아니한 경우라 하더라도, 장차 전세권자가 목적물을 사용・수익하는 것을 완전히 배제하는 것이 아니라면, 그 전세권의 효력을 부인할 수는 없다(대판 1995.2.10, 94다18508). 그러나 전세권자가 전세권의 핵심적 내용에 속하는 사용・수익의 권능을 완전히 배제하고 채권담보만을 위하여 전세권을 설정하는 것은 법률이 정하지 않은 새로운 유형의 전세권을 창설하는 것이므로 물권법정주의에 반하여 허용되지 않고, 이러한 전세권설정등기는 무효라고 보아야 한다(대판 2021.12.30, 2018다267238・267245).

③ 전세금의 지급은 전세권 성립의 요소가 되는 것이지만 그렇다고 하여 전세금의 지급이 반드시 현실적으로 수수되어야만 하는 것은 아니고 기존의 채권으로 전세금의 지급에 갈음할 수도 있다(대판 2009.1.30, 2008다67217).

> **제303조【전세권의 내용】**
> ① 전세권자는 전세금을 지급하고 타인의 부동산을 점유하여 그 부동산의 용도에 좇아 사용・수익하며, 그 부동산 전부에 대하여 후순위권리자 기타 채권자보다 전세금의 우선변제를 받을 권리가 있다.

④ 제306조【전세권의 양도, 임대 등】전세권자는 전세권을 타인에게 양도 또는 담보로 제공할 수 있고 그 존속기간 내에서 그 목적물을 타인에게 전전세 또는 임대할 수 있다. 그러나 설정행위로 이를 금지한 때에는 그러하지 아니하다.

⑤ 제317조【전세권의 소멸과 동시이행】전세권이 소멸한 때에는 전세권설정자는 전세권자로부터 그 목적물의 인도 및 전세권설정등기의 말소등기에 필요한 서류의 교부를 받는 동시에 전세금을 반환하여야 한다.

36 정답해설

① 유치권자의 점유하에 있는 유치물의 소유자가 변동하더라도 유치권자의 점유는 유치물에 대한 보존행위로서 하는 것이므로 적법하고 그 소유자변동 후 유치권자가 유치물에 관하여 새로이 유익비를 지급하여 그 가격의 증가가 현존하는 경우에는 이 유익비에 대하여도 유치권을 행사할 수 있다(대판 1972.1.31, 71다2414).

② 【대판 2007.9.7, 2005다16942】

[1] 민법 제320조 제1항에서 '그 물건에 관하여 생긴 채권'은 유치권 제도 본래의 취지인 공평의 원칙에 특별히 반하지 않는 한 채권이 목적물 자체로부터 발생한 경우는 물론이고 채권이 목적물의 반환청구권과 동일한 법률관계나 사실관계로부터 발생한 경우도 포함하고, 한편 민법 제321조는 "유치권자는 채권 전부의 변제를 받을 때까지 유치물 전부에 대하여 그 권리를 행사할 수 있다"고 규정하고 있으므로, 유치물은 그 각 부분으로써 피담보채권의 전부를 담보하며, 이와 같은 유치권의 불가분성은 그 목적물이 분할 가능하거나 수개의 물건인 경우에도 적용된다.

[2] 다세대주택의 창호 등의 공사를 완성한 하수급인이 공사대금채권 잔액을 변제받기 위하여 위 다세대주택 중 한 세대를 점유하여 유치권을 행사하는 경우, 그 유치권은 위 한 세대에 대하여 시행한 공사대금만이 아니라 다세대주택 전체에 대하여 시행한 공사대금채권의 잔액 전부를 피담보채권으로 하여 성립한다.

③ 유치권은 타물권인 점에 비추어 볼 때 수급인의 재료와 노력으로 건축되었고 독립한 건물에 해당되는 기성부분은 수급인의 소유라 할 것이므로 수급인은 공사대금을 지급받을 때까지 이에 대하여 유치권을 가질 수 없다(대판 1993.3.26, 91다14116).

④ 유치권의 목적이 될 수 있는 것은 물건인 동산과 부동산, 그리고 유가증권이다(제320조 제1항).

> **제320조 【유치권의 내용】**
> ① 타인의 물건 또는 유가증권을 점유한 자는 그 물건이나 유가증권에 관하여 생긴 채권이 변제기에 있는 경우에는 변제를 받을 때까지 그 물건 또는 유가증권을 유치할 권리가 있다.

⑤ 유치권자가 유치물에 대한 보존행위로서 목적물을 사용하는 것은 적법행위이므로 불법점유로 인한 손해배상 책임이 없는 것이다(대판 1972.1.31, 71다2414).

> **제324조 【유치권자의 선관의무】**
> ② 유치권자는 채무자의 승낙 없이 유치물의 사용, 대여 또는 담보제공을 하지 못한다. 그러나 유치물의 보존에 필요한 사용은 그러하지 아니하다.

37 정답해설

① 제330조의 「인도」에는 현실의 인도, 간이인도, 목적물반환청구권의 양도가 포함되나, 유치적 효력의 확보를 위하여 점유개정에 의한 질권설정을 금지한다(제332조). 또한 질권에 있어 목적물의 점유는 질권의 존속요건이기도 하다.

> **제330조 【설정계약의 요물성】**
> 질권의 설정은 질권자에게 목적물을 인도함으로써 그 효력이 생긴다.
> **제332조 【설정자에 의한 대리점유의 금지】**
> 질권자는 설정자로 하여금 질물의 점유를 하게 하지 못한다.

② 질권자는 채권 전부를 변제받을 때까지 질물 전부에 대하여 그 권리를 행사할 수 있다(제321조, 제343조).

> **제321조 【유치권의 불가분성】**
> 유치권자는 채권 전부의 변제를 받을 때까지 유치물 전부에 대하여 그 권리를 행사할 수 있다.

> **제343조【준용규정】**
> 제249조 내지 제251조, 제321조 내지 제325조의 규정은 동산질권에 준용한다.

③ 제342조【물상대위】질권은 질물의 멸실, 훼손 또는 공용징수로 인하여 질권설정자가 받을 금전 기타 물건에 대하여도 이를 행사할 수 있다. 이 경우에는 그 지급 또는 인도 전에 압류하여야 한다.

④ 전질은 질권설정자의 승낙이 있어야 인정되는 승낙전질(제324조 제2항, 제343조)과 제336조에 근거하여 질권설정자의 승낙 없이 자신의 책임으로 가능한 책임전질이 인정된다. 전질은 질물소유자인 질권설정자의 승낙이 있으면 허용될 수 있을 뿐만 아니라, 승낙이 없는 경우에도 인정될 수 있다.

> **제336조【전질권】**
> 질권자는 그 권리의 범위 내에서 자기의 책임으로 질물을 전질할 수 있다. 이 경우에는 전질을 하지 아니하였으면 면할 수 있는 불가항력으로 인한 손해에 대하여도 책임을 부담한다.

⑤ 제345조【권리질권의 목적】질권은 재산권을 그 목적으로 할 수 있다. 그러나 부동산의 사용, 수익을 목적으로 하는 권리는 그러하지 아니하다.

38

정답해설

① 근저당권은 채권담보를 위한 것이므로 원칙적으로 채권자와 근저당권자는 동일인이 되어야 한다. 다만 근저당권설정등기상 근저당권자가 다른 사람과 함께 채무자로부터 유효하게 채권을 변제받을 수 있고 채무자도 그들 중 누구에게든 채무를 유효하게 변제할 수 있는 관계, 가령 채권자와 근저당권자가 불가분적 채권자의 관계에 있다고 볼 수 있는 경우에는 그러한 근저당권설정등기도 유효하다(대판 2021.4.29, 2017다294585, 2017다294592).

② 근저당권은 그 담보할 채권의 최고액만을 정하고 채무의 확정을 장래에 유보하여 설정하는 저당권을 말한다. 근저당권설정계약이나 그 기본계약에서 결산기를 정하거나 근저당권의 존속기간이 있는 경우라면 원칙적으로 결산기가 도래하거나 존속기간이 만료한 때에 그 피담보채무가 확정된다. 여기에서 결산기의 지정은 일반적으로 근저당권 피담보채무의 확정시기와 방법을 정한 것으로서 피담보채무의 이행기에 관한 약정과는 구별된다. 근저당권의 존속기간이나 결산기를 정하지 않은 때에는 피담보채무의 확정방법에 관한 다른 약정이 있으면 그에 따르고, 이러한 약정이 없는 경우라면 근저당권설정자가 근저당권자를 상대로 언제든지 계약 해지의 의사표시를 함으로써 피담보채무를 확정시킬 수 있다(대판 2017.10.31, 2015다65042).

③ 당사자가 무효로 된 처음의 근저당권설정등기를 유용하기로 합의하고 새로 거래를 계속하는 경우 유용합의 이전에 등기부상 이해관계 있는 제3자가 없는 때에는 그 근저당권설정등기는 유효하다(대판 1963.10.10, 63다583).

④ 제367조【제3취득자의 비용상환청구권】저당물의 제3취득자가 그 부동산의 보존, 개량을 위하여 필요비 또는 유익비를 지출한 때에는 제203조 제1항, 제2항의 규정에 의하여 저당물의 경매대가에서 우선상환을 받을 수 있다.

⑤ 민법 제359조 전문은 "저당권의 효력은 저당부동산에 대한 압류가 있은 후에 저당권설정자가 그 부동산으로부터 수취한 과실 또는 수취할 수 있는 과실에 미친다."라고 규정하고 있는데, 위 규정상 '과실'에는 천연과실뿐만 아니라 법정과실도 포함되므로, 저당부동산에 대한 압류가 있으면 압류 이후의 저당권설정자의 저당부동산에 관한 차임채권 등에도 저당권의 효력이 미친다(대판 2016.7.27, 2015다230020).

> **제359조【과실에 대한 효력】**
> 저당권의 효력은 저당부동산에 대한 압류가 있은 후에 저당권설정자가 그 부동산으로부터 수취한 과실 또는 수취할 수 있는 과실에 미친다. 그러나 저당권자가 그 부동산에 대한 소유권, 지상권 또는 전세권을 취득한 제3자에 대하여는 압류한 사실을 통지한 후가 아니면 이로써 대항하지 못한다.

39 정답해설

ㄱ. (O) : 乙명의의 저당권이 설정되어 있는 甲소유의 X토지 위에 저당권설정자인 甲이 Y건물이 신축된 경우, 저당권자 乙은 Y건물에 대한 경매도 토지와 함께 신청할 수 있으나, Y건물의 경매대가에서 우선변제를 받을 수는 없다(제365조).

> **제365조【저당지상의 건물에 대한 경매청구권】**
> 토지를 목적으로 저당권을 설정한 후 그 설정자가 그 토지에 건물을 축조한 때에는 저당권자는 토지와 함께 그 건물에 대하여도 경매를 청구할 수 있다. 그러나 그 건물의 경매대가에 대하여는 우선변제를 받을 권리가 없다.

ㄴ. (×) : 민법 제365조가 토지를 목적으로 한 저당권을 설정한 후 그 저당권설정자가 그 토지에 건물을 축조한 때에는 저당권자가 토지와 건물을 일괄하여 경매를 청구할 수 있도록 규정한 취지는, 저당권은 담보물의 교환가치의 취득을 목적으로 할 뿐 담보물의 이용을 제한하지 아니하여 저당권설정자로서는 저당권설정 후에도 그 지상에 건물을 신축할 수 있는데, 후에 그 저당권의 실행으로 토지가 제3자에게 경락될 경우에 건물을 철거하여야 한다면 사회경제적으로 현저한 불이익이 생기게 되어 이를 방지할 필요가 있으므로 이러한 이해관계를 조절하고, 저당권자에게도 저당 토지상의 건물의 존재로 인하여 생기게 되는 경매의 어려움을 해소하여 저당권의 실행을 쉽게 할 수 있도록 한 데에 있다고 풀이되며, 그러한 규정 취지에 비추어 보면 민법 제365조에 기한 일괄경매청구권은 원칙적으로 토지소유자인 저당권설정자가 축조하여 그가 소유하고 있는 건물이어야 한다(대결 1994.1.24, 93마1736). 따라서 토지에 저당권을 설정한 후 그 저당권설정자인 甲이 그 토지에 건축한 경우라도 건물의 소유권이 제3자에게 이전된 경우에는 일괄경매청구권이 인정되지 않는다. 따라서 乙은 Y건물에 대한 경매는 함께 신청할 수 없다.

ㄷ. (O) : 다만, 저당권설정자가 원시취득한 건물에 한하지 않으므로, 저당권설정자로부터 저당토지에 대한 용익권을 설정받은 자가 그 토지에 건물을 축조한 경우라도 그 후 저당권설정자가 그 건물의 소유권을 취득한 경우에는 저당권자는 토지와 함께 그 건물에 대하여 경매를 청구할 수 있다(대판 2003.4.11, 2003다3850). 따라서 Y건물이 X토지의 지상권자인 丙에 의해 건축되었다가 저당권설정자인 甲이 Y건물의 소유권을 취득하였다면 저당권자 乙은 Y건물에 대한 경매도 함께 신청할 수 있다.

40 정답해설

① 민법 제366조의 법정지상권은 저당권 설정 당시부터 저당권의 목적되는 토지 위에 건물이 존재할 경우에 한하여 인정되며, 토지에 관하여 저당권이 설정될 당시 그 지상에 토지소유자에 의한 건물의 건축이 개시되기 이전이었다면, 건물이 없는 토지에 관하여 저당권이 설정될 당시 근저당권자가 토지소유자에 의한 건물의 건축에 동의하였다고 하더라도 그러한 사정은 주관적 사항이고 공시할 수도 없는 것이어서 토지를 낙찰받는 제3자로서는 알 수 없는 것이므로 그와 같은 사정을 들어 법정지상권의 성립을 인정한다면 토지 소유권을 취득하려는 제3자의 법적 안정성을 해하는 등 법률관계가 매우 불명확하게 되므로 법정지상권이 성립되지 않는다(대판 2003.9.5, 2003다26051).

② 독립된 부동산으로서 건물은 토지에 정착되어 있어야 하는데(민법 제99조 제1항), 가설건축물은 일시 사용을 위해 건축되는 구조물로서 설치 당시부터 일정한 존치기간이 지난 후 철거가 예정되어 있어 일반적으로 토지에 정착되어 있다고 볼 수 없다. 민법상 건물에 대한 법정지상권의 최단 존속기간은 견고한 건물이 30년, 그 밖의 건물이 15년인 데 비하여, 건축법령상 가설건축물의 존치기간은 통상 3년 이내로 정해져 있다. 따라서 가설건축물은 특별한 사정이 없는 한 독립된 부동산으로서 건물의 요건을 갖추지 못하여 법정지상권이 성립하지 않는다(대판 2021.10.28, 2020다224821).

③ 토지와 그 지상의 건물이 동일한 소유자에게 속하였다가 토지 또는 건물이 매매나 기타 원인으로 인하여 양자의 소유자가 다르게 된 때에는 그 건물을 철거하기로 하는 합의가 있었다는 등의 특별한 사정이 없는 한 건물소유자는 토지소유자에 대하여 그 건물을 위한 관습상의 지상권을 취득하게 되고, 그 건물은 반드시

등기가 되어 있어야만 하는 것이 아니고 무허가건물이라고 하여도 상관이 없다(대판 1991.8.13, 91다16631).

④ 토지공유자의 한 사람이 다른 공유자의 지분 과반수의 동의를 얻어 건물을 건축한 후 토지와 건물의 소유자가 달라진 경우 토지에 관하여 관습법상의 법정지상권이 성립되는 것으로 보게 되면 이는 토지공유자의 1인으로 하여금 자신의 지분을 제외한 다른 공유자의 지분에 대하여서까지 지상권설정의 처분행위를 허용하는 셈이 되어 부당하다. 그리고 이러한 법리는 민법 제366조의 법정지상권의 경우에도 마찬가지로 적용된다(대판 2014.9.4, 2011다73038 · 73045). 즉 법정지상권이 성립하지 않는다.

⑤ 동일인 소유의 토지와 건물 중 건물에 전세권이 설정된 후 토지소유자가 바뀐 경우, 전세권설정자인 건물소유자가 그 토지에 대하여 지상권을 취득한 것으로 본다(제305조 제1항).

> **제305조【건물의 전세권과 법정지상권】**
> ① 대지와 건물이 동일한 소유자에 속한 경우에 건물에 전세권을 설정한 때에는 그 대지소유권의 특별승계인은 전세권설정자에 대하여 지상권을 설정한 것으로 본다. 그러나 지료는 당사자의 청구에 의하여 법원이 이를 정한다.

제1교시 제2과목 | 경제학원론

정답

01 ④	02 ⑤	03 ①	04 ③	05 ④	06 ③	07 ①	08 ③	09 ②	10 ③
11 ⑤	12 ②	13 ③	14 ⑤	15 ⑤	16 ②	17 ④	18 ④	19 ④	20 ①
21 ⑤	22 ①	23 ①	24 ①	25 ②	26 ⑤	27 ③	28 ②	29 ④	30 ⑤
31 ④	32 ③	33 ⑤	34 ③	35 ⑤	36 ④	37 ④	38 ②	39 ②	40 ②

01 정답해설

조세의 귀착과 탄력성은 다음과 같다.

1) 수요의 탄력성과 조세부담의 귀착

① 수요의 가격탄력성이 클수록 소비자부담은 작고, 생산자부담은 크다.

② 수요가 완전히 고정되어 수요곡선이 수직선(수요의 가격탄력성이 0, 완전비탄력적)인 경우 생산자에게 조세가 부과되면, 거래량은 불변이고 시장균형가격(소비자 직면가격)은 상승하며 생산자 직면가격은 불변이므로 생산자는 전혀 부담을 지지 않는다.

모든 부담은 소비자가 지게 되며, 소비자 직면가격은 이전보다 단위당 조세가 가산된 금액이 된다.

2) 공급의 탄력성과 조세부담의 귀착

① 공급의 가격탄력성이 클수록 생산자부담은 작고, 소비자부담은 크다.

② 공급이 완전히 고정되어 공급곡선이 수직선(공급의 가격탄력성이 0, 완전비탄력적)인 경우 생산자에게 조세가 부과되면, 거래량은 불변이고 생산자 직면가격은 하락하며 시장균형가격(소비자 직면가격)은 불변이므로 소비자는 전혀 부담을 지지 않는다.

모든 부담은 생산자가 지게 되며, 생산자 직면가격은 이전보다 단위당 조세가 차감된 금액이 된다.

위의 내용에 따라서 설문을 검토하면 다음과 같다.

경쟁시장에서 공급곡선이 완전비탄력적인 상황에서 현재 시장균형가격을 구해보면 40이 된다. 균형가격은 수요함수와 공급함수인 $Q_D = 100 - 2P$, $Q_S = 20$을 연립하여 풀면 쉽게 구할 수 있다. 이때, 정부가 X재 한 단위당 10의 세금을 공급자에게 부과할 경우, 거래량은 불변이고 시장균형가격(소비자 직면가격)도 40으로 불변이므로 소비자는 전혀 부담을 지지 않는다. 원래의 시장균형가격인 40이 구입자가 내는 가격이 된다. 한편 이 경우 모든 부담은 생산자가 지게 되며, 생산자 직면가격은 이전보다 단위당 조세가 차감된 금액이 된다. 따라서 원래의 시장균형가격인 40에서 단위당 조세 10을 차감한 30이 판매자가 받는 가격이 된다.

02 정답해설

① 틀린 내용이다.

대체재의 가격이 상승하는 경우 해당 재화에 대한 수요량이 증가할 것이므로 대체재의 교차탄력성은 0보다 크다. 반면, 보완재의 가격이 상승하는 경우 해당 재화에 대한 수요량도 보완재와 함께 감소할 것이므로 보완재의 교차탄력성은 0보다 작다. 해당 재화와 다른 재화 간에 대체나 보완의 관계가 성립하지 않고 서로 독립적일 경우에는 교차탄력성의 절댓값이 0에 가까워진다.

② 틀린 내용이다.

정상재의 경우 소득이 증가할 때 수요량이 증가하는 재화이므로 소득변화율과 수요량 변화율이 동일방향이며 정상재의 소득탄력성은 0보다 크다. 반대로 열등재의 경우 소득이 증가할 때 수요량이 감소하는 재화이므로 소득변화율과 수요량 변화율이 반대방향이며 열등재의 소득탄력성은 0보다 작다. 한편, 정상재는 다시 소득탄력성 1을 기준으로 하여 나눌 수 있는데, 1보다 더 큰 경우 사치재, 0보다 크고 1보다 작은 경우 필수재라고 한다.

③ 틀린 내용이다.

수평의 수요곡선의 경우 가격변화가 없기 때문에 가격탄력성은 이론상 무한대가 된다. 이는 수요의 가격탄력성 산식이 수요량변화율을 가격변화율로 나누고 있음을 고려하면 쉽게 알 수 있다. 좀 더 직관적으로 설명하자면 아주 작은 가격의 변화에도 수요량은 대단히 크게 변화하기 때문에 무한탄력적이 된다고 할 수 있다. 한편, 수직의 수요곡선의 경우 가격의 변화에도 불구하고 수요량은 변화하지 않으므로 가격탄력성은 0이 된다.

④ 틀린 내용이다.

해당 재화의 가격이 변화함에 따라서 해당 재화의 공급량이 얼마나 민감하게 변화하는지 그 정도를 측정하는 지표를 공급의 가격탄력성이라고 한다. 공급의 가격탄력성은 공급량 변화율을 가격변화율로 나눈 값이 된다. 공급곡선의 가격축 절편이 양(+)의 값을 가져서 종축에서부터 출발하는 공급곡선의 경우, 공급의 가격탄력성은 공급곡선을 이용하여 다음과 같이 표시할 수 있으며 항상 1보다 큼을 알 수 있다.

$$e = \frac{\frac{dQ}{Q}}{\frac{dP}{P}} = \frac{dQ}{dP} \cdot \frac{P}{Q} = \frac{a}{c} \cdot \frac{b+c}{a} = \frac{b+c}{c} > 1$$

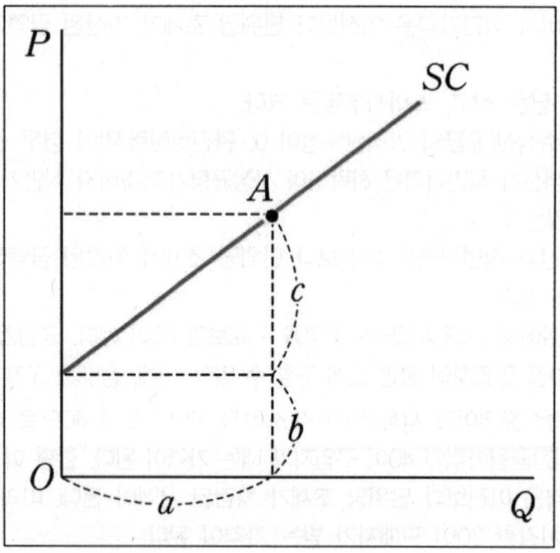

⑤ 옳은 내용이다.

원점에서 출발하는 공급곡선의 경우 공급의 가격탄력성은 공급곡선을 이용하여 기하적으로 다음과 같이 표시할 수 있으며 항상 1이 됨을 쉽게 확인할 수 있다.

$$e = \frac{\frac{\Delta Q}{Q}}{\frac{\Delta P}{P}} = \frac{\Delta Q}{\Delta P} \cdot \frac{P}{Q} = \frac{a}{b} \cdot \frac{b}{a} = 1$$

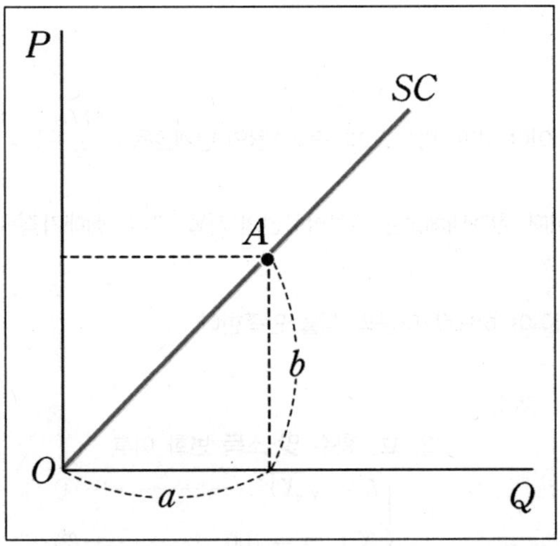

03 정답해설

시장의 균형(균형가격과 균형거래량), 소비자잉여, 생산자잉여를 기하학적으로 표시하면 아래와 같다.

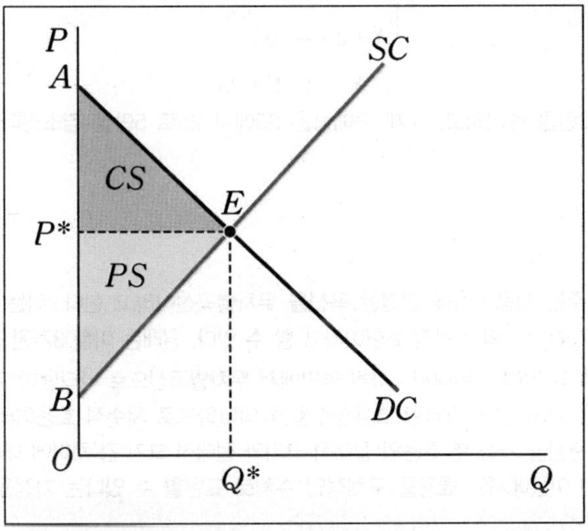

설문에서 주어진 수요함수와 공급함수를 이용하여 시장균형 및 소비자잉여, 생산자잉여 그리고 사회총잉여를 구하면 아래와 같다.

수요함수는 $Q_D = 36 - 4P$, 공급함수는 $Q_S = -4 + 4P$이므로 이를 변형하면, 수요함수와 공급함수는 각각 $P = 9 - 0.25Q$, $P = 0.25Q + 1$이다. 이때, 수요함수의 종축절편은 $A = 9$, 공급함수의 종축절편은 $B = 1$가 된다. 수요와 공급이 일치하는 시장균형은 $P = 5$, $Q = 16$이 된다.

$$CS = \frac{(A - P^*)Q^*}{2} = \frac{(9-5) \times 16}{2} = 32$$

$$PS = \frac{(P^* - B)Q^*}{2} = \frac{(5-1) \times 16}{2} = 32$$

04 정답해설

소비자 최적선택의 조건은 다음과 같다.

1) 한계대체율 ($\frac{MU_X}{MU_Y}$) = 상대가격 ($\frac{P_X}{P_Y}$) 이어야 하며 이는 X재 구입 1원의 한계효용 ($\frac{MU_X}{P_X}$) = Y재 구입 1원의 한계효용 ($\frac{MU_Y}{P_Y}$)임을 의미한다. 이때, 한계대체율은 무차별곡선의 기울기이며, 상대가격은 예산선의 기울기가 된다.

2) 또한 균형은 반드시 예산선상에서 달성되어야 하므로 다음의 식을 만족한다.

$P_X X + P_Y Y = M$

위의 내용에 따라서 설문을 검토하면 다음과 같다.

1) 효용함수 및 소득 변화 이전

$$\begin{cases} U = XY^2 \text{ ---------------- ①} \\ X + 2Y = 90 \text{ ------------- ②} \\ Max\ U \text{ ------------------ ③} \end{cases}$$

$$\begin{cases} \frac{Y^2}{2XY} = \frac{1}{2} \\ X + 2Y = 90 \end{cases}$$

$\therefore\ X = 30,\ Y = 30$

2) 효용함수 및 소득 변화 이후

$$\begin{cases} U = \sqrt{XY} \text{ --------------- ①} \\ X + 2Y = 100 \text{ ------------ ②} \\ Max\ U \text{ ------------------ ③} \end{cases}$$

$$\begin{cases} \frac{Y}{X} = \frac{1}{2} \\ X + 2Y = 100 \end{cases}$$

$\therefore\ X = 50,\ Y = 25$

따라서 X재 구매량은 30에서 50으로 20만큼 증가하고, Y재 구매량은 30에서 25로 5만큼 감소한다.

05 정답해설

ㄱ. 틀린 내용이다.

특정소비자에게 같은 수준의 효용을 주는 상품조합을 연결한 곡선을 무차별곡선이라고 한다. 이는 2상품 효용함수 $U = U(X, Y)$, $U = U_0, U_1, U_2, ...$의 기하적 표현이라고 할 수 있다. 원래는 이를 3차원 공간에서 효용곡면으로 나타내야 하지만 분석의 편이를 위해서 2차원 평면에서 무차별곡선으로 나타낸다. 무차별곡선은 기수적 효용함수에 단조변환을 거쳐 얻은 다양한 효용함수들을 의미하므로 서수적 효용이라고 할 수 있다. 서수적 효용은 선호순서에만 관심을 가질 뿐 효용의 절대적 크기와 절대적 크기 간 차이에 대해서는 관심을 가지지 않는다. 즉, 무차별곡선 이론에서는 효용을 구체적인 수치로 표현할 수 있다는 가정을 하지 않는다.

ㄴ. 옳은 내용이다.

무차별곡선은 기본적으로는 소비를 고려하고 있는 두 상품 모두 효용을 가져다주는 재화의 성격을 가지고 있지만, 현실에서는 비효용을 초래하거나 효용에 기여하지 못하는 비재화나 중립재가 존재하는 경우를 상정해 볼 수 있다. 예를 들어 손실의 위험이 발생하는 자산의 경우 이 자산의 수익률의 기댓값은 커질수록 효용이 증가하지만 반대로 수익률의 분산이나 표준편차가 커지는 경우 효용은 감소하게 될 것이다. 이때 위험자산의 선택은 사실상 수익률의 평균과 분산의 선택으로서 평균은 재화의 역할을, 분산은 비재화의 역할을 하게 된다. 이러한 경우의 무차별곡선은 다음 2번째와 같으며 우상향할 수도 있다. 참고로 횡축이 비재화이고 종축이 재화인 경우에도 무차별곡선이 우상향함을 쉽게 확인할 수 있다.

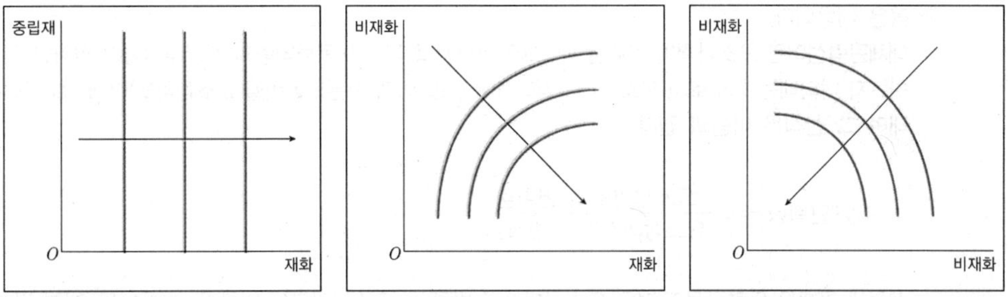

ㄷ. 옳은 내용이다.

기펜재의 경우 가격이 오르면 오히려 수요량이 늘어난다. 기펜재는 소득 증가에도 불구하고 소비가 감소하는 이른바 열등재로서 매우 특이한 재화이다. 기펜재의 경우 대체효과와 소득효과의 방향이 정반대로 나타나면서 가격효과를 발생시킨다. 즉, 가격하락 시 대체효과에 의하여 재화소비가 증가하지만, 소득효과에 의해서는 재화소비가 큰 폭으로 감소하여 결과적으로 소비가 감소하게 된다. 이런 경우 가격의 방향과 재화소비의 방향이 일치하게 되어 가격효과는 양(+)의 값을 갖는다. 참고로 여기서 양(+)이라는 것은 가격의 변화방향과 재화소비의 변화방향이 일치한다는 의미로 해석한다. 따라서 가격효과가 항상 음(−)의 값을 갖는 것은 아니다.

기펜재의 성격에 대해 좀 더 정리하면 다음과 같다.

1) 수요법칙의 예외로서 가격하락 시 수요량이 오히려 감소한다.
2) 대체효과에 의하여, 기펜재의 가격하락 시 기펜재에 대한 수요량은 증가한다. 따라서 대체효과만을 반영하는 보상수요곡선은 우하향한다.
3) 소득효과에 의하여, 기펜재의 가격하락에 따라 실질소득이 증가하고 수요량이 감소한다(기펜재는 열등재임). 이는 소득탄력성이 음수임을 의미한다.
4) 기펜재의 가격하락에 따라서 나타나는 대체효과와 소득효과는 반대방향으로 작용한다. 즉 기펜재의 가격하락 시 대체효과에 따라 수요량은 증가하는 반면, 소득효과에 따라 수요량은 감소한다.
5) 특히 기펜재의 소득효과에 의한 수요량 감소가 대체효과에 의한 수요량 증가보다 더 크기 때문에 가격하락 시 가격효과가 수요량 감소로 나타난다.

ㄹ. 틀린 내용이다.

bandwagon 효과는 가격이 하락하여 타인의 소비가 증가할수록 본인의 효용을 증가시켜서 본인의 소비가 증가하는 현상으로서 가격하락 시 수요량의 증가를 더욱 증폭시켜서 수요곡선이 완만하게 형성되는 원인으로 작용한다(가격 하락 → 타인소비 증가 → 본인소비 증가). 다른 사람들의 수요에 영향을 받는 것으로서 bandwagon 효과가 있는 경우에는 다른 사람들의 수요량 증가로 인해 전체 수요가 오히려 더 늘게 되므로 시장수요곡선은 이를 반영하여 보다 완만하게 될 것이며, 반대로 snob 효과가 있는 경우에는 다른 사람들의 소비와 차별화시키려는 경향이 나타나면서 시장수요곡선은 보다 가파르게 될 것이다. 따라서 bandwagon 효과가 있는 경우 독자적으로 결정한 개별수요의 수평적 합에 의한 시장수요보다 더 완만하다.

06 정답해설

① 옳은 내용이다.

등량곡선의 정의에 의하여 두 생산요소 간 대체가 발생하여도 산출량은 불변이며, 이때 두 생산요소 간 대체의 비율을 한계기술대체율($MRTS_{L,K}$)이라고 한다. 이때, 한계기술대체율을 기하적으로 나타내면, 등량곡선의 기울기(엄밀하게는 기울기의 절댓값) $-\dfrac{\Delta K}{\Delta L}$가 된다. 한편 한계기술대체율은 노동 1단위의, 자본으로 표시한, 실물, 주관적 가격을 의미한다.

② 옳은 내용이다.
대체탄력성이란 요소가격이 변화할 때 그에 따라서 최적의 노동투입량과 자본투입량이 얼마나 민감하게 반응하는지 나타내는 척도로서 요소상대가격이 1% 변화할 때 자본노동비율(요소집약도)이 몇 % 변화하는지 나타내며 그 산식은 다음과 같다.

$$\text{대체탄력성}\,\sigma = \frac{\text{요소집약도의 변화율}}{\text{요소상대가격의 변화율}} = \frac{d(\frac{K}{L})/(\frac{K}{L})}{d(\frac{w}{r})/(\frac{w}{r})}$$

선형에 가까운 등량곡선의 경우 요소상대가격 변화 시 요소집약도의 변화가 크고 노동-자본 간 대체가 상대적으로 더 쉽기 때문에 대체탄력성이 크다. 극단적으로 등량곡선이 선형인 경우 요소 간 대체가 완전하여, 대체탄력성은 무한대가 된다.

③ 틀린 내용이다.
모든 생산요소의 투입을 일정한 비율로 변화시킬 때 그에 따른 생산량의 변화를 규모에 대한 수익(returns to scale) 혹은 간단히 규모수익이라고 한다. 특히 모든 생산요소의 투입량을 j배 증가시킬 때 생산량도 j배 증가하는 경우 규모에 대한 수익 불변(CRS)이라고 한다. 이를 수리적으로 표현하면 다음과 같다.

$$Q = f(L, K),\ f(jL, jK) = jf(L, K)$$

따라서 생산함수가 만일 α차 동차 생산함수라면 $j^{\alpha} \cdot f(L, K) = j \cdot f(L, K)$이 성립하므로 $\therefore \alpha = 1$ 즉 1차 동차함수가 규모수익불변이 된다. 참고로 이 경우에는 생산요소 투입량 증가에 따라서 등량곡선 간격이 일정하게 나타난다.

④ 옳은 내용이다.
등량곡선이란 동일한 수준의 생산량을 달성시키는 생산요소 투입량 간의 조합의 궤적을 말한다. 등량곡선의 기울기(엄밀하게는 기울기의 절댓값)는 한계기술대체율이며, 등량곡선이 원점에 대해 볼록한 경우 한계기술대체율은 점차 감소한다. 한편 등량곡선이 우하향하는 직선인 경우 한계기술대체율은 불변이다.

⑤ 옳은 내용이다.
고려되는 기간이 일부 생산요소의 투입량을 변화시킬 수 없는 기간으로서 고정투입요소가 존재하고 가변투입요소가 노동 하나뿐인 경우일 때를 단기라고 한다. 고려되는 기간이 모든 생산요소의 투입량을 변화시킬 수 있는 기간으로서 고정투입요소가 존재하지 않고 가변투입요소만 존재하는 경우를 장기라고 한다. 한편, 모든 생산요소의 투입을 일정한 비율로 변화시킬 때 그에 따른 생산량의 변화를 규모에 대한 수익(returns to scale) 혹은 간단히 규모수익이라고 한다. 따라서 규모수익은 개념상 모든 생산요소의 투입량이 변화할 수 있기 때문에 장기에 적용된다고 할 수 있다.

07

정답해설

독점기업의 이윤극대화는 다음과 같이 달성된다.

1) 이윤 $\pi = TR - TC$
2) 총수입 $TR = PQ = P(Q)Q$ (독점기업이 직면하는 수요곡선 $P = P(Q)$)
3) 총비용 $TC = C(Q)$
4) 이윤극대화 $\underset{Q}{Max}\ \pi = TR - TC = P(Q)Q - C(Q) \quad \therefore \frac{dTR}{dQ} - \frac{dTC}{dQ} = 0 \quad \therefore MR = C'(Q)$

① 한계수입 $MR = \frac{dTR}{dQ} = \frac{d(P(Q)Q)}{dQ} = \underset{(\text{부호: 음})}{\frac{dP}{dQ}}Q + P < P$

② 한계비용 $MC = C'(Q)$

③ 이윤극대화 $P + \frac{dP}{dQ}Q = C'(Q)$

설문에서 독점기업의 이윤극대화를 풀면 다음과 같다.
수요함수 $Q=100-2P$를 변형하면 $P=50-0.5Q$이므로 $MR=50-Q$가 된다.
총비용함수가 $TC=Q^2+20Q$이므로 $MC=2Q+20$이 된다. 이제 독점기업의 이윤극대화 $MR=MC$ 조건을 풀면 $50-Q=2Q+20$ 이 되어 이윤극대화 생산량은 10이 된다.
이때, 가격은 생산량 10을 수요함수 $P=50-0.5Q$에 대입하여 45로 설정할 수 있다. 따라서 총수입은 생산량 10에 가격 45를 곱한 450이 된다. 한편 총비용은 생산량 10을 비용함수 $TC=Q^2+20Q$에 대입하면, 300이 된다. 이윤은 150이 된다.

08 정답해설

① 틀린 내용이다.
대규모 장치산업 같은 경우 생산기술의 특성상 대량생산으로 인한 이점, 즉 생산량 증가에 따라서 비용이 하락할 수 있다. 이렇게 생산규모가 커짐에 따라서 평균비용과 한계비용이 모두 하락하는 규모의 경제가 나타날 수 있으며 이 경우 비용상의 이점으로 인해서 기업은 산출량을 늘리게 되는 유인이 생기고 이로 인해서 해당 산업은 독점화될 가능성이 매우 크며 이를 자연독점이라고 한다.
② 틀린 내용이다.
순수독점이란 가격차별이 없는 경우의 독점을 의미하며, 가격차별이 있는 경우의 독점은 차별독점이다. 순수독점의 경우, 한계수입과 한계비용이 일치하는 수준에서 산출량이 결정된다. 이때, 가격은 한계비용을 상회하는 수준으로 결정되기 때문에 자중손실 또는 경제적 순손실(deadweight loss)이 발생한다. 참고로 순수독점이 아닌 차별독점의 경우, 극단적으로 1급 가격차별이 성립한다면, 경제적 순손실은 발생하지 않는다.
③ 옳은 내용이다.
독점적 경쟁시장은 단기에 초과이윤을 얻을 수도 있지만, 장기는 새로운 기업이 진입할 수 있는 정도의 기간으로서 만일 독점기업이 초과이윤을 얻고 있다면, 신규기업들은 진입을 시도할 것이다. 신규편입은 시장 내 기업들이 더 이상 초과이윤을 얻지 못할 때까지 계속되고 결국 수요가 감소하게 되어 가격이 하락하여 장기에는 정상이윤만을 얻게 된다.
④ 틀린 내용이다.
독점적 경쟁(monopolistic competition)시장이란 완전경쟁시장과 독점시장의 중간적 형태로서 두 시장의 특징을 모두 가진 시장을 의미한다. 특히 독점의 특징으로서 독점적 경쟁시장 내의 기업들은 모두 조금씩 차별화된 상품을 생산하고 있다.
⑤ 틀린 내용이다.
독점적 경쟁시장에서는 기업들이 상품차별화에 따라 어느 정도 독점력을 보유하기 때문에 가격경쟁을 하기보다는 차별적인 상품의 개발 및 출시를 통해서 경쟁할 가능성이 크다. 상품의 질, 애프터서비스 등과 같은 비가격경쟁(non-price competition)을 하는 경우가 많다고 할 수 있다.

09 정답해설

꾸르노 모형은 과점시장의 수량경쟁모형으로서 상대방의 생산량이 고정된 것으로 보고 이를 추종하여 자신의 최적 산출량을 결정한다. 즉 과점시장에 존재하는 각 기업은 상대방이 산출량을 변화시키지 않을 것이라는 추측하에서 자신의 최적 행동을 선택하는 것이다.
설문의 자료에 따라서 꾸르노 균형을 구하면 다음과 같다.
1) 각 기업의 이윤극대화
① 기업 A의 이윤극대화
i) 한계수입 $TR_A=PQ_A=(20-Q_A-Q_B)Q_A \quad \therefore MR_A=20-2Q_A-Q_B$
ii) 한계비용 $MC_A=10$

iii) 이윤극대화 $Max\ \pi_A \Leftrightarrow MR_A = MC_A$

$\therefore\ 20 - 2Q_A - Q_B = 10 \quad \therefore\ 2Q_A + Q_B = 10$ → 반응곡선 RC_A

② 기업 B의 이윤극대화

i) 한계수입 $TR_B = PQ_B = (20 - Q_A - Q_B)Q_B \quad \therefore\ MR_B = 20 - Q_A - 2Q_B$

ii) 한계비용 $MC_B = 10$

iii) 이윤극대화 $Max\ \pi_B \Leftrightarrow MR_B = MC_B$

$\therefore\ 20 - Q_A - 2Q_B = 10 \quad \therefore\ Q_A + 2Q_B = 10$ → 반응곡선 RC_B

2) 균형 : $Q_A = \frac{10}{3},\ Q_B = \frac{10}{3},\ Q = \frac{20}{3},\ P = \frac{40}{3}$

위에서 도출한 두 기업 A와 B의 반응곡선을 연립하여 풀면 꾸르노 모형의 균형을 구할 수 있다. 참고로 특정한 경우에 꾸르노 복점일 때의 산출량이 완전경쟁일 때의 산출량(가격 = 한계비용 조건을 이용하면 10이 됨)의 2/3 수준임을 이용하면 매우 쉽고 빠르게 구해낼 수도 있다.

10

정답해설

① 틀린 내용이다.

게임상황에서 상대방이 어떠한 전략을 취하든 관계없이 나 자신이 선택할 수 있는 최선의 우월전략은 현실적으로 존재하기 어렵다. 따라서 이러한 극단적 상황 및 요구를 조금 완화하여 상대방이 전략이 주어졌을 때 그때 나 자신이 선택할 수 있는 최선의 전략을 도입해 볼 수 있다. 이러한 전략을 내쉬균형전략이라고 한다. 상대방이 어떤 전략을 선택하는 것을 주어진 것으로 보고, 이때 나의 보수 측면에서 최선의 전략이 내쉬균형전략이며 이를 구하기 위해서는 보수행렬표에서 상대방의 전략을 주어진 것으로 보고 이에 대응한 자신의 전략에 따른 보수를 비교하여 보수를 더 크게 만들어 주는 최선의 전략을 선택한다. 참고로 상대방이 어떤 전략을 선택하든지 간에 나의 보수를 더 크게 만들어 주는 전략이 우월전략이며 이를 구하기 위해서는 보수행렬표에서 상대방의 전략을 제외하고 자신의 전략만을 비교하여 보수를 가장 극대화시키는 전략을 선택한다.

② 틀린 내용이다.

내쉬균형은 존재하지 않을 수도 있고, 존재한다면 복수로 존재할 수도 있다.

③ 옳은 내용이다.

우월전략 및 우월전략균형은 직관적으로 매우 명백하지만 현실적으로 우월전략이 항상 존재하는 게임이 흔하지는 않다. 우월전략이라는 것은 상대방 경기자가 선택하는 어떠한 전략에 대해서도, 즉 모든 전략에 대해서 항상 자신의 최적 전략이라는 뜻이므로 상대방이 어떠한 전략을 취하든 관계없이 나 자신이 선택할 수 있는 최선의 전략이 현실에서 항상 존재하기는 어려운 것이다.

따라서 이러한 극단적 상황 및 요구를 조금 완화하여 상대방의 전략이 주어졌을 때 그때 나 자신이 선택할 수 있는 최선의 전략을 도입해 볼 수 있다. 이러한 전략을 내쉬균형전략이라고 한다. 우월전략에 비하여 내쉬균형전략은 요구되는 조건이 완화된 것이므로 우월전략균형보다는 내쉬균형의 존재가능성이 더 커짐을 의미한다. 즉 우월전략균형이 존재하지 않더라도 내쉬균형의 존재가능성은 있다.

④ 틀린 내용이다.

동시게임은 개념상 두 경기자가 동시에 전략을 선택하는 것이었으나 실제 현실에서는 한 경기자가 먼저 어떤 행동을 한 후에 다른 경기자가 이를 관찰한 후 자신의 행동을 취하는 경우도 쉽게 찾아볼 수 있는데 이러한 게임을 순차게임이라고 한다. 순차게임은 게임에 참가하고 있는 특정 경기자가 먼저 전략을 선택한 후에 다른 경기자가 자신의 전략을 선택하는 선후관계가 존재한다(순차성). 또한 상대방이 어떠한 전략을 선택하였는지를 보고 난 후에 자신의 전략을 선택하는 순차성 때문에 상대의 전략에 대한 조건부 전략을 선택하게 된다(조건부 대응성). 예를 들어, 기업 A가 진입하면 기업 B는 낮은 산출량 전략을 선택하고, 기업 A가 진입하지 않으면 기업 B는 높은 산출량 전략을 선택하는 식이다.

순차게임에서는 신빙성 없는 위협과 같은 전략이 구사될 수도 있기 때문에 이를 제외하여 신빙성 있는 전략으로 정제하는 과정이 필요하다(신빙성 조건). 기존의 내쉬조건뿐만 아니라 이제 신빙성 조건까지 충족된 균형을 완전균형이라고 한다. 예를 들어, 신규기업은 기존기업의 낮은 산출량에서 진입하는 것이 최선이고 기존기업이 높은 산출량 전략을 선택하는 것은 신빙성이 없다. 기존기업의 높은 산출량 전략은 자신의 보수를 낮게 만들 수 있기 때문에 선택하지 않을 것으로 예상된다. 신빙성이 없는 균형을 제외하고 남은 완전균형은 신규기업이 진입하고 기존기업은 낮은 산출량으로 대응하는 전략이 된다.

⑤ 틀린 내용이다.

특정한 물건의 매매에 있어서 경매참가자가 제시하는 가격이 공개되지 않고 봉인된 상태에서 진행되는 경매로서 제시가격은 동시에 비공개로 제출되어야 하며 가장 높은 매입가격을 제시한 사람에게 물건이 판매되는 방식이다. 다만, 가장 높은 매입가격을 제시한 낙찰자가 실제로 지불하는 가격에 따라서 다음의 두 가지로 나뉜다.

첫째, 최고가격 입찰제는 경매에 참가하는 사람들이 모두 다른 경매참가자의 입찰가격은 모른 채 자신의 입찰가격만 제출한 후, 이를 모두 취합하여 최종적으로 가장 높은 입찰가격을 제시한 자에게 낙찰되는 방식이다. 이때 판매가격은 구매자가 제시한 가장 높은 수준의 입찰가격이 된다. 일차가격경매(first-price auction)라고도 한다.

둘째, 제2가격 입찰제는 경매에 참가하는 사람들이 모두 다른 경매참가자의 입찰가격은 모른 채 자신의 입찰가격만 제출한 후, 이를 모두 취합하여 최종적으로 가장 높은 입찰가격을 제시한 자에게 낙찰되는 방식이다. 다만, 낙찰가격은 자신이 제출한 입찰가격, 즉 가장 높은 수준의 입찰가격이 아니라 두 번째로 높은 입찰가격이 된다는 점에서 최고가격 입찰제와 차이가 있다. 이 방식은 금액을 높이 제시하더라도 그 부담을 덜 수 있다는 데 특징이 있다.

승자의 불행 혹은 승자의 저주(winner's curse)란 최종적인 낙찰자가 경매물의 실제가치보다 더 많은 비용을 들여 구입하게 되거나 경매입찰에 필요한 비용보다 더 많은 비용을 들여 구입하게 되는 것을 뜻한다. 입찰제에 있어서 승자의 불행 혹은 승자의 저주(winner's curse)가 발생할 수 있는 것이지, 승자의 불행을 막기 위해서 최고가격입찰제가 도입된 것은 아니다.

11 정답해설

내쉬균형을 도출하는 방법은 다음과 같다.

1) 상대방이 어떤 전략을 선택하는 것을 주어진 것으로 보고, 이때 나의 보수 측면에서 최선의 전략이 내쉬균형전략이며 이를 구하기 위해서는 보수행렬표에서 상대방의 전략을 주어진 것으로 보고 이에 대응한 자신의 전략에 따른 보수를 비교하여 보수를 더 크게 만들어 주는 최선의 전략을 선택한다.
2) 이제 반대로 위에서 선택된 내쉬균형전략이 상대방의 입장에서 주어진 것으로 보고 상대방의 내쉬균형전략을 구해낸다.
3) 만일 모든 경기자들이 선택한 자신들의 내쉬균형전략에 의해서 어떤 결과가 나타났을 때 모두 이에 만족하고 더 이상 자신의 전략을 수정하지 않고 현재 상태에 머물려고 한다면, 내쉬균형이 성립한다.

설문에서 내쉬균형을 도출하면 다음과 같다.

1) 만약 기업 1이 전략 a를 선택한다고 할 경우
   이를 주어진 것으로 보고 기업 2는 주어진 상황에서 자신의 보수를 극대화하는 전략 a가 최선의 전략이다.
2) 이제 기업 2가 전략 a를 선택할 때
   이를 주어진 것으로 보고 기업 1은 주어진 상황에서 자신의 보수를 극대화하는 전략 a가 최선의 전략이다.
3) 기업 1이 전략 a 선택을 계속 유지한다면
   역시 기업 2도 이를 주어진 것으로 보고 전략 a를 계속 유지하는 것이 최적이다.
4) 결국 기업 1은 전략 a, 기업 2는 전략 a를 선택하며 이 전략의 조합이 바로 내쉬균형이 된다.

이하에서는 또 다른 내쉬균형의 존재 여부를 확인한다.

1) 만약 기업 1이 전략 b를 선택한다고 할 경우
   이를 주어진 것으로 보고 기업 2는 주어진 상황에서 자신의 보수를 극대화하는 전략 b가 최선의 전략이다.
2) 이제 기업 2가 전략 b를 선택할 때
   이를 주어진 것으로 보고 기업 1은 주어진 상황에서 자신의 보수를 극대화하는 전략 b가 최선의 전략이다.
3) 기업 1이 전략 b 선택을 계속 유지한다면
   역시 기업 2도 이를 주어진 것으로 보고 전략 b를 계속 유지하는 것이 최적이다.
4) 결국 기업 1은 전략 b, 기업 2는 전략 b를 선택하며 이 전략의 조합이 바로 내쉬균형이 된다.

12 정답해설

장기는 기업이 시장에 진입, 이탈하는 것이 자유로운 정도의 충분한 시간이다. 장기에는 신규기업도 자유롭게 진입가능하며 기존기업은 시설규모를 자유롭게 조정할 수 있을 뿐만 아니라 이탈도 가능하다.

첫째, 완전경쟁시장에서 장기균형은 (ㄹ) 장기에 시장수요와 시장공급이 일치하는 상태를 의미한다. 이는 시장의 균형으로서 개별기업의 균형 혹은 개별기업의 최적화와는 엄밀하게는 다른 개념이다. 다만, 본 문제에서는 시장의 균형과 개별기업의 균형을 동시에 의미하는 것으로 본다.

둘째, 경쟁기업의 장기균형은 장기조정과정이 완료됨과 동시에 주어진 가격수준하에서 이윤극대화 산출이 달성된다. 개별기업의 장기균형에서 개별기업은 이윤극대화를 달성하고 있기 때문에 가격과 장기한계비용은 일치한다. 더 이상의 진입과 퇴출이 없기 때문에 기업은 정상이윤만 얻고 있으며 가격은 장기평균비용과 일치한다.

1) 장기조정의 완료
   장기조정의 완료는 (ㅁ) 해당 시장에 더 이상 진입 또는 퇴출의 유인이 없는 상태로서 초과이윤이 없는 상태, 즉 (ㄴ) 장기평균비용이 가격과 일치한 상태이다($P = LAC$). (ㄷ) 정상이윤이 0이라는 것이 아니라 초과이윤이 0이라는 것에 유의하자.
2) 장기 이윤극대화
   장기에서도 주어진 가격수준에서 경쟁기업의 이윤극대화 산출은 달성되어야 하므로, (ㄱ) 장기한계비용이 가격과 일치하게 된다($P = LMC$).

13 정답해설

ㄱ, ㄴ. 모두 옳은 내용이다.
   수요독점 요소시장에서는 노동수요의 한계비용과 한계수입이 일치하여야 이윤극대화를 달성할 수 있다. 이때, 노동수요의 한계비용은 한계요소비용(한계노동비용)이며 노동수요의 한계수입은 노동의 한계생산가치를 의미한다. 따라서 수요독점 요소시장에서 이윤극대화조건은 한계요소비용(한계노동비용)과 노동의 한계생산가치가 일치할 때 충족된다($[W(L) \cdot L]' = P \cdot MP_L$).

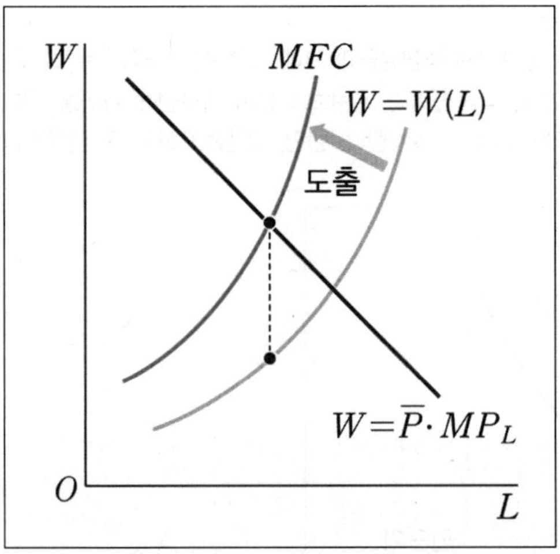

균형은 한계요소비용과 노동의 한계생산가치가 일치하는 데서 달성된다. 그런데 임금은 수요독점자로서의 지위를 활용하여 한계요소비용이 아니라 그보다 더 낮은 수준으로 설정된다. 따라서 균형에서 임금은 한계요소비용(marginal factor cost)보다 낮다.

완전경쟁적인 노동시장이라면, 노동의 한계생산가치곡선과 노동공급곡선이 교차하는 지점에서 균형이 형성된다. 그러나 수요독점적 노동시장에서는 노동의 한계생산가치곡선과 한계요소비용(한계노동비용)곡선이 교차하는 지점에서 균형이 형성된다. 따라서 경쟁적 노동시장에 비해 노동의 고용량이 더 적다.

그런데 임금은 수요독점자로서의 지위를 활용하여 한계요소비용이 아니라 그보다 더 낮은 수준으로 설정된다. 따라서 균형에서 완전경쟁인 노동시장에 비해 노동의 가격이 더 낮아진다.

ㄷ. 틀린 내용이다.

경제적 지대란 전용수입을 초과한 보수로서 생산요소의 기회비용을 초과하여 추가적으로 지불되는 보수를 의미한다. 경제적 지대란 생산요소의 공급이 가격에 대해 비탄력적이기 때문에 추가적으로 발생하는 요소소득의 성격을 가지게 되고 어떤 생산요소의 공급이 비탄력적일수록 그 요소의 수입 중에서 경제적 지대가 차지하는 비중이 커지게 되는 특징이 있다. 극단적으로 요소공급이 완전비탄력적인 경우 요소수입의 전부가 경제적 지대이다.

ㄹ. 옳은 내용이다.

전용수입(transfer earnings)은 생산요소가 전용되더라도, 즉 다른 곳에서 고용되더라도 받을 수 있는 수입이자 기회비용을 말한다. 다른 곳에서 전용수입만큼 벌 수 있으므로 이곳에서도 최소한 그만큼은 보장되어야 현재 이곳의 고용상태에 머물도록 할 수 있음을 나타낸다.

14 정답해설

ㄱ. 틀린 내용이다.

생산요소에 대한 보수를 소득으로 보고 노동, 자본 등 요소 간 보수의 분배를 기능별 소득분배라고 한다. 생산요소 중 노동은 임금소득, 자본은 이자소득, 토지는 지대소득을 획득하게 되는데 각 요소에 대한 보수는 생산요소시장에서의 요소가격에 의하여 결정된다. 따라서 기능별 소득분배이론은 생산요소시장에서의 요소가격결정에 기하여 소득분배를 분석하게 된다. 한편 계층별 소득분배는 집단구성원의 소득을 크기에 따라서 순서대로 나열하여 상위계층부터 하위계층으로 구분하는 경우 상위계층과 하위계층의 계층 간 집단 간 소득의 분배를 분석한다.

ㄴ. 틀린 내용이다.

로렌츠곡선은 소득 하위계층부터 시작하여 인구의 누적점유율과 그에 대응하는 소득의 누적점유율(소득하위 인구의 $x\%$가 전체소득의 $y\%$를 점유)을 연결한 곡선이다. 로렌츠곡선이 대각선에 가까울수록 소득분배가 균등하며, 완전히 균등한 소득분배의 경우에 대각선과 일치한다. 한편, 로렌츠곡선은 증가함수이며, 로렌츠곡선의 기울기도 증가함수이다.

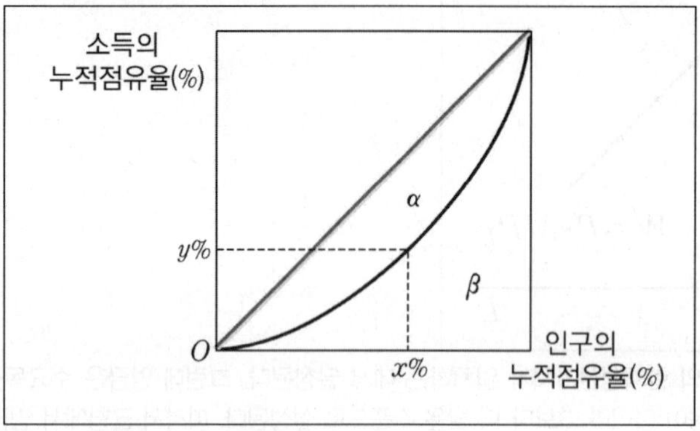

ㄷ. 옳은 내용이다.

서로 다른 두 집단 혹은 국가 간 로렌츠곡선은 교차할 수 있으며 이 경우에는 로렌츠곡선만을 가지고는 소득분배 상태에 대하여 일률적인 판단을 내릴 수 없다. 이 경우에는 보통 지니계수를 추가적으로 활용한다.

ㄹ. 옳은 내용이다.

지니계수는 로렌츠곡선이 완전균등분배선인 대각선에서 얼마나 이탈해 있는지를 측정해 주는 지표로서 다음과 같이 계산된다(지니계수 $G=\dfrac{\text{로렌츠곡선의 }\alpha\text{ 면적}}{\text{로렌츠곡선의 }\alpha+\beta\text{ 면적}}$). 이때, 로렌츠곡선이 완전균등분배선인 대각선에 접근할수록 지니계수는 작아지며 소득분배는 균등해진다. 완전균등한 소득분배인 경우 로렌츠곡선이 완전균등분배선인 대각선과 일치하므로 지니계수는 0이 된다. 완전불균등한 소득분배인 경우에는 지니계수가 1이 된다.

15 정답해설

① 옳은 내용이다.

경제 내의 어느 누구에게도 손해가 가지 않으면서 최소한 한 사람 이상에게 이득이 되도록 하는 것이 불가능한 자원배분상태를 파레토효율이라고 한다. 즉, 이는 파레토개선이 불가능한 상황으로서 이를 구체적으로 보면 경제 내 주체들의 효용, 이윤, 잉여 및 재화의 생산이 극대화된 상태를 의미한다. 특히 파레토효율을 기하학적으로 표시한 그래프를 계약곡선이라고 한다.

② 옳은 내용이다.

왈라스 일반균형이란 경제 내 모든 시장이 동시에 균형상태에 있음을 의미한다. 이때 현실에서는 많은 경우 시장이 불완전경쟁상태에 있음에도 불구하고 이에 대하여 경쟁적 상황만을 고려하여 가격수용자 가정을 통해서 일반경쟁균형을 도출할 수 있다.

③ 옳은 내용이다.

파레토효율 달성을 위해서는 여러 조건이 충족되어야 하는데 현실에서는 그러한 조건이 충족되기 어렵다. 따라서 모든 조건의 충족이 안 된 배분상태들 간에 비교를 통하여 차선을 택해야 한다. 그런데 충족되는 효율성 조건의 수들이 많다고 해서 사회후생이 커지는 것은 아니므로 단순히 효율성 조건의 수로 차선을 선택해서는 안 된다. 즉, 차선처럼 보이는 상태가 차선이 아닐 수도 있다는 것이다. 따라서 차선의 상태를 골라내기 위해서는 매우 신중해야 한다. 이를 차선의 이론이라고 한다.

차선의 이론에 의하면, 경제전반의 상황을 무시한 채 부분적으로 효율성을 개선하더라도 전체적인 효율성은 오히려 악화될 수도 있다. 부분적으로 혹은 점진적으로 경제적 여건을 일부 개선하더라도 오히려 후생이 악화될 수도 있다는 것이다. 단순히 효율성 조건의 충족 개수가 많아서 차선의 배분상태처럼 보이더라도 실은 차선이 아닐 수 있다. 이런 경우에는 차라리 제약된 조건하에서 효율적인 자원배분을 추구하는 것이 차선의 배분을 달성할 수 있다.

④ 옳은 내용이다.
후생경제학 제1정리에 의하면 모든 소비자의 선호체계가 강단조성을 갖고 경제 안에 외부성이 존재하지 않으면 일반경쟁균형에 의한 배분은 파레토효율적이다. 따라서 후생경제학 제1정리는 독점이 아니라 일반경쟁적 균형이 파레토효율적임을 의미한다.

⑤ 틀린 내용이다.
만일 초기부존자원이 적절히 분배된 상황에서 모든 사람의 선호가 연속적이고 강단조적이고 볼록성을 가지면 파레토효율적인 배분은 일반경쟁균형이 된다. 이를 후생경제학 제2정리라고 하며 간단히 표현하면 특정 조건이 충족된 상황에서는 파레토효율적 배분을 일반경쟁균형을 통해서 달성할 수 있음을 나타낸다.
후생경제학 제2정리의 성립을 위해서는 반드시 초기배분상태에 대한 적절한 재분배 과정이 필요하다. 즉 정액세 부과 및 보조를 통하여 초기 부존자원을 재분배하여야 하는데 이는 재분배의 이론적 가능성만을 보여주는 것일 뿐 확실하게 현실가능성이 있는 것은 아니라는 한계가 있다. 그리고 재분배를 위해서는 가격체계를 건드리지 않고 정액세-현금이전의 방식이 바람직함이 알려져 있다. 만일 정부가 가격체계를 건드리는 경우 가격체계에 왜곡을 가져와 비효율을 초래하게 된다.

16

정답해설

①은 틀린 내용이며, ②는 옳은 내용이다.
외부성이란 어떤 한 경제주체의 행위가 제3자에게 의도하지 않은 이득이나 손해를 가져다줌에도 불구하고 이에 대한 대가를 받거나 주지 않는 상황으로서 시장의 테두리 밖에 존재하는 현상을 의미한다.
특히 생산의 외부성이란 어떤 경제주체의 생산행위가 다른 경제주체의 효용함수 혹은 생산함수에 긍정적 혹은 부정적 영향을 미치는 것을 의미한다.
생산에 있어서 부정적 외부효과가 있을 경우 사적 비용에 비해 사회적 비용이 더 크다. 기하적으로는 아래 첫번째 그래프와 같이 사회적 한계비용곡선이 사적 한계비용곡선보다 상방에 존재하는 것으로 묘사할 수 있다. 이는 생산에 수반되는 부정적 외부성이 사회적 관점에서는 생산비용의 상승을 만들어 내기 때문이다. 사적 한계비용이 사회적 한계비용보다 더 작기 때문에 시장균형 산출량은 사회적 최적 산출량을 상회한다.

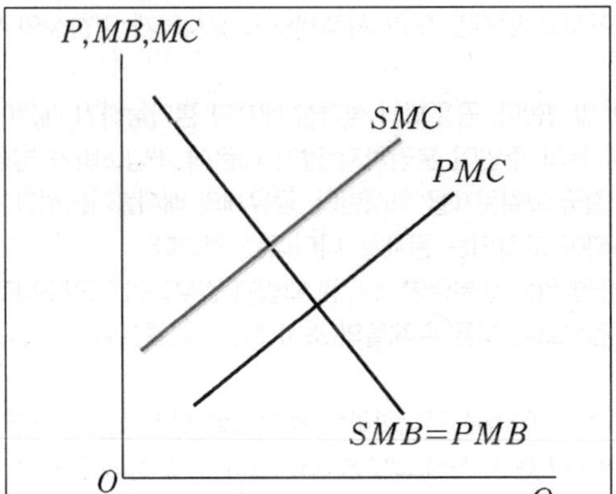

〈생산의 부정적 외부효과〉

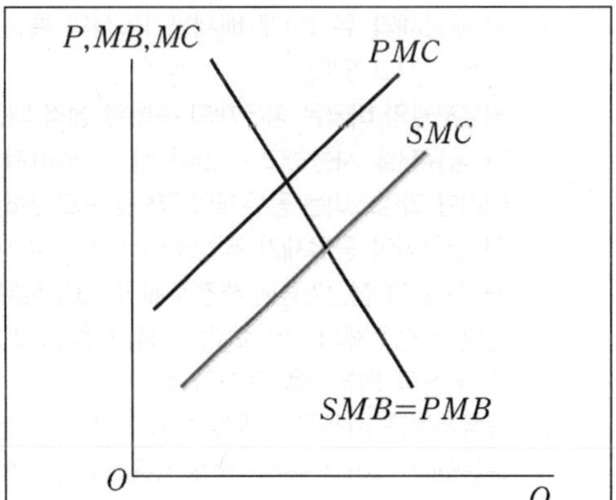

〈생산의 긍정적 외부효과〉

③ 틀린 내용이다.

소비의 외부성이란 어떤 경제주체의 소비행위가 다른 경제주체의 효용함수 혹은 생산함수에 긍정적 혹은 부정적 영향을 미치는 것을 의미한다.

소비에 있어서 부정적 외부성이 있는 경우 사회적 한계편익에 비해 사적 한계편익이 더 크다. 기하적으로는 아래 첫번째 그래프와 같이 사회적 한계편익곡선이 사적 한계편익곡선보다 하방에 존재하는 것으로 묘사할 수 있다. 이는 소비에 수반되는 부정적 외부성이 사회적 관점에서 편익의 감소를 만들어 내기 때문이다. 사적 한계편익이 사회적 한계편익보다 더 크기 때문에 시장균형 산출량은 사회적 최적 산출량을 상회한다.

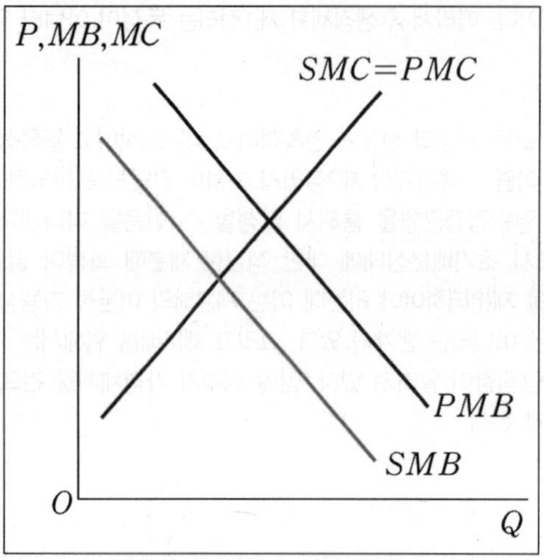

〈소비의 부정적 외부효과〉

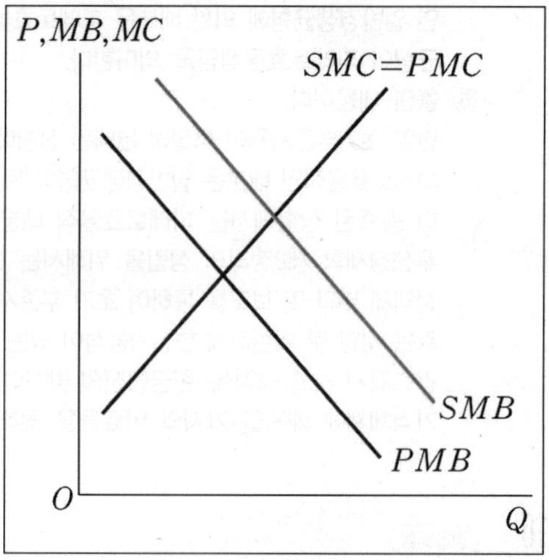

〈소비의 긍정적 외부효과〉

④ 틀린 내용이다.

코즈에 의하면 외부성의 존재가 반드시 정부의 개입에 의한 해결을 필요로 하지 않을 수도 있다. 정부개입 없이도 민간부문에서 자율적인 협상을 통해서 해결할 수 있음을 의미한다. 코즈정리에 따르면, 첫째 외부성이 존재하는 경우, 둘째 외부성과 관련된 재산권의 부여가 확립되고, 셋째 협상에 따른 거래비용이 존재하지 않는다고 가정하면 정부개입이 없더라도 이해당사자인 경제주체들 간의 자율적인 협상을 통해 효율적인 자원배분이 가능하다.

⑤ 틀린 내용이다.

공유지는 공유재의 한 예로서 일반적으로 공유재란 경합성은 있으나 배제성은 없는 재화를 의미한다. 공유재는 공공재와 유사하게 배제불가능성의 특징을 가지고 있지만 또한 사적재와도 유사하게 경합성의 특징을 모두 가지고 있다.

공유자원의 비극은 공유재의 독특한 성격 때문에 발생한다. 공유재의 성격상 배제가 불가능하기 때문에 누구나 공유재를 사용하고 주인이 될 수 있어서 소유권과 주인이 분명하지 않기 때문에 과잉소비가 발생한다. 이러한 과잉소비는 공유재의 경합성으로 인하여 결국 고갈문제를 초래한다. 공유재의 배제불가능성과 경합성이 결합되어 공유재가 적정수준 이상으로 남용되어 고갈되는 문제로 나타나는 것이다.

공유자원에 접근가능한 특정주체의 소비 혹은 생산행위는 불분명한 소유권 확립과 결부되어 과잉소비로 이어진다. 특정주체의 과잉소비는 공유자원을 고갈시킴으로써 다른 주체들의 소비 혹은 생산행위에 부정적 영향, 즉 부정적 외부성을 초래하게 된다.

공유자원을 사용하는 개별주체의 관점에서는 자신의 이익을 극대화하는 것이므로 합리적인 의사결정임에 틀림없다. 그러나 공유자원을 사용하는 전체의 관점에서는 부정적 외부성, 과잉소비, 고갈 등의 문제로 인하여 효율적이지 않다. 이는 공유자원을 사용함에 있어서 사적 유인과 사회적 유인이 외부성에 의하여 괴리되기 때문에 발생하는 것이다.

17 정답해설

① 옳은 내용이다.
영화관의 조조할인은 3급 가격차별의 예이다. 3급 가격차별은 소비자를 그 특성에 따라서 구분하여 각기 차별적인 가격을 설정한다. 참고로 2급 가격차별은 소비자를 특성별로 구분하는 것이 아니라는 점에서 3급 가격차별과 다르다.

② 옳은 내용이다.
독점기업이 독점이윤을 조금이라도 더 증가시킬 목적으로 가격을 설정함에 있어서 1개의 가격이 아니라 2개의 부분으로 나누어 가격을 부과하는 것을 이부가격제도(two-part tariff)라고 한다. 두 부분의 가격은 일반적으로 가입비(entry fee or member's fee)와 사용료(usage fee)로 구성되어 있다. 만일 현실에서 소비자마다 다른 선호를 가지고 있는 경우에는 소비자마다 상이한 소비량과 상이한 가격에 직면하게 되므로 사실상 가격차별의 일종으로 기능하게 된다.

③ 옳은 내용이다.
3급 가격차별은 수요자를 그룹별로 분리하여, 그룹에 따라서 각각 다른 가격을 설정하는 방식이다. 시장분할에 의한 가격차별이라고 하기도 한다. 그룹에 따라 소비자들은 다른 특성을 보이는데 이는 상이한 가격탄력성과 연관이 있다. 3급 가격차별의 전제조건으로는 첫째, 소비자를 그룹별로 분리 가능하며(가격탄력성, 분리비용 고려), 둘째, 생산자는 독점력을 보유하며, 셋째, 소비자 그룹 간 전매(재판매)가 불가능해야 한다. 만일 전매(재판매)가 가능하다면, 가격이 싸게 책정된 그룹의 소비자가 상품을 대량구입하여 가격이 높이 책정된 그룹의 소비자들에게 적정한 이윤을 붙여서 판매할 수 있게 되어 가격차별은 붕괴하게 된다.

④ 틀린 내용이다.
3급 가격차별의 경우 시장 간 한계수입이 동일하도록 가격이 설정되는데 특히 수요의 가격탄력성이 상대적으로 낮은 경우 더 높은 가격이 설정된다. 즉 3급 가격차별 시 이윤극대화는 $MC = MR_A = MR_B$에서 달성된다. 3급 가격차별 시 이윤극대화 조건 $MC = MR_A = MR_B$을 Amoroso-Robinson의 공식을 이용하여 다시 풀어쓰면 $P_A(1-\frac{1}{\epsilon_A}) = P_B(1-\frac{1}{\epsilon_B})$이 된다. 이는 상대적으로 탄력적인 수요자 집단에 대해서는 낮은 가격을, 상대적으로 비탄력적인 수요자 집단에 대해서는 높은 가격을 설정해야 함을 의미한다.

⑤ 옳은 내용이다.
1급 가격차별에서 기업의 이윤극대화 산출량 결정은 역시 한계수입과 한계비용이 된다. 한계수입은 1급 가격차별에서는 소비자의 수요곡선(엄밀하게는 보상수요곡선)이 되므로 이윤극대화 산출량은 수요곡선과 한계비용곡선이 만나는 점에서 결정된다. 그런데 이러한 경우는 완전경쟁시장에서의 산출량과 동일하므로 자중손실이 0이 된다는 특징이다. 또한 1급 가격차별의 경우 소비자가 낼 의향이 있는 모든 금액을 가격으로 책정하기 때문에 소비자잉여가 기업의 독점이윤으로 모두 흡수되어 소비자잉여는 0이 된다는 특징이 있다. 즉, 자중손실과 소비자잉여가 모두 0이 된다.

18 정답해설

ㄱ. 옳은 내용이다.
어떤 상품 속에 담긴 정보가 그 상품에 있어서 매우 본질적이고 핵심적인 의미를 갖는 경우에 그러한 상품을 정보재(information goods)라고 한다. 예를 들면 책, 음악, 영화, 소프트웨어, 데이터 등을 정보재로 볼 수 있는데, 이러한 상품들은 상품을 싸고 있는 외양보다는 상품 속에 담긴 내용, 즉 정보가 상품으로서의 본질적 특징을 결정한다. 여러분이 읽고 있는 경제학 교과서에서 책 안에 담긴 내용을 빼고 나면 종이밖에 남지 않아 가치가 거의 없는 것이다.

ㄴ. 틀린 내용이다.

정보재는 생산의 초기 단계에서는 많은 비용이 들지만 일단 생산이 시작되면 추가적인 생산비용은 그리 크지 않다는 특징이 있다. 예를 들면, 소프트웨어를 제작하기 위해서 초기에 막대한 연구비와 개발비가 투입되어야 하지만 일단 소프트웨어 제작이 완료되면 매우 싼 비용으로 소프트웨어를 제작하여 판매할 수 있다. 즉 정보재 생산에 있어서 비용구조는 고정비용이 매우 높은 반면, 한계비용은 매우 낮으며, 고정비용의 경우 매몰비용적 성격이 매우 강하여 일단 투입되면 회수하기가 어렵다는 특징을 보인다. 이러한 비용구조로 인해서 생산이 증가하면 할수록 평균비용이 계속 감소하게 되어 자연스럽게 독점화로 진행될 가능성이 매우 커진다. 즉 규모의 경제와 자연독점화 경향을 보인다.

ㄷ. 옳은 내용이다.

같은 정보재를 사용하는 소비자들의 경우 소비자규모가 커질수록, 즉 특정 정보재에 대한 소비자 네트워크가 커질수록 소비자들의 효용이 더 커지게 된다. 상품구입의 의사결정에 있어서는 상품의 가격과 효용이 매우 중요하다. 정보재와 같이 네트워크효과가 강하게 나타나는 상품의 경우 해당 정보재를 사용하고 있는 소비자 규모가 정보재의 효용에 큰 영향을 미치게 되어 상품구입 의사결정을 좌우하게 된다.

특정 정보재에 있어서 네트워크효과가 강하게 존재할 경우 정보재에 대한 수요는 조금씩 증가하다가 어느 시점에 이르면 갑자기 폭발적으로 증가하는 특성을 보인다. 이는 특정 정보재를 사용하는 소비자들이 점점 많아지면서 그로 인한 효용도 동시에 커지면서 다시 더 많은 소비자들이 소비에 동참하게 되는 연쇄효과로 인해 쏠림현상이 나타나는데 이를 긍정적 피드백효과(positive feedback)라고 한다.

ㄹ. 옳은 내용이다.

잠김효과(lock-in effect)란 특정재화나 서비스, 특정 시스템을 사용함에 있어서 이와 관련되거나 대체가능한 다른 제품, 서비스, 시스템의 선택이 제약받는 현상을 의미한다. 예를 들어 여러 종류의 워드프로세서 소프트웨어 중에서 특정 소프트웨어를 일단 선택하여 사용하기 시작하면, 이후에 여간해서는 다른 소프트웨어로 바꾸기가 쉽지 않다. 이렇게 특정 제품이나 서비스를 사용하면 그것에 묶여서 마치 자물쇠로 잠긴 상태가 된다는 의미에서 잠김효과라고 한다.

정보재를 소비하기 위해서는 다른 일반적인 재화와는 달리 상품에 담긴 정보의 내용을 이해하고 숙달하여 활용하는 시간적 과정이 필요하다. 만일 이미 선택하여 사용하고 있던 정보재를 다른 정보재로 바꾸기 위해서는 또다시 다른 정보재에 대한 정보의 내용을 이해, 숙달하고 활용하는 과정이 필수불가결하다. 이는 소비자 입장에서 많은 시간과 노력을 들여야 하기 때문에 매우 불편하며 비용으로 작용하는데 이를 전환비용(switching cost)이라고 한다. 잠김효과가 강하게 나타날수록 전환비용이 매우 크며, 또한 전환비용이 클수록 잠김효과는 더욱 강하게 나타난다. 정보재는 잠김효과와 수요 측 규모의 경제가 강하게 작동하므로 공급자 입장에서는 가급적 빠른 시간 안에 자사 정보재에 대한 소비자 네트워크를 확충하는 것이 매우 중요하다. 이를 위해서 소비자를 유인하는 전략을 구사하게 되는데 무료견본이나 할인판매 등의 전략적 가격설정이 자주 나타난다.

19 정답해설

① 틀린 내용이다.

역선택과 도덕적 해이의 구별은 다음과 같다.

정보가 비대칭적으로 분포된 상황에서 정보를 갖지 못한 측의 입장에서 볼 때 바람직하지 못한 상대방과 거래를 할 가능성이 높아지는 현상을 역선택이라고 한다. 역선택은 감추어진 타입 혹은 특성(hidden characteristic) 때문에 발생한다.

예를 들어 보험회사는 보험가입자의 건강상태에 대하여 정확한 정보가 부족하기 때문에 건강한 사람과 그렇지 못한 사람의 중간 수준으로 보험료를 책정하게 된다. 이는 건강한 사람으로 하여금 보험가입을 꺼리게 함과 동시에 건강하지 못한 사람의 가입을 부추기는 것이 되고 마는데 이렇게 보험시장에 건강하지 못한 사람만 남게 되는 현상은 역선택의 좋은 예이다.

한편, 어느 한 거래당사자는 자기 행동이 상대방에 의해 정확하게 파악될 수 없는 특정한 상황에서 상대방에게 바람직하지 못한 결과를 초래하고 자신의 이득을 추구하는 행동을 할 유인이 있을 수 있다. 이 경우 그 거래당사자는 바람직하지 못한 행동을 할 수 있는데 이를 도덕적 해이가 발생하였다고 한다. 도덕적 해이는 거래나 계약 이후에 나타나는 감추어진 행동(hidden action)이 문제된다.

예를 들어 건강보험에 가입하기 전에 비하여 가입한 이후에 건강관리에 소홀히 하고 대신 병원에 필요 이상으로 자주 다니는 현상이 나타나는 것도 도덕적 해이의 하나의 예이다.

② 틀린 내용이다.

직업감독제도는 역선택이 아니라 도덕적 해이를 방지하기 위한 수단이다. 근로자와 고용주와의 관계에서 근로자의 행동에 대한 정보가 비대칭적으로 분포되어 있는 경우 근로자는 일단 취직이 되면 근로에 최선의 노력을 다하지 않고 본인의 안위를 추구할 유인이 매우 크다. 결국 고용주는 근로자가 열심히 일하도록 감시 및 감독하는 데 적지 않은 비용을 투입할 수밖에 없게 된다.

③ 틀린 내용이다.

기초공제란 사고발생 시 손실액 중 일정금액 이하는 고객이 부담하고 그 일정금액을 초과하는 금액에 대하여서만 보험사가 부담하는 방식으로서 공동보험과 마찬가지로 보험회사와 보험가입자가 공동으로 보상하는 것을 의미한다. 이를 통해서 도덕적 해이 문제를 완화시킬 수 있다.

④ 옳은 내용이다.

정보를 가진 측에서는 감추어진 특성에 대한 관찰 가능한 지표 또는 감추어진 특성에 대한 다양한 보증을 제공(예 중고차 성능기록부, 품질보증)하여 역선택의 문제를 완화시킬 수 있다. 보증은 바로 거래되는 상품의 질이 좋다는 신호가 된다. 이러한 정보의 제공을 신호발송(signaling)이라고 한다. 또한 정보를 가진 측에서 적극적으로 자신에 대한 평판과 신뢰를 축적하여 역선택을 해결하려는 유인이 있다. 기업이 자사 브랜드에 대한 명성을 쌓으려고 노력하는 것도 신뢰 및 평판의 축적을 통한 역선택의 해결방안으로 좋은 예가 된다.

⑤ 틀린 내용이다.

정보를 갖지 못한 측에서는 정보를 가진 측의 감추어진 특성에 관한 정보를 파악하기 위해 정보를 수집하여 바람직하지 못한 거래당사자와 바람직한 거래당사자를 구별하여 역선택의 문제를 완화시킬 수 있다(예 학력에 따라서 차별적으로 임금을 책정하는 것, 보험가입 시 건강진단서를 제출케 하여 차별적으로 보험료를 책정하는 것, 은행의 대출심사). 이를 선별(screening)이라고 한다.

20

정답해설

설문의 자료를 이용하여 개별기업의 사회적 최적산출량 및 이윤극대화 산출량을 구하면 다음과 같다.

1. 비용조건

사적 한계비용 $PMC=\frac{1}{2}Q+300$, 한계외부비용 $MEC=100$, 사회적 한계비용 $SMC=\frac{1}{2}Q+400$

2. 수요조건

경쟁시장에서 활동하고 있는 개별기업이며, 이러한 개별기업이 경쟁시장에서 직면하는 개별수요는 $P=500$이 된다.

3. 개별기업의 사회적 최적산출량

생산에 부정적 외부성이 있는 경우 개별기업의 사회적 최적산출량은 $P=SMC$일 때 달성되므로 따라서 $\frac{1}{2}Q+400=500$이 되고 $Q=200$이다.

4. 개별기업의 이윤극대화 산출량

생산에 부정적 외부성이 있는 경우 개별기업의 이윤극대화 산출량은 $P=PMC$일 때 달성되므로 따라서 $\frac{1}{2}Q+300=500$이 되고 $Q=400$이다.

21 정답해설

① 옳은 내용이다.

세이의 법칙(Say's law)이란 공급이 국민소득을 결정하고 공급이 그 스스로 수요를 창출해냄을 의미한다. 이에 반해 수요가 공급을 창출하고 수요가 국민소득을 결정하는 것을 세이의 법칙에 비견하여 케인즈의 법칙이라고 한다. 고전학파의 세계에서는 공급보다는 수요가 더 큰 상황을 전제한다. 따라서 경제에 공급된 것은 수요측면에서 남김없이 모두 팔리게 된다. 공급에 대한 대가는 생산과정에 참여한 요소의 제공자들에게 소득으로 지불된다. 결국 국민소득은 공급을 의미하며 공급된 것은 반드시 모두 수요되기 때문에 공급 그 자체가 국민소득이 된다. 즉 공급이 국민소득을 결정하며, 수요는 국민소득결정에 영향이 없다.

만일 특정산업부문에서 팔리지 않고 남은 것이 있다고 하더라도 요소의 제공자들에게 소득으로 지불되었기 때문에 이들은 다른 부문에서의 수요를 늘리게 되어 결국 경제전체로 볼 때 공급은 모두 수요로 소화된다고 할 수 있다. 공급이 수요를 창출하고 국민소득을 결정하는 이유는 가격이 신축적이기 때문이다. 초과공급이나 초과수요가 있을 경우 가격이 신축적이라면 불균형이 존재하더라도 가격이 변화하여 불균형을 즉각 해소시킬 수 있게 된다. 공급된 양은 가격의 변화에 의하여 공급되기만 하면 정확하게 그만큼 수요될 수 있다. 총공급이 결정되면 이에 따라서 총수요가 총공급과 같아지도록 조절되고 총공급에 해당하는 만큼이 국민소득으로 결정된다.

② 옳은 내용이다.

고전학파의 세계에서는 모든 가격변수가 신축적으로 움직이므로 시장의 불균형은 신속히 조정되어 시장은 항상 균형을 달성한다. 특히, 노동시장의 균형은 노동에 대한 수요와 노동공급이 일치할 때 달성되며, 노동시장에 불균형이 있더라도 임금의 신축적인 조정에 의하여 균형을 즉각 회복하므로 고용은 항상 완전고용 수준을 유지한다.

③ 옳은 내용이다.

노동수요의 주체는 기업이며, 노동수요는 기업의 이윤극대화과정에서 이루어진다. 노동수요는 실질임금에 의하여 결정되며 특히 실질임금의 감소함수이다.

④ 옳은 내용이다.

생산요소시장에서 노동을 얼마나 수요하여 투입할지에 대한 기업의 의사결정으로서 이때 이윤극대화 조건은 일반적으로 한계수입생산과 한계요소비용이 일치하는 $MRP_L = MFC_L$이 된다. 한계수입생산 MRP_L은 요소의 한계생산성 개념인바, 노동을 추가적으로 수요하여 생산에 투입했을 때 얻는 수입으로서 거시경제관점에서 거시경제 총생산함수가 $Y = f(L, K)$라고 하면, MRP_L은 $P f'(L)$이 된다. 요소의 한계비용 개념으로서 한계요소비용이란 노동을 추가적으로 수요하여 생산에 투입했을 때 드는 비용으로서 한계요소비용은 노동의 임금(W)이 된다. 결국 노동에 대한 수요는 실질임금과 노동의 한계생산에 의하여 결정됨을 알 수 있다.

⑤ 틀린 내용이다.

고전학파에 의하면 물가상승은 노동의 한계생산에 영향을 주지 못한다. 통화량의 증가가 국민소득과 같은 주요 실질변수에 영향을 미치지 못하며 물가, 명목임금과 같은 명목변수에만 영향을 미치는 것을 화폐의 중립성(the neutrality of money)이라고 한다. 화폐의 중립성이 성립하여 통화량 증가에 따라 물가가 상승하는 경우는 총공급곡선이 수직인 논리에 부합한다.

22 정답해설

국내총생산(GDP)이란 일정한 기간 동안 한 나라 안에서 생산되어 최종적인 용도로 사용되는 재화, 서비스의 가치를 모두 더한 것을 의미한다.

① 틀린 내용이다.

GDP는 시장에서 거래되는 상품을 대상으로 하므로 비시장재화나 지하경제의 경우 국내총생산에 포착되지 않는다. 다만, 시장에서 거래되지 않는다고 하더라도 일부 생산물에 대하여는 추산을 통하여 귀속시키는 경우

도 있으니 주의해야 한다. 예를 들어 자가소유주택으로부터의 주거서비스의 가치를 추산하는 것이라든지, 군인, 경찰, 공무원들로부터의 국방서비스, 치안서비스, 행정서비스의 가치를 추산하는 것이 좋은 예가 된다. 또한 농가에서 자신이 소비하기 위해서 생산하는 자가소비용 농산물도 추산을 통해서 국내총생산에 포함된다.

② 옳은 내용이다.
국내순생산(NDP)은 국내총생산(GDP)에서 감가상각(고정자본소모)을 차감한 것이고, 국민순소득(NNI)은 국민총소득(GNI)에서 감가상각을 차감한 것이다.

③ 옳은 내용이다.
명목 국내총생산은 재화와 서비스의 생산의 가치를 쉽게 측정가능한 화폐가치로 전환한 것으로서 생산량의 변화뿐만 아니라 가격의 변화를 모두 고려하는 개념이다.

④ 옳은 내용이다.
국내총생산은 생산측면, 분배측면, 지출측면에서 각각 파악할 수 있는데 사후적으로 항상 같은 값을 가지게 되며 이를 3면 등가의 법칙 혹은 원리라고 한다. 그러나 사전적으로는 3면 등가의 법칙이 성립하지 않으며 만일 3면 등가를 달성시키기 위해서는 소득이나 이자율 등의 적절한 조정이 요구된다.
국내총생산을 생산측면에서 파악하는 경우 최종생산단계에서 최종생산물의 시장가치 혹은 생산단계별 부가가치의 합계로 측정된다. 분배측면에서 파악하는 경우 생산과정에 참여한 경제주체들에 대해 지급된 대가(임금, 이자, 지대, 이윤)로 측정된다. 지출측면에서 파악하는 경우 생산물이 처분된 유형별로 처분금액의 합계(소비, 투자, 정부지출, 순수출)로 측정된다.
참고로 원래 국내총소득(GDI)은 국내총생산에 교역조건의 변화에 따른 실질적인 무역손익을 고려한 개념으로서 다음과 같은 산식으로 정의된다. 다만, 본 문제에서 국내총소득은 국내총생산의 분배측면의 파악으로 선해하기로 한다.
국내총소득(GDI) = 국내총생산(GDP) + 교역조건의 변화에 따른 실질 무역손익

⑤ 옳은 내용이다.
앞에서 본 바와 같이 국내순생산(NDP)은 국내총생산(GDP)에서 감가상각을 차감한 것이고 국민순소득(NNI)은 국민총소득(GNI)에서 감가상각을 차감한 것이다. 국내총생산(GDP)과 국민총소득(GNI)에서 감가상각을 차감한 후에 정부부문을 고려하게 되면, 국민입장에서는 간접세와 보조금을 고려한 순간접세를 정부에 납부해야만 한다. 국민순소득(NNI)에서 순간접세를 차감한 것을 국민소득(NI)라고 한다. 따라서 국민소득이란 국민순소득에서 간접세를 차감하고 보조금을 더한 것으로서 법인세나 소득세와 같은 직접세를 납부하기 직전에 가계나 기업 같은 민간부문에 귀속되는 소득개념이다. 특히 국민소득은 국민계정에서는 임금을 나타내는 피용자보수와 이자, 지대, 이윤을 의미하는 영업잉여로 구성된다.
따라서 피용자보수와 영업잉여와 같은 요소비용국내소득인 국민소득에 순간접세를 더하면 국민순소득이 되고 국민순소득에 감가상각(고정자본소모)을 더하면 국민총소득이 되고, 특정한 경우를 상정하면 국민총소득이 국내총생산이 된다. 결국 국내총생산은 요소비용국내소득에 순간접세와 고정자본소모를 합산한 것이 됨을 알 수 있다.
참고로 본 문제는 선지에 등장하는 개념들을 정의하고 적용함에 있어서 정확한 전제가 수반되지 않고 다양한 상황으로 해석가능하기 때문에 논란의 여지가 있다. 다만, 출제의도를 선해하여 정답을 찾는 데 어려움은 없겠으나 수험생들에게 불필요한 혼동을 야기할 수 있는바 이러한 불확정적인 단순개념문제는 지양되어야 할 것이다.

23 정답해설

1) 현재의 균형국민소득 구하기
① 균형조건식은 $Y = 120 + 0.8(Y - 200) + 100 + 200$이 된다.
② 따라서 균형국민소득 $Y = 1{,}300$이 된다.

2) 정부지출이 220으로 증가할 경우 균형국민소득 구하기

① 균형조건식은 $Y=120+0.8(Y-200)+100+220$이 된다.

② 따라서 균형국민소득 $Y=1,400$이 된다.

3) 소득의 증가

균형국민소득은 1,300에서 1,400으로 증가하므로 균형국민소득의 증가분 $\Delta Y=100$이 된다.

참고로 케인즈 모형과 그에 따른 승수효과에 따라서 접근하면 다음과 같다.

1) 케인즈 국민소득결정모형(수요 측 결정모형)

$Y^D=C+I+G,\quad Y^S=Y,\quad Y^D=Y^S$

2) 균형국민소득의 결정

균형조건식은 $Y=C+I+G$이며 $Y=a+b(Y-T_0)+I_0+G_0$이므로 $\therefore\ Y=\dfrac{a-bT_0+I_0+G_0}{(1-b)}$

3) 승수효과 : 설문에서 주어진 자료(한계소비성향이 0.8, 정부지출의 증가분이 20)를 활용

$$\Delta Y=\frac{1}{1-b}\Delta I+\frac{1}{1-b}\Delta G-\frac{b}{1-b}\Delta T,\quad \Delta Y=\frac{1}{1-b}\Delta G=\frac{1}{1-0.8}\times 20=100$$

따라서 균형국민소득의 증가분은 100이 됨을 승수효과를 통해서 확인할 수 있다.

24 정답해설

파셰 물가지수는 비교시점 가격과 기준시점의 가격을 비교함에 있어서 가중치로 비교시점 수량을 사용하고 있으며 그 산식은 다음과 같다.

$$\text{파셰 물가지수}=\frac{\Sigma P_t Q_t}{\Sigma P_0 Q_t}=\frac{\text{비교시점 가격}\times\text{비교시점 수량}}{\text{기준시점 가격}\times\text{비교시점 수량}}$$

한편, 라스파이레스 물가지수는 비교시점 가격과 기준시점의 가격을 비교함에 있어서 가중치로 기준시점 수량을 사용하고 있으며 그 산식은 다음과 같다.

$$\text{라스파이레스 물가지수}=\frac{\Sigma P_t Q_0}{\Sigma P_0 Q_0}=\frac{\text{비교시점 가격}\times\text{기준시점 수량}}{\text{기준시점 가격}\times\text{기준시점 수량}}$$

주어진 자료를 통해서 파셰 물가지수와 물가상승률을 계산하면 다음과 같다.

1) 기준연도 2010년 파셰 물가지수 = 1(또는 100)

2) 비교연도 2020년 파셰 물가지수

$$=\frac{\Sigma P_t Q_t}{\Sigma P_0 Q_t}=\frac{\text{비교시점 가격}\times\text{비교시점 수량}}{\text{기준시점 가격}\times\text{비교시점 수량}}=\frac{(3\times 200)+(4\times 300)}{(2\times 200)+(2\times 300)}=1.8(\text{또는 }180)$$

3) 물가상승률

2010년 파셰 물가지수가 100이고, 2020년 파셰 물가지수가 180이므로

물가상승률 $\pi=\dfrac{P_{2020}-P_{2010}}{P_{2010}}=\dfrac{180-100}{100}=0.8(80\%)$이 된다.

25 정답해설

① 옳은 내용이다.

소비수요는 사후적으로 달성되고 실현된 소비가 아니라, 사전적으로 계획되고 예정된 소비를 의미한다.

② 틀린 내용이다.
고전학파는 투자가 소득이 아니라 이자율에 의해 결정된다고 주장한다. 대부자금시장의 존재를 고려하면, 총저축은 대부자금시장에서의 자금공급이 되며, 투자는 대부자금에 대한 수요가 된다. 특히 대부자금 수요 및 공급이 이자율의 영향을 받음을 고려하면 대부자금 공급으로서 총저축은 $S = S(r)$이 되고, 대부자금 수요로서 투자는 $I = I(r)$이 된다. 저축은 이자율의 증가함수이며 투자는 이자율의 감소함수이다.

③ 옳은 내용이다.
절대소득이론이란 케인즈 및 케인지언의 이론으로서 소비에 대하여 비교적 단순한 가정을 통해서 현재가처분 소득의 절대적인 수준이 현재소비를 결정한다는 것이다. 소비는 주로 해당 기간 동안의 소득수준에 의존하며, 미래소득은 중요하지 않으며, 따라서 이자율도 소비의 결정에 중요하지 않다.

④ 옳은 내용이다.
기업이 현재 보유하고 있는 자본량(예 공장, 건물, 기계, 차량, 재고 등)이 최적의 자본량에서 괴리되어 있을 때 이를 메우기 위해서 자본량을 조정하는 것을 투자라고 한다. 투자수요 중 독립투자수요는 기업가의 야성적 충동 혹은 동물적 감각에 의하여 외생적으로 결정되는 것으로서 내생변수와 관계없는 외생변수이다.

⑤ 옳은 내용이다.
평균소비성향은 소득에서 소비가 차지하는 비중으로서 소비를 소득으로 나누어 계산한다. 한편, 한계소비성향은 소득의 증가분에서 소비의 증가분이 차지하는 비중으로서 소비의 증가분을 소득의 증가분으로 나누어 계산한다.

26

정답해설

① 옳은 내용이다.
본원통화는 현금통화와 지급준비금으로 구성된다. 즉, 다음과 같은 식이 성립한다.
본원통화(H) = 현금통화(C) + 지급준비금(R)

② 옳은 내용이다.
시재금은 지급준비금 중에서 은행의 금고에 현금으로 보관되고 있는 것을 의미한다. 지급준비금 중 시재금을 제외한 나머지는 중앙은행에 지준예치금으로 예치되어 있다. 즉, 다음의 식이 성립한다.
지급준비금 = 시재금 + 지준예치금
본원통화 = 현금통화 + 시재금 + 지준예치금
이때, 현금통화와 시재금을 더한 것을 화폐발행액이라고 하며, 다음의 식이 성립한다.
본원통화 = 화폐발행액 + 지준예치금

③, ④ 모두 옳은 내용이다.
중앙은행의 대차대조표는 다음과 같이 구성된다.

자신	부채와 자본
국내자산 – 유가증권매입 – 재할인대출 – 대정부대출	국내부채 – 화폐발행 – 지준예치금
해외자산 – 외화매입	해외부채

중앙은행의 자산은 국내자산과 해외자산으로 구성된다. 국내자산은 국내거주자에 대하여 중앙은행이 보유하는 채권으로서 유가증권, 재할인대출, 대정부대출 등으로 구성된다. 해외자산은 해외거주자에 대하여 중앙은행이 보유하는 채권이다. 이는 해외거주자가 발행한 외화표시증권 등이 있다.

한편, 중앙은행의 부채도 국내부채와 해외부채로 구성되는데 먼저 국내부채는 국내거주자에 대한 채무적 성격으로서 중앙은행이 국내자산을 매입하면서 지급한 화폐(지폐와 동전)와 지준예치금으로 구성된다. 해외부채는 해외거주자에 대한 채무적 성격으로서 외화를 매입하면서 지급한 화폐이다. 특히 화폐와 지준예치금을 합하여 본원통화라고 한다.
따라서 대차대조표에 의하면 중앙은행의 자산으로서의 정부대출이나 해외자산이 증가하면 중앙은행의 부채로서의 본원통화는 증가하게 된다.

⑤ 틀린 내용이다.
본원통화는 현금통화와 시재금, 지준예치금의 합이 되며, 추가로 발행된 화폐로 인하여 시재금이 증가하면 본원통화도 증가한다.

27 정답해설

IS 곡선과 LM 곡선의 산식은 다음과 같다.

1) IS 곡선
① IS 곡선은 생산물 시장의 균형조건식에서 도출된다.
② $Y^D = Y^S \quad \therefore\ a + bY + I_0 + cr + G_0 = Y \quad \therefore\ r = \frac{(1-b)}{c}Y - \frac{(a + I_0 + G_0)}{c}$

2) LM 곡선
① LM 곡선은 화폐시장의 균형조건식에서 도출된다.
② $\frac{M^D}{P} = \frac{M^S}{P} \quad \therefore\ kY - lr = \frac{M_0}{P} \quad \therefore\ r = \frac{k}{l}Y - \frac{M_0}{Pl}$

위의 IS 곡선과 LM 곡선의 방정식을 도출하는 과정에 설문에서 제시한 조건을 적용하면 다음과 같다.

(ㄴ) 투자가 이자율에 영향을 받지 않는다면 소득은 소비와 기업가의 야성적 충동에 의해서 결정되므로 결국 IS 곡선은 수직선이 된다. 이는 IS 곡선의 도출과정에서 투자의 이자율탄력성이 0인 경우를 상정하면 쉽게 알 수 있다. LM 곡선과는 관련 없으므로 유의하자.

(ㄷ) 통화수요가 이자율에 영향을 받지 않는다면 소득은 거래적 화폐수요와 화폐공급에 의해서 결정되므로 결국 LM 곡선은 수직선이 된다. 이는 LM 곡선의 도출과정에서 투자적 화폐수요의 이자율탄력성이 0인 경우를 상정하면 쉽게 알 수 있다. 한편, 통화수요가 소득에 영향을 받는다면, 이는 일반적인 경우이므로 LM 곡선은 우상향한다.

28 정답해설

IS 곡선과 LM 곡선의 산식은 다음과 같다.

1) IS 곡선
① IS 곡선은 생산물 시장의 균형조건식에서 도출된다.
② $Y^D = Y^S \quad \therefore\ a + bY + I_0 + cr + G_0 = Y \quad \therefore\ r = \frac{(1-b)}{c}Y - \frac{(a + I_0 + G_0)}{c}$

2) LM 곡선
① LM 곡선은 화폐시장의 균형조건식에서 도출된다.
② $\frac{M^D}{P} = \frac{M^S}{P} \quad \therefore\ kY - lr = \frac{M_0}{P} \quad \therefore\ r = \frac{k}{l}Y - \frac{M_0}{Pl}$

위의 IS 곡선의 방정식을 도출하는 과정에 설문에서 제시한 조건을 적용하면 다음과 같다.
투자의 이자율탄력성이 무한대인 경우 투자함수에서 c가 무한대가 된다. 이를 IS 곡선의 도출과정에 적용하면 IS 곡선이 수평이 됨을 쉽게 알 수 있다. 이 경우 우상향하는 LM 곡선이 긴축통화정책에 따라서 좌측으로 이동하게 되면, (ㄱ) 국민소득은 감소하며, (ㄷ) 이자율은 불변이다.

29 정답해설

① 옳은 내용이다.

IS 곡선이란 생산물시장의 균형이 달성되는 국민소득과 이자율의 조합을 기하적으로 표시한 그래프를 의미하며 IS곡선의 기울기는 $\frac{(1-b)}{c}$(단, b : 한계소비성향, c : 투자의 이자율탄력성)가 된다. 본 문제에서 주어진 자료에 의하면 IS곡선의 기울기는 $-\frac{(1-\beta)}{\delta}$로서 그 부호는 음수이므로 IS곡선은 우하향한다.

② 옳은 내용이다.

IS 곡선에서 독립투자(I_0)가 증가하면, 총수요가 증가하므로 IS 곡선은 우측으로 증가한다.

③ 옳은 내용이다.

IS 곡선에서 정부지출(G_0)이 증가하면, 총수요가 증가하므로 IS 곡선은 우측으로 증가한다.

④ 틀린 내용이다.

β는 한계소비성향으로서 β가 증가하면, IS곡선 기울기는 $-\frac{(1-\beta)}{\delta}$인바 IS 곡선은 완만해진다.

⑤ 옳은 내용이다.

δ는 투자의 이자율탄력성으로서 δ가 증가하면, IS곡선 기울기는 $-\frac{(1-\beta)}{\delta}$인바 IS 곡선은 완만해진다.

30 정답해설

① 옳은 내용이다.

LM곡선이란 화폐시장의 균형이 달성되는 국민소득과 이자율의 조합을 기하적으로 표시한 그래프를 의미하며 LM곡선의 기울기는 $\frac{k}{l}$(단, k : 화폐수요의 소득탄력성, l : 화폐수요의 이자율탄력성)가 된다. 본 문제에서 주어진 자료에 의하면, 실질화폐수요가 이자율의 감소함수이므로 화폐수요의 이자율탄력성 l이 양수이고, 또한 실질화폐수요가 국민소득의 증가함수이므로 화폐수요의 소득탄력성 k가 양수이다. 따라서 이를 모두 고려하면 LM곡선의 기울기는 $\frac{k}{l}$에서 그 부호가 양수이므로 LM곡선은 우상향한다.

② 옳은 내용이다.

명목화폐공급이 증가하면 단기적으로 화폐시장에서 화폐초과공급이 발생하여 이자율이 하락하므로 LM 곡선이 우하방으로 이동한다. 수리적으로 도출한 LM곡선의 방정식은 $r=\frac{k}{l}Y-\frac{M_0}{Pl}$ 또는 $r=\frac{k}{l}Y-\frac{M_0}{Pl}+\frac{l_0}{l}$이므로 이때, LM곡선의 이동은 절편에 해당하는 $-\frac{M_0}{Pl}$ 또는 $-\frac{M_0}{Pl}+\frac{l_0}{l}$(단, P : 물가, M_0 : 화폐공급량, l : 화폐수요의 이자율탄력성, l_0 : 독립적인 화폐수요)이 변화할 때 발생하므로 선지의 내용을 쉽게 확인할 수 있다.

③ 옳은 내용이다.

명목화폐공급이 증가하거나 감소하면 단기적으로 화폐시장에서 화폐초과공급이나 초과수요가 발생하여 이자율이 변화한다. 시간이 흘러 장기가 되면, 물가가 변화할 수 있게 되므로 명목이자율이 다시 변화하게 된다. 만일 화폐공급 증가로 단기에 이자율이 하락했다면 장기에는 물가가 상승하게 되므로 LM곡선이 좌상방으로 이동하면서 이자율도 다시 상승하게 된다. 결국 화폐공급 증가로 하락했던 이자율이 다시 상승하여 상쇄된다. 따라서 명목화폐공급의 변화가 이자율에 미치는 영향은 단기에서 크며, 장기에서 작다고 할 수 있다.

④ 옳은 내용이다.
실질화폐공급이 증가하면 화폐시장에서 화폐초과공급이 발생하여 이자율이 하락하므로 LM곡선은 우측으로 이동한다. 수리적으로 도출한 LM곡선의 방정식은 $r=\frac{k}{l}Y-\frac{M_0}{Pl}$ 또는 $r=\frac{k}{l}Y-\frac{M_0}{Pl}+\frac{l_0}{l}$이므로, 이때 LM곡선의 이동은 절편에 해당하는 $-\frac{M_0}{Pl}$ 또는 $-\frac{M_0}{Pl}+\frac{l_0}{l}$(단, P : 물가, M_0 : 화폐공급량, l : 화폐수요의 이자율탄력성, l_0 : 독립적인 화폐수요)이 변화할 때 발생하므로 선지의 내용을 쉽게 확인할 수 있다.

⑤ 틀린 내용이다.
장기적으로 실질화폐공급이 변화하지 않는 경우에도 LM곡선은 우상향한다. 이는 수리적으로 도출한 LM곡선의 방정식 $r=\frac{k}{l}Y-\frac{M_0}{Pl}$ 또는 $r=\frac{k}{l}Y-\frac{M_0}{Pl}+\frac{l_0}{l}$에서 쉽게 확인할 수 있다. 다만, 만일 장기에 완전고용국민소득의 제한을 받는다면 수직인 영역이 부분적으로 나타날 수는 있다.

31 정답해설

거시경제의 총수요곡선이란 각각의 물가수준에서 대응되는 총수요를 연결한 그래프로서 생산물시장과 화폐시장의 균형을 달성시키는 국민소득과 물가의 조합을 기하적으로 표시한 것이다.
거시경제의 총공급곡선이란 각각의 물가수준에서 기업들이 공급하고자 하는 최종생산물의 양을 나타내는 그래프로서 노동시장의 균형하에서 달성되는 국민소득과 물가의 조합을 기하적으로 표시한 것이다.
이제 거시경제의 일반균형은 다음과 같다.
① 기하적으로 AD곡선과 AS곡선이 만나는 교점에서 거시경제의 일반균형이 달성된다.
② 수리적으로 AD곡선의 방정식과 AS곡선의 방정식을 연립하여 푼 해집합이 균형이다.
설문의 자료를 이용하여 AD곡선의 방정식과 AS곡선의 방정식을 연립하여 풀면 다음과 같다.

1) AD곡선의 방정식
총수요곡선의 방정식은 $Y_d=-P+8$로 주어져 있다.

2) AS곡선의 방정식
총공급곡선의 방정식은 $Y_s=(P-P_e)+4$가 된다.

3) AD–AS 균형
① 기대물가가 $P_e=2$인 경우
균형은 총수요와 총공급이 같은 $-P+8=(P-2)+4$에서 달성된다. 이를 풀면, $P=3$, $Y=5$가 된다.
② 기대물가가 $P_e=4$인 경우
균형은 총수요와 총공급이 같은 $-P+8=(P-4)+4$에서 달성된다. 이를 풀면, $P=4$, $Y=4$가 된다.

4) 국민소득과 물가의 변화
국민소득은 5에서 4로 1만큼 감소하고, 물가는 3에서 4로 1만큼 상승한다.

32 정답해설

조세삭감과 같은 확장적 재정정책으로 인해서 가처분소득이 증가하며 소비가 증가한다. 소비의 증가는 총수요의 증가를 가져오고 이에 따라 결국 소득이 증가한다. 따라서 IS곡선은 소득증가의 방향인 오른쪽으로 이동하므로 결국 이자율은 상승한다.

1) 승수효과와 국민소득의 증가
최초균형상태에서 조세가 ΔT만큼 감소하는 경우, 단순 케인즈모형과 같이 이자율이 불변이라고 하면 승수효과를 통해 국민소득은 $\dfrac{-b}{1-b}\Delta T$ 만큼 증가한다. 따라서 IS곡선은 우측으로 이동하며 이자율이 불변인 상황에서 생산물에 대한 총수요가 총생산을 초과하여 생산물시장의 초과수요상태가 된다. 그러나 생산물 초과수요는 생산물 공급이 증가하면서 생산물시장의 균형을 회복한다.

2) 화폐시장의 불균형
현재 여전히 이자율이 불변인 상황에서 생산물 공급이 증가하면서 국민소득이 증가하게 되어 화폐시장에서는 거래적 화폐수요가 증가한다. 따라서 화폐시장에서 초과수요가 발생하는 불균형이 나타나면서 $IS-LM$ 모형이 불균형상태가 된다.

3) 구축효과와 이자율의 상승
정부지출 증가에 의하여 국민소득이 증가한 경우 현재 상태는 $IS-LM$ 모형에서 불균형 상태로서 오래 지속될 수가 없다. 따라서 화폐시장의 초과수요로 인하여 화폐시장에서 균형을 회복하기 위해서 이자율이 상승하게 된다. 이에 따라서 생산물시장에서 투자가 감소하고 정부지출 증가로 증가했었던 국민소득은 다시 감소하게 된다. 이렇게 승수효과에 의하여 증가했던 국민소득이 이자율 상승에 따라서 다시 감소하는 것을 구축효과라고 한다.

4) 새로운 균형
이자율이 상승하면서 화폐시장의 초과수요는 해소되고, 새로운 화폐시장의 균형에 도달한다. 이 과정에서 생산물시장에서도 이자율 상승으로 인해 투자가 감소하면서 국민소득이 감소하여 새로운 생산물시장의 균형에 도달한다. 정부지출 증가 이후 승수효과에 의한 국민소득의 증가와 이자율 상승에 따른 구축효과가 가져오는 국민소득의 감소가 모두 조정이 되면 새로운 $IS-LM$균형에 도달하게 된다. 새로운 균형에서는 국민소득은 증가하고 이자율은 상승하게 된다.

33 정답해설

① 옳은 내용이다.
물가상승에 따라서 가격을 인상해야 하는 경우 가격표를 변경해야 하는데 이에 소요되는 제반 비용을 총칭하여 메뉴비용이라고 한다.

② 옳은 내용이다.
인플레이션이 물가수준이 지속적으로 "상승"하는 현상을 의미한다면, 반면 디플레이션(deflation)은 물가수준이 지속적으로 "하락"하는 현상을 의미한다. 이와 구별할 개념으로 디스인플레이션(disinflation)이란 물가상승률의 하락으로서 반인플레이션정책 혹은 물가억제정책에서 사용하는 개념이다. 따라서 디스인플레이션 상황에서 물가는 상승하고 물가상승률은 하락할 수 있음에 유의하자.

③ 옳은 내용이다.
초인플레이션(hyperinflation)이란 어느 한 경제의 일반 물가수준이 매우 급격히 증가하는 현상으로서 대략 1개월 기준으로 50% 이상의 물가상승이 1년 이상 지속되는 것을 말한다. 초인플레이션의 원인으로는 주로 통화공급의 급격한 증가를 들 수 있다. 실례로 초인플레이션을 경험한 국가에서는 가게 종업원들이 가격표 교체에 많은 시간을 투입하는 등 메뉴비용이 급증하게 되었다. 또한 통화가치의 급변에 따라서 채권자와 채무자 사이의 부의 재분배현상이 나타나게 된다.

④ 옳은 내용이다.

현금보유자는 물가상승에 따라 화폐가치가 감소하므로 가급적 화폐를 적게 보유하려고 할 것이다. 이에 따라 현명한 현금잔고 관리차원에서 필요할 때마다 은행에 방문하여 현금을 인출해야 한다. 이를 위해서는 은행방문에 따른 시간이나 교통비 등 제반비용이 소요되는데 이를 구두창비용이라고 한다.

⑤ 틀린 내용이다.

유가 상승, 원자재 가격 상승 등 불리한 공급충격 혹은 부의 공급충격이 발생할 경우 총공급곡선이 좌상방으로 이동하게 된다. 따라서 물가는 상승하고 생산은 감소하고 실업률은 상승한다. 이를 경기침체 상태에서의 인플레이션이라는 의미로 스태그플레이션이라고 한다.

34

정답해설

① 옳은 내용이다.

경제학자 필립스에 의하면 필립스 곡선은 원래 명목임금상승률과 실업률 간에 부의 상관관계가 있음을 나타내는 곡선이다. 이후 필립스 곡선은 인플레이션율과 실업률 간에 부의 상관관계를 나타내는 것으로 발전하였다. 단기 필립스 곡선은 인플레이션율(명목임금상승률)과 실업률 간에 단기적으로 부의 상관관계가 있음을 나타내는 곡선이다.

② 옳은 내용이다.

단기 필립스 곡선에 오쿤의 법칙을 적용할 경우, 필립스 곡선은 총공급곡선을 의미한다. 반대로 총공급곡선에 오쿤의 법칙을 적용할 경우, 단기 필립스 곡선을 도출할 수 있다. 즉, 필립스 곡선이 인플레이션과 실업의 분석이라면, 총공급곡선은 물가와 소득(산출)의 분석이다.

③ 틀린 내용이다.

물가에 대한 예상이 노동시장과 총생산에 큰 영향을 미칠 수 있음을 고려하면 필립스 곡선도 기대를 반영하여 $\pi_t = \pi_t^e - b(u_t - u_N)$와 같이 표현할 수 있다. 이를 기대가 부가된 필립스 곡선이라고 한다. 특히 이는 적응적 기대가 반영된 것으로서 프리드만과 펠프스에 의하여 개발되었다.

참고로 적응적 기대(adaptive expectation)란 기대형성 방식 중의 하나로서 경제주체들이 예상을 함에 있어서 과거 예측오차의 일부를 반영하여 새로운 기대를 형성하는 방식을 의미한다. 예를 들어 과거의 물가예상에 있어서 기대 인플레이션율이 3%이고, 실제인플레이션율이 5%라고 하면 예측오차가 2%가 된다. 이제 새로운 물가예상에 있어서 적응적 기대를 사용한다면, 이 경제주체는 과거의 기대 인플레이션율 3%에 예측오차 2%의 일부를 반영하여 3%에서 5% 사이로 예상물가를 결정할 것이다. 이를 수식으로 나타내면 다음과 같다.

$P^e{}_{t+1} = P^e{}_t + \theta(P_t - P^e{}_t),\ 0 \leq \theta \leq 1,$

$P^e{}_{t+1}$: t기에 예상하는 $t+1$기의 예상물가, $P^e{}_t$: $t-1$기에 예상한 t기의 예상물가

θ : 예측오차의 반영비율, P_t : t기의 실제물가

장기에는 노동자와 기업의 물가상승률에 대한 기대가 정확하므로, 실제물가상승률을 반영할 수 있어서 기대물가상승률과 일치한다. 이런 경우 필립스 곡선은 자연실업률 수준에서 수직인 형태가 되는데 이를 장기 필립스 곡선이라고 한다.

④ 옳은 내용이다.

만일 단기 총공급곡선이 가파르다면, 물가가 상승하는 경우 산출의 증가가 크지 않은 경우이므로 이를 단기 필립스 곡선에서 해석하면, 물가가 상승하는 경우 실업률의 감소가 크지 않은 경우라고 할 수 있다. 따라서 물가가 상승하면 실업률이 감소하는데 만일 물가가 상승해도 실업률이 많이 감소하지 않는다면, 단기 필립스 곡선은 가파르다고 할 수 있다. 정리하자면, 단기 총공급곡선이 가파를수록 단기 필립스 곡선도 가파르다. 극단적으로 장기에 총공급곡선이 완전고용산출량 수준에서 수직이면, 장기에 필립스 곡선도 자연실업률 수준에서 수직이 된다.

⑤ 옳은 내용이다.
만일 정부의 정책 변화에 따라서 민간의 기대 인플레이션율이 즉각적으로 변화한다면, 실업률의 증가라는 고통이 없이도 인플레이션율을 줄이는 것이 가능해지는데 이를 새고전학파는 고통 없는 인플레이션 감축(painless disinflation)이라고 한다. 루카스 등 새고전학파에 의하면 점진전략에 의한 반인플레이션 정책은 오랜 기간 동안 경기침체를 유발하기 때문에 목표한 바대로 끝까지 가지 못하고 중도에 포기되는 경우가 많다고 한다. 만일 통화당국이 물가안정을 위해서 긴축적인 통화정책을 시행할 것을 사전에 공표하고 이에 대해 민간부문이 정부정책을 신뢰한다면, 합리적인 민간부문은 기대 인플레이션율을 낮게 조정할 것이다. 이제 정책이 시행과 동시에 곧바로 기대 인플레이션율이 하락하여 단기 필립스 곡선이 하방으로 이동하게 될 것이다. 이 경우에는 합리적 기대에 근거하여 국민소득의 감소 및 실업률의 증가라는 고통이 없이도 물가만 하락시키는 것이 가능하다.

35 정답해설
① 옳은 내용이다.
현재 물가상승률이 목표물가상승률이라는 단서를 이용하면 물가상승률은 2%가 된다. 그리고 현재 상태에서 국내총생산이 잠재국내총생산과 같으므로 성장률은 0이 된다. 참고로 주어진 4번째 수식에서 성장률의 정의가 제대로 주어지지 않은 상황이므로 출제오류로 보이지만 선해하여 성장률로 간주한다.
이제 앞의 단서들을 모두 주어진 2번째 수식인 이자율 준칙의 식에 대입하면 현재 이자율은 다음과 같이 4%가 된다.
이자율 $=\pi+2\%+0.5(\pi-\pi^T)+0.5G=2+2+0.5\times(2-2)+0.5\times0=4$
② 옳은 내용이다.
현재 물가상승률이 목표물가상승률이라는 단서를 이용하면 물가상승률은 2%가 된다. 그리고 현재 상태에서 실업률이 자연실업률과 같으므로 실업률은 3%가 된다.
이제 정리된 단서들을 모두 주어진 1번째 수식인 필립스 곡선의 식에 대입하면 현재 기대물가상승률은 다음과 같이 2%가 된다.
$\pi=\pi^e-0.5(u-u_n)$, $2=\pi^e-0.5(3-3)$, $\pi^e=2$
③ 옳은 내용이다.
실업률이 5%로 상승하고 기대물가상승률이 변화하지 않았다는 단서에서 실업률은 5%, 기대물가상승률은 2%이다. 이를 주어진 1번째 수식인 필립스 곡선의 식에 대입하면 다음과 같이 물가상승률은 1%임을 알 수 있다.
$\pi=\pi^e-0.5(u-u_n)$, $\pi=2-0.5(5-3)=1$
이때, 유의할 점은 기대물가상승률이 변화하지 않았기 때문에 필립스 곡선 선상의 이동이라는 점이다. 즉 최초 실업률 3% 수준에서 5% 수준으로 상승할 때의 물가상승률을 의미한다.
④ 옳은 내용이다.
기대물가상승률이 3%로 상승한 경우, 이 정보와 문제의 발문에서 주어진 자료인 실업률 3%를 주어진 1번째 수식인 필립스 곡선의 식에 대입하면 다음과 같이 물가상승률은 3%임을 쉽게 알 수 있다.
$\pi=\pi^e-0.5(u-u_n)$, $\pi=3-0.5(3-3)=3$
참고로 해당 선지는 기대물가상승률만 상승했을 뿐 실업률에 대한 정보는 없으므로 실업률은 원래 주어진 3%를 그대로 활용하기로 한다. 이에 대하여 문제에서 좀더 명확히 주어졌더라면 수험생들의 혼동을 미연에 방지하였을 것이라는 아쉬움이 있다.
이제 위에서 구한 물가상승률 3%를 주어진 2번째 수식인 이자율 준칙의 식에 대입하면 이자율은 다음과 같이 5.5%가 된다.
이자율 $=\pi+2\%+0.5(\pi-\pi^T)+0.5G=3+2+0.5\times(3-2)+0.5\times0=5.5$
참고로 위에서 실업률은 원래 주어진 3%를 그대로 활용하기로 하였으므로 성장률에도 변화가 없으므로 0이 유지됨을 적용한다. 즉 현재 선지에서는 여전히 국내총생산이 잠재국내총생산과 같고 성장률은 0이 됨을 적용한다.

⑤ 틀린 내용이다.

STEP 1. 물가상승률 구하기

실업률이 1%(현재의 실업률이 됨)로 하락하고, 기대물가상승률이 3%로 상승한 경우, 이 정보를 주어진 1번째 수식인 필립스 곡선의 식에 대입하면 다음과 같이 물가상승률은 4%임을 알 수 있다.

$\pi = \pi^e - 0.5(u - u_n)$, $\pi = 3 - 0.5(1-3) = 4$

STEP 2. 국내총생산의 성장률 구하기

실업률이 1%(현재의 실업률이 됨)로 하락한 경우, 이 정보와 문제의 발문에서 주어진 자료인 실업률 3%(전기의 실업률이 됨)를 주어진 3번째 산식인 성장률과 실업률의 관계식에 대입하면 다음과 같이 국내총생산의 성장률은 7%가 됨을 알 수 있다.

국내총생산의 성장률$= 3\% - 2(u - u_{-1}) = 3 - 2(1-3) = 7$

STEP 3. 이자율 구하기

이제 위에서 구한 물가상승률 4%, 상승한 기대물가상승률 3%, 국내총생산의 성장률 7%를 주어진 2번째 수식인 이자율 준칙의 식에 대입하면 이자율은 다음과 같이 10.5%가 된다.

이자율 $= \pi + 2\% + 0.5(\pi - \pi^T) + 0.5G = 4 + 2 + 0.5 \times (4-2) + 0.5 \times 7 = 10.5$

36 정답해설

ㄱ. 옳은 내용이다.

총수요곡선이란 각각의 물가수준에서 대응되는 총수요(한 국가경제 내의 모든 재화와 서비스에 대한 수요)를 연결한 그래프를 의미한다. 이는 생산물시장과 화폐시장의 균형을 달성시키는 국민소득과 물가의 조합을 기하적으로 표시한 그래프로 도출된다.

ㄴ. 틀린 내용이다.

AD 곡선의 방정식은 수리적으로 IS 곡선의 방정식 $r = \frac{(1-b)}{c}Y - \frac{(a + I_0 + G_0)}{c}$과 LM 곡선의 방정식 $r = \frac{k}{l}Y - \frac{M_0}{Pl}$을 통해서 도출된다. 이때, $1-b,\ c,\ l,\ k,\ M_0$은 각각 한계저축성향, 투자의 이자율탄력성, 화폐수요의 이자율탄력성, 화폐수요의 소득탄력성, 화폐공급량이 된다. 만일 투자와 화폐수요가 이자율에 영향을 받지 않을 경우 투자의 이자율탄력성 및 화폐수요의 이자율탄력성이 0이 된다. 이를 총수요곡선 도출과정에서 고려하면, 특정한 소득수준과 특정한 물가수준으로 도출된다. 엄밀히 표현하면 이러한 극단적인 경우에는 총수요가 특정 소득수준과 물가수준으로서 하나의 점 상태로 표출되는 것으로 사실상 총수요곡선으로서의 의미는 없게 되며 총수요점으로서의 의미만 가진다.

참고로 선지에서 통화수요 또는 투자가 이자율에 영향을 받지 않을 경우라고 표현하고 있으므로 투자만 이자율에 대해 영향을 받지 않는 경우, 통화수요만 이자율에 대해 영향을 받지 않는 경우, 그리고 앞에서 살펴본 바와 같이 투자와 통화수요가 모두 이자율에 대해 영향을 받지 않는 경우로 나누어 살펴볼 수 있다. 투자만 이자율에 대해 영향을 받지 않는 경우와 통화수요만 이자율에 대해 영향을 받지 않는 경우는 이자율에 대한 특별한 가정을 하는 것을 조건으로 하면 앞서 분석한 내용과 동일하다.

ㄷ. 옳은 내용이다.

극단적인 케인즈의 총공급곡선은 수평인 형태를 보인다. 이때, 물가는 일정하게 고정된 수준이 된다. 이를 수리적으로 표현하면 $P = \overline{P}$ 가 된다. 케인즈에 의하면 가격과 임금은 경직적이므로 노동시장을 비롯한 요소시장은 불균형이 나타나게 된다. 가격의 경직성 때문에 노동을 비롯한 모든 생산요소는 완전고용될 수 없다. 특히 경제의 총수요가 총공급에 미달하여 경제 내에 고용되지 못한 유휴생산요소가 존재하는 경우, 유휴생산요소로 인해 완전고용 국민소득을 달성할 수 없다. 이는 고정된 현재의 물가수준하에서 기업이 수요로 요구되는 만큼 많은 생산물을 공급할 능력과 의사가 있음을 의미한다. 따라서 물가의 경직성과 유휴생산요소 및 공급능력을 동시에 고려하면 케인즈의 공급곡선은 고정된 물가수준에서 수평의 형태를 보인다는 것을 쉽게 도출해 낼 수 있다.

ㄹ. 틀린 내용이다.

정부지출의 변화는 총수요를 변화시키므로 총수요곡선 자체의 이동을 가져온다.

37 정답해설

ㄱ. 옳은 내용이다.

기업이 현재 보유하고 있는 자본량(예 공장, 건물, 기계, 차량, 재고 등)이 최적의 자본량에서 괴리되어 있을 때 이를 메우기 위해서 자본량을 조정하는 것을 투자라고 한다. 투자를 통해서 자본량이 축적되면 장기에 경제성장의 원동력이 되기도 한다.

ㄴ. 틀린 내용이다.

저축률이 낮아지고 소비가 증가할 경우 단기적으로 총수요가 증가하여 총생산이 증가할 수 있다. 그러나 저축률의 하락은 저축의 감소를 가져와 결국 투자가 감소하기 때문에 자본의 축적을 저해하여 장기적으로 경제성장을 저해할 가능성이 크다.

ㄷ. 옳은 내용이다.

교육 부문에 투자지출을 증가시킬 경우 높은 생산성의 인적 자본이 증가하여 경제성장을 촉진시킬 수 있다. 특히 인적 자본을 강조하는 내생적 성장이론으로서 인적자본모형에 의하면 자본을 물적자본과 인적자본으로 구분하고 인적자본을 기계설비 등의 실물자본과 구별되는 개념으로서 교육이나 기능훈련 등으로 습득되어 인간에 체화되는 자본이며 기술 및 지식과는 구별되는 것으로 본다. 인적자본의 증가에 의해서 물적자본 및 노동의 생산성이 지속적으로 향상될 수 있다. 자본을 이렇게 인적자본으로 확장할 경우 자본의 수확체감이 일어나지 않을 수 있다. 인적자본과 실물자본이 동시에 축적된다면, 실물자본의 생산성이 지속적으로 상승하여 자본의 수확체감현상이 발생하지 않을 수 있고, 지속적인 경제성장이 가능하다.

ㄹ. 옳은 내용이다.

연구개발 부문에 투자지출을 증가시켜 새로운 기술을 개발하고 실용화할 경우 경제성장을 촉진시킬 수 있다. 특히 연구개발을 강조하는 내생적 성장이론으로서 $R\&D$모형에 의하면 일국의 기술수준은 외생적으로 주어진 것이 아니며 내생적으로 자본과 노동의 투입에 의해서 생산될 수 있는 것으로 상정한다. 즉, 경제 내의 노동을 두 종류로 구분하여 경제 내에 재화를 생산하는 생산부문과 기술을 생산하는 연구개발부문에 투입되는 것으로 본다. 이를 통해 축적된 기술 및 지식의 수준이 노동의 효율성을 결정하며, 노동의 효율성 즉 지식 및 기술은 경제 내에서 지속적으로 증가가능하며 경제는 성장하게 된다.

38 정답해설

솔로우 성장모형에서 C-D함수모형은 다음과 같다.

① $Y = AK^{\alpha}L^{1-\alpha}$

② $\frac{Y}{L} = A(\frac{K}{L})^{\alpha}(\frac{L}{L})^{1-\alpha} = A(\frac{K}{L})^{\alpha}1^{1-\alpha}$

③ $y = Ak^{\alpha}1^{1-\alpha}$

④ $y = Ak^{\alpha}$

⑤ $\dot{k} = sf(k) - (n+\delta)k = sAk^{\alpha} - (n+\delta)k$

⑥ 균제조건 $\dot{k} = sAk^{\alpha} - (n+\delta)k = 0$

⑦ 균제상태에서의 1인당 자본량 $k^* = (\frac{sA}{n+\delta})^{\frac{1}{1-\alpha}}$

1인당 생산함수를 구하면 $y = k^{0.5}$, 그리고 저축률이 $s = 0.4$, 감가상각률은 $\delta = 0.2$, 인구증가율은 $n = 0$으로 주어져 있다.

따라서 설문의 자료를 위의 산식 ⑦에 대입하면 다음과 같다.

균제상태에서의 1인당 자본량은 $k^* = (\frac{sA}{n+\delta})^{\frac{1}{1-\alpha}} = (\frac{0.4\times1}{0+0.2})^{\frac{1}{1-0.5}} = 4$이다.

따라서 1인당 자본량을 1인당 생산함수에 넣으면, 1인당 소득은 2가 되며, 저축률이 40%임을 고려하면 저축이 0.8이므로 소비는 1.2가 된다.

39

정답해설

관세를 부과하면 아래와 같이 경제적 순손실이 발생한다. 경제적 순손실의 발생은 해당 국가의 사회후생을 감소시키기 때문에 관세부과를 통한 보호무역을 옹호하는 근거로 타당하지 않다.

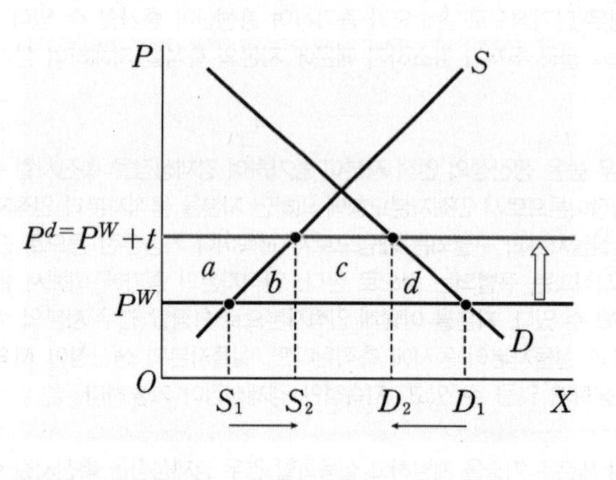

① 국제시장가격 : P^W 동일
② 국내시장가격
: P^W에서 P^W+t로 상승
③ 국내생산량
: S_1에서 S_2로 증가
④ 국내소비량
: D_1에서 D_2로 감소
⑤ 소비자잉여 변화 ΔCS
: $a+b+c+d$만큼 감소
⑥ 생산자잉여 변화 ΔPS
: a만큼 증가
⑦ 자중손실 : $-(b+d)$

관세의 부과로 인하여 소비자잉여가 감소하고 생산자잉여는 증가하며 정부의 관세수입이 증가하지만, 사회후생의 손실이 $-(b+d)$만큼 발생한다. 따라서 선지 ②는 관세를 통한 보호무역의 근거가 될 수 없다.
선지 ②를 제외한 나머지는 ① 국가안보, ③ 환경보호, ④ 국내 신생산업 보호, ⑤ 국내 저임금노동자 보호 차원에서 보호무역을 옹호하는 근거가 될 수 있다.

40

정답해설

먼저 고정환율제도에서 "확대"재정정책의 효과는 다음과 같다.
확대재정정책이 실시되면, IS 곡선이 우측으로 이동하면서 국민소득이 증가하고 이자율이 상승한다. 국내이자율이 국제이자율보다 상승하여 해외로부터 자본이 유입되고 국제수지 흑자가 되어 이로 인하여 환율하락 압력(평가절상압력)이 나타난다. 고정환율제도이므로 중앙은행은 고정환율을 유지하기 위해 외환시장에 개입하여 외환을 매입하고 자국통화를 매도하므로 통화량은 증가한다(LM곡선 우측이동). 통화량 증가로 이자율이 하락하고 투자가 증가하여 국민소득이 증가한다. 확대재정정책으로 상승했던 이자율이 다시 하락하여 원래의 이자율로 회귀하고 국민소득은 크게 증가한다.
이제 반대로 고정환율제도에서 "긴축"재정정책의 효과는 다음과 같다.
긴축재정정책이 실시되면, IS 곡선이 좌측으로 이동하면서 국민소득이 감소하고 이자율이 하락한다. 국내이자율이 국제이자율보다 하락하여 해외로 자본이 유출되고 국제수지 적자가 되어 이로 인하여 환율상승 압력(평가절하압력)이 나타난다. 고정환율제도이므로 중앙은행은 고정환율을 유지하기 위해 외환시장에 개입하여 외환을 매도하고 자국통화를 매수하므로 통화량은 감소한다(LM곡선 좌측이동). 통화량 감소로 이자율이 상승하고 투자가 감소하여 국민소득이 감소한다. 축소재정정책으로 하락했던 이자율이 다시 상승하여 원래의 이자율로 회귀하고 국민소득은 크게 감소한다.

정답

01 ①	02 ③	03 ①	04 ③	05 ⑤	06 ④	07 ①	08 ⑤	09 ⑤	10 ②
11 ⑤	12 ③	13 ②	14 ③	15 ④	16 ③	17 ④	18 ①	19 ⑤	20 ③
21 ④	22 ⑤	23 ②	24 ①	25 ③	26 ④	27 ②	28 ⑤	29 ②	30 ⑤
31 ①	32 ②	33 ④	34 ①	35 ②	36 ④	37 ②	38 ⑤	39 ④	40 ④

01

정답해설

① 옳은 지문이다. 획지(劃地)는 다른 토지와 구별되는 '구획된 토지'를 의미한다. 넓은 면적을 가지고 있는 하나의 필지는 여러 개의 획지로 구분되어 이용될 수 있고, 반대로 여러 개의 필지는 하나의 획지로 이용될 수 있다.

오답해설

② 건부지(建敷地)는 건축물의 바닥 토지로 이용 중인 토지를 말한다. 그리고 건부지의 여부는 현재 이용상황을 기준으로 판단한다. 따라서 건축물의 부지로 이용가능한 토지를 건부지라고 할 수 없다.

③ 나지(裸地)는 건물 등 정착물이 없고, 사법상의 제한이 없는 토지를 말한다.

④ 지문은 제외지(堤外地)에 대한 설명이다. 제내지(堤內地)는 제방에 의하여 보호되고 있는 지역, 즉 제방으로부터 제방이 보호하고자 하는 지역(마을)까지를 의미한다. 반대로 제외지는 제방으로 둘러싸인 하천 측 지역을 말한다.

⑤ 일단지(一團地)는 용도상 불가분의 관계에 있는 두 필지 이상의 토지를 말한다. 따라서 지문에서 '합병한 토지'는 틀린 문구이다.

02

정답해설

③ 연립주택이다. 건축물 현황에 의하면 ㉠ 주택으로 사용하는 층수가 4개층이고, ㉡ 주택으로 쓰는 바닥면적의 합계가 660㎡를 초과하고 있다.

▌주택으로 사용하는 층수 산정

1. 지하층은 제외한다.
2. 1층 전부를 필로티 구조로 하여 주차장으로 사용하는 경우, 해당 층은 주택의 층수에서 제외한다.
3. 1층 일부를 필로티 구조로 하여 주차장으로 사용하고 나머지 부분을 주택 외의 용도로 사용하는 경우, 해당 층은 주택의 층수에서 제외한다.

03

정답해설

① 총톤수 20톤 이상의 선박은 등기 대상물이다.

등기 대상물	입목, 선박(20톤 이상), 공장재단, 광업재단 등
등록 대상물	자동차, 항공기, 건설기계 등
등록 대상 권리	광업권, 어업권 등

※ 주의 : '5천만원을 주고 구입한 한 그루의 소나무'와 관련하여 입목과의 구별에 대해 질문을 주는데, 입목은 수목의 집단을 입목에 관한 법률에 따라 소유권보전등기를 받은 것을 말한다. 따라서 한 그루의 소나무는 입목으로 등기될 수 없다.

04 정답해설

③ 준주택이란 주택 외의 건축물과 그 부속토지로서 주거시설로 이용가능한 시설 등을 말한다. 준주택에는 다중생활시설, 기숙사, 오피스텔, 노인복지주택 등이 있다.

05 정답해설

⑤ 한계심도란 토지소유자의 통상적 이용행위가 예상되지 않으며 지하시설물 설치로 인하여 일반적인 토지이용에 지장이 없는 것으로 판단되는 깊이를 말하는 것으로, 하수도 및 상수도 설치, 지하철 건설을 위한 지하부분 토지사용에 대한 보상과 관련된 개념이다. 한계심도는 법률로 규정된 경우는 없고, 행정규칙이나 지방자치단체 조례 등으로 정하고 있다.

06 정답해설

④ 옳은 연결이다. 도로접면의 구분과 관련하여 자동차 통행이 불가능한 도로에 접하고 있으므로 ㄴ은 소로각지가 아니라 소로한면이다.

소로한면과 소로각지의 구분

1. 소로한면 : 폭 8m 이상 12m 미만의 도로에 한면이 접하고 있는 토지
2. 소로각지 : 소로에 한면이 접하면서 소로, 자동차통행이 가능한 세로(가)에 한면 이상 접하고 있는 토지

07 정답해설

① 옳은 연결이다.

(ㄱ) 아파트 공급의 가격탄력성 : −6% ÷ −5% = +1.2(탄력적)

(ㄴ) 아파트와 연립주택의 관계

1) 아파트 가격이 하락하자 연립주택의 수요량이 증가하였다. : 보완관계

2) 교차탄력성 : +2% ÷ −5% = −0.4, 음수값으로 측정되었으니 보완관계

08 정답해설

⑤ 수요가 증가하는 경우, 공급이 비탄력적일수록, 가격은 더 상승하고 거래량은 덜 증가한다. 따라서 수요가 증가하는 경우, 공급의 가격탄력성이 작을수록 균형가격의 상승폭은 커지고, 균형량의 증가폭은 작아진다.

09 정답해설

⑤ 저량(stock)은 일정 시점에서 측정되는 변수를 말한다. 주택수요량과 신규주택 공급량은 대표적인 유량(flow) 변수이다.

10 정답해설

② 옳은 지문이다. 할당 효율적 시장은 어느 시장에서도 초과이윤을 획득할 수 없는 시장이다.

㉠ 완전경쟁시장은 완전한 경쟁을 통해 초과이윤을 획득할 수 없는 시장이다. 따라서 완전경쟁시장은 항상 할당 효율적 시장이다.

㉡ 강성 효율적 시장은 어떠한 정보를 통해서도 초과이윤을 획득할 수 없는 시장이다. 따라서 강성 효율적 시장은 항상 할당 효율적 시장이다.

오답해설

① 될 수 없다. ⇨ 있다. : 불완전경쟁시장이라도 할당 효율적 시장이 될 수 있다.

③ 획득할 수 있다. ⇨ 없다. : 약성 효율적 시장은 과거 정보를 통해 정상 이상의 초과이윤을 획득할 수 없다. 약성 시장에서 초과이윤을 획득하기 위해서는 현재 정보나 미래 정보를 획득해야 한다.

④ 발생할 수 있다. ⇨ 없다. : 완전경쟁시장에서는 초과이윤이 발생할 수 없다.

⑤ 준강성 효율적 시장 ⇨ 강성 효율적 시장

11 정답해설

⑤ 제품의 가격이 비쌀수록, 소비자들은 가격 변화에 보다 민감하게 반응한다. 즉 보다 탄력적으로 반응한다. 따라서 제품의 가격이 가계소득에서 차지하는 비중이 클수록 수요의 탄력성이 더 탄력적이다.

12 정답해설

③ C도시로부터 B도시의 구매활동에 유인되는 인구수의 증가는 18,000 − 10,000 = 8,000명이다.

1. 작년 인구수 기준
   1) A도시 유인력 : 50,000 ÷ 5^2 = 2,000, B도시 유인력 : 200,000 ÷ 10^2 = 2,000
   2) B도시 유인력 비율 : 2,000 ÷ (2,000 + 2,000) = 50%
   3) C도시에서 B도시로 유인되는 인구수 : 2만명 × 50% = 10,000명
2. 금년 인구수 기준
   1) A도시 유인력 : 50,000 ÷ 5^2 = 2,000, B도시 유인력 : 300,000 ÷ 10^2 = 3,000
   2) B도시 유인력 비율 : 3,000 ÷ (2,000 + 3,000) = 60%
   3) C도시에서 B도시로 유인되는 인구수 : 3만명 × 60% = 18,000명

13 정답해설

② 시장을 실패시키는 원인은 정보의 비대칭성이다.

※ 시장실패의 원인

㉠ 외부효과

㉡ 정보의 비대칭성(불완전성)

㉢ 공공재의 공급

㉣ 불완전경쟁시장

㉤ 시장의 자율적 조절기능 상실

㉥ 규모의 경제

14 정답해설

③ 옳은 지문이다. 정(+)의 외부효과가 발생하면 사회적 편익이 증가하고, 부(−)의 외부효과가 발생하면 사회적 비용이 증가한다.

오답해설

① 시장메커니즘을 통하여 ⇨ 시장메커니즘을 통하지 않고
② 외부경제 ⇨ 외부불경제 : 부(−)의 외부효과는 외부불경제라고도 한다.
④ 부(−)의 외부효과에는 벌금 · 부담금의 부과, 조세부과 등 규제 정책이 필요하다.
⑤ 과소생산 ⇨ 과대생산 : 부(−)의 외부효과가 발생하면 사회적 최적생산량보다 시장생산량이 많은 과대생산이 초래된다.

15 정답해설

④ 순영업소득은 178,000,000원이다.
1. 유효총소득 : 360,000,000원
2. 영업경비 : 182,000,000원
1) 직원 인건비 : 80,000,000원
2) 수도광열비 : 36,000,000원
3) 용역비 : 30,000,000원
4) 수선유지비 : 18,000,000원
5) 재산세 : 18,000,000원
6) 주의 : 감가상각비는 제외된다.
3. 순영업소득 : 178,000,000원

16 정답해설

③ 옳은 지문이다.

오답해설

① 상업용 부동산투자는 경기침체에 민감하기 때문에 투자 위험이 높다. 또한 상업용 부동산투자는 초기비용이 높고, 임대차 등을 통해 자본을 회수하기 때문에 회수기간도 긴 특징이 있다.
② 부동산이 위치한 입지여건의 변화 때문에 발생하는 위험은 위치적 위험이다. 부동산시장의 수요 · 공급과 관련된 상황의 변화와 관련된 위험은 시장위험이다.
④ 소유권위험, 정부정책위험, 정치적 위험 등은 법 · 제도적 위험에 해당되나, 불가항력적 위험이나 유동성 위험은 법 · 제도적 위험이라고 할 수 없다.
⑤ 위험과 수익은 비례 관계 또는 정(+)의 관계를 갖는다.

17 정답해설

④ 옳은 지문이다.

오답해설

① 다르지 않다. ⇨ 다르다. : 부동산은 안전한 자산이나 환금성(유동성)이 좋지 않다. 반면 주식은 안전성이 낮은 자산이나 환금성(유동성)이 좋다.
② 디플레이션과 같은 경기침체기에 ⇨ 인플레이션이 발생하는 시기에 : 부동산은 인플레이션 시기에 좋은 투자대상이지, 디플레이션 시기에 좋은 투자대상은 아니다.
③ 일반적으로 부동산시장은 정보의 비대칭성의 특성을 갖는다.
⑤ 금융성 ⇨ 유동성 또는 환금성

18 정답해설

① ㄱ, ㄹ이 옳은 지문이다.

오답해설

ㄴ. 위험은 투자 기간, 현금수지의 형태 등을 고려하여 평가하여야 한다. 즉 투자기간, 현금수지의 흐름 등이 결정된 후, 이들을 고려하여 위험을 평가하고 위험할증률을 결정한다.

ㄷ. 내부수익률(IRR)이란 순현재가치를 0으로 만드는 할인율 또는 수익성지수를 1로 만드는 할인율이다.

19 정답해설

⑤ 부동산 가치는 장래 기대수익을 현재가치로 환원한 값이다. 따라서 수익이 일정하다면 현재가치를 위한 할인율이 상승할수록 부동산 가치는 낮아진다. 따라서 경기침체시기에 부동산의 수익이 일정함에도 불구하고 부동산 가격이 떨어지는 것은 할인율이 높아지기 때문이다.

20 정답해설

③ 승계권의 가치는 2,500만원이다.

1. 승계권이 없는 경우, A씨의 원리금 부담
 : 15,000만원 × 저당상수(7%, 20년) = 15,000만원 ÷ 연금현가계수(7%, 20년)
 = 15,000만원 ÷ 125 = 120만원
2. 승계권이 있는 경우, A씨의 원리금 부담
 : 15,000만원 × 저당상수(5%, 20년) = 15,000만원 ÷ 연금현가계수(5%, 20년)
 = 15,000만원 ÷ 150 = 100만원
3. 승계권이 갖는 가치(승계를 통한 비용의 절감분)
 : 20만원 × 연금현가계수(7%, 20년) = 20만원 × 125 = 2,500만원

21 정답해설

④ 점증상환방식은 원금과 이자를 동시에 상환하면서 그 금액을 점점 증가시키는 방법이다.

22 정답해설

⑤ 옳은 지문이다. 프로젝트 금융은 원칙적으로 비소구 금융이다. 그러나 사업주의 도덕적 해이를 방지하기 위해 금융기관은 제한적 소구금융의 장치를 마련해두기도 한다.

오답해설

① 프로젝트 금융의 상환 재원은 프로젝트 완성 이후에 발생하는 미래현금흐름이다. 따라서 기업 전체의 자산 또는 신용을 바탕으로 자금을 조달하는 방식이라는 것은 틀린 지문이다.

② 프로젝트 사업주는 기업 또는 개인, 법인 등 모두 될 수 있다.

③ 프로젝트 금융은 사업주의 재무상태표에 부채로 기록되지 않는다. 이를 부외 금융효과라고 한다.

④ 프로젝트 회사가 파산 또는 청산할 경우, 채권자들은 프로젝트 회사에 대해 원리금상환을 청구할 수 있다.

23 정답해설

② 부동산은 분할거래가 쉽지 않다(분할거래의 비용이성).

24 정답해설

① 상위시장 ⇨ 하위시장 : 시장세분화는 부동산시장을 둘 이상의 하위시장으로 세분하는 과정이다.

25 정답해설

③ 대물교환방식 또는 등가교환방식에 대한 설명이다.

26 정답해설

④ ㄱ : 비용위험, ㄴ : 법률위험, ㄷ : 시장위험에 대한 설명으로 옳은 연결이다.

27 정답해설

② 주거환경개선사업에 대한 설명이다(도시 및 주거환경정비법 제2조 제2호 가목).

28 정답해설

⑤ 부동산담보신탁이 아니라 저당대출에 대한 설명이다. 일반적인 대출방식인 저당대출은 저당권을 설정하고 실행하는 비용이 높다. 또한 담보부동산을 처분하는 경우에도 법원의 경매절차로 진행되기 때문에 처분 절차도 복잡하고 시간이 많이 소요된다. 이러한 저당대출의 단점을 보완하기 위해 등장한 방식이 신탁제도를 활용하는 부동산 담보신탁 또는 신탁증서대출제도이다.

29 정답해설

② 건축물의 소유자는 명시해야 할 사항이 아니다.

공인중개사법 제18조의2(중개대상물의 표시·광고)

① 개업공인중개사가 의뢰받은 중개대상물에 대하여 표시·광고를 하려면 중개사무소, 개업공인중개사에 관한 사항으로서 대통령령으로 정하는 사항을 명시하여야 하며, 중개보조원에 관한 사항은 명시해서는 아니 된다.

> ※ "대통령령으로 정하는 사항"이란 다음 각 호의 사항을 말한다.
> 1. 중개사무소의 명칭, 소재지, 연락처 및 등록번호
> 2. 개업공인중개사의 성명(법인인 경우에는 대표자의 성명)

② 개업공인중개사가 인터넷을 이용하여 중개대상물에 대한 표시·광고를 하는 때에는 제1항에서 정하는 사항 외에 중개대상물의 종류별로 대통령령으로 정하는 소재지, 면적, 가격 등의 사항을 명시하여야 한다.

> ※ "대통령령으로 정하는 소재지, 면적, 가격 등의 사항"이란 다음 각 호의 사항을 말한다.
> 1. 소재지
> 2. 면적
> 3. 가격
> 4. 중개대상물 종류
> 5. 거래 형태
> 6. 건축물 및 그 밖의 토지의 정착물인 경우 다음 각 목의 사항
>   가. 총 층수
>   나. 사용승인·사용검사·준공검사 등을 받은 날
>   다. 해당 건축물의 방향, 방의 개수, 욕실의 개수, 입주가능일, 주차대수 및 관리비

30 정답해설

⑤ 6개 모두 기재하여야 하는 사항이다.

▌공인중개사법 제26조(거래계약서의 작성 등)

① 개업공인중개사는 중개대상물에 관하여 중개가 완성된 때에는 대통령령으로 정하는 바에 따라 거래계약서를 작성하여 거래당사자에게 교부하고 대통령령으로 정하는 기간 동안 그 원본, 사본 또는 전자문서를 보존하여야 한다. 다만, 거래계약서가 공인전자문서센터에 보관된 경우에는 그러하지 아니하다.

▌공인중개사법 시행령 제22조(거래계약서 등)

① 법 제26조 제1항의 규정에 따른 거래계약서에는 다음 각 호의 사항을 기재하여야 한다.

1. 거래당사자의 인적 사항
2. 물건의 표시
3. 계약일
4. 거래금액·계약금액 및 그 지급일자 등 지급에 관한 사항
5. 물건의 인도일시
6. 권리이전의 내용
7. 계약의 조건이나 기한이 있는 경우에는 그 조건 또는 기한
8. 중개대상물확인·설명서 교부일자
9. 그 밖의 약정내용

31 정답해설

① ㄹ이 옳은 지문이다.

오답해설

ㄱ. 부가가치세 : 국세, 등록면허세 : 지방세
ㄴ. 재산세 : 보통징수(부과징수), 상속세 : 신고납부
ㄷ. 증여세 : 취득단계, 재산세 : 보유단계

32 정답해설

② 환매(특약)등기제도는 현재 존재하는 제도이다. 다만, 예고등기제는 「부동산등기법」상 폐지되었다. 예고등기제도는 2011년 4월 12일 부동산등기법이 개정되면서 삭제·폐지되었다.

33 정답해설

④ 근저당권은 을구(乙區)에 기재된다.

오답해설

등기사항전부증명서의 갑구에는 소유권보존 및 이전에 관한 사항과 소유권을 제한하는 권리(경매개시결정, 가압류, 압류, 가등기, 가처분 등) 등이 기재된다.

34

정답해설

① ㄱ. 마당에 설치된 연못, ㄴ. 토지소유자의 동의 없이 심은 조경수는 종속정착물로 토지의 낙찰자가 취득한다.

오답해설

ㄷ. 지상권에 의해 토지의 부합물이 될 수 없다.

ㄹ. 법정지상권에 의해 토지의 부합물이 될 수 없다. 또한 판례는 사용승인을 받지 못한 신축 중인 건물도 독립된 정착물로 인정하고 있다.

35

정답해설

② 시점수정은 사례물건의 임대료 변동률로 함을 원칙으로 한다.

▌임대사례비교법 시점수정(감정평가 실무기준)

① 임대사례의 임대시점과 대상물건의 기준시점이 불일치하여 임대료 수준의 변동이 있을 경우에는 임대사례의 임대료를 기준시점의 임대료 수준으로 시점수정하여야 한다.

② 시점수정은 사례물건의 임대료 변동률로 한다. 다만, 사례물건의 임대료 변동률을 구할 수 없거나 사례물건의 임대료 변동률로 시점수정하는 것이 적절하지 않은 경우에는 사례물건의 가격 변동률·임대료지수·생산자물가지수 등을 고려하여 임대료 변동률을 구할 수 있다.

오답해설

① 임대사례비교법으로 감정평가할 때 임대사례에 특수한 사정이나 개별적 동기가 반영되어 수집된 임대사례의 임대료가 적절하지 못한 경우에는 사정보정을 통해 그러한 사정이 없었을 경우의 적절한 임대료 수준으로 정상화하여야 한다(감정평가 실무기준 3.3.2.3 사정보정).

③ 감정평가에 관한 규칙 제22조

④ 감정평가에 관한 규칙 제2조 제6호 및 제11조

⑤ 감정평가에 관한 규칙 제2조 제11호

36

정답해설

④ 거래사례가 인근지역에 소재하는 경우라면 거래사례와 대상물건이 동일지역에 소재하기 때문에 지역요인비교를 하지 않는다.

37

정답해설

② 옳은 지문이다.

오답해설

① 예측의 원칙은 수익방식과 관련된 원칙이다(이 부분은 학자들마다 견해가 조금씩 다르니, 너무 깊게 연구하지 마세요).

③ 신축시점 ⇨ 기준시점

④ 총가격적산법(총량조사법), 부분별단가적용법은 직접법으로 분류되고 변동률적용법(비용지수법), 단위비교법은 간접법으로 분류된다.

⑤ 감정평가의 감가수정은 실질을 중시하기 때문에 부동산의 가치를 하락시키는 모든 요인을 고려하고자 한다. 그 결과 부동산의 외부환경이 원인이 되는 경제적 감가까지 고려한다. 그러나 기업회계의 감가상각은 객관성을 위해 경제적 감가를 인정하지 않는다. 기업회계는 외부환경 변화로 발생하는 가치하락을 평가손실 등의 개념으로 처리한다.

38

정답해설

⑤ 세전현금흐름(BTCF)은 54,500,000원이다.

1. 현금흐름 분석
   1) 가능총소득 : 150,000,000원
   2) 유효총소득 : 150,000,000원 × 0.9 = 135,000,000원
   3) 운영경비 : 135,000,000원 × 0.3 = 40,500,000원
   4) 순영업소득 : 94,500,000원
   5) 부채서비스액 : 40,000,000원
   6) 세전현금흐름 : 54,500,000원
2. 환원율(물리적 투자결합법) : (3% × 0.4) + (5% × 0.6) = 4.2%

39

정답해설

④ 토지의 시산가액은 11,261,000원/㎡이다.

10,000,000원/㎡ × (0.95 × 0.98) × 0.96(획지) × 1.05(환경) × 1.2(그 밖의)
= 11,261,376원(≒ 11,261,000원)

40

정답해설

④ 과수원의 주된 평가방식은 거래사례비교법이다(감정평가에 관한 규칙 제18조).

오답해설

① 감정평가에 관한 규칙 제2조 제1호
② 감정평가에 관한 규칙 제7조 제4항
③ 감정평가에 관한 규칙 제7조 제1항 및 제3항
⑤ 감정평가에 관한 규칙 제6조 제1항

정답

01 ①	02 ①	03 ④	04 ③	05 ⑤	06 ②	07 ①	08 ②	09 ⑤	10 ③
11 ①	12 ⑤	13 ⑤	14 ⑤	15 ①	16 ④	17 ②	18 ③	19 ②	20 ③
21 ⑤	22 ④	23 ②	24 ①	25 ②	26 ③	27 ⑤	28 ④	29 ④	30 ②
31 ④	32 ①	33 ①	34 ⑤	35 ③	36 ②	37 ③	38 ④	39 ⑤	40 ④

01

정답해설

① 국토교통부장관이 최종평가를 실시한다.

법 제3조의2(도시의 지속가능성 및 생활인프라 수준 평가)

① 국토교통부장관은 도시의 지속가능하고 균형 있는 발전과 주민의 편리하고 쾌적한 삶을 위하여 도시의 지속가능성 및 생활인프라(교육시설, 문화・체육시설, 교통시설 등의 시설로서 국토교통부장관이 정하는 것을 말한다) 수준을 평가할 수 있다.

영 제4조의4(도시의 지속가능성 및 생활인프라 수준 평가의 기준・절차)

② 국토교통부장관은 법 제3조의2 제1항에 따른 평가를 실시하려는 경우 특별시장・광역시장・특별자치시장・특별자치도지사・시장 또는 군수에게 해당 지방자치단체의 자체평가를 실시하여 그 결과를 제출하도록 하여야 하며, 제출받은 자체평가 결과를 바탕으로 최종평가를 실시한다.

오답해설

② 영 제4조의4 제1항 제1호
③ 법 제3조의2 제3항
④ 영 제4조의4 제1항 제2호
⑤ 영 제4조의4 제3항

02

정답해설

① 법 제11조 제1항 제2호

오답해설

② 2년이 아니라 3년이다.

법 제11조(광역도시계획의 수립권자)

① 국토교통부장관, 시・도지사, 시장 또는 군수는 다음 각 호의 구분에 따라 광역도시계획을 수립하여야 한다.
3. 광역계획권을 지정한 날부터 3년이 지날 때까지 관할 시장 또는 군수로부터 제16조 제1항에 따른 광역도시계획의 승인 신청이 없는 경우 : 관할 도지사가 수립

③ 중앙행정기관의 장, 시・도지사, 시장 또는 군수는 국토교통부장관이나 도지사에게 광역계획권의 지정 또는 변경을 요청할 수 있다(법 제10조 제2항).

④ 도지사가 시장 또는 군수의 요청에 의하여 수립하는 경우(법 제11조 제3항)에는 도지사가 원칙적인 승인권자이기에 국토교통부장관의 승인을 받지 않는다.

⑤ 국토교통부장관, 시·도지사, 시장 또는 군수가 제4항에 따라 기초조사정보체계를 구축한 경우에는 등록된 정보의 현황을 5년마다 확인하고 변동사항을 반영하여야 한다(법 제13조 제5항).

03 정답해설

ㄴ. 기반시설의 설치, 정비, 개량(4/5 이상 동의)

ㄷ. 용도지구의 지정 및 변경(2/3 이상 동의 필요)

오답해설

ㄱ. 시가화조정구역의 지정 및 변경은 해당되지 않는다.

ㄹ. 입지규제최소구역에 대한 사항은 법령 개정으로 삭제되었다.

법 제26조(도시·군관리계획 입안의 제안)

① 주민(이해관계자를 포함한다)은 다음 각 호의 사항에 대하여 제24조에 따라 도시·군관리계획을 입안할 수 있는 자에게 도시·군관리계획의 입안을 제안할 수 있다. 이 경우 제안서에는 도시·군관리계획도서와 계획설명서를 첨부하여야 한다.

1. 기반시설의 설치·정비 또는 개량에 관한 사항
2. 지구단위계획구역의 지정 및 변경과 지구단위계획의 수립 및 변경에 관한 사항
3. 다음 각 목의 어느 하나에 해당하는 용도지구의 지정 및 변경에 관한 사항
   가. 개발진흥지구 중 공업기능 또는 유통물류기능 등을 집중적으로 개발·정비하기 위한 개발진흥지구로서 대통령령으로 정하는 개발진흥지구
   나. 제37조에 따라 지정된 용도지구 중 해당 용도지구에 따른 건축물이나 그 밖의 시설의 용도·종류 및 규모 등의 제한을 지구단위계획으로 대체하기 위한 용도지구
4. 삭제 〈2024.2.6.〉
5. 도시·군계획시설입체복합구역의 지정 및 변경과 도시·군계획시설입체복합구역의 건축제한·건폐율·용적률·높이 등에 관한 사항

04 정답해설

③ 계획관리지역 : 100% 이하(법 제78조 제1항 제2호 다목)

오답해설

① 준공업지역 : 150% 이상 400% 이하(영 제85조 제1항 제13호)

② 근린상업지역 : 200% 이상 900% 이하(영 제85소 세1항 세9호)

④ 자연환경보전지역 : 80% 이하(법 제78조 제1항 제4호)

⑤ 제2종일반주거지역 : 100% 이상 250% 이하(영 제85조 제1항 제4호)

05 정답해설

⑤ 개발행위허가를 받은 부지면적을 5퍼센트 축소하는 경우에는 별도의 변경허가를 받지 않아도 된다(법 제56조 제2항, 영 제52조 제1항).

영 제52조(개발행위허가의 경미한 변경)
① 법 제56조 제2항 단서에서 "대통령령으로 정하는 경미한 사항을 변경하는 경우"란 다음 각 호의 어느 하나에 해당하는 경우(다른 호에 저촉되지 않는 경우로 한정한다)를 말한다.
1. 사업기간을 단축하는 경우
2. 다음 각 목의 어느 하나에 해당하는 경우
가. 부지면적 또는 건축물 연면적을 5퍼센트 범위에서 축소[공작물의 무게, 부피, 수평투영면적(하늘에서 내려다보이는 수평 면적을 말한다) 또는 토석채취량을 5퍼센트 범위에서 축소하는 경우를 포함한다]하는 경우
나. 관계 법령의 개정 또는 도시·군관리계획의 변경에 따라 허가받은 사항을 불가피하게 변경하는 경우
다. 「공간정보의 구축 및 관리 등에 관한 법률」 제26조 제2항 및 「건축법」 제26조에 따라 허용되는 오차를 반영하기 위한 변경인 경우
라. 「건축법 시행령」 제12조 제3항 각 호의 어느 하나에 해당하는 변경(공작물의 위치를 1미터 범위에서 변경하는 경우를 포함한다)인 경우

오답해설
① 법 제63조 제1항
② 영 제53조 제5호 가목
③ 영 제54조 제2항
④ 법 제59조 제2항 제7호

06 **정답해설**
② 기반시설부담구역에서 기반시설설치비용의 부과대상인 건축행위는 제2조 제20호에 따른 시설로서 200제곱미터(기존 건축물의 연면적을 포함한다)를 초과하는 건축물의 신축·증축행위로 한다. 다만, 기존 건축물을 철거하고 신축하는 경우에는 기존 건축물의 건축연면적을 초과하는 건축행위만 부과대상으로 한다(법 제68조 제1항).

07 **정답해설**
① 매수하지 아니하기로 결정한 경우 설치 가능한 건축물 또는 공작물(법 제47조 제7항 제1호, 영 제41조)

*** 설치 가능 건축물 또는 공작물(영 제41조)**
1. 단독주택 – 3층 이하
2. 1종 근린생활시설 – 3층 이하
3. 2종 근린생활시설 – 3층 이하[다중생활시설(고시원업), 단란주점, 안마시술소, 노래연습장은 제외]
4. 공작물

오답해설
② 법 제47조 제7항 제2호
③ 법 제47조 제3항
④ 법 제47조 제2항
⑤ 법 제47조 제6항

08 정답해설

② 지구단위계획(제26조 제1항에 따라 주민이 입안을 제안한 것에 한정한다)에 관한 도시·군관리계획결정의 고시일부터 5년 이내에 이 법 또는 다른 법률에 따라 허가·인가·승인 등을 받아 사업이나 공사에 착수하지 아니하면 그 5년이 된 날의 다음날에 그 지구단위계획에 관한 도시·군관리계획결정은 효력을 잃는다. 이 경우 지구단위계획과 관련한 도시·군관리계획결정에 관한 사항은 해당 지구단위계획구역 지정 당시의 도시·군관리계획으로 환원된 것으로 본다(법 제53조 제2항).

오답해설

① 영 제46조 제6항 제1호
③ 영 제47조 제1항
④ 영 제46조 제7항 제1호
⑤ 법 제51조 제1항 제2호

09 정답해설

⑤ 도시·군기본계획에 따른 도심·부도심(법 제40조의3 제1항 제1호)

법 제40조의3(도시혁신구역의 지정 등)

① 제35조의6 제1항에 따른 공간재구조화계획 결정권자(이하 이 조 및 제40조의 4에서 "공간재구조화계획 결정권자"라 한다)는 다음 각 호의 어느 하나에 해당하는 지역을 도시혁신구역으로 지정할 수 있다.
1. 도시·군기본계획에 따른 도심·부도심 또는 생활권의 중심지역
2. 주요 기반시설과 연계하여 지역의 거점 역할을 수행할 수 있는 지역
3. 그 밖에 도시공간의 창의적이고 혁신적인 개발이 필요하다고 인정되는 경우로서 대통령령으로 정하는 지역

※ 입지규제최소구역이 도시혁신구역으로 개정되어 문제와 정답을 수정하였습니다.

오답해설

①, ② 복합용도구역으로 지정할 수 있는 경우이다(법 제40조의4).
③, ④ 도시·군계획시설입체복합구역으로 지정할 수 있는 경우이다(법 제40조의5).

10 정답해설

③은 성장관리계획의 수립에 포함되지 않는다.

법 제75조의3(성장관리계획의 수립 등)

① 특별시장·광역시장·특별자치시장·특별자치도지사·시장 또는 군수는 성장관리계획구역을 지정할 때에는 다음 각 호의 사항 중 그 성장관리계획구역의 지정목적을 이루는 데 필요한 사항을 포함하여 성장관리계획을 수립하여야 한다.
1. 도로, 공원 등 기반시설의 배치와 규모에 관한 사항
2. 건축물의 용도제한, 건축물의 건폐율 또는 용적률
3. 건축물의 배치, 형태, 색채 및 높이
4. 환경관리 및 경관계획
5. 그 밖에 난개발의 방지와 체계적인 관리에 필요한 사항으로서 대통령령으로 정하는 사항(영 제70조의14 제1항)
   - 성장관리계획구역 내 토지개발·이용, 기반시설, 생활환경 등의 현황 및 문제점
   - 그 밖에 난개발의 방지와 체계적인 관리에 필요한 사항으로서 특별시·광역시·특별자치시·특별자치도·시 또는 군의 도시·군계획조례로 정하는 사항

11 정답해설

① 국토교통부장관이나 도지사가 직접 입안한 도시 · 군관리계획인 경우 국토교통부장관이나 도지사는 단계별 집행계획을 수립하여 해당 특별시장 · 광역시장 · 특별자치시장 · 특별자치도지사 · 시장 또는 군수에게 송부할 수 있다(법 제85조 제2항).

오답해설

② 대통령령으로 정하는 법률(도시 및 주거환경정비법, 도시재정비 촉진을 위한 특별법, 도시재생 활성화 및 지원에 관한 특별법)에 따라 도시 · 군관리계획의 결정이 의제되는 경우에는 해당 도시 · 군계획시설결정의 고시일부터 2년 이내에 단계별 집행계획을 수립할 수 있다(법 제85조 제1항 단서).

③ 단계별 집행계획은 제1단계 집행계획과 제2단계 집행계획으로 구분하여 수립하되, 3년 이내에 시행하는 도시 · 군계획시설사업은 제1단계 집행계획에, 3년 후에 시행하는 도시 · 군계획시설사업은 제2단계 집행계획에 포함되도록 하여야 한다(법 제85조 제3항). 따라서 제3단계 집행계획은 없다.

④ 3년 이내에 시행하는 도시 · 군계획시설사업은 제1단계 집행계획에 포함되도록 하여야 한다(법 제85조 제3항).

⑤ 공고된 단계별 집행계획을 변경할 수 있다. 다만, 경미한 사항을 변경하는 경우를 제외하고는 변경된 내용을 공고하여야 한다(법 제85조 제5항).

12 정답해설

⑤ 한국전력공사는 도시 · 군계획시설사업의 시행자로 지정받을 수 있는 공공기관에 해당한다(영 제96조 제3항 제9호).

영 제96조(시행자의 지정)

③ 법 제86조 제7항 제2호에서 "대통령령으로 정하는 공공기관"이란 다음 각 호의 어느 하나에 해당하는 기관을 말한다.

1. 「한국농수산식품유통공사법」에 따른 한국농수산식품유통공사
2. 「대한석탄공사법」에 따른 대한석탄공사
3. 「한국토지주택공사법」에 따른 한국토지주택공사
4. 「한국관광공사법」에 따른 한국관광공사
5. 「한국농어촌공사 및 농지관리기금법」에 따른 한국농어촌공사
6. 「한국도로공사법」에 따른 한국도로공사
7. 「한국석유공사법」에 따른 한국석유공사
8. 「한국수자원공사법」에 따른 한국수자원공사
9. 「한국전력공사법」에 따른 한국전력공사
10. 「한국철도공사법」에 따른 한국철도공사

오답해설

① 도시 · 군계획시설사업의 시행자(국토교통부장관, 시 · 도지사와 대도시 시장은 제외한다)는 제1항에 따라 실시계획을 작성하면 대통령령으로 정하는 바에 따라 국토교통부장관, 시 · 도지사 또는 대도시 시장의 인가를 받아야 한다. 다만, 제98조에 따른 준공검사를 받은 후에 해당 도시 · 군계획시설사업에 대하여 국토교통부령으로 정하는 경미한 사항을 변경하기 위하여 실시계획을 작성하는 경우에는 국토교통부장관, 시 · 도지사 또는 대도시 시장의 인가를 받지 아니한다(법 제88조 제2항).

② 도시 · 군계획시설사업이 둘 이상의 특별시 · 광역시 · 특별자치시 · 특별자치도 · 시 또는 군의 관할 구역에 걸쳐 시행되게 되는 경우에는 관계 특별시장 · 광역시장 · 특별자치시장 · 특별자치도지사 · 시장 또는 군수가 서로 협의하여 시행자를 정한다(법 제86조 제2항). 협의가 성립되지 아니하는 경우 도시 · 군계획시설사업을 시행하려는 구역이 둘 이상의 시 · 도의 관할 구역에 걸치는 경우에는 국토교통부장관이 시행자를 지정한다(법 제86조 제3항).

③ 도시・군계획시설사업의 시행자는 도시・군계획시설사업을 효율적으로 추진하기 위하여 필요하다고 인정되면 사업시행대상지역 또는 대상시설을 둘 이상으로 분할하여 도시・군계획시설사업을 시행할 수 있다(법 제87조).
④ 자금조달계획도 포함된다(영 제96조 제1항 제5호).

영 제96조(시행자의 지정)
① 법 제86조 제5항의 규정에 의하여 도시・군계획시설사업의 시행자로 지정받고자 하는 자는 다음 각호의 사항을 기재한 신청서를 국토교통부장관, 시・도지사 또는 시장・군수에게 제출하여야 한다.
1. 사업의 종류 및 명칭
2. 사업시행자의 성명 및 주소(법인인 경우에는 법인의 명칭 및 소재지와 대표자의 성명 및 주소)
3. 토지 또는 건물의 소재지・지번・지목 및 면적, 소유권과 소유권외의 권리의 명세 및 그 소유자・권리자의 성명・주소
4. 사업의 착수예정일 및 준공예정일
5. 자금조달계획

13 정답해설
⑤ ㄱ, ㄴ, ㄷ, ㄹ : 모두 타인의 토지에 출입할 수 있는 경우이다.

법 제130조(토지에의 출입 등)
① 국토교통부장관, 시・도지사, 시장 또는 군수나 도시・군계획시설사업의 시행자는 다음 각 호의 행위를 하기 위하여 필요하면 타인의 토지에 출입하거나 타인의 토지를 재료 적치장 또는 임시통로로 일시 사용할 수 있으며, 특히 필요한 경우에는 나무, 흙, 돌, 그 밖의 장애물을 변경하거나 제거할 수 있다.
1. 도시・군계획・광역도시・군계획에 관한 기초조사
2. 개발밀도관리구역, 기반시설부담구역 및 제67조 제4항에 따른 기반시설설치계획에 관한 기초조사
3. 지가의 동향 및 토지거래의 상황에 관한 조사
4. 도시・군계획시설사업에 관한 조사・측량 또는 시행

14 정답해설
⑤ 산림조합이 국유지・공유지를 취득 또는 처분하고자 하는 경우에는 그 토지와 이용가치가 비슷하다고 인정되는 하나 또는 둘 이상의 표준지의 공시지가를 기준으로 토지가격비준표를 사용하여 지가를 직접 산정하거나 감정평가법인등에 감정평가를 의뢰하여 산정할 수 있다(법 제8조 제1호 나목 및 제2호 나목).

오답해설
① 국토교통부장관은 제10조에 따른 개별공시지가의 산정을 위하여 필요하다고 인정하는 경우에는 표준지와 산정대상 개별 토지의 가격형성요인에 관한 표준적인 비교표(이하 "토지가격비준표"라 한다)를 작성하여 시장・군수 또는 구청장에게 제공하여야 한다(법 제3조 제8항).
② 및 ③은 표준지공시지가의 공시사항에 포함된다.

법 제5조(표준지공시지가의 공시사항)
제3조에 따른 공시에는 다음 각 호의 사항이 포함되어야 한다.
1. 표준지의 지번
2. 표준지의 단위면적당 가격(단위면적은 1제곱미터로 한다)
3. 표준지의 면적 및 형상
4. 표준지 및 주변토지의 이용상황
5. 그 밖에 대통령령으로 정하는 사항(지목, 용도지역, 도로상황, 그 밖에 표준지공시지가 공시에 필요한 사항)

④ 표준지공시지가에 이의가 있는 자는 그 공시일부터 30일 이내에 서면(전자문서를 포함한다)으로 국토교통부장관에게 이의를 신청할 수 있다(법 제7조 제1항).

15 정답해설

① 시장・군수 또는 구청장은 국세・지방세 등 각종 세금의 부과, 그 밖의 다른 법령에서 정하는 목적을 위한 지가산정에 사용되도록 하기 위하여 제25조에 따른 시・군・구부동산가격공시위원회의 심의를 거쳐 매년 공시지가의 공시기준일 현재 관할 구역 안의 개별토지의 단위면적당 가격(이하 "개별공시지가"라 한다)을 결정・공시하고, 이를 관계 행정기관 등에 제공하여야 한다(법 제10조 제1항).

오답해설

② 법 제10조 제2항
③ 법 제10조 제2항, 영 제15조 제1항
④ 영 제24조
⑤ 영 제23조 제1항 제3호

16 정답해설

④ 국토교통부장관은 제1항에 따라 표준주택가격을 조사・산정하고자 할 때에는 「한국부동산원법」에 따른 한국부동산원(이하 "부동산원"이라 한다)에 의뢰한다(법 제16조 제4항). 표준주택가격에 대한 감정평가법인등의 검증은 규정되어 있지 않다.

오답해설

① 영 제4조 제1항 제3호
② 법 제16조 제2항 제4호
③ 법 제24조 제1항 제14호
⑤ 영 제43조 제2항 제3호

17 정답해설

② 감정평가서의 원본과 관련 서류의 보관은 협회에 위탁한다(영 제47조 제2항 제1호).

오답해설

①, ③, ④, ⑤는 한국부동산원에 위탁한다(영 제47조 제1항).

> **영 제47조(업무의 위탁)**
> ① 국토교통부장관은 법 제46조 제1항에 따라 다음 각 호의 업무를 한국부동산원에 위탁한다.
> 1. 제8조 제1항에 따른 타당성조사를 위한 기초자료 수집 및 감정평가 내용 분석
> 2. 제8조의2에 따른 감정평가서에 대한 표본조사
> 3. 법 제9조에 따른 감정평가 정보체계의 구축・운영

18 정답해설

③ '5억', '10', '납부한 날의 전날'이다.

> **법 제41조(과징금의 부과)**
> ① 국토교통부장관은 감정평가법인등이 제32조 제1항 각 호의 어느 하나에 해당하게 되어 업무정지처분을 하여야 하는 경우로서 그 업무정지처분이 「부동산 가격공시에 관한 법률」 제3조에 따른 표준지공시지가의 공시 등의 업무를 정상적으로 수행하는 데에 지장을 초래하는 등 공익을 해칠 우려가 있는 경우에는 업무정지처분을 갈음하여 5천만원(감정평가법인인 경우는 5억원) 이하의 과징금을 부과할 수 있다.

> **법 제43조(과징금 납부기한의 연장과 분할납부)**
> ② 과징금납부의무자가 제1항에 따라 과징금 납부기한을 연장받거나 분할납부를 하려면 납부기한 10일 전까지 국토교통부장관에게 신청하여야 한다.
>
> **법 제44조(과징금의 징수와 체납처분)**
> ① 국토교통부장관은 과징금납부의무자가 납부기한까지 과징금을 납부하지 아니한 경우에는 납부기한의 다음 날부터 과징금을 납부한 날의 전날까지의 기간에 대하여 대통령령으로 정하는 가산금을 징수할 수 있다.

19

정답해설

② 제24조 제1항을 위반하여 사무직원을 둔 자에게는 500만원 이하의 과태료를 부과한다(법 제52조 제1항).

오답해설

① 3년 이하의 징역 또는 3천만원 이하의 벌금(법 제49조 제2호)
③ 시행령 별표 3에서는 업무정지처분사유로 규정하고 있다(법 제32조 제1항 제8호).
④ 3년 이하의 징역 또는 3천만원 이하의 벌금(법 제49조 제3호)
⑤ 1년 이하의 징역 또는 1천만원 이하의 벌금(법 제50조 제5호)

20

정답해설

③ 수의계약의 방법으로 대부할 수 있는 경우가 아니면 1회만 갱신할 수 있다(법 제46조 제2항 단서).

오답해설

① 제2항에 따라 갱신받으려는 자는 허가기간이 끝나기 1개월 전에 중앙관서의 장에게 신청하여야 한다(법 제35조 제3항).
② 중앙관서의 장은 제36조에 따라 행정재산의 사용허가를 취소하거나 철회하려는 경우에는 청문을 하여야 한다(법 제37조).
④ 사용허가를 받은 자는 허가기간이 끝나거나 제36조에 따라 사용허가가 취소 또는 철회된 경우에는 그 재산을 원래 상태대로 반환하여야 한다. 다만, 중앙관서의 장이 미리 상태의 변경을 승인한 경우에는 변경된 상태로 반환할 수 있다(법 제38조).
⑤

> **법 제52조(매각계약의 해제)**
> 일반재산을 매각한 경우에 다음 각 호의 어느 하나에 해당하는 사유가 있으면 그 계약을 해제할 수 있다.
> 1. 매수자가 매각대금을 체납한 경우
> 2. 매수자가 거짓 진술을 하거나 부실한 증명서류를 제시하거나 그 밖의 부정한 방법으로 매수한 경우
> 3. 제49조에 따라 용도를 지정하여 매각한 경우에 매수자가 지정된 날짜가 지나도 그 용도에 사용하지 아니하거나 지정된 용도에 제공한 후 지정된 기간에 그 용도를 폐지한 경우

21

정답해설

⑤ 총괄청이나 중앙관서의 장 등은 증권을 한국은행이나 은행법에 따른 은행 및 한국예탁결제원으로 하여금 보관·취급하게 하여야 한다(법 제15조 제1항, 영 제10조 제1항).

오답해설

① 일반재산에 사권(私權)의 설정이 가능하다.

> **영 제6조(사권 설정)**
> 법 제11조 제2항 단서에서 "대통령령으로 정하는 경우"란 다음 각 호의 어느 하나에 해당하는 경우를 말한다.
> 1. 다른 법률 또는 확정판결(재판상 화해 등 확정판결과 같은 효력을 갖는 것을 포함한다)에 따라 일반재산에 사권(私權)을 설정하는 경우
> 2. 일반재산의 사용 및 이용에 지장이 없고 재산의 활용가치를 높일 수 있는 경우로서 중앙관서의 장등이 필요하다고 인정하는 경우

② 국유재산에 관한 사무에 종사하는 직원은 그 처리하는 국유재산을 취득하거나 자기의 소유재산과 교환하지 못한다. 다만, 해당 총괄청이나 중앙관서의 장의 허가를 받은 경우에는 그러하지 아니하다(법 제20조 제1항).
③ 국가 외의 자는 국유재산에 건물, 교량 등 구조물과 그 밖의 영구시설물을 축조하지 못한다. 다만 기부를 조건으로 축조하는 경우에는 가능하다(법 제18조 제1항 제1호).
④ 총괄청은 다음 연도의 국유재산의 관리・처분에 관한 계획의 작성을 위한 지침을 매년 4월 30일까지 중앙관서의 장에게 통보하여야 한다(법 제9조 제1항).

22

정답해설

④ ㄱ : 20, ㄴ : 50

ㄱ. 중앙관서의 장은 행정재산에 대하여 일반경쟁입찰을 두 번 실시하여도 낙찰자가 없는 재산에 대하여는 세 번째 입찰부터 최초 사용료 예정가격의 100분의 20을 최저한도로 하여 매회 100분의 10의 금액만큼 그 예정가격을 낮추는 방법으로 조정할 수 있다(영 제27조 제5항).
ㄴ. 중앙관서의 장 등은 일반재산에 대하여 일반경쟁입찰을 두 번 실시하여도 낙찰자가 없는 경우에는 세 번째 입찰부터 최초 매각 예정가격의 100분의 50을 최저한도로 하여 매회 100분의 10의 금액만큼 그 예정가격을 낮출 수 있다(영 제42조 제3항).

23

정답해설

② 총괄청은 일반재산이 5년 이상 활용되지 않은 경우 이 일반재산을 민간사업자인 법인(외국법인을 포함한다)과 공동으로 개발할 수 있다(법 제59조의2 제1항).

오답해설

① 법 제44조
③ 법 제51조 제2항
④ 법 제46조 제4항
⑤ 제60조에 따라 현물출자하는 경우에 일반재산의 출자가액은 제44조에 따라 산정한다. 다만, 지분증권의 산정가액이 액면가에 미달하는 경우에는 그 지분증권의 액면가에 따른다(법 제62조).

24

정답해설

ㄱ. 허가권자는 제79조 제1항에 따라 시정명령을 받은 자가 이를 이행하면 새로운 이행강제금의 부과를 즉시 중지하되, 이미 부과된 이행강제금은 징수하여야 한다(법 제80조 제6항).

오답해설

ㄴ. 허가권자는 영리목적을 위한 위반이나 상습적 위반 등 대통령령으로 정하는 경우에 제1항에 따른 금액을 100분의 100의 범위에서 해당 지방자치단체의 조례로 정하는 바에 따라 가중하여야 한다(법 제80조 제2항 및 영 제115조의3).

영 제115조의3(이행강제금의 탄력적 운영)
② 법 제80조 제2항에서 "영리목적을 위한 위반이나 상습적 위반 등 대통령령으로 정하는 경우"란 다음 각 호의 어느 하나에 해당하는 경우를 말한다. 다만, 위반행위 후 소유권이 변경된 경우는 제외한다.
1. 임대 등 영리를 목적으로 법 제19조를 위반하여 용도변경을 한 경우(위반면적이 50제곱미터를 초과하는 경우로 한정한다)
2. 임대 등 영리를 목적으로 허가나 신고 없이 신축 또는 증축한 경우(위반면적이 50제곱미터를 초과하는 경우로 한정한다)
3. 임대 등 영리를 목적으로 허가나 신고 없이 다세대주택의 세대수 또는 다가구주택의 가구수를 증가시킨 경우(5세대 또는 5가구 이상 증가시킨 경우로 한정한다)
4. 동일인이 최근 3년 내에 2회 이상 법 또는 법에 따른 명령이나 처분을 위반한 경우
5. 제1호부터 제4호까지의 규정과 비슷한 경우로서 건축조례로 정하는 경우

ㄷ. 허가권자는 최초의 시정명령이 있었던 날을 기준으로 하여 1년에 2회 이내의 범위에서 해당 지방자치단체의 조례로 정하는 횟수만큼 그 시정명령이 이행될 때까지 반복하여 제1항 및 제2항에 따른 이행강제금을 부과·징수할 수 있다(법 제80조 제5항).

25

정답해설

② 허가 대상 건축물이라 하더라도 주요구조부의 해체가 없는 등 대통령령으로 정하는 대수선(특별피난계단을 수선하는 것)에 해당하는 경우에는 미리 특별자치시장·특별자치도지사 또는 시장·군수·구청장에게 신고를 하면 건축허가를 받은 것으로 본다(건축법 제14조 제1항 제4호 및 영 제11조 제2항 제6호). 즉, 건축법 제14조 제1항에서는 "주요구조부의 해체가 없는 대수선"의 경우 신고를 하면 건축허가를 받은 것으로 본다고 규정되어 있으며, 동법 시행령 제11조 제2항에서는 "주요구조부의 해체가 없는 대수선"의 경우를 규정하고 있다.

영 제11조(건축신고)
② 법 제14조 제1항 제4호에서 "주요구조부의 해체가 없는 등 대통령령으로 정하는 대수선"이란 다음 각 호의 어느 하나에 해당하는 대수선을 말한다.
1. 내력벽의 면적을 30제곱미터 이상 수선하는 것
2. 기둥을 세 개 이상 수선하는 것
3. 보를 세 개 이상 수선하는 것
4. 지붕틀을 세 개 이상 수선하는 것
5. 방화벽 또는 방화구획을 위한 바닥 또는 벽을 수선하는 것
6. 주계단·피난계단 또는 특별피난계단을 수선하는 것

오답해설

① 내력벽의 면적을 20제곱미터 이상 수선하는 것, ③ 보를 두 개 이상 수선하는 것, ④ 지붕틀을 두 개 이상 수선하는 것, ⑤ 기둥을 두 개 이상 수선하는 것은 모두 시행령 제11조 제2항에서 규정된 내용의 개수나 면적에 포함되지 않는다.

26

정답해설

③ 제1항에 따라 조정안을 제시받은 당사자는 제시를 받은 날부터 15일 이내에 수락 여부를 조정위원회에 알려야 한다(법 제96조 제2항).

오답해설

① 법 제4조 제2항 제1호

> **법 제4조(건축위원회)**
> ② 국토교통부장관, 시ㆍ도지사 및 시장ㆍ군수ㆍ구청장은 건축위원회의 심의 등을 효율적으로 수행하기 위하여 필요하면 자신이 설치하는 건축위원회에 다음 각 호의 전문위원회를 두어 운영할 수 있다.
> 1. 건축분쟁전문위원회(국토교통부에 설치하는 건축위원회에 한정한다)
> 2. 건축민원전문위원회(시ㆍ도 및 시ㆍ군ㆍ구에 설치하는 건축위원회에 한정한다)
> 3. 건축계획ㆍ건축구조ㆍ건축설비 등 분야별 전문위원회

② 분쟁위원회는 당사자의 조정신청을 받으면 60일 이내에, 재정신청을 받으면 120일 이내에 절차를 마쳐야 한다. 다만, 부득이한 사정이 있으면 분쟁위원회의 의결로 기간을 연장할 수 있다(법 제92조 제3항).
④ 법 제95조 제2항
⑤ 법 제101조

27 정답해설

⑤ 건축법 시행령 제10조의3 제1항의 내용이다.

> **영 제10조의3(건축물 안전영향평가)**
> ① 법 제13조의2 제1항에서 "초고층 건축물 등 대통령령으로 정하는 주요 건축물"이란 다음 각 호의 어느 하나에 해당하는 건축물을 말한다.
> 1. 초고층 건축물
> 2. 다음 각 목의 요건을 모두 충족하는 건축물
> 가. 연면적(하나의 대지에 둘 이상의 건축물을 건축하는 경우에는 각각의 건축물의 연면적을 말한다)이 10만 제곱미터 이상일 것
> 나. 16층 이상일 것

28 정답해설

④ "등록전환"이란 임야대장 및 임야도에 등록된 토지를 토지대장 및 지적도에 옮겨 등록하는 것을 말한다(법 제2조 제30호).

오답해설

① "지적소관청"이란 지적공부를 관리하는 특별자치시장, 시장(「제주특별자치도 설치 및 국제자유도시 조성을 위한 특별법」 제10조 제2항에 따른 행정시의 시장을 포함하며, 「지방자치법」 제3조 제3항에 따라 자치구가 아닌 구를 두는 시의 시장은 제외한다)ㆍ군수 또는 구청장(자치구가 아닌 구의 구청장을 포함한다)을 말한다(법 제2조 제18호).
② 법 제2조 제24호
③ 법 제2조 제26호
⑤ 법 제2조 제34호

29 정답해설

④ 토지소유자는 신규등록할 토지가 있으면 대통령령으로 정하는 바에 따라 그 사유가 발생한 날부터 60일 이내에 지적소관청에 신규등록을 신청하여야 한다(법 제77조).

오답해설

① 법 제66조 제1항

② 법 제68조 제1항
③ 법 제73조(경계점좌표등록부의 등록사항)

> **법 제73조(경계점좌표등록부의 등록사항)**
> 지적소관청은 제86조에 따른 도시개발사업 등에 따라 새로이 지적공부에 등록하는 토지에 대하여는 다음 각 호의 사항을 등록한 경계점좌표등록부를 작성하고 갖춰 두어야 한다.
> 1. 토지의 소재
> 2. 지번
> 3. 좌표
> 4. 그 밖에 국토교통부령으로 정하는 사항(토지의 고유번호, 지적도면의 번호, 필지별 경계점좌표등록부의 장번호, 부호 및 부호도)

⑤ 법 제85조 제1항

30 정답해설

② 축척변경을 하려면 축척변경 시행지역의 토지소유자 3분의 2 이상의 동의를 받아야 한다(법 제83조 제3항).

> **법 제83조(축척변경)**
> ③ 지적소관청은 제2항에 따라 축척변경을 하려면 축척변경 시행지역의 토지소유자 3분의 2 이상의 동의를 받아 제1항에 따른 축척변경위원회의 의결을 거친 후 시・도지사 또는 대도시 시장의 승인을 받아야 한다. 다만, 다음 각 호의 어느 하나에 해당하는 경우에는 축척변경위원회의 의결 및 시・도지사 또는 대도시 시장의 승인 없이 축척변경을 할 수 있다.
> 1. 합병하려는 토지가 축척이 다른 지적도에 각각 등록되어 있어 축척변경을 하는 경우
> 2. 제86조에 따른 도시개발사업 등의 시행지역에 있는 토지로서 그 사업 시행에서 제외된 토지의 축척변경을 하는 경우

오답해설

① 법 제83조 제2항 제2호
③ 법 제83조 제3항 제1호
④ 법 제83조 제3항 제2호
⑤ 영 제71조 제1항

31 정답해설

④ 영 제58조 제14호

> **영 제58조(지목의 구분)**
> 14. 도로
> 다음 각 목의 토지. 다만, 아파트・공장 등 단일 용도의 일정한 단지 안에 설치된 통로 등은 제외한다.
> 가. 일반 공중(公衆)의 교통 운수를 위하여 보행이나 차량운행에 필요한 일정한 설비 또는 형태를 갖추어 이용되는 토지
> 나. 「도로법」 등 관계 법령에 따라 도로로 개설된 토지
> 다. 고속도로의 휴게소 부지
> 라. 2필지 이상에 진입하는 통로로 이용되는 토지

오답해설

① 토지가 일시적 또는 임시적인 용도로 사용될 때에는 지목을 변경하지 아니한다(영 제59조 제2항).

② 법 제80조 제3항

> **법 제80조(합병 신청)**
> ③ 다음 각 호의 어느 하나에 해당하는 경우에는 합병 신청을 할 수 없다.
> 1. 합병하려는 토지의 지번부여지역, 지목 또는 소유자가 서로 다른 경우
> 2. 합병하려는 토지에 다음 각 목의 등기 외의 등기가 있는 경우
>   가. 소유권·지상권·전세권 또는 임차권의 등기
>   나. 승역지(承役地)에 대한 지역권의 등기
>   다. 합병하려는 토지 전부에 대한 등기원인(登記原因) 및 그 연월일과 접수번호가 같은 저당권의 등기
>   라. 합병하려는 토지 전부에 대한 「부동산등기법」 제81조 제1항 각 호의 등기사항이 동일한 신탁등기
> 3. 그 밖에 합병하려는 토지의 지적도 및 임야도의 축척이 서로 다른 경우 등 대통령령으로 정하는 경우

③ 영 제58조 제12호

> **영 제58조(지목의 구분)**
> 12. 주유소용지
> 다음 각 목의 토지. 다만, 자동차·선박·기차 등의 제작 또는 정비공장 안에 설치된 급유·송유시설 등의 부지는 제외한다.
> 가. 석유·석유제품, 액화석유가스, 전기 또는 수소 등의 판매를 위하여 일정한 설비를 갖춘 시설물의 부지
> 나. 저유소(貯油所) 및 원유저장소의 부지와 이에 접속된 부속시설물의 부지

⑤ 토지소유자는 지목변경을 할 토지가 있으면 대통령령으로 정하는 바에 따라 그 사유가 발생한 날부터 60일 이내에 지적소관청에 지목변경을 신청하여야 한다(법 제81조).

32 정답해설

① 등기목적은 갑구 또는 을구 권리에 관한 등기사항이다(법 제48조 제1항 제2호).

> **법 제34조(등기사항)**
> 등기관은 토지등기기록의 표제부에 다음 각 호의 사항을 기록하여야 한다.
> 1. 표시번호
> 2. 접수연월일
> 3. 소재와 지번(地番)
> 4. 지목(地目)
> 5. 면적
> 6. 등기원인

오답해설

② 법 제35조(변경등기의 신청)

③ 법 제41조(변경등기의 신청) 제3항

④ 법 제41조(변경등기의 신청) 제4항

⑤ 법 제46조(구분건물의 표시에 관한 등기) 제1항

33 정답해설

① 국가·지방자치단체·국제기관 및 외국정부의 등록번호는 국토교통부장관이 지정·고시한다(법 제49조 제1항 제1호).

오답해설

② 법 제53조 제1호
③ 법 제54조
④ 법 제57조 제1항
⑤ 법 제62조 제3호

34 **정답해설**

⑤ ㄷ, ㄹ
ㄷ. 법 제104조(집행 부정지)
ㄹ. 법 제108조(송달)

오답해설

ㄱ. 새로운 사실이나 새로운 증거방법을 근거로 이의신청을 할 수는 없다(법 제102조).
ㄴ. 등기관은 이의가 이유 없다고 인정하면 이의신청일부터 3일 이내에 의견을 붙여 이의신청서 또는 이의신청정보를 관할 지방법원에 보내야 한다(법 제103조 제2항).

35 **정답해설**

③ 등기관은 제1항의 경우에 부동산이 5개 이상일 때에는 공동담보목록을 작성하여야 한다(법 제78조 제2항).

오답해설

① 법 제64조
② 법 제65조 제3호
④ 법 제75조 제2항 제1호
⑤ 등기관이 채권의 일부에 대한 양도 또는 대위변제(代位辨濟)로 인한 저당권 일부이전등기를 할 때에는 제48조에서 규정한 사항 외에 양도액 또는 변제액을 기록하여야 한다(법 제79조).

36 **정답해설**

② 법 제38조 제3항

오답해설

① 조합이 정관을 변경하려는 경우에는 시장·군수 등의 인가를 받아야 하지만 경미한 사항을 변경하려는 경우에는 그러하지 않다(법 제40조 제3항, 제4항). 조합임원의 수를 변경하는 경우는 경미한 경우에 해당되므로 인가를 받지 않아도 된다(영 제39조 제2호).
③ 조합에 두는 이사의 수는 3명 이상으로 하고, 감사의 수는 1명 이상 3명 이하로 한다. 다만, 토지등소유자의 수가 100인을 초과하는 경우에는 이사의 수를 5명 이상으로 한다(영 제40조).
④ 조합임원의 임기는 3년 이하의 범위에서 정관으로 정하되, 연임할 수 있다(법 제41조 제4항).
⑤ 조합장이 아닌 임원은 대의원이 될 수 없다(법 제46조 제3항).

37 정답해설

③ 영 제46조(사업시행계획인가의 경미한 변경)

*** 대통령령으로 정하는 경미한 사항을 변경하려는 때**

1. 정비사업비를 10퍼센트의 범위에서 변경하거나 관리처분계획의 인가에 따라 변경하는 때. 다만, 「주택법」 제2조 제5호에 따른 국민주택을 건설하는 사업인 경우에는 「주택도시기금법」에 따른 주택도시기금의 지원금액이 증가되지 아니하는 경우만 해당한다.
2. 건축물이 아닌 부대시설·복리시설의 설치규모를 확대하는 때(위치가 변경되는 경우는 제외한다)
3. 대지면적을 10퍼센트의 범위에서 변경하는 때
4. 세대수와 세대당 주거전용면적을 변경하지 않고 세대당 주거전용면적의 10퍼센트의 범위에서 세대 내부구조의 위치 또는 면적을 변경하는 때
5. 내장재료 또는 외장재료를 변경하는 때
6. 사업시행계획인가의 조건으로 부과된 사항의 이행에 따라 변경하는 때
7. 건축물의 설계와 용도별 위치를 변경하지 아니하는 범위에서 건축물의 배치 및 주택단지 안의 도로선형을 변경하는 때
8. 「건축법 시행령」 제12조 제3항 각 호의 어느 하나에 해당하는 사항을 변경하는 때
9. 사업시행자의 명칭 또는 사무소 소재지를 변경하는 때
10. 정비구역 또는 정비계획의 변경에 따라 사업시행계획서를 변경하는 때
11. 법 제35조 제5항 본문에 따른 조합설립변경 인가에 따라 사업시행계획서를 변경하는 때

11의2. 계산 착오, 오기, 누락이나 이에 준하는 명백한 오류에 해당하는 사항을 정정하는 때

11의3. 사업시행기간을 단축하거나 연장하는 때. 다만, 법 제73조 제1항 각 호에 해당하는 자가 소유하는 토지 또는 건축물(토지 또는 건축물의 소유자가 국가나 지방자치단체인 경우는 제외한다)의 취득이 완료되기 전에 사업시행기간을 연장하는 때는 제외한다.

12. 그 밖에 시·도조례로 정하는 사항을 변경하는 때

38 정답해설

④ ㄱ, ㄴ

ㄱ. 사업시행자(공동시행 포함하되, 사업시행자가 시장·군수등인 경우 제외)는 정비사업을 시행하려는 경우에는 사업시행계획서에 정관 등과 국토교통부령으로 정하는 서류를 첨부하여 시장·군수등에게 제출하고 사업시행계획인가를 받아야 하고, 인가받은 사항을 변경하거나 정비사업을 중지 또는 폐지하려는 경우에도 또한 같다(법 제50조 제1항).

ㄴ. 시장·군수 등이 아닌 사업시행자가 정비사업 공사를 완료한 때에는 대통령령으로 정하는 방법 및 절차에 따라 시장·군수 등의 준공인가를 받아야 한다(법 제83조 제1항).

39 정답해설

⑤ 법 제92조(비용부담의 원칙) 제2항

시장·군수 등은 시장·군수 등이 아닌 사업시행자가 시행하는 정비사업의 정비계획에 따라 설치되는 다음 각 호의 시설에 대하여는 그 건설에 드는 비용의 전부 또는 일부를 부담할 수 있다.

1. 도시·군계획시설 중 대통령령으로 정하는 주요 정비기반시설 및 공동이용시설

* 대통령령으로 정하는 주요 정비기반시설 및 공동이용시설

1. 도로	2. 상·하수도	3. 공원	4. 공용주차장	5. 공동구
6. 녹지	7. 하천	8. 공공공지	9. 광장	

2. 임시거주시설

오답해설

① 법 제93조(비용의 조달) 제1항
② 법 제93조(비용의 조달) 제5항
③ 규칙 제16조(공동구의 설치비용 등) 제2항
④ 규칙 제16조(공동구의 설치비용 등) 제4항

40 정답해설

④ 법 제11조(과실에 대한 효력)

오답해설

① 담보등기를 할 수 없는 경우(법 제3조 제3항)

1. 「선박등기법」에 따라 등기된 선박, 「자동차 등 특정동산 저당법」에 따라 등록된 건설기계・자동차・항공기・소형선박, 「공장 및 광업재단 저당법」에 따라 등기된 기업재산, 그 밖에 다른 법률에 따라 등기되거나 등록된 동산
2. 화물상환증, 선하증권, 창고증권이 작성된 동산
3. 무기명채권증서 등 대통령령으로 정하는 증권
   • 무기명채권증서
   • 「자산유동화에 관한 법률」 제2조 제4호에 따른 유동화증권
   • 「자본시장과 금융투자업에 관한 법률」 제4조에 따른 증권

② 담보권설정자의 사업자등록이 말소된 경우에도 이미 설정된 동산담보권의 효력에는 영향을 미치지 아니한다(법 제4조).
③ 담보권설정자에게 책임이 있는 사유로 담보목적물의 가액(價額)이 현저히 감소된 경우에는 담보권자는 담보권설정자에게 그 원상회복 또는 적당한 담보의 제공을 청구할 수 있다(법 제17조 제2항).
⑤ 약정에 따른 동산담보권의 득실변경(得失變更)은 담보등기부에 등기를 하여야 그 효력이 생긴다(법 제7조 제1항).

정답

01 ①	02 ①	03 ⑤	04 ③	05 ④	06 ①	07 ②	08 ②	09 ①	10 ②
11 ⑤	12 ④	13 ②	14 ②	15 ④	16 ③	17 ④	18 ③	19 ①	20 ③
21 ④	22 ④	23 ②	24 ③	25 ③	26 ⑤	27 ②	28 ③	29 ④	30 ④
31 ②	32 ⑤	33 ③	34 ④	35 ④	36 ⑤	37 ②	38 ⑤	39 ①	40 ⑤

01 정답해설

서술형 정보는 당기 재무제표를 이해하는 데 목적적합한 경우 비교정보를 표시한다.

02 정답해설

무형자산은 매각예정으로 분류되거나 제거되는 날 중 이른 날에 상각을 중지한다.

03 정답해설

처분예정인 자가사용부동산은 자가사용부동산으로 분류한다.

04 정답해설

20×2년 말 재무상태표상 주식선택권 = (70명 − 14명 − 5명) × 50개 × ₩10 × 2/3 = ₩17,000

05 정답해설

개념체계는 수시로 개정될 수 있으며, 개념체계가 개정되더라도 자동으로 회계기준이 개정되는 것은 아니다.

06 정답해설

1) 20×1년 가중평균유통보통주식수 = 5,000주 × 1.1 × 12/12 − 300주 × 3/12 = 5,425주
2) 20×1년 기본주당이익(₩162) = (₩900,000 − 우선주배당금) ÷ 5,425주
→ 우선주배당금 = ₩21,150

07 정답해설

ㄱ. 오류가 없다는 것은 현상의 기술에 오류나 누락이 없고, 보고 정보를 생산하는 데 사용되는 절차의 선택과 적용 시 절차상 오류가 없음을 의미하는 것이지 모든 면이 완벽하게 정확하다는 것을 의미하지는 않는다.
ㄷ. 회계기준위원회는 중요성에 대한 획일적인 계량임계치를 정하거나 특정한 상황에서 무엇이 중요한 것인지를 미리 결정할 수 없다.

08

정답해설

① 가득급여 : 종업원의 미래 계속 근무와 관계없이 퇴직급여제도에 따라 받을 권리가 있는 급여

③ 급여지급에 이용가능한 순자산 : 제도의 자산에서 약정퇴직급여의 보험수리적 현재가치를 제외한 부채를 차감한 잔액

④ 확정기여제도 : 종업원에게 지급할 퇴직급여금액이 기금에 출연하는 기여금과 그 투자수익에 의해 결정되는 퇴직급여제도

* 확정급여제도 : 종업원에게 지급할 퇴직급여금액이 일반적으로 종업원의 임금과 근무연수에 기초하는 산정식에 의해 결정되는 퇴직급여제도

⑤ 기금적립 : 퇴직급여를 지급할 미래의무를 충족하기 위해 사용자와는 구별된 실체(기금)에 자산을 이전하는 것

09

정답해설

㈜감평의 수정 전 잔액	₩2,100	은행의 수정 전 잔액	₩4,000
은행수수료 추심어음 부도수표	(₩100) ₩1,000 (₩200)	기발행미인출수표	(₩1,200)
㈜감평의 수정 후 잔액	₩2,800	은행의 수정 후 잔액	₩2,800

1) ㈜감평이 가산할 금액 = ₩1,000

2) ㈜감평이 차감할 금액 = ₩300

10

정답해설

상환할증금 = ₩400 + ₩400 × 1.070(1기간, 7%, 미래가치계수) + ₩400 × 1.145(2기간, 7%, 미래가치계수)
= ₩1,286

* ₩400 = ₩10,000(액면금액) × (보장수익률 − 표시이자율) = ₩10,000(액면금액) × (7% − 3%)

11

정답해설

1) 20×2년 감가상각비 = (₩30,000 − ₩0) × 1/5 = ₩6,000

2) 20×2년 말 손상차손 = ₩18,000(20×2년 말 감가상각 후 장부금액) − ₩15,000(회수가능액) = ₩3,000

3) 20×2년 당기순이익에 미치는 영향 = ₩6,000(감가상각비) + ₩3,000(손상차손) = ₩9,000 감소

12

정답해설

1) 20×1년 초 발행가액 = ₩26,000 × 0.8929 + ₩24,000 × 0.7972 + ₩22,000 × 0.7118 = ₩58,008

2) 20×1년 말 장부금액 = ₩58,008 × 1.12 − ₩26,000 = ₩38,969

3) 20×2년 이자비용 = ₩38,969 × 12% = ₩4,676

13

정답해설

1) 20×1년 포인트 관련 계약부채 = ₩50,000 × 1% × ₩10(포인트의 단위당 공정가치) = ₩5,000

2) 20×1년 인식할 포인트 관련 매출 = ₩5,000 × (500포인트/2,500포인트) = ₩1,000

14 정답해설

1) 20×1년 연평균지출액 = ₩2,000,000 × 12/12 + ₩400,000 × 6/12 = ₩2,200,000
2) 20×1년 특정차입금 자본화금액 = ₩2,000,000 × 6/12 × 3% = ₩30,000
3) 20×1년 일반차입금 자본화금액 = [₩2,200,000 − (₩2,000,000 × 6/12)] × 5%
= ₩60,000(한도 : ₩5,000)
* 일반차입금 자본화한도(실제이자비용) = ₩100,000 × 12/12 × 5% = ₩5,000
4) 20×1년 자본화할 차입원가 = ₩30,000 + ₩5,000 = ₩35,000

15 정답해설

1) 20×2년 제품보증비 추정액 = ₩100 × 10% + ₩4,000 × 5% = ₩210
2) 20×2년 제품보증회계처리

(차) 제품보증충당부채	200	(대) 현금		300
제품보증비	100			
(차) 제품보증비	210	(대) 제품보증충당부채		210

3) 20×2년도 제품보증비 = ₩100 + ₩210 = ₩310
4) 20×2년도 제품보증충당부채 = ₩200(20×1년 말 잔액) − ₩200(제품수리비용 지출) + ₩210(20×2년 말 설정액) = ₩210

16 정답해설

1) 20×1년 진행률 = ₩300 ÷ (₩300 + ₩700) = 30%
2) 20×1년 공사이익 = (₩1,200 − ₩1,000) × 30% = ₩60
3) 20×1년 미성공사 = ₩1,200(계약금액) × 30% = ₩360
4) 20×1년 계약부채 = ₩360(미성공사) − ₩400(진행청구액) = ₩(40)

17 정답해설

금융자산과 금융부채를 재무상태표에 순액으로 표시하는 경우 공시되는 금액은 상계되는 금액을 한도로 한다. 예를 들어, 금융자산의 총액이 금융부채의 총액보다 많다면, 금융자산을 공시하는 표에는 금융자산 전체금액과 금융부채의 전체금액이 포함될 것이다. 그러나 금융부채를 공시하는 표에는 금융부채 전체 금액이 포함되는 반면, 금융부채 금액과 같은 금융자산 금액만이 포함될 것이므로 상계과정에서 손익이 발생하지 않는다.

18 정답해설

1) 20×2년 말 자본총계 = ₩48,000(기초자본) − ₩9,000(자기주식 취득) + ₩5,600(자기주식 처분) + ₩50,000 (20×2년 당기순이익) = ₩94,600
2) 자기주식 취득가액 = 20주 × ₩450 = ₩9,000
3) 자기주식 처분가액 = 8주 × ₩700 = ₩5,600
* 자기주식의 소각 및 무상증자는 자본총계가 불변한다.

19 정답해설

20×1년 말 재무상태표에 표시할 기말상품 금액 = ₩2,840(상품 재고실사 금액) + ₩100(타처보관 중인 재고) + ₩120(미판매된 적송품) + ₩200(매입의사 미표시 시송품) = ₩3,260
* 상품보관료는 재고자산 원가에 포함하지 아니하며, 도착지 인도조건의 매입은 도착시점에 재고자산에 포함한다.

20

정답해설

1) ㈜감평이 교환으로 취득한 자산의 원가 = ₩2,500(취득한 자산의 공정가치)

2) 교환거래로 인한 회계처리

(차)	건물	2,500	(대) 기계장치	2,000
	현금	700	유형자산처분이익	1,200

21

정답해설

1) 감모손실 = (50개 − 30개) × ₩60 = ₩1,200
   * 비정상감모손실 = ₩1,200 × 60% = ₩720

2) 저가재고금액 = 30개(실사수량) × min[₩60(취득원가), ₩50(순실현가능가치)] = ₩1,500

3) 20×1년의 매출원가 = ₩4,200(기초재고) + ₩6,000(당기매입) − ₩1,500(기말재고) − ₩720(비정상감모손실)
   = ₩7,980

22

정답해설

ㄴ. 리스이용자는 리스의 내재이자율을 쉽게 산정할 수 없는 경우에는 리스이용자의 증분차입이자율을 사용하여 리스료를 할인한다.

23

정답해설

① 고객과의 계약으로 회계처리하기 위해서는 계약에 상업적 실질이 있어야 한다. 계약에 상업적 실질이 있다는 것은 계약의 결과로 기업의 미래 현금흐름의 위험, 시기, 금액이 변동될 것으로 예상된다는 것을 의미한다. 계약의 결과로 기업의 미래 현금흐름의 위험, 시기, 금액이 변동될 것으로 예상되지 않는 경우에는 상업적 실질이 없으므로 고객과의 계약으로 회계처리하지 않는다.

③ 고객과의 계약으로 회계처리하기 위해서는 이전할 재화나 용역의 지급조건을 식별할 수 있어야 한다.

④ 계약변경은 서면으로, 구두합의로, 기업의 사업 관행에 따라 암묵적으로 승인될 수 있다. 계약당사자들이 계약변경을 승인하지 않았다면, 계약변경의 승인을 받을 때까지는 기존 계약에 이 기준서를 계속 적용한다.

⑤ 고객과의 계약에서 식별되는 수행의무는 계약에 분명히 기재한 재화나 용역에만 한정되지 아니한다.

24

정답해설

1) 20×1년 과세소득 = ₩400,000(회계이익) + ₩55,000(감가상각비 한도초과액) − ₩25,000(미수이자) + ₩10,000(접대비 한도초과액) + ₩30,000(자기주식처분이익) = ₩470,000

2) 20×1년 당기법인세 = ₩470,000 × 20% = ₩94,000

3) 20×1년 이연법인세자산 = ₩55,000(감가상각비 한도초과액) × 20% = ₩11,000
   20×1년 이연법인세부채 = ₩25,000(미수이자) × 20% = ₩5,000

4) 20×1년도 법인세 회계처리

(차)	자기주식처분이익	6,000	(대) 미지급법인세	94,000
	이연법인세자산	11,000	이연법인세부채	5,000
	법인세비용	82,000		

25

정답해설

1) 20×1년 말 설비장부금액 = ₩1,000,000 − [(₩1,000,000 − ₩0) × 1/5] = ₩800,000
2) 20×2년 초 복구충당부채 = ₩300,000 × 0.7921(4기간, 6%, 현가계수) = ₩237,630
3) 20×2년 감가상각비 = (₩800,000 + ₩237,630 − ₩0) × 1/4 = ₩259,408

26

정답해설

20×2.9.1.	(차)	건물(유형자산)	330,000	(대) 투자부동산	340,000
		투자부동산평가손실	10,000		
20×2.12.31.	(차)	감가상각비	11,000	(대) 감가상각누계액	11,000
	(차)	감가상각누계액	11,000	(대) 건물(유형자산)	25,000
		재평가손실	14,000		

* 20×2년 감가상각비 = (₩330,000 − ₩0) × 1/10 × 4/12 = ₩11,000

→ 20×2년 당기순이익에 미치는 영향 = (₩10,000) + (₩11,000) + (₩14,000) = ₩35,000 감소

27

정답해설

회계변경을 반영한 비교재무제표에는 20×1년 초부터 투자부동산에 대해 공정가치모형을 적용한 것으로 표시된다.

구분	20×1년	20×2년
투자부동산(순액)	₩190,000	₩185,000
감가상각비	0	0
투자부동산평가손익	(₩10,000) 평가손실	(₩5,000) 평가손실

① 20×1년도 투자부동산(순액)은 ₩190,000이다.
③ 20×1년도 투자부동산평가손실은 ₩10,000이다.
④ 20×2년도 투자부동산평가손실은 ₩5,000이다.
⑤ 20×2년도 투자부동산(순액)은 ₩185,000이다.

28

정답해설

1) 20×1년 지분법이익 = [₩100,000 − (₩200,000 × 1/10)] × 20% = ₩16,000
2) 20×1년 지분법자본변동 = ₩30,000(기타포괄이익) × 20% = ₩6,000
3) 20×1년 말 관계기업투자주식 장부금액 = ₩300,000(20×1년 초 관계기업투자주식 장부금액) + ₩16,000(지분법이익) + ₩6,000(지분법자본변동) − ₩3,000(현금배당금 수령액) = ₩319,000
   * 지분법 회계처리 시 ₩15,000 × 20% = ₩3,000의 현금배당 수령액은 배당금수익으로 인식하지 아니하고 관계기업투자주식 장부금액에서 차감한다.

29

정답해설

1) 재고구입에 따른 현금유출액

매출원가	(?)
재고자산 증가액	(₩4,000)
매입채무 증가액	6,000
= 재고구입에 따른 현금유출액	(₩120,000)

→ 매출원가 = ₩122,000

2) 매출총이익 = ₩215,000(매출액) − ₩122,000(매출원가) = ₩93,000

30 정답해설

20×1년 영업에서 창출된 현금
= ₩147,000(당기순이익) + ₩5,000(감가상각비) + ₩30,000(법인세비용) − ₩20,000(유형자산처분이익) + ₩25,000(이자비용) − ₩15,000(이자수익) − ₩8,000(배당금수익) + ₩15,000(매출채권 감소액) − ₩4,000(재고자산 증가액) − ₩6,000(매입채무 감소액) = ₩169,000

* 영업에서 창출된 현금은 이자수입, 이자지급, 배당금수입, 법인세지급액을 별도로 표시하기 위하여 당기순이익에서 제거한다.

31 정답해설

구분	제품 X	제품 Y
단위당 공헌이익	₩300	₩200
기계시간당 공헌이익	₩300 ÷ 2시간 = ₩150	₩200 ÷ 1시간 = ₩200

1) 현재 사용 중인 기계가동시간 = 300단위(제품 X) × 2시간 + 400단위(제품 Y) × 1시간 = 1,000시간
   * 제품 Z의 특별주문 수락 시 기존시장에서의 제품을 포기하여야 한다. 제품 Z에 300 기계가동시간이 필요하니 기계시간당 공헌이익이 낮은 제품 X의 150단위를 포기해야 한다.
2) 총기회비용 = 150단위(제품 X) × ₩300(제품 X의 단위당 공헌이익) = ₩45,000
3) 단위당 최소판매가격 = ₩900 + (₩45,000 ÷ 200단위) = ₩1,125

32 정답해설

1) 기존 매출수량기준 배합비율이 2 : 6 : 2이며, 제품 Y의 손익분기점 매출수량이 7,800단위이므로 손익분기점 SET 판매량은 7,800단위 ÷ 6 = 1,300SET가 된다.
2) 기존 매출수량기준에 따른 SET당 공헌이익
   = ₩12(제품 X) × 2 + ₩15(제품 Y) × 6 + ₩8(제품 Z) × 2 = ₩130
3) 기존 매출수량기준에 따른 고정원가 = 1,300SET × ₩130(SET당 공헌이익) = ₩169,000
4) 제품 Z의 생산 중단 이후 제품 X와 Y의 SET당 공헌이익 = ₩12 × 6 + ₩15 × 4 = ₩132
5) 목표이익 달성을 위한 SET 판매량 = (₩165,000 + ₩33,000) ÷ ₩132 = 1,500SET
6) 제품 X의 매출수량 = 1,500SET × 6 = 9,000단위

33 정답해설

1) 제조간접원가 표준배부액 = 4,800시간(실제생산량에 허용된 표준직접노무시간) × ₩400(변동제조간접원가 및 고정제조간접원가 표준배부율의 합) = ₩1,920,000
2) 당기 제조간접원가 실제 발생액 = ₩1,920,000 + ₩20,000(과소배부) = ₩1,940,000

34 정답해설

1) 90% 누적평균시간 학습모형

단위	단위당 시간	총시간
100단위(1)	300시간	300시간
200단위(2)	300시간 × 90% = 270시간	540시간
400단위(4)	270시간 × 90% = 243시간	972시간

2) 부품 400단위의 단위당 제조원가 = [₩25,000(직접재료원가) × 4 + 972시간 × ₩100 + ₩97,200 × 2/3 + ₩100,000(고정제조간접원가)] ÷ 400단위 = ₩905

35 정답해설

1) 변동원가계산에 의한 영업이익 ₩60,000
+ 기말재고에 포함된 고정제조간접원가 25,000
– 기초재고에 포함된 고정제조간접원가 (?)
= 전부원가계산에 의한 영업이익 ₩72,000
→ 기초재고에 포함된 고정제조간접원가 = ₩13,000
* 전부원가계산과 변동원가계산의 재고자산 금액차이는 해당 재고자산에 포함된 고정제조간접원가 금액과 일치한다.

2) 당기 전부원가계산에 의한 기초재고자산 = ₩64,000(변동원가계산제도에 의한 기초재고자산) + ₩13,000(기초재고에 포함된 고정제조간접원가) = ₩77,000

36 정답해설

* 결합공정에 재공품이 존재하는 경우 결합공정에서 완성된 물량만이 결합제품이 된 것이므로 완성품 원가만을 결합원가로 배분해야 한다.

1) 직접재료원가 완성품환산량 = 2,400단위 × 100% + 600단위(기말재공품) × 100% = 3,000단위
2) 전환원가 완성품환산량 = 2,400단위 × 100% + 600단위(기말재공품) × 50% = 2,700단위
3) 완성품원가 = ₩180,000(직접재료원가) × (2,400단위/3,000단위) + ₩108,000(전환원가) × (2,400단위/2,700단위) = ₩240,000
4) 균등매출총이익률법에 의한 결합원가 배부

구분	제품 X	제품 Y	합계
판매가치	₩120,000	₩320,000	₩440,000
추가가공원가	–	(₩24,000)	(₩24,000)
결합원가	(₩72,000)	(₩168,000)	(₩240,000)
매출총이익	₩48,000	₩128,000	₩176,000

* 매출총이익률 = ₩176,000 ÷ ₩440,000 = 40%
* 결합원가 배부를 위한 판매가치는 단위당 판매가에 생산량을 곱하여 산출한다.

5) 제품 Y의 총제조원가 = ₩24,000 + ₩168,000 = ₩192,000
6) 제품 Y의 단위당 제조원가 = ₩192,000 ÷ 1,600단위(생산량) = ₩120

37 정답해설

1) 부품 X의 단위당 변동제조원가 = ₩40(단위당 직접재료원가) + ₩35(단위당 직접노무원가) + ₩25(단위당 변동제조간접원가) = ₩100
2) 사내대체 시 총기회비용 = 2,000단위 × (₩150 – ₩100) = ₩100,000
* 정규시장에서 부품 X를 8,000단위 판매하고 있으므로 유휴생산능력은 2,000단위이다. 총 4,000단위를 사내대체하면 기존시장에서 판매하던 부품 X의 2,000단위를 포기하여야 한다.
3) 사내대체 시 단위당 기회비용 = ₩100,000(총기회비용) ÷ 4,000단위(대체수량) = ₩25
4) 부품 X의 단위당 최소대체가격 = ₩100(단위당 변동제조원가) + ₩25(단위당 기회비용) = ₩125

38 정답해설

1) 직접재료원가 = ₩3,200(기초직접재료) + ₩35,000(직접재료매입액) − ₩6,200(기말직접재료) = ₩32,000
2) 직접노무원가 = ₩56,000(기초원가) − ₩32,000(직접재료원가) = ₩24,000

재고자산			
기초직접재료	₩3,200	기말직접재료	₩6,200
직접재료매입액	35,000	기말재공품	7,200
기초재공품	8,600	기말제품	8,000
직접노무원가	24,000	매출원가	65,000
제조간접원가(₩24,000 × 40%)	9,600		
기초제품	6,000		

3) 제조간접원가 배부차이 = ₩67,700(배부차이 조정 후 매출원가) − ₩65,000(배부차이 조정 전 매출원가)
= ₩2,700 과소배부
4) 당기에 발생한 실제 제조간접원가 = ₩9,600(제조간접원가 예정배부액) + ₩2,700(과소배부) = ₩12,300

39 정답해설

1) 변경 후 단위당 변동제조원가 = 1,800단위 × [₩1,100 − 단위당 변동제조원가 − ₩100(단위당 변동판매관리비)] − (₩720,000 + ₩90,000) = ₩0
→ 단위당 변동제조원가 = ₩550
2) 절감해야 하는 단위당 변동제조원가 = ₩600 − ₩550 = ₩50

40 정답해설

1) 가중평균법 완성품환산량 = ₩72,000(기초재공품원가 + 당기발생원가) ÷ ₩80(완성품환산량 단위당 원가)
= 900단위
2) 선입선출법의 완성품환산량 = 900단위(평균법 완성품환산량) − 50단위 = 850단위
3) 선입선출법에 의한 기말재공품 원가 = ₩59,500(당기발생원가) × (100단위/850단위) = ₩7,000

박문각 감정평가사

PART

04

2022년 기출문제 정답 및 해설

제1과목 민법
제2과목 경제학원론
제3과목 부동산학원론
제4과목 감정평가관계법규
제5과목 회계학

정답

01 ④	02 ④	03 ⑤	04 ②	05 ⑤	06 ②	07 ⑤	08 ⑤	09 ⑤	10 ①
11 ①	12 ④	13 ②	14 ③	15 ②	16 ④	17 ①	18 ②	19 ④	20 ③
21 ③	22 ④	23 ②	24 ③	25 ①	26 ①	27 ②	28 ③	29 ③	30 ①
31 ③	32 ③	33 ③	34 ①	35 ②	36 ①	37 ④	38 ⑤	39 ⑤	40 ⑤

01 정답해설

ㄱ. (×) : 민법 제1조의 '법률'이란 형식적 의미의 법률에 한정하지 않고 모든 성문법(제정법)을 의미한다. 따라서 명령, 규칙, 조례, 조약도 포함한다.

> **제1조【법원】**
> 민사에 관하여 법률에 규정이 없으면 관습법에 의하고 관습법이 없으면 조리에 의한다.
>
> **헌법 제6조**
> ① 헌법에 의하여 체결·공포된 조약과 일반적으로 승인된 국제법규는 국내법과 같은 효력을 가진다.

비교 민법 제185조 물권법정주의에서의 법률은 국회에서 제정한 형식적 의미의 법률을 말한다.
→ 제185조의 법률이란 국회가 제정하는 형식적 의미의 법률만을 의미
→ 제185조의 관습법은 ① 관습법상 법정지상권, ② 분묘기지권, ③ 동산의 양도담보만 해당한다.

ㄴ. (○), ㄷ. (○) : 관습법이란 사회의 거듭된 관행으로 생성한 사회생활규범이 사회의 법적 확신과 인식에 의하여 법적 규범으로 승인·강행되기에 이른 것을 말하고, 사실인 관습은 사회의 관행에 의하여 발생한 사회생활규범인 점에서 관습법과 같으나 사회의 법적 확신이나 인식에 의하여 법적 규범으로서 승인된 정도에 이르지 않은 것을 말하는바, 관습법은 바로 법원으로서 법령과 같은 효력을 갖는 관습으로서 법령에 저촉되지 않는 한 법칙으로서의 효력이 있는 것이며, 이에 반하여 사실인 관습은 법령으로서의 효력이 없는 단순한 관행으로서 법률행위의 당사자의 의사를 보충함에 그치는 것이다(대판 1983.6.14, 80다3231).

■ 관습법과 사실인 관습

	관습법	사실인 관습
의의	사회생활에서 자연적으로 발생하고 반복적으로 행하여진 관행이 사회구성원의 법적 확신에 의한 지지를 받아 법적 규범화된 것 판례 인정 : 관습법상 법정지상권, 분묘기지권, 동산의 양도담보 명인방법[13], 명의신탁 부정 : 온천권, 소유권에 준하는 관습상의 물권 등	사회의 관행에 의하여 발생한 사회생활규범인 점에서 관습법과 같으나 사회의 법적 확신에 의하여 법적 규범으로서 승인된 정도에 이르지 않은 것
성립요건	① 관행 + 법적 확신 ② 헌법을 최상위 규범으로 하는 전체 법질서에 반하지 아니하여야 함(판례) ➡ 법원의 재판(국가승인)은 성립요건 ×	① 관행 ② 선량한 풍속 기타 사회질서에 반하지 않아야 함 ➡ 법적 확신은 不要

13) 비교 명인방법에 의한 경우는 저당권을 설정할 수 없다.

효력	1) 성문법과의 우열관계 ➡ 보충적 효력설(판례) 2) 사실인 관습과의 관계 ➡ 양자의 구별 긍정설(판례)	법령으로서의 효력 × ➡ 법률행위의 해석기준 사적자치가 인정되는 분야에서 법률행위의 의사를 보충하는 기능
법원성 유무	제1조 문언상 법원성 ○	법원성 ×
입증 책임	원칙 : 법원이 직권으로 확정 예외 : 법원이 이를 알 수 없는 경우 당사자의 주장·입증 필요(판례)	원칙 : 그 존재를 당사자가 주장·입증 예외 : 경험칙에 속하는 사실인 관습은 법관 스스로 직권 판단가능(판례)

02 정답해설

ㄱ. (×) : 신의성실의 원칙에 반하는 것 **또는 권리남용은** 강행규정에 위배**되는 것이므로 당사자의 주장이 없더라도** 법원은 직권으로 판단**할 수 있다**(대판 1995.12.22, 94다42129).

ㄴ. (○) : 甲이 대리권 없이 乙 소유 부동산을 丙에게 매도하여 부동산소유권 이전등기 등에 관한 특별조치법에 의하여 소유권이전등기를 마쳐주었다면 그 매매계약은 무효이고 이에 터잡은 이전등기 역시 무효가 되나, 甲은 乙의 무권대리인으로서 민법 제135조 제1항의 규정에 의하여 매수인인 丙에게 부동산에 대한 소유권이전등기를 이행할 의무가 있으므로 **그러한 지위에 있는 甲이 乙로부터 부동산을 상속받아 그 소유자가 되어 소유권이전등기이행의무를 이행하는 것이 가능하게 된 시점에서 자신이 소유자라고 하여 자신으로부터 부동산을 전전매수한 丁에게** 원래 자신의 매매행위가 무권대리행위여서 무효였다는 이유로 丁 앞으로 경료된 소유권이전등기가 무효의 등기라고 주장하여 그 등기의 말소를 청구하거나 부동산의 점유로 인한 부당이득금의 반환을 구하는 것은 금반언의 원칙이나 신의성실의 원칙에 반하여 허용될 수 없다(대판 1994.9.27, 94다20617).

→ 무권대리인이 본인의 지위를 상속한 후 본인의 지위에서 추인거절권을 행사하는 것은 신의칙상 허용되지 않는다고 본 **사례**

ㄷ. (○) : **부동산 거래에 있어 거래 상대방이 일정한 사정에 관한 고지를 받았더라면 그 거래를 하지 않았을 것임이 경험칙상 명백한 경우에는 신의성실의 원칙상 사전에 상대방에게 그와 같은 사정을 고지할 의무가 있으며, 그와 같은** 고지의무의 대상이 되는 것은 직접적인 법령의 규정뿐 아니라 널리 계약상, 관습상 또는 조리상의 일반원칙에 의하여도 인정될 수 있다(대판 2006.10.12, 2004다48515).

03 정답해설

① **취소할 수 있는 행위에서 추인(제144조)이나 법정추인(제145조)은 취소의 원인이 소멸한 후이어야 한다. 그런데 甲이 그 소유 물건에 대한 매매계약을 체결한 후에 미성년인 상태에서 매매대금의 이행을 청구하여 대금을 모두 지급받았다면 취소원인인 제한능력 상태가 소멸한 것이 아니므로 법정대리인 乙은 그 매매계약을 취소할 수 있다.**

> **제144조【추인의 요건】**
> ① 추인은 취소의 원인이 소멸된 후에 하여야만 효력이 있다.
> ② 제1항은 법정대리인 또는 후견인이 추인하는 경우에는 적용하지 아니한다.
>
> **제145조【법정추인】**
> 취소할 수 있는 법률행위에 관하여 전조의 규정에 의하여 추인할 수 있는 후에 다음 각 호의 사유가 있으면 추인한 것으로 본다. 그러나 이의를 보류한 때에는 그러하지 아니하다.
> 1. 전부나 일부의 이행 → 상대방의 이행을 수령하는 것을 포함한다.
> 2. 이행의 청구 → 취소권자가 상대방에게 청구한 경우만 포함된다.
> 3. 경개

4. 담보의 제공 → 물적 담보나 인적 담보를 불문한다.
5. 취소할 수 있는 행위로 취득한 권리의 전부나 일부의 양도
→ 취소권자가 취득한 권리의 전부나 일부를 양도한 경우만 포함된다.
6. 강제집행

② 법정대리인으로부터 허락을 얻은 특정한 영업에 관하여는 미성년자는 성년자와 동일한 행위능력을 가지므로, 그 범위에서 법정대리권이 소멸한다(제8조). 따라서 법정대리인 乙이 미성년자 甲에게 특정한 영업에 관한 허락을 한 경우에는 법정대리인 乙은 그 영업에 관하여 甲을 대리할 수 없다.

제8조【영업의 허락】
① 미성년자가 법정대리인으로부터 허락을 얻은 특정한 영업에 관하여는 성년자와 동일한 행위능력이 있다.

③ 대리인은 행위능력자임을 요하지 아니하므로(제117조), 미성년자라 하더라도 타인의 대리인의 지위에서 하는 대리행위는 단독으로 유효하게 할 수 있다. 따라서 법정대리인 乙의 동의 없이 타인의 적법한 대리인으로서 법률행위를 했더라도 乙은 미성년자 甲의 제한능력을 이유로 그 법률행위를 취소할 수 없다.

제117조【대리인의 행위능력】
대리인은 행위능력자임을 요하지 아니한다.

④ 미성년자의 법률행위에 법정대리인의 동의를 요하도록 하는 것은 강행규정인데, 위 규정에 반하여 이루어진 신용구매계약을 미성년자 스스로 취소하는 것을 신의칙 위반을 이유로 배척한다면, 이는 오히려 위 규정에 의해 배제하려는 결과를 실현시키는 셈이 되어 미성년자 제도의 입법 취지를 몰각시킬 우려가 있으므로, 법정대리인의 동의 없이 신용구매계약을 체결한 미성년자가 사후에 법정대리인의 동의 없음을 사유로 들어 이를 취소하는 것이 신의칙에 위배된 것이라고 할 수 없다(대판 2007.11.16, 2005다71659·71666·71673). 미성년자 甲이 법정대리인 乙의 동의 없이 신용구매계약을 체결한 이후에 乙의 동의 없음을 이유로 그 계약을 취소하는 것은 신의칙에 반하지 않는다.

⑤ 법정대리인 乙이 재산의 범위를 정하여 미성년자 甲에게 처분을 허락한 경우라도(제6조), 미성년자 甲이 그에 관한 법률행위를 하기 전에는 법정대리인 乙은 그 허락을 취소할 수 있다(제7조).

제6조【처분을 허락한 재산】
법정대리인이 범위를 정하여 처분을 허락한 재산은 미성년자가 임의로 처분할 수 있다.

제7조【동의와 허락의 취소】
법정대리인은 미성년자가 아직 법률행위를 하기 전에는 전2조의 동의와 허락을 취소할 수 있다.

04 정답해설

① 법원의 재산관리인의 초과행위허가의 결정은 그 허가받은 재산에 대한 장래의 처분행위뿐 아니라 기왕의 처분행위를 추인하는 방법으로도 할 수 있다. 따라서 관리인이 허가 없이 부재자 소유 부동산을 매각한 경우라도 사후에 법원의 허가를 얻어 이전등기절차를 경료케 하였다면 추인에 의하여 유효한 처분행위로 된다(대판 1982.9.14, 80다3063; 대판 1982.12.14, 80다1872).

② 제26조 제2항【관리인의 담보제공, 보수】법원은 그 선임한 재산관리인에 대하여 부재자의 재산으로 상당한 보수를 지급할 수 있다.

③ 실종선고의 청구권자로서 이해관계인이란 부재자의 사망으로 직접적으로 신분상 또는 경제상의 권리를 취득하거나 의무를 면하게 되는 자만을 뜻한다. 따라서 제2순위 내지 제3순위 상속인에 불과한 자는 부재자에 대한 실종선고의 여부에 따라 상속지분에 차이가 생긴다고 하더라도 위 부재자의 사망 간주시기에 다른 간접적인 영향에 불과하고 부재자의 실종선고 자체를 원인으로 한 직접적인 결과는 아니므로 부재자에 대한 실종선고를 청구할 이해관계인이 될 수 없다(대결 1992.4.14, 92스4).

④ 동일인에 대하여 2차례의 실종선고가 있는 경우, 상속관계의 판단 기준 시점
실종선고는 간주효가 있기 때문에 동일인에 대하여 2차례의 실종선고가 있는 경우 첫 번째 실종선고를 기준으로 상속관계를 판단한다(대판 1995.12.22, 95다12736).

⑤ 실종선고를 받은 자는 실종기간이 만료한 때에 사망한 것으로 간주되는 것이므로, 실종선고로 인하여 실종기간 만료 시를 기준으로 하여 상속이 개시된 이상 설사 이후 실종선고가 취소되어야 할 사유가 생겼다고 하더라도 실제로 실종선고가 취소되지 아니하는 한, 임의로 실종기간이 만료하여 사망한 때로 간주되는 시점과는 달리 사망시점을 정하여 이미 개시된 상속을 부정하고 이와 다른 상속관계를 인정할 수는 없다(대판 1994.9.27, 94다21542).

05 정답해설

① 재단법인은 원칙적으로 정관변경이 인정되지 않으나, 예외적으로 그 변경방법을 정관에 정한 때에 한하여 인정된다. 이 경우에도 사단법인의 정관변경 규정이 준용되어, 법인의 정관은 모두 주무관청의 허가가 있어야 효력이 발생한다.

제45조【재단법인의 정관변경】
① 재단법인의 정관은 그 변경방법을 정관에 정한 때에 한하여 변경할 수 있다.
③ 제42조 제2항의 규정은 전2항의 경우에 준용한다.

제42조【사단법인의 정관의 변경】
① 사단법인의 정관은 총사원 3분의 2 이상의 동의가 있는 때에 한하여 이를 변경할 수 있다. 그러나 정수에 관하여 정관에 다른 규정이 있는 때에는 그 규정에 의한다.
② 정관의 변경은 주무관청의 허가를 얻지 아니하면 그 효력이 없다.

② 제74조【사원이 결의권 없는 경우】사단법인과 어느 사원과의 관계사항을 의결하는 경우에는 그 사원은 결의권이 없다.

③ 사단법인의 사원자격의 득실에 관한 규정은 제40조 제5호 사유로 정관의 필요적 기재사항이다.

제40조【사단법인의 정관】
사단법인의 설립자는 다음 각 호의 사항을 기재한 정관을 작성하여 기명날인하여야 한다.
1. 목적
2. 명칭
3. 사무소의 소재지
4. 자산에 관한 규정
5. 이사의 임면에 관한 규정
6. 사원자격의 득실에 관한 규정
7. 존립시기나 해산사유를 정하는 때에는 그 시기 또는 사유

④ 민법상의 청산절차에 관한 규정은 모두 제3자의 이해관계에 중대한 영향을 미치기 때문에 이른바 강행규정이라고 해석되므로 이에 반하는 잔여재산의 처분행위는 특단의 사정이 없는 한 무효라고 보아야 한다(대판 1995.2.10, 94다13473).

⑤ 제90조【채권신고기간 내의 변제금지】청산인은 제88조 제1항의 채권신고기간 내에는 채권자에 대하여 변제하지 못한다. 그러나 법인은 채권자에 대한 지연손해배상의 의무를 면하지 못한다.

■ 사단법인과 재단법인의 비교

	사단법인	재단법인
의의	일정한 목적 위해 결합한 사람의 단체	일정한 목적 위해 바쳐진 재산의 단체
종류	영리법인[14], 비영리법인	비영리법인만 존재[15]
설립요건	• 비영리성 • 설립행위 ▶ 정관작성 • 주무관처의 허가 • 설립등기	• 비영리성 • 설립행위 ▶ 정관작성 + **출연행위** • 주무관처의 허가 • 설립등기
정관작성	1. 목적 2. 명칭 3. 사무소의 소재지 4. 자산에 관한 규정 5. 이사의 임면에 관한 규정 6. 사원자격의 득실에 관한 규정 7. 존립시기나 해산사유를 정하는 때에는 그 시기 또는 사유	1. 목적 2. 명칭 3. 사무소의 소재지 4. 자산에 관한 규정 5. 이사의 임면에 관한 규정 ×[16] ×
설립의 법적성질	합동행위, 요식행위	상대방 없는 단독행위, 요식행위
정관보충	없음[17]	• 이해관계인과 검사의 청구로 법원이 함 • 보충대상 ① 명칭 ② 사무소 소재지 ③ 이사의 임면방법 • 목적과 대상은 정해져 있어야 함
정관변경	• 원칙적으로 정관변경 허용 • **총사원 2/3 동의 + 주무관청의 허가**	• **원칙**적으로 정관변경 불가 • **예외**적으로 주무관청의 허가로 가능 ① 정관에 그 변경방법을 규정한 경우 ② 명칭, 사무소 소재지 변경 ③ 목적달성 불가능 시 목적도 포함하여 변경가능
해산사유	• 존립기간의 만료 • 법인의 목적 달성 또는 달성의 불능 • 기타 정관에 정한 해산사유의 발생 • 파산 • 설립허가의 취소 • 사원이 없게 된 때 • 총사원 3/4 결의로도 해산가능	• 존립기간의 만료 • 법인의 목적 달성 또는 달성의 불능 • 기타 정관에 정한 해산사유의 발생 • 파산 • 설립허가의 취소 ×[18] ×

14) 상법에서 규율
15) 사원이 없으므로 영리법인은 개념적으로 성립불가
16) 사원이 없으므로 준용하지 않음
17) 사원 스스로가 보충할 수 있기 때문
18) 사원이 없으므로 해산사유 안 됨

06 정답해설

①, ④ 법인의 대표자가 그 직무에 관하여 타인에게 손해를 가함으로써 법인에 손해배상책임이 인정되는 경우에, 대표자의 행위가 제3자에 대한 불법행위를 구성한다면 그 대표자도 제3자에 대하여 손해배상책임을 면하지 못하며(민법 제35조 제1항), 또한 사원도 위 대표자와 공동으로 불법행위를 저질렀거나 이에 가담하였다고 볼 만한 사정이 있으면 제3자에 대하여 위 대표자와 연대하여 손해배상책임을 진다(대결 2009.1.30, 2006마930). ① 대표이사 乙도 丙에 대한 그 자신의 제750조의 손해배상책임을 면하지 못한다. ④ 甲의 사원 丁이 乙의 불법행위에 가담한 경우, 丁도 乙과 연대하여 丙에 대하여 손해배상책임을 진다.

> **제35조【법인의 불법행위능력】**
> ① 법인은 이사 기타 대표자가 그 직무에 관하여 타인에게 가한 손해를 배상할 책임이 있다. 이사 기타 대표자는 이로 인하여 자기의 손해배상책임을 면하지 못한다.

② 법인은 피해자에게 무과실 손해배상책임을 진다. 법인에 대한 손해배상책임원인이 대표기관의 고의적인 불법행위라고 하여도, 피해자에게 그 불법행위 내지 손해발생에 과실이 있다면 법원은 과실상계의 법리에 좇아 손해배상의 책임 및 그 금액을 정함에 있어 이를 참작하여야 한다(대판 1987.12.8, 86다카1170). 불법행위와 채무불이행에 있어서의 과실상계는 당사자가 주장, 입증하지 않더라도 필요적으로 참작되어야 한다. 따라서 甲사단법인의 손해배상책임 원인이 대표이사 乙의 고의적인 불법행위인 경우라도 피해자 丙에게 과실이 있다면 과실상계의 법리가 적용된다.

③ 법인의 대표자의 행위가 직무에 관한 행위에 해당하지 아니함을 피해자 자신이 알았거나 또는 중대한 과실로 인하여 알지 못한 경우에는 법인에게 손해배상책임을 물을 수 없다(대판 2004.3.26, 2003다34045). 피해자 丙이 대표이사 乙의 행위가 실제로는 직무에 관한 행위에 해당하지 않는다는 사실을 알았거나 중대한 과실로 알지 못한 경우에는 甲에게 손해배상책임을 물을 수 없다.

④ 법인의 대표자가 그 직무에 관하여 타인에게 손해를 가함으로써 법인에 손해배상책임이 인정되는 경우에, 대표자의 행위가 제3자에 대한 불법행위를 구성한다면 그 대표자도 제3자에 대하여 손해배상책임을 면하지 못하며(민법 제35조 제1항), 또한 사원도 위 대표자와 공동으로 불법행위를 저질렀거나 이에 가담하였다고 볼 만한 사정이 있으면 제3자에 대하여 위 대표자와 연대하여 손해배상책임을 진다(대결 2009.1.30, 2006마930). 이사 기타 대표자도 그 자신의 제750조의 손해배상책임을 면하지 못하며, 법인과 경합하여 피해자에게 배상책임을 진다. 양자의 관계는 부진정연대채무이다.

⑤ 권리능력 없는 사단은 법인등기를 하지 않았을 뿐 법인의 실질을 갖고 있는 것이므로 사단법인에 관한 민법의 규정 중에서 법인격을 전제로 하는 것을 제외하고는 법인격 없는 사단에 유추적용해야 한다. 따라서 사단의 권리능력, 행위능력, 대표기관의 권한과 그 대표의 형식, 사단의 불법행위능력 등은 사단법인의 규정을 유추적용한다. 그러나 비법인사단의 경우에는 대표자의 대표권 제한에 관하여 등기할 방법이 없어 민법 제60조의 규정을 준용할 수 없다(대판 2003.7.22, 2002다64780).

07 정답해설

① 정관으로 정한 이사의 수가 여럿인 경우, 특별한 사정이 없는 한 법인의 사무에 관하여 각자 법인을 대표한다(제59조 제1항).

> **제59조【이사의 대표권】**
> ① 이사는 법인의 사무에 관하여 **각자** 법인을 **대표**한다. 그러나 정관에 규정한 취지에 위반할 수 없고 특히 사단법인은 총회의 의결에 의하여야 한다.

② 이사가 수인인 경우에는 정관에 다른 규정이 없으면 법인의 사무집행은 이사의 과반수로써 결정한다(제58조 제2항).

> **제58조【이사의 사무집행】**
> ② 이사가 수인인 경우에는 정관에 다른 규정이 없으면 법인의 사무집행은 이사의 과반수로써 결정한다.

③ 법인의 정관에 법인 대표권의 제한에 관한 규정이 있으나 그와 같은 취지가 등기되어 있지 않다면 법인은 그와 같은 정관의 규정에 대하여 선의냐 악의냐에 관계없이 제3자에 대하여 대항할 수 없다(대판 1992.2.14, 91다24564). 즉 등기 없이는 대표권 제한에 관한 정관의 규정에 대해 악의인 제3자에 대해서도 대항할 수 없다.

> **제60조【이사의 대표권에 대한 제한의 대항요건】**
> 이사의 대표권에 대한 제한은 등기하지 아니하면 제3자에게 대항하지 못한다.

④ 이사는 정관 또는 총회의 결의로 금지하지 아니한 사항에 한하여 타인으로 하여금 특정한 행위를 대리하게 할 수 있을 뿐 포괄적으로 대리할 수는 없다(제62조). 따라서 이사 丙이 제3자에게 甲의 제반 사무를 포괄위임한 경우, 그에 따른 제3자의 사무대행행위는 원칙적으로 甲에게 효력이 없다.

> **제62조【이사의 대리인선임】**
> 이사는 정관 또는 총회의 결의로 금지하지 아니한 사항에 한하여 타인으로 하여금 특정한 행위를 대리하게 할 수 있다.

⑤ 법인과 이사의 이익이 상반하는 사항에 관하여는 이사는 대표권이 없다. 이 경우에는 특별대리인을 선임하여야 한다(제64조). 甲 사단법인의 토지를 이사 丁이 매수하기로 한 경우, 법인과 이사의 이익이 상반하는 사항이므로 이사 丁은 이러한 사항에서는 대표권이 없으므로 법원은 이해관계인이나 검사의 청구에 의하여 특별대리인을 선임하여야 한다.

> **제64조【특별대리인의 선임】**
> 법인과 이사의 이익이 상반하는 사항에 관하여는 이사는 대표권이 없다. 이 경우에는 전조의 규정에 의하여 특별대리인을 선임하여야 한다.
>
> **제63조【임시이사의 선임】**
> 이사가 없거나 결원이 있는 경우에 이로 인하여 손해가 생길 염려가 있는 때에는 법원은 이해관계인이나 검사의 청구에 의하여 임시이사를 선임하여야 한다.

08 정답해설

① 조건부 법률행위에 있어 조건의 내용 자체가 불법적인 것이어서 무효일 경우 또는 조건을 붙이는 것이 허용되지 아니하는 법률행위에 조건을 붙인 경우 그 조건만을 분리하여 무효로 할 수는 없고 그 법률행위 전부가 무효로 된다(대결 2005.11.8, 2005마541).

> **제151조【불법조건, 기성조건】**
> ① 조건이 선량한 풍속 기타 사회질서에 위반한 것인 때에는 그 법률행위는 무효로 한다.

② '법률행위의 동기'는 법률행위를 하게 된 이유일 뿐이므로, 법률행위의 내용이 아니다. 따라서 이러한 동기가 사회질서에 위반되더라도 법률행위가 무효로 되지는 않는 것이 원칙이다. 다만 예외적으로 동기가 표시되거나 상대방에게 알려진 경우에는 제103조가 적용되어 법률행위 자체가 무효로 될 수 있다(대판 1984.12.11, 84다카1402).

> **※ 동기의 불법**
> 원칙 : 계약 내용의 불법 × → 제103조에 포함 ×
> 예외 : 표시 or 상대방에게 알려진 경우 → 제103조에 포함 ○

> **※ 동기의 착오**
> 원칙 : 제109조의 착오에 해당 ×
> 예외 : → 상대방에게 표시 and 해석상 법률행위의 내용으로 된 경우 ○ (합의×)
> → 유발된 동기의 착오 ○ (상대방에게서 표시여부 불문)

③ 부첩관계인 부부생활의 종료를 해제조건으로 하는 증여계약은 그 조건만이 무효인 것이 아니라 증여계약 자체가 무효이다(대판 1966.6.21, 66다530).

④ 당초부터 오로지 보험사고를 가장하여 보험금을 취득할 목적으로 체결된 생명보험계약에 의하여 보험금을 지급하게 하는 것은 보험계약을 악용하여 부정한 이득을 얻고자 하는 사행심을 조장함으로써 사회적 상당성을 일탈하게 되므로, 이와 같은 생명보험계약은 사회질서에 위배되는 법률행위로서 무효이다(대판 2000.2.11, 99다49064).

⑤ 주택매매계약에 있어서 매도인으로 하여금 주택의 보유기간이 3년 이상으로 되게 함으로써 양도소득세를 부과받지 않게 할 목적으로 매매를 원인으로 한 소유권이전등기는 3년 후에 넘겨받기로 특약을 하였다고 하더라도, 그와 같은 목적은 위 특약의 연유나 동기에 불과한 것이어서 위 특약 자체가 사회질서나 신의칙에 위반한 것이라고는 볼 수 없다(대판 1991.5.14, 91다6627).

09 정답해설

① 법률행위의 무효를 주장하는 자가 궁박·경솔 또는 무경험의 상태에 있었다는 사실, 상대방이 이를 알고 있었다는 사실, 급부와 반대급부 사이에 현저한 불공정이 있다는 사실을 모두 입증하여야 한다(대판 1970.11.24, 70다2065).

② 불공정한 법률행위가 성립하기 위한 요건인 궁박, 경솔, 무경험은 모두 구비되어야 하는 요건이 아니라 그 중 일부만 갖추어져도 충분한데, 여기에서 '궁박'이라 함은 '급박한 곤궁'을 의미하는 것으로서 경제적 원인에 기인할 수도 있고 정신적 또는 심리적 원인에 기인할 수도 있으며, '무경험'이라 함은 일반적인 생활체험의 부족을 의미하는 것으로서 어느 특정영역에 있어서의 경험부족이 아니라 거래일반에 대한 경험부족을 뜻하고, 당사자가 궁박 또는 무경험의 상태에 있었는지 여부는 그의 나이와 직업, 교육 및 사회경험의 정도, 재산 상태 및 그가 처한 상황의 절박성의 정도 등 제반 사정을 종합하여 구체적으로 판단하여야 하며, 한편 피해 당사자가 궁박, 경솔 또는 무경험의 상태에 있었다고 하더라도 그 상대방 당사자에게 그와 같은 피해 당사자측의 사정을 알면서 이를 이용하려는 의사, 즉 폭리행위의 악의가 없었다거나 또는 객관적으로 급부와 반대급부 사이에 현저한 불균형이 존재하지 아니한다면 불공정 법률행위는 성립하지 않는다(대판 2002.10.22, 2002다38927).

③ 대리인이 매매계약을 체결한 경우, 경솔과 무경험은 그 대리인을 기준으로 판단하고 궁박상태에 있었는지의 여부는 본인의 입장에서 판단해야 한다(대판 2002.10.22, 2002다38927).

④ 불공정한 법률행위는 무효이며 선의의 제3자에게도 무효를 주장할 수 있다. 그리고 무효행위의 추인에 의하여 유효로 될 수 없고, 법정추인이 적용될 여지도 없다(대판 1994.6.24, 94다10900).

⑤ 적법한 절차에 의하여 이루어진 경매에 있어서 경락가격이 경매부동산의 시가에 비하여 저렴하다는 사유는 경락허가결정에 대한 적법한 불복이유가 되지 못하는 것이고 경매에 있어서는 불공정한 법률행위 또는 채무자에게 불리한 약정에 관한 것으로서 효력이 없다는 민법 제104조, 제608조는 적용될 여지가 없다(대결 1980.3.21, 80마77).

10 정답해설

① 민법 제100조 제2항의 종물과 주물의 관계에 관한 법리는 물건 상호 간의 관계뿐 아니라 권리 상호 간에도 적용되고, 위 규정에서의 처분은 처분행위에 의한 권리변동뿐 아니라 주물의 권리관계가 압류와 같은 공법상의 처분 등에 의하여 생긴 경우에도 적용되어야 하는 점, 저당권의 효력이 종물에 대하여도 미친다는 민법 제358조 본문 규정은 같은 법 제100조 제2항과 이론적 기초를 같이한다(대판 2006.10.26, 2006다29020). 주물에 대한 압류의 효력은 특별한 사정이 없는 한 종물에도 미치게 된다.

> **제100조【주물, 종물】**
> ② 종물은 주물의 처분에 따른다.

② 사람의 유체・유골은 매장・관리・제사・공양의 대상이 될 수 있는 유체물로서, 분묘에 안치되어 있는 선조의 유체・유골은 민법 제1008조의3 소정의 제사용 재산인 분묘와 함께 그 제사주재자에게 승계되고, 피상속인 자신의 유체・유골 역시 위 제사용 재산에 준하여 그 제사주재자에게 승계된다(대판(전) 2008.11.20, 2007다27670).

③ 제98조【물건의 정의】 본법에서 물건이라 함은 유체물 및 전기 기타 관리할 수 있는 자연력을 말한다.

④ 제102조 제2항【과실의 취득】 법정과실은 수취할 권리의 존속기간일수의 비율로 취득한다.

⑤ 종물은 주물의 처분에 따른다는 민법 제100조의 제2항은 임의규정이므로, 당사자는 주물을 처분할 때에 특약으로 종물을 제외할 수 있고 종물만을 별도로 처분할 수 있다(대판 2012.1.26, 2009다76546).

11 정답해설

① 대리에 있어서 효과의사를 결정하는 자는 대리인이기 때문에 의사의 흠결, 대리행위의 하자에 관해서는 '대리인'을 표준으로 하여 하자의 유무를 결정한다. 의사의 흠결의 문제인 착오의 유무도 '대리인'을 기준으로 하여 결정한다(제116조 제1항).

> **제116조【대리행위의 하자】**
> ① 의사표시의 효력이 의사의 흠결, 사기, 강박 또는 어느 사정을 알았거나 과실로 알지 못한 것으로 인하여 영향을 받은 경우에 그 사실의 유무는 대리인을 표준하여 결정한다.

② 제109조 제1항【착오로 인한 의사표시】 의사표시는 법률행위의 내용의 중요부분에 착오가 있는 때에는 취소할 수 있다. 그러나 그 착오가 표의자의 중대한 과실로 인한 때에는 취소하지 못한다.

③ 착오로 인하여 표의자가 경제적인 불이익을 입은 것이 아니라면 착오를 이유로 취소할 수 없다. (따라서) 군유지로 등기된 군립공원 내에 건물 기타 영구 시설물을 지어 이를 군(郡)에 기부채납하고 그 부지 및 기부채납한 시설물을 사용하기로 약정하였으나 후에 그 부지가 군유지가 아니라 리(里) 주민의 총유로 밝혀진 사안에서, 군수가 여전히 공원관리청이고 기부채납자의 관리권이 계속 보장되는 점에 비추어 소유권 귀속에 대한 착오가 기부채납의 중요 부분에 관한 착오라고 볼 수 없다(대판 1999.2.23, 98다47924).

④ 상대방이 표의자의 진의에 동의한 경우에는 당사자의 일치하는 의사대로 효력이 생기므로 착오의 문제는 발생하지 않는다. 그러므로 표의자는 착오를 이유로 의사표시를 취소할 수 없다.

⑤ 착오를 이유로 의사표시를 취소하는 자는 법률행위의 내용에 착오가 있었다는 사실과 함께 그 착오가 의사표시에 결정적인 영향을 미쳤다는 점, 즉 만약 그 착오가 없었더라면 의사표시를 하지 않았을 것이라는 점을 증명하여야 한다(대판 2008.1.17, 2007다74188).

12 정답해설

① 기망행위로 인하여 법률행위의 중요부분에 관하여 착오를 일으킨 경우뿐만 아니라 법률행위의 내용으로 표시되지 아니한 의사결정의 동기에 관하여 착오를 일으킨 경우에도 표의자는 그 법률행위를 사기에 의한 의사표시로서 취소할 수 있다(대판 1985.4.9, 85도167).

② 강박에 의한 의사표시라고 하려면 상대방이 불법으로 어떤 해악을 고지하므로 말미암아 공포를 느끼고 의사표시를 한 것이어야 하므로 각서에 서명 날인할 것을 강력히 요구하였다는 것만으로 강박에 의한 의사표시로 볼 수 없다(대판 1979.1.16, 78다1968).

③ 부동산 거래에 있어 거래 상대방이 일정한 사정에 관한 고지를 받았더라면 그 거래를 하지 않았을 것임이 경험칙상 명백한 경우에는 신의성실의 원칙상 사전에 상대방에게 그와 같은 사정을 고지할 의무가 있으며, 그와 같은 고지의무의 대상이 되는 것은 직접적인 법령의 규정뿐 아니라 널리 계약상, 관습상 또는 조리상의

일반원칙에 의하여도 인정될 수 있다. 고지의무 위반은 부작위에 의한 기망행위에 해당하므로 기망을 이유로 계약을 취소할 수 있다(대판 2006.10.12, 2004다48515).

④ 제3자의 사기행위로 인하여 피해자가 주택건설사와 사이에 주택에 관한 분양계약을 체결하였다고 하더라도 제3자의 사기행위 자체가 불법행위를 구성하는 이상, 제3자로서는 그 불법행위로 인하여 피해자가 입은 손해를 배상할 책임을 부담하는 것이므로, 피해자가 제3자를 상대로 손해배상청구를 하기 위하여 반드시 그 분양계약을 취소할 필요는 없다(대판 1998.3.10, 97다55829).

⑤ 사기의 의사표시로 인한 매수인으로부터 부동산의 권리를 취득한 제3자는 특별한 사정이 없는 한 선의로 추정할 것이므로 사기로 인하여 의사표시를 한 부동산의 양도인이 제3자에 대하여 사기에 의한 의사표시의 취소를 주장하려면 제3자의 악의를 입증할 필요가 있다(대판 1970.11.24, 70다2155). 매수인이 매도인을 기망하여 부동산을 매수한 후 제3자에게 저당권을 설정해 준 경우, 제110조 제3항의 제3자로 선의는 추정된다.

13 정답해설

① 의사표시의 도달이라 함은 사회관념상 채무자가 통지의 내용을 알 수 있는 객관적 상태에 놓여졌다고 인정되는 상태를 지칭한다고 해석되므로, 채무자가 이를 현실적으로 수령하였다거나 그 통지의 내용을 알았을 것까지는 필요로 하지 않는다(대판 2008.6.12, 2008다19973).

② 민법은 제한능력자를 보호하기 위하여 모든 제한능력자를 의사표시의 수령무능력자라고 본다.

> **제112조【제한능력자에 대한 의사표시의 효력】**
> 의사표시의 상대방이 의사표시를 받은 때에 제한능력자인 경우에는 의사표시자는 그 의사표시로써 대항할 수 없다. 다만, 그 상대방의 법정대리인이 의사표시가 도달한 사실을 안 후에는 그러하지 아니하다.

③ 보통우편의 방법으로 발송되었다는 사실만으로는 그 우편물이 상당기간 내에 도달하였다고 추정할 수 없다(대판 1993.5.11, 92다2530).

④ 의사표시의 도달은 이미 완성된 의사표시의 효력발생요건이므로 발신 후 표의자가 사망하거나 행위능력・대리권을 상실하여도 그 의사표시의 효력에 영향을 미치지 아니한다(제111조 제2항).

> **제111조【의사표시의 효력발생시기】**
> ② 의사표시자가 그 통지를 발송한 후 사망하거나 제한능력자가 되어도 의사표시의 효력에 영향을 미치지 아니한다.

⑤ 민사소송법 공시송달 규정에 의하여 의사표시의 효력을 발생시키기 위해서는 표의자가 과실 없이 상대방을 알지 못하거나 상대방의 소재를 알지 못하는 경우여야 한다.

> **제113조【의사표시의 공시송달】**
> 표의자가 과실 없이 상대방을 알지 못하거나 상대방의 소재를 알지 못하는 경우에는 의사표시는 민사소송법 공시송달의 규정에 의하여 송달할 수 있다.

14 정답해설

①, ② 복대리권은 대리인의 대리권을 전제로 인정되는 권리이므로, 복대리인의 대리권은 대리인의 대리권의 범위보다 넓을 수 없고, 대리인의 대리권이 소멸하면 당연히 복대리권도 소멸한다.

③ 표현대리에 관한 법리는 대리의 경우와 복대리와의 사이에 차이가 있는 것은 아니므로, 민법 제126조의 대리인에는 복대리인도 포함되고, 복대리인이 권한을 넘은 대리행위를 한 경우에도 표현대리가 인정된다(대판 1962.10.18, 62다508 등).

④ 제122조【법정대리인의 복임권과 그 책임】 법정대리인은 그 책임으로 복대리인을 선임할 수 있다. 그러나 부득이한 사유로 인한 때에는 전조 제1항에 정한 책임만이 있다.

⑤ 임의대리인은 원칙적으로 복대리인을 선임할 수 없으나 예외적으로 본인의 승낙이나 부득이한 사유가 있는 경우 복대리인을 선임할 수 있다.

> **제120조【임의대리인의 복임권】**
> 대리권이 법률행위에 의하여 부여된 경우에는 대리인은 본인의 승낙이 있거나 부득이한 사유가 있는 때가 아니면 복대리인을 선임하지 못한다.

15 정답해설

①, ② 무권대리행위의 추인은 무권대리인에 의하여 행하여진 불확정한 행위에 관하여 그 행위의 효과를 자기에게 직접 발생케 하는 것을 목적으로 하는 의사표시이며, 무권대리인 또는 상대방의 동의나 승낙을 요하지 않는 단독행위로서 의사표시의 전부에 대하여 행하여져야 하고, 그 일부에 대하여 추인을 하거나 그 내용을 변경하여 추인을 하였을 경우에는 상대방의 동의를 얻지 못하는 한 무효이다. 무권대리행위의 추인은 대리행위 전부에 대하여 행해져야 한다(대판 1982.1.26, 81다카549). 따라서 ① 본인 甲이 乙의 무권대리행위를 추인하기 위해서는 원칙적으로 무권대리인 乙의 동의를 얻어야 하는 것은 아니다. ② 그러나 의사표시의 전부에 대하여 행하여져야 하므로, 甲이 자동차할부대금 보증채무액 중 절반만 보증하겠다고 한 경우는 그 일부에 대하여만 추인하는 경우이므로 丙의 동의가 없으면 원칙적으로 무권대리행위의 추인으로서 효력이 없다.

③ 타인의 채무에 대한 보증행위는 그 성질상 아무런 반대급부 없이 오직 일방적으로 불이익만을 입는 것인 점에 비추어 볼 때, 남편이 처에게 타인의 채무를 보증함에 필요한 대리권을 수여한다는 것은 사회통념상 이례에 속하므로, 처가 특별한 수권 없이 남편을 대리하여 위와 같은 행위를 하였을 경우에 그것이 민법 제126조 소정의 표현대리가 되려면 그 처에게 일상가사대리권이 있었다는 것만이 아니라 상대방이 처에게 남편이 그 행위에 관한 대리의 권한을 주었다고 믿었음을 정당화할 만한 객관적인 사정이 있어야 한다(대판 1998.7.10, 98다18988). 처로서 남편의 인장을 비교적 용이하게 입수할 수 있는 지위에 있어 이를 남용할 위험이 많은 점, 위 위 보증계약을 체결 당시 제출한 남편의 인감증명서는 그 용도란에 아무런 기재가 없고 대리방식으로 발급받은 것에 불과하여 그로써 보증의사나 대리권의 존재에 관한 일반적인 신뢰성을 추인하기 어려운 점을 감안할 때, 민법 제126조 소정의 '정당한 이유'가 없다고 보아 처 乙의 대리행위는 일상가사대리권을 기본대리권으로 하는 권한을 넘은 표현대리가 성립하지 않는다고 판시하였다.

④ 민법 제134조는 "대리권 없는 자가 한 계약은 본인의 추인이 있을 때까지 상대방은 본인이나 그 대리인에 대하여 이를 철회할 수 있다. 그러나 계약 당시에 상대방이 대리권 없음을 안 때에는 그러하지 아니하다."고 규정하고 있다. 민법 제134조에서 정한 상대방의 철회권은, 무권대리행위가 본인의 추인에 따라 효력이 좌우되어 상대방이 불안정한 지위에 놓이게 됨을 고려하여 대리권이 없었음을 알지 못한 상대방을 보호하기 위하여 상대방에게 부여된 권리로서, 상대방이 유효한 철회를 하면 무권대리행위는 확정적으로 무효가 되어 그 후에는 본인이 무권대리행위를 추인할 수 없다. 한편 상대방이 대리인에게 대리권이 없음을 알았다는 점에 대한 주장·입증책임은 철회의 효과를 다투는 본인에게 있다(대판 2017.6.29, 2017다213838).
따라서 계약 당시 乙이 무권대리인임을 알지 못하였던 丙이 할부대금보증계약을 철회한 후에는 본인 甲은 乙의 무권대리행위를 추인할 수 없다.

⑤ 무권대리의 상대방의 권리인 최고권은 선악불문하고 인정된다. 따라서 상대방 丙이 乙의 대리권 없음을 알고 있었다 하더라도, 상대방 丙은 甲에 대하여 추인 여부의 확답을 최고할 수 있다(제131조).

> **제131조【상대방의 최고권】**
> 대리권 없는 자가 타인의 대리인으로 계약을 한 경우에 상대방은 상당한 기간을 정하여 본인에게 그 추인여부의 확답을 최고할 수 있다. 본인이 그 기간 내에 확답을 발하지 아니한 때에는 추인을 거절한 것으로 본다.

16 정답해설

① 매매계약이 약정된 매매대금의 과다로 말미암아 민법 제104조에서 정하는 '불공정한 법률행위'에 해당하여 무효인 경우에도 무효행위의 전환에 관한 민법 제138조가 적용될 수 있다(대판 2010.7.15, 2009다50308).

② 취소한 법률행위는 처음부터 무효인 것으로 간주되므로 취소할 수 있는 법률행위가 일단 취소된 이상 그 후에는 취소할 수 있는 법률행위의 추인에 의하여 이미 취소되어 무효인 것으로 간주된 당초의 의사표시를 다시 확정적으로 유효하게 할 수는 없고, 다만 무효인 법률행위의 추인의 요건과 효력으로서 추인할 수는 있다(대판 1997.12.12, 95다38240).

③ 민법 제137조는 임의규정으로서 의사자치의 원칙이 지배하는 영역에서 적용된다고 할 것이므로, 법률행위의 일부가 강행법규인 효력규정에 위반되어 무효가 되는 경우 그 부분의 무효가 나머지 부분의 유효·무효에 영향을 미치는가의 여부를 판단함에 있어서는 개별 법령이 일부무효의 효력에 관한 규정을 두고 있는 경우에는 그에 따라야 하고, 그러한 규정이 없다면 원칙적으로 민법 제137조가 적용될 것이나 당해 효력규정 및 그 효력규정을 둔 법의 입법 취지를 고려하여 볼 때 나머지 부분을 무효로 한다면 당해 효력규정 및 그 법의 취지에 명백히 반하는 결과가 초래되는 경우에는 나머지 부분까지 무효가 된다고 할 수는 없다(대판 2010.7.22, 2010다23425).

> **제137조【법률행위의 일부무효】**
> 법률행위의 일부분이 무효인 때에는 그 전부를 무효로 한다. 그러나 그 무효부분이 없더라도 법률행위를 하였을 것이라고 인정될 때에는 나머지 부분은 무효가 되지 아니한다.

④ 이른바 집합채권의 양도가 양도금지특약을 위반하여 무효인 경우 채무자는 일부 개별 채권을 특정하여 추인하는 것이 가능하다고 판시하였다(대판 2009.10.29, 2009다47685). 계속적 거래관계에서 발생하는 여러 채권(집합채권)에 대한 양도금지 특약을 하였음에도 채권자가 이를 양도하고 양수인이 중과실이 있어 양도가 무효였는데 채무자가 양수인에게 채권 가운데 일부에 대해 변제를 한 것이 그 일부채권의 양도를 추인한 것으로 본 판례이다. 즉 판례는 일부 추인을 긍정한다.

> **제139조【무효행위의 추인】**
> 무효인 법률행위는 추인하여도 그 효력이 생기지 아니한다. 그러나 당사자가 그 무효임을 알고 추인한 때에는 새로운 법률행위로 본다.

> **제449조【채권의 양도성】**
> ① 채권은 양도할 수 있다. 그러나 채권의 성질이 양도를 허용하지 아니하는 때에는 그러하지 아니하다.
> ② 채권은 당사자가 반대의 의사를 표시한 경우에는 양도하지 못한다. 그러나 그 의사표시로써 선의의 제3자에게 대항하지 못한다.

⑤ 무효인 법률행위는 당사자가 무효임을 알고 추인할 경우 새로운 법률행위를 한 것으로 간주할 뿐이고 소급효가 없는 것이므로 무효인 가등기를 유효한 등기로 전용키로 한 약정은 그때부터 유효하고 이로써 위 가등기가 소급하여 유효한 등기로 전환될 수 없다(대판 1992.5.12, 91다26546).

■ 민법상 추인 비교

1. 무효행위의 추인		제139조	효과
1)	강행법규 위반, 반사회적 법률행위, 불공정한 법률행위 등 무효	적용 ×	추인하여도 여전히 무효
2)	통정허위표시로 무효, 무효의 가등기의 유용, 무효인 명의신탁 등 무효	적용 ○	무효임을 알고 추인한 때에는 새로운 법률로 본다(소급효 없다).
3)	유동적 무효: ㉠ 무권대리행위 ㉡ 무권리자 처분행위 ㉢ 토지거래허가를 받지 않고 한 토지매매계약 등	적용 ×	추인이나 허가를 받으면 소급하여 효력 발생
2. 취소할 수 있는 행위의 추인(취소권의 포기)		제143조 ○	유동적 유효 → 확정적 유효(소급효×)

17 정답해설

① 취소할 수 있는 행위의 추인은 ① 취소의 원인이 소멸한 후이어야 하고, ② 취소할 수 있는 행위임을 알아야 한다. 따라서 제한능력자는 능력자로 된 후에, 착오・사기・강박의 상태에 있던 자는 그 상태를 벗어난 후에 추인할 수 있다(제144조 제1항). 그러나 법정대리인인 친권자는 취소원인의 소멸 전이라도 추인할 수 있다(제144조 제2항).

> **제144조【추인의 요건】**
> ① 추인은 취소의 원인이 소멸된 후에 하여야만 효력이 있다.
> ② 제1항은 법정대리인 또는 후견인이 추인하는 경우에는 적용하지 아니한다.

② 제141조【취소의 효과】취소된 법률행위는 처음부터 무효인 것으로 본다. 다만, 제한능력자는 그 행위로 인하여 받은 이익이 현존하는 한도에서 상환할 책임이 있다.

③ 제140조【법률행위의 취소권자】취소할 수 있는 법률행위는 제한능력자, 착오로 인하거나 사기・강박에 의하여 의사표시를 한 자, 그의 대리인 또는 승계인만이 취소할 수 있다.

④ 제146조【취소권의 소멸】취소권은 추인할 수 있는 날로부터 3년 내에, 법률행위를 한 날로부터 10년 내에 행사하여야 한다.

⑤ 법률행위의 취소는 상대방에 대한 의사표시로 하여야 하나 그 취소의 의사표시는 특별히 재판상 행하여짐이 요구되는 경우 이외에는 특정한 방식이 요구되는 것이 아니고, 취소의 의사가 상대방에 의하여 인식될 수 있다면 어떠한 방법에 의하더라도 무방하다고 할 것이고, 법률행위의 취소를 당연한 전제로 한 소송상의 이행청구나 이를 전제로 한 이행거절 가운데는 취소의 의사표시가 포함되어 있다고 볼 수 있다(대판 1993.9.14, 93다13162).

18 정답해설

① 제150조 제2항【조건성취, 불성취에 대한 반신의행위】조건의 성취로 인하여 이익을 받을 당사자가 신의성실에 반하여 조건을 성취시킨 때에는 상대방은 그 조건이 성취하지 아니한 것으로 주장할 수 있다.

② 제151조 제2항【불법조건, 기성조건】조건이 법률행위의 당시 이미 성취한 것인 경우에는 그 조건이 정지조건이면 조건 없는 법률행위로 하고 해제조건이면 그 법률행위는 무효로 한다.

③ 정지조건이 있는 법률행위는 당사자가 조건성취의 효력을 그 성취 전에 소급하게 할 의사를 표시하는 등의 특별한 사정이 없는 한 조건이 성취한 때로부터 그 효력이 생긴다(제147조).

> **제147조【조건성취의 효과】**
> ① 정지조건 있는 법률행위는 조건이 성취한 때로부터 그 효력이 생긴다.
> ③ 당사자가 조건성취의 효력을 그 성취 전에 소급하게 할 의사를 표시한 때에는 그 의사에 의한다.

④ 제148조【조건부권리의 침해금지】조건 있는 법률행위의 당사자는 조건의 성부가 미정한 동안에 조건의 성취로 인하여 생길 상대방의 이익을 해하지 못한다.

⑤ 제149조【조건부권리의 처분 등】조건의 성취가 미정한 권리의무는 일반규정에 의하여 처분, 상속, 보존 또는 담보로 할 수 있다.

19 정답해설

① 제166조【소멸시효의 기산점】② 부작위를 목적으로 하는 채권의 소멸시효는 위반행위를 한 때로부터 진행한다.

② 부동산에 대한 매매대금 채권이 소유권이전등기청구권과 동시이행의 관계에 있다고 할지라도 매도인은 매매대금의 지급기일 이후 언제라도 그 대금의 지급을 청구할 수 있는 것이며, 다만 매수인은 매도인으로부터 그 이전등기에 관한 이행의 제공을 받기까지 그 지급을 거절할 수 있는 데 지나지 아니하므로 매매대금 청구권은

그 지급기일 이후 시효의 진행에 걸린다(대판 1991.3.22, 90다9797). 소멸시효의 기산점은 권리를 행사할 수 있는 때로부터 진행하기 때문에 동시이행의 항변권이 붙어 있는 채권이라도 그 이행기 도래 시부터 진행한다.

③ 소유권이전등기 말소등기의무의 이행불능으로 인한 전보배상청구권의 소멸시효는 말소등기의무가 이행불능 상태에 돌아간 때로부터 진행된다(대판 2005.9.15, 2005다29474).

④ 소멸시효는 권리를 행사할 수 있는 때로부터 진행하며 여기서 권리를 행사할 수 있는 때라 함은 권리행사에 법률상의 장애가 없는 때를 말하므로 정지조건부권리의 경우에는 조건 미성취의 동안은 권리를 행사할 수 없는 것이어서 소멸시효가 진행되지 않는 것이다(대판 1992.12.22, 92다28822). 甲이 자기 소유의 건물 매도 시 그 이익을 乙과 분배하기로 약정한 경우에 乙의 이익금 분배청구권은 정지조건인 甲이 건물을 매도하여 그 이익을 얻을 때에 권리를 행사할 수 있는 것이므로 소멸시효의 기산점이 된다. 분배약정 시가 아니다.

⑤ 채권의 소멸시효는 그 이행기가 도래한 때로부터 진행되지만 그 이행기일이 도래한 후에 채권자가 채무자에 대하여 기한을 유예한 경우에는 유예 시까지 진행된 시효는 포기한 것으로서 유예한 이행기일로부터 다시 시효가 진행된다고 볼 것이다(대판 1992.12.22, 92다40211).

20 정답해설

① 제169조【시효중단의 효력】시효의 중단은 당사자 및 그 승계인 간에만 효력이 있다.

② 제171조【파산절차참가와 시효중단】파산절차 참가는 채권자가 이를 취소하거나 그 청구가 각하된 때에는 시효중단의 효력이 없다.

③ 시효중단사유로서의 승인에는 상대방의 권리에 관한 처분의 능력이나 권한 있음을 요하지 아니하나(제177조), 처분권이 없는 자라도 관리권은 있어야 승인할 수 있다.
부재자의 재산관리인의 경우 법원의 허가 없이도 관리행위는 할 수 있으므로 부재자를 대리하여 상대방의 채권의 소멸시효를 중단시키는 채무의 승인을 할 수 있다.

> **제177조【승인과 시효중단】**
> 시효중단의 효력 있는 승인에는 상대방의 권리에 관한 처분의 능력이나 권한 있음을 요하지 아니한다.

④ 제182조【천재 기타 사변과 시효정지】천재 기타 사변으로 인하여 소멸시효를 중단할 수 없을 때에는 그 사유가 종료한 때부터 1개월 내에는 시효가 완성하지 아니한다.

⑤ 제180조【재산관리자에 대한 제한능력자의 권리, 부부 사이의 권리와 시효정지】② 부부 중 한쪽이 다른 쪽에 대하여 가지는 권리는 혼인관계가 종료된 때부터 6개월 내에는 소멸시효가 완성되지 아니한다.

21 정답해설

① 가등기는 원래 순위를 확보하는 데에 그 목적이 있으나, 순위 보전의 대상이 되는 물권변동의 청구권은 그 성질상 양도될 수 있는 재산권일 뿐만 아니라 가등기로 인하여 그 권리가 공시되어 결과적으로 공시방법까지 마련된 셈이므로, 이를 양도한 경우에는 양도인과 양수인의 공동신청으로 그 가등기상의 권리의 이전등기를 가등기에 대한 부기등기의 형식으로 경료할 수 있다고 보아야 한다(대판(전) 1998.11.19, 98다24105).

② 등기는 물권의 효력 발생 요건이고 존속 요건은 아니어서 등기가 원인 없이 말소된 경우에는 그 물권의 효력에 아무런 영향이 없고, 그 회복등기가 마쳐지기 전이라도 말소된 등기의 등기명의인은 적법한 권리자로 추정되며, 그 회복등기 신청절차에 의하여 말소된 등기를 회복할 수 있으므로(부동산등기법 제75조), 근저당권설정등기가 불법행위로 인하여 원인 없이 말소되었다 하더라도 말소된 근저당권설정등기의 등기명의인이 곧바로 근저당권 상실의 손해를 입게 된다고 할 수는 없다(대판 2010.2.11, 2009다68408).

③ 가등기는 그 성질상 본등기의 순위보전의 효력만이 있어 후일 본등기가 경료된 때에는 본등기의 순위가 가등기한 때로 소급하는 것뿐이지 본등기에 의한 물권변동의 효력이 가등기한 때로 소급하여 발생하는 것은 아니다(대판 1992.9.25, 92다21258).

④ 등기원인 사실에 대한 입증이 부족하다는 이유로 그 등기를 무효라고 단정할 수 없고, 또한 등기명의자가 등기부와 다른 등기원인을 주장하였으나 그 주장 사실이 인정되지 않은 것만으로는 등기의 추정력이 깨어지

는 것은 아니다(대판 1997.6.24, 97다2993 등). 다만 소유권이전등기의 원인으로 주장된 계약서가 진정하지 않은 것으로 증명된 경우, 그 등기의 적법 추정은 깨어진다(대판 1998.9.22, 98다29568).

⑤ 동일 부동산에 관하여 등기명의인을 달리하여 중복된 소유권보존등기가 경료된 경우에는, 먼저 이루어진 소유권보존등기가 원인무효가 되지 아니하는 한, 뒤에 된 소유권보존등기는 실체권리관계에 부합되는지의 여부를 따질 필요도 없이 무효이다(대판(전) 1996.10.17, 96다12511).

22 정답해설

① 민법은 점유권(제204조 내지 제206조)과 소유권(제213조, 제214조)에 관해 명문규정을 두고, 소유권에 기한 물권적 청구권을 다른 물권에 준용한다(제290조, 제301조, 제319조, 제370조). 그러나 점유를 수반하지 않는 지역권과 저당권에는 물권적 반환청구권은 인정될 여지가 없으나, 방해제거 또는 예방청구권은 인정된다.

② 간접점유자는 직접점유자가 점유의 침탈을 당한 때에는 그 물건의 반환을 청구할 수 있다(제207조).

> **제207조【간접점유의 보호】**
> ① 전3조의 청구권은 제194조의 규정에 의한 간접점유자도 이를 행사할 수 있다.
> ② 점유자가 점유의 침탈을 당한 경우에 간접점유자는 그 물건을 점유자에게 반환할 것을 청구할 수 있고 점유자가 그 물건의 반환을 받을 수 없거나 이를 원하지 아니하는 때에는 자기에게 반환할 것을 청구할 수 있다.

③ 직접점유자가 임의로 점유를 타에 양도한 경우에는 점유이전이 간접점유자의 의사에 반한다 하더라도 간접점유자의 점유가 침탈된 경우에 해당하지 않는다(대판 1993.3.9, 92다5300).

④ 채권담보의 목적으로 이루어지는 부동산 양도담보의 경우에 있어서 피담보채무가 변제된 이후에 양도담보권설정자가 행사하는 등기청구권은 소멸시효의 대상이 되지 않는다(대판 1987.11.10, 87다카62). 즉 소유권에 기한 물권적 청구권으로 소멸시효에 걸리지 않는다.

⑤ 민법 제205조에 의하면, 점유자가 점유의 방해를 받은 때에는 방해의 제거 및 손해의 배상을 청구할 수 있고(제1항), 제1항의 청구권은 방해가 종료한 날로부터 1년 내에 행사하여야 하는데(제2항), 민법 제205조 제2항이 정한 '1년의 제척기간'은 재판 외에서 권리행사하는 것으로 족한 기간이 아니라 반드시 그 기간 내에 소를 제기하여야 하는 이른바 출소기간으로 해석함이 타당하다. 그리고 기산점이 되는 '방해가 종료한 날'은 방해행위가 종료한 날을 의미한다(대판 2016.7.29, 2016다214483, 2016다214490).

■ 물권적 청구권

	점유권에 기한 물권적 청구권	소유권에 기한 물권적 청구권[19]
내용	① 점유물반환청구권 ② 점유물방해제거청구권 ③ 점유물방해예방청구권	① 소유물반환청구권[20] ② 소유물방해제거청구권 ③ 소유물방해예방청구권
청구권자	침탈당한 자(사기 ×, 유실 ×)	소유자(양도인 × → 양수인 ○)
상대방	① 침탈자 ② 포괄승계인 ③ 악의의 특별승계인	• 반환 : 현재 점유하는 자 • 방해제거 : 처분권한 있는 자
행사기간	1년 = 제척기간 → 출소기간	소멸시효 ×
고의 · 과실	×	×

19) 준용규정 有: 지상권, 전세권, 지역권, 저당권
준용규정 無: 유치권 ; 물권적 청구권 인정 ×
질권 ; 통설은 입법의 불비로 보아 인정
20) 지역권과 저당권은 반환청구권 인정 안 됨. 점유하지 않기 때문

23 정답해설

ㄱ. (×) : 취득시효기간이 완성되었다고 하더라도 그것만으로 바로 소유권취득의 효력이 생기는 것이 아니라, 이를 원인으로 하여 소유권취득을 위한 등기청구권이 발생하는 것에 불과하고, 미등기 부동산의 경우라 하여 취득시효기간의 완성만으로 등기 없이도 점유자가 소유권을 취득한다고 볼 수 없다(대판 2013.9.13, 2012다5834). 甲이 20년간 소유의 의사로 평온, 공연하게 乙소유의 X토지를 점유한 경우, X토지가 미등기 상태라 하더라도 甲은 등기 없이는 X토지의 소유권을 취득할 수 없다.

ㄴ. (×) : 부동산에 대한 취득시효가 완성되면 점유자는 소유명의자에 대하여 취득시효완성을 원인으로 한 소유권이전등기절차의 이행을 청구할 수 있고 소유명의자는 이에 응할 의무가 있으므로 점유자가 그 명의로 소유권이전등기를 경료하지 아니하여 아직 소유권을 취득하지 못하였다고 하더라도 소유명의자는 점유자에 대하여 점유로 인한 부당이득반환청구를 할 수 없다(대판 1993.5.25, 92다51280). 20년간 소유의 의사로 평온, 공연하게 乙소유의 X토지를 점유하여 취득시효를 완성한 점유자 甲에 대하여 乙은 점유로 인한 부당이득반환청구를 할 수 없다.

ㄷ. (○) : 부동산에 관한 점유취득시효기간이 경과하였다고 하더라도 그 점유자가 자신의 명의로 등기하지 아니하고 있는 사이에 먼저 제3자 명의로 소유권이전등기가 경료되어 버리면, 특별한 사정이 없는 한 그 제3자에 대하여는 시효취득을 주장할 수 없으나, 그 제3자가 취득시효기간 만료 당시의 등기명의인으로부터 신탁 또는 명의신탁받은 경우라면 종전 등기명의인으로서는 언제든지 이를 해지하고 소유권이전등기를 청구할 수 있고, 점유시효취득자로서는 종전 등기명의인을 대위하여 이러한 권리를 행사할 수 있으므로, 그러한 제3자가 소유자로서의 권리를 행사하는 경우 점유자로서는 취득시효완성을 이유로 이를 저지할 수 있다(대판 2007.10.11, 2007다43894).

사안의 경우 취득시효에 기한 등기청구권은 채권적이기 때문에, 甲이 등기를 경료하지 않고 있는 사이에 乙이 丙에게 그 토지를 처분하여 이전등기를 해 준 경우에는 甲은 제3자 丙에게 직접 시효완성을 주장할 수 없다. 그러나 丙이 유효한 명의신탁받은 경우라면 명의신탁자 乙은 명의수탁자 丙에게 언제든지 명의신탁을 해지하고 소유권이전등기를 청구할 수 있다. 따라서 시효취득자인 甲은 점유취득시효의 완성을 이유로 인한 소유권이전등기의무자인 乙을 대위하여 丙에게 권리를 행사할 수 있는 자이므로, 丙이 甲에 대해 소유자로서의 권리를 행사하는 경우라도, 특별한 사정이 없는 한 甲은 점유취득시효의 완성을 이유로 이를 저지할 수 있다.

24 정답해설

① 제257조【동산 간의 부합】동산과 동산이 부합하여 훼손하지 아니하면 분리할 수 없거나 그 분리에 과다한 비용을 요할 경우에는 그 합성물의 소유권은 주된 동산의 소유자에게 속한다. 부합된 동산의 주종을 구별할 수 없는 때에는 동산의 소유자는 부합 당시의 가액의 비율로 합성물을 공유한다.

② 부합이란 분리 훼손하지 아니하면 분리할 수 없거나 분리에 과다한 비용을 요하는 경우는 물론 분리하게 되면 경제적 가치를 심히 감손케 하는 경우도 포함하고, 부합의 원인은 인공적인 경우도 포함하나(대판 1962.1.31, 4294민상445 참조), 부동산에 부합한 물건이 타인이 적법한 권원에 의하여 부속한 것인 때에는 민법 제256조 단서에 따라 그 물건의 소유권은 그 타인의 소유에 귀속되는 것이다. 다만 부동산에 부합된 물건이 사실상 분리복구가 불가능하여 거래상 독립한 권리의 객체성을 상실하고 그 부동산과 일체를 이루는 부동산의 구성 부분이 된 경우에는 타인이 권원에 의하여 이를 부합시켰더라도 그 물건의 소유권은 부동산의 소유자에게 귀속된다(대판 2012.1.26, 2009다76546).

③ 부당이득반환청구에서 이득이란 실질적인 이익을 의미하는데, 동산에 대하여 양도담보권을 설정하면서 양도담보권설정자가 양도담보권자에게 담보목적인 동산의 소유권을 이전하는 이유는 양도담보권자가 양도담보권을 실행할 때까지 스스로 담보물의 가치를 보존할 수 있게 함으로써 만약 채무자가 채무를 이행하지 않더라도 채권자인 양도담보권자가 양도받은 담보물을 환가하여 우선변제받는 데에 지장이 없도록 하기 위한 것이고, 동산양도담보권은 담보물의 교환가치 취득을 목적으로 하는 것이다. 이러한 양도담보권의 성격에 비추어 보면, 양도담보권의 목적인 주된 동산에 다른 동산이 부합되어 부합된 동산에 관한 권리자가 권리를 상실하는

손해를 입은 경우 주된 동산이 담보물로서 가치가 증가된 데 따른 실질적 이익은 주된 동산에 관한 양도담보권설정자에게 귀속되는 것이므로, 이 경우 부합으로 인하여 권리를 상실하는 자는 양도담보권설정자를 상대로 민법 제261조에 따라 보상을 청구할 수 있을 뿐 양도담보권자를 상대로 보상을 청구할 수는 없다(대판 2016.4.28, 2012다19659).

> **제261조【첨부로 인한 구상권】**
> 전5조의 경우에 손해를 받은 자는 부당이득에 관한 규정에 의하여 보상을 청구할 수 있다.

④ 제259조 제1항【가공】 타인의 동산에 가공한 때에는 그 물건의 소유권은 원재료의 소유자에게 속한다. 그러나 가공으로 인한 가액의 증가가 원재료의 가액보다 현저히 다액인 때에는 가공자의 소유로 한다.

⑤ 건물의 증축 부분이 기존건물에 부합하여 기존건물과 분리하여서는 별개의 독립물로서의 효용을 갖지 못하는 이상 기존건물에 대한 근저당권은 민법 제358조에 의하여 부합된 증축 부분에도 효력이 미치는 것이므로 기존건물에 대한 경매절차에서 경매목적물로 평가되지 아니하였다고 할지라도 경락인은 부합된 증축 부분의 소유권을 취득한다(대판 2002.10.25, 2000다63110).

25 정답해설

① 채무자 이외의 자의 소유에 속하는 동산을 경매한 경우에도 경매절차에서 그 동산을 경락받아 경락대금을 납부하고 이를 인도받은 경락인은 특별한 사정이 없는 한 소유권을 선의취득한다(대판 1998.3.27, 97다32680).

② 동산의 선의취득에 필요한 점유의 취득은 현실적 인도가 있어야 하고 점유개정에 의한 점유취득만으로서는 그 요건을 충족할 수 없다(대판 1978.1.17, 77다1872).

③ 제343조에서 제249조를 준용하고 있어 동산질권도 선의취득할 수 있다.

> **제249조【선의취득】**
> 평온, 공연하게 동산을 양수한 자가 선의이며 과실 없이 그 동산을 점유한 경우에는 양도인이 정당한 소유자가 아닌 때에도 즉시 그 동산의 소유권을 취득한다.
>
> **제343조【준용규정】**
> 제249조 내지 제251조, 제321조 내지 제325조의 규정은 동산질권에 준용한다.

④ 선의취득은 원시취득으로, 선의취득자는 임의로 선의취득의 효과를 거부하고 종전 소유자에게 동산을 반환받아 갈 것을 요구할 수 없다(대판 1998.6.12, 98다6800).

⑤ 점유보조자 내지 소지기관의 횡령처럼 형사법상 절도죄가 되는 경우도 형사법과 민사법의 경우를 동일시해야 하는 것은 아니기 때문에, 진정한 권리자와 선의의 거래 상대방 간의 이익형량의 필요성에 있어서 위탁물 횡령의 경우와 다를 바 없으므로, 이 역시 민법 제250조의 도품・유실물에 해당하지 않는다. 따라서 점유보조자를 권리자로 오신하여 거래한 경우, 점유취득자는 목적물을 선의취득할 수 있다(대판 1991.3.22, 91다70).

26 정답해설

① 공유자 간 분할로 인하여 공로에 통하지 못하는 토지가 있는 때에는 그 토지소유자는 공로에 출입하기 위하여 다른 분할자의 토지를 통행할 수 있고, 이 경우에는 보상의 의무가 없다(제220조).

② 다른 사람의 소유토지에 대하여 상린관계로 인한 통행권을 가지고 있는 사람은 그 통행권의 범위 내에서 그 토지를 사용할 수 있을 뿐이고 그 통행지에 대한 통행지 소유자의 점유를 배제할 권능까지 있는 것은 아니므로 그 통행지 소유자는 그 통행지를 전적으로 점유하고 있는 주위토지통행권자에 대하여 그 통행지의 인도를 구할 수 있다고 할 것이다(대판 2003.8.19, 2002다53469).

③ 주위토지통행권은 법률규정에 의한 물권변동이므로 법정의 요건을 충족하면 당연히 성립하고 요건이 없어지게 되면 당연히 소멸한다(대판 1998.3.10, 97다47118).

④ 주위토지통행권자가 민법 제219조 제1항 본문에 따라 통로를 개설하는 경우 통행지 소유자는 원칙적으로 통행권자의 통행을 수인할 소극적 의무를 부담할 뿐 통로개설 등 적극적인 작위의무를 부담하는 것은 아니고, 다만 통행지 소유자가 주위토지통행권에 기한 통행에 방해가 되는 담장 등 축조물을 설치한 경우에는 주위토지통행권의 본래적 기능발휘를 위하여 통행지 소유자가 그 철거의무를 부담한다(대판 2006.10.26, 2005다30993).

⑤ 주위토지통행권은 주위토지 소유자의 토지에 대한 독점적 사용권을 제한하는 권리로서 인접한 토지 소유자 간의 이해를 조정하는 데 목적이 있으므로 사람이 출입하고 다소의 물건을 공로로 운반할 정도의 폭만 확보할 수 있다면 주위토지 소유자의 손해가 가장 적은 장소와 방법을 선택하여야 하고, 또 현재의 토지의 용법에 따른 이용의 범위에서 인정되는 것이지 더 나아가 장차의 이용상황까지를 미리 대비하여 통행로를 정할 것은 아니다(대판 1992.12.22, 92다30528).

27 정답해설

① 【대판 2003.11.13, 2002다57935】

[1] 사회통념상 건물은 그 부지를 떠나서는 존재할 수 없는 것이므로 건물의 부지가 된 토지는 그 건물의 소유자가 점유하는 것으로 볼 것이고, 이 경우 건물의 소유자가 현실적으로 건물이나 그 부지를 점거하고 있지 아니하고 있더라도 그 건물의 소유를 위하여 그 부지를 점유한다고 보아야 한다.

[2] 미등기건물을 양수하여 건물에 관한 사실상의 처분권을 보유하게 됨으로써 그 양수인이 건물부지 역시 아울러 점유하고 있다고 볼 수 있는 등의 다른 특별한 사정이 없는 한 건물의 소유명의자가 아닌 자로서는 실제로 그 건물을 점유하고 있다고 하더라도 그 건물의 부지를 점유하는 자로는 볼 수 없다.

② 건물 공유자 중 일부만이 당해 건물을 점유하고 있는 경우라도 그 건물의 부지는 건물 소유를 위하여 공유명의자 전원이 공동으로 이를 점유하고 있는 것으로 볼 것이며, 건물 공유자들이 건물부지의 공동점유로 인하여 건물부지에 대한 소유권을 시효취득하는 경우라면 그 취득시효 완성을 원인으로 한 소유권이전등기청구권은 당해 건물의 공유지분비율과 같은 비율로 건물 공유자들에게 귀속된다(대판 2003.11.13, 2002다57935).

③ 점유자의 권리추정의 규정은 특별한 사정이 없는 한 부동산 물권에 대하여는 적용되지 아니하고 다만 그 등기에 대하여서만 추정력이 부여된다(대판 1982.4.13, 81다780).

비교 점유의 권리추정력: 동산만 적용 VS. 등기의 추정력: 부동산에 적용

④ 제197조 제2항 【점유의 태양】 선의의 점유자라도 본권에 관한 소에 패소한 때에는 그 소가 제기된 때로부터 악의의 점유자로 본다.

⑤ 진정 소유자가 자신의 소유권을 주장하며 점유자 명의의 소유권이전등기는 원인무효의 등기라 하여 점유자를 상대로 토지에 관한 점유자 명의의 소유권이전등기의 말소등기청구소송을 제기하여 그 소송사건이 점유자의 패소로 확정되었다면, 점유자는 민법 제197조 제2항의 규정에 의하여 그 소유권이전등기말소등기청구 소송의 제기 시부터는 토지에 대한 악의의 점유자로 간주되나, 그 점유는 패소판결 확정 후부터는 타주점유로 전환되었다고 보아야 한다(대판 1996.10.11, 96다19857).

28 정답해설

① 공유자 자신의 지분이 과반수에 미달하면 소수지분권자에 지나지 않으므로 배타적으로 공유물을 점유하는 다른 과반수 미달의 공유자를 전면적으로 배제하고 자신만이 단독으로 공유물을 점유하도록 인도해 달라고 청구할 권원은 없다. 대법원은 공유물의 소수지분권자가 다른 공유자와 협의하지 않고 공유물의 전부 또는 일부를 독점적으로 점유하는 경우, 다른 소수지분권자는 배타적으로 점유하고 있는 소수지분권자에게 공유물의 인도를 청구할 수는 없다고 한다(대판(전) 2020.5.21, 2018다287522).

비교 그러나 소나무 등 설치한 지상물에 대한 제거 등 **방해배제는 청구할 수 있다**고 판시했다(대판(전) 2020.5.21, 2018다287522).

② 소수지분권자는 공유물을 점유할 아무런 권리가 없는 제3자에 대해서 공유물에 대한 지분권자로서 공유물을 점유할 권원이 있는 자신에게 그 반환을 청구할 수 있다(대판(전) 2020.5.21, 2018다287522). 공유자 아닌 제3자 丁이 X토지 전부를 불법으로 점유하는 경우, 甲은 소수지분권자라도 단독으로 X토지 전부의 인도를 청구할 수 있다.

③ 과반수 지분의 공유자는 공유자와 사이에 미리 공유물의 관리방법에 관하여 협의가 없었다 하더라도 공유물의 관리에 관한 사항을 단독으로 결정할 수 있으므로 과반수 지분의 공유자는 그 공유물의 관리방법으로서 그 공유토지의 특정된 한 부분을 배타적으로 사용·수익할 수 있으나, 그로 말미암아 지분은 있으되 그 특정 부분의 사용·수익을 전혀 하지 못하여 손해를 입고 있는 소수지분권자에 대하여 그 지분에 상응하는 임료 상당의 부당이득을 하고 있다 할 것이므로 이를 반환할 의무가 있다 할 것이나, 그 과반수 지분의 공유자로부터 다시 그 특정 부분의 사용·수익을 허락받은 제3자의 점유는 다수지분권자의 공유물관리권에 터잡은 적법한 점유이므로 그 제3자는 소수지분권자에 대하여도 그 점유로 인하여 법률상 원인 없이 이득을 얻고 있다고는 볼 수 없다(대판 2002.5.14, 2002다9738). 7분의 4의 과반수지분을 가진 丙은 다른 공유자들과의 협의 없이 X토지의 관리방법을 정할 수 있다. 그러나 사용·수익하지 못하는 소수지분권자 甲에게 차임 상당액의 7분의 1을 부당이득으로 반환할 의무가 있다. 그러나 甲은 과반수지분권자 丙으로 사용 허락받은 제3자 戊에게 부당이득으로 반환할 것을 청구할 수 없다.

④ 공유물의 관리에 관한 사항은 공유자의 지분의 과반수로써 결정하고, 공유물의 사용·수익·관리에 관한 공유자 간의 특약은 특정승계인에게도 승계되나, 공유물에 관한 특약이 지분권자로서 사용·수익권을 사실상 포기하는 등으로 공유지분권의 본질적 부분을 침해하는 경우에는 특정승계인이 그러한 사실을 알고도 공유지분권을 취득하였다는 등 특별한 사정이 없는 한 특정승계인에게 당연히 승계된다고 볼 수 없다(대판 2012.5.24, 2010다108210).

⑤ 각 공유자는 그 지분권을 다른 공유자의 동의가 없는 경우라도 양도 기타의 처분을 할 수 있는 것이며 공유자끼리 그 지분을 교환하는 것도 그것이 지분권의 처분에 해당하는 이상 다른 공유자의 동의를 요하는 것이 아니다(대판 1972.5.23, 71다2760). 공유자 甲은 특별한 사정이 없는 한 다른 공유자 乙, 丙의 동의 없이 X토지에 관한 자신의 지분을 처분할 수 있다.

> **제263조【공유지분의 처분과 공유물의 사용, 수익】**
> 공유자는 그 지분을 처분할 수 있고 공유물 전부를 지분의 비율로 사용, 수익할 수 있다.

29

정답해설

①, ② 공유물분할청구권은 공유관계에서 수반되는 형성권이므로 공유관계가 존속하는 한 그 분할청구권만이 독립하여 시효소멸될 수 없다(대판 1981.3.24, 80다1888·1889).

③ 甲, 乙의 공유인 부동산 중 甲의 지분 위에 설정된 근저당권 등 담보물권은 특단의 합의가 없는 한 공유물분할이 된 뒤에도 종전의 지분비율대로 공유물 전부의 위에 그대로 존속하고 근저당권설정자인 갑 앞으로 분할된 부분에 당연히 집중되는 것은 아니므로, 甲과 담보권자 사이에 공유물분할로 甲의 단독소유로 된 토지부분 중 원래의 乙지분부분을 근저당권의 목적물에 포함시키기로 합의하였다고 하여도 이런 합의가 乙의 단독소유로 된 토지부분 중 甲지분부분에 대한 피담보채권을 소멸시키기로 하는 합의까지 내포한 것이라고는 할 수 없다(대판 1989.8.8, 88다카24868).

④ 공유물분할의 소는 형성의 소로서 공유자 상호 간의 지분의 교환 또는 매매를 통하여 공유의 객체를 단독소유권의 대상으로 하여 그 객체에 대한 공유관계를 해소하는 것을 말하므로, 법원은 공유물분할을 청구하는 자가 구하는 방법에 구애받지 아니하고 자유로운 재량에 따라 공유관계나 그 객체인 물건의 제반 상황에 따라 공유자의 지분비율에 따른 합리적인 분할을 하면 되는 것이다. 따라서 여러 사람이 공유하는 물건을 분할하는 경우에는 원칙적으로는 각 공유자가 취득하는 토지의 면적이 그 공유지분의 비율과 같도록 하여야 할 것이나, 반드시 그런 방법으로만 분할하여야 하는 것은 아니고, 분할 대상이 된 공유물의 형상이나 위치,

그 이용 상황이나 경제적 가치가 균등하지 아니할 때에는 이와 같은 여러 사정을 고려하여 경제적 가치가 지분비율에 상응되도록 분할하는 것도 허용되며 일정한 요건이 갖추어진 경우에는 공유자 상호 간에 금전으로 경제적 가치의 과부족을 조정하게 하여 분할을 하는 것도 현물분할의 한 방법으로 허용된다(대판 2011.8.18, 2011다24104).

⑤ 공유자는 다른 약정이 없으면 언제든지 공유물의 분할을 청구할 수 있다(민법 제268조). 공유는 공동소유자 상호 간에 아무런 인적 결합관계 없이 각기 독립적으로 목적물을 지배할 수 있는 공동소유 형태로서, 물건에 대한 1개의 소유권이 분량적으로 분할되어 여러 사람에게 속하는 것이므로 특별한 사정이 없는 한 각 공유자는 공유물의 분할을 청구하여 기존의 공유관계를 해소하고 각 공유자 간에 공유물을 분배하는 법률관계를 실현하는 일방적인 권리를 가진다(대판 1991.11.12, 91다27228 등 참조).

> **제268조【공유물의 분할청구】**
> ① 공유자는 공유물의 분할을 청구할 수 있다. 그러나 5년 내의 기간으로 분할하지 아니할 것을 약정할 수 있다.

30 정답해설

① 강제경매의 목적이 된 토지 또는 그 지상 건물의 소유권이 강제경매로 인하여 그 절차상의 매수인에게 이전된 경우에 건물의 소유를 위한 관습상 법정지상권이 성립하는가 하는 문제에 있어서는 그 매수인이 소유권을 취득하는 매각대금의 완납 시가 아니라 그 압류의 효력이 발생하는 때를 기준으로 하여 토지와 그 지상 건물이 동일인에 속하였는지가 판단되어야 한다. 강제경매개시결정의 기입등기가 이루어져 압류의 효력이 발생한 후에 경매목적물의 소유권을 취득한 이른바 제3취득자는 그의 권리를 경매절차상 매수인에게 대항하지 못하고, 나아가 그 명의로 경료된 소유권이전등기는 매수인이 인수하지 아니하는 부동산의 부담에 관한 기입에 해당하므로(민사집행법 제144조 제1항 제2호 참조) 매각대금이 완납되면 직권으로 그 말소가 촉탁되어야 하는 것이어서, 결국 매각대금 완납 당시 소유자가 누구인지는 이 문제맥락에서 별다른 의미를 가질 수 없다는 점 등을 고려하여 보면 더욱 그러하다(대판(전) 2012.10.18, 2010다52140).

② 관습상의 법정지상권은 주로 매매 등의 경우에 건물철거특약이 없는 한 인정되는 것으로 법정지상권을 취득한 자가 대지소유자와 사이에 대지에 관하여 임대차계약을 체결한 경우, 특별한 사정이 없는 한 관습상의 법정지상권을 포기한 것으로 된다(대판 1991.5.14, 91다1912).

③ 관습상의 지상권은 법률행위로 인한 물권의 취득이 아니고 관습법에 의한 부동산물권의 취득이므로 등기를 필요로 하지 아니하고 지상권취득의 효력이 발생하고 이 관습상의 법정지상권은 물권으로서의 효력에 의하여 이를 취득할 당시의 토지소유자나 이로부터 소유권을 전득한 제3자에게 대하여도 등기 없이 위 지상권을 주장할 수 있다(대판 1988.9.27, 87다카279).

④ 관습법상 법정지상권이 성립한 후에는 건물을 개축 또는 증축하는 경우는 물론 건물이 멸실되거나 철거된 후에 신축하는 경우에도 법정지상권은 성립하나, 다만 그 법정지상권의 범위는 구건물을 기준으로 하여 그 유지 또는 사용을 위하여 일반적으로 필요한 범위 내의 대지 부분에 한정되는 것이다(대판 2000.1.18, 98다58696・58702).

⑤ 토지 또는 건물이 동일한 소유자에게 속하였다가 건물 또는 토지가 매매 기타 원인으로 인하여 양자의 소유자가 다르게 된 때에 그 건물을 철거하기로 하는 합의가 있었다는 등 특별한 사정이 없는 한 건물소유자는 토지소유자에 대하여 그 건물을 위한 관습상의 지상권을 취득하게 되고, 건물을 철거하기로 하는 합의가 있었다는 등의 특별한 사정의 존재에 관한 주장입증책임은 그러한 사정의 존재를 주장하는 쪽에 있다(대판 1988.9.27, 87다카279).

31 정답해설

①, ⑤ 지역권은 일정한 목적을 위하여 타인의 토지를 자기 토지의 편익에 이용하는 권리로서 계속되고 표현된 것에 한하여 취득시효에 관한 민법 제245조의 규정을 준용하도록 되어 있다. 따라서 통행지역권은 요역지의 소유자가 승역지 위에 도로를 설치하여 요역지의 편익을 위하여 승역지를 늘 사용하는 객관적 상태가 민법 제245조에 규정된 기간 계속된 경우에 한하여 그 시효취득을 인정할 수 있다.
통행지역권의 경우에 지역의 대가로서의 지료는 그 요건이 아니다. 그렇지만 통행지역권의 취득시효는 승역지 위에 도로를 설치하여 늘 사용하는 객관적 상태를 전제로 하는데, 도로 개설에 의한 종전의 승역지 사용이 무상으로 이루어졌다는 특별한 사정이 없다면 취득시효 전에는 그 사용에 관한 지료 지급의무를 지거나 부당이득반환의무를 지므로, 이러한 상태에서의 도로 개설·사용을 전제로 하여 시효취득이 이루어진다고 할 수 있다. 종전의 승역지 사용이 무상으로 이루어졌다는 등의 다른 특별한 사정이 없다면 통행지역권을 취득시효한 경우에도 주위토지통행권의 경우와 마찬가지로 요역지 소유자는 승역지에 대한 도로 설치 및 사용에 의하여 승역지 소유자가 입은 손해를 보상하여야 한다고 해석함이 타당하다(대판 2015.3.20, 2012다17479).

② 제295조 제1항【취득과 불가분성】 공유자의 1인이 지역권을 취득한 때에는 다른 공유자도 이를 취득한다.

③ 제296조【소멸시효의 중단, 정지와 불가분성】 요역지가 수인의 공유인 경우에 그 1인에 의한 지역권 소멸시효의 중단 또는 정지는 다른 공유자를 위하여 효력이 있다.

④ 제295조 제2항【취득과 불가분성】 점유로 인한 지역권 취득기간의 중단은 지역권을 행사하는 모든 공유자에 대한 사유가 아니면 그 효력이 없다.

32 정답해설

①, ② 전세금의 지급은 전세권 성립의 요소가 되는 것이지만 그렇다고 하여 전세금의 지급이 반드시 현실적으로 수수되어야만 하는 것은 아니고 기존의 채권으로 전세금의 지급에 갈음할 수도 있다(대판 2009.1.30, 2008다67217).

③ 제303조 제2항【전세권의 내용】 농경지는 전세권의 목적으로 하지 못한다.

④ 제312조의2【전세금 증감청구권】 전세금이 목적부동산에 관한 조세·공과금 기타 부담의 증감이나 경제사정의 변동으로 인하여 상당하지 아니하게 된 때에는 당사자는 장래에 대하여 그 증감을 청구할 수 있다. 그러나 증액의 경우에는 대통령령이 정하는 기준에 따른 비율을 초과하지 못한다.

⑤ 전세권의 목적물의 전부 또는 일부가 전세권자에 책임 있는 사유로 인하여 멸실된 때에는 전세권자는 손해를 배상할 책임이 있고, 이 경우에 전세권설정자는 전세권이 소멸된 후 전세금으로써 손해의 배상에 충당할 수 있다.

제315조【전세권자의 손해배상책임】

① 전세권의 목적물의 전부 또는 일부가 전세권자에 책임 있는 사유로 인하여 멸실된 때에는 전세권자는 손해를 배상할 책임이 있다.

② 전항의 경우에 전세권설정자는 전세권이 소멸된 후 전세금으로써 손해의 배상에 충당하고 잉여가 있으면 반환하여야 하며 부족이 있으면 다시 청구할 수 있다.

33 정답해설

① 제304조【건물의 전세권, 지상권, 임차권에 대한 효력】 ① 타인의 토지에 있는 건물에 전세권을 설정한 때에는 전세권의 효력은 그 건물의 소유를 목적으로 한 지상권 또는 임차권에 미친다.

② 건물이 그 존립을 위한 토지사용권을 갖추지 못하여 토지의 소유자가 건물의 소유자에 대하여 당해 건물의 철거 및 그 대지의 인도를 청구할 수 있는 경우에라도 건물소유자가 아닌 사람(전세권자)이 건물을 점유하고 있다면 토지소유자는 그 건물 점유를 제거하지 아니하는 한 위의 건물 철거 등을 실행할 수 없다. 따라서

그때 토지소유권은 위와 같은 점유에 의하여 그 원만한 실현을 방해당하고 있다고 할 것이므로, 토지소유자는 자신의 소유권에 기한 방해배제로서 건물점유자(전세권자)에 대하여 건물로부터의 퇴출을 청구할 수 있다. 그리고 이는 건물점유자가 건물소유자로부터의 임차인으로서 그 건물임차권이 이른바 대항력을 가진다고 해서 달라지지 아니한다. 건물임차권의 대항력은 기본적으로 건물에 관한 것이고 토지를 목적으로 하는 것이 아니므로 이로써 토지소유권을 제약할 수 없고, 토지에 있는 건물에 대하여 대항력 있는 임차권이 존재한다고 하여도 이를 토지소유자에 대하여 대항할 수 있는 토지사용권이라고 할 수는 없다. 바꾸어 말하면, 건물에 관한 임차권이 대항력을 갖춘 후에 그 대지의 소유권을 취득한 사람은 민법 제622조 제1항이나 주택임대차보호법 제3조 제1항 등에서 그 임차권의 대항을 받는 것으로 정하여진 '제3자'에 해당한다고 할 수 없다(대판 2010.8.19, 2010다43801).

③ 민법 제304조는 전세권을 설정하는 건물소유자가 건물의 존립에 필요한 지상권 또는 임차권과 같은 토지사용권을 가지고 있는 경우에 관한 것으로서, 그 경우에 건물전세권자로 하여금 토지소유자에 대하여 건물소유자, 즉 전세권설정자의 그러한 토지사용권을 원용할 수 있도록 함으로써 토지소유자 기타 토지에 대하여 권리를 가지는 사람에 대한 관계에서 건물전세권자를 보다 안전한 지위에 놓으려는 취지의 규정이다. 또한 지상권을 가지는 건물소유자가 그 건물에 전세권을 설정하였으나 그가 2년 이상의 지료를 지급하지 아니하였음을 이유로 지상권설정자, 즉 토지소유자의 청구로 지상권이 소멸하는 것(민법 제287조 참조)은 전세권설정자가 전세권자의 동의 없이는 할 수 없는 위 민법 제304조 제2항 상의 "지상권 또는 임차권을 소멸하게 하는 행위"에 해당하지 아니한다(대판 2010.8.19, 2010다43801). 지상권설정자가 민법 제287의 지상권소멸청구를 하는 경우 전세권자의 동의가 없다고 하더라도 가능하므로, 지상권은 소멸하게 된다.

④ 제305조 제1항【건물의 전세권과 법정지상권】 대지와 건물이 동일한 소유자에 속한 경우에 건물에 전세권을 설정한 때에는 그 대지소유권의 특별승계인은 전세권설정자에 대하여 지상권을 설정한 것으로 본다.

⑤ 민법은 1. 건물전세권의 경우 최단존속기간을 1년으로 하여 보장하고 있으며, 2. 토지・건물 모두 10년을 넘지 못한다고 함으로써 최장기간의 제한을 두고 있다.

> **제312조【전세권의 존속기간】**
> ① 전세권의 존속기간은 10년을 넘지 못한다. 당사자의 약정기간이 10년을 넘는 때에는 이를 10년으로 단축한다.
> ② 건물에 대한 전세권의 존속기간을 1년 미만으로 정한 때에는 이를 1년으로 한다.

34 정답해설

① 과실이 금전이 아닐 때에는 경매하여 먼저 이자에 충당하고 나머지가 있으면 원본에 충당한다(제323조).

> **제323조【과실수취권】**
> ① 유치권자는 유치물의 과실을 수취하여 다른 채권보다 먼저 그 채권의 변제에 충당할 수 있다. 그러나 과실이 금전이 아닌 때에는 경매하여야 한다.
> ② 과실은 먼저 채권의 이자에 충당하고 그 잉여가 있으면 원본에 충당한다.

② 유치권에는 우선변제적 효력이 없으나, 유치권자는 채권의 변제를 받기 위하여 유치물을 경매할 수는 있다. 이는 환가를 위한 경매이다(제322조).

> **제322조【경매, 간이변제충당】**
> ① 유치권자는 채권의 변제를 받기 위하여 유치물을 경매할 수 있다.

③ 유치권자가 유치권을 행사한다 하더라도 채권의 소멸시효의 진행에 영향을 미치지 아니하므로 소멸시효는 중단되지 않고 진행된다(제326조).

> **제326조【피담보채권의 소멸시효】**
> 유치권의 행사는 채권의 소멸시효의 진행에 영향을 미치지 아니한다.

④ 유치물의 보존에 필요한 사용은 채무자의 승낙 없이도 할 수 있다(제324조 제2항 단서). 그러나 그 외의 사용에는 채무자의 승낙이 있어야 한다.

> **제324조【유치권자의 선관의무】**
> ① 유치권자는 선량한 관리자의 주의로 유치물을 점유하여야 한다.
> ② 유치권자는 채무자의 승낙 없이 유치물의 사용, 대여 또는 담보제공을 하지 못한다. 그러나 유치물의 보존에 필요한 사용은 그러하지 아니하다.

⑤ 제321조【유치권의 불가분성】 유치권자는 채권 전부의 변제를 받을 때까지 유치물 전부에 대하여 그 권리를 행사할 수 있다.

35 정답해설

① 제한물권은 이해관계인의 이익을 부당하게 침해하지 않는 한 자유로이 포기할 수 있는 것이 원칙이다. 유치권은 채권자의 이익을 보호하기 위한 법정담보물권으로서, 당사자는 미리 유치권의 발생을 막는 특약을 할 수 있고 이러한 특약은 유효하다. 유치권 배제 특약이 있는 경우 다른 법정요건이 모두 충족되더라도 유치권은 발생하지 않는데, 특약에 따른 효력은 특약의 상대방뿐 아니라 그 밖의 사람도 주장할 수 있다(대판 2018.1.24, 2016다234043).

② 제327조【타담보제공과 유치권소멸】 채무자는 상당한 담보를 제공하고 유치권의 소멸을 청구할 수 있다.

③ 유치권은 타물권인 점에 비추어 볼 때 수급인의 재료와 노력으로 건축되었고 독립한 건물에 해당되는 기성부분은 수급인의 소유라 할 것이므로 수급인은 공사대금을 지급받을 때까지 이에 대하여 유치권을 가질 수 없다(대판 1993.3.26, 91다14116). 유치권은 채권자 자신 소유 물건에 대해서는 성립하지 않는다.

④ 유치권의 성립요건이자 존속요건인 유치권자의 점유는 직접점유이든 간접점유이든 관계가 없으나, 다만 유치권은 목적물을 유치함으로써 채무자의 변제를 간접적으로 강제하는 것을 본체적 효력으로 하는 권리인 점 등에 비추어, 그 직접점유자가 채무자인 경우에는 유치권의 요건으로서의 점유에 해당하지 않는다(대판 2008.4.11, 2007다27236).

⑤ 유치권은 점유가 불법으로 개시된 경우에는 인정되지 않는다(제320조 제2항).

> **제320조【유치권의 내용】**
> ② 전항의 규정은 그 점유가 불법행위로 인한 경우에 적용하지 아니한다.

36 정답해설

① 질권자는 피담보채권의 변제를 받기 위하여 질물을 경매할 수 있고(제338조 제1항), 그 매각대금으로부터 다른 채권자보다 자기채권의 우선변제를 받을 권리가 있다(제329조).

> **제338조【경매, 간이변제충당】**
> ① 질권자는 채권의 변제를 받기 위하여 질물을 경매할 수 있다.
>
> **제329조【동산질권의 내용】**
> 동산질권자는 채권의 담보로 채무자 또는 제3자가 제공한 동산을 점유하고 그 동산에 대하여 다른 채권자보다 자기채권의 우선변제를 받을 권리가 있다.

② 제331조【질권의 목적물】 질권은 양도할 수 없는 물건을 목적으로 하지 못한다.

③ 제334조【피담보채권의 범위】 질권은 원본, 이자, 위약금, 질권실행의 비용, 질물보존의 비용 및 채무불이행

또는 질물의 하자로 인한 손해배상의 채권을 담보한다. 그러나 다른 약정이 있는 때에는 그 약정에 의한다.

④ 제335조【유치적 효력】질권자는 전조의 채권의 변제를 받을 때까지 질물을 유치할 수 있다. 그러나 자기보다 우선권이 있는 채권자에게 대항하지 못한다.

⑤ 제333조【동산질권의 순위】수개의 채권을 담보하기 위하여 동일한 동산에 수개의 질권을 설정한 때에는 그 순위는 설정의 선후에 의한다.

■ **질권과 저당권의 피담보채권의 범위 비교**

질권	저당권
※ 제334조【피담보채권의 범위】 질권은 원본, 이자, 위약금, 질권실행의 비용, 질물보존의 비용 및 채무불이행 또는 질물의 하자로 인한 손해배상의 채권을 담보한다. 그러나 다른 약정이 있는 때에는 그 약정에 의한다. → 임의규정	※ 제360조【피담보채권의 범위】 저당권은 원본, 이자, 위약금, 채무불이행으로 인한 손해배상 및 저당권의 실행비용을 담보한다. 그러나 지연배상에 대하여는 원본의 이행기일을 경과한 후의 1년분에 한하여 저당권을 행사할 수 있다. → 강행규정

37 정답해설

ㄱ. (×) : 제365조【저당지상의 건물에 대한 경매청구권】토지를 목적으로 저당권을 설정한 후 그 설정자가 그 토지에 건물을 축조한 때에는 저당권자는 토지와 함께 그 건물에 대하여도 경매를 청구할 수 있다. 그러나 그 건물의 경매대가에 대하여는 우선변제를 받을 권리가 없다.

ㄴ. (○) : 다만, 저당권설정자가 원시취득한 건물에 한하지 않으므로, 저당권설정자로부터 저당토지에 대한 용익권을 설정받은 자가 그 토지에 건물을 축조한 경우라도 그 후 저당권설정자가 그 건물의 소유권을 취득한 경우에는 저당권자는 토지와 함께 그 건물에 대하여 경매를 청구할 수 있다(대판 2003.4.11, 2003다3850).

ㄷ. (○) : 민법 제365조가 토지를 목적으로 한 저당권을 설정한 후 그 저당권설정자가 그 토지에 건물을 축조한 때에는 저당권자가 토지와 건물을 일괄하여 경매를 청구할 수 있도록 규정한 취지는, 저당권은 담보물의 교환가치의 취득을 목적으로 할 뿐 담보물의 이용을 제한하지 아니하여 저당권설정자로서는 저당권설정 후에도 그 지상에 건물을 신축할 수 있는데, 후에 그 저당권의 실행으로 토지가 제3자에게 경락될 경우에 건물을 철거하여야 한다면 사회경제적으로 현저한 불이익이 생기게 되어 이를 방지할 필요가 있으므로 이러한 이해관계를 조절하고, 저당권자에게도 저당 토지상의 건물의 존재로 인하여 생기게 되는 경매의 어려움을 해소하여 저당권의 실행을 쉽게 할 수 있도록 한 데에 있다고 풀이되며, 그러한 규정 취지에 비추어 보면 민법 제365조에 기한 일괄경매청구권은 원칙적으로 토지소유자인 저당권설정자가 축조하여 그가 소유하고 있는 건물이어야 한다(대결 1994.1.24, 93마1736). 따라서 토지에 저당권을 설정한 후 그 설정자가 그 토지에 축조한 경우라도 건물의 소유권이 제3자에게 이전된 경우에는 일괄경매청구권이 인정되지 않는다.

38 정답해설

ㄱ. (○) : 민법 366조의 법정지상권 성립에 있어서 지상건물은 반드시 등기를 거친 것임을 필요로 하지 않는다(대판 1964.9.22, 63아62).

ㄴ. (○) : 법정지상권의 경우 당사자 사이에 지료에 관한 협의가 있었다거나 법원에 의하여 지료가 결정되었다는 아무런 입증이 없다면, 법정지상권자가 지료를 지급하지 않았다고 하더라도 지료 지급을 지체한 것으로는 볼 수 없으므로 법정지상권자가 2년 이상의 지료를 지급하지 아니하였음을 이유로 하는 토지소유자의 지상권 소멸청구는 이유가 없고, 지료액 또는 그 지급시기 등 지료에 관한 약정은 이를 등기하여야만 제3자에게 대항할 수 있는 것이고, 법원에 의한 지료의 결정은 당사자의 지료결정청구에 의하여 형식적 형성소송인 지료결정판결로 이루어져야 제3자에게도 그 효력이 미친다(대판 2001.3.13, 99다17142).

ㄷ. (○) : 건물소유를 위하여 법정지상권을 취득한 자로부터 경매에 의하여 그 건물의 소유권을 이전받은 경락인

은 경락 후 건물을 철거한다는 등의 매각조건하에서 경매되는 경우 등 특별한 사정이 없는 한 건물의 경락취득과 함께 위 지상권도 당연히 취득한다(대판 1985.2.26, 84다카1578 · 1579).

39 정답해설

① 근저당권은 담보할 채권의 최고액만을 정하고 채무의 확정을 장래에 유보하여 설정하는 저당권을 말한다. 근저당권설정계약이나 기본계약에서 결산기를 정하거나 근저당권의 존속기간이 있는 경우라면 원칙적으로 결산기가 도래하거나 존속기간이 만료한 때에 피담보채무가 확정된다(대판 2017.10.31, 2015다65042).

② 근저당권의 존속기간이나 결산기를 정하지 않은 때에는 피담보채무의 확정방법에 관한 다른 약정이 있으면 그에 따르고, 이러한 약정이 없는 경우라면 근저당권설정자가 근저당권자를 상대로 언제든지 계약 해지의 의사표시를 함으로써 피담보채무를 확정시킬 수 있다(대판 2017.10.31, 2015다65042).

③ 근저당권자가 피담보채무의 불이행을 이유로 경매신청을 한 경우에는 경매신청 시에 근저당권의 피담보채권액이 확정되고, 그 이후부터 근저당권은 부종성을 가지게 되어 보통의 저당권과 같은 취급을 받게 된다(대판 1998.10.27, 97다26104 · 26111).

④ 후순위 근저당권자가 경매를 신청한 경우 선순위 근저당권의 피담보채권은 그 근저당권이 소멸하는 시기, 즉 경락인이 경락대금을 완납한 때에 확정된다고 보아야 한다(대판 2009.10.29, 2009다47685).

⑤ 공동근저당권자가 목적 부동산 중 일부 부동산에 대하여 제3자가 신청한 경매절차에 소극적으로 참가하여 우선배당을 받은 경우, 해당 부동산에 관한 근저당권의 피담보채권은 그 근저당권이 소멸하는 시기, 즉 매수인이 매각대금을 지급한 때에 확정되지만, 나머지 목적 부동산에 관한 근저당권의 피담보채권은 기본거래가 종료하거나 채무자나 물상보증인에 대하여 파산이 선고되는 등의 다른 확정사유가 발생하지 아니하는 한 확정되지 아니한다. 공동근저당권자가 제3자가 신청한 경매절차에 소극적으로 참가하여 우선배당을 받았다는 사정만으로는 당연히 채권자와 채무자 사이의 기본거래가 종료된다고 볼 수 없고, 기본거래가 계속되는 동안에는 공동근저당권자가 나머지 목적 부동산에 관한 근저당권의 담보가치를 최대한 활용할 수 있도록 피담보채권의 증감 · 교체를 허용할 필요가 있으며, 위와 같이 우선배당을 받은 금액은 나머지 목적 부동산에 대한 경매절차에서 다시 공동근저당권자로서 우선변제권을 행사할 수 없어 이후에 피담보채권액이 증가하더라도 나머지 목적 부동산에 관한 공동근저당권자의 우선변제권 범위는 우선배당액을 공제한 채권최고액으로 제한되므로 후순위 근저당권자나 기타 채권자들이 예측하지 못한 손해를 입게 된다고 볼 수 없기 때문이다(대판 2017.9.21, 2015다50637).

40 정답해설

① 제361조 【저당권의 처분제한】 저당권은 그 담보한 채권과 분리하여 타인에게 양도하거나 다른 채권의 담보로 하지 못한다.

② 제363조 제2항 【저당권자의 경매청구권, 경매인】 저당물의 소유권을 취득한 제3자도 경매인이 될 수 있다.

③ 저당권의 효력이 저당부동산에 부합된 물건과 종물에 미친다는 민법 제358조 본문을 유추하여 보면 건물에 대한 저당권의 효력은 그 건물에 종된 권리인 건물의 소유를 목적으로 하는 지상권에도 미치게 되므로, 건물에 대한 저당권이 실행되어 경락인이 그 건물의 소유권을 취득하였다면 경락 후 건물을 철거한다는 등의 매각조건에서 경매되었다는 등 특별한 사정이 없는 한, 경락인은 건물 소유를 위한 지상권도 민법 제187조의 규정에 따라 등기 없이 당연히 취득하게 되고, 한편 이 경우에 경락인이 건물을 제3자에게 양도한 때에는, 특별한 사정이 없는 한 민법 제100조 제2항의 유추적용에 의하여 건물과 함께 종된 권리인 지상권도 양도하기로 한 것으로 봄이 상당하다(대판 1996.4.26, 95다52864).

④ 전세권을 목적으로 한 저당권이 설정된 경우, 전세권의 존속기간이 만료되면 전세권의 용익물권적 권능이 소멸하기 때문에 더 이상 전세권 자체에 대하여 저당권을 실행할 수 없게 되고, 저당권자는 저당권의 목적물인 전세권에 갈음하여 존속하는 것으로 볼 수 있는 전세금반환채권에 대하여 압류 및 추심명령 또는 전부명령을 받거나 제3자가 전세금반환채권에 대하여 실시한 강제집행절차에서 배당요구를 하는 등의 방법으로 물상

대위권을 행사하여 전세금의 지급을 구하여야 한다(대판 2014.10.27, 2013다91672).

⑤ 민법 제370조, 제342조 단서가 저당권자는 물상대위권을 행사하기 위하여 저당권설정자가 받을 금전 기타 물건의 지급 또는 인도 전에 압류하여야 한다고 규정한 것은 물상대위의 목적인 채권의 특정성을 유지하여 그 효력을 보전함과 동시에 제3자에게 불측의 손해를 입히지 않으려는 데 있는 것이므로, 저당목적물의 변형물인 금전 기타 물건에 대하여 이미 제3자가 압류하여 그 금전 또는 물건이 특정된 이상 저당권자가 스스로 이를 압류하지 않고서도 물상대위권을 행사하여 일반 채권자보다 우선변제를 받을 수 있다(대판 2002.10.11, 2002다33137).

정답

01 ②	02 ③	03 ①	04 ④	05 ④	06 ④	07 ⑤	08 ④	09 ④	10 ①
11 ①	12 ②	13 ③	14 ④	15 ①	16 ③	17 ③	18 ①	19 ②	20 ②
21 ④	22 ③	23 ③	24 ①	25 ②	26 ④	27 ③	28 ⑤	29 ⑤	30 ③
31 ④	32 ②	33 ②	34 ①	35 ②	36 ⑤	37 ⑤	38 ⑤	39 ⑤	40 ①

01 정답해설

시장에서의 균형은 수요와 공급의 힘이 일치할 때 달성된다. 수리적으로는 수요함수의 수요량과 공급함수의 공급량이 일치할 때 시장균형이 달성된다.

설문에서 주어진 그래프를 통해서 시장수요함수가 $Q=-P+500$이고, 시장공급함수가 $P=150$임을 쉽게 알 수 있다. 시장균형은 수요와 공급이 일치하는 $Q=-P+500=-150+500=350$일 때 달성된다. 즉 균형거래량 $Q^*=350$이 되고, 균형가격 $P^*=150$이 된다.

02 정답해설

한계기술대체율($\frac{MP_L}{MP_K}$) = 요소상대가격 $\frac{w}{r}$ 이어야 하는데 예외적인 생산자 균형에서는 1계 필요조건이 불필요하다. 그러한 경우는 다음과 같다.

1) 등량곡선이 직선인 경우 : 완전대체

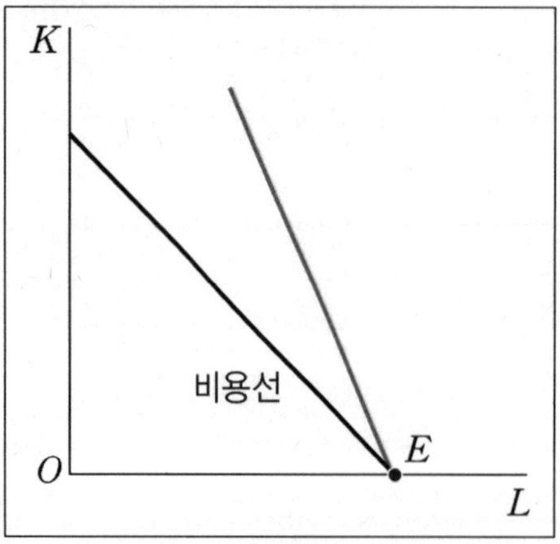

2) 무차별곡선이 L자형인 경우 : 완전보완

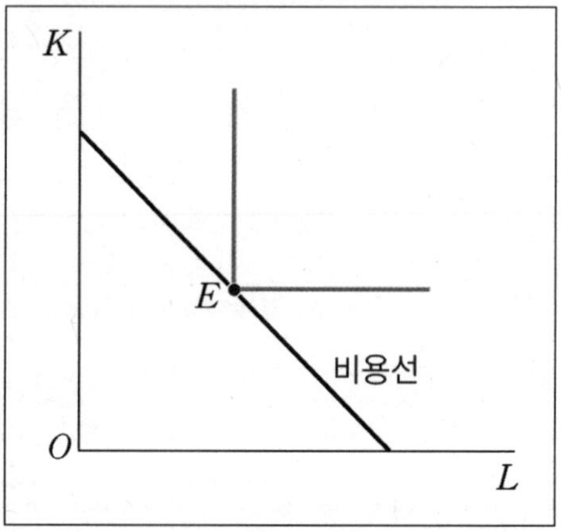

여기에서 한계기술대체율($\frac{MP_L}{MP_K}$) = 요소상대가격 $\frac{w}{r}$ 이 충족되지 않는 이유는 등량곡선이 ㄴ자 형태로서 꺾이는 지점에서는 수학적으로 한계기술대체율이 정의되지 않기 때문이다. 이러한 경우에 비용이 극소화되는 생산점은 기하학적으로 항상 등량곡선이 꺾이는 점이 된다. 결국 등량곡선이 꺾이는 점과 비용선의 교점이 생산자 최적선택이 된다. 특히 비용극소화의 경우 등량곡선이 특정한 생산량을 나타낸다.

설문에서 주어진 생산함수와 비용자료를 분석하면, $L=2K$와 등비용선 $C=3L+5K$가 만나는 점에서 비용극소화가 이루어짐을 알 수 있다. 즉 $L=2K$와 $C=3L+5K$의 교점을 구하면 된다. 이때, 기업의 생산은 110이므로 $L=2K=110$이 성립한다.
따라서 이를 풀면, 노동투입량은 $L=110$, 자본투입량은 $K=55$가 된다. 참고로, 이때 극소화된 비용은 $C=3L+5K=330+275=605$가 된다.

03 정답해설

생산에 있어서 부정적 외부효과가 있을 경우 사적 비용에 비해 사회적 비용이 더 크다. 기하적으로는 사회적 한계비용곡선이 사적 한계비용곡선보다 상방에 존재하는 것으로 묘사할 수 있다. 이는 생산에 수반되는 부정적 외부성이 사회적 관점에서 생산비용의 상승을 만들어 내기 때문이다. 사적 한계비용이 사회적 한계비용보다 더 작기 때문에 시장균형 산출량은 사회적 최적 산출량을 상회한다.
소비에 있어서 긍정적 외부효과가 있을 경우 사적 편익에 비해 사회적 편익이 더 크다. 기하적으로는 사회적 한계편익곡선이 사적 한계편익곡선보다 상방에 존재하는 것으로 묘사할 수 있다. 이는 소비에 수반되는 긍정적 외부성이 사회적 관점에서 편익의 증가를 만들어 내기 때문이다. 사적 한계편익이 사회적 한계편익보다 더 작기 때문에 시장균형 산출량은 사회적 최적 산출량을 하회한다.

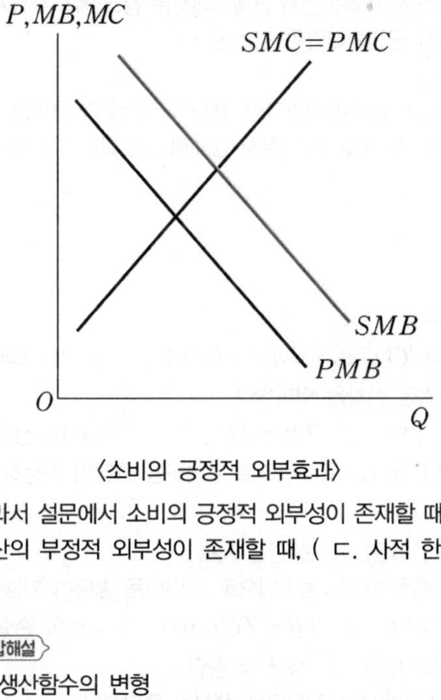

〈소비의 긍정적 외부효과〉

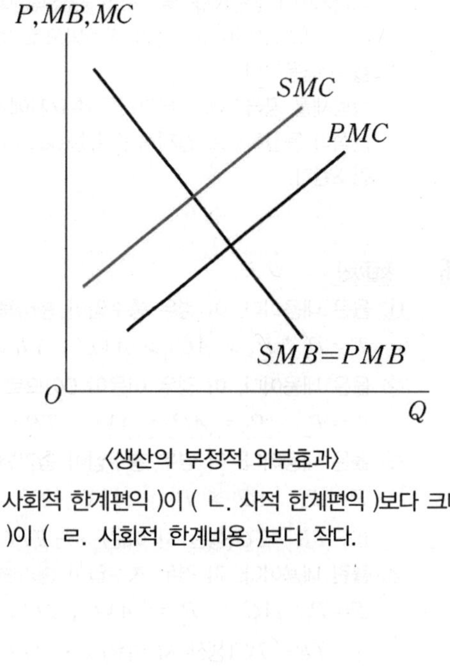

〈생산의 부정적 외부효과〉

따라서 설문에서 소비의 긍정적 외부성이 존재할 때, (ㄱ. 사회적 한계편익)이 (ㄴ. 사적 한계편익)보다 크다. 생산의 부정적 외부성이 존재할 때, (ㄷ. 사적 한계비용)이 (ㄹ. 사회적 한계비용)보다 작다.

04 정답해설

1) 생산함수의 변형
$Q=\sqrt{L}$에서 이를 변형하면, $L=Q^2$이 된다.
2) 비용함수의 도출
비용은 $C=wL+rK$인데, 자본이 없기 때문에 주어진 정보를 활용하여 변형하면 다음과 같다.
$C=wL=0.5L=0.5Q^2$
따라서 한계비용은 $MC=Q$가 된다.
3) 경쟁기업의 이윤극대화 산출량
완전경쟁시장에서 가격이 5로 주어져 있으므로 해당 기업은 가격과 한계비용이 일치하는 수준에서 이윤을 극대화할 수 있다.

따라서 $P=5$, $MC=Q$이므로 이윤극대화 산출량은 5가 된다.

4) 경쟁기업의 이윤극대화 투입량

이윤극대화 산출량 5를 위의 1)에서 구한 $L=Q^2$에 대입하면, 이윤극대화 노동투입량은 25가 됨을 알 수 있다.

05

정답해설

①, ② 옳은 내용이다.

공급자에게 종량세를 부과하면 공급곡선이 좌상방으로 이동하면서 균형가격은 상승한다. 수요자에게 종량세를 부과하면 수요곡선이 좌하방으로 이동하면서 균형가격은 하락한다. 그러나 소비자는 조세부담이 있으므로 실질적인 소비자부담은 균형가격의 하락에도 불구하고 상승한다. 결국 구매자가 내는 가격과 판매자가 받는 가격은 모두 동일하게 됨을 위의 분석을 통해서 알 수 있다.

③ 옳은 내용이다.

종량세를 공급자에게 부과하든 수요자에게 부과하든 납부의 주체만 차이가 있을 뿐, 과세 후 균형거래량은 동일하기 때문에 정부의 조세수입은 같다.

④ 틀린 내용이다.

공급자에게 종량세를 부과하면 공급곡선이 좌상방으로 이동하면서 균형거래량은 감소한다. 수요자에게 종량세를 부과하면 수요곡선이 좌하방으로 이동하면서 균형거래량은 감소한다.

⑤ 옳은 내용이다.

종량세를 공급자에게 부과하든 수요자에게 부과하든 소비자 직면가격, 생산자 직면가격 그리고 균형거래량 분석이 동일하므로 경제적 순손실(deadweight loss)도 동일하다. 특히 경제적 순손실이 생기므로 총잉여는 감소한다.

06

정답해설

① 옳은 내용이다. 이 경우 총수입이 총비용보다 크다.

$P=P_1$, $\boxed{P} > \boxed{AC} > \boxed{AVC}$, $TR > TC > TVC \quad \therefore\ TR-TC>0 \quad \therefore\ \pi>0$, 초과이윤

② 옳은 내용이다. 이 경우 이윤이 0이므로 손익분기점 상황을 의미한다.

$P=P_2$, $\boxed{P} = \boxed{AC} > \boxed{AVC}$, $TR=TC>TVC \quad \therefore\ TR=TC \quad \therefore\ \pi=0$, 정상이윤

③ 옳은 내용이다. 이 경우 총수입이 총가변비용보다 크므로 총수입으로 가변비용 충당이 가능하다.

$P=P_3$, $\boxed{AC} > \boxed{P} > \boxed{AVC}$, $TC>TR>TVC \quad \therefore\ TR-TC<0 \quad \therefore\ \pi<0$, 손실

$0>TR-TC$(생산 시 이윤)$>-TFC$(중단 시 이윤) $\therefore$ 생산을 지속

④ 틀린 내용이다. 이 경우 총수입이 총가변비용과 동일하므로 총수입으로 가변비용 충당이 가능하다.

$P=P_4$, $\boxed{AC} > \boxed{P} = \boxed{AVC}$, $TC>TR=TVC \quad \therefore\ TR-TC<0 \quad \therefore\ \pi<0$, 손실

$0>TR-TC$(생산 시 이윤)$>-TFC$(중단 시 이윤) $\therefore$ 생산 or 중단

⑤ 옳은 내용이다. 이 경우 생산 시 이윤이 중단 시 이윤보다 작으므로 생산을 중단한다.

$P=P_5$, $\boxed{AC} > \boxed{AVC} > \boxed{P}$, $TC>TVC>TR \quad \therefore\ TR-TC<0 \quad \therefore\ \pi<0$, 손실

$0>-TFC$(중단 시 이윤) $>TR-TC$(생산 시 이윤) $\therefore$ 생산을 중단

07 정답해설

생산요소시장에서 균형은 다음의 경우에 변화하며 생산물시장과 연쇄적인 반응을 주고받는다.

1) 요소수요가 변화하는 경우
   ① 요소수요에 영향을 주는 요인이 발생하여 요소수요가 변화
   ② 예를 들어 생산물시장에서 수요가 증가하여 가격이 상승하는 경우 요소수요가 증가
   ③ 요소수요곡선이 상방이동
   ④ 임금 상승, 요소고용량 증가
   ⑤ 단, 요소공급이 고정된 경우에는 요소수요가 증가하더라도 요소고용량은 불변
   ⑥ 한편, 요소가격의 상승은 생산물시장에서 공급을 감소시키는 연쇄반응
2) 요소공급이 변화하는 경우
   ① 요소공급에 영향을 주는 요인이 발생하여 요소공급이 변화
   ② 예를 들어 해외로부터 노동력이 유입되는 경우 요소공급이 증가
   ③ 요소공급곡선이 하방이동
   ④ 임금 하락, 요소고용량 증가
   ⑤ 한편, 요소가격의 하락은 생산물시장에서 생산비용을 감소시켜 공급을 증가시키는 연쇄반응

위의 내용을 토대로 설문을 분석하면 다음과 같다.

어떤 산업에서 생산물 가격이 상승하는 경우 생산은 증가하고 요소수요도 증가한다. 요소수요의 증가로 요소가격은 상승하고 요소고용량은 증가한다. 마찬가지로 어떤 산업에서 노동의 한계생산성이 증가하는 경우 생산은 증가하고 요소수요도 증가한다. 요소수요의 증가로 요소가격은 상승하고 요소고용량은 증가한다.

08 정답해설

독점적 경쟁시장은 경쟁시장과 독점시장의 중간적 형태로서 두 시장의 특징을 모두 가지고 있다.

1) 독점의 특징
   ① 시장 내의 기업들은 조금씩 차별화된 상품을 생산한다.
   ② 개별기업은 어느 정도의 독점력을 보유한다(개별기업이 직면하는 수요곡선은 우하향).
2) 경쟁의 특징
   ① 시장 내 기업의 수는 상당히 크다(서로 눈치보지 않는 상황이 조성).
   ② 신규기업의 진입 및 기존기업의 이탈이 자유롭다(장기적으로 초과이윤 = 0).

독점적 경쟁시장에서 균형은 개별기업의 $MR = MC$에서 달성되며 가격은 한계비용보다 높은 수준이다. 개별기업은 독점력을 가지고 있기 때문에 우하향하는 수요곡선에 직면한다. 독점적 경쟁시장은 진입과 퇴출이 자유롭기 때문에 장기이윤은 0이다.

위의 내용에 따라서 설문을 검토하면 (ㄹ)에서 균형가격은 한계비용보다 높은 수준으로 설정되므로 틀린 내용임을 알 수 있다. 나머지 설문들은 매우 쉬운 내용이므로 자세한 해설은 생략하며 필요한 경우 해당 파트를 참조하기 바란다.

09 정답해설

1) 동시게임의 균형

기업 A의 경우 우월전략은 존재하지 않으며, 기업 B의 경우 우월전략은 전략 1이 된다. 따라서 기업 B가 전략 1을 사용할 경우 기업 A는 전략 1이 아니라 전략 2를 사용해야 자신의 보수를 극대화할 수 있다. 결국 이 동시게임에서는 기업 A는 전략 2, 기업 B는 전략 1을 선택하는 것이 균형이 된다. 이때, 기업 A의 보수는 32가 된다.

2) 순차게임의 균형

i) 기업 B의 입장에서

① 첫 번째 부속게임에서 기업 B의 최적전략은 기업 A가 전략 1을 선택하는 경우 기업 B도 전략 1을 선택하는 것이다.

② 두 번째 부속게임에서 기업 B의 최적전략은 기업 A가 전략 2를 선택하는 경우 기업 B는 전략 1을 선택하는 것이다.

ii) 기업 A의 입장에서

① 첫 번째 부속게임에서 기업 B가 선택한 전략 1에 대해 기업 A가 전략 1을 선택하면 기업 A는 22의 보수를 얻는다.

② 두 번째 부속게임에서 기업 B가 선택한 전략 1에 대해 기업 A가 전략 2를 선택하면 기업 A는 32의 보수를 얻는다.

3) 기업 B가 전략 1을 선택하고 기업 A는 전략 2를 채택한다. 이때, 기업 B의 보수는 14가 된다.

10 정답해설

1급 가격차별은 상품 수요량을 극단적으로 세분화하여, 다른 가격을 설정하는 방식으로서 이는 독점기업이 소비자의 선호체계를 완벽하게 파악하고 있을 뿐만 아니라 소비자가 지불할 의사가 있는 최대가격으로서 수요가격을 부과할 수 있어야 한다는 특징이 있다. 그러나 현실에서는 기업이 소비자의 선호체계를 완벽하게 파악하기 어려운 경우에는 이에 상응하는 다양한 가격체계를 통해서 우회하고 있다. 1급 가격차별은 모든 소비자별로 그리고 판매하는 상품단위별로 가격을 모두 다르게 하는 차별적인 가격을 책정하는 방식으로서 완전가격차별(perfect price discrimination)이라고도 한다.

ㄱ. 옳은 내용이다.

1급 가격차별이 되면 가격차별이 없는 독점일 때보다도 산출량이 증대하여 경쟁 수준의 산출량에 근접하게 된다.

ㄴ. 옳은 내용이다.

1급 가격차별의 경우 소비자가 낼 의향이 있는 모든 금액을 가격으로 책정하기 때문에 소비자잉여가 독점이윤으로 모두 흡수되어 소비자잉여는 0이 되는 반면, 기업의 이윤은 증가한다.

ㄷ. 틀린 내용이다.

1급 가격차별의 경우 소비자가 낼 의향이 있는 모든 금액을 가격으로 책정하기 때문에 소비자잉여가 독점이윤으로 모두 흡수되고 소비자잉여는 감소하여 0이 된다.

ㄹ. 틀린 내용이다.

1급 가격차별에서 기업의 이윤극대화 산출량 결정은 독점과 마찬가지로 한계수입과 한계비용이 일치할 때 달성된다. 한계수입은 1급 가격차별에서는 소비자의 수요곡선(정확히는 보상수요곡선)이 되므로 이윤극대화 산출량은 수요곡선과 한계비용곡선이 만나는 점에서 결정된다. 그런데 이는 완전경쟁시장에서의 산출량과 동일하므로 자중손실은 0이 된다. 따라서 총잉여는 가격차별이 없는 독점의 경우에 비하여 증가한다.

11 정답해설

설문의 경우는 무차별곡선이 직선이거나 L자형의 경우가 아니며 타원형으로 주어져 있다. 무차별곡선이 타원인 경우에는 한계대체율이 체감하지 않고 체증하게 되며, 이때 한계대체율과 상대가격이 같은 경우라도 효용극대화가 달성되지 않게 됨에 유의해야 한다. 이는 효용극대화 2계조건과 관련이 있는데 아래에서 상술하기로 한다. 효용극대화 1계조건이 만족되었다고 해서 반드시 효용극대화가 달성된다는 것은 아니다. 경우에 따라서는 효용극대화가 아니라 오히려 효용극소화가 될 수도 있기 때문이다. 따라서 1계조건 이외에 2계조건을 통해서 효용극대화 여부를 판정할 필요가 있다. 이러한 2계조건은 무차별곡선의 형태와 밀접한 관련이 있는데 무차별곡선이 원점에 대하여 볼록한 경우에는 효용극대화 2계조건을 충족한다.

만일 무차별곡선이 원점에 대하여 오목한 경우에는 효용극대화 1계조건을 충족했다고 하더라도 효용극대화가 달성될 수 없다. 이렇게 원점에 대하여 오목한 무차별곡선의 경우 효용극대화는 내부해가 아니라 모서리해 또는 코너해에서 달성되므로 주의할 필요가 있다.
참고로 무차별곡선이 원점에 대하여 볼록하더라도 상당히 가파르거나 완만하여 예산선과 비교할 때 동일한 기울기를 갖지 못하는 경우에는 역시 모서리해를 갖게 된다. 이는 무차별곡선이 L자이거나 직선인 경우와 유사하게 한계대체율($\frac{MU_X}{MU_Y}$) = 상대가격($\frac{P_X}{P_Y}$)이라는 1계 필요조건이 충족되지 않는다.
설문의 무차별곡선은 원점에 대하여 오목한 형태인 타원형으로서 효용극대화는 내부해가 아니라 모서리부분에서 달성된다. 따라서 예산선의 횡축절편과 종축절편에서의 효용수준을 구한 후 이를 비교하여 최종적으로 효용극대화 여부를 판정할 수 있다. 예산선의 식은 $6X+2Y=120$이므로 예산선의 횡축절편은 20, 종축절편은 60이 된다. 이때 효용은 각각 1,200과 3,600이므로 종축절편에서 효용이 극대화됨을 알 수 있으며 소비량은 X재는 0, Y재는 60이 된다.

12 정답해설
수요가 탄력적인 구간에서는 가격이 하락하는 경우, 가격하락의 효과보다도 수요량 증가의 효과가 더 크기 때문에 총수입이 증가한다. 반대로 수요가 비탄력적인 구간에서는, 가격이 상승하는 경우, 가격상승의 효과가 수요량 감소의 효과보다 더 크기 때문에 총수입이 증가한다.
수리적으로 수요의 가격탄력성 산식을 이용하여 도출하면 다음과 같다.
현재 가격이 $P=10$이고, 이를 수요함수에 대입하면 $Q=10$이며, 수요함수에서 $\frac{dQ}{dP}=-0.5$가 된다.
따라서 수요의 가격탄력성은 다음과 같다.

$$e_p=-\frac{\frac{dQ}{Q}\ (\text{수요량 변화율})}{\frac{dP}{P}\ (\text{가격 변화율})}=-\frac{dQ}{dP}\frac{P}{Q}=0.5\times\frac{10}{10}=0.5\text{가 된다.}$$

가격탄력성이 0.5이므로 비탄력적이다. 비탄력적인 구간에서 가격을 인상하는 경우 가격인상의 효과가 수요량 감소의 효과가 더 클 것이므로 총수입은 이전보다 증가한다.

13 정답해설
ㄱ. 옳은 내용이다.
가격변화로 인한 가격효과는 대체효과와 소득효과로 분해된다. 가격효과를 반영한 것이 통상수요라면, 대체효과만 반영한 것이 보상수요이다. 정상재의 경우, 가격이 하락할 때, 대체효과에 의하여 소비량이 증가하고 소득효과에 의하여도 소비량이 증가한다. 정상재 보상수요의 경우 가격이 하락할 때, 소득효과에 의한 소비량의 증가는 반영되지 않으므로 정상재 보상수요곡선은 더 가파르다.
ㄴ. 틀린 내용이다.
열등재의 경우, 대체효과가 소득효과보다 작으면 가격이 하락할 때, 대체효과에 의하여 소비량이 증가하지만, 소득효과에 의하여는 소비량이 감소한다. 열등재 보상수요의 경우 가격이 하락할 때, 소득효과에 의한 소비량의 감소는 반영되지 않고 오로지 대체효과에 의한 소비량 증가만 반영되므로 열등재 보상수요곡선은 우하향한다.
ㄷ. 옳은 내용이다.
소득효과가 대체효과보다 크면 가격 하락에 따라 수요량은 감소하며, 이러한 매우 특수한 열등재를 기펜재라고 한다. 즉 기펜재의 경우 가격이 하락할 때, 대체효과에 의하여 소비량이 증가하지만, 소득효과에 의하여는 소비량이 감소하며, 특히 소득효과가 대체효과보다 크기 때문에 결국 소비량이 감소한다.

따라서 기펜재의 경우 가격이 하락할 때, 대체효과에 의한 소비량 증가보다 소득효과에 의한 소비량 감소가 더 크므로 대체효과와 소득효과를 모두 반영한 보통수요곡선은 우상향한다. 한편, 가격이 하락할 때, 대체효과에 의한 소비량 증가만 반영하는 보상수요곡선은 우하향한다.

14 정답해설

① 옳은 내용이다.

갑의 효용함수가 $U(X,\ Y)=X^{0.3}Y^{0.7}$이므로 재화 소비량이 증가함에 따라서 효용은 증가한다. 따라서 갑의 선호체계는 단조성을 만족한다.

② 옳은 내용이다.

갑의 $U(X,\ Y)=X^{0.3}Y^{0.7}$에서 한계대체율은 $\dfrac{MU_X}{MU_Y}=\dfrac{3Y}{7X}$이므로 X재 소비증가에 따라서 한계대체율이 점차로 감소함을 쉽게 알 수 있다. 한계대체율이 체감하므로 무차별곡선은 원점에 대해 볼록하다.

③ 옳은 내용이다.

소득소비곡선은 소득의 변화에 따라서 변화하는 최적의 소비자 선택점들의 궤적을 의미한다. 이러한 궤적은 예산선의 기울기와 무차별곡선의 기울기가 같게 된다. 따라서 $U(X,\ Y)=X^{0.3}Y^{0.7}$에서 $\dfrac{MU_X}{MU_Y}=\dfrac{3Y}{7X}$이므로 $\dfrac{3Y}{7X}=\dfrac{P_X}{P_Y}$이 소득소비곡선임을 알 수 있다. 결국 소득소비곡선은 $Y=\dfrac{7P_X}{3P_Y}X$가 되어 원점을 지나는 직선이 된다.

④ 틀린 내용이다.

가격소비곡선은 가격의 변화에 따라서 변화하는 최적의 소비자 선택점들의 궤적을 의미한다. 이러한 궤적은 예산선의 기울기와 무차별곡선의 기울기가 같게 된다. 따라서 $U(X,\ Y)=X^{0.3}Y^{0.7}$에서 $\dfrac{MU_X}{MU_Y}=\dfrac{3Y}{7X}$이므로 $\dfrac{3Y}{7X}=\dfrac{P_X}{P_Y}$가 성립하고 또한 X재의 가격하락을 반영하기 위해 $P_XX+P_YY=M$을 고려하면 $7(M-P_YY)=3P_YY$가 된다. 즉, $Y=\dfrac{0.7M}{P_Y}$으로서 횡축인 X재의 축과 평행하다.

⑤ 옳은 내용이다.

$U(X,\ Y)=X^{0.3}Y^{0.7}$, $\dfrac{MU_X}{MU_Y}=\dfrac{3Y}{7X}$이므로 $\dfrac{3Y}{7X}=\dfrac{P_X}{P_Y}$이다. 예산선에 대입하면 $P_XX+\dfrac{7}{3}P_XX=M$이 되어 $X=\dfrac{0.3M}{P_X}$, $Y=\dfrac{0.7M}{P_Y}$이 된다. 따라서 소득이 2배 증가 시 X재 소비는 2배로 증가한다.

15 정답해설

ㄱ. 옳은 내용이다.

갑은 가격이 $(P_X,\ P_Y)=(1,\ 4)$일 때 소비조합 $(X,\ Y)=(6,\ 3)$을 선택하였고, 이때의 지출액은 18이다. 만일 가격이 $(P_X,\ P_Y)=(1,\ 4)$일 때 소비조합이 $(X,\ Y)=(7,\ 2)$인 경우 지출액은 15이므로 소비조합 $(X,\ Y)=(7,\ 2)$도 선택 가능하였지만 갑은 이를 선택하지 않았다. 따라서 소비조합 $(X,\ Y)=(6,\ 3)$은 소비조합 $(X,\ Y)=(7,\ 2)$보다 직접 현시선호되었다.

ㄴ. 옳은 내용이다.

갑은 가격이 $(P_X,\ P_Y)=(4,\ 2)$일 때 소비조합 $(X,\ Y)=(6,\ 4)$를 선택하였고, 이때의 지출액은 32이다.

만일 가격이 $(P_X, P_Y)=(4, 2)$일 때 소비조합이 $(X, Y)=(7, 2)$인 경우 지출액은 32이므로 소비조합 $(X, Y)=(7, 2)$도 선택 가능하였지만 갑은 이를 선택하지 않았다. 따라서 소비조합 $(X, Y)=(6, 4)$는 소비조합 $(X, Y)=(7, 2)$보다 직접 현시선호되었다.

ㄷ. 틀린 내용이다.

갑은 가격이 $(P_X, P_Y)=(1, 4)$일 때 소비조합 $(X, Y)=(6, 3)$을 선택하였고, 이때의 지출액은 18이다. 만일 가격이 $(P_X, P_Y)=(1, 4)$일 때 소비조합이 $(X, Y)=(6, 4)$인 경우 지출액은 22이므로 소비조합 $(X, Y)=(6, 4)$는 선택할 수 없었다. 따라서 소비조합 $(X, Y)=(6, 3)$은 소비조합 $(X, Y)=(6, 4)$보다 직접 현시선호되었다고 할 수 없다.

ㄹ. 틀린 내용이다.

1) 가격이 $(P_X, P_Y)=(1, 4)$일 때 소비조합 $(X, Y)=(6, 3)$ 선택
   ① 재화소비조합점이 $(X, Y)=(6, 3)$인 경우 지출액 = 18 ⇒ 선택
   ② 재화소비조합점이 $(X, Y)=(7, 2)$인 경우 지출액 = 15
   ③ 재화소비조합점이 $(X, Y)=(6, 4)$인 경우 지출액 = 22

2) 가격이 $(P_X, P_Y)=(2, 3)$일 때 소비조합 $(X, Y)=(7, 2)$ 선택
   ① 재화소비조합점이 $(X, Y)=(6, 3)$인 경우 지출액 = 21
   ② 재화소비조합점이 $(X, Y)=(7, 2)$인 경우 지출액 = 20 ⇒ 선택
   ③ 재화소비조합점이 $(X, Y)=(6, 4)$인 경우 지출액 = 24

3) 가격이 $(P_X, P_Y)=(4, 2)$일 때 소비조합 $(X, Y)=(6, 4)$ 선택
   ① 재화소비조합점이 $(X, Y)=(6, 3)$인 경우 지출액 = 30
   ② 재화소비조합점이 $(X, Y)=(7, 2)$인 경우 지출액 = 32
   ③ 재화소비조합점이 $(X, Y)=(6, 4)$인 경우 지출액 = 32 ⇒ 선택

첫 번째, 소비조합 $(X, Y)=(6, 3)$이 직접 현시된 경우

소비조합 $(X, Y)=(6, 3)$ vs $(X, Y)=(7, 2)$

갑은 가격이 $(P_X, P_Y)=(1, 4)$일 때 소비조합 $(X, Y)=(6, 3)$을 선택하였고, 이때의 지출액은 18이다. 만일 가격이 $(P_X, P_Y)=(1, 4)$일 때 소비조합이 $(X, Y)=(7, 2)$인 경우 지출액은 15이므로 소비조합 $(X, Y)=(7, 2)$도 선택가능하였지만 갑은 이를 선택하지 않았다. 따라서 소비조합 $(X, Y)=(6, 3)$은 소비조합 $(X, Y)=(7, 2)$보다 직접 현시선호되었다.

이제 갑은 가격이 $(P_X, P_Y)=(2, 3)$일 때 소비조합 $(X, Y)=(7, 2)$를 선택하였고, 이때의 지출액은 20이다. 만일 가격이 $(P_X, P_Y)=(2, 3)$일 때 소비조합이 $(X, Y)=(6, 3)$인 경우 지출액은 21이므로 소비조합 $(X, Y)=(6, 3)$은 선택불가능하다. 따라서 약공리에 위배되지 않는다.

두 번째, 소비조합 $(X, Y)=(6, 4)$가 직접 현시된 경우

① 소비조합 $(X, Y)=(6, 4)$ vs $(X, Y)=(7, 2)$

갑은 가격이 $(P_X, P_Y)=(4, 2)$일 때 소비조합 $(X, Y)=(6, 4)$를 선택하였고, 이때의 지출액은 32이다. 만일 가격이 $(P_X, P_Y)=(4, 2)$일 때 소비조합이 $(X, Y)=(7, 2)$인 경우 지출액은 32이므로 소비조합 $(X, Y)=(7, 2)$도 선택가능하였지만 갑은 이를 선택하지 않았다. 따라서 소비조합 $(X, Y)=(6, 4)$는 소비조합 $(X, Y)=(7, 2)$보다 직접 현시선호되었다.

이제 갑은 가격이 $(P_X, P_Y)=(2, 3)$일 때 소비조합 $(X, Y)=(7, 2)$를 선택하였고, 이때의 지출액은 20이다. 만일 가격이 $(P_X, P_Y)=(2, 3)$일 때 소비조합이 $(X, Y)=(6, 4)$인 경우 지출액은 24이므로 소비조합 $(X, Y)=(6, 4)$는 선택불가능하다. 따라서 약공리에 위배되지 않는다.

② 소비조합 $(X, Y)=(6, 4)$ vs $(X, Y)=(6, 3)$
갑은 가격이 $(P_X, P_Y)=(4, 2)$일 때 소비조합 $(X, Y)=(6, 4)$를 선택하였고, 이때의 지출액은 32이다. 만일 가격이 $(P_X, P_Y)=(4, 2)$일 때 소비조합이 $(X, Y)=(6, 3)$인 경우 지출액은 30이므로 소비조합 $(X, Y)=(6, 3)$도 선택가능하였지만 갑은 이를 선택하지 않았다. 따라서 소비조합 $(X, Y)=(6, 4)$는 소비조합 $(X, Y)=(6, 3)$보다 직접 현시선호되었다.
이제 갑은 가격이 $(P_X, P_Y)=(1, 4)$일 때 소비조합 $(X, Y)=(6, 3)$를 선택하였고, 이때의 지출액은 18이다. 만일 가격이 $(P_X, P_Y)=(1, 4)$일 때 소비조합이 $(X, Y)=(6, 4)$인 경우 지출액은 22이므로 소비조합 $(X, Y)=(6, 4)$는 선택불가능하다. 따라서 약공리에 위배되지 않는다.

16 정답해설

1) 일반균형과 파레토효율
일반균형이 달성되는 균형배분점은 계약곡선 위에 존재하므로 설문에서 주어진 두 소비자의 효용함수를 무차별곡선으로 그려서 계약곡선의 개형을 그려보면 균형점의 위치를 쉽게 파악할 수 있다.

2) 계약곡선의 개형
소비자 을의 효용함수는 콥－더글라스 함수로서 원점에 대하여 볼록한 형태의 무차별곡선을 갖는다. 소비자 갑의 효용함수는 완전보완관계의 함수로서 L자형의 무차별곡선을 갖는다. 파레토효율이 달성되는 계약곡선의 개형을 그려보면 계약곡선이 L자형의 무차별곡선의 꺾인 점들을 지나는 것을 알 수 있다. 설문에서 L자형의 무차별곡선의 꺾인 점들은 바로 $Y=X$의 직선이 되는 것도 쉽게 찾아낼 수 있다. 따라서 일반균형은 $Y=X$의 직선 위에 위치하게 된다.

3) 최적화 조건
일반균형에서 초과수요 조건은 파레토효율에서도 당연히 달성되므로 고려할 필요가 없고, 여기서는 일반균형에서 최적화 조건을 보도록 하자. 이는 소비자가 주어진 가격에서 효용극대화를 달성할 조건으로서 한계대체율과 상대가격이 일치하면 된다. 주의할 것은 한계대체율과 상대가격이 일치하는 일반균형점은 계약곡선 위에 존재한다는 것이다.

① 한계대체율(이하에서는 갑, 을 대신 A, B라고 하자)
소비자 B의 한계대체율은 콥－더글라스 효용함수임을 고려하면, $MRS^B_{X,Y}=\frac{Y}{X}$가 된다. 일반균형을 달성시키는 배분점은 반드시 계약곡선 위에 존재하므로 $Y=X$를 만족한다. 그리고 계약곡선 위에서 한계대체율 $MRS^B_{X,Y}=\frac{Y}{X}$를 동시에 고려하면 $MRS^B_{X,Y}=\frac{Y}{X}=1$임을 알 수 있다. 참고로 소비자 A의 경우 계약곡선 위에서 한계대체율이 정의되지 않으므로 고려하지 않아도 된다.

② 상대가격
일반균형의 최적화 조건을 위해서는 한계대체율과 상대가격이 일치하므로 상대가격은 1이 된다.

4) 설문의 해결
설문에서 X재의 가격이 1이라고 주어졌으므로 위에서 구한 바와 같이 일반균형에서 상대가격이 1임을 고려하면 Y재의 가격도 역시 1이 됨을 알 수 있다.

17 정답해설

꾸르노 모형은 과점시장의 수량경쟁모형으로서 상대방의 생산량이 고정된 것으로 보고 이를 추종하여 자신의 최적 산출량을 결정한다. 즉 과점시장에 존재하는 각 기업은 상대방이 산출량을 변화시키지 않을 것이라는 추측 하에서 자신의 최적 행동을 선택하는 것이다.
설문의 자료에 따라서 꾸르노 균형을 구하면 다음과 같다.

1) 각 기업의 이윤극대화

① 기업 A의 이윤극대화

i) 한계수입 $TR_A = PQ_A = (120 - 2Q_A - 2Q_B)Q_A$ $\quad \therefore MR_A = 120 - 4Q_A - 2Q_B$

ii) 한계비용 $MC_A = 40$

iii) 이윤극대화 $Max\ \pi_A \Leftrightarrow MR_A = MC_A$

$\therefore 120 - 4Q_A - 2Q_B = 40 \quad \therefore 2Q_A + Q_B = 40$ → 반응곡선 RC_A

② 기업 B의 이윤극대화

i) 한계수입 $TR_B = PQ_B = (120 - 2Q_A - 2Q_B)Q_B$ $\quad \therefore MR_B = 120 - 2Q_A - 4Q_B$

ii) 한계비용 $MC_B = 20$

iii) 이윤극대화 $Max\ \pi_B \Leftrightarrow MR_B = MC_B$

$\therefore 120 - 2Q_A - 4Q_B = 20 \quad \therefore Q_A + 2Q_B = 50$ → 반응곡선 RC_B

2) 균형 : $Q_A = 10,\ Q_B = 20,\ Q = 30,\ P = 60$

18 정답해설

설문에 주어진 정보를 이용하여 현재 시장상황을 묘사하면 다음의 그래프와 같다.

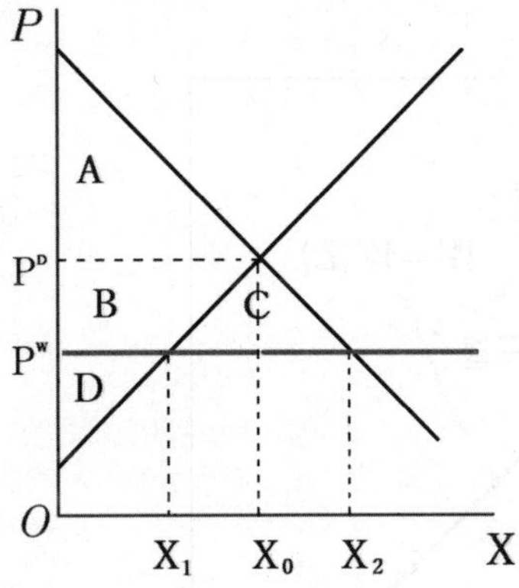

① 무역 이전의 상황
 i) 소비자잉여 : A
 ii) 생산자잉여 : $B + D$
 iii) 사회총잉여 : $A + B + D$

② 무역 이후의 상황
 i) 소비자잉여 : $A + B + C$
 ii) 생산자잉여 : D
 iii) 사회총잉여 : $A + B + C + D$

③ 무역 전후의 비교
 i) 소비자잉여 : $B + C$만큼 증가
 ii) 생산자잉여 : B만큼 감소
 iii) 사회총잉여 : C만큼 증가

1) 무역 이전의 상황

무역이전에 국내가격은 P^D 수준이며 X_0 수준에서 생산과 소비가 이루어지고 있다. 이때 소비자잉여는 A, 생산자잉여는 $B + D$ 그리고 사회총잉여는 $A + B + D$가 된다.

2) 무역 이후의 상황

무역 이후에 국내가격은 세계가격 수준인 P^W으로 하락한다. 이때, 국내생산량은 X_1 수준으로서 무역 이전보다 감소하며 국내소비량은 X_2 수준으로서 무역 이전보다 증가한다. 국내생산량과 국내소비량의 차이는 수입으로 메워질 것이다. 무역 이후에 소비자잉여는 $A + B + C$, 생산자잉여는 D, 사회총잉여는 $A + B + C + D$가 된다.

3) 무역 전후의 비교

무역 이전과 이후를 후생 관점에서 비교하면 먼저 소비자잉여는 $B + C$만큼 증가하지만 생산자잉여는 B만큼 감소하며 사회총잉여는 C만큼 증가한다.

위의 내용에 따라서 설문을 검토하면 다음과 같다.

① 옳은 내용이다.
교역 전과 비교하여 교역 후 생산자잉여는 감소한다.

② 틀린 내용이다.
교역 전과 비교하여 교역 후 소비자잉여는 증가한다.

③ 틀린 내용이다.
생산자잉여는 교역 여부와 관계가 있으며, 수입에 따라서 감소한다.

④ 틀린 내용이다.
교역 전과 비교하여 교역 후 총잉여는 증가한다.

⑤ 틀린 내용이다.
총잉여는 교역 여부와 관계가 있으며, 수입에 따라서 증가한다.

19 정답해설

(단, 엄밀하게는 ㄷ만 옳음에 유의하라.)

수요독점 요소시장에서는 노동수요의 한계비용과 한계수입이 일치하여야 이윤극대화를 달성할 수 있다. 이때, 노동수요의 한계비용은 한계요소비용(한계노동비용)이며 노동수요의 한계수입은 노동의 한계생산가치를 의미한다. 따라서 수요독점 요소시장에서 이윤극대화조건은 한계요소비용(한계노동비용)과 노동의 한계생산가치가 일치할 때 충족된다. ($[W(L) \cdot L]' = \overline{P} \cdot MP_L$)

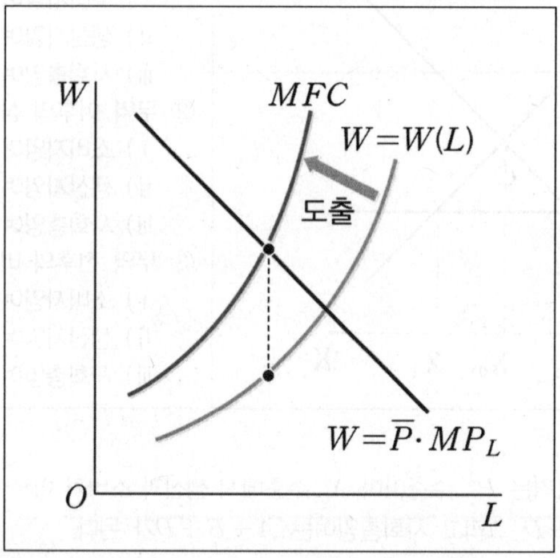

설문을 검토하면 다음과 같다.

ㄱ. 엄밀하게는 틀린 내용이다.
기업의 노동수요에 따른 한계수입은 노동의 한계생산가치를 의미한다. 노동시장이 수요독점일 때 엄밀하게는 노동수요곡선은 존재하지 않는다. 이는 상품시장이 공급독점일 때 엄밀하게는 상품공급곡선이 존재하지 않는 것과 같은 이치이다. 다만, 설문에서 단서로서 생산물시장은 완전경쟁시장이며, 노동수요곡선은 우하향한다고 주어진 것을 선해하도록 한다. 그러나 노동시장의 수요독점을 엄밀하게 고려하면 노동수요곡선은 존재하지 않으므로 틀린 내용임에 유의하라.

ㄴ. 틀린 내용이다.
기업의 노동수요에 따른 한계비용이 한계요소비용(한계노동비용)이다. 노동시장이 수요독점일 때 한계요소비용은 가계의 노동공급과 기업의 임금설정을 모두 고려하여 도출된다. 이는 상품시장이 공급독점일 때 한계비용이 가계의 상품수요와 기업의 가격설정을 모두 고려하여 도출되는 것과 같은 이치이다.

한계요소비용은 요소를 추가적으로 고용함에 따른 비용의 증가분으로서 총요소비용을 요소고용량으로 미분하여 구할 수 있다. 따라서 한계요소비용은 $MFC=[W(L)\cdot L]'$이 되며 기하적으로는 노동공급곡선의 좌상방에 위치함을 위의 그래프에서 확인할 수 있다.

ㄷ은 옳은 내용이고, ㄹ은 틀린 내용이다.

생산요소시장의 수요 측면에서 요소수요자의 이윤의 극대화를 달성하기 위해서는 요소수요에 따른 한계적 편익과 요소수요에 따른 한계적 비용이 일치해야 한다. 특히 요소수요 측면에 독점적 요소가 존재하는 경우 한계적 비용은 $[W(L)\cdot L]'$이며, 요소수요의 한계적 편익은 이와 무관하게 PMP_L이 된다. 이 둘을 일치시키는 수준에서 최적의 요소수요량이 결정되고 이에 기해서 요소공급자의 수취의사요소가격에 맞춰서 요소가격을 설정하게 된다. 따라서 균형 고용량은 노동의 한계생산가치곡선과 한계요소비용곡선이 만나는 점에서 결정된다. 이때 균형점은 아래에서 $E(L^*, W^*)$로서 요소시장이 완전경쟁인 경우와 비교하여 낮은 고용량, 낮은 임금의 특징을 갖게 된다.

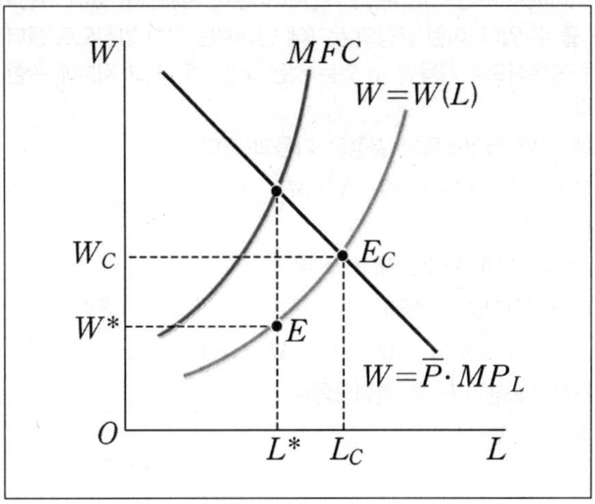

20 정답해설

생산에 부정적 외부성이 있는 경우 사회적 최적생산량은 $SMC=SMB$일 때 달성(E^*에서 Q^*생산)된다. 그러나 시장에서의 균형생산량은 $PMC=SMB$에서 달성되어 과다생산(E_0에서 Q_0)되므로 사회적 후생손실이 발생한다.

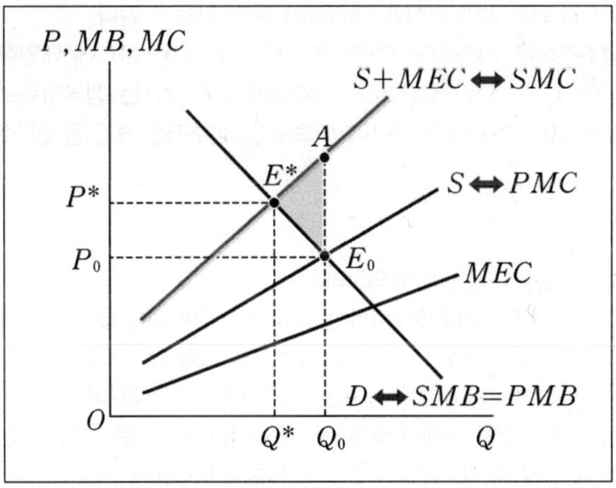

설문의 자료를 이용하여 시장 균형산출량 및 사회적 최적산출량을 구하면 다음과 같다.

1) 비용조건
 사적 한계비용 $PMC=2Q+20$, 한계외부비용 $MEC=2Q$, 사회적 한계비용 $SMC=4Q+20$
2) 수요조건
 수요함수 $Q=200-P$
3) 사회적 최적산출량
 생산에 부정적 외부성이 있는 경우 사회적 최적생산량은 $SMC=SMB$일 때 달성된다.
 따라서 $4Q+20=200-Q$가 되고 $Q=36$이다.

21 정답해설

이 문제는 엄밀한 의미에서 고전학파이론과 케인즈 이론이 혼재되어 있어 고전학파의 견해에 따라 풀 수도 있고 케인즈 이론으로도 풀 수 있다. 이런 유형의 문제에 한해서는 어떤 방식으로 풀더라도 무방하다. 왜냐하면, 고전학파와 케인즈 이론에 공통적으로 사용될 수 있는 것은 국민소득과 그 처분에 관한 식들이며 이를 이용하여 문제를 풀 수 있기 때문이다.

케인즈 모형과 그에 따른 국민소득의 결정은 다음과 같다.

1) 총수요의 구성요소 $Y^D=C+I+G+X-M$
 ① 소비 $C=a+b(Y-T),\ 0<b<1$
 ② 투자 $I=I_0$ (동기간에 발생한 재고 포함)
 ③ 정부 $G=G_0$ (이전지출은 제외)
 ④ 개방경제의 경우, 순수출 $X-M=X_0-M_0-mY$
2) 케인즈 국민소득결정모형(수요 측 결정모형)
 ① $Y^D=C+I+G+X-M$
 ② $Y^S=Y$
 ③ $Y^D=Y^S$
3) 균형국민소득의 결정
 ① 균형조건식에 따라서 $Y=C+I+G+X-M$이 된다.
 ② 균형조건식을 변형하면 다음과 같다.
 $(Y-T-C)+(T-G)+(M-X)=I$ 또는 $(Y-T-C)+(T-G)-I=(X-M)$
 이때, $(Y-T-C)$는 민간저축, $(T-G)$는 정부저축임에 유의하자.
4) 설문에서 주어진 자료를 위의 산식에 대입하여 풀면 다음과 같다.
 ① 변형된 균형조건식은 $(Y-T-C)+(T-G)-I=(X-M)$에 대입한다.
 ② 특히 $(Y-T-C)$는 민간저축으로서 150이며, $(T-G)$는 정부저축으로서 −20임에 유의하자.
 ③ 따라서 $150+(50-70)-50=80$이 되므로, 경상수지는 80임을 알 수 있다.

22 정답해설

(단, 엄밀하게는 ㄷ도 옳은 내용임에 유의하라.)

라스파이레스 물가지수로서의 소비자물가지수는 소비재 500여 개를 대상으로 하며 수입품도 포함하여 측정하는 물가지수이다. 현행 소비자물가지수는 기준시점의 물가를 100으로 두고, 비교시점의 물가를 구하므로 물가상승의 개념을 당연히 포함하며 기준시점의 수량을 가중치로 두기 때문에 라스파이레스 방식이라고 할 수 있다.

(ㄴ) 소비자물가지수의 바스켓은 가계가 소비하는 대표적인 품목들로 구성(전국 주요 도시의 가계에서 판매되는 소비재들)되어 있다. 이때, 바스켓으로는 기준시점의 바스켓을 사용하는데 이를 라스파이레스 방식이라고

한다. 라스파이레스 방식은 비교시점이 바뀌더라도 가중치가 고정된다는 특징이 있다. 기준시점의 수량이 가중치이므로 이는 기준연도가 바뀌지 않는 한 가중치가 고정되므로 만일 거래량이 증가하고 가격이 하락하고 성능이 향상되는 경우에는 물가지수를 과장하는 문제가 있다.

생산자물가지수의 바스켓은 기업 간 거래되는 원자재와 자본재의 품목들로 구성되어 있다. 이때, 바스켓으로는 기준시점의 바스켓을 사용하는데 이를 라스파이레스 방식이라고 한다. 이는 소비자물가지수와 동일한 방식이다. 라스파이레스 방식은 비교시점이 바뀌더라도 가중치가 고정된다는 특징이 있다.

(ㄷ) 특히 생산자물가지수는 국내에서 생산, 출하되는 상품과 서비스를 대상으로 하기 때문에 원칙적으로 수입물가는 제외된다. 수입물가는 국내공급물가지수에 포함되며, 수출물가는 총산출물가지수에 포함된다. 따라서 본 문제는 출제오류의 소지가 있다고 판단된다. 다만, 현실적으로 관계당국에서 생산자물가지수를 발표할 때 국내공급물가지수와 총산출물가지수를 같이 발표하는 관행을 고려하여, 본 문제에 이와 관련한 혼동이 있을 수 있음과 확실히 옳은 두 개의 지문의 존재를 적절히 선해하도록 한다.

(ㄱ) *GDP* 디플레이터의 바스켓은 한 나라 안에서 생산된 모든 상품으로 구성되어 있다. 따라서 *GDP* 디플레이터는 소비자물가지수나 생산자물가지수에 비하여 국내에서 생산되는 모든 상품을 조사대상으로 하므로 매우 포괄적인 성격의 물가지수이며 이 바스켓에는 수입품은 제외됨에 유의해야 한다. 이때 바스켓으로는 비교시점의 바스켓을 사용하는데 이를 파셰 방식이라고 한다. 파셰 방식은 비교시점이 바뀌면 가중치도 그에 따라서 비교시점으로 변경된다는 특징이 있다.

23 정답해설

실업률이란 경제활동인구 중에서 실업자가 차지하는 비율을 말한다. 경제활동인구는 실업자와 취업자를 더한 개념이다. 실업률을 계산함에 있어서는 다음과 같은 Frame을 활용하면 매우 편리하다. Frame 안에 생산가능인구, 경제활동인구, 비경제활동인구, 취업자, 실업자 등의 데이터를 입력하고 경제활동참가율, 고용률, 실업률을 쉽게 구할 수 있다. 이를 통해 실업률, 경제활동참가율, 고용률 그리고 3자 사이의 관계도 쉽게 이해할 수 있다.

<table>
<tr><td rowspan="6">15세 이상 생산가능인구(P)
100(단위 : 만 명, 이하 생략)</td><td rowspan="4">경제활동인구(L)
60 + 10 = 70</td><td rowspan="3">취업자(E)
54 + 9 = 63</td><td>임금근로자</td></tr>
<tr><td>질병휴직자</td></tr>
<tr><td>무급가족종사자
(18시간 이상)</td></tr>
<tr><td colspan="2">실업자(U) 6 + 1 = 7</td></tr>
<tr><td rowspan="2">비경제활동인구(NL)
40 − 10 = 30</td><td colspan="2">주부</td></tr>
<tr><td colspan="2">학생
(대학원생, 진학준비생, 취업준비생)</td></tr>
</table>

1) 경제활동참가율 = 70/100 = 0.7
   = 경제활동인구/생산가능인구 = 경제활동인구/(경제활동인구 + 비경제활동인구)
2) 실업률 = 7/70 = 0.1
   = 실업자/경제활동인구 = 실업자/(실업자 + 취업자)
3) 고용률 = 63/100 = 0.63
   = 취업자/생산가능인구 = 취업자/(실업자 + 취업자 + 비경제활동인구)
4) 경제활동참가율, 실업률, 고용률 간 관계
   고용률 = 경제활동참가율 × (1 − 실업률)
   0.63 = 0.7 × (1 − 0.1)

24 정답해설

① 틀린 내용이다.

설문에서의 필립스 곡선은 총공급곡선이 수직선이 아니라 우상향하는 경우에 나타날 수 있는 관계이다. 필립스 곡선과 총공급곡선의 관계를 보면, 단기에는 물가에 대한 정보의 불완전성으로 인해 노동자들은 실제물가상승률을 알지 못해서 기대물가상승률에 의해 의사결정을 할 수밖에 없으며 이러한 사정이 총공급곡선에 반영되어 총공급곡선이 우상향하는 것으로 나타난다. 소득과 물가 평면에서 우상향하는 총공급곡선은 실업률과 인플레이션율 평면에서 우하향하는 필립스 곡선을 의미한다.

② 옳은 내용이다.

경제학자 필립스에 의하면 필립스 곡선은 원래 명목임금상승률과 실업률 간에 부의 상관관계에 있음을 나타내는 곡선이다. 이후 필립스 곡선은 인플레이션율과 실업률 간에 부의 상관관계를 나타내는 것으로 발전하였다. 단기 필립스 곡선은 인플레이션율(명목임금상승률)과 실업률 간에 단기적으로 부의 상관관계에 있음을 나타내는 곡선이다. 이는 위 ①에서 설명한 바와 같이 총공급곡선을 나타내는데, 주어진 총공급곡선에 대하여 수요측 충격에 의하여 총수요곡선이 이동할 때의 궤적이 되며 이때, 물가 – 소득의 축을 물가상승률 – 실업률의 축으로 바꾼 것이 필립스 곡선이 된다.

③ 옳은 내용이다.

단기 필립스 곡선은 인플레이션율(명목임금상승률)과 실업률 간에 단기적으로 부의 상관관계에 있음을 나타내는 곡선이다.

④ 옳은 내용이다.

기대가 부가된 필립스 곡선 $\pi_t = \pi_t^e - b(u_t - u_N)$을 해석하면 다음과 같다.

i) 실제 인플레이션 < 기대 인플레이션, 실제 실업률 > 자연실업률

ii) 실제 인플레이션 > 기대 인플레이션, 실제 실업률 < 자연실업률

iii) 인플레이션을 완전히 예상하는 경우 실제실업률 = 자연실업률

따라서 설문에서처럼 고용이 완전고용수준보다 높은 경우 실제실업률이 자연실업률보다 낮으므로 위의 ii)에 해당한다. 이 경우에는 실제인플레이션율이 기대 인플레이션율보다 높다.

⑤ 옳은 내용이다.

반인플레이션을 위해서는 실업률 증가, 경기침체라는 비용이 발생한다. 이는 필립스 곡선을 통해서 쉽게 확인할 수 있으며, 이런 의미에서 필립스 곡선이 정책당국에게 있어서 제약으로 작용하는 것이다. 물가안정정책 혹은 디스인플레이션정책의 비용은 희생률을 통해서 계측할 수 있는데 인플레이션율을 1%p 낮추기 위해 발생하는 실업률 증가분(혹은 생산 감소분)의 누적치를 희생률이라고 한다. 희생률을 기하적으로 분석하면 필립스 곡선의 기울기와 관련이 있는데, 희생률은 필립스 곡선의 기울기의 역수가 된다. 따라서 주어진 필립스 곡선 $\pi - \pi^e = -0.5(u - u_n)$을 고려하면, 희생률은 필립스 곡선의 기울기의 역수인 2가 된다. 이는 인플레이션율을 1%p 낮추려면 실업률은 2%p 증가를 용인해야 한다는 의미이다.

25 정답해설

(단, 엄밀하게는 특정상황 하에서 ⑤도 틀린 내용이 될 수 있음에 유의하라.)

준칙에 의한 적극적 정책의 사례로 이자율 준칙의 일종인 테일러준칙을 들 수 있다. 테일러준칙은 물가안정과 경기안정화를 동시에 달성하기 위해서 미국의 연방준비제도가 통화정책을 시행하는 방식에 대하여 테일러가 추정한 식을 의미한다. 이는 통화정책의 수단으로서 연방자금금리(federal funds rate)를 정책적으로 설정함에 있어서 물가안정과 경기안정화를 모두 고려하고 있음을 잘 보여준다. 일반적인 테일러준칙은 다음과 같다.

$$i = (\pi + r^*) + 0.5(\pi - \pi^*) + 0.5\left(\frac{Y - Y_F}{Y_F}\right)$$

r^* : 균형이자율, π : 실제인플레이션율, π^* : 목표인플레이션율, Y : 실질 GDP, Y_F : 잠재 GDP

(참고로 테일러는 균형이자율 2%, 목표인플레이션율 2%를 제안하였다.)

설문에서 테일러준칙은 $i_t = \pi_t + 0.02 + 0.5(\pi_t - 0.03) + 0.5GDPgap$으로 주어져 있다.

설문을 검토하면 다음과 같다.

① 옳은 내용이다.

아래와 같은 테일러준칙의 식에서 목표인플레이션율은 π^*이며, 설문에서는 3%로 주어져 있다.

$$i = (\pi + r^*) + 0.5(\pi - \pi^*) + 0.5(\frac{Y - Y_F}{Y_F})$$

r^* : 균형이자율, π : 실제인플레이션율, π^* : 목표인플레이션율, Y : 실질GDP, Y_F : 잠재GDP

② 틀린 내용이다.

인플레이션율 목표치를 낮추기 위해서는 금리 인상이 필요하다. 따라서 틀린 내용임을 쉽게 알 수 있다. 참고로 좀 더 엄밀하게 접근하고자 하는 경우에는 아래를 참조하기 바란다.

설문에서 주어진 테일러준칙 $i_t = \pi_t + 0.02 + 0.5(\pi_t - 0.03) + 0.5GDPgap$에서 인플레이션율 목표치를 변수화하여 표현하면 다음과 같다.

$i_t = \pi_t + 0.02 + 0.5(\pi_t - \pi^*) + 0.5GDPgap$

이때, 명목이자율을 인플레이션율 목표치로 미분하면 −0.5가 된다. 이를 해석하면, 인플레이션율 목표치를 1%p 증가시킬 경우, 명목이자율의 변화가 −0.5%p가 된다는 의미이다. 따라서 설문에서 인플레이션율 목표치를 현재 3%에서 2%로 1%p만큼 낮추려면 명목정책금리를 0.5%p 인상해야 한다.

③ 옳은 내용이다.

설문에서 주어진 테일러준칙 $i_t = \pi_t + 0.02 + 0.5(\pi_t - 0.03) + 0.5GDPgap$에서 인플레이션율이 목표치와 동일하고 총생산갭이 1%인 경우를 고려하면 다음과 같다.

$i_t = \pi_t + 0.02 + 0.5(\pi_t - 0.03) + 0.5GDPgap = \pi_t + 0.02 + 0.5 \times 0 + 0.5 \times 0.01 = \pi_t + 0.025$

따라서 실질금리는 0.025 = 2.5%가 된다.

④ 옳은 내용이다.

설문에서 주어진 테일러준칙 $i_t = \pi_t + 0.02 + 0.5(\pi_t - 0.03) + 0.5GDPgap$에서 완전고용 상태와 인플레이션율이 2%인 경우를 고려하면 다음과 같다.

$i_t = \pi_t + 0.02 + 0.5(\pi_t - 0.03) + 0.5GDPgap = 0.02 + 0.02 + 0.5(0.02 - 0.03) + 0.5 \times 0 = 0.035$

따라서 명목정책금리는 0.035 = 3.5%가 된다.

⑤ 옳은 내용이다. (단, 엄밀하게 특정한 상황하에서만 제한적으로 옳은 내용이다.)

지문에서 표현된 상황이 모호하여 복수의 해석이 가능하므로 오해 및 오류의 소지가 있다고 판단된다. 다만, 확실히 틀린 지문이 있다는 것으로부터 선해하여 적절한 상황을 상정하여 풀면 다음과 같다.

인플레이션율의 목표치가 1%p 낮아져서 인플레이션율이 목표치보다 1%p 높아진 경우라고 해석하면, 위의 ② 해설과 유사한 상황이 된다. 따라서 인플레이션율이 목표치보다 1%p 더 높은 경우로서 인플레이션율 목표치가 1%p 감소한다면, $i_t = \pi_t + 0.02 + 0.5(\pi_t - \pi^*) + 0.5GDPgap$에서 명목이자율의 변화가 0.5%p가 된다는 의미이다. 즉 명목정책금리를 0.5%p 인상해야 한다. 이는 위 ②의 해설과 같이 간단한 편미분을 통해서 쉽게 확인할 수 있다.

만일 위와 달리 인플레이션율이 1%p 높아져서 인플레이션율이 목표치보다 1%p 높아진 경우라고 해석하면, 설문에서 주어진 테일러준칙 $i_t = \pi_t + 0.02 + 0.5(\pi_t - 0.03) + 0.5GDPgap$에서 명목이자율을 인플레이션율로 미분하면 1.5가 된다. 이를 해석하면, 인플레이션율이 1%p 높아질 경우, 명목이자율의 변화가 1.5%p가 된다는 의미이다. 따라서 명목정책금리를 1.5%p 인상해야 한다.

따라서 위와 같이 설문에 대하여 복수의 해석이 가능하므로 오류의 소지는 있으나 확실한 정답의 존재로부터 적절한 상황을 선해하도록 한다.

26 정답해설

1) 현재의 균형국민소득 구하기
   ① 균형조건식은 $Y=200+0.7(Y-100)+200+100+300-0.2(Y-100)$이 된다.
   ② 따라서 균형국민소득 $Y=1,500$이 되고, 경상수지는 $X-M=20$이 된다.
2) 수출이 100만큼 증가한 경우 균형국민소득과 경상수지의 증감 구하기
   ① 균형조건식은 $Y=200+0.7(Y-100)+200+100+400-0.2(Y-100)$이 된다.
   ② 따라서 균형국민소득 $Y=1,700$이 되고, 경상수지는 $X-M=80$이 된다.
3) 결국 소득의 증가는 $\Delta Y=200$이 되고, 경상수지의 증가는 $\Delta(X-M)=60$이 된다.

27 정답해설

정책목표를 달성하기 위해 재정정책과 통화정책을 적절히 결합하여 사용하는 것을 정책혼합 또는 정책조합(policy mix)이라고 한다. 경우에 따라서 재정정책과 통화정책이 국민소득과 이자율에 미치는 영향이 상반될 수도 있고 일치할 수도 있으므로 이를 활용하여 목표로 삼는 국민소득과 이자율 수준을 달성할 수 있다.
확장적인 통화정책을 사용하면, 화폐시장에서 통화공급이 증가로 인하여 화폐초과공급이 생겨 이자율이 하락한다. 이자율 하락으로 인하여 재화시장에서 투자가 증가하여 총수요가 증가하고 소득이 증가한다.
긴축적인 재정정책을 사용하면, 재화시장에서 정부지출의 감소로 인하여 총수요가 감소하고 소득이 감소한다. 소득의 감소로 인하여 화폐시장에서 화폐수요가 감소하여 이자율이 하락한다.
따라서 확장적인 통화정책에 따른 소득 증가는 긴축적인 재정정책에 의하여 상쇄될 수 있어서 소득과 물가를 일정하게 유지한 상태에서 이자율은 크게 하락하여 민간의 투자는 증가할 수 있다.

28 정답해설

원래 이 문제는 기대 인플레이션이 반영된 $IS-LM$모형을 이용하여 쉽게 풀 수 있다. 그러나 해당 모형은 감정평가사 수험수준을 넘으므로 불필요하다. 따라서 이하에서는 피셔효과와 먼델－토빈효과를 통해서 쉽게 풀기로 한다.
먼저 피셔방정식은 명목이자율과 실질이자율, 인플레이션율 간의 식으로서 아래와 같다.

명목이자율 i_t = 실질이자율 r_t + 기대 인플레이션율 π_t^e

피셔방정식에 의하면, 통화량이 증가하더라도 명목이자율이 하락하지 않고 오히려 상승할 수 있음을 알 수 있다. 즉, 화폐시장에서 통화량이 증가하여 단기적으로 명목이자율이 하락하더라도 인플레이션기대가 상승할 경우에는 장기적으로 명목이자율이 상승할 수 있다.
만일 실질이자율이 불변인 경우, 기대 인플레이션율과 명목이자율 간 일대일 대응관계를 나타내는데 이를 피셔효과라고 한다. 그러나, 만일 실질이자율이 변화하는 경우에는 기대 인플레이션율이 변화하더라도 명목이자율 간의 일대일 관계는 성립하지 않는다. 특히, 기대 인플레이션율이 상승하는 경우 실질이자율이 하락하여 투자가 증가하게 되는데 이를 먼델－토빈효과라고 한다.
먼델－토빈효과에 의하면 기대 인플레이션율이 상승할 경우 명목자산(화폐)에 대한 수익률이 하락하므로 명목자산에 대한 수요가 감소하고 대신 실물자산에 대한 수요가 증가한다. 이는 실물자산 가격의 상승으로 이어져서 실물자산의 공급이 증가한다. 이에 따라 자본의 한계생산성이 하락하게 되므로 실질이자율은 하락한다. 결국 기대 인플레이션율의 상승으로 실질이자율이 하락하여 투자가 증가하게 되는 것이다.
위의 내용에 따라서 설문을 검토하면 다음과 같다.
기대 인플레이션이 상승하면 명목자산보다는 실질자산에 대한 수요가 증가하면서 실물자산가격이 상승한다. 이에 따른 실물자산의 공급증가는 자본의 한계생산성 하락과 실질이자율 하락을 가져온다. 이에 따라 투자가 증가하여 생산이 증가한다. 한편, 피셔방정식에 의하면, 기대 인플레이션율이 상승하고 실질이자율이 불변인 경우에 명목이자율은 상승한다. 만일 기대 인플레이션율이 상승하고 실질이자율이 하락하는 경우에는 명목이자율의 상승폭이, 실질이자율이 불변인 경우에 비해 제한될 수 있다.

29 정답해설

참고로 기본서에서 재정정책과 통화정책이 왜 여러 변수들에 의해서 그리고 어떻게 영향을 받는지 그 메커니즘을 자세히 설명하였으므로 반드시 같이 숙지해야 한다. 다만, 여기서는 기계적으로 결론만을 압축하여 제시하며 문제를 풀기로 한다.

ㄱ. 틀린 내용이다.
투자가 이자율에 민감할수록 투자의 이자율 탄력성이 크고 IS곡선은 완만하다. 따라서 이 경우 통화정책의 효과가 크다.

ㄴ. 옳은 내용이다.
화폐수요가 이자율에 민감할수록 화폐수요의 이자율 탄력성이 크고 LM곡선은 완만하다. 따라서 이 경우 재정정책의 효과가 크다.

ㄷ. 옳은 내용이다.
한계소비성향이 클수록 IS곡선은 완만하여 통화정책의 효과가 크다.

30 정답해설

1) 변동환율제도에서 긴축통화정책의 효과는 다음과 같다.
① 변동환율제도에서 긴축통화정책이 실시되면, 국민소득이 감소하고 이자율이 상승한다.
② 국내이자율이 국제이자율보다 상승하여 해외로부터 자본이 유입되고 국제수지 흑자가 되어 이로 인하여 환율하락 압력이 나타난다.
③ 환율하락 압력이 나타나게 되면, 변동환율제도이므로 환율은 하락하고 이로 인해 순수출이 감소한다.
④ 순수출 감소로 국민소득이 감소하고 이자율이 하락한다.
⑤ 긴축통화정책으로 상승했던 이자율이 다시 하락하여 원래 이자율로 회귀하고 국민소득은 크게 감소한다.
따라서 설문에서 실질소득은 감소하고 해외자본이 유입되는 것이 옳다.

2) 참고로 변동환율제도에서 확대통화정책의 효과를 같이 비교하도록 한다.
① 변동환율제도에서 확대통화정책이 실시되면, 국민소득이 증가하고 이자율이 하락한다.
② 국내이자율이 국제이자율보다 하락하여 해외로 자본이 유출되고 국제수지 적자가 되어 이로 인하여 환율상승 압력이 나타난다.
③ 환율상승 압력이 나타나게 되면, 변동환율제도이므로 환율은 상승하고 이로 인해 순수출이 증가한다.
④ 순수출 증가로 국민소득이 증가하고 이자율이 상승한다.
⑤ 확대통화정책으로 하락했던 이자율이 다시 상승하여 원래 이자율로 회귀하고 국민소득은 크게 증가한다.

31 정답해설

황금률의 균제상태는 1인당 소비수준의 극대화를 달성시키는 상태로서 $f'(k) = n+\delta$을 만족하는 k^*의 균제상태에서 달성된다.

황금률의 균제상태는 그래프에서 $f(k)$의 접선의 기울기인 $f'(k)$와 자본유지선 $(n+\delta)k$의 기울기인 $(n+\delta)$가 일치할 때 달성된다.

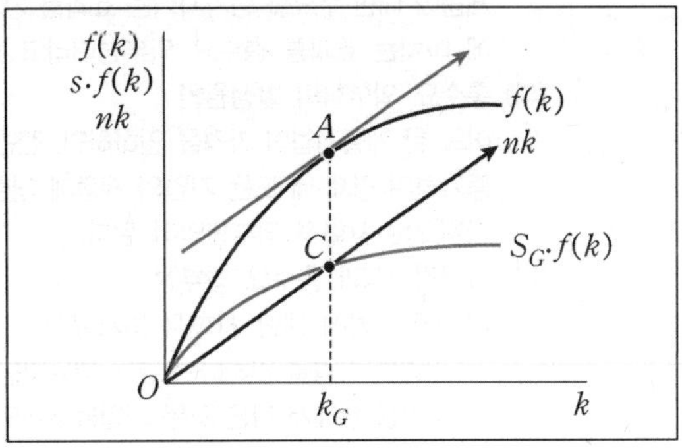

균제상태에서 소비가 극대화되는 이른바 자본축적의 황금률모형에서 C-D함수모형은 다음과 같다.

① 황금률 조건

$C = Ak^{\alpha} - sAk^{\alpha}$, $sAk^{\alpha} = (n+\delta)k$, $Max\ C$

② 황금률의 1인당 자본량 k_G

$\therefore \frac{dC}{dk} = 0$ $\therefore A\alpha k^{\alpha-1} = (n+\delta)$를 풀면 k_G 도출 $\therefore k_G = (\frac{\alpha A}{n+\delta})^{\frac{1}{1-\alpha}}$

③ 황금률의 저축률 s_G

앞에서 구한 k_G를 제약식에 대입하여 구한다. ∴ 황금률의 저축률 $s_G = \alpha$가 된다.

설문에서 1인당 생산함수가 $y = 5k^{0.4}$로 주어져 있다. 따라서 황금률의 저축률은 $s_G = \alpha = 0.4$가 된다.

32 정답해설

① 틀린 내용이다.

새케인즈 학파는 경제가 자연율로부터 이탈하는 원인을 시장에서 경제주체 간 상호작용 과정에 있어 시장가격기구가 완전하게 작동하는 것을 가로막는 요인이 내재되어 있기 때문이라고 본다. 그렇다면, 그러한 이탈은 일시적인 것이 아니라 구조적인 것으로서 불완전한 시장구조에 기인한다고 한다. 경직적인 가격과 불완전한 시장구조하에서 시장청산은 신속하고 완벽하게 이루어지지 않기 때문에 시장기능에 문제가 있고 결국 정부의 시장개입이 정당화된다.

② 옳은 내용이다.

새케인즈 학파는 메뉴비용이론과 총수요 외부성(aggregate − demand externality)을 통해서 가격의 경직성을 설명하고 있다.

(가) 총수요 외부성의 논의배경

총수요 감소 충격하에서 메뉴비용으로 인한 가격경직성으로 경제가 불황에 빠져 있다고 하자. 결국 이는 작은 메뉴비용으로 큰 경기변동으로서의 불황이 초래된 것이다. 불황의 고통비용이 메뉴비용보다 큰 것은 자명하기 때문에 기업으로서는 작은 메뉴비용을 무시하고 가격을 인하하여 불황을 탈출하는 것이 합리적일 것이다. 따라서 메뉴비용이론만으로는 불황을 설명하는 데 한계가 있다는 비판이 대두되었다. 이에 대해 새케인즈 학파는 기업들이 가격인하의 편익, 즉 불황을 빠져나올 수 있는 편익을 제대로 고려할 수 없기 때문에 작은 메뉴비용으로도 불황을 충분히 설명할 수 있다고 반박하였다. 여기서 가격인하의 편익이 바로 총수요 외부성이며 총수요 외부성 때문에 가격이 인하되지 않고 유지된다고 보았다.

(나) 총수요 외부성의 의의

어느 한 개별기업의 가격인하는 해당 기업의 제품에 대한 수요를 증가시킬 뿐만 아니라 다른 모든 기업의 제품에 대한 수요를 증가시키는 효과를 가져온다. 이렇게 개별기업의 가격조정이 다른 기업 제품의 수요에 미치는 효과를 총수요 외부성이라고 한다.

(다) 총수요 외부성의 발생원인

어느 한 개별기업이 가격을 인하하면, 전반적인 물가하락에 기여하는 것이고 이로 인하여 실질통화량이 증가하여 경제 내 모든 기업의 제품에 대한 수요가 증가하게 된다. 이러한 총수요 외부성은 가격변화가 가져오는 사회적 외부편익이 된다.

(라) 가격경직성과 총수요 외부성

i) 가격인하에 대한 사회적 의사결정

기업이 가격을 인하하는 경우 메뉴비용은 자신이 모두 지불해야 하지만, 그로 인한 편익은 총수요의 증가를 통해서 다른 모든 기업들에게도 나눠진다. 따라서 기업이 가격을 인하하는 것에 대한 의사결정을 할 때는 자신이 지불해야 하는 메뉴비용과 자신이 얻게 되는 편익 그리고 총수요 외부성에 의한 사회적 외부편익을 모두 고려하는 것이 합리적이다.

ii) 가격인하에 대한 사적 의사결정

그러나 개별기업은 총수요 외부성으로 인한 외부적 편익은 무시하고 사적 메뉴비용에 의해서만 의사결정을 하게 된다. 가격인하로 인해 얻는 편익에서 총수요 외부성으로 인한 사회적 외부편익이 빠지게 되므로 개별기업의 입장에서는 편익이 그렇게 크지 않을 수 있고, 이로 인해서 가격을 그대로 유지하는 것이 합리적인 상황이 되어버린다.

(마) 가격경직성의 복합적 원인과 그 효과

결국 메뉴비용에 의해서 가격인하의 비용이 작음에도 불구하고 총수요 외부성에 의해서 가격인하의 편익도 작아지기 때문에 가격의 경직성이 나타난다. 메뉴비용과 총수요 외부성에 의해서 개별기업은 경직적 가격을 유지하는 것이 최적의 선택이지만, 경제 전체로는 비효율성을 초래한다.

③ 틀린 내용이다.

기본적으로 새케인즈 학파는 총수요의 변화가 경기변동의 가장 중요한 원인이라고 보는 케인즈의 전통을 그대로 따르고 있다. 실물적 균형경기변동은 경기변동의 근본적 원인을 공급충격으로서 기술충격으로 보고 있다. 기술충격 혹은 생산성충격이란 생산요소의 투입량은 고정되어 있는 상태에서 산출량이 증가 또는 하락하는 교란원인을 의미한다. 유리한 기술충격은 경기호황을 가져오고 불리한 기술충격은 경기침체를 가져온다.

④ 틀린 내용이다.

실물경기변동이론이 아니라 새케인즈 학파가 실질임금의 경직성을 가정한다. 새케인즈 학파는 새고전 학파와는 달리 경기변동을 균형국민소득 수준으로부터 이탈한 현상으로 보고 있으며 이탈의 핵심적 원인이 바로 가격 및 임금의 경직성이라고 한다. 새케인즈 학파는 가격 및 임금의 경직성이 단순한 가정이 아니라 경제주체들의 최적화 행동의 결과로 나타나는 합리적인 것임을 증명하고, 총수요 충격이 가격조정이 아닌 생산수준의 변화를 유발하여 경기변동을 촉발하는 것이라고 설명한다.

⑤ 틀린 내용이다.

실물적 경기변동이론 모형의 펀더멘털은 가계의 효용함수, 기업의 생산함수이다. 이를 이용하여 가계의 효용극대화와 기업의 이윤극대화라는 미시적 최적화 모형을 구축한다. 가계와 기업은 노동시장과 자본시장에서 만나게 되는데 노동시장과 자본시장에서 가계는 공급자, 기업은 수요자의 역할을 담당한다. 각각의 시장에서 가계와 기업은 최적화 행동을 한다. 특히 실물적 균형경기변동이론은 기대형성방식에 있어서 합리적 기대를 적극적으로 수용하고 있다. 가계는 합리적 기대 하에서 미래소득을 예상하고 현재소비를 결정한다. 실물적 기술충격에 의해서 나타나는 현재소득과 미래소득의 변화를 합리적으로 예상하고 소비를 최적으로 유지할 수 있다는 것이다. 또한 가계는 합리적 기대를 바탕으로 하여 현재임금과 미래임금 사이에서 노동의 기간 간 대체를 결정함으로써 노동의 공급도 최적으로 유지할 수 있다.

33 정답해설

자본을 물적자본뿐만 아니라 인적자본을 포괄하는 개념으로 확장할 경우 자본의 수확체감이 일어나지 않을 수 있다. 즉, AK 모형은 지식을 자본의 한 형태로 보거나, 또는 인적자본을 통해서 수확체감현상이 발생하지 않도록 고안된 모형이다. 자본의 외부경제성을 도입하여 개별적인 기업의 생산은 수확체감하지만, 경제 전체의 생산은 수확불변을 보이도록 하기도 한다. 따라서 이 모형은 한계생산감소의 가정을 완화하여 다음과 같은 생산함수를 가정한다.

$Y = AK$ (단, Y : 생산, K : 자본, A : 고정된 상수)

이때, 자본의 한계생산은 A로서 감소하지 않고 고정되어 있다. 자본의 한계생산이 감소하지 않기 위해서는 자본 K를 광의로 확장하여 물적자본, 인적자본, 지식자본을 포괄할 경우로 해석한다. 위의 생산함수로부터 자본축적의 방정식을 도출하면 다음과 같다.

1) $\dot{K} = sY - \delta K = sAK - \delta K$

(단, $\dot{K}$: 자본의 축적, s : 저축률, δ : 감가상각률, A : 고정된 상수)

만일 $sA > \delta$인 경우에는 자본의 축적에 따라서 지속적인 경제성장이 가능하다. 즉 외생적인 기술진보가 없더라도 저축률이 일정수준으로 유지될 수 있다면 생산이 지속적으로 증가할 수 있다. 단, 엄밀하게는 이 모형에도 기술이 지식자본, 인적자본으로 포섭될 수 있기 때문에 기술진보를 고려하지 않는다기보다는 수확체감이 일어나지 않도록 고안된 모형이다. 즉, 지식을 자본의 한 형태로 보고 있다.

2) $\dot{k}=sAk-(n+\delta)k$

(단, $\dot{k}$: 1인당 자본의 축적, s : 저축률, n : 인구증가율, δ : 감가상각률, A : 고정된 상수)

만일 $sA>n+\delta$인 경우에는 1인당 자본도 지속적으로 증가하여 자본의 축적만으로도 지속적인 경제성장이 가능하게 된다. 이는 생산요소의 축적만으로 지속적 성장이 가능함을 의미한다. 이때 저축률이 성장률을 결정하는 중요한 요소이며 저축률을 증가시키는 다양한 정부정책이 지속적인 경제성장을 가져올 수 있다.

위의 내용에 따라서 설문을 검토하면 다음과 같다.

① 틀린 내용이다.

AK 모형에서 자본의 한계생산은 A로서 감소하지 않고 고정되어 있다. 자본의 한계생산이 감소하지 않기 위해서는 자본 K를 광의로 확장하여 물적자본, 인적자본, 지식자본을 포괄할 경우로 해석한다.

② 옳은 내용이다.

AK 모형에서 자본의 축적은 다음과 같다.

$\dot{K}=sY-\delta K=sAK-\delta K,\ \dot{k}=sAk-(n+\delta)k$

(단, $\dot{K}$: 자본의 축적, s : 저축률, δ : 감가상각률, A : 고정된 상수, $\dot{k}$: 1인당 자본의 축적, n : 인구증가율)

만일 $sA>\delta$이거나 $sA>n+\delta$인 경우에 자본의 축적에 따라서 지속적인 경제성장이 가능하다.

설문에서 $A=0.5$, $\delta=0.1$, $s=0.4$로 주어진 경우, $sA=0.2>\delta=0.1$이므로 자본의 축적에 따라서 지속적인 경제성장이 가능하다.

③ 틀린 내용이다.

AK 모형에서 $sA>\delta$인 경우에는 자본의 축적에 따라서 지속적인 경제성장이 가능하다. 따라서 감가상각률이 자본의 한계생산과 동일하면 경제는 지속적으로 성장한다는 지문은 틀린 것이 된다.

④ 틀린 내용이다.

AK 모형에서 균제상태는 $sA=n+\delta$인 경우에 달성되므로 $\delta=s$ 이면 균제상태라는 지문은 틀린 것이 된다.

⑤ 틀린 내용이다.

AK 모형에서 자본의 한계생산은 A로서 감소하지 않고 고정되어 있다. 따라서 자본의 한계생산과 자본의 평균생산이 동일하다.

34 정답해설

① 옳은 내용이다.

프리드만의 항상소득이론에 의하면 소비는 현재의 소득에만 의존하는 것이 아니고 장기적인 평균소득 수준에 의해 결정된다. 항상소득이란 장기평균소득으로서 미래에 항구적으로 벌어들일 수 있는 소득이다.

항상소득이론에서 소비함수는 $C=g(Y^P)=\beta Y^P$이므로 평균소비성향은 $\dfrac{C}{Y}=\dfrac{\beta Y^P}{Y}$가 된다. 이때, 단기에 있어서 소득이 증가할 경우, 사람들은 이 중 일부만을 항상소득의 증가로 간주한다. 일시소득의 증가로 된 부분은 소비를 전혀 변화시키지 못한다. 따라서 소득의 증가분보다 소비의 증가분은 작게 된다. 이는 한계소비성향이 0보다 크고 1보다 작음을 의미한다.

한편, 단기에 소득 증가 시 일시소득이 존재할 수 있다는 것은 소득 증가보다 항상소득 증가가 작다는 것을 의미한다. 이는 단기에 소득 증가 시 항상소득이 소득에서 차지하는 비율(항상소득/소득)이 작아짐을 의미하며, 결국 소득 증가 시 단기평균소비성향이 감소하게 된다.

반대로, 단기에 소득이 감소할 경우, 사람들은 이 중 일부만을 항상소득의 감소로 간주한다. 일시소득의 감소로 된 부분은 소비를 전혀 변화시키지 못한다. 따라서 소득의 감소분보다 소비의 감소분은 작게 된다. 단기에 소득 감소 시 일시소득이 존재할 수 있다는 것은 소득 감소보다 항상소득 감소가 작다는 것을 의미한다. 이는 단기에 소득 감소 시 항상소득이 소득이 차지하는 비율(항상소득/소득)이 커짐을 의미하며, 결국 소득 감소 시 단기평균소비성향이 증가하게 된다.

② 틀린 내용이다.

미시경제이론에서 설명한 바 있는 시점 간 자원배분모형을 통해서 소비퍼즐을 해결하려는 노력이 1950년대에 안도, 모딜리아니, 브럼버그에 의하여 평생소득이론(생애주기가설)으로 나타났다. 평생소득이론이란 평생소득(평생 동안 사용할 수 있는 소득)이 소비를 결정한다는 것으로서, 전생애에 걸친 소득의 패턴이나 흐름을 고려하여 소비행위를 결정함을 의미한다.

특히 이 이론은 소득이 일생을 거치면서, 유년기, 청장년기, 노년기에 따라서 변화하지만 이러한 소득변화에도 불구하고 각 소비자는 자신의 소비를 평준화하여 효용을 극대화하려고 한다고 가정한다. 따라서 평생소득이론에서는 소비자가 자유롭게 차입가능함을 전제로 하고 있다.

③ 틀린 내용이다.

절대소득이론이란 케인즈 및 케인지언의 이론으로서 소비에 대하여 비교적 단순한 가정을 통해서 현재가처분소득의 절대적인 수준이 현재소비를 결정한다는 것이다. 특히 소비는 주로 해당 기간 동안의 소득수준에 의존하며, 미래소득은 중요하지 않으며, 따라서 이자율도 소비의 결정에 중요하지 않다. 즉 이자율이 소비에 미치는 효과는 없다고 가정한다.

④ 틀린 내용이다.

1970년대에 로버트 홀은 항상소득이론에 합리적 기대를 도입하여 소비는 임의보행의 확률과정을 따른다는 것을 입증하였다. 이를 소비의 랜덤워크가설이라고 한다. 이에 따르면 경제에 불확실성이 존재함을 가정하여 미래소득이 불확정적이기 때문에 소비자는 일반적인 효용극대화가 아니라 기대효용극대화를 목표로 한다. 특히 이 이론은 합리적 기대를 도입하여 소비자는 현재 이용가능한 모든 정보를 활용하여 미래의 불확실한 소득을 예측하고 소비를 결정한다. 따라서 소비자의 근시안성이 아니라 합리성에 의한 소비를 가정하는 것이다.

⑤ 틀린 내용이다.

프리드만의 항상소득이론에 의하면 소비는 현재의 소득에만 의존하는 것이 아니고 장기적인 평균소득 수준에 의해 결정된다. 항상소득이란 장기 평균소득으로서 미래에 항구적으로 벌어들일 수 있는 소득이다. 소비는 미래에도 항구적으로 벌어들일 수 있는 항상소득 혹은 장기평균소득에 의해서 결정된다. 따라서 소비는 매기 일정함을 알 수 있으며 이는 실제소득이 매기 변동하더라도 사람들은 소비를 평준화시키기를 원한다는 것을 의미한다.

항상소득이론에 의하면 현재소득이 항상소득보다 작은 경우라도 항상소득에 따라 소비를 하기 때문에 균등화된 소비가 현재소득을 초과할 수도 있다. 이렇게 현재소득보다 더 많은 소비를 하기 위해서는 기본적으로 차입이 자유로워야 함을 전제로 하고 있는 것이다.

참고로 만일 현실에서 소비자가 차입제약 혹은 유동성제약에 직면해 있다면 항상소득이론으로 소비를 설명할 수 없으며, 유동성제약에 처한 소비자는 현재소득 증가 시에 극단적으로 항상소득에는 변화가 없더라도 소비를 늘리게 될 것이다.

35 정답해설

q이론은 주식시장이 기업의 투자계획을 반영하여 주가에 의해 기업가치를 평가하면 이를 근거로 하여 기업은 투자의사결정(투자여부 및 투자량 결정)을 한다는 이론이다. 기존의 투자이론이 자본재시장에서 자본재에 대한 최적수요과정에서 투자를 도출하여 이자율 및 생산량을 통해 투자를 설명하고 있다면 q이론은 주식시장의 주식 및 기업가치 평가과정에서 주가를 통해 투자를 설명하고 있다.

① 옳은 내용이다.

법인세가 감소되면 기업의 현금유출이 감소하므로 설치된 자본의 시장가치가 증가하고 토빈 q는 증가한다.

② 틀린 내용이다.
$q< 1$이면 설치된 자본의 대체비용이 설치된 자본의 시장가치보다 큰 경우를 의미한다. 이때는 설치된 자본에 대하여 주식시장이 낮은 가치를 부여하는 경우로서 기업은 자본을 줄이는 것이 더 유리하기 때문에 투자가 감소하고 자본스톡도 감소한다.

③ 옳은 내용이다.
자본의 한계생산물이 증가하면 설치된 자본의 시장가치가 증가하므로 토빈 q는 증가한다.

④ 옳은 내용이다.
자본재의 실질가격 하락은 자본을 각각의 자본재시장에서 새로 구입할 경우에 드는 비용이 감소함을 의미하므로 설치된 자본의 대체비용이 하락하여 토빈 q는 증가한다.

⑤ 옳은 내용이다.
설치된 자본의 시장가치가 하락하면 이미 형성되어 있는 자본을 보유하는 기업을 주식시장에서 매수하는데 드는 비용이 감소하고 토빈 q는 감소한다.

36 정답해설

AD 곡선은 IS 곡선과 LM 곡선으로부터 도출된다.

1) IS 곡선
$r=10-0.4Y$로 주어져 있다.

2) LM 곡선
$\frac{M^D}{P}=\frac{M^S}{P}$, $0.1Y-r=\frac{4}{P}$이므로 LM 곡선은 $r=0.1Y-\frac{4}{P}$로 구할 수 있다.

3) AD 곡선
IS 곡선인 $r=10-0.4Y$와 LM 곡선인 $r=0.1Y-\frac{4}{P}$를 동시에 고려하면,

$10-0.4Y=0.1Y-\frac{4}{P}$가 된다.

이를 정리하면 $Y=\frac{8}{P}+20$ 혹은 $P=\frac{8}{(Y-20)}$이 되며 이것이 AD 곡선의 식이 된다.

37 정답해설

자연실업률이란 노동시장이 균형(안정상태)을 이룰 경우의 실업률로서 균제상태에서의 실업률, 완전고용상태에서의 실업률, 완전고용GDP · 잠재GDP일 때의 실업률, 마찰적 실업과 구조적 실업만 존재할 때의 실업률, 노동시장의 불완전성으로 인하여 시간이 경과하여도 사라지지 않는 실업률 등의 특징을 갖는다.
자연실업률의 결정은 다음과 같다.

1) 경제활동인구 L (외생적으로 주어짐)
2) 취업자수 E, 실업자수 $U=L-E$
3) 실업률 $\frac{U}{L}$
4) 실직률과 구직률
 i) s (실직률) : 주어진 기간에 취업자 중 직업을 잃는 비율
 ii) f (구직률) : 주어진 기간에 실업자 중 직업을 얻는 비율
5) 균제상태 $sE=fU$이므로 자연실업률 = $\frac{\text{실직률}}{\text{실직률}+\text{구직률}}=\frac{U}{L}=\frac{s}{s+f}$

위의 내용에 따라서 문제를 풀면 다음과 같다.

설문에서 실직률은 0.05, 구직률 0.2이므로 자연실업률은 $\frac{0.05}{0.05+0.2}=0.2$가 된다. 자연실업률은 균제상태에서의 실업률로서 실업자수가 경제활동인구에서 차지하는 비율이다. 따라서 $\frac{L}{6,000}=0.2$가 성립한다.
결국 실업자수 $L=1,200$(만 명)이 된다.

38 정답해설

총수요곡선이란 각각의 물가수준에서 대응되는 총수요를 연결한 그래프로서 생산물시장과 화폐시장의 균형을 달성시키는 국민소득과 물가의 조합을 기하적으로 표시한 것이다. 총수요곡선의 이동요인은 다음과 같이 총수요관리정책과 기타 총수요충격으로 나눌 수 있다.

1) 정부의 총수요관리정책
   ① 정부지출 증가 시 IS곡선이 우측이동, AD곡선도 우측이동한다.
   ② 통화량 증가 시 LM곡선이 우측이동, AD곡선도 우측이동한다.
2) 기타 총수요충격
   ① 실질자산가치 상승 시 IS곡선이 우측이동, AD곡선도 우측이동한다.
   ② 조세 감면, 이전지출 증가 시 IS곡선이 우측이동, AD곡선도 우측이동한다.

한편, 총공급곡선이란 각각의 물가수준에서 기업들이 공급하고자 하는 최종생산물의 양을 나타내는 그래프로서 노동시장의 균형하에서 달성되는 국민소득과 물가의 조합을 기하적으로 표시한 것이다. 총공급곡선의 이동요인은 다음과 같이 예상물가의 변화와 기타 총공급충격으로 나눌 수 있다.

1) 물가에 대한 예상의 변화
   ① 기대물가가 상승하는 경우 총공급곡선은 상방이동한다.
   ② 기대물가가 하락하는 경우 총공급곡선은 하방이동한다.
2) 기타 총공급충격
   ① 원자재가격 상승, 임금의 상승
   ② 가뭄, 파업 등
   ③ 재고관리 효율성 증가, 신기술 개발

설문에서는 전염병의 발생이 총수요와 총공급을 감소시킨다고 설시하고 있다. 따라서 총수요곡선은 좌하방으로 이동하고 총공급곡선은 좌상방으로 이동하므로 소득은 감소하고 물가는 불확실하다.

39 정답해설

경제성장의 요인으로서 노동, 자본, 기술이 각각 경제성장에 기여하는 상대적 크기를 비교함으로써 경제성장에서 어떤 요인이 특히 중요한 역할을 하는지 분석하는 것을 성장회계라고 한다.
특히 Cobb-Douglas 생산함수에서 성장회계방성식은 나음과 같다.

1) $Y=AK^{\alpha}L^{1-\alpha}$, Y : 생산량, K : 자본, L : 노동, A : 기술수준 혹은 총요소생산성, $0<\alpha<1$
2) 자연로그로 변형 $\ln Y=\ln A+\alpha \ln K+(1-\alpha)\ln L$, 시간에 대하여 미분 $\widehat{Y}=\widehat{A}+\alpha\widehat{K}+(1-\alpha)\widehat{L}$
3) $Y=AK^{\alpha}L^{1-\alpha}$에서 $MP_L = AK^{\alpha}(1-\alpha)L^{-\alpha}$이며, 이는 노동의 보수이다.
   노동의 총보수는 $LMP_L = AK^{\alpha}(1-\alpha)L^{1-\alpha}=(1-\alpha)Y$가 된다.
4) $Y=AK^{\alpha}L^{1-\alpha}$에서 $MP_K = A\alpha K^{\alpha-1}L^{1-\alpha}$이며, 이는 자본의 보수이다.
   자본의 총보수는 $KMP_K = A\alpha K^{\alpha}L^{1-\alpha}=\alpha Y$가 된다.
5) $\widehat{Y}=\widehat{A}+\alpha\widehat{K}+(1-\alpha)\widehat{L}$, α : 자본의 분배몫, $1-\alpha$: 노동의 분배몫
   경제성장률 = 총요소생산성증가율 + (자본분배몫 × 자본증가율) + (노동분배몫 × 노동증가율)

6) $\hat{Y}=\hat{A}+\alpha\hat{K}+(1-\alpha)\hat{L}$의 양변에서 노동증가율을 뺀다.
$(\hat{Y}-\hat{L})=\hat{A}+\alpha(\hat{K}-\hat{L}) \rightarrow \hat{y}=\hat{A}+\alpha\hat{k}$

7) 1인당 소득의 증가율은 총요소생산성 증가율 + (자본의 분배몫 × 1인당 자본의 증가율)
1인당 소득의 증가는 결국 1인당 자본의 축적 또는 기술진보에 의하여 가능하다.

설문에서 노동량과 자본량 증가율은 각각 −2%와 5%로 주어졌으므로 1인당 자본의 증가율은 7%가 된다. 이제 위의 7)을 활용하여 풀면 다음과 같다.

1인당 소득의 증가율 = 총요소생산성 증가율 + (자본분배몫 × 1인당 자본의 증가율) = 5% + (0.4 × 7%)
따라서 1인당 소득의 증가율은 7.8%가 된다.

40

정답해설

IS곡선과 LM곡선의 산식은 다음과 같다.

1) IS곡선
① IS곡선은 생산물시장의 균형조건식에서 도출된다.
② $Y^D=Y^S \quad \therefore\ a+bY+I_0+cr+G_0=Y \quad \therefore\ r=\dfrac{(1-b)}{c}Y-\dfrac{(a+I_0+G_0)}{c}$

2) LM곡선
① LM곡선은 화폐시장의 균형조건식에서 도출된다.
② $\dfrac{M^D}{P}=\dfrac{M^S}{P} \quad \therefore\ kY-lr=\dfrac{M_0}{P} \quad \therefore\ r=\dfrac{k}{l}Y-\dfrac{M_0}{Pl}$

위의 IS곡선과 LM곡선의 방정식에 설문의 자료를 대입하면 다음과 같다.

1) IS곡선의 방정식 : $Y=8+0.8(Y-5)+(14-2r)+2 \quad \therefore Y=100-10r$
2) LM곡선의 방정식 : $Y-10r=10 \quad \therefore Y=10+10r$
3) $IS-LM$ 균형 : 위의 두 식을 연립하여 풀면 $Y=55,\ r=4.5$
4) 민간저축
민간저축은 $Y-T-C$인데, $Y=55,\ T=5,\ C=8+0.8(55-5)=48$임을 고려하면, $Y-T-C=2$가 된다.

제1교시 제3과목 | 부동산학원론

정답

01 ②	02 ②	03 ⑤	04 ⑤	05 ①	06 ⑤	07 ③	08 ③	09 ①	10 ①
11 ③	12 ②	13 ①	14 ⑤	15 ④	16 ⑤	17 ③	18 ④	19 ④	20 ③
21 ⑤	22 ④	23 ④	24 ①	25 ④	26 ⑤	27 ④	28 ④	29 ①	30 ④
31 ③	32 ⑤	33 ③	34 ②	35 ②	36 ②	37 ①	38 ④	39 ②	40 ②

01

정답해설

② 부동산학의 지식을 묻기보다는 보편적인 일반 상식을 출제한 것으로 판단된다. 자연으로서 토지는 인간의 노력에 의해 변화되고 극복될 수 있다.

02

정답해설

② 옳은 지문은 ㄱ, ㄷ, ㄹ이다.

ㄱ. 1필지의 토지를 2인 이상이 공동으로 소유하고 있는 토지(공유지)의 지분을 감정평가할 때에는 대상토지 전체의 가액에 지분비율을 적용하여 감정평가한다. 다만, 대상지분의 위치가 확인되는 경우에는 그 위치에 따라 감정평가할 수 있다.

ㄷ. 고압선 등이 통과하는 토지(선하지)는 통과전압의 종별, 고압선 등의 높이, 고압선 통과 부분의 면적 및 획지 안에서의 위치, 철탑 및 전선로의 이전가능성, 지상권설정 여부 등에 따른 제한의 정도를 고려하여 감정평가할 수 있다.

ㄹ. 맹지는 공로에 출입하기 위한 통로를 개설하기 위해 비용이 발생하는 경우에는 그 비용을 고려하여 감정평가한다. 다만, 다음 어느 하나에 해당하는 경우에는 해당 도로에 접한 것으로 보고 감정평가할 수 있다.

> 1. 토지소유자가 그 의사에 의하여 타인의 통행을 제한할 수 없는 경우 등 관습상 도로가 있는 경우
> 2. 지역권(도로로 사용하기 위한 경우) 등이 설정되어 있는 경우

오답해설

ㄴ. 일단지와 같이 용도상 불가분의 관계에 있는 2필지 이상의 토지는 2필지가 함께 가치를 형성한다고 할 수 있다. 따라서 2필지를 일괄하여 감정평가한다.

ㅁ. 환지방식에 따른 사업시행지구 안에 있는 토지(환지)는 다음과 같이 감정평가한다.

> 1. 환지처분 이전에 환지예정지로 지정된 경우에는 환지예정지의 위치, 확정예정지번, 면적, 형상, 도로접면상태와 그 성숙도 등을 고려하여 감정평가한다. 다만, 환지면적이 권리면적보다 큰 경우로서 청산금이 납부되지 않은 경우에는 권리면적을 기준으로 한다.
> 2. 환지예정지로 지정 전인 경우에는 종전 토지의 위치, 지목, 면적, 형상, 이용상황 등을 기준으로 감정평가한다.

03 정답해설

⑤ ㄱ : 부증성, ㄴ : 부동성, ㄷ : 개별성에 대한 설명으로 옳은 연결이다.

04 정답해설

⑤ 모두 옳은 지문이다.

- 4번째 지문 : 인근지역과 유사지역은 모두 지역 또는 지역적 시장을 의미하는 표현이다. 따라서 부동성과 관계된다.

05 정답해설

① 자본환원율 ⇨ 자산가격 : 4사분면 모형의 내생변수(결과물)는 균형임대료(1사분면), 자산가격(2사분면), 건물의 신규공급량(3사분면), 공간 재고량(4사분면) 등 4개이다.

4사분면 모형의 균형

1사분면 : 공간 재고량(단기 공급량)과 공간 수요에 의해 균형 임대료가 결정
2사분면 : 균형 임대료를 자본 환원하여 자산 가격이 결정
3사분면 : 자산 가격과 개별비용의 관계를 통해 신규 건설 공급량(건설량)이 결정
4사분면 : 신규 건설 공급량과 부동산 재고의 변동(멸실) 등에 의해 공간 재고량이 결정

오답해설

③ 투자자는 투자를 분석하거나 가치를 판단하는 경우에 자신의 요구수익률을 할인율 또는 환원율로 적용한다.

06 정답해설

⑤ 수요의 가격탄력성($\frac{36}{29}$)과 공급의 가격탄력성($\frac{24}{29}$)의 합은 $\frac{60}{29}$이다.

1. 균형을 측정하면 균형 가격(P)은 720, 균형 거래량(Q)은 1,160이다.
2. 수요의 가격탄력성 = $-\frac{dQ}{dP} \cdot \frac{P}{Q}$
   1) 수요함수를 가격에 대해 미분하면 $\frac{dQ}{dP} = -2$
   2) $-\frac{dQ}{dP} \cdot \frac{P}{Q} = -(-2) \cdot \frac{720}{1,160} = \frac{720}{580} = \frac{36}{29}$
3. 공급의 가격탄력성 = $\frac{dQ}{dP} \cdot \frac{P}{Q}$
   1) 공급함수를 가격에 대해 미분하면 $\frac{dQ}{dP} = \frac{4}{3}$
   2) $\frac{dQ}{dP} \cdot \frac{P}{Q} = \frac{4}{3} \cdot \frac{720}{1,160} = \frac{240}{290} = \frac{24}{29}$
4. 수요의 가격탄력성과 공급의 가격탄력성의 합 : $\frac{36}{29} + \frac{24}{29} = \frac{60}{29}$

07 정답해설

③ 옳은 묶음이다.

1. 직접개입방식 : 임대료상한제
2. 간접개입방식 : 개발부담금제, 부동산보유세, 부동산거래세, 담보대출규제, 부동산가격공시제도
3. 토지이용규제 : 지역지구제, 토지거래허가제

※ 주의 : 제시된 문제는 3분법(직접, 간접 및 토지이용규제)으로 정부의 개입방식을 구분하라는 것이다. 따라서 지역지구제와 토지거래허가제는 토지이용규제로 분류된다. 그러나 2분법(직접, 간접)으로 분류하는 문제라면 토지이용규제는 간접개입방식에 포함시켜서 정답을 찾아야 함에 주의한다.

08 정답해설

③ 뢰쉬이론의 세부적인 전제조건까지 모두 이해할 필요는 없다. 다만 어떤 요인을 분석할 때에는 분석하고자 하는 요인을 제외한 다른 요인들은 변화가 없다고 가정함에 주의하여야 한다. 수요 측 요인을 분석하는 뢰쉬이론은 비용과 관련된 요인은 모두 동일하다고 가정한다. 따라서 뢰쉬의 최대수요이론은 지역의 원자재는 균등하다고 가정하고 입지이론을 분석하였다.

㉠ 베버의 최소비용이론은 수요 측 요인은 동일하고, 비용 측 요인만이 지역에 따라 차이가 있다고 가정한다. 그 결과 비용이 최소인 지점이 최적의 공업입지가 된다.

㉡ 뢰쉬의 최대수요이론은 공급 측 요인은 동일하고, 수요 측 또는 수입 측 요인만이 지역에 따라 차이가 있다고 가정한다. 그 결과 수요가 최대인 지점이 최적의 공업입지가 된다.

오답해설

④ 아이사드는 입지이론에 대체원리를 결합시켜 이론을 설명하였다. 즉 자본이 노동을 대체할 수 있는 것처럼 최적 입지에 영향을 주는 요인과 대체될 수 있는 다양한 다른 생산요소들의 비용을 분석함으로써 입지이론을 설명하였다.

⑤ 스미스는 최소비용이론과 최대수요이론을 종합하여 비용과 수입을 모두 고려하여 가장 이윤이 많이 발생되는 입지가 최적의 입지라고 설명하였다. 또한 종래의 입지이론이 최적 입지의 한 지점만을 찾으려고 한 것에 비해 이윤을 창출할 수 있는 공간적 한계구역(준최적입지)이라는 개념을 제시하고 그 구역에서는 어디에서나 공장이 입지할 수 있다고 설명하였다.

09 정답해설

① 옳은 지문이다. 초과이윤을 획득할 수 없는 경우에 할당 효율적 시장은 달성된다. 투자자가 얻는 초과이윤이 이를 발생시키는 데 소요되는 정보비용보다 크면, 즉 초과이윤이 있다면 할당(배분) 효율적 시장이 아니다.

오답해설

② 약성 효율적 시장 ⇨ 강성 효율적 시장 : 완전경쟁시장의 조건과 유사한 시장은 강성 효율적 시장이다.
③ 달성할 수 없다. ⇨ 있다. : 부동산 시장은 불완전하더라도 할당(배분) 효율성을 달성할 수 있다.
④ 얻을 수 있다. ⇨ 없다. : 강성 시장에서는 어떠한 정보를 이용하더라도 초과이윤을 획득할 수 없다.
⑤ 준강성 효율적 시장이 약성 효율적 시장의 성격을 포함한다.

10 정답해설

① 옳은 지문이다. 주택은 한번 소비하고 버리는 재화가 아니라 순환(주택여과과정)을 통해 지속적으로 효용을 제공하는 재화이다. 따라서 여과과정이 원활하게 작동한다면 신규주택에 대한 정부지원은 주택순환을 통해 모든 소득계층에게 이득이 될 수 있다.

오답해설

② 발생한다. ⇨ 발생할 수 없다. : 고소득층 주거지역에서 주택개량의 가치상승분이 커서 주택개량이 이루어지면, 주택가격은 하락하지 않기 때문에 하향여과는 발생할 수 없다.

③ 부(−)의 외부효과 ⇨ 정(+)의 외부효과

④ 불량주택(가격수준이 낮은 주택)은 저소득층을 위해 시장이 할당한 주택이다. 따라서 불량주택이 발생하는 현상은 시장실패의 결과라고 할 수 없다.

⑤ 주거분리현상은 도시지역은 물론 근린지역에서도 발생하는 보편적인 현상이다.

11 정답해설

③ 분양가상한제가 실시되면 분양을 받는 사람은 주변 시가보다 낮은 가격으로 주택을 분양받게 된다. 따라서 주변 시가와의 차이로 발생하는 가격상승의 이익, 즉 분양프리미엄을 갖기 위해 분양 투기가 발생한다. 이 경우 정부는 분양주택의 전매제한을 강화하여 분양 투기를 억제하려고 한다.

12 정답해설

② 소득의 재분배 정책이란 소득의 격차를 줄이기 위해 행하는 정부의 정책이다. 저소득층에게 공급하는 공공임대주택의 임대료는 민간임대주택의 임대료에 비해 낮기 때문에 저소득층이 상대적으로 혜택을 보고, 그 결과 소득의 격차가 줄어드는 간접효과가 발생한다. 따라서 임대주택의 공급은 소득의 재분배 효과가 있다.

13 정답해설

① (ㄱ)은 −260,000원이고, (ㄴ)은 +16,360,000원이다.

1. 추가 투자가 없었을 때의 NPV(ㄱ)
   1) 현금유입의 현가 : 4,000만원 × 0.952 + 3,000만원 × 0.906 + 4,000만원 × 0.862 = 9,974만원
   2) 현금유출의 현가 : 10,000만원
   3) 순현가(NPV) : −26만원
2. 추가 투자로 인한 NPV 증감(ㄴ)
   1) 현금유입의 증감 : 3,000만원 × 0.906 + 4,000만원 × 0.862 = 6,166만원
   2) 현금유출의 증감 : 5,000만원 × 0.906 = 4,530만원
   3) 순현가(NPV) 증감 : 6,166만원 − 4,530만원 = 1,636만원

14 정답해설

⑤ 옳은 지문이다. 위탁관리 부동산투자회사가 이익을 배당할 때에는 이익을 초과하여 배당할 수 있다(부동산투자회사법 제28조 제3항).

오답해설

① 70억원 이상 ⇨ 50억원 이상

② 3억원 이상 ⇨ 5억원 이상

③ 해당 분야의 3년 이상 ⇨ 5년 이상

④ 100분의 80 ⇨ 100분의 70 : 부동산투자회사는 최저자본금준비기간이 끝난 후에는 매 분기 말 현재 총자산의 100분의 80 이상을 부동산, 부동산 관련 증권 및 현금으로 구성하여야 한다. 이 경우 총자산의 100분의 70 이상은 부동산(건축 중인 건축물을 포함한다)이어야 한다(부동산투자회사법 제25조 제1항).

15

정답해설

④ 두 자산 간 상관계수가 음수(−)인 경우에 포트폴리오 위험절감효과가 높다.

오답해설

① 변동계수는 수익률을 올리기 위해 감수하는 위험의 비율로 표준편차를 기대수익률로 나눈 값이다.

▌변동계수(변이계수)

1. 변동계수(변이계수) = $\frac{\text{위험(표준편차)}}{\text{수익(기대수익률)}}$
2. 변동계수는 수익 1단위를 얻기 위해 감당해야 할 위험의 크기를 의미한다. 따라서 변동계수는 작은 수치일수록 선호되는 대안이 된다.
3. 변동계수는 평균 · 분산 지배원리로 투자대안을 선택할 수 없는 경우에 보조지표로 활용된다.

⑤ 투자안의 기대수익률이 요구수익률보다 높으면 해당 투자안의 수요증가로 부동산 가격이 상승한다. 따라서 투자자는 더 많은 금액을 투입해야 하기 때문에 기대수익률은 낮아져 요구수익률에 수렴한다.

16

정답해설

⑤ 옳은 지문이다.

오답해설

① 투자 규모가 상이한 여러 투자대안을 분석할 때, 어떤 대안이 수익성지수가 가장 크다고 해서 순현재가치도 가장 크다고 할 수 없다.

② 수익률(내부수익률)은 합산되는 것이 아니다. 즉 A의 수익률이 10%이고, B의 수익률이 6%일 때, A와 B를 결합한 투자의 수익률이 17%가 되는 것이 아니라 8%가 된다. 따라서 A, B를 결합한 새로운 투자안의 내부수익률(IRR)은 A의 내부수익률과 B의 내부수익률을 합한 값이 될 수 없다.

구분	A	B	A+B
투자금액	100	100	200
수익	10	6	16
수익률	10%	6%	8%

③ 순현재가치법과 수익성지수법은 모두 할인법으로 화폐의 시간가치를 고려하는 방식이다.

④ 내부수익률은 존재하지 않거나, 복수가 산정될 수 있다. 따라서 단일의 내부수익률만 대응되는 것은 아니다.

17

정답해설

③ 어떤 방식이든 차입자가 지급한 총누적원금(총원금)은 대출금액과 동일하다. 따라서 차입자의 총원리금상환액은 차입자가 부담하는 총누적이자(총이자지급액)에 의해 결정된다. 차입자의 이자부담의 정도는 원금을 보다 빠르게 상환하는 원금균등분할상환방식이 원리금균등분할상환방식보다 적다.

오답해설

④ 총부채상환비율(DTI)은 소득대비 원리금 상환액의 크기를 의미한다. 따라서 소득변경이 없는 경우 원금균등상환방식의 DTI(원리금)는 만기에 가까워질수록 낮아진다.

⑤ 총부채상환비율(DTI)은 소득대비 원리금 상환액의 크기를 의미한다. 따라서 소득변경이 없는 경우 원리금균등상환방식의 DTI(원리금)는 일정하게 유지된다.

18 정답해설

④ 대출잔액은 36,028만원이다.

1. 매기 원리금상환액
   1) 대출금액 × 저당상수(0.5%, 180월) = 대출금액 ÷ 연금현가계수(0.5%, 180월) = 매기(월) 상환액
   2) 47,400만원 ÷ 118.50 = 400만원
2. 5년 후 대출잔금
   1) 매기(월) 상환액 × 연금현가계수(0.5%, 120월) = 대출잔금
   2) 400만원 × 90.07 = 36,028만원

19 정답해설

④ A, B, C의 크기 순서는 'B > C > A'이다.

1. A : (250만원 × 4.212) ÷ 1.06 = 993.396만원
   1) A안의 현금흐름

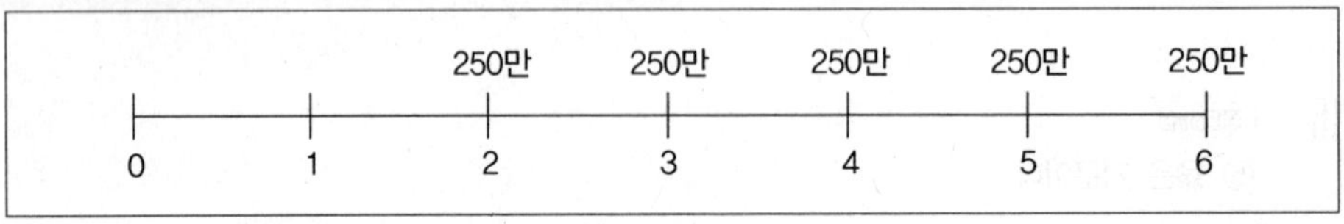

   2) "2년 말부터 5년 동안 지급하는 연금(250만원)에 연금의 현재가치계수(4.212)를 곱하여 산정한 금액(250만원 × 4.212)"은 1년 말 시점의 금액이다. 따라서 문제에서 제시된 현재가치를 구하기 위해서는 1년의 기간을 다시 할인[(250만원 × 4.212) ÷ 1.06]하여야 한다.
2. B : 200만원 × 5.637 = 1,127.4만원
   1) B안의 현금흐름

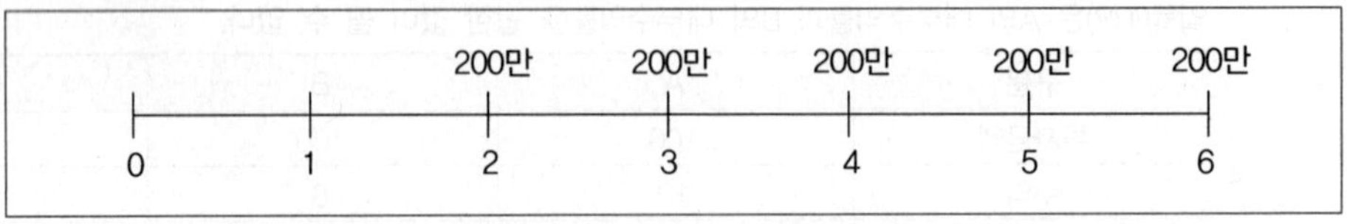

   2) "2년 말부터 5년 동안 지급하는 연금(200만원)에 연금의 미래가치계수(5.637)를 곱하여 산정한 금액(200만원 × 5.637)"은 6년 말 시점의 금액이다. 그리고 이 금액은 6년 말 시점을 기준으로 측정된 연금의 미래가치와 동일하다.
3. C : 40만원 ÷ (0.06 − 0.02) = 1,000만원

$$PV(\text{성장형 연금}) = \frac{C}{r-g} \quad (\text{단, } r > g)$$

주의할 사항

1. 현재가치와 미래가치 계산의 현금흐름은 기말에 발생함을 원칙으로 한다. 따라서 0은 현재시점, 1은 '1년 말', 2는 '2년 말'이라고 해석해야 한다.
2. 연금에 연금의 현재가치계수를 곱한 금액은 최초 연금의 기초 시점으로 계산된 금액이다. 연금의 현재가치계수를 곱했다고 무조건 0기(현재시점)로 계산되는 것이 아니라, 최초 연금의 기초 시점으로 계산됨에 주의해야 한다(1번 사례로 이해).

3. 연금에 연금의 미래가치계수를 곱한 금액은 마지막 연금이 있는 시점으로 계산된 금액이다. 현금흐름이 기말이 기준이기 때문에 마지막 연금이 있는 시점으로 계산됨에 주의해야 한다(2번 사례로 이해).

20 정답해설

③ MBB의 경우, 발행자가 채무불이행위험(소유권)을 부담한다.

	MPTS	MBB	MPTB / CMO
성격	지분형	채권형	혼합형
소유권(채무불이행위험)	투자자	발행자	발행자
원리금 수취권	투자자	발행자	투자자
조기상환위험	투자자	발행자	투자자

21 정답해설

⑤ 총부채상환비율(DTI)과 총부채원리금상환비율(DSR)은 소득을 기준으로 대출(위험)을 평가하는 지표이다. 반면 담보인정비율(LTV)은 담보물의 가치를 기준으로 대출(위험)을 측정하는 지표이다.

※ ① 듀레이션(가중평균 회수기간)은 보다 빠르게 상환하는 방식일수록 보다 짧게 측정된다. 따라서 원금을 가장 천천히 상환하는 만기일시상환대출의 듀레이션은 길고, 상대적으로 원금을 빠르게 상환하는 원리금균등분할상환방식의 듀레이션은 짧다.

※ ② 실효이자율이란 대출계약에서 명시된 이자율이 아니라 차입자가 실질적으로 부담하는 이자율을 말한다. 대출수수료와 조기상환수수료를 부담하는 경우라면 차입자가 부담하는 실효이자율은 상승한다.

22 정답해설

④ 옳은 수식이다.

1. 연금의 현재가치 공식 : $\frac{(1+r)^n-1}{r(1+r)^n}$ 또는 $\frac{1-(1+r)^{-n}}{r}$

2. 월 금리(r) : '0.06 ÷ 12', 기간(n) : '30년 × 12월'

23 정답해설

④ 투자의 위험관리와 프로젝트 파이낸싱 등의 업무는 자산관리(A.M)의 내용이다. 재산관리(P.M)는 부동산관리 또는 임대차관리라고도 하는데, 부동산 전체의 임대차 수익을 극대화하고자 하는 관리이다.

시설관리, 재산관리(P.M), 자산관리(A.M)

1. 시설관리 : 시설의 유지 및 보수를 목적으로 하는 관리이다.
2. 임대차관리 : 부동산 임대차 수익의 극대화를 목적으로 하는 관리이다.
3. 자산관리
   ㉠ 다양한 방법으로 자산의 가치를 증가시키고자 하는 관리이다.
   ㉡ 포트폴리오, 매입 및 매각, 프로젝트 대출, 재개발, 리모델링 등을 내용으로 한다.

오답해설

③ 생애주기상 노후단계는 물리적 · 기능적 상태가 급격히 악화되기 시작하는 단계로 리모델링을 통하여 가치를 올릴 수 있다.

▌건물의 생애주기

1. 개발 전 단계 : 개발되기 전의 토지 상태를 의미한다.
2. 신축단계 : 건물의 물리적 유용성이 가장 높은 단계이다.
3. 안정단계 : 신축이 끝난 이후의 단계로, 안정단계에서 건물을 얼마나 유지 · 수선하는지에 따라 건물의 전체 내용연수가 결정된다.
4. 노후단계 : 건물이 급격히 노후화되는 시기로 재건축, 리모델링 등이 고려된다.
5. 폐기단계

⑤ 건물의 이용에 의한 마멸, 파손, 노후화, 우발적 사고 등으로 사용이 불가능할 때까지의 기간을 물리적 내용연수라고 한다.

▌건물의 내용연수에 미치는 영향

1. 물리적 내용연수 : 시간의 흐름, 작동이나 사용으로 인한 소모, 재해로 인한 파손
2. 기능적 내용연수 : 설계의 불량, 설비의 과대 또는 과소 등 내부 구성요소의 균형 여부
3. 경제적 내용연수 : 인근지역의 변화, 외부환경의 변화 등 외부환경과의 적합 여부

24

정답해설

① 옳은 지문이다.

오답해설

② 혼합관리방식은 문제가 발생하는 경우, 관리의 책임소재가 불분명한 단점이 있다. 따라서 관리자들 간의 협조가 긴밀하다고 할 수 없다.
③ 관리업무의 타성(게으름)을 방지할 수 있는 방식은 위탁관리방식이다.
④ 기밀 및 보안 유지에 유리한 방식은 자기관리방식이다.
⑤ 혼합관리방식은 관리문제 발생 시 책임소재가 불명확하다는 단점이 있다.

25

정답해설

④ 옳은 지문은 'ㄱ, ㄷ, ㄹ'이다.

오답해설

ㄴ. 혼합방식이 아니라 환지방식에 대한 설명이다.

26

정답해설

⑤ AIDA 원리는 주의(Attention), 관심(Interest), 욕망(Desire), 행동(Action)의 단계를 순차적으로 거친다.

27 정답해설

④ 옳은 연결이다.

▌시장성 분석과 민감도 분석

1. 시장성 분석
   ① 현재나 미래의 시장상황에서 매매 또는 임대될 수 있는 가능성을 분석하는 방법이다.
   ② 현재나 미래 시장에서 개발된 부동산이 얼마나 빠르고 많이 시장에 매매 또는 임대될 수 있는지, 즉 흡수율을 분석한다.
2. 민감도 분석(감응도 분석, 낙비쌍관법)
   ① 투입 요소(원인)와 결과의 관계를 분석하는 방법이다.
   ② 원인의 변화를 낙관적 상황과 비관적 상황으로 구분하여 분석한다.

28 정답해설

④ 에스크로 제도는 일반적으로 전문 에스크로 회사에 의해 이루어진다. 그러나 은행이나 신탁회사 등도 회사 안에 별도의 에스크로 부서를 설치하고 업무를 하기도 한다.

29 정답해설

① 순가중개계약에서는 매도자가 제시한 가격을 초과하여 거래가 이루어진 경우 그 초과액을 개업공인중개사의 중개보수로 지급하는 계약이다. 초과액을 매도자와 개업공인중개사가 나누어 갖는 것이 아니다.

30 정답해설 (오류로 판정된 문제를 수정하여 수록함)

④ 개업공인중개사가 확인·설명해야 할 사항은 '권리를 취득함에 따라 부담하여야 할 조세의 종류 및 세율'이다.

▌중개대상물의 확인·설명 등(공인중개사법 제25조)

① 개업공인중개사는 중개를 의뢰받은 경우에는 중개가 완성되기 전에 다음 각 호의 사항을 확인하여 이를 해당 중개대상물에 관한 권리를 취득하고자 하는 중개의뢰인에게 성실·정확하게 설명하고, 토지대장 등본 또는 부동산종합증명서, 등기사항증명서 등 설명의 근거자료를 제시하여야 한다.
   ㉠ 해당 중개대상물의 상태·입지 및 권리관계
   ㉡ 법령의 규정에 의한 거래 또는 이용제한사항
   ㉢ 그 밖에 대통령령으로 정하는 사항
      1. 중개대상물의 종류·소재지·지번·지목·면적·용도·구조 및 건축연도 등 중개대상물에 관한 기본적인 사항
      2. 소유권·전세권·저당권·지상권 및 임차권 등 중개대상물의 권리관계에 관한 사항
      3. 거래예정금액·중개보수 및 실비의 금액과 그 산출내역
      4. 토지이용계획, 공법상의 거래규제 및 이용제한에 관한 사항
      5. 수도·전기·가스·소방·열공급·승강기 및 배수 등 시설물의 상태
      6. 벽면·바닥면 및 도배의 상태
      7. 일조·소음·진동 등 환경조건
      8. 도로 및 대중교통수단과의 연계성, 시장·학교와의 근접성 등 입지조건
      9. 중개대상물에 대한 권리를 취득함에 따라 부담하여야 할 조세의 종류 및 세율

31 정답해설

③ 조세부과로 인한 경제적 순손실은 240억원이다.

1. 조세를 부과하기 전의 균형 거래량
   1) 수요자 가격$(1,200 - \frac{1}{2}Q)$ = 공급자 가격$(400 + \frac{1}{3}Q)$, Q = 960
   2) 균형 거래량(QE) : 960만호
2. 조세의 부과로 인한 거래량 감소
   1) $(1,200 - \frac{1}{2}Q) - (400 + \frac{1}{3}Q) = 20$(조세), Q = 936
   2) 감소되는 거래량 : 960만호 − 936만호 = 24만호
3. 사회적 손실(▶부분 면적) : (20만원 × 24만호) ÷ 2 = 240억원

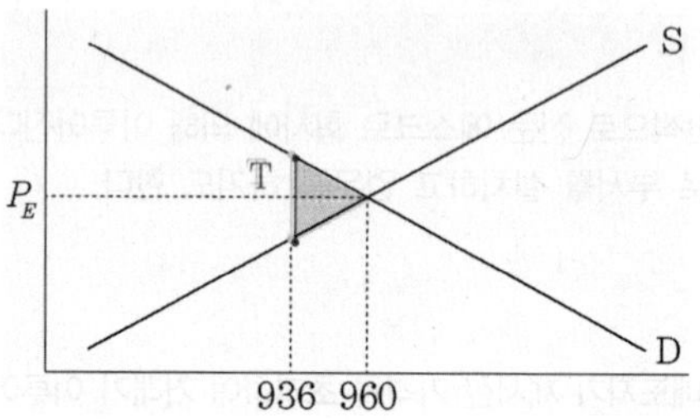

32 정답해설

⑤ 제시된 내용은 모두 재산세와 관련된다.

33 정답해설

③ 권리보증이 아니라 판독에 대한 설명이다.

34 정답해설

② 옳은 묶음이다. 유치권과 점유권은 등기할 수 없는 권리로 등기능력이 없는 것으로 분석한다.

35 정답해설

② 적산법은 대상 물건의 기초가액에 기대이율을 곱하여 산정된 기대수익에 대상 물건을 계속하여 임대하는 데에 필요한 경비를 더한다.

36 정답해설

② 할인법에 의한 수익가액은 1,877,310,000원이다.

1. 보유기간 현금흐름의 현재가치
   1) 보유기간 현금흐름은 보유기간(5년) 동안 발생하는 순영업소득의 현가이다.
   2) 순영업소득의 현가 : 순영업소득 × 연금현가계수(5%, 5년) = 9,000만원 × 4.329 = 38,961만원
2. 기간 말 현금흐름의 현가
   1) 5년 말 매도를 통한 발생하는 현금흐름의 현가이다.

2) 추정 매도가액 : 6기 순영업소득 ÷ 기출환원율 = 10,000만원 ÷ 0.05 = 200,000만원
3) 추정 매도비용 : 200,000만원 × 0.05 = 10,000만원
4) 기간 말 현금흐름의 현가 : 190,000만원 × 일시불현가계수(5%, 5년) = 190,000만원 × 0.783
= 148,770만원

3. 할인법에 의한 수익가액 : 38,961만원 + 148,770만원 = 187,731만원

37 정답해설

① 운영경비에 감가상각비가 포함되었다면 운영경비와 함께 감가상각비가 소득에서 차감된다. 즉 산정된 순수익은 상각 후 순수익이 된다. 따라서 상각 후 환원율을 적용한다.
1. 운영경비에 감가상가비가 포함된다면 감가상각비가 제외된(상각된) 순수익, 즉 상각 후 순수익이 된다.
2. 상각 후 순수익은 상각 후 환원율을 적용한다.

오답해설

② 직접환원법에서 사용할 환원율은 시장추출법으로 구하는 것을 원칙으로 한다. 다만, 시장추출법의 적용이 적절하지 않은 때에는 요소구성법, 투자결합법, 유효총소득승수에 의한 결정방법, 시장에서 발표된 환원율 등을 검토하여 조정할 수 있다.
③ 재매도가치는 보유기간 경과 후 초년도의 순수익을 추정하여 최종환원율로 환원한 후 매도비용을 공제하여 산정한다.

38 정답해설

④ C토지 거래금액은 21% 고가로 거래되었다.
1. 거래사례(C토지) 거래금액 : 100만원/㎡
2. 100만원/㎡(C토지 거래금액) × 사정보정치 × 1.1 × 1.1 = 100만원/㎡(B토지 비준가액)
3. 사정보정치 : 0.8264
4. 사정보정률(a) : $\frac{1}{(1+a)} = 0.8264,\ a = 21\%$

39 정답해설

② 적정한 실거래가란 부동산 거래신고에 관한 법률에 따라 신고된 실제 거래가격으로서 거래시점이 도시지역은 3년 이내, 그 밖의 지역은 5년 이내인 거래가격 중에서 감정평가법인 등이 인근지역의 지가수준 등을 고려하여 감정평가의 기준으로 적용하기에 적정하다고 판단하는 거래가격을 말한다.

40 정답해설

② 건물의 연간 감가율은 2%이다.
1. 순수익(상각 전)
1) 유효총소득 : (600만원 × 12월) − 1,200만원 = 6,000만원
2) 순영업소득 : 6,000만원 × (1 − 0.2) = 4,800만원
2. 환원율(상각 전) : 4,800만원 ÷ 80,000만원 = 0.06(6%)
3. 건물의 연간 감가율
1) 토지환원율 : 5%
2) 건물환원율(상각 전) : 5%(상각 후 환원율) + a(연간 감가율)
3) 종합환원율 : (5% × 0.5) + {(5% + a) × 0.5} = 6%, a = 2%

정답

01 ⑤	02 ④	03 ①	04 ⑤	05 ②	06 ③	07 ④	08 ①	09 ②	10 ④
11 ④	12 ③	13 ④	14 ④	15 ②	16 ②	17 ⑤	18 ③	19 ①	20 ②
21 ②	22 ④	23 ③	24 ③	25 ⑤	26 ③	27 ④	28 ③	29 ⑤	30 ⑤
31 ③	32 ⑤	33 ②	34 ④	35 ①	36 ③	37 ①	38 ②	39 ②	40 ⑤

01 정답해설

⑤ 영 제19조(도시·군관리계획의 수립기준)의 내용에 해당하지 않는다. 광역도시계획의 수립기준을 정할 때 고려해야 하는 사항이다.

오답해설

① 영 제19조 제4호
② 영 제19조 제7호
③ 영 제19조 제8호
④ 영 제19조 제10호

영 제19조(도시·군관리계획의 수립기준)

1. 광역도시계획 및 도시·군기본계획(법 제19조의2에 따른 생활권계획을 포함한다) 등에서 제시한 내용을 수용하고 개별 사업계획과의 관계 및 도시의 성장추세를 고려하여 수립하도록 할 것
2. 도시·군기본계획을 수립하지 아니하는 시·군의 경우 당해 시·군의 장기발전구상 및 법 제19조 제1항의 규정에 의한 도시·군기본계획에 포함될 사항 중 도시·군관리계획의 원활한 수립을 위하여 필요한 사항이 포함되도록 할 것
3. 도시·군관리계획의 효율적인 운영 등을 위하여 필요한 경우에는 특정지역 또는 특정부문에 한정하여 정비할 수 있도록 할 것
4. 공간구조는 생활권단위로 적정하게 구분하고 생활권별로 생활·편익시설이 고루 갖추어지도록 할 것
5. 도시와 농어촌 및 산촌지역의 인구밀도, 토지이용의 특성 및 주변환경 등을 종합적으로 고려하여 지역별로 계획의 상세정도를 다르게 하되, 기반시설의 배치계획, 토지용도 등은 도시와 농어촌 및 산촌지역이 서로 연계되도록 할 것
6. 토지이용계획을 수립할 때에는 주간 및 야간활동인구 등의 인구규모, 도시의 성장추이를 고려하여 그에 적합한 개발밀도가 되도록 할 것
7. 녹지축·생태계·산림·경관 등 양호한 자연환경과 우량농지, 국가유산 및 역사문화환경 등을 고려하여 토지이용계획을 수립하도록 할 것
8. 수도권안의 인구집중유발시설이 수도권외의 지역으로 이전하는 경우 종전의 대지에 대하여는 그 시설의 지방이전이 촉진될 수 있도록 토지이용계획을 수립하도록 할 것
9. 도시·군계획시설은 집행능력을 고려하여 적정한 수준으로 결정하고, 기존 도시·군계획시설은 시설의 설치현황과 관리·운영상태를 점검하여 규모 등이 불합리하게 결정되었거나 실현가능성이 없는 시설 또는 존치필요성이 없는 시설은 재검토하여 해제하거나 조정함으로써 토지이용의 활성화를 도모할 것
10. 도시의 개발 또는 기반시설의 설치 등이 환경에 미치는 영향을 미리 검토하는 등 계획과 환경의 유기적 연관성을 높여 건전하고 지속가능한 도시발전을 도모하도록 할 것

11. 「재난 및 안전관리 기본법」 제24조 제1항에 따른 시・도안전관리계획 및 같은 법 제25조 제1항에 따른 시・군・구안전관리계획과 「자연재해대책법」 제16조 제1항에 따른 시・군 자연재해저감 종합계획을 고려하여 재해로 인한 피해가 최소화되도록 할 것

02 정답해설

④ 개발행위허가를 받은 자가 행정청이 아닌 경우 개발행위허가를 받은 자가 새로 설치한 공공시설은 그 시설을 관리할 관리청에 무상으로 귀속되고, 개발행위로 용도가 폐지되는 공공시설은 「국유재산법」과 「공유재산 및 물품 관리법」에도 불구하고 새로 설치한 공공시설의 설치비용에 상당하는 범위에서 개발행위허가를 받은 자에게 무상으로 양도할 수 있다(법 제65조 제2항).

오답해설

①, ② 개발행위허가(다른 법률에 따라 개발행위허가가 의제되는 협의를 거친 인가・허가・승인 등을 포함한다. 이하 이 조에서 같다)를 받은 자가 행정청인 경우 개발행위허가를 받은 자가 새로 공공시설을 설치하거나 기존의 공공시설에 대체되는 공공시설을 설치한 경우에는 「국유재산법」과 「공유재산 및 물품 관리법」에도 불구하고 새로 설치된 공공시설은 그 시설을 관리할 관리청에 무상으로 귀속되고, 종래의 공공시설은 개발행위허가를 받은 자에게 무상으로 귀속된다(법 제65조 제1항).

③ 개발행위허가를 받은 자가 행정청이 아닌 경우 개발행위허가를 받은 자가 새로 설치한 공공시설은 그 시설을 관리할 관리청에 무상으로 귀속되고, 개발행위로 용도가 폐지되는 공공시설은 「국유재산법」과 「공유재산 및 물품 관리법」에도 불구하고 새로 설치한 공공시설의 설치비용에 상당하는 범위에서 개발행위허가를 받은 자에게 무상으로 양도할 수 있다(법 제65조 제2항).

⑤ 특별시장・광역시장・특별자치시장・특별자치도지사・시장 또는 군수는 제1항과 제2항에 따른 공공시설의 귀속에 관한 사항이 포함된 개발행위허가를 하려면 미리 해당 공공시설이 속한 관리청의 의견을 들어야 한다. 다만, 관리청이 지정되지 아니한 경우에는 관리청이 지정된 후 준공되기 전에 관리청의 의견을 들어야 하며, 관리청이 불분명한 경우에는 도로 등에 대하여는 국토교통부장관을, 하천에 대하여는 환경부장관을 관리청으로 보고, 그 외의 재산에 대하여는 기획재정부장관을 관리청으로 본다(법 제65조 제3항).

03 정답해설

① 가스관과 하수도관은 심의를 거쳐 수용할 수 있다.

오답해설

*** 공동구에 수용하여야 하는 시설(영 제35조의3)**

1) 필수 : 전선로, 통신선로, 수도관, 열수송관(난방), 중수도관(물재활용), 쓰레기수송관

2) 공동구협의회 심의를 거쳐 수용할 수 있는 시설 : 가스관, 하수도관, 그 밖의 시설

04 정답해설

⑤ ㄱ, ㄴ, ㄷ : 법 제59조 제1항, 제7항

법 제59조(개발행위에 대한 도시계획위원회의 심의)

② 다음 각 호의 어느 하나에 해당하는 개발행위는 중앙도시계획위원회와 지방도시계획위원회의 심의를 거치지 아니한다.

1. 다른 법률에 따라 도시계획위원회의 심의를 받는 구역에서 하는 개발행위

2. 지구단위계획 또는 성장관리계획을 수립한 지역에서 하는 개발행위
3. 주거지역·상업지역·공업지역에서 시행하는 개발행위 중 특별시·광역시·특별자치시·특별자치도·시 또는 군의 조례로 정하는 규모·위치 등에 해당하지 아니하는 개발행위
4. 「환경영향평가법」에 따라 환경영향평가를 받은 개발행위
5. 「도시교통정비 촉진법」에 따라 교통영향평가에 대한 검토를 받은 개발행위
6. 「농어촌정비법」 제2조 제4호에 따른 농어촌정비사업 중 대통령령으로 정하는 사업을 위한 개발행위
7. 「산림자원의 조성 및 관리에 관한 법률」에 따른 산림사업 및 「사방사업법」에 따른 사방사업을 위한 개발행위

05

정답해설

② 개발밀도관리구역에 대한 설명이다.

"개발밀도관리구역"이란 개발로 인하여 기반시설이 부족할 것으로 예상되나 기반시설을 설치하기 곤란한 지역을 대상으로 건폐율이나 용적률을 강화하여 적용하기 위하여 제66조에 따라 지정하는 구역을 말한다(법 제2조 제18호).

오답해설

법 제75조의2(성장관리계획구역의 지정 등)

① 특별시장·광역시장·특별자치시장·특별자치도지사·시장 또는 군수는 녹지지역, 관리지역, 농림지역 및 자연환경보전지역 중 다음 각 호의 어느 하나에 해당하는 지역의 전부 또는 일부에 대하여 성장관리계획구역을 지정할 수 있다.

1. 개발수요가 많아 무질서한 개발이 진행되고 있거나 진행될 것으로 예상되는 지역
2. 주변의 토지이용이나 교통여건 변화 등으로 향후 시가화가 예상되는 지역
3. 주변지역과 연계하여 체계적인 관리가 필요한 지역
4. 「토지이용규제 기본법」 제2조 제1호에 따른 지역·지구등의 변경으로 토지이용에 대한 행위제한이 완화되는 지역
5. 그 밖에 난개발의 방지와 체계적인 관리가 필요한 지역으로서 대통령령으로 정하는 지역

06

정답해설

③ ㄱ : 100, ㄴ : 200, ㄷ : 250, ㄹ : 300

영 제85조(용도지역 안에서의 용적률) 제1항

3. 제1종일반주거지역 : 100퍼센트 이상 200퍼센트 이하
4. 제2종일반주거지역 : 100퍼센트 이상 250퍼센트 이하
5. 제3종일반주거지역 : 100퍼센트 이상 300퍼센트 이하

07

정답해설

④ 자연환경보전지역이다.

법 제79조(용도지역 미지정 또는 미세분 지역에서의 행위 제한 등)

① 도시지역, 관리지역, 농림지역 또는 자연환경보전지역으로 용도가 지정되지 아니한 지역에 대하여는 자연환경보전지역에 관한 규정을 적용한다.

08 정답해설

① 도시·군기본계획에 대해 정의하는 규정이다.

오답해설

법 제2조(정의) 이 법에서 사용하는 용어의 뜻은 다음과 같다.

4. "도시·군관리계획"이란 특별시·광역시·특별자치시·특별자치도·시 또는 군의 개발·정비 및 보전을 위하여 수립하는 토지 이용, 교통, 환경, 경관, 안전, 산업, 정보통신, 보건, 복지, 안보, 문화 등에 관한 다음 각 목의 계획을 말한다.
   가. 용도지역·용도지구의 지정 또는 변경에 관한 계획
   나. 개발제한구역, 도시자연공원구역, 시가화조정구역(市街化調整區域), 수산자원보호구역의 지정 또는 변경에 관한 계획
   다. 기반시설의 설치·정비 또는 개량에 관한 계획
   라. 도시개발사업이나 정비사업에 관한 계획
   마. 지구단위계획구역의 지정 또는 변경에 관한 계획과 지구단위계획
   바. 삭제 〈2024.2.6.〉
   사. 도시혁신구역의 지정 또는 변경에 관한 계획과 도시혁신계획
   아. 복합용도구역의 지정 또는 변경에 관한 계획과 복합용도계획
   자. 도시·군계획시설입체복합구역의 지정 또는 변경에 관한 계획

09 정답해설

② 이행보증금은 개발행위허가를 받은 자가 법 제62조 제1항의 규정에 의한 준공검사를 받은 때에는 즉시 이를 반환하여야 한다(영 제59조 제4항).

오답해설

①, ④ 이행보증금은 총공사비의 20퍼센트 이내(산지에서의 개발행위의 경우 「산지관리법」 제38조에 따른 복구비를 합하여 총공사비의 20퍼센트 이내)가 되도록 하고, 그 산정에 관한 구체적인 사항 및 예치방법은 특별시·광역시·특별자치시·특별자치도·시 또는 군의 도시·군계획조례로 정한다(영 제59조 제2항).

③ A군수는 이행보증금을 행정대집행의 비용으로 사용할 수 있다.

법 제89조(도시·군계획시설사업의 이행 담보)

④ 특별시장·광역시장·특별자치시장·특별자치도지사·시장 또는 군수는 제3항에 따른 원상회복의 명령을 받은 자가 원상회복을 하지 아니하는 경우에는 「행정대집행법」에 따른 행정대집행에 따라 원상회복을 할 수 있다. 이 경우 행정대집행에 필요한 비용은 제1항에 따라 도시·군계획시설사업의 시행자가 예치한 이행보증금으로 충당할 수 있다.

⑤ 국가나 지방자치단체가 시행하는 개발행위의 경우에는 이행보증금을 예치하지 않는다(법 제89조 제1항 제1호).

10 정답해설

④

법 제48조(도시·군계획시설결정의 실효 등)

① 도시·군계획시설결정이 고시된 도시·군계획시설에 대하여 그 고시일부터 20년이 지날 때까지 그 시설의 설치에 관한 도시·군계획시설사업이 시행되지 아니하는 경우 그 도시·군계획시설결정은 그 고시일부터 20년이 되는 날의 다음 날에 그 효력을 잃는다.

11 정답해설

④ 시・도지사가 아니라 국토교통부장관이다.

법 제16조(광역도시계획의 승인)

② 국토교통부장관은 제1항에 따라 광역도시계획을 승인하거나 직접 광역도시계획을 수립 또는 변경(시・도지사와 공동으로 수립하거나 변경하는 경우를 포함한다)하려면 관계 중앙행정기관과 협의한 후 중앙도시계획위원회의 심의를 거쳐야 한다.

오답해설

① 법 제11조 제2항
② 법 제14조 제1항
③ 법 제13조 제2항
⑤ 영 제13조 제1항 제1호

12 정답해설

③ 영 제4조의2의 "도로, 공원, 녹지 등 대통령령으로 정하는 기반시설"(부대시설 및 편의시설 포함)에는 「고등교육법」에 따른 학교는 제외한다.

영 제4조의2(기반시설부담구역에 설치가 필요한 기반시설)

법 제2조 제19호에서 "도로, 공원, 녹지 등 대통령령으로 정하는 기반시설"이란 다음 각 호의 기반시설(해당 시설의 이용을 위하여 필요한 부대시설 및 편의시설을 포함한다)을 말한다.

1. 도로(인근의 간선도로로부터 기반시설부담구역까지의 진입도로를 포함한다)
2. 공원
3. 녹지
4. 학교(「고등교육법」 제2조에 따른 학교는 제외한다)
5. 수도(인근의 수도로부터 기반시설부담구역까지 연결하는 수도를 포함한다)
6. 하수도(인근의 하수도로부터 기반시설부담구역까지 연결하는 하수도를 포함한다)
7. 폐기물처리 및 재활용시설
8. 그 밖에 특별시장・광역시장・특별자치시장・특별자치도지사・시장 또는 군수가 법 제68조 제2항 단서에 따른 기반시설부담계획에서 정하는 시설

13 정답해설

④ 방송・통신시설은 유통공급시설이다.

영 제2조(기반시설) 제1항

3. 유통・공급시설 : 유통업무설비, 수도・전기・가스・열공급설비, 방송・통신시설, 공동구・시장, 유류저장 및 송유설비

오답해설

영 제2조(기반시설) 제1항

4. 공공・문화체육시설 : 학교・공공청사・문화시설・공공필요성이 인정되는 체육시설・연구시설・사회복지시설・공공직업훈련시설・청소년수련시설

14 정답해설

④ 토지평가 시 표준지공시지가 기준이 원칙이다. 다만 적정한 실거래가가 있는 경우에는 이를 기준으로 할 수 있다. 자산재평가법에 따른 토지등의 감정평가, 금융기관・신탁회사・보험회사 등 타인의뢰에 의한 토지등의 감정평가, 법원에 계속 중인 소송 또는 경매를 위한 토지등의 감정평가(보상관련 평가 제외)의 경우에는 해당 토지의 임대료, 조성비용 등을 고려하여 감정평가를 할 수 있다(법 제3조 제1항 및 제2항, 영 제3조).

오답해설

① 법 제10조 제5호
② 법 제10조 제5호
③ 법 제10조 제3호
⑤ 법 제10조 제5호

법 제10조(감정평가법인등의 업무)

감정평가법인등은 다음 각 호의 업무를 행한다.

1. 「부동산 가격공시에 관한 법률」에 따라 감정평가법인등이 수행하는 업무
2. 「부동산 가격공시에 관한 법률」 제8조 제2호에 따른 목적을 위한 토지등의 감정평가
3. 「자산재평가법」에 따른 토지등의 감정평가
4. 법원에 계속 중인 소송 또는 경매를 위한 토지등의 감정평가
5. 금융기관・보험회사・신탁회사 등 타인의 의뢰에 따른 토지등의 감정평가
6. 감정평가와 관련된 상담 및 자문
7. 토지등의 이용 및 개발 등에 대한 조언이나 정보 등의 제공
8. 다른 법령에 따라 감정평가법인등이 할 수 있는 토지등의 감정평가
9. 제1호부터 제8호까지의 업무에 부수되는 업무

15 정답해설

② 해산하거나 폐업하는 경우에는 국토교통부장관에게 제출해야 한다.

영 제6조(감정평가서 등의 보존)

① 감정평가법인등은 해산하거나 폐업하는 경우 법 제6조 제3항에 따른 보존을 위하여 감정평가서의 원본과 그 관련 서류를 국토교통부장관에게 제출해야 한다. 이 경우 법 제6조 제3항 후단에 따라 감정평가서의 원본과 관련 서류를 전자적 기록매체에 수록하여 보존하고 있으면 감정평가서의 원본과 관련 서류의 제출을 갈음하여 그 전자적 기록매체를 제출할 수 있다.

오답해설

① 법 제5조 제2항
③ 법 제8조 제1항
④, ⑤ 영 제8조의2(감정평가서에 대한 표본조사)

영 제8조의2(감정평가서에 대한 표본조사)

① 국토교통부장관은 법 제8조 제4항에 따라 다음 각 호의 표본조사를 할 수 있다.
   1. 무작위추출방식의 표본조사
   2. 우선추출방식의 표본조사
② 제1항 제2호의 표본조사는 다음 각 호의 분야에 대해 국토교통부장관이 정하는 바에 따라 실시한다.
   1. 최근 3년 이내에 실시한 제8조 제1항에 따른 타당성조사 결과 감정평가의 원칙과 기준을 준수하지 않는 등 감정평가의 부실이 발생한 분야

16 정답해설

② 감정평가법인등은 토지등의 매매업을 직접 하여서는 아니 된다(법 제25조 제3항).

오답해설

① 법 제24조 제1항 제3호
③ 법 제25조(성실의무 등) 제4항
④ 법 제39조(징계) 제1항 제3호의2
⑤ 법 제39조의2(징계의 공고) 제3항

17 정답해설

⑤ 6월 1일부터 12월 31일까지의 사이에 사유가 발생한 단독주택 : 다음 해 1월 1일(영 제34조 제2항 제2호)

18 정답해설

③ 3회 이상 받은 경우이다.

영 제7조(표준지공시지가 조사·평가의 의뢰)

① 국토교통부장관은 법 제3조 제5항에 따라 다음 각 호의 요건을 모두 갖춘 감정평가법인등 중에서 표준지공시지가 조사·평가를 의뢰할 자를 선정해야 한다.

1. 표준지공시지가 조사·평가 의뢰일부터 30일 이전이 되는 날(이하 "선정기준일"이라 한다)을 기준으로 하여 직전 1년간의 업무실적이 표준지 적정가격 조사·평가업무를 수행하기에 적정한 수준일 것
2. 회계감사절차 또는 감정평가서의 심사체계가 적정할 것
3. 「감정평가 및 감정평가사에 관한 법률」에 따른 업무정지처분, 과태료 또는 소속 감정평가사에 대한 징계처분 등이 다음 각 목의 기준 어느 하나에도 해당하지 아니할 것
   가. 선정기준일부터 직전 2년간 업무정지처분을 3회 이상 받은 경우
   나. 선정기준일부터 직전 1년간 과태료처분을 3회 이상 받은 경우
   다. 선정기준일부터 직전 1년간 징계를 받은 소속 감정평가사의 비율이 선정기준일 현재 소속 전체 감정평가사의 10퍼센트 이상인 경우
   라. 선정기준일 현재 업무정지기간이 만료된 날부터 1년이 지나지 아니한 경우

오답해설

① 법 제10조 제2항
② 영 제18조 제3항
④ 영 제17조 제2항 제3호
⑤ 법 제11조 제1항

19 정답해설

ㄱ. 공시사항에는 지번, 단위면적당 가격, 면적, 형상, 주변토지 이용상황, 지목, 용도지역, 도로상황, 그밖에 필요한 사항이 있다.

법 제5조(표준지공시지가의 공시사항)

제3조에 따른 공시에는 다음 각 호의 사항이 포함되어야 한다.

1. 표준지의 지번
2. 표준지의 단위면적당 가격
3. 표준지의 면적 및 형상
4. 표준지 및 주변토지의 이용상황
5. 그 밖에 대통령령으로 정하는 사항

ㄴ. 표준지공시지가는 토지시장에 지가정보를 제공하고 일반적인 토지거래의 지표가 되며, 국가・지방자치단체 등이 그 업무와 관련하여 지가를 산정하거나 감정평가법인등이 개별적으로 토지를 감정평가하는 경우에 기준이 된다(법 제9조).

오답해설

ㄷ. 환지를 위한 지가산정도 공시지가를 기준으로 한다.

가. 공공용지의 매수 및 토지의 수용・사용에 대한 보상

나. 국유지・공유지의 취득 또는 처분

다. 조성된 용지 등의 공급 또는 분양

라. 도시개발사업, 정비사업, 농업생산기반 정비사업 사업을 위한 환지・체비지의 매각 또는 환지신청

마. 토지의 관리・매입・매각・경매 또는 재평가

> **영 제13조(표준지공시지가의 적용)**
> ② 법 제8조 제2호 다목에서 "대통령령으로 정하는 지가의 산정"이란 다음 각 호의 목적을 위한 지가의 산정을 말한다.
> 1. 「국토의 계획 및 이용에 관한 법률」 또는 그 밖의 법령에 따라 조성된 용지 등의 공급 또는 분양
> 2. 다음 각 목의 어느 하나에 해당하는 사업을 위한 환지・체비지(替費地)의 매각 또는 환지신청
>   가. 「도시개발법」 제2조 제1항 제2호에 따른 도시개발사업
>   나. 「도시 및 주거환경정비법」 제2조 제2호에 따른 정비사업
>   다. 「농어촌정비법」 제2조 제5호에 따른 농업생산기반 정비사업
> 3. 토지의 관리・매입・매각・경매 또는 재평가

ㄹ. 시・군・구별이 아니라 읍・면・동별 지가변동률이 전국 평균 지가변동률 이하인 지역이다.

> **영 제7조(표준지공시지가 조사・평가의 의뢰)**
> ④ 법 제3조 제5항 단서에서 "지가 변동이 작은 경우 등 대통령령으로 정하는 기준에 해당하는 표준지"란 다음 각 호의 요건을 모두 갖춘 지역의 표준지를 말한다.
> 1. 최근 1년간 읍・면・동별 지가변동률이 전국 평균 지가변동률 이하인 지역
> 2. 개발사업이 시행되거나 「국토의 계획 및 이용에 관한 법률」 제2조 제15호에 따른 용도지역(이하 "용도지역"이라 한다) 또는 같은 조 제16호에 따른 용도지구(이하 "용도지구"라 한다)가 변경되는 등의 사유가 없는 지역

20 정답해설

② 법 제8조 제2항

오답해설

① 공공용이 아니라 공용재산이다.

> **법 제6조(국유재산의 구분과 종류)**
> ② 행정재산의 종류는 다음 각 호와 같다.
> 1. 공용재산 : 국가가 직접 사무용・사업용 또는 공무원의 주거용(직무 수행을 위하여 필요한 경우로서 대통령령으로 정하는 경우로 한정한다)으로 사용하거나 대통령령으로 정하는 기한까지 사용하기로 결정한 재산
> 2. 공공용재산 : 국가가 직접 공공용으로 사용하거나 대통령령으로 정하는 기한까지 사용하기로 결정한 재산

③ 중앙관서의 장 등이 필요하다고 인정하는 경우에도 행정재산인 보존용 재산에는 사권을 설정할 수 없다. 일반재산의 사용 및 이용에 지장이 없고 재산의 활용가치를 높일 수 있는 경우로서 중앙관서의 장 등이 필요하다고 인정하는 경우에는 사권설정이 가능하다.

법 제11조(사권 설정의 제한)
① 사권(私權)이 설정된 재산은 그 사권이 소멸된 후가 아니면 국유재산으로 취득하지 못한다. 다만, 판결에 따라 취득하는 경우에는 그러하지 아니하다.
② 국유재산에는 사권을 설정하지 못한다. 다만, 일반재산에 대하여 대통령령으로 정하는 경우에는 그러하지 아니하다.

영 제6조(사권 설정)
법 제11조 제2항 단서에서 "대통령령으로 정하는 경우"란 다음 각 호의 어느 하나에 해당하는 경우를 말한다.
2. 일반재산의 사용 및 이용에 지장이 없고 재산의 활용가치를 높일 수 있는 경우로서 중앙관서의 장등이 필요하다고 인정하는 경우

④ 공용재산은 시효취득의 대상이 될 수 없다.

법 제7조(국유재산의 보호)
② 행정재산은 「민법」 제245조에도 불구하고 시효취득(時效取得)의 대상이 되지 아니한다.

⑤ 조림을 목적으로 하는 토지와 그 정착물의 대부기간은 20년 이내로 한다.

법 제46조(대부기간)
① 일반재산의 대부기간은 다음 각 호의 기간 이내로 한다. 다만, 제18조 제1항 단서에 따라 영구시설물을 축조하는 경우에는 10년 이내로 한다.
1. 조림을 목적으로 하는 토지와 그 정착물 : 20년

21

정답해설

② 법 제29조 제2항

오답해설

① 중앙관서의 장은 사용허가한 행정재산을 국가나 지방자치단체가 직접 공용이나 공공용으로 사용하기 위하여 필요하게 된 경우에는 그 허가를 철회할 수 있다(법 제36조 제2항).

③ 이러한 경우에는 수의의 방법으로 사용허가를 받을 자를 결정할 수 있다.

영 제27조(사용허가의 방법)
③ 행정재산이 다음 각 호의 어느 하나에 해당하는 경우에는 법 제31조 제1항 단서에 따라 수의의 방법으로 사용허가를 받을 자를 결정할 수 있다.
2. 경작용으로 실경작자에게 사용허가를 하는 경우

④ 5년을 초과하지 않는 범위 내에서 갱신할 수 있다.

법 제35조(사용허가기간)
② 제1항의 허가기간이 끝난 재산에 대하여 대통령령으로 정하는 경우를 제외하고는 5년을 초과하지 아니하는 범위에서 종전의 사용허가를 갱신할 수 있다. 다만, 수의의 방법으로 사용허가를 할 수 있는 경우가 아니면 1회만 갱신할 수 있다.

⑤ 중앙관서의 장은 동일인(상속인이나 그 밖의 포괄승계인은 피승계인과 동일인으로 본다)이 같은 행정재산을 사용허가기간 내에서 1년을 초과하여 계속 사용・수익하는 경우로서 대통령령으로 정하는 경우에는 사용료를 조정할 수 있다(법 제33조 제1항).

22

정답해설

④ 법 제55조 제1항 제4호, 영 제42조 제8항

오답해설

① 일반재산의 처분가격은 시가를 고려하여 결정한다(법 제44조). 증권의 경우에는 자본시장과 금융투자업에 관한 법률에 따른 매출의 방법, 증권시장에서 매각하는 방법, 공개매수에 응모하는 방법 및 상법에 따른 주식매수청구권을 행사하는 방법과 그 밖에 다른 법령에 따른 증권의 매각방법에 의할 수 있다(영 제41조).
② 하나의 감정평가법인등의 평가액으로 결정한다(영 제42조 제1항 제2호).
③ 감정평가법인등의 평가액은 평가일부터 1년이 지나면 적용할 수 없다(영 제42조 제2항).
⑤ 1천만원 이하인 경우가 해당된다(영 제42조 제10항).

> **영 제42조(처분재산의 예정가격)**
> ⑩ 다음 각 호의 어느 하나에 해당하는 국유지를 법 제43조 제1항 본문에 따른 일반경쟁입찰의 방법으로 처분하는 경우에는 제1항에도 불구하고 해당 국유지의 개별공시지가를 예정가격으로 할 수 있다.
> 2. 일단의 토지 대장가격이 1천만원 이하인 국유지

23

정답해설

③ 기부로 인한 지식재산의 사용료 면제기간은 20년으로 한다(영 제32조 제2항).

오답해설

① 법 제5조 제1항 제6호
② 법 제65조의7 제1항
④ 법 제65조의7 제2항
⑤ 법 제65조의11 제1항, 영 제67조의10 제2항

24

정답해설

③ “지하층”이란 건축물의 바닥이 지표면 아래에 있는 층으로서 바닥에서 지표면까지 평균높이가 해당 층 높이의 2분의 1 이상인 것을 말한다(법 제2조 제1항 제5호).
“고층건축물”이란 층수가 30층 이상이거나 높이가 120미터 이상인 건축물을 말한다(법 제2조 제1항 제19호).

25

정답해설

⑤ 모든 항목이 아닌 해당 항목을 평가받은 것으로 본다.

> **법 제13조의2(건축물 안전영향평가)**
> ⑦ 안전영향평가를 실시하여야 하는 건축물이 다른 법률에 따라 구조안전과 인접 대지의 안전에 미치는 영향 등을 평가받은 경우에는 안전영향평가의 해당 항목을 평가받은 것으로 본다.

오답해설

①, ② 법 제13조의2 제1항
③ 법 제13조의2 제3항
④ 영 제10조의3 제1항 제2호

26 정답해설

③ 자연환경이나 수질을 보호하기 위하여 도지사가 지정·공고한 구역에 건축하는 3층 이상 또는 연면적의 합계가 1천제곱미터 이상인 건축물로서 위락시설과 숙박시설 등 대통령령으로 정하는 용도에 해당하는 건축물(법 제11조 제2항 제2호)

> **영 제8조(건축허가)**
> ③ 법 제11조 제2항 제2호에서 "위락시설과 숙박시설 등 대통령령으로 정하는 용도에 해당하는 건축물"이란 다음 각 호의 건축물을 말한다.
> 1. 공동주택
> 2. 제2종 근린생활시설(일반음식점만 해당한다)
> 3. 업무시설(일반업무시설만 해당한다)
> 4. 숙박시설
> 5. 위락시설

27 정답해설

④

> **영 제27조의2(공개 공지 등의 확보)**
> ① 법 제43조 제1항에 따라 다음 각 호의 어느 하나에 해당하는 건축물의 대지에는 공개 공지 또는 공개 공간(이하 이 조에서 "공개공지등"이라 한다)을 설치해야 한다. 이 경우 공개 공지는 필로티의 구조로 설치할 수 있다.
> 1. 문화 및 집회시설, 종교시설, 판매시설(「농수산물 유통 및 가격안정에 관한 법률」에 따른 농수산물유통시설은 제외한다), 운수시설(여객용 시설만 해당한다), 업무시설 및 숙박시설로서 해당 용도로 쓰는 바닥면적의 합계가 5천 제곱미터 이상인 건축물
> 2. 그 밖에 다중이 이용하는 시설로서 건축조례로 정하는 건축물

오답해설

① 법 제43조 제1항
② 법 제43조 제1항
③ 영 제27조의2 제1항 제1호
⑤ 영 제27조의2 제1항 제1호

28 정답해설

③ 영 제58조(지목의 구분) 제10호

오답해설

① 묘지의 관리를 위한 건축물의 부지는 "대"로 한다.

> **영 제58조(지목의 구분) 제27호 묘지**
> 사람의 시체나 유골이 매장된 토지, 「도시공원 및 녹지 등에 관한 법률」에 따른 묘지공원으로 결정·고시된 토지 및 「장사 등에 관한 법률」 제2조 제9호에 따른 봉안시설과 이에 접속된 부속시설물의 부지. 다만, 묘지의 관리를 위한 건축물의 부지는 "대"로 한다.

② 원상회복을 조건으로 흙을 파는 곳으로 허가된 토지는 잡종지에서 제외한다.

영 제58조(지목의 구분) 제28호 잡종지
다음 각 목의 토지. 다만, 원상회복을 조건으로 돌을 캐내는 곳 또는 흙을 파내는 곳으로 허가된 토지는 제외한다.
가. 갈대밭, 실외에 물건을 쌓아두는 곳, 돌을 캐내는 곳, 흙을 파내는 곳, 야외시장 및 공동우물
나. 변전소, 송신소, 수신소 및 송유시설 등의 부지
다. 여객자동차터미널, 자동차운전학원 및 폐차장 등 자동차와 관련된 독립적인 시설물을 갖춘 부지
라. 공항시설 및 항만시설 부지
마. 도축장, 쓰레기처리장 및 오물처리장 등의 부지
바. 그 밖에 다른 지목에 속하지 않는 토지

④ 자동차 등의 판매 목적으로 설치된 물류장 및 야외전시장은 주차장에서 제외한다.

영 제58조(지목의 구분) 제11호 주차장
자동차 등의 주차에 필요한 독립적인 시설을 갖춘 부지와 주차전용 건축물 및 이에 접속된 부속시설물의 부지. 다만, 다음 각 목의 어느 하나에 해당하는 시설의 부지는 제외한다.
가. 「주차장법」 제2조 제1호 가목 및 다목에 따른 노상주차장 및 부설주차장(「주차장법」 제19조 제4항에 따라 시설물의 부지 인근에 설치된 부설주차장은 제외한다)
나. 자동차 등의 판매 목적으로 설치된 물류장 및 야외전시장

⑤ 자연의 유수가 있을 것으로 예상되는 소규모 수로부지는 구거부지이다.

영 제58조(지목의 구분) 제18호 구거
용수(用水) 또는 배수(排水)를 위하여 일정한 형태를 갖춘 인공적인 수로・둑 및 그 부속시설물의 부지와 자연의 유수(流水)가 있거나 있을 것으로 예상되는 소규모 수로부지

29

정답해설

ㄱ. 법 제80조 제3항 제1호
ㄴ. 영 제66조 제3항 제5호
ㄷ. 영 제66조 제3항 제6호

법 제80조(합병 신청)
③ 다음 각 호의 어느 하나에 해당하는 경우에는 합병 신청을 할 수 없다.
1. 합병하려는 토지의 지번부여지역, 지목 또는 소유자가 서로 다른 경우
2. 합병하려는 토지에 다음 각 목의 등기 외의 등기가 있는 경우
   가. 소유권・지상권・전세권 또는 임차권의 등기
   나. 승역지(承役地)에 대한 지역권의 등기
   다. 합병하려는 토지 전부에 대한 등기원인(登記原因) 및 그 연월일과 접수번호가 같은 저당권의 등기
   라. 합병하려는 토지 전부에 대한 「부동산등기법」 제81조 제1항 각 호의 등기사항이 동일한 신탁등기
3. 그 밖에 합병하려는 토지의 지적도 및 임야도의 축척이 서로 다른 경우 등 대통령령으로 정하는 경우

영 제66조(합병 신청)
③ 법 제80조 제3항 제3호에서 "합병하려는 토지의 지적도 및 임야도의 축척이 서로 다른 경우 등 대통령령으로 정하는 경우"란 다음 각 호의 경우를 말한다.
1. 합병하려는 토지의 지적도 및 임야도의 축척이 서로 다른 경우
2. 합병하려는 각 필지가 서로 연접하지 않은 경우
3. 합병하려는 토지가 등기된 토지와 등기되지 아니한 토지인 경우
4. 합병하려는 각 필지의 지목은 같으나 일부 토지의 용도가 다르게 되어 법 제79조 제2항에 따른 분할대상 토지인 경우. 다만, 합병 신청과 동시에 토지의 용도에 따라 분할 신청을 하는 경우는 제외한다.
5. 합병하려는 토지의 소유자별 공유지분이 다른 경우

6. 합병하려는 토지가 구획정리, 경지정리 또는 축척변경을 시행하고 있는 지역의 토지와 그 지역 밖의 토지인 경우
7. 합병하려는 토지 소유자의 주소가 서로 다른 경우. 다만, 제1항에 따른 신청을 접수받은 지적소관청이 「전자정부법」 제36조 제1항에 따른 행정정보의 공동이용을 통하여 다음 각 목의 사항을 확인(신청인이 주민등록표 초본 확인에 동의하지 않는 경우에는 해당 자료를 첨부하도록 하여 확인)한 결과 토지 소유자가 동일인임을 확인할 수 있는 경우는 제외한다.
   가. 토지등기사항증명서
   나. 법인등기사항증명서(신청인이 법인인 경우만 해당한다)
   다. 주민등록표 초본(신청인이 개인인 경우만 해당한다)

30 정답해설

⑤ **"토지의 표시"란 지적공부에 토지의 소재(토지가 존재하는 장소의 시·군·구 등 행정구역)·지번(地番)·지목(地目)·면적·경계 또는 좌표(등기부에는 없음)를 등록한 것을 말한다(법 제2조 제20호).**

31 정답해설

③

법 제71조(토지대장 등의 등록사항)

② 제1항 제5호의 소유자가 둘 이상이면 공유지연명부에 다음 각 호의 사항을 등록하여야 한다.
1. 토지의 소재
2. 지번
3. 소유권 지분
4. 소유자의 성명 또는 명칭, 주소 및 주민등록번호
5. 그 밖에 국토교통부령으로 정하는 사항

규칙 제68조(토지대장 등의 등록사항 등)

③ 법 제71조 제2항 제5호에서 "그 밖에 국토교통부령으로 정하는 사항"이란 다음 각 호의 사항을 말한다.
1. 토지의 고유번호
2. 필지별 공유지연명부의 장번호
3. 토지소유자가 변경된 날과 그 원인

32 정답해설

⑤ **건물표시사항으로 표시번호, 접수연월일, 소재, 지번, 건물명칭(건축물대장에 건물명칭이 기재되어 있는 경우만 해당한다) 및 번호(1개 건물만 있는 경우에는 X), 건물의 종류, 구조와 면적, 부속건물(종류, 구조, 면적), 등기원인, 도면의 번호(여러 개의 건물이 있는 경우 및 구분건물인 경우로 한정)가 있다.**

법 제40조(등기사항)

① 등기관은 건물 등기기록의 표제부에 다음 각 호의 사항을 기록하여야 한다.
1. 표시번호
2. 접수연월일
3. 소재, 지번, 건물명칭(건축물대장에 건물명칭이 기재되어 있는 경우만 해당한다. 이하 이 조에서 같다) 및 번호. 다만, 같은 지번 위에 1개의 건물만 있는 경우에는 건물번호는 기록하지 아니한다.
4. 건물의 종류, 구조와 면적. 부속건물이 있는 경우에는 부속건물의 종류, 구조와 면적도 함께 기록한다.
5. 등기원인
6. 도면의 번호[같은 지번 위에 여러 개의 건물이 있는 경우와 「집합건물의 소유 및 관리에 관한 법률」 제2조 제1호의 구분소유권(區分所有權)의 목적이 되는 건물(이하 "구분건물"이라 한다)인 경우로 한정한다]

33 정답해설

② ㄱ, ㄷ

ㄱ. 법 제23조 제2항

ㄷ. 법 제6조 제1항

오답해설

ㄴ. 종중(宗中), 문중(門中), 그 밖에 대표자나 관리인이 있는 법인 아닌 사단(社團)이나 재단(財團)에 속하는 부동산의 등기에 관하여는 그 사단이나 재단을 등기권리자 또는 등기의무자로 한다(법 제26조 제1항).

ㄹ. 제11조 제1항에 따른 등기관이 등기를 마친 경우 그 등기는 접수한 때부터 효력을 발생한다(법 제6조 제2항).

34 정답해설

④ 전부말소 회복등기는 주등기로 한다. 일부회복등기는 부기등기로 한다(규칙 제118조).

오답해설

법 제52조(부기로 하는 등기)

등기관이 다음 각 호의 등기를 할 때에는 부기로 하여야 한다. 다만, 제5호의 등기는 등기상 이해관계 있는 제3자의 승낙이 없는 경우에는 그러하지 아니하다.

1. 등기명의인표시의 변경이나 경정의 등기
2. 소유권 외의 권리의 이전등기
3. 소유권 외의 권리를 목적으로 하는 권리에 관한 등기
4. 소유권 외의 권리에 대한 처분제한 등기
5. 권리의 변경이나 경정의 등기
6. 제53조의 환매특약등기
7. 제54조의 권리소멸약정등기
8. 제67조 제1항 후단의 공유물 분할금지의 약정등기
9. 그 밖에 대법원규칙으로 정하는 등기

35 정답해설

① 1. 지상권의 등기사항(③부터 ⑤까지는 약정이 있는 경우만)(법 제69조)

① 지상권설정의 목적
② 범위
③ 존속기간
④ 지료와 지급시기
⑤ 「민법」 제289조의2 제1항 후단의 약정
⑥ 지상권설정의 범위가 토지의 일부인 경우에는 그 부분을 표시한 도면의 번호

2. 지역권의 등기사항(④는 약정 있는 경우만)(법 제70조)

① 지역권설정의 목적
② 범위
③ 요역지
④ 지역권 관련 약정
⑤ 승역지의 일부에 지역권설정의 등기를 할 때에는 그 부분을 표시한 도면의 번호

3. 전세권(전전세) 등의 등기사항(③부터 ⑤까지는 약정 있는 경우만)(법 제72조)

① 전세금 또는 전전세금

② 범위
③ 존속기간
④ 위약금 또는 배상금
⑤ 전세권의 양도, 임대 금지 약정
⑥ 전세권설정이나 전전세의 범위가 부동산의 일부인 경우에는 그 부분을 표시한 도면의 번호
* 여러 부동산에 관한 권리를 목적으로 하는 전세권설정 등기는 공동저당의 등기 준용

4. 저당권의 등기사항(③부터 ⑧까지는 약정 있는 경우만)(법 제75조)
① 채권액
② 채무자의 성명 또는 명칭과 주소 또는 사무소 소재지
③ 변제기(辨濟期)
④ 이자 및 그 발생기 · 지급시기
⑤ 원본(元本) 또는 이자의 지급장소
⑥ 채무불이행(債務不履行)으로 인한 손해배상에 관한 약정
⑦ 「민법」 제358조 단서의 약정(저당권 효력은 부합물과 종물에 미치나 법률규정 또는 다른 약정시는 제외)
⑧ 채권의 조건
* 근저당권(根抵當權)인 경우(③ 및 ④는 약정 있는 경우만)
① 채권의 최고액
② 채무자의 성명 또는 명칭과 주소 또는 사무소 소재지
③ 「민법」 제358조 단서의 약정
④ 존속기간

36 정답해설

③ 동산담보권은 그 담보할 채무의 최고액만을 정하고 채무의 확정을 장래에 보류하여 설정할 수 있다. 채무의 이자는 최고액 중에 포함된 것으로 본다. 이 경우 그 채무가 확정될 때까지 채무의 소멸 또는 이전은 이미 설정된 동산담보권에 영향을 미치지 아니한다(법 제5조 제1항).

오답해설

① 동산담보권은 담보목적물의 매각, 임대, 멸실, 훼손 또는 공용징수 등으로 인하여 담보권설정자가 받을 금전이나 그 밖의 물건에 대하여도 행사할 수 있다. 이 경우 그 지급 또는 인도 전에 압류하여야 한다(법 제14조).
② 법 제25조 제1항
④ 법 제7조 제1항
⑤ 법 제7조 제3항

37 정답해설

①

영 제15조(행위허가의 대상 등)

① 법 제19조 제1항에 따라 시장 · 군수등의 허가를 받아야 하는 행위는 다음 각 호와 같다.
1. 건축물의 건축 등 : 「건축법」 제2조 제1항 제2호에 따른 건축물(가설건축물을 포함한다)의 건축, 용도변경
2. 공작물의 설치 : 인공을 가하여 제작한 시설물(「건축법」 제2조 제1항 제2호에 따른 건축물을 제외한다)의 설치
3. 토지의 형질변경 : 절토(땅깎기) · 성토(흙쌓기) · 정지(땅고르기) · 포장 등의 방법으로 토지의 형상을 변경하는 행위, 토지의 굴착 또는 공유수면의 매립

4. 토석의 채취 : 흙・모래・자갈・바위 등의 토석을 채취하는 행위. 다만, 토지의 형질변경을 목적으로 하는 것은 제3호에 따른다.
5. 토지분할
6. 물건을 쌓아놓는 행위 : 이동이 쉽지 아니한 물건을 1개월 이상 쌓아놓는 행위
7. 죽목의 벌채 및 식재

오답해설

법 제19조(행위제한 등)

② 다음 각 호의 어느 하나에 해당하는 행위는 제1항에도 불구하고 허가를 받지 아니하고 할 수 있다.
1. 재해복구 또는 재난수습에 필요한 응급조치를 위한 행위
2. 기존 건축물의 붕괴 등 안전사고의 우려가 있는 경우 해당 건축물에 대한 안전조치를 위한 행위
3. 그 밖에 대통령령으로 정하는 행위

영 제15조(행위허가의 대상 등)

③ 법 제19조 제2항 제3호에서 "대통령령으로 정하는 행위"란 다음 각 호의 어느 하나에 해당하는 행위로서 「국토의 계획 및 이용에 관한 법률」 제56조에 따른 개발행위허가의 대상이 아닌 것을 말한다.
1. 농림수산물의 생산에 직접 이용되는 것으로서 국토교통부령으로 정하는 간이공작물의 설치
2. 경작을 위한 토지의 형질변경
3. 정비구역의 개발에 지장을 주지 아니하고 자연경관을 손상하지 아니하는 범위에서의 토석의 채취
4. 정비구역에 존치하기로 결정된 대지에 물건을 쌓아놓는 행위
5. 관상용 죽목의 임시식재(경작지에서의 임시식재는 제외한다)

38 정답해설

② 제16조 제2항 전단에 따라 고시된 정비계획에서 정한 정비사업시행 예정일부터 2년 이내에 사업시행계획인가를 신청하지 아니하거나 사업시행계획인가를 신청한 내용이 위법 또는 부당하다고 인정하는 때(재건축사업의 경우는 제외한다)(법 제26조 제1항 제2호)

오답해설

① 법 제26조 제1항 제1호
③ 법 제26조 제1항 제3호
④ 법 제26조 제1항 제4호
⑤ 법 제26조 제1항 제7호

법 제26조(재개발사업・재건축사업의 공공시행자)

① 시장・군수등은 재개발사업 및 재건축사업이 다음 각 호의 어느 하나에 해당하는 때에는 제25조에도 불구하고 직접 정비사업을 시행하거나 토지주택공사등(토지주택공사등이 건설업자 또는 등록사업자와 공동으로 시행하는 경우를 포함한다. 이하 이 항부터 제4항까지에서 같다)을 사업시행자로 지정하여 정비사업을 시행하게 할 수 있다.
1. 천재지변, 「재난 및 안전관리 기본법」 제27조 또는 「시설물의 안전 및 유지관리에 관한 특별법」 제23조에 따른 사용제한・사용금지, 그 밖의 불가피한 사유로 긴급하게 정비사업을 시행할 필요가 있다고 인정하는 때
2. 제16조 제2항 전단에 따라 고시된 정비계획에서 정한 정비사업시행 예정일부터 2년 이내에 사업시행계획인가를 신청하지 아니하거나 사업시행계획인가를 신청한 내용이 위법 또는 부당하다고 인정하는 때(재건축사업의 경우는 제외한다)

3. 추진위원회가 시장·군수등의 구성승인을 받은 날부터 3년 이내에 조합설립인가를 신청하지 아니하거나 조합이 조합설립인가를 받은 날부터 3년 이내에 사업시행계획인가를 신청하지 아니한 때
4. 지방자치단체의 장이 시행하는 「국토의 계획 및 이용에 관한 법률」 제2조 제11호에 따른 도시·군계획사업과 병행하여 정비사업을 시행할 필요가 있다고 인정하는 때
5. 제59조 제1항에 따른 순환정비방식으로 정비사업을 시행할 필요가 있다고 인정하는 때
6. 제113조에 따라 사업시행계획인가가 취소된 때
7. 해당 정비구역의 국·공유지 면적 또는 국·공유지와 토지주택공사등이 소유한 토지를 합한 면적이 전체 토지면적의 2분의 1 이상으로서 토지등소유자의 과반수가 시장·군수등 또는 토지주택공사등을 사업시행자로 지정하는 것에 동의하는 때
8. 해당 정비구역의 토지면적 2분의 1 이상의 토지소유자와 토지등소유자의 3분의 2 이상에 해당하는 자가 시장·군수등 또는 토지주택공사등을 사업시행자로 지정할 것을 요청하는 때. 이 경우 제14조 제1항 제2호에 따라 토지등소유자가 정비계획의 입안을 제안한 경우 입안제안에 동의한 토지등소유자는 토지주택공사등의 사업시행자 지정에 동의한 것으로 본다. 다만, 사업시행자의 지정 요청 전에 시장·군수등 및 제47조에 따른 주민대표회의에 사업시행자의 지정에 대한 반대의 의사표시를 한 토지등소유자의 경우에는 그러하지 아니하다.

39 정답해설

② 정비사업비의 추산액(재건축사업의 경우에는 「재건축초과이익 환수에 관한 법률」에 따른 재건축부담금에 관한 사항을 포함한다) 및 그에 따른 조합원 분담규모 및 분담시기(법 제74조 제1항 제6호)

오답해설

① 법 제74조 제1항 제3호
③ 법 제74조 제1항 제7호
④ 법 제74조 제1항 제8호
⑤ 영 제62조 제4호

법 제74조(관리처분계획의 인가 등)

① 사업시행자는 제72조에 따른 분양신청기간이 종료된 때에는 분양신청의 현황을 기초로 다음 각 호의 사항이 포함된 관리처분계획을 수립하여 시장·군수등의 인가를 받아야 하며, 관리처분계획을 변경·중지 또는 폐지하려는 경우에도 또한 같다. 다만, 대통령령으로 정하는 경미한 사항을 변경하려는 경우에는 시장·군수등에게 신고하여야 한다.
1. 분양설계
2. 분양대상자의 주소 및 성명
3. 분양대상자별 분양예정인 대지 또는 건축물의 추산액(임대관리 위탁주택에 관한 내용을 포함한다)
4. 다음 각 목에 해당하는 보류지 등의 명세와 추산액 및 처분방법. 다만, 나목의 경우에는 제30조 제1항에 따라 선정된 임대사업자의 성명 및 주소(법인인 경우에는 법인의 명칭 및 소재지와 대표자의 성명 및 주소)를 포함한다.
   가. 일반 분양분
   나. 공공지원민간임대주택
   다. 임대주택
   라. 그 밖에 부대시설·복리시설 등
5. 분양대상자별 종전의 토지 또는 건축물 명세 및 사업시행계획인가 고시가 있은 날을 기준으로 한 가격(사업시행계획인가 전에 제81조 제3항에 따라 철거된 건축물은 시장·군수등에게 허가를 받은 날을 기준으로 한 가격)

6. 정비사업비의 추산액(재건축사업의 경우에는 「재건축초과이익 환수에 관한 법률」에 따른 재건축부담금에 관한 사항을 포함한다) 및 그에 따른 조합원 분담규모 및 분담시기
7. 분양대상자의 종전 토지 또는 건축물에 관한 소유권 외의 권리명세
8. 세입자별 손실보상을 위한 권리명세 및 그 평가액
9. 그 밖에 정비사업과 관련한 권리 등에 관하여 대통령령으로 정하는 사항

40 정답해설

⑤ ㄱ, ㄴ, ㄷ, ㄹ : 모두 해당된다.

법 제5조(기본계획의 내용)

① 기본계획에는 다음 각 호의 사항이 포함되어야 한다.

1. 정비사업의 기본방향
2. 정비사업의 계획기간
3. 인구ㆍ건축물ㆍ토지이용ㆍ정비기반시설ㆍ지형 및 환경 등의 현황
4. 주거지 관리계획
5. 토지이용계획ㆍ정비기반시설계획ㆍ공동이용시설설치계획 및 교통계획
6. 녹지ㆍ조경ㆍ에너지공급ㆍ폐기물처리 등에 관한 환경계획
7. 사회복지시설 및 주민문화시설 등의 설치계획
8. 도시의 광역적 재정비를 위한 기본방향
9. 제16조에 따라 정비구역으로 지정할 예정인 구역(이하 "정비예정구역"이라 한다)의 개략적 범위
10. 단계별 정비사업 추진계획(정비예정구역별 정비계획의 수립시기가 포함되어야 한다)
11. 건폐율ㆍ용적률 등에 관한 건축물의 밀도계획
12. 세입자에 대한 주거안정대책
13. 그 밖에 주거환경 등을 개선하기 위하여 필요한 사항으로서 대통령령으로 정하는 사항

정답

01 ④	02 ③	03 ⑤	04 ①	05 ③	06 ①	07 ③	08 ②	09 ①	10 ⑤
11 ②	12 ④	13 ③	14 ⑤	15 ③	16 ③	17 ⑤	18 ②	19 ④	20 ①
21 ①	22 ④	23 ④	24 ⑤	25 ⑤	26 ④	27 ④	28 ②, ③	29 ②	30 ①
31 ⑤	32 ②	33 ②	34 ②	35 ④	36 ②	37 ①	38 ③	39 ③	40 ③

01

정답해설

ㄴ. 대금지급을 위해 발행한 수표 중 일부가 미인출수표로 남아 있는 것은 기발행미인출수표로 이는 은행이 반영해야 할 항목이다. 그 외 부도수표, 장부에 착오기재한 오류, 추심어음은 모두 ㈜감평이 장부에 반영해야 할 항목이다.

02

정답해설

실물자본유지개념하에서의 20×1년도 이익 = ₩3,000(20×1년 말 자본) − (200개 × ₩12) = ₩600

* 실물자본유지개념하에서는 기말자본이 기초실물생산능력을 초과하는 경우에만 이익이 발생하는 것으로 본다. 기초실물생산능력은 200개 × ₩12(현행원가) = ₩2,400이다.

03

정답해설

① (차) 상품(재고자산) 10,000 (대) 매입채무(유동부채) 10,000

1) 유동비율 : 해당 거래는 유동자산 ₩10,000과 유동부채가 ₩10,000 증가하는 거래다. 금액은 동일하나 기존의 유동비율이 200%로 유동부채의 증가폭이 유동자산 증가폭에 비해 크다. 이에 따라 해당 거래 이후 유동비율은 감소한다.

2) 당좌비율 : 재고자산은 당좌자산에 포함되지 않고, 유동부채만 ₩10,000 증가하므로 당좌비율은 감소한다.

② (차) 차량운반구(비유동자산) 13,000 (대) 현금(유동자산) 13,000

→ 유동자산 및 당좌자산에 해당하는 현금만 감소하였고 유동부채는 변동하지 않았으므로 유동비율, 당좌비율 모두 감소한다.

③ (차) 현금(유동자산) 12,000 (대) 매출채권(유동자산) 12,000

→ 유동자산 및 당좌자산의 변동이 없으며 유동부채도 변동하지 않아 유동비율, 당좌비율 모두 불변한다.

④ (차) 장기차입금(비유동부채) 15,000 (대) 현금(유동자산) 15,000

→ 유동자산 및 당좌자산에 해당하는 현금만 감소하였고, 유동부채는 변동하지 않았으므로 유동비율, 당좌비율 모두 감소한다.

⑤ (차) 현금(유동자산) 30,000 (대) 장기차입금(비유동부채) 30,000

→ 유동자산 및 당좌자산에 해당하는 현금만 증가하였고, 유동부채는 변동하지 않았으므로 유동비율, 당좌비율 모두 증가한다.

04 정답해설

1) (A)공정가치모형 = ₩930(20×1년 말 공정가치) − ₩1,000(20×1년 초 취득원가) = (₩70) 평가손실
→ 20×1년도 당기순이익 ₩70 감소
2) (B)원가모형(감가상각비) = (₩1,000 − ₩0) × 1/10 = ₩100 감소

05 정답해설

① 현행원가는 측정일 현재 동등한 자산의 원가로서 측정일에 지급할 대가와 그 날에 발생할 거래원가를 포함한다.
② 역사적원가는 자산을 취득 또는 창출할 때 발생한 원가의 가치로서 자산을 취득 또는 창출하기 위하여 지급한 대가와 거래원가를 포함한다.
④ 공정가치는 측정일에 시장참여자 사이의 정상거래에서 부채를 이전할 때 지급하게 될 가격이다.
⑤ 역사적 원가는 취득일 또는 발생일 현재 자산의 취득 또는 창출을 위해 이전해야 하는 현금이나 그 밖의 경제적자원의 가치이다.

06 정답해설

1) 상품 A : 취득원가(₩300) < 순실현가능가치(₩320) → 평가손실 발생하지 않음
2) 상품 B
㉠ 70개(확정판매계약) × (₩200 − ₩190) = ₩700 평가손실 발생
㉡ 30개(일반시장판매분)는 단위당 취득원가 ₩200보다 순실현가능가치 ₩220이 더 크므로 평가손실이 발생하지 않음
3) 상품 C : 200개 × (₩100 − ₩90) = ₩2,000 평가손실 발생
4) 20×1년에 인식할 당기손익(평가손실) = ₩700 + ₩2,000 = 손실 ₩2,700

07 정답해설

수익은 자본청구권 보유자로부터의 출자를 제외하며, 자본청구권 보유자에 대한 분배는 비용으로 인식하지 않는다.

08 정답해설

1) 기말재고(매가)
= ₩13,000(기초재고액) + ₩91,000(당기매입액) + ₩6,000(순인상액) − ₩90,000(당기매출액)
= ₩20,000

2) 평균원가율 = $\frac{₩10{,}000 + ₩83{,}500}{₩13{,}000 + ₩91{,}000 + ₩6{,}000(\text{순인상액})}$ = 85%

3) 기말재고(원가) = ₩20,000(기말재고매가) × 85%(원가율) = ₩17,000
4) 매출원가 = ₩10,000(기초재고원가) + ₩83,500(당기매입원가) − ₩17,000(기말재고원가) = ₩76,500

09 정답해설

제품의 원가가 순실현가능가치를 초과할 것으로 예상된다면 제품 생산에 투입하기 위해 보유하는 원재료 및 기타 소모품은 감액한다.

10 정답해설

1) 20×1년도 누락된 재고자산평가손실 = 16개 × (₩1,200 − ₩1,170) = ₩480
   ㉠ 20×1년도 기말재고자산은 평가손실을 반영하지 않았으므로 ₩480 과대계상되었다.
   ㉡ 20×1년도 매출원가는 ₩480 과소계상, 20×1년도 당기순이익은 ₩480 과대계상된다.
   (20×1년도 기말자산이 ₩480 과대계상되므로 20×1년도 기말자본총계도 ₩480 과대계상된다.)
2) 20×2년도 기초재고자산은 ₩480 과대계상, 20×2년도 매출원가는 ₩480 과대계상, 20×2년도 당기순이익은 ₩480 과소계상된다.

11 정답해설

매출액	₩410	영업비용	(₩150)
매출채권(순액) 증가	(70)	선급영업비용 감소	15
		미지급영업비용 증가	20
(A)고객으로부터 유입된 현금흐름	₩340	(B)영업비용으로 유출된 현금흐름	(₩115)

12 정답해설

1) 20×1년 초 부채요소의 공정가치 = ₩1,064,900 × 0.75131 + ₩60,000 × 2.48685 = ₩949,281
2) 20×1년 초 전환권조정 = ₩1,064,900(만기상환금액) − ₩949,281(20×1년 초 부채요소 공정가치)
   = ₩115,619
3) 3년간 총이자비용 = ₩60,000(표시이자) × 3년 + ₩115,619(전환권조정) = ₩295,619

13 정답해설

1) 리스개시일의 리스부채 = ₩1,000,000 × 2.48685 + ₩300,000 × 0.75131 = ₩2,712,243
2) 리스개시일의 사용권자산 = ₩2,712,243(리스부채) + ₩100,000(리스이용자의 리스개설직접원가)
   = ₩2,812,243
3) 20×1년도 사용권자산 상각비 = (₩2,812,243 − ₩0) × 1/4(내용연수) = ₩703,061
4) 20×1년도 이자비용 = ₩2,712,243 × 10% = ₩271,224
5) 20×1년에 인식할 비용총액 = ₩703,061(상각비) + ₩271,224(이자비용) = ₩974,285

14 정답해설

충당부채의 법인세효과와 그 변동은 기업회계기준서 제1012호 '법인세'에 따라 회계처리하므로 충당부채는 세전 금액으로 측정한다.

15 정답해설

20×1년 10월 1일 판매가격은 ₩1,200이나 재매입가격이 ₩1,300이므로 ㈜감평은 해당 계약을 금융약정으로 회계처리한다. ₩1,200과 ₩1,300의 차이 ₩100은 20×1.10.1.~20×2.3.31.의 이자비용에 해당한다.

1) 상황 A : 콜옵션이 행사된 경우

20×2.3.31.	(차) 이자비용	50	(대) 계약부채	50
	(차) 계약부채	1,300	(대) 현금	1,300

→ 이자비용 ₩50으로 20×2년도 당기순이익은 ₩50 감소한다.

2) 상황 B : 콜옵션이 행사되지 않은 채 소멸된 경우

20×2.3.31.	(차) 이자비용	50	(대) 계약부채		50
	(차) 계약부채	1,300	(대) 매출		1,300
	(차) 매출원가	900	(대) 재고자산		900

→ 20×2년도 당기순이익 영향 = (₩50) + ₩1,300 − ₩900 = ₩350 증가한다.

16 정답해설

1) 20×1년 기초 자본총계 = ₩5,000(기초자산총계) − ₩2,500(기초부채총계) = ₩2,500
2) 20×1년 기말 자본총계 = ₩7,000(기말자산총계) − ₩3,400(기말부채총계) = ₩3,600
3) 20×1년 기말 자본총계(₩3,600)
 = ₩2,500(기초자본총계) + ₩300(유상증자) − ₩200(현금배당) + ₩80(기타포괄손익) + 당기순이익
 → 20×1년도 당기순이익 = ₩920

17 정답해설

최초 발생시점이나 매입할 때 신용이 손상되어 있는 상각후원가 측정 금융자산의 이자수익은 최초 인식시점부터 상각후원가(순장부금액)에 신용조정 유효이자율을 적용하여 계산한다.

18 정답해설

고객이 재화나 용역의 대가를 선급하였고 그 재화나 용역의 이전 시점이 고객의 재량에 따라 결정된다면, 고객과의 계약에 유의적인 금융요소가 없으므로 화폐의 시간가치가 미치는 영향을 고려하지 않는다.

▌고객과의 계약에 유의적인 금융요소가 없는 경우

고객과의 계약에 다음 요인 중 어느 하나라도 존재한다면 유의적인 금융요소가 없을 것이다.

(1) 고객이 재화나 용역의 대가를 선급하였고 그 재화나 용역의 이전 시점은 고객의 재량에 따른다.
(2) 고객이 약속한 대가 중 상당한 금액이 변동될 수 있으며 그 대가의 금액과 시기는 고객이나 기업이 실질적으로 통제할 수 없는 미래 사건의 발생 여부에 따라 달라진다(예 대가가 판매 기준 로열티인 경우).
(3) 약속한 대가와 재화나 용역의 현금판매가격 간의 차이가 고객이나 기업에 대한 금융제공 외의 이유로 생기며, 그 금액 차이는 그 차이가 나는 이유에 따라 달라진다. 예를 들면 지급조건을 이용하여 계약상 의무의 일부나 전부를 적절히 완료하지 못하는 계약 상대방에게서 기업이나 고객을 보호할 수 있다.

19 정답해설

㈜감평은 20×1년 말에 미수이자에 대한 회계처리 자체를 수행하지 않았으므로 20×1년 당기법인세부채(자산)의 금액은 영향이 없다. 단, 미수이자로 인한 이연법인세부채(₩200 × 30% = ₩60)는 과소계상된다.

1) 누락된 회계처리

20×1년 말	(차) 미수이자(자산의 증가)	200	(대) 이자수익(수익의 발생)	200
	(차) 법인세비용(비용의 발생)	60	(대) 이연법인세부채(부채의 증가)	60

2) 회계처리 누락에 따른 영향
 ① 당기법인세자산 : 영향 없음, ② 당기법인세부채 : 영향 없음
 ③ 법인세비용 : ₩60 과소계상, ④ 당기순이익 : ₩140 과소계상, ⑤ 이연법인세자산 : 영향 없음

20 정답해설

1) 20×1년도 이자수익(=표시이자) = ₩500,000 × 10% = ₩50,000
2) 20×1년도 평가이익 = ₩510,000(20×1년 말 공정가치) − ₩475,982(20×1년 초 장부금액)
= ₩34,018 평가이익
3) 20×1년도 당기순이익에 미치는 영향 = ₩50,000(이자수익) + ₩34,018(평가이익) = ₩84,018 증가

21 정답해설

1) 20×1년도 자본화할 차입원가(A)
㉠ 20×1년도 연평균지출액 = ₩300,000 × 8/12 + ₩200,000 × 3/12 = ₩250,000
㉡ 20×1년도 자본화할 차입원가 = ₩250,000 × 10% = ₩25,000(한도 : ₩20,000) → ₩20,000(A)
2) 20×2년도 자본화할 차입원가(B)
㉠ 20×2년도 연평균지출액 = ₩500,000(20×1년도 지출액) × 6/12 + ₩100,000 × 3/12 = ₩275,000
㉡ 20×2년도 자본화할 차입원가 = ₩275,000 × 8% = ₩22,000(B)(한도 : ₩24,200)

22 정답해설

1) 20×1년 7월 1일 유상증자는 공정가치 미만의 유상증자이므로 공정가치로 발행된 400주와 무상증자 주식수인 200주를 구분하고, 무상증자 200주는 기초유통보통주식수와 7월 1일 공정가치로 발행된 주식수의 비율대로 배부한다.
㉠ 기초유통보통주식수에 배부되는 무상증자 주식수 = 200주 × (1,600주/2,000주) = 160주
㉡ 7월 1일 시가발행 유상증자 주식수에 배부되는 무상증자 주식수 = 200주 × (400주/2,000주) = 40주
2) 20×1년도 가중평균유통보통주식수 = (1,600주 + 160주) × 12/12 + (400주 + 40주) × 6/12 = 1,980주

23 정답해설

주식선택권 행사로 인한 자본증가액(= 주식선택권 행사로 기업에 유입되는 현금)
= 35명 × 10개 × 60% × ₩6,000(행사가격) = ₩1,260,000

24 정답해설

퇴직급여채무를 할인하기 위해 사용하는 할인율은 보고기간 말 현재 우량회사채의 시장수익률을 참조하여 결정한다. 만약 그러한 우량회사채에 대해 거래층이 두터운 해당 통화의 시장이 없는 경우에는 보고기간 말 현재 그 통화로 표시된 국공채의 시장수익률을 사용한다. 그러한 회사채나 국공채의 통화와 만기는 퇴직급여채무의 통화 및 예상 지급 시기와 일관성이 있어야 한다.

25 정답해설

20×1.1.1.	(차) 건물	5,000	(대) 현금	5,000
20×1.12.31.	(차) 감가상각비	1,000	(대) 감가상각누계액	1,000
20×2.12.31.	(차) 감가상각비	1,000	(대) 감가상각누계액	1,000
	(차) 감가상각누계액	2,000	(대) 재평가잉여금	3,000
	건물	1,000		
20×3.12.31.	(차) 감가상각비	2,000	(대) 감가상각누계액	2,000
	(차) 재평가잉여금	1,000	(대) 이익잉여금	1,000

20×4.12.31.	(차) 감가상각비	2,000	(대) 감가상각누계액	2,000
	(차) 재평가잉여금	1,000	(대) 이익잉여금	1,000

1) 20×2년 말 재평가잉여금 = ₩6,000(20×2년 말 공정가치) − ₩3,000(20×2년 말 장부금액) = ₩3,000
2) 건물 사용 시 일부 대체가능한 재평가잉여금
= 재평가 후 감가상각비 − 재평가 전 최초원가에 근거한 감가상각비 = ₩2,000 − ₩1,000 = ₩1,000
3) 20×5년 초 건물 처분 시 대체되는 재평가잉여금(잔액)
= ₩3,000 − ₩1,000(20×3년도 일부 대체) − ₩1,000(20×4년도 일부 대체) = ₩1,000

26

정답해설

내용연수가 비한정인 무형자산은 상각하지 않고, 매년 또는 무형자산의 손상을 시사하는 징후가 있을 때 손상검사를 수행한다.

27

정답해설

20×1.9.1.	(차) 토지	6,000,000[*1]	(대) 현금	6,000,000
20×2.2.1.	(차) 현금	1,829,000[*2]	(대) 토지	1,800,000
			토지처분이익	29,000

*1. 토지 = $5,000 × ₩1,200 = ₩6,000,000
*2. 현금 = $1,550 × ₩1,180 = ₩1,829,000

28

정답해설

20×1년 초	(차) 기계장치	20,000	(대) 현금	20,000
20×1년 말	(차) 감가상각비	4,000	(대) 감가상각누계액	4,000
	(차) 감가상각누계액	4,000	(대) 기계장치	2,000
			재평가잉여금	2,000
20×2년 말	(차) 감가상각비	4,500	(대) 감가상각누계액	4,500
	(차) 감가상각누계액	4,500	(대) 기계장치	6,000
	재평가잉여금	1,500		
	(차) 재평가잉여금	500	(대) 손상차손누계액	1,000
	손상차손	500		

28번 문제 복수정답

손상차손은 자산의 장부금액을 회수가능액으로 감액함에 따라 발생하는 차이를 의미한다. 단, 재평가모형을 적용하는 유형자산, 무형자산의 손상회계처리 시에는 손상차손을 재평가감소액으로 회계처리하므로 해당 문제의 요구사항에 맞는 답은 재평가잉여금의 잔액을 감소시킨 이후 당기비용으로 계상하는 손상차손 ₩500을 의미하는 것이다. 다만, 질문에 당기손익으로 계상해야 할 손상차손이 아닌 손상차손 자체를 질의하였기에 자산의 장부금액과 회수가능액과의 차액 ₩1,000도 손상차손으로 해석할 수 있다는 판단에 따라 ②, ③을 복수정답으로 인정하였다.

29 정답해설

1) 포괄손익계산서 상 당기손익 인식 퇴직급여 관련 비용(₩28,000) = ₩10,000(이자비용) − ₩9,000(이자수익) + 당기근무원가
 → 당기근무원가 = ₩27,000
2) 기말 확정급여채무의 장부금액 = ₩100,000 + ₩10,000(이자비용) + ₩27,000(당기근무원가) − ₩12,000(퇴직금 지급액) = ₩125,000
3) 20×1년도 기타포괄손익으로 인식할 확정급여채무의 재측정요소
 = ₩128,000(기말 확정급여채무의 현재가치) − ₩125,000(기말 확정급여채무의 장부금액)
 = 재측정손실 ₩3,000(채무가 ₩3,000 증가하므로 재측정손실이 ₩3,000 인식된다.)

30 정답해설

② 소유주에 대한 분배예정으로 분류된 비유동자산(또는 처분자산집단)은 분배부대원가 차감 후 공정가치와 장부금액 중 작은 금액으로 측정한다.
③ 비유동자산이 매각예정으로 분류되거나 매각예정으로 분류된 처분자산집단의 일부이면 그 자산은 감가상각(또는 상각)하지 아니한다.
④ 매각예정으로 분류된 비유동자산(또는 처분자산집단)은 공정가치에서 처분부대원가를 뺀 금액과 장부금액 중 작은 금액으로 측정한다.
⑤ 매각예정으로 분류된 처분자산집단의 부채와 관련된 이자와 기타 비용은 계속해서 인식한다.

31 정답해설

1) 제품 A의 매출액 = ₩70(총제조원가) ÷ (1 − 30%) = ₩100
2) 제품 A의 순실현가치 = ₩100(매출액) − ₩40(추가가공원가) = ₩60
 * 전체 결합원가 ₩120 중 제품 A가 ₩30을 배부받았으므로 전체 순실현가치 중 25%가 ₩60이다.
3) 제품 A, B의 전체 순실현가치 = ₩60 ÷ 25% = ₩240
4) 제품 B의 순실현가치 = ₩240 − ₩60(A의 순실현가치) = ₩180
5) 제품 B의 매출액 = ₩180(순실현가치) + ₩60(추가가공원가) = ₩240
6) 제품 B의 총제조원가(매출원가) = ₩90(결합원가 배부액) + ₩60(추가가공원가) = ₩150
7) 제품 B의 매출총이익률 = (₩240 − ₩150) ÷ ₩240(매출액) = 37.5%

32 정답해설

② 연간 발생할 것으로 기대되는 총고정원가는 관련범위 내에서 일정하다.
④ 기초고정원가 : 기업이 영업 활동을 효율적으로 수행하기 위하여 기계, 설비 따위와 같은 기초적인 고정자산을 보유함으로써 발생하는 원가

33 정답해설

1) 공헌이익률 = (₩800 − ₩500) ÷ ₩800(단위당 판매가) = 37.5%
2) 증분손익 = ₩50,000 × 37.5% − ₩15,000(증분비용) = ₩3,750 증가

34 정답해설

1) 상호배분법에 따른 보조부문 연립방정식
 S_1 = ₩90 + 0.2 × S_2

S_2 = ₩180 + 0.5 × S_1
→ S_1 = ₩140, S_2 = ₩250

2) 제조부문 X의 총원가가 ₩275이므로 X부문의 부문발생원가 ₩158을 제외하면 보조부문으로부터 총 ₩117의 원가를 배부받은 것이다.
3) 제조부문 X가 보조부문으로부터 배부받은 원가(₩117) = ₩140 × 0.3 + ₩250 × 보조부문 S_2가 제공한 용역비율
→ 보조부문 S_2가 제공한 용역비율 = 0.3

35 정답해설

1) 단위당 공헌이익
= ₩25(단위당 판매가격) − ₩10(단위당 변동제조원가) − ₩6(단위당 변동판매관리비) = ₩9
2) 세후현금흐름분기점 판매량(Q)
= [₩9 × Q − ₩4,000(총고정원가)] × (1 − 20%) + ₩500(감가상각비) = ₩0
→ Q = 375단위

36 정답해설

1) 제품 A에 배부될 제조간접원가
= ₩55 × (20회/55회) + ₩84 × (10회/28회) + ₩180 × (80시간/180시간) = ₩130
2) 제품 B에 배부될 제조간접원가
= ₩55 × (35회/55회) + ₩84 × (18회/28회) + ₩180 × (100시간/180시간) = ₩189

37 정답해설

4월 판매예산				5월 판매예산			
기초제품	250단위	판매량	2,500단위	기초제품	240단위	판매량	2,400단위
목표생산량	2,490단위	기말제품	240단위	목표생산량	2,430단위	기말제품	270단위

4월 원재료			
기초원재료(4,980kg × 5%)	249kg	원재료사용량(2,490단위 × 2kg)	4,980kg
원재료구입량	4,974kg	기말원재료(2,430단위 × 2kg × 5%)	243kg

→ 4월의 원재료 구입예산액 = 4,974kg × ₩10 = ₩49,740

38 정답해설

1) 영업이익 차이(₩70,000) = 기말재고에 포함된 고정제조간접원가
2) 당기 판매량 = ₩1,000,000(매출액) ÷ ₩1,000(단위당 판매가격) = 1,000개
3) 전부원가계산에서의 판매관리비(₩200,000) = 변동판매관리비 + 고정판매관리비(₩50,000)
㉠ 변동판매관리비 = ₩150,000
㉡ 단위당 변동판매관리비 = ₩150,000 ÷ 1,000개(판매량) = ₩150
4) 변동원가계산에서의 변동원가(₩520,000) = 1,000개 × (단위당 변동제조원가 + ₩150)
→ 단위당 변동제조원가 = ₩370
5) 전부원가계산에서의 매출원가(₩650,000) = 1,000개 × (단위당 변동제조원가 + 단위당 고정제조간접원가)
→ 단위당 고정제조간접원가 = ₩280

6) 기말재고수량
= ₩70,000(기말재고에 포함된 고정제조간접원가) ÷ ₩280(단위당 고정제조간접원가) = 250개
7) 전부원가계산에 의한 기말제품재고 = 250개 × (₩370 + ₩280) = ₩162,500

39 정답해설

1) 모든 원가의 완성품환산량 = 800단위 × 100% + 200단위(기말재공품) × 50% = 900단위
2) 완성품환산량 단위당 원가 = (₩3,000 + ₩42,000) ÷ 900단위 = ₩50
3) 기말재공품원가 = 100단위(기말재공품 완성품환산량) × ₩50 = ₩5,000

40 정답해설

1) 직접노무원가 능률차이(₩500 불리) = (실제시간 − 100단위 × 3시간) × ₩10(표준임률)
→ 실제시간 = 350시간
2) 실제 총직접노무원가 = 350시간(실제시간) × ₩8(실제임률) = ₩2,800

박문각 감정평가사

감정평가사

1차 | 4개년 전과목 기출문제집

제3판 인쇄 2025. 9. 25. | **제3판 발행** 2025. 9. 29. | **편저자** 백운정, 조경국, 국승옥, 도승하, 신은미
발행인 박 용 | **발행처** (주)박문각출판 | **등록** 2015년 4월 29일 제2019-000137호
주소 06654 서울시 서초구 효령로 283 서경 B/D 4층 | **팩스** (02)584-2927
전화 교재 문의 (02)6466-7202

저자와의
협의하에
인지생략

정가 32,000원
ISBN 979-11-7519-145-7

MEMO